Helsinki
St. Petersburg
Stockholm
Moskau
penhagen
erlin
resden
Prag
Krakau
Wien
burg
Budapest
Istanbul
Athen

Traumstädte Europas

Traumstädte Europas

Die schönsten Städte entdecken, erleben und genießen

EIN
ADAC
BUCH

Dieses Buch entstand in Zusammenarbeit zwischen dem ADAC Verlag, München, und dem Verlagshaus Stuttgart.

Die Verlage danken allen, die an diesem Werk mitgearbeitet haben. Viele Informationen dieses Buches sind ständig Veränderungen unterworfen. Für die Richtigkeit der Angaben kann deshalb keine dauerhafte Gewähr übernommen werden.

Projektleitung: Michael Dultz, Andreas Epple
Redaktionsleitung: Andreas Schimkus, Margret Sterneck
Redaktion: Frauke Feuchter, Cornelia Schaller
Mitarbeit: Christine Baur, Heidi Debschütz, Sabine Lutz-Seng, Dagmar Ortolf, Jochen Schürmann

Redaktion Kartographie: Dr. Gerhard Hirtlreiter
Mitarbeit: Werner Horwath, Astrid Rost, Inge Seyffarth, Susanne Stielau, Wolfgang Tretter
Kartographie: Huber Kartographie, München

Autoren: siehe Seite 476

Graphische Gestaltung und Layout: CYCLUS D + P Loenicker
Titelgestaltung: Graupner & Partner, München
Bildbeschaffung: Transglobe Agency, Hamburg, Christian Gundlach
Fotografen: siehe Bildnachweis Seite 477–479

Produktionskoordination: John C. Bergener, Hans-Joachim Preußer
Herstellung: Hans-Joachim Preußer
Korrektorat: BBC, Schramberg
Satz und Repro: Libro, Johannes Witt GmbH & Co KG, Kriftel
Druck und Bindearbeiten: Fabrieken Brepols n. v., Turnhout/Belgien

Gedruckt auf »BRO-MM plus matt«
der Papierfabrik Scheufelen, Lenningen
Hergestellt aus chlorfrei gebleichtem Zellstoff (ECF)

Printed in Belgium

ISBN 3-87003-768-7

Vorwort

Die schönsten Städte entdecken, erleben und genießen

Traumstädte Europas ist ein Erlebnisbuch – zum Kennenlernen der attraktivsten, der schönsten, der aufregendsten Metropolen unseres Kontinents. Eine wunderbare Einstimmung auf einen erlebnisreichen Städtetrip. Ein unverzichtbarer Ideengeber für einen Aufenthalt nach Lust und Laune, ob er nun zwei bis drei Tage oder eine Woche dauern soll.

Und das unterscheidet **Traumstädte Europas** von herkömmlichen Städteführern: Jedes Stadtporträt ist in sich nach Themen geordnet. Und diese wurden natürlich danach ausgewählt, was das Interessanteste, Typischste, das Einzigartige jeder Metropole ist. Unsere Autoren und Fotografen sind für Sie vorausgereist und haben die Glanzpunkte jeder einzelnen Stadt erlebt. Um sie Ihnen anschaulich und lebendig zu präsentieren. Mit großer Kennerschaft und oftmals aus überraschendem Blickwinkel.

Was etwa bietet Lissabon am Abend, und wo spielt sich in Madrid tagsüber das Leben ab? Was sind die größten Sehenswürdigkeiten Krakaus, und wo kauft man in Rom am besten ein? Wo finden Sie in Wien die gemütlichen Kaffeehäuser, und worin liegt der Zauber der Basare Istanbuls? **Traumstädte Europas** läßt Sie auch die Menschen der Städte kennenlernen, präsentiert die Highlights jeder Metropole – Orte und Veranstaltungen, die Sie unbedingt erleben sollten!

London zum Beispiel bietet Ihnen nicht nur Buckingham Palace, Tower, Westminster Abbey und Covent Garden, sondern auch exklusive Shopping-Meilen, originelle Flohmärkte, schrille Clubs und urige Pubs. In Venedig gondeln Sie nicht nur zwischen Piazza San Marco und Rialtobrücke an den Prunkpalästen vorbei. Auch in den winzigen Gäßchen werden Sie kostbare Entdeckungen machen!

Sie, liebe Leser, sollen in diesem Buch ohne langes Suchen finden, was Sie über die jeweilige Stadt wissen wollen. Wir haben daher alle greifbaren Informationen gesammelt, eine vielseitige Auswahl getroffen und das Wichtigste so übersichtlich geordnet, daß Ihnen die Orientierung leichtfallen wird.

In den aktuellen, eigens für **Traumstädte Europas** erstellten Cityplänen sehen Sie alles auf einen Blick: eine Liste der Sehenswürdigkeiten, zehn Highlights jeder Stadt in Text und Bild, alle wichtigen Straßen, Plätze, Bauwerke und Monumente. Die Sehenswürdigkeiten sind numeriert und als blaue Punkte im Cityplan und in allen Texten schnell aufzufinden.

Europa aus 850 km Höhe. Dieses Satellitenbild verdeutlicht vorne und hinten im Buch die Lage der 35 Traumstädte.

Jedes Stadtporträt schließt mit einer Fülle von Insider-Tips: wo Theater gespielt oder musiziert wird, wo und wann man welche Feste feiert. Wo Sie herrlich essen und trinken, das Nachtleben genießen, stilvoll übernachten, gemütlich bummeln und günstig einkaufen können.

Die Lage der 35 Städte auf dem europäischen Kontinent verdeutlicht ein Satellitenbild (im Buch vorne und hinten abgedruckt), das die Erdoberfläche in naturnahen Farben zeigt. Es wurde von der Salzburger Firma Geospace aus 40 in den Sommermonaten entstandenen Aufnahmen eines hochauflösenden Sensors zusammengesetzt, der auf Satelliten der amerikanischen »National Oceanic and Atmospheric Administration« (Noaa) montiert ist. Diese Satelliten umkreisen die Erde in rund 850 km Höhe auf einer über die Pole verlaufenden Bahn.

Traumstädte Europas ist ein Buch nicht nur zum Einstimmen und Planen, sondern auch zum nachträglichen Erinnern. Blättern Sie jetzt in diesem buntschillernden Kaleidoskop, und entdecken Sie Ihre ganz persönlichen Traumstädte.

Inhaltsverzeichnis

Von Amsterdam bis Florenz ...

Inhaltsverzeichnis

... von Hamburg bis Nizza ...

Inhaltsverzeichnis

... von Oslo bis Zürich

Norwegen

Frankreich

Tschechische Republik

Italien

Österreich

Rußland

Schweden

Frankreich

Italien

Österreich

Schweiz

AMSTERDAM

Grachten und Gezelligheid

Amsterdam ist unverwechselbar, auch wenn es kein Wahrzeichen wie Paris, London oder Rom besitzt, keine Skyline wie Hongkong oder New York aufzuweisen hat. Gleichgültig wird niemand bleiben, dem sich die alte und zugleich doch so moderne Stadt auftut. Schön, reich und perfekt, aber auch lebendig und aufregend, gleicht sie einer opulenten Inszenierung – einem Bühnenbild (hier ist die Magere Brug zu sehen).

Die Hauptstadt der Niederlande, im Mündungsdelta der Amstel auf Pfählen erbaut, war im 17. Jahrhundert nach Paris, London und Neapel die viertgrößte Stadt Europas und beherrschte die sieben Weltmeere. Der Handel mit Gewürzen und Sklaven machte Amsterdam reich. Die wohlhabenden Kaufleute erbauten sich Stadtpaläste, die noch immer das Stadtbild bestimmen, und sie förderten die Künste.

Heute bietet die Stadt Millionen von Zuschauern aus aller Welt rund um die Uhr Theater total. Besonders auf die unangepaßte Jugend übte Amsterdam schon immer eine magische Anziehungskraft aus. Zwei Begriffe aber stehen – bei aller schillernden Vielfalt – für die hiesige Lebensart: moet kunnen und gezelligheid. Moet kunnen gilt als Zauberformel, mit der das Chaos des alltäglichen Lebens organisiert wird – ein schulterzuckendes Gewährenlassen.

Die Stadtrepublik der Kaufleute

Von Ostindienfahrern und Sklavenhändlern

Als am 28. Oktober 1648 ein weißer Marmorblock als Grundstein zum neuen Rathaus, dem heutigen Königlichen Palast (Koninklijk Paleis) ❿, auf dem Dam gelegt wird, befindet sich Amsterdam auf dem Höhepunkt seiner Macht. Das einzige monumentale Bauwerk der Stadt, das dann an dieser Stelle entsteht, ruht auf 13 659 Baumstämmen. Die Atlasfigur auf dem Rathausdach trägt eine Weltkugel, Symbol des weltumspannenden Handels der Holländer.

Wie man an Bord eines Ostindienfahrers lebte, vermittelt die rekonstruierte »Amsterdam« auf eindrucksvolle Weise.

Im 17. Jahrhundert hatte sich Amsterdam – nach der Befreiung der nördlichen Niederlande von den Spaniern – zur erfolgreichsten Handelsmetropole der Welt entwickelt. Von Arnhemland in Australien bis zur Hudson Bay in Nordamerika, von Batavia auf Indonesien bis nach Spitzbergen, von Willemstad auf Curaçao bis Kapstadt in Afrika beherrschte sie einen guten Teil der damals bekannten Erde – ein Kolonialreich, in dem die unterworfenen Völker jenen Reichtum erwirtschafteten, der in den Museen und Stadtpalästen noch heute zu sehen ist.

Die entscheidende Grundlage für den weltweiten Handel wurde mit der Gründung der Verenigden Oostindischen Compagnie (VOC) im Jahre 1602 geschaffen. Die VOC erhielt von Staats wegen die alleinige Erlaubnis, im Gebiet östlich vom Kap der Guten Hoffnung den wirtschaftlichen Konkurrenzkampf mit Portugal und Spanien aufzunehmen. Die Ostindienkompanie, die von ihren sogenannten Regenten mit eiserner Hand geführt wurde, entwickelte sich bald zu einem Staat im Staate. Das VOC-Verwaltungshaus wurde 1605 nach Plänen von Hendrick de Keyser im holländischen Renaissancestil erbaut. Hier, im Oostindisch Huis ❺, befand sich die Schaltzentrale des ersten multinationalen Konzerns der Welt. »Auf dem ersten, zweiten und dritten Boden nichts als Pfeffer, auf dem vierten Gewürznelken, auf dem fünften und sechsten Muskatblumen, auf dem siebten wieder Pfeffer, Zimt und Muskat. In anderen Räumen viele indianische schöne Sachen an Waffen, Rüstungen und Bildern, insbesondere die Stadt China abgemalt, wie sie aus Indien kommen«, notierte 1611 Otto von Hessen-Kassel, als er das Haus besuchte.

Das Glockenspiel der Oude Kerk erfreut die Touristen und stört doch nicht die Ruhe derer, die hier begraben liegen.

Im Auftrag der Ostindienkompanie fuhren zwischen 1602 und 1700 rund 324 000 Menschen in Richtung Asien, nur 113 000 von ihnen kehrten zurück. Zehn Prozent starben, die anderen blieben in den Kolonien, um als Soldaten, Werftarbeiter oder Kaufleute ihr Glück zu machen.

Auch die Kaperfahrer trugen zum Aufschwung bei. Sie erhielten mit den sogenannten Commissie-Briefen die staatliche Erlaubnis zur Piraterie. Bereits im 15. Jahrhundert führten die Holländer vier Kaperkriege gegen die nordische Hanse. Zwischen 1702 und

Funkelnde Wunder entstehen unter den Händen der Diamantschleifer, denen man in ihren Werkstätten bei der Arbeit zuschauen kann.

Der prächtige klassizistische Königspalast ist als Rathaus der Bürger gebaut worden – im 17. Jahrhundert eine würdige Demonstration königlichen Kaufmannsstolzes.

1723 erbeuteten Hollands Piraten allein von spanischen Schiffen Waren im Wert von unzähligen Millionen Gulden. Piratenkapitän Piet Hein, der 1628 eine spanische Silberflotte in der Karibik im Wert von zwölf Millionen Gulden gekapert hatte, wurde mit 7000 Gulden »belohnt«. Admiral Michiel Adriaenszoon de Ruyter, der ein prächtiges Patrizierhaus an der Prins Hendrikkade besaß, starb während einer Seeschlacht 1676 gegen die Franzosen vor Syrakus (Sizilien) und wurde als Nationalheld in der Neuen Kirche (Nieuwe Kerk) 9 begraben.

Bedeutend für Hollands Aufstieg war auch die Glaubenslehre des Reformators Johannes Calvin. Die Prädestinationslehre des Calvinismus, nach der die Unterwerfung und Erniedrigung unterprivilegierter Völker gottgewollt sei, paßte bestens ins frühkapitalistische Konzept der Kaufleute. Die Sklaverei wurde in den Niederlanden – lange waren sie die führende Nation im europäischen Sklavenhandel – erst 1863 offiziell abgeschafft. Holland war, wie es Karl Marx einmal formuliert hat, die »Musterrepublik des Kapitalismus«. Der unbarmherzige Menschenhandel, der zu den dunkelsten Kapiteln der holländischen Kolonialgeschichte gehört, hat die bibelfrommen Kaufleute reich gemacht. Heute leben in den Niederlanden mehr als 120 000 Nachkommen der afrikanischen Sklaven aus der ehemaligen Kolonie Surinam.

Das rasche Aufblühen der Hafen- und Handelsstadt, die Herrschaft des Bürgertums und der Handelsherren, die weder durch die Kirche noch durch ein Königshaus behindert wurde, machte Amsterdam während des 17. – des »Goldenen« – Jahrhunderts, auch zu einem bedeutenden europäischen Wissenschafts- und Kulturzentrum. Angezogen vom Reichtum und zunächst auch von der Religionsfreiheit kamen Tausende von Emigranten: die Elite der von den Spaniern besetzten flämischen Städte wie Brügge, Gent und Antwerpen sowie Flüchtlinge aus den im Dreißigjährigen Krieg verwüsteten deutschen Landen. Sie alle brachten ihre Kultur, ihre handwerklichen Fertigkeiten und ihre kaufmännischen Qualitäten mit. Hier gab es die größten Druckereien Europas: Karten und Bücher wurden gedruckt, die die Welt neu interpretierten. Berühmt war Amsterdam auch für seine Diamantenschleifereien, die heute noch gerne besucht werden. Vor rund 400 Jahren brachten jüdische Kaufleute aus Antwerpen diese Kunstfertigkeit mit in ihre neue Heimatstadt.

Vom Amsterdamer Hafen aus brachen Abenteurer und Wissenschaftler zu ersten Entdeckungsreisen nach Asien und ins Eismeer auf. So etwa Willem Barents, der dreimal in die Arktis geschickt wurde, um eine Nordostpassage nach China und Indien zu suchen. Der Kartograf Petrus Plancius hatte berechnet, daß es einen Seeweg durch das nördliche Eismeer geben müßte. Gerrit de Veer schrieb über Barents' Nordlandreise 1596/97 ein Tagebuch, das nichts von seiner Faszination eingebüßt hat, und bis heute heißt ein Teil des Nordpolarmeeres Barentssee.

Auf Deck

Die »Amsterdam« vibriert, als mache sie volle Fahrt voraus. Doch das stolzeste aller Schiffe der Stadt liegt fest an den Pollern vertäut. Zum Schwingen bringen den Dreimaster die festen Schritte der Besuchergruppen, die von Steuerbord eingelassen werden und das Labyrinth im Innern andachtsvoll durchlaufen. Für das echte Seemannsgefühl sorgen die Matrosen, die Gaukler und die flotten Mädels, die mit ihren Kostümen die Hafenatmosphäre vergangener Zeiten wieder aufleben lassen. Die »Amsterdam«, Gipfel holländischer Schiffbauerkunst aus der großen Zeit der Seerepublik, liegt im Museumshafen beim Schiffahrtsmuseum 34 (s. S. 20) und ist eine Replik. 1985 wurde der berühmte Ostindienfahrer, der 1749 während seiner ersten Reise vor der englischen Küste bei Hastings unterging, nachgebaut.

Venezia hollandia

Grachten und Stadtpaläste

Stimmungsvoll bei Tag und Nacht: die Keizersgracht mit Blick auf die Leidsegracht.

Rhododendronblüten leuchten aus silbernen Schalen, wenn hinter dem Besucher die massive, in dunklem Grachtengrün gehaltene Tür ins Schloß fällt. Das Museum van Loon ㉕ an der Keizersgracht mit dem Interieur aus den glorreichen Tagen des 17. und 18. Jahrhunderts ist ein Prunkstück. Hier hat der Besucher die Gelegenheit, eine unbekannte Seite Amsterdams kennenzulernen: das Innere und den Garten eines Grachtenpalasts. Vor allem an der vornehmen Keizers- ⑭ und Herengracht ⑮ kann man diese architektonischen Kleinodien mit ihren Schmuckfassaden aus der Spätrenaissance, aus dem Barock und dem Klassizismus bestaunen.

In den Gärten standen einst Sommerhäuser, man stellte Putten auf und Sonnenuhren, legte Brunnen an und pflanzte in steinerne Gefäße die zu jener Zeit kostbaren Pflanzen, wie Lilien, Rosen, Lorbeer und Feigen. Im Weltreich der Seerepublik war guter Geschmack nicht teuer; ferne Kolonien arbeiteten für die Kaufleute. Aus Amerika, aus Indonesien, aus Ceylon, aus Malaysien oder der Karibik kamen die Kunstwerke und Preziosen, mit denen man seine Häuser schmückte.

Der Ursprung der Gartenanlagen von »Venezia hollandia« ist mit der Geburtsstunde des Drei-Kanäle-Gürtels (Heren-, Keizers- und Prinsengracht) verbunden und geht auf das Jahr 1612 zurück. Damals bauten sich die reichen Kaufleute – zumeist Flüchtlinge aus den von Spanien besetzten Städten Gent, Brügge und Antwerpen – rund um den mittelalterlichen Stadtkern ihre palastartigen Häuser. Trotz der hohen Kosten durch die technisch notwendige Pfahlbauweise, setzten die Bauherren durch, daß hinter den Häusern auch Gärten entstanden. Der Grachtengürtel hat später Zar Peter den Großen zur Gründung von St. Petersburg inspiriert.

Schon frühzeitig war das Wohnen an den Grachten so beliebt, daß der Magistrat die Hausbreite auf acht Meter beschränkte. Für die ganz Reichen wurde indes eine Ausnahme gemacht: Sie durften zwei nebeneinanderliegende Parzellen erwerben. Im aufstrebenden Amsterdam herrschte kein Mangel an

Grachtenrundfahrt

Jeder Amsterdam-Besucher sollte eine Rundfahrt auf dem Wasser mitgemacht haben. Am besten mit einem der verglasten Boote, die bei gutem Wetter das Dach aufklappen. Man bucht direkt bei den Veranstaltern oder über das Touristenbüro (VVV; in der Hauptsaison empfehlenswert). Das Museumsboot (Reederei Lovers, ☎ 020/6222181) verbindet Grachtenrundfahrt und Museumsbesuch, mit einem Tagesticket kann man problemlos überall ein- und aussteigen; die Kombikarte bietet verbilligten Eintritt in drei Museen. Ein Canalbus pendelt zwischen Hauptbahnhof und Rijksmuseum, und der Artis-Express fährt u.a. zum Schiffahrtsmuseum (ab Bahnhofsplatz). Wer die Route selbst bestimmen will, nimmt ein Wassertaxi (Stationsplein 8, ☎ 020/6222181; nicht ganz billig).

Immer neue Eindrücke ruft das Zusammenspiel von Grachten, Booten und Backsteinhäusern beim Betrachter hervor.

billiger Arbeitskraft. Auch Landstreicher und Verbrecher wurden in die Baugruben für die rund 160 Grachten geschickt, die von Stein- oder Holzbrücken überspannt werden. Damit die Schuten, die Waren transportierten, passieren konnten, waren diese Brücken entweder hochklappbar oder gewölbt.

Bekannte Grachtenpaläste stehen an der Gouden bocht, der »Goldenen Kurve«, an der Herengracht – kein Rundfahrtboot, das sich dieses Highlight entgehen ließe. Hinter der Hausnummer 502 verbirgt sich die Amtswohnung des Bürgermeisters, daneben liegt das Haus des seinerzeit reichsten Amsterdamers, des Bankiers Jan Balde. Sein Nachbar war der Sklavenhändler Nicolaas van Waveren – zwei steinerne Köpfe schwarzer Sklaven zieren das Portal. Die Patrizierpaläste sind heute bevorzugte Domizile von Banken, Versicherungen und Instituten. Ein Haus allerdings kann man besichtigen: die Villa des früheren Bürgermeisters Willet Holthuysen in der Herengracht 605, die seit 1896 als Willet-Holthuysen-Museum 27 mit dem herrschaftlichen Interieur und der Kunstsammlung zugänglich ist.

Die heimelige Atmosphäre entlang der Grachten verbreitet Gelassenheit: gepflegter Müßiggang vor malerischer Kulisse, in der die Kanäle den Spiegel bilden für die Gebäude aus Ziegel und Sandstein, für die Ulmen und Linden am Ufer. Amsterdam steht in dem guten Ruf, eine im Wortsinn zugängliche Stadt zu sein. Auch in den Gassen und Straßen, wo sich die Geschäfte reihen, ist rastlose Umtriebigkeit nicht an der Tagesordnung. Shopping wird hier nicht zum anstrengenden Staffettenlauf, Hetze und Hast läßt das städtebauliche Gesamtkunstwerk nicht zu.

Hinter den charakteristischen Steingiebeln – man unterscheidet Treppen- und Spitzgiebel, Hals- und Glockengiebel – lagerten im Goldenen Zeitalter die kostbarsten Güter der Welt: Muskatnüsse, Pfeffer, Zucker und Porzellan. Mancher Zufall wirkte segensreich, und der rege Handelsgeist der Bürger sorgte dafür, daß Amsterdam zu einem Zentrum des Welthandels wurde. Die Stadt hatte das große Glück, weder durch Kriege noch durch Brände zerstört zu werden, und so präsentiert sich am frühen Morgen, wenn alles noch schläft und die ersten Nebelschleier sich langsam heben, dem Betrachter ein Idealbild, wie es die holländischen Maler und Kupferstecher des 17. Jahrhunderts entworfen haben.

Die vielen Besucher sind immer wieder begeistert von der Ansammlung prachtvoller Giebelhäuser an den Kanälen. Doch die Gemeinde selbst ist mit ihrem architektonischen Erbe nicht immer pfleglich umgegangen. So wurde in der Vergangenheit viel wertvolle Bausubstanz abgerissen und durch eine farblose Gegenwarts-Architektur ersetzt. Noch in den 60er Jahren wollte man Grachten zuschütten, um Durchfahrtsstraßen anzulegen. Ein Teil der Altstadt wurde tatsächlich abgerissen. Inzwischen kämpfen Hausbesitzer, Denkmalschützer und Bewohner gegen den Verfall und für den Erhalt der einmaligen historischen Bausubstanz. Jährlich werden etwa 175 historische Gebäude restauriert.

Die van Loons waren im 17. Jh. eine der reichsten Familien der Stadt. Ihr Grachtenhaus ist heute ein sehenswertes Museum.

Eine typische Stadtansicht: Über 1000 Brücken führen über die Grachten und die Amstel.

Der Coffeeshop als Weltanschauung

Die Metropole der Jugendkultur

Die jungen Leute sitzen schon Stunden auf der Terrasse des Bulldog im Herzen von Amsterdam und schauen den Gauklern auf dem Leidseplein zu. Manch touristisches »Muß« haben sie pflichtgemäß erledigt, und nun können sie sich ihrem eigentlichen Ziel widmen: den Coffeeshops. »Genießen im Paradies« nennen sie es.

Die Niederlande sind das einzige europäische Land, in dem Haschisch und Marihuana in sogenannten Coffeeshops öffentlich verkauft werden. Seit 1970 gibt es diese Besonderheit in Amsterdam. Die obligate grelle Neonreklame verleiht dem klassischen Coffeeshop den bunten Anstrich. Hier treffen sich Schüler zum Billard, zum Tee oder Kaffee, machen Hausaufgaben, planen ihre abendlichen Touren. In einem Coffeeshop mischen sich Bildungsgrade und Gehaltsklassen. In der Oase Coffeeshop erholt man sich vom Alltagsstreß, wenn beim Genuß eines Stickies oder Joints die Probleme verblassen – ein geradezu idealer Stammplatz für Weltverbesserer und Idealisten, für Tagträumer, Nachtschwärmer und Zufallsgäste. Am besten beschreibt man solch einen Laden, indem man sagt, was er nicht ist. Er ist kein amerikanischer Coffee Shop, keine deutsche Café-Konditorei, kein Wiener Kaffeehaus.

Die Flower-Power-Zeit liegt zwar Jahrzehnte zurück – aber in Amsterdam werden die Erinnerungen daran wach.

Für Amsterdams Jugend, vor allem aber für Ausländer, sind Coffeeshops ein Zeichen für grenzenlose Toleranz. Der Verkauf der Drogen ist zwar laut Gesetz verboten, wird aber toleriert. »Alles ist verboten, nur der Genuß nicht«, interpretiert das Justizministerium. Rund hundert Organisationen handeln mit Drogen, und ihr jährlicher Gewinn wird allein in Holland auf rund neun Milliarden Gulden geschätzt. Rund 6,5 Milliarden Gulden wird an den sogenannten Softdrugs Haschisch und Marihuana verdient. Sehr lukrativ ist dieser Handel also, und es gibt niemanden, der sich darüber beklagt. Auch der Fiskus nicht, denn Coffeeshop-Betreiber zahlen Steuern. Die Holländer gelten als die »Kolumbianer Europas« und Amsterdam als das »Las Vegas der Drogen«. Doch viele Besucher laufen einer Legende nach: der Geschichte der wilden 60er und 70er Jahre, als die Stadt das Zentrum des jugendlichen Ungehorsams war. Diese Zeiten sind aber endgültig vorbei, und so bauen auch immer mehr Besitzer ihren Coffeeshop in ein Bistro oder eine normale Kneipe um, die inzwischen mehr Umsatz bringen.

In Amsterdam roch es noch nach Torffeuer, Salzhering und Dünnbier, als Venedig, Lissabon und Brügge schon auf dem Höhepunkt ihrer wirtschaftlichen und kulturellen Entwicklung standen. Die Einsicht, mit pragmatischer Toleranz schneller vor-

Tagträumer sind hier willkommen: Der »Bulldog« ist einer der berühmtesten Coffeeshops der Stadt.

Und abends geht es in die Disko: Im »Escape« läßt man das normale Leben hinter sich.

anzukommen als mit den zehn Geboten, die eher als eine Art Anleitung zum Reichwerden, denn als Moralgesetz angesehen wurden, beschleunigte den Aufstieg zur Metropole. Den Nimbus von Weltläufigkeit verdankt der Welt größte Pfahlsiedlung vor allem jenen Fremden, die von der Geschichte an das Ufer der Amstel gespült wurden. Das »Venezia hollandia« hat sie ausgebeutet, aber auch beschützt und reich gemacht.

Diese Stadt fesselt, läßt niemanden unbeteiligt, hat immer schon zur Stellungnahme herausgefordert. Voltaire, der französische Skeptiker, nannte sie eine »Canaille«, einen Schurken, und verglich sie mit dem antiken Sparta. Vielen Niederländern gilt sie als modernes Sodom und Gomorrha, als »Ventil der Jugend«, der französischen Regierung als Europas Drogenhauptstadt. Daß die Bewohner Amsterdams eine eigene Weltanschauung entwickelt haben, kann nicht verwundern. Wo Menschen aller Nationen aus verschiedensten Kulturkreisen dicht an dicht zusammenleben, ist man aus Pragmatismus darauf angewiesen, tolerant zu sein und demokratisch zu handeln.

Die Widersprüche zwischen calvinistischer Sittenstrenge und lässiger Lebensart prägen noch heute den Umgangsstil: Kleinbürger-Enge und kosmopolitisches Flair, Heiterkeit und Strenge findet man gleichermaßen.

Widerspruchsvoll ist auch die Geschichte: Dem Goldenen Zeitalter eines Rembrandt und weltweit erfolgreicher Kaufleute steht die Epoche der deutschen Besatzung gegenüber, als das jüdische Mädchen Anne Frank sich mit ihrer Familie in einem Hinterhaus in der Prinsengracht ⓬ verstecken mußte – um dann doch ausgeliefert zu werden. So etwas geht in das kollektive Gedächtnis einer Stadt ein, prägt ihre Gegenwart. Noch heute versammeln sich jedes Jahr am 25. Februar Hunderte von Amsterdamern, um an den Streik der Hafenarbeiter im Jahre 1941 gegen die Deportation ihrer jüdischen Mitbürger zu erinnern.

Amsterdam hat etwas ungeheuer Anachronistisches, etwas, das mittlerweile schon wieder modern ist: Häuslichkeit. Das ganz besondere Licht auf den Grachten erzeugt eine geradezu intime Atmosphäre, die reizvoll mit der maritimen Weltoffenheit der niederländischen Hauptstadt kontrastiert.

Und dann wieder die andere Seite: Schmale Gassen führen zur Pilgerstätte der Einsamen und Neugierigen, dem Rotlichtviertel »de Walletjes« (ehem. Ringwälle) in der malerischen Altstadt. Touristen schleichen an den rot erleuchteten Schaufenstern vorbei und erschrecken, wenn ein dunkles Mädchen sie mit nackten Reizen lockt. Hinter den Haustüren im Chinesenviertel vermutet die Phantasie die geheimnisvolle Welt der Syndikate. Das Viertel ist ein holländisches Chinatown mit Märkten, Speise- und Kaufhäusern, chinesischen Schulen und chinesischen Zeitungen.

Die sympathische Anarchie, der Gegensatz von schrill und bieder, der Kontrast zwischen protestantischer Strenge und kolonialer Exotik, macht den Reiz der Stadt aus. Mut zu starken Farben haben vor allem die dunkelhäutigen Mädchen und Frauen, deren Vorfahren aus Indonesien oder Surinam kommen und die Teil des kosmopolitischen Dorftheaters sind, das sich Amsterdam nennt. So sind es gerade die Widersprüche und wohl auch die Sünden und Sinnlichkeiten, die auf den Besucher eine so große Anziehungskraft ausüben.

Hier ist immer etwas los: Am Leidseplein spielen Straßenmusiker auf, zeigen Gaukler und Taschenspieler ihre verblüffenden Kunststücke.

Von Schützen und Kartoffelessern

Die Museumsstadt

Als große Seefahrernation besitzen die Niederländer eine der umfangreichsten Sammlungen der Welt zur Geschichte der Seefahrt. Das Schiffahrtsmuseum (Scheepvaart Museum) ㉞ mit den Schiffsmodellen und Navigationsinstrumenten, Waffen und Seekarten, Gemälden und Fotos befindet sich im früheren Zeughaus der Admiralität ('s Lands Zeemagazijn) von 1655/56. Das massive, 1791 nach einem Brand erneuerte Gebäude liegt am Oosterdok (Kattenburgerplein 1), wo im 17. und 18. Jahrhundert all die großen Schiffe gebaut und ausgerüstet wurden. Am Steg ist der originalgetreue Nachbau des Dreimasters Amsterdam (s. S. 14/15) zu begehen. Die etwas entfernt im Südosten gelegene Werft 't Kromhout ㉝, in der seit 1757 gearbeitet wird, kann man ebenfalls besichtigen.

Zar Peter der Große war 1697 nach Amsterdam gereist, um das Handwerk eines Schiffszimmermanns zu erlernen. Wie er waren damals auch die anderen Reisenden aus aller Welt erstaunt über den Reichtum, den die Bürger der Stadt angesammelt hatten. Und über die Kunstwerke, die sie in Auftrag gaben und die heute in vielen Museen der Stadt noch zu sehen sind.

Jeder ein van Gogh? In der Museumswerkstatt gilt es, dem eigenen Gespür für Farben und Formen Ausdruck zu geben.

Das größte und bekannteste ist die nationale Schatzkammer, das Rijksmuseum ㉓. Dieses »Kloster«, wie es König Willem II. einst nannte, von Stadtbaumeister Petrus Cuypers zwischen 1876 und 1885 erbaut, geht auf eine Anregung des ersten Königs der Niederlande, Louis Napoléon, zurück, der 1809 im Königlichen Palast (Koninklijk Paleis) den Grundstock zu dieser Sammlung legte. Nach dem Vorbild des Louvre in Paris sollte auch in Amsterdam ein nationales Kunstmuseum entstehen. Und was wurde im Laufe der Zeit nicht alles von Bürgern und Kaufleuten zusammengetragen: fast 6000 Gemälde, 40 000 Objekte aus Bildhauerkunst und Kunsthandwerk, 4500 Stücke asiatischer Kunst, 33 000 Einzelstücke zur niederländischen Geschichte, ferner Mode, Möbel, Puppenstuben sowie rund 900 000 Kupferstiche und Radierungen. Zwar liegt der Großteil dieser Schätze im Depot, doch auch das, was es zu sehen gibt, nimmt schon genug Zeit in Anspruch.

Im Zauberlicht des Ehrensaals hängt Rembrandts Gemälde »Der Auszug der Schützenkompanie von Hauptmann Frans Banning Cocq und Leutnant Willem von Ruytenburgh« von 1642, besser bekannt als »Die Nachtwache«. Diese spannungsreiche Komposition mit ihren Hell-Dunkel-Effekten stellt die prächtig gewandete Amsterdamer Schützenkompanie dar, die das Gemälde in Auftrag gab. Stolze zwanzig Rembrandts befinden sich auf derselben Etage, in den zahlreichen Kabinettsräumen weitere Meisterwerke der niederländischen Malerei: etwa Frans Hals' »Der fröhliche Trinker« oder die ausgelassenen Familienszenen von Jan Steen wie die »Fröhliche Familie« oder das »Nikolausfest«. Auch Jan Vermeer van Delft, von dem nicht mehr als 35 Arbeiten bekannt sind, ist mit seinen intimsten Werken vertreten: »Der Liebesbrief«, »Die Küchenmagd«, »Die kleine Straße«.

Wer sich für Amsterdamer Stadtgeschichte interessiert, sollte auf keinen Fall versäumen, sich die alten Puppenhäuser anzusehen. Sie zeigen das Interieur von Grachtenpalästen; alle Gegenstände von der Leinenwäsche über das chinesische Porzellan bis hin

500 maßstabsgetreue Schiffsmodelle sind im Schiffahrtsmuseum, einem der größten seiner Art, zu sehen.

Das Stedelijk Museum, ein wahrer Tempel der modernen Kunst, zeigt auch Sonderausstellungen. Hier beeindruckt »The Golden Room« von James Lee Byars.

zum Tafelsilber sind en miniature in höchster Vollendung nachgebildet.

Den neuen Südflügel des Rijksmuseums eröffnete Königin Beatrix im Frühsommer 1996. In dem hellen Gebäude mit acht großen Sälen werden Gemälde des 19. Jahrhunderts, Mode aus dem 17. und 18. Jahrhundert sowie asiatische Kunst ausgestellt, u. a. mehr als 500 Buddhastatuen, Gemälde und Schmuckstücke, die Kaufleute, Seefahrer und Kunstsammler in vielen Jahrhunderten zusammengetragen haben. An den Südflügel grenzt der Museumsgarten an.

Das Rijksmuseum mit seinen burgundischen Dächern und zahlreichen Türmen schließt die großstädtische Anlage des Museumsplatzes auf der einen Seite ab. Ihm gegenüber befindet sich Hollands bekannteste Musikhalle, das Concertgebouw 20. Dazwischen verstecken sich hinter Bäumen noch zwei Museen von Weltruf: Das Neo-Renaissancegebäude beherbergt das Stedelijk Museum (Städtisches Museum) 21 mit seiner Sammlung moderner Kunst. Hier werden Werke der niederländischen Künstlerbewegung De Stijl ausgestellt, der Piet Mondrian und Théo van Doesburg angehörten. Der russische Maler Kasimir Malewitsch, ein Wegbereiter des Konstruktivismus, ist ebenso vertreten wie die amerikanische Pop-art. Wichtige Werke der klassischen Moderne – Pablo Picasso, Wassily Kandinsky, Henri Matisse, Marc Chagall – runden die umfangreiche Sammlung ab.

Für das Van-Gogh-Museum 22 entwarf Gerrit Rietveld ein würfelförmiges Gebäude. Trotz des Museumsnamens sind nicht ausschließlich Werke Vincent van Goghs zu sehen, sondern auch Bilder seiner Zeitgenossen wie etwa Claude Monet, Henri de Toulouse-Lautrec, Paul Gauguin. Doch van Gogh, der zu Lebzeiten nur ein Bild verkaufte und stets arm blieb, dominiert hier mit seinen mehr als 200 Gemälden und rund 520 Zeichnungen und Aquarellen bei weitem. Umlagert, vor allem von Schulklassen, sind die Bilder seiner »düsteren Periode« 1880 bis 1887. Den Höhepunkt neben den acht Bauern-Porträts bildet das Werk »De Aardappeleters« (Die Kartoffelesser) aus dem Jahre 1885. Mit 32 Jahren malte van Gogh in Nuenen, wo sein Vater Prediger war, dieses weltberühmte Bild. Von den Einwohnern des Bauerndorfes wurde der Maler als Sünder gebrandmarkt. Die Familie de Groot, die van Gogh in einem Meisterwerk für die Nachwelt verewigte, blieb zeitlebens von der Dorfgemeinschaft geächtet. Da niemand mehr dem Maler Modell stand, verlegte der sich auf Stilleben und Landschaftsbilder. Dann zog er fort, nach Arles in Südfrankreich. Hier wurden seine Farben leuchtender; er malte goldgelbe Sonnenblumen, lodernde Kornfelder, blühende Mandelbäume, Porträts und immer wieder sich selbst. Auch Gemälde dieser Periode sind im Van-Gogh-Museum zu sehen.

Ein Besuch im Rijksmuseum mit über 250 Sälen ist anstrengend – doch vor Rembrandts »Nachtwache« neue Kraft zu schöpfen fällt leicht.

Auf einen Blick

Amsterdam entdecken und erleben

Die 720 000-Einwohner-Stadt Amsterdam läßt sich gut zu Fuß erkunden; ein Spaziergang entlang den Grachten führt von einer Sehenswürdigkeit zur nächsten. Ein ideales Fortbewegungsmittel ist auch das Fahrrad. Die Stadt wird stufenweise autofrei gemacht und verfügt über viele Radwege. Am Hauptbahnhof (Stationsplein 6) kann man sich ein Rad ausleihen und beim Fremdenverkehrsbüro erhält man Tourenvorschläge. Eine Grachtenrundfahrt sollte sich allerdings kein Amsterdam-Besucher entgehen lassen (s. S. 16).

Im Sommerhalbjahr werden am Freitagvormittag auf dem Käsemarkt im nordwestlich gelegenen Alkmaar die Käselaiber auf traditionelle Weise zur Waage transportiert.

1. Stadthaus/Musiktheater
2. Waterlooplein
3. Rembrandthaus
4. Gracht Oude Schans
5. Oostindisch Huis
6. Neuer Markt
7. Oude Kerk
8. Hauptbahnhof
9. Nieuwe Kerk
10. Königlicher Palast
11. ehem. Postkantoor
12. Anne-Frank-Haus
13. Westerkerk
14. Keizersgracht
15. Herengracht
16. Historisches Museum
17. Beginenhof
18. Leidseplein
19. Vondelpark
20. Concertgebouw
21. Stedelijk Museum
22. Van-Gogh-Museum
23. Rijksmuseum
24. Heineken-Brauerei
25. Museum van Loon
26. Munt-Turm
27. Willet-Holthuysen-Museum
28. Collectie Six
29. Magere Brug
30. Diamantenbörse
31. Jüdisch-Historisches Museum
32. Portugiesische Synagoge
33. Werft 't Kromhout
34. Schiffahrtsmuseum

Der 1889 eröffnete Hauptbahnhof wurde auf drei künstlichen Inseln erbaut. An der Hafenseite legen Fähr- und Rundfahrtschiffe an.

In der Nieuwe Kerk, einer spätgotischen Basilika aus dem frühen 15. Jahrhundert, ist das prächtige Barockgrabmal des Admirals Michiel de Ruyter zu sehen.

Ob mit dem Rundfahrtboot oder zu Fuß: die Keizersgracht mit ihren schönen Patrizierhäusern gehört in jedes Besucherprogramm.

Im Vondelpark mit seinen Wiesen, Seen und Rosengärten kann man sich nach einem anstrengenden Museumsbesuch eine Ruhepause gönnen.

Das Concertgebouw von 1888 ist für sein Orchester wie für seine Akustik weltberühmt. Ein neues Beton-Fundament stoppte das bedrohliche Absinken in den Untergrund.

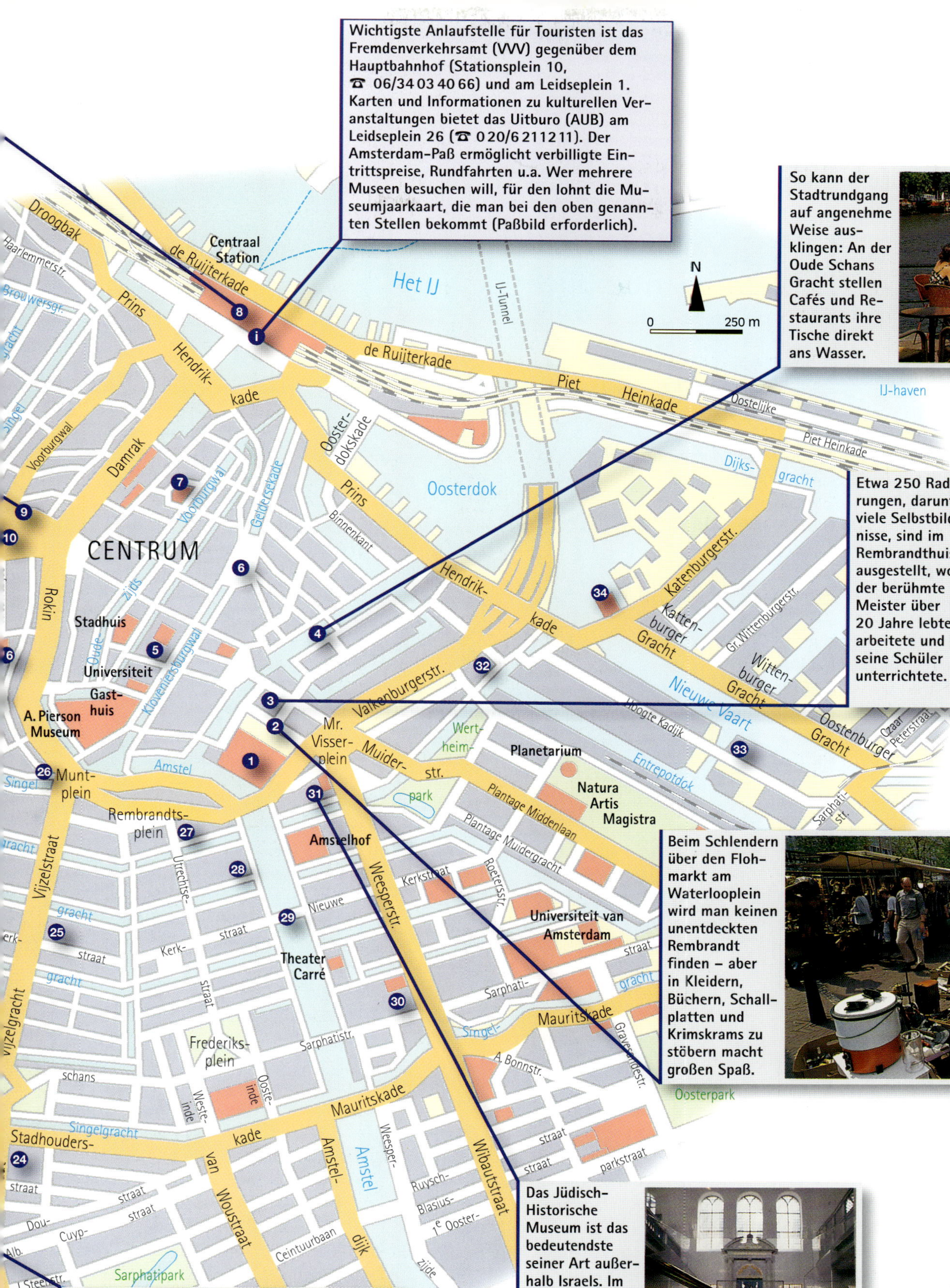

Wichtigste Anlaufstelle für Touristen ist das Fremdenverkehrsamt (VVV) gegenüber dem Hauptbahnhof (Stationsplein 10, ☎ 06/34 03 40 66) und am Leidseplein 1. Karten und Informationen zu kulturellen Veranstaltungen bietet das Uitburo (AUB) am Leidseplein 26 (☎ 0 20/6 21 12 11). Der Amsterdam-Paß ermöglicht verbilligte Eintrittspreise, Rundfahrten u.a. Wer mehrere Museen besuchen will, für den lohnt die Museumjaarkaart, die man bei den oben genannten Stellen bekommt (Paßbild erforderlich).

So kann der Stadtrundgang auf angenehme Weise ausklingen: An der Oude Schans Gracht stellen Cafés und Restaurants ihre Tische direkt ans Wasser.

Etwa 250 Radierungen, darunter viele Selbstbildnisse, sind im Rembrandthuis ausgestellt, wo der berühmte Meister über 20 Jahre lebte, arbeitete und seine Schüler unterrichtete.

Beim Schlendern über den Flohmarkt am Waterlooplein wird man keinen unentdeckten Rembrandt finden – aber in Kleidern, Büchern, Schallplatten und Krimskrams zu stöbern macht großen Spaß.

Das Jüdisch-Historische Museum ist das bedeutendste seiner Art außerhalb Israels. Im Komplex aus vier ehemaligen Synagogen stellt es Glauben und Leben der niederländischen Juden vor.

Nicht nur berühmte Gemälde wie dieses Selbstbildnis locken ins Van-Gogh-Museum, auch die Zeichnungen und Aquarelle der weltgrößten Sammlung seiner Werke sollte man gesehen haben.

Was – wann – wo?

Stopera

Vorhang auf!

Amsterdam bietet weit über 10 000 kulturelle Veranstaltungen im Jahr. Übersicht verschaffen das Stadtmagazin »Uitkrant« und das englischsprachige »What's on«.

- **Concertgebouw** ⑳. Berühmt ist das Konzertgebäude, das 1888 eröffnet wurde, vor allem wegen seiner vorzüglichen Akustik. Das Concertgebouw-Orchester genießt internationalen Ruf, und auch internationale Solisten und Orchester treten hier auf. Die öffentlichen Proben am Mittwoch um 12 Uhr sind kostenlos zugänglich und geben einen ersten Eindruck. Concertgebouwplein 2–6.
- **Ijsbreker.** Das Forum für experimentelle Musik junger Komponisten. Weesperzijde 23.
- **Stopera** ❶. Rathaus und Musiktheater in einem hochmodernen Gebäudekomplex, der 1988 eröffnet wurde. Das Niederländische Nationalballett und die Nationaloper geben hier ihre Vorstellungen. Amstel 3.
- **Stadsschouwburg.** Internationale, oft moderne Stücke stehen auf dem Spielplan des Stadttheaters, das in einem Neo-Renaissancegebäude untergebracht ist. Leidseplein 26.
- **Shaffy Theater.** Experimentelles Theater, Tanz und Kabarett im Felix-Meritis-Gebäude, das wegen seiner von Palladio inspirierten Fassade sehenswert ist. Keizersgracht 324.
- **Koninklijk Theater Carré.** In dem früheren Zirkus werden populäre Musicals und Bühnenshows sowie Kabarett und Tanz gezeigt. Amstel 115–125.

Möglichst mit Grachtenblick

Knapp 300 Hotels mit etwa 30 000 Betten gibt es in Amsterdam. Die Spanne reicht von der Royal-Suite bis zum Schlafplatz im Sleep-in. Wer stilvoll am Grachtengürtel – möglichst mit Blick aufs Wasser – nächtigen will, muß dafür schon etwas hinlegen.

Wintergarten im Grand Hotel

- **Grand Hotel Krasnapolsky.** Das Traditionshotel ist zweckmäßig modern eingerichtet – und besitzt einen wundervollen Wintergarten im Art-déco-Stil. Dam 9. ☎ 0 20/5 54 91 11, Fax 0 20/6 22 86 07.
- **Golden Tulip Barbizon Palace.** Das Fünf-Sterne-Hotel im Zentrum bietet Atmosphäre, großzügige Zimmer und guten Service. Prins Hendrikkade 59–72. ☎ 0 20/5 56 45 64, Fax 0 20/6 24 33 53.
- **Estheréa.** Das Stadthotel hinter alten Giebeln am Kanal ist noch in Familienbesitz. Singel 303–309. ☎ 0 20/6 24 51 46, Fax 0 20/6 23 90 01.
- **Ambassade.** Das Grachtenhotel besteht aus zehn Patrizierhäusern. Die Zimmer sind individuell und teilweise äußerst stilvoll eingerichtet. Herengracht 335–353. ☎ 0 20/6 26 23 33, Fax 0 20/6 24 53 21.
- **Wiechmann.** Die Zimmer der drei Grachtenhäuser sind holländisch bieder möbliert, und einige bieten auch den begehrten Grachtenblick. Prinsengracht 328–332. ☎ 0 20/6 26 33 21, Fax 0 20/6 26 89 62.
- **Ibis.** Funktionell und preiswert, ideal für Bahnreisende und Leute mit kleinem Budget. Stationsplein 49. ☎ 0 20/6 38 99 99, Fax 0 20/6 20 01 56.

Roxy

Die Nacht zum Tag gemacht

Kneipen, Bars, Probierstuben und Diskotheken gibt es in Hülle und Fülle. Daß die Stadt vor allem bei jungen Leuten beliebt ist, zeigt sich auch am Nachtleben. Ausgehviertel sind Leidse- und Rembrandtplein, so richtig los geht's dort erst ab 22 Uhr. Die eleganten Cafés, deren Einrichtung oft noch aus dem 19. Jahrhundert stammt, sind heute Treffpunkt des schicken Amsterdam.

- **De Jaren.** In diesem glanzvollen Grand Café treffen sich die Studenten der nahe gelegenen Universität. Terrasse an der Amstel. Nieuwe Doelenstraat 20–22.
- **Café Luxembourg.** Sehen und gesehen werden: Das schicke Café ist Treffpunkt all derer, die es geschafft haben. Spui 22.
- **Melkweg.** Kulturzentrum als Treffpunkt, Café und Theatersaal. Filmvorführungen, Live-Musik und vieles mehr. Lijnbaansgracht 234a (hinterm Leidseplein).
- **Odeon.** Hinter denkmalgeschützter Fassade gibt es für jeden etwas: Jazz, Oldies und Techno jeweils auf einer der drei Etagen. Singel 460.
- **Roxy.** Szenetreff in einem ehemaligen Kino. Einmal im Monat (Sonntag) heißt es »Women only« in der »Pussy Lounge«. Singel 465.
- **In de Olofspoort.** Alt und prunkvoll ist die Innenausstattung dieser Probierstube in historischen Gemäuern. Spezialität: der Olofspoorterbitter. Nieuwebrugsteeg 13.
- **In de Wildeman.** In einer ehemaligen Schnapsbrennerei ist eine urige Kneipe eingerichtet, die 150 Biersorten anbietet. Nieuwez Zijds Kolk 5.
- **Naar Boven.** Einer der zahlreichen Disko-Treffs rund um den Rembrandtplein. Reguliersdwarsstraat 38–40.

Bummeln, Stöbern, Einkaufen

In der P.C. Hoofdstraat findet man Boutiquen mit ausgefallener Mode. Antiquitäten, chinesisches Porzellan, Delfter Kacheln oder alte Atlanten gibt es im Spiegelkwartier an der Spiegelgracht in über 60 Läden. Auch die Tages- und Wochenmärkte lohnen einen Besuch.

- **Magna Plaza.** In der alten Post sind über drei Etagen viele schicke Boutiquen untergebracht. N.Z. Voorburgwal (hinter der Nieuwe Kerk).
- **Maison de Bonneterie.** Elegante Mode in einer Atmosphäre, die einen tüchtigen Hauch Fin de siècle vermittelt. Rokin 150.
- **Metz.** Hier kauft man Schönes oder stöbert in sinnlosem Schnickschnack. Lohnend ist der Blick über die Grachten vom Kuppelcafé des Kaufhauses. Keizersgracht 455.
- **Hester van Eeghen.** Handtaschen, Etuis und alles, was sonst noch aus Leder angefertigt wird. Hartenstraat 1.
- **Inez Stodel** ist auf antiken Schmuck und altes Silber spezialisiert. Nieuwe Spiegelstraat 65.
- **Eduard Kramer.** Fundgrube für alte Kacheln und Weingläser. Nieuwe Spiegelstraat 64.
- **Aaronson Antiquairs.** Hier findet man vor allem chinesisches Porzellan und Möbel. Nieuwe Spiegelstraat 39.
- **Bloemenmarkt.** Mit heimischen und exotischen Blumen und Pflanzen lockt der Markt am Singel (am Munttoren) die ganze Woche über auch Touristen an.

Bloemenmarkt

- **Albert Cuypmarkt.** Obst und Gemüse, Käse, Fisch, Gewürze sowie Haushaltsartikel und Kleider: Es gibt fast nichts, was es hier nicht gibt (Mo–Sa). Albert Cuypstraat.

Exotisch gut

Exotisch-würzig bis deftig

Die Amsterdamer Küche zeichnet sich durch ihre Vielfalt aus, besonders beliebt sind auch chinesische und indonesische Restaurants. Man kann teuer und elegant, aber auch preiswert essen. Typische Imbisse sind Bitterballen, poffertjes (in Fett gebackene Pfannküchlein), Bamiballen (belegte Brötchen) und natürlich Pommes frites. In den Imbißstuben werden Snacks aus der Wand gezogen, »Essen aus der Mauer« nennt man das hier.

- **La Rive** ist die Gourmet-Adresse Amsterdams. Die Speisekarte des Zwei-Sterne-Restaurants ist an der französischen Küche orientiert. Prof. Tulpplein 1 (Amstel-Hotel).
- **Hosokawa.** Japanische Küche. Besonders beliebt, aber nicht gerade billig, sind die Fischspezialitäten. Max Euweplein 22.
- **Raden Mas.** Hier wird in elegantem Ambiente eine abendfüllende indonesische Reistafel serviert. Stadhouderskade 6.
- **De Roode Leeuw.** Feine Brasserie mit gutem holländischen Essen und behaglicher Atmosphäre. Damrak 93/94.
- **Indonesia.** Wie der Name schon sagt, ißt man hier indonesisch. Der Rahmen ist stilvoll, die Reistafel ausgezeichnet. Korte Leidsedwarsstraat 18.
- **Nam Kee.** Auch in Hongkong hätte diese exzellente chinesische Küche ihr Stammpublikum. Geldersekade 117.
- **Keuken von 1870.** Preiswerte holländische Hausmannskost kommt in der ehemaligen Armenküche auf den Tisch. Spuistraat 4.

Im Sommer ist immer was los

Zahllose Feste und kulturelle Veranstaltungen halten die Stadt besonders während der Sommermonate in Atem.

- **Koninginnedag,** der Tag der Königin, wird mit einem großen Volksfest begangen. In den Straßen der Stadt gibt's Tanz und Musik, Gaukler treten auf, und Verkaufsstände bieten allerlei feil. 30. April.

Koninginnedag

- **Boeken op de Dam.** Büchermarkt und Popkonzert auf dem Dam. Ende Mai.
- **Holland Festival.** Tanz, Theater, Oper und Musik – die Veranstaltungen finden an unterschiedlichen Orten statt und bieten für jeden etwas (Karten und Infos: Amsterdam UIT Buro [AUB] ☎ 0 20/6 21 12 11). Juni.
- **Vondelpark Openluchttheater.** Theater unter freiem Himmel und Open-air-Konzerte kostenlos im Vondelpark ⓳. Juni bis August.
- **Prinsengracht Concert.** Auf einem schwimmenden Podium vor dem Pulitzer Hotel und auf Grachtenbooten werden Pianokonzerte gegeben. Ende August.
- **Aalsmeerer Blumenkorso.** Die Blumenzüchter ziehen mit ihrer bunten Pracht durch die Straßen der Stadt. 1. Samstag im September.
- **Jordaan-Volksfest.** Straßenfest im »Volksviertel« Amsterdams mit Kirmes und Folklore. 2. und 3. Septemberwoche.

ATHEN

Die Wiege der Demokratie

Athen und Europa – das eine ist undenkbar ohne das andere. Hier führte man bereits in vorchristlichen Jahrhunderten die Demokratie ein. Hier finden sich die ältesten Meisterwerke der europäischen Architektur und Kunst. Und doch ist Athen eine der jüngsten Hauptstädte Europas. Als die Griechen nach fast 400jähriger türkischer Herrschaft 1833 wieder selbst über ihre Geschicke bestimmen durften und bald darauf Athen zur Hauptstadt des ganzen Landes erhoben, war es nur ein Dorf mit 4000 Bewohnern. Heute beträgt die Einwohnerzahl über vier Millionen.

Die Tracht des vorigen Jahrhunderts läßt sich heute noch an den Wachgardisten, den vor dem Parlamentsgebäude patroullierenden Evzonen (Bild), bewundern. Vor 150 Jahren lebten die Athener zwischen den Ruinen der Akropolis, heute ziehen hier die Touristenströme durch. Das Symbol des Hellenentums, das die Jahrtausende überdauert hat, ist stark von der Luftverschmutzung bedroht. Denn um die historische Kulisse tobt das Leben einer modernen Großstadt. Einer mit Atmosphäre allerdings, prägt doch das ganz eigene Lebensgefühl ihrer Bewohner die Stadt am Rande Europas, wo nicht nur Schrift und Musik ganz anders sind als auf dem übrigen Kontinent.

ΡΑ=ΠΡΕΜΕΤ
ΟΓΡΑΔΕ
ΘΩΡΙ=ΚΡ
Ν=ΡΙΜΙΝ
ΔΕΚΑΝΗ

Kronzeugin des Altertums

Die Akropolis

Die Akropolis ist das Wahrzeichen Athens, der Parthenon-Tempel Inbegriff klassischer Schönheit. Selbst seine optische Wirkung ist kein Werk des Zufalls: Sie beruht auf exakten mathematischen Berechnungen.

Eigenwillig waren die Athener schon immer. Sonst hätten ja nicht gerade sie die Demokratie »erfunden«. Deren Herz schlug in der Pnyx ⓮, der Stätte der Volksversammlung. An ihr durfte seit den Reformen des Kleisthenes um 510 v. Chr. jeder freie männliche Bürger Athens über 30 Jahre teilnehmen. Heute sitzen hier allabendlich Schulklassen und Urlauber, um sich im Rahmen eines Ton- und Lichtspektakels die Baugeschichte der dabei in unterschiedlichsten Farben angestrahlten Akropolis erzählen zu lassen. Das 156 Meter hohe Kalksteinplateau war schon in mykenischer Zeit Kultmittelpunkt und Königssitz. Hier residierte bereits jener sagenhafte König Ägeus, nach dem das Inselmeer der Griechen – die Ägäis – benannt ist. Vom Glanz der mykenischen Ära zwischen 1550 und 1200 v. Chr. vermittelt die im Archäologischen Nationalmuseum ㉙ ausgestellte sogenannte »Totenmaske des Agamemnon« einen Eindruck. Sie wurde freilich nicht in Athen, sondern auf dem Peloponnes geschmiedet. Dessen bedeutendste mykenische Machtzentren, Mykene und Tiryns, sind nur einen Tagesausflug von Athen entfernt.

Die Bauten, die man heute auf der Akropolis bewundert, sind trotz ihres hohen Alters sehr viel jünger. Sie stammen alle aus dem Goldenen Zeitalter Athens, dem 5. Jahrhundert v. Chr. Die Athener hatten zwischen 492 und 479 mit nur wenigen Verbündeten Heer und Flotte des mächtigen Perserreichs in den Schlachten bei Marathon und Salamis zurückgeschlagen. Dadurch wurde das Vordringen der Perser nach Europa verhindert. Nun heimsten die Athener die Früchte ihres Sieges ein: Alle griechischen Inseln und viele Stadtstaaten auf dem Fest-

Sechs Mädchenskulpturen, Karyatiden genannt, tragen das Dach der Korenhalle am Erechtheion.

Die goldene »Totenmaske des Agamemnon« – ein Highlight des Archäologischen Nationalmuseums.

Einst am Parthenon, heute im Akropolismuseum: ein Stück des Relief-Frieses, der die Prozession zu Athenes Geburtstag darstellte.

land wurden von ihnen in ein Schutzbündnis gezwungen, den Delisch-Attischen-Seebund. Athen stieg zur »Supermacht« in der Ägäis auf. Jeder Bündnispartner hatte je nach Wohlstand eine Art Schutzgeld zu zahlen, das zunächst noch auf der heiligen Insel Delos deponiert wurde. Athens großer Staatsmann Perikles holte die Bündniskasse 454 v. Chr. nach Athen – und finanzierte damit den Bau der Akropolis. Ihre Tempel sollten die Götter ehren, zugleich aber auch der gesamten griechischen Welt die Macht und den Reichtum Athens verkünden.

Diese Aufgabe erfüllen der Parthenon ❷, das Erechtheion ❸ und der Athena-Nike-Tempel ❺ noch heute. Daß sie stilistisch so unterschiedlich sind, obwohl sie alle binnen weniger Jahre in der zweiten Hälfte des 5. Jahrhunderts v. Chr. erbaut wurden, ist Ausdruck lebendiger Demokratie. Die Baupläne mußten, wie alle öffentlichen Angelegenheiten des Staates, von der Volksversammlung diskutiert und genehmigt werden, der alle freien männlichen Bürger angehörten. Zeit hatten sie genug, denn sie bekamen wie Parlamentarier heute ordentliche Diäten ausbezahlt. Beim Parthenon setzten sich die »Fortschrittlichen« durch. Sie ließen einen Tempel errichten, der größer als der des Göttervaters Zeus in Olympia war. Für den Tempel gaben sie eine zwölf Meter hohe Statue der Stadtgöttin Athena in Auftrag, die ganz aus Gold und Elfenbein gearbeitet war. Sie hatte keinerlei religiöse Funktion, sondern diente nur der Goldanlage. Opfer und Verehrung wurden weiterhin einer uralten hölzernen, ganz bescheidenen Athena-Statue dargebracht. Sie wurde im Erechtheion aufgestellt. Bei dessen Bau hatten sich die »Konservativen« durchgesetzt. Das Erechtheion sollte den Göttern ein Haus sein, nicht dem Mammon. Auch der zierliche Nike-Tempel trägt konservative Züge und wurde ebenfalls als Kultstätte genutzt. Er steht bewußt im Gegensatz zum gigantischen Parthenon und den unmittelbar benachbarten Propyläen ❹, dem größten Torbau des griechischen Altertums.

So wie heute hat die Akropolis allerdings nicht ausgesehen, als ihre Tempel kurz vor dem Jahr 400 v. Chr. fertiggestellt waren. Viele Partien der Tempel waren farbig bemalt, auf den Freiflächen waren Statuen und Weihegeschenke aufgestellt und Bäume gepflanzt worden. In römischer Zeit ließ Kaiser Augustus unmittelbar vor dem Parthenon einen Tempel zu seinen eigenen Ehren errichten, im 6. Jahrhundert n. Chr. wurde der Parthenon zur christlichen Bischofskirche Athens. In den langen Jahrhunderten der türkischen Herrschaft über Griechenland entstand zwischen den Tempeln ein Dorf mit Wohnhäusern, Ställen, Bädern und Moscheen, der Parthenon diente als Pulvermagazin. Der gezielte Kanonenschuß eines Lüneburger Leutnants in venezianischen Diensten, der die dort gelagerte Munition zur Explosion brachte, machte den Parthenon erst 1687 zur Ruine. Heute sind die Bauten auf der Akropolis durch Autoabgase und Luftverschmutzung gefährdet. Um sie zu retten, läuft seit 1977 ein aufwendiges Sanierungsprogramm. Alle Mauern werden Stein für Stein abgetragen, die rostenden Eisenklammern zwischen den Blöcken durch Titanklammern ersetzt, fehlende Quader ergänzt. Es wird noch lange dauern, bis die Baugerüste wieder von der Akropolis verschwunden sind.

Der zierliche Nike-Tempel (hinten) war der Siegesgöttin geweiht. Charakteristisch sind seine ionischen Säulen.

Tempel, Märkte und Theater

Die antiken Stätten

Flügel für die Phantasie: Die von amerikanischen Archäologen rekonstruierte Stoa des Attalos.

Im Athen des klassischen Altertums spielte das Theater eine ganz wesentliche Rolle. Das Dionysos-Theater ❼ am Südhang der Akropolis gilt als seine Geburtsstätte. Der Männern vorbehaltene Eintritt war frei. Die Kosten der Aufführungen, an denen während des alljährlichen, fünftägigen Theaterwettbewerbs bis zu 1000 freie Bürger als Mitwirkende teilnahmen, wurden von Choregen genannten Sponsoren getragen. Die Choregen des siegreichen Stücks ließen sich seit dem 4. Jahrhundert v. Chr., als das Dionysos-Theater auch erstmals die heute noch sichtbaren steinernen Ränge erhielt, Choregen-Denkmäler errichten. Das Lysikratesmonument ❽ in der Plaka ist das einzig gut erhaltene.

Zentrum des antiken Alltagslebens war die nördlich der Akropolis gelegene Agora, der Markt. An ihrem Rand steht leicht erhöht der besterhaltene Tempel Griechenlands ⓬. Der 460–20 v. Chr. im dorischen Stil errichtete Bau war dem Hephaistos geweiht, dem antiken Gott der Schmiedekunst. Nach dem Verbot aller heidnischen Kulte am Ende des 4. Jahrhunderts wurde er als christliche Kirche weiter genutzt. Noch 1834 begrüßte man hier den aus Bayern stammenden ersten König des von den Türken befreiten Griechenland, Otto I., mit einem Gottesdienst; danach wurde der Tempel zu Athens erstem archäologischen Museum.

Außer ihm standen auf der Agora Altäre und Tempel für viele weitere Gottheiten, aber auch Amtsgebäude wie das Buleuterion, in dem ein Rat von 500 alljährlich neu gewählten Buleuten – Ratsherren – Anträge an und Empfehlungen für die Volksversammlung beschloß. Vor allem aber war die Agora Tummelplatz der Philosophen und – natürlich – Marktgelände. In langen Säulenhallen wie der rekonstruierten Stoa des Attalos ⓫ waren Läden, Werkstätten und Weinschenken zu finden. Die Stoa ist heute ein Museum, in dem viele Objekte vom antiken Alltag berichten: Eichgewichte, Schusterutensilien und eine Wasseruhr sind einige Beispiele.

Vom Umgang mit dem Tod in klassischer Zeit vermitteln die zahlreichen auf dem Kerameikos-Friedhof ㉖ gefundenen Grabstelen und -denkmäler einen Eindruck. Obwohl die meisten Originale heute im Archäologischen Nationalmuseum ㉙ ausgestellt sind, gehört ein Besuch des Kerameikos zu den stimmungsvollsten Erlebnissen eines Zeitenbummels durch Athen. Die deutschen Archäologen, die hier gegraben haben, stellten in dem parkähnlichen Gelände viele Kopien auf, so daß man die Werke in

Das römische Odeon des Herodes Atticus mit seinem 28 Meter hohen Bühnengebäude bot 5000 Zuschauern Platz.

Diese 3000 Jahre alte Amphore – heute im Museum des alten Töpferquartiers Kerameikos – barg die Asche eines Toten.

einer natürlichen Umgebung genießen kann. Jedes Grabdenkmal scheint etwas vom Charakter des Toten auszudrücken. Da ist der Stier eines Mannes namens Dionysos, der von der Insel Samos stammte. Er scheint von der Kraft des Dahingeschiedenen zu künden und drückt zugleich als Symboltier der Fruchtbarkeit die Hoffnung auf dessen Unsterblichkeit aus. Ganz anders wirkt da die Grabstele der Hegeso, eines der schönsten Werke attischer Kunst vom Ende des 5. Jahrhundert v. Chr.: Die Verstorbene sitzt still in sich versunken auf einem Lehnstuhl und zieht ein Schmuckstück aus dem Kasten, den ihr eine vor ihr stehende Dienerin reicht. Das zarte Gewand und die lieblich ihren Körper umspielenden Falten drücken Zärtlichkeit und Schönheit aus, das Gesicht läßt Trauer spüren.

Die zweite bedeutende Bautengruppe in der griechischen Hauptstadt stammt aus römischer Zeit, als Athen nicht wie zuvor eine politische, wohl aber eine herausragende kulturelle Rolle spielte. Jetzt entschied nicht mehr das Volk über Aussehen und Finanzierung der Bauwerke, sondern ein Kaiser wie Hadrian oder ein reicher Gönner wie der römische Konsul Herodes Atticus. Bezeichnenderweise wurde erst um 130 n. Chr. unter Hadrian der monumentale Tempel des Olympischen Zeus (Olympieion) 17 fertiggestellt, der fast 650 Jahre lang unvollendet geblieben war. Seinen Bau hatte nämlich nicht das Volk beschlossen, sondern der Tyrann Peisistratos.

In unmittelbarer Nähe des Tempels ließ der römische Kaiser auch das nach ihm benannte Hadrianstor 16 errichten, auf dem er sich stolz als zweiter Gründer Athens nach dem mythischen Stadtgründer Theseus bezeichnet. Eine neue Agora gleich neben dem schon 150 Jahre älteren Turm der Winde 9 hatten bereits Cäsar und Kaiser Augustus der Stadt gestiftet. Zwischen griechischer und römischer Agora ließ Kaiser Hadrian nun auch noch einen prächtigen Bibliotheksbau 10 mit großzügigem Atriumhof erstellen. Über 500 Jahre nach dem »Goldenen Zeitalter« war Athen damit wieder zu einer der prächtigsten Städte am Mittelmeer geworden.

Ein Kronjuwel stiftete ihr schließlich eine Generation später Herodes Atticus, einer der reichsten Männer der Antike. Er ließ am Südhang der Akropolis ganz nahe dem altehrwürdigen Dionysos-Theater ein viel monumentaleres, prächtigeres Odeion 6 im römischen Stil errichten. Es hat die Jahrhunderte so gut überdauert, daß darin noch heute alljährlich die meisten Veranstaltungen im Rahmen der Athener Festspiele stattfinden können. Gezeigt werden freilich keine römischen Stücke, sondern die Werke der großen antiken Dramatiker Aischylos, Sophokles, Euripides und Aristophanes, die allesamt Athen und seiner Demokratie aufs innigste verbunden waren.

Sponsorenruhm für alle Zeiten: Das Denkmal des Lysikrates mit seinen schönen korinthischen Säulen steht in Athens Altstadt, der Plaka.

Fundstücke

Zu den ältesten Schätzen des grandiosen Archäologischen Nationalmuseums 29 gehören das modern wirkende Kykladenidol des Harfenspielers aus dem 3. Jahrtausend v. Chr. (Saal 6) und die goldene Totenmaske des Agamemnon aus den mykenischen Königsgräbern (2. Jahrtausend v. Chr., Saal 4). Außerdem sollte man gesehen haben: die drei Meter hohe Statue eines nackten Jünglings aus archaischer Zeit (6. Jahrhundert v. Chr., Saal 8), die Bronzestatue des Poseidon (um 480 v. Chr., Bild) und das Weihrelief aus Eleusis mit der Darstellung der Demeter (um 440 v. Chr., beide Saal 15). Die Grabstele der Hegeso von Kerameikos (um 410 v. Chr., Saal 18), die Marmorstatue des Poseidon aus dem späten 2. Jahrhundert v. Chr. (Saal 30) und die minoischen Fresken von Santorin aus dem 16. Jahrhundert v. Chr. im Obergeschoß sind ebenfalls ein Muß.

Χαρὰ Θεοῦ – Freude Gottes

Lebendiger Glaube

Byzantinische Kunst hat viele Ausdrucksformen, nicht nur Ikonen, Fresken oder Mosaiken. Liturgische Geräte wie diese, darunter Abendmahlskelch und Bischofskrone, zeugen vom mystischen Glanz orthodoxer Gottesdienste.

In der Kapelle der hl. Dinami (Agia Dynamis) 21 an der Mitropoleos-Straße herrscht jeden Morgen reges Treiben. Männer, Frauen und Kinder betreten den kleinen Raum, entzünden Kerzen, bekreuzigen sich, küssen die Ikonen und gehen wieder hinaus ins irdische Treiben. So wie in dieser winzigen Kirche im Zentrum, deretwegen ein moderner Verwaltungsbau teilweise auf Betonpfeilern errichtet werden mußte, geht es morgens und abends in vielen Gotteshäusern der Stadt zu. Die Tempel der heidnischen Götter sind nur noch tote Monumente. Die zahllosen Kirchen Athens aber sind von regem Leben erfüllt, weil der Glaube in den meisten Menschen noch lebendig ist. Die Indizien dafür sind allgegenwärtig: Heiligenikonen hängen in Linienbussen und Hotelrezeptionen, Fahrgäste in der Metro bekreuzigen sich beim Passieren einer Kirche, die Reliquien von Heiligen werden innig geküßt, die Gottesdienste sind gut besucht, Χαρὰ Θεοῦ, die Freude Gottes, wünscht man sich gegenseitig.

Rund 97 Prozent aller Griechen sind orthodoxe Christen. Sie sind stolz darauf, einer Kirche anzugehören, die an Riten und Überzeugungen der frühen Christenheit festhält und seit 787 keine neuen Dogmen mehr verkündet hat. Den Anspruch des Papstes, als »Stellvertreter Gottes auf Erden« eben dies tun zu können, lehnen sie strikt ab. Auch sonst gibt es einen gravierenden Unterschied zum römischen Katholizismus: Orthodoxe Priester dürfen vor der Priesterweihe heiraten. Aus dem Athener Straßenbild sind sie nicht wegzudenken. Wie selbstverständlich sitzen sie mit ihren typischen schwarzen Kopfbedeckungen und meist grauen Bärten in langen Gewändern zwischen dem Volk in den Kaffeehäusern oder gehen mit ihrer Familie im Park spazieren. Nebenbei verdienen manche Geld, indem sie sich als Weihrauch- und Devotionalienverkäufer an die Marktstraßen stellen oder Ikonen malen.

Die Rolle der Ikonen ist für den westeuropäischen Besucher am schwersten zu verstehen. Eine Ikone ist nach orthodoxem Verständnis kein Bild, sondern so etwas wie ein Medium göttlicher Offenbarung. Durch die Darstellung ist Christus, Maria oder ein Heiliger selbst im Raum präsent. Küsse und Geschenke werden nicht einem Bild, sondern dem in der Ikone Gegenwärtigen dargebracht. Wenn eine Ikone mit einer Heiligendarstellung in einer Prozession durch die Straßen getragen wird, unterstellt man sich damit seinem Schutz. Ikonen werden heute noch nach jahrhundertealten Regeln und

Religion und Religiöses sind allgegenwärtig, nicht zuletzt auch auf dem beliebten Athener Flohmarkt.

Außen irdisch wehrhaft, innen ein goldglänzendes Spiegelbild des Himmels: die Klosterkirche von Dafni.

Aus der Kirchenkuppel von Dafni blickt Christus als allesbeherrschender Weltenrichter segnend auf die Gläubigen herab (oben).

Vorlagen gemalt. Als Reisender miterleben kann man das in den Ateliers an der Großen Mitropolis (Agios Nikolaos) (22), der Bischofskirche Athens, wo natürlich auch Ikonen verkauft werden.

Die Bischofskirche ist ein 1842–62 errichteter Bau, in dem Prominente und Regierungsmitglieder gern am Gottesdienst teilnehmen, weil er vom Fernsehen übertragen wird. Architektonisch sehr viel reizvoller ist die Kleine Mitropolis (Agios Eleftherios) (23) unmittelbar daneben, eine typisch byzantinische Kirche aus dem 12. Jahrhundert. Ihre Winzigkeit zeugt von der damaligen Bedeutungslosigkeit Athens, ihre Außenwände demonstrieren zugleich Schönheitssinn und Sparsamkeit: Um das Mauerwerk zu schmücken, hat man auf Spolien – Bauteile – frühbyzantinischer Basiliken und sogar heidnischer Tempel zurückgegriffen. So wurde über dem Südeingang ein Relief-Fries aus dem 4. Jahrhundert v. Chr. angebracht, auf dem Feste zu Ehren der heidnischen Götter in Kalenderform dargestellt sind. Man dachte eben genauso ökonomisch wie die Christen des 5. Jahrhunderts, die ja auch den Parthenon und das Erechtheion auf der Akropolis sowie den Hephaistos-Tempel auf der Agora in christliche Kirchen umgewandelt hatten.

Während sich in der Kleinen Mitropolis keine Wandmalereien erhalten haben, ist die gleichaltrige Kapnikarea-Kirche (24) in der nahen Ermou-Straße innen noch nahezu vollständig mit biblischen Szenen und Heiligendarstellungen ausgemalt. Diese Fresken hatten in orthodoxen Kirchen eine theologische Funktion zu erfüllen. Wie die Ikonen sorgten sie für die ständige »Anwesenheit« von Heiligen. Zugleich zeigte die Verewigung von biblischen Ereignissen wie Jesu Geburt, Taufe und Kreuzigung deren tatsächliche Bedeutung: Sie waren keine einmaligen historischen Ereignisse, sondern bis auf den heutigen Tag verständliche Erscheinungsformen eines unfaßbaren Gottes.

Athens prächtigste und kunsthistorisch wertvollste Kirche steht in einem Kiefernwald etwa zehn Kilometer westlich des Stadtkerns nahe der Schnellstraße von Athen nach Korinth: die Klosterkirche von Dafni (27). Der Kirchenbau wurde um 1080 vom byzantinischen Kaiser Alexios I. höchstpersönlich veranlaßt. Zu ihrer Ausschmückung entsandte er hervorragende Mosaikkünstler in diese damals ferne Provinz, die hier wahre Meisterwerke der mittelbyzantinischen Kunst schufen. Aus der Kuppel blickt Christus als Pantokrator, als Allherrscher, herab. Darstellungen der wichtigsten neutestamentarischen Ereignisse und Heiligenbilder schmücken die Wände. Der Goldhintergrund, der Ernst und die Würde der Figuren verhindern jeden irdischen Naturalismus; hier wird Mystisches in einer dem Menschen verständlichen Form, dem Bild, vermittelt. Die mit Zinnen und Türmen besetzte Wehrmauer des Klosters bauten französische Zisterziensermönche im 13. Jahrhundert.

Kirchen sind als Häuser der Heiligen unantastbar. Man konnte die Kapelle der Agia Dinamis deshalb nicht abreißen, nur überbauen.

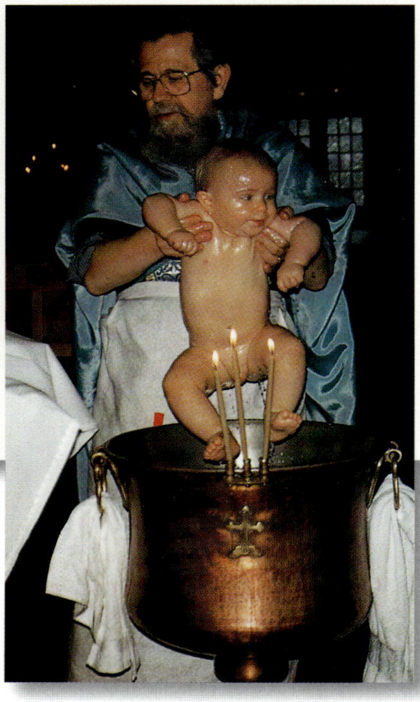

In der orthodoxen Kirche werden die Menschen wie einst Jesus durch völliges Eintauchen ins Wasser getauft.

Chaos und Charme

Leben im modernen Athen

Das Chaos gehört zum Charme der griechischen Hauptstadt. Verkehrsstaus gibt es nicht nur, wenn die Stromabnehmer der gelben Trolleybusse aus den Oberleitungen springen. Oder ein Fahrer in einer viel zu schmalen Gasse ein viel zu langes Gespräch mit einem zufällig vorbeigehenden Passanten führt. Die Staus gehören zum Alltag wie die Fußgänger, die lieber bei Rot als bei Grün die Straße überqueren. Und wie die viel zu kleinen Parkplätze, auf denen die Autos so dicht aneinander parken, daß man sie nur verlassen kann, wenn alle Parkenden zur fast gleichen Zeit zu ihren Wagen zurückkehren.

Aber auch im Chaos wird Ordnung erkennbar. Viele Athener Stadtviertel erfüllen eine ihnen gewohnheitsmäßig zugeordnete Funktion. Im Kolonaki-Viertel zwischen Lykabettos ㉛ und Syntagma-Platz (Pl. Syntagmatos) konzentrieren sich die Läden der Edel-Designer, Antiquitätenhändler und teuren Juweliere, zwischen Polytechnikum und Universität ㉚ die Buchhandlungen. Die Gegend zwischen den Metro-Stationen Monastiraki ㉕ und Thission (nahe dem Kerameikos-Friedhof ㉖) nehmen der Flohmarkt und kleine Handwerksbetriebe wie Stuhlflechtereien und Möbelschreinereien ein. In der Adrianou-Straße in der Plaka findet man die meisten Souvenirs, in der Treppengasse Mnisikleous unterhalb der Akropolis die Folklore-Lokale, in der Kydathineon-Straße die meisten Kellertavernen. Das Haupteinkaufsviertel für die Athener ist das Emboriko Trigono, das »Handelsdreieck« zwischen Monastiraki-㉕, Omonia- ㉘ und Syntagma-Platz. Hier sind auch die fast 120 Jahre alten Markthallen zu finden, in denen an Hunderten von Ständen mit Fleisch, Geflügel und Fisch gehandelt wird. Die Plastiktüten zum Abtransport der Einkäufe verkaufen fliegende Händler; mehr Einkaufsgeld versprechen die allgegenwärtigen Losverkäufer. Um die Markthallen herum stapeln sich Käse, Trockenobst und Nüsse in den jeweiligen Fachgeschäften. Ganz in der Nähe bieten Anstreicher ihre Dienste an, warten Kleinspediteure auf Fuhren.

Die Athener Stadtverwaltung ist um noch mehr Ordnung bemüht. Laute Diskotheken und dubiose Bars wurden schon in den 80er Jahren aus dem Altstadtviertel Plaka verbannt. Viele seiner Gassen sind inzwischen autofrei, klassizistische Villen aus den Gründerjahren Athens attraktiv restauriert. Das Emboriko Trigono ist seit 1995 völlig verkehrsberuhigt; Kleinbusse ersetzen den Individualverkehr. Die neuen Metro-Linien sollen noch mehr Autos aus der Innenstadt fernhalten, denn die Luft muß wieder sauberer werden. Der Nefos hat seine Wirkung ohnehin getan, der berüchtigte Athener Smog. Er fraß spätestens seit den 70er Jahren am Marmor der antiken Bauten ebenso wie an der Gesundheit der Hauptstädter.

Die Athener schätzen ihre Tavernen. Gute Gesellschaft ist ihnen dabei wichtiger als ein vornehm gedeckter Tisch.

Südländisches Temperament in der Begrüßung von Freunden: Der Wangenkuß ist auch unter Männern üblich.

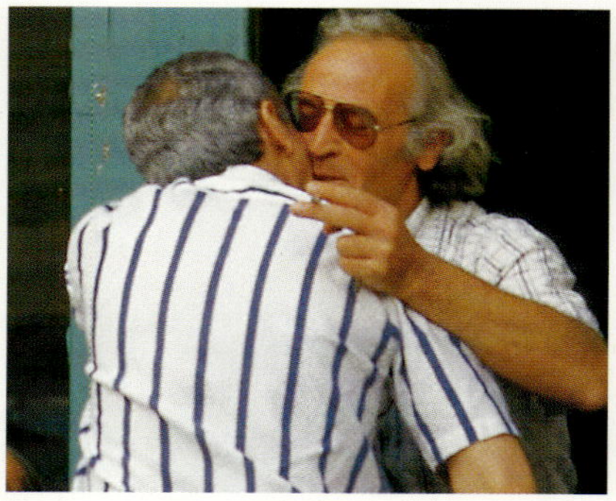

Ein Umweltforschungsinstitut schätzte die Zahl der durch den Smog frühzeitig Verstorbenen auf 3000 Menschen jährlich. Jetzt hat man ihm erfolgversprechend den Kampf angesagt.

Grüne Lungen aber sind in Athen noch immer eine Rarität. Die älteste ließ bereits 1836 Königin Amalia aus dem Hause Oldenburg, die Gemahlin von Otto I., Griechenlands erstem König der Neuzeit, anlegen. In diesem ehemaligen Schloß- und heutigem Nationalgarten (Ethnikos Kipos) 19 gleich am Syntagma-Platz zeugt nur noch das dumpfe Rauschen des Verkehrs von Hektik. Priester gehen mit ihren Kindern Enten füttern, Liebespärchen ziehen sich auf Bänke im Sichtschutz hoher Hecken zurück, Fremde genießen den Anblick hoher Palmen oder die orientalischen Süßigkeiten im schattigen Café. Vor dem Park stehende fliegende Händler und verkaufen Luftballons und Kriegsspielzeug, Lose und Koulouria genannte Sesamringe. Natürlich stehen am Parkeingang Kioske, die in Athen an fast jeder Straßenecke anbieten, was auch nach Ladenschluß noch gebraucht wird: Zigaretten und Seife, Zahnbürsten und Kondome, Zeitungen, Zahnstocher und vieles mehr.

In den Abendstunden füllen sich auch die Tavernen in der Plaka. Kaum ein Athener geht vor 21 Uhr zum Essen, auch um Mitternacht kommen noch viele neue Gäste. Das Essen ist eine gesellige Angelegenheit, die Parea genannte Tischgemeinschaft zählt ebensoviel wie die Qualität der Speisen und des Weins. Getanzt wird allerdings nur in den Touristen-Lokalen. Die meisten Athener gehen lieber in die Bouzoukia, wenn sie sich wie Alexis Sorbas bewegen wollen. Dort werden vor den Tanzenden dann auch Teller auf dem Tanzboden zerbrochen, wie man es aus Filmen kennt. Anschließend ist der Verzehr einer Patsa, einer säuerlichen Kuttelsuppe, alte Tradition. Sie wird in den Tavernen in den Markthallen von Athen serviert, aber auch in vielen modernen Patsatzidika an den großen Ausfallstraßen. Nur solche Restaurants, die Patsa servieren, dürfen in Griechenland rund um die Uhr geöffnet sein.

Die meisten griechischen Radiosender spielen mehr heimische als ausländische Musik. Jedes Kind lernt an der Schule alte Volkslieder und traditionelle Tänze. Kein Wunder, daß sie deswegen auch zu jeder fröhlichen Feier gehören.

Der Einkauf von Fisch und Fleisch ist in vielen Familien noch immer reine Männersache. Die Markthallen sind der beste Ort dafür.

Ägäische Ouvertüre

Ausflüge zu den Inseln im Saronischen Golf

Die Insel Poros mit dem gleichnamigen Städtchen liegt dicht vor der Küste des Peloponnes. Die Überfahrt mit den schnellen Tragflügelbooten dauert von Piräus aus nur 80 Minuten.

Der stete Wechsel von Land und Wasser prägt den Charakter der Ägäis. Inseln und Festlandsküsten steigen fast unvermittelt aus den Fluten zu hohen Gebirgen auf; optische Langeweile läßt das Inselmeer der Griechen nicht aufkommen. Von der Akropolis aus wird dieser Zauber der griechischen Landschaft bereits ouvertürenhaft deutlich. Auf drei Seiten ist Athen von den über 1000 Meter hohen Bergstöcken des Hymettos, des Pentelikon und des Parnes umgeben, in südwestlicher Richtung schweift das Auge frei hinaus auf den Saronischen Golf. Yachten und Fähren, Kreuzfahrtschiffe und Tragflügelboote durchkreuzen ihn.

Eine Insel zeichnet sich bei halbwegs klarer Sicht deutlich vor der Silhouette des Peloponnes ab: Ägina. In der Antike war das Eiland, das schon Ende des 7. Jahrhundert v. Chr. die ersten griechischen Münzen prägte, einer der wirtschaftlichen Hauptkonkurrenten Athens. Heute ist die Insel eines der beliebtesten Ausflugsziele der Athener. Mit dem Tragflügelboot dauert die Überfahrt vom Hafen in Piräus nur 50 Minuten – und schon ist man in einer anderen Welt. Auf der Mole begrüßt den Ankommenden die schneeweiße Kapelle des hl. Nikolaus, des Schutzpatrons der Seefahrer und Fischer. Ein paar Schritte weiter verkaufen Händler von ihren hölzernen Booten herunter frisches Gemüse und Obst vom Peloponnes, können Gäste der Tavernen ihren Fisch an den Ständen der überdachten Fischmarktgasse wählen. Am Anleger stehen Pferdekutschen für kleine Rundfahrten bereit, die auch zu den nahen Ausgrabungen am Kap Kolonna führen. Dort zeugt ein mächtiges Mauergewirr von menschlicher Besiedlung seit 4500 Jahren. Auf der Fahrt hinüber zur anderen Inselseite windet sich die Straße zunächst durch anmutige Pistazienhaine. Wenn die Nüsse zwischen Mitte August und Mitte September geerntet werden, tragen die Ägineten drei Prozent der Weltproduktion zusammen. Vorbei am Kloster des Inselheiligen Nektarios und den Ruinen der mittelalterlichen Hauptstadt Paleochora – aus Angst vor Piraten weitab vom Meer erbaut – erreicht man schließlich den Aphaia-Tempel, einen der besterhaltenen Griechenlands. Eingerahmt von Kiefernwäldern, steht sein dorischer Säulenkranz – immerhin noch 23 Säulen sind erhalten – seit 2500 Jahren hoch über dem Saronischen Golf.

Am Ausgang des Golfs schmiegt sich die Insel Poros ganz dicht an die Küste des Peloponnes. Wenn das Schiff von Ägina her das Dana-Kap passiert hat und in die Meerenge zwischen Insel und Peloponnes fährt, fühlt man sich wie auf einem von Bergen eingerahmten Binnensee. Das

Melonen sind überall in Griechenland als preiswerte Erfrischung willkommen. Wenn dann noch Tamarisken Schatten spenden, läßt sich der Tag genießen.

Auf Wandmalereien und Mosaiken – hier in der Faneromenis-Kirche auf Hydra – sind biblische Gestalten und Heilige dem Gläubigen stets vor Augen: oft streng, immer geheimnisvoll.

Festlandsufer ist mit Oliven-, Zitronen- und Orangenhainen bedeckt, im Hintergrund ragt der Gipfel des Ortholithi über 1100 Meter hoch auf. Dann verengt sich der Sund zu einem nur 250 Meter breiten Kanal zwischen Galatas auf dem Peloponnes und dem Inselstädtchen Poros. Die Hafenfront von Poros säumen Cafés und Tavernen, dahinter steigen die meist ziegelgedeckten Häuser einen niedrigen Hügel hinauf, den ein markanter Uhrturm krönt. Schon nach wenigen Minuten legt das Schiff wieder ab, fährt mit halber Kraft durch das enge Fahrwasser und umrundet dann nur einen Steinwurf vom felsigen Ufer entfernt die äußerste Südostspitze des Peloponnes.

Schon erscheint die Küste von Hydra, einer der unfruchtbarsten und doch ehemals reichsten Inseln des Landes. Sie ist so wasserarm, daß täglich Tankschiffe kostbares Naß vom Festland aus hinüberbringen müssen. Trotzdem kamen viele ihrer Bewohner Anfang des 19. Jahrhunderts zu großen Reichtümern. Sie fuhren auf eigenen Schiffen zur See, betrieben Handel und auch Seeräuberei und durchbrachen mit ihren Schiffen die Kontinentalsperre Napoleons. Mit ihren Gewinnen errichteten sie stattliche Kapitänshäuser, die sich wie die Ränge eines Amphitheaters um das kleine Hafenbecken des Inselstädtchens weit die steilen Hänge hinaufziehen. Heute wohnen hauptsächlich Künstler und Industrielle aus aller Welt in den Häusern, manche wurden auch in stilvolle Hotels verwandelt. Mit Pferdestärken kann auf Hydra niemand protzen. Die Insel ist bis auf ein paar kommunale Fahrzeuge völlig autofrei. Katzen und Esel warten am Kai auf die Ankommenden; die einen gieren nach Essensresten, die anderen tragen Lasten und Reiter über die stufenreichen Gassen zu den Häusern oder gar zu den hoch oben in den Bergen gelegenen Klöstern.

Kehrt der Ausflügler nach Piräus zurück, wird er die verruchten Hafenkneipen wie aus dem Film »Sonntags nie« vergeblich suchen. Griechenlands größte Hafenstadt lockt mit Schönheiten anderer Art: dem Handelshafen Kantharaos und den beiden kleineren Häfen Zea Marina und Mikrolimano. Am »Kleinen Hafen« servieren exzellente Restaurants frischen Fisch und Meeresfrüchte im Anblick traditioneller Fischerboote und moderater Yachten. In der Zea Marina sind die Luxus-Yachten der Reichen dieser Welt vertäut. Hier sind auch noch Reste der sogenannten Langen Mauern zu entdecken, die seit dem frühen 5. Jahrhundert v. Chr. den damals von Themistokles neu gegründeten Hafen Piräus mit Athen verbanden.

Wenn die Schiffe damals in die Ägäis ausliefen, grüßte sie auf Kap Sounion, der äußersten Landspitze der Halbinsel Attika, ein dem heidnischen Meeresgott Poseidon geweihter Tempel. Die Sonne durch seine schlanken Säulen hindurch zwischen Land und Meer untergehen zu sehen, gehört heute zu den stimmungsvollsten Erlebnissen am Saronischen Golf.

Der Aphaia-Tempel auf Ägina zählt zu den besterhaltenen antiken Tempeln Griechenlands. Seinen Reliefschmuck kann man allerdings nicht hier, sondern in der Münchner Glyptothek bewundern.

Autos haben in den engen, stufenreichen Gassen Hydras keinen Platz. Vierbeiner ersetzen die PS.

Auf einen Blick

Athen entdecken und erleben

Das antike Athen war eine Stadt der Fußgänger. So kann man heute noch die archäologischen Stätten der 3,5 Millionen-Stadt bequem während eines eintägigen Stadtrundgangs kennenlernen. Für das Archäologische Museum sollte man einen halben Tag zusätzlich einplanen. Stadtrundfahrten mit Führungen auf der Akropolis und im Museum kann man in allen Hotels buchen. Auf deutschsprachige Führungen hat sich Sonnen Tours spezialisiert (☎ 01/3 22 85 32).

Zur sehenswerten Klosterkirche von Dafni fährt mehrmals stündlich der Linienbus A 16 vom Eleftherias-Platz aus. Fahrzeit etwa 30 Minuten.

1. Akropolismuseum
2. Parthenon
3. Erechtheion
4. Propyläen
5. Athena-Nike-Tempel
6. Odeion des Herodes Atticus
7. Dionysos-Theater
8. Lysikratesmonument
9. Turm der Winde
10. Bibliothek des Hadrian
11. Stoa des Attalos/Agora-Museum
12. Hephaistostempel
13. Areopag
14. Pnyx
15. Philopapposmonument
16. Hadrianstor
17. Tempel des Olympischen Zeus
18. Stadion
19. Nationalgarten
20. Parlament
21. Kapelle der hl. Dinami
22. Große Mitropolis
23. Kleine Mitropolis
24. Kapnikareakirche
25. Monastirakiplatz/ Pantanassakirche
26. Kerameikos-Friedhof
27. Klosterkirche von Dafni
28. Omoniaplatz
29. Archäologisches National-museum
30. Universität
31. Lykabettos
32. Benakimuseum
33. Museum für Kykladische Kunst
34. Byzantinisches Museum

Der Omoniaplatz, der »Platz der Eintracht«, ist Athens Verkehrsknotenpunkt. Unterirdisch liegt die größte Metro-Station der Stadt.

Der antike Friedhof Kerameikos mit seinen vielfältigen und eindrucksvollen Grabdenkmälern eignet sich als Oase der Ruhe ideal für eine Mußestunde im Schatten.

Der schönste Weg von der Akropolis in die Stadt führt über die antike Agora, vorbei an der rekonstruierten Attalosstoa.

Rutschfeste Sohlen sind ein Muß, um die imposanten Ruinen der Akropolis mit ihrem glatten Marmor gefahrlos erkunden zu können.

Das Dionysos-Theater sieht nur noch wenige Besucher. Das gibt Gelegenheit, der besonderen Atmosphäre der Stätte ganz für sich zu erliegen.

Die Ausstellung im Erdgeschoß des Archäologischen Nationalmuseums ist für eine Zeitenreise in die Antike nach Epochen angeordnet.

Das Auskunftsbüro der Griechischen Zentrale für Fremdenverkehr in der National Bank am Syntagmaplatz, Karageorgi-Servias-Str. 2, ☎ 01/3 22 25 45, ist dem Besucher mit spezielleren Informationswünschen nicht unbedingt eine große Hilfe. Immerhin gibt es eine Fülle vervielfältigter Blätter mit aktuellen Bus- und Schiffsfahrplänen sowie den Öffnungszeiten von Museen und archäologischen Stätten. Tickets für die Athener Festspiele gibt es im Festival-Büro, Stadiou-Str. 4 (in den Arkaden), ☎ 01/3 22 31 11.

In der Großen Mitropolis wird jeder Gottesdienst zu einem Erlebnis. Sonntags zwischen 8.30 und 11 Uhr kann man hier die Mystik der Orthodoxie erleben.

Aus dem Nationalgarten – Athens grüner Oase – findet man leicht hinaus: Holzpfeile nennen den Namen der Straße, zu denen der jeweilige Weg führt.

Der Tempel des Olympischen Zeus und die Akropolis sind Ausdruck gegensätzlicher Gesellschaftsformen. Die Akropolis steht für die Demokratie, der Zeus-Tempel für Monarchie und Tyrannenzeit.

Der Turm der Winde zeigte, wie der Name schon sagt, an, woher der Wind weht. Von seiner Südseite aus führt die Klepsidras-Straße als Treppengasse direkt auf den Akropolis-Felsen zu.

Was – wann – wo?

Bouzouki-Taverne

Zorbas ruft

Wenn es Nacht wird in Athen, will man Zorbas tanzen sehen. In der stufenreichen Mnisikleous-Straße in der Plaka gibt es eine ganze Reihe von Tavernen mit Live-Musik, in denen bezahlte Tänzer griechische Folklore zum besten geben und auch ausländische Gäste zum Mittanzen auffordern. Echt griechische Bouzoukias, in denen die griechischen Gäste tanzen, findet man vor allem in den Außenbezirken wie Kifissia oder an der Uferstaße am Flughafen. Wer griechische Live-Musik hören, aber weder tanzen noch speisen möchte, geht am besten in eine Bouat.

- **Fantasia.** In dieser teuren Bouzoukia warf auch Onassis gern die Teller. Possidonos-Avenue.
- **Sissifos** ist eine Folklore-Taverne in der Plaka. Mnisikleous-Straße 2.
- **Rembetiki Istoria.** In dieser Musik-Taverne wird meist Rembetiko-Musik aus den 20er und 30er Jahren gespielt. Ippokratous-Straße 181 (Exarhia).
- **Ta Efta Adelfia.** Die Musik-Taverne in der Plaka zeigt eine gute Folklore-Show. Hill-Straße 3–5.
- **Apanemia und Esperide.** Die beiden kleinen, unmittelbar benachbarten Bouats in der Plaka ziehen jüngere Zuhörer an. Tholou-Straße 4 und 6.
- **Lobby.** Café, Restaurant mit vielen kleinen Leckereien und griechischer Live-Musik. Ermou-Straße 110.

Das Beste für die Drachme

Die Quantität der Souvenirgeschäfte übertrifft deren Qualität bei weitem. Tand ist überall zu finden, Originelles muß man suchen: Mode und Schmuck am besten im Kolonaki-Viertel, Volkskunst in der Plaka, Kulinarisches rund um die Markthallen.

- **Minion.** Athens erstes und größtes Kaufhaus befindet sich in der Nähe des Omonia-Platzes. Patission-Straße 13.
- **Centre of Hellenic Tradition.** Das kleine Einkaufszentrum am Rand der Plaka hat sich auf traditionelle Handarbeiten, Drucke und Stiche spezialisiert. Pandrossou-Straße 36.
- **Amorgos.** Allerlei Trödel lädt zum Stöbern ein. Kodrou-Straße 3.

Souvenirverkäufer

- **National Welfare Organisation.** Sie verkauft staatlich geförderte Volkskunst aus ganz Griechenland. Vassilissis-Sofias-Avenue 135 (Ambelokipi) und Apollonos-Straße/Ecke Ipatias-Straße (Plaka).
- **Vildiridis** ist ein renommierter griechischer Schmuck-Designer. Voukourestiou-Straße 14 (Kolonaki).
- **Pagoni** verkauft konservative und moderne Krawatten aus traditionsreicher griechischer Fabrikation. Voukourestiou-Straße 16 und 20 (Kolonaki).
- **Parthenis.** Hier findet man die coole Mode eines Athener Designers. Dimokratos-Straße 20 (Kolonaki).
- **Vrettos.** Die äußerst originelle Spirituosenhandlung in der Plaka verkauft Liköre, Brandy und Ouzo aus eigener Produktion. Kidathineon-Straße 41.

Den Deckel gelupft

Mehr als Moussaka

Die griechische Küche bietet mehr als Gyros, Souvlaki, Moussaka und Tzaziki. Tavernen gibt es überall, besonders viele natürlich in der Plaka.

- **Dionysos.** Das gepflegte Restaurant bietet griechische und internationale Spezialitäten auf dem Gipfel des Lykabettos an. Rovertou-Gali-Straße 43.
- **Eden.** Vegetarisches Restaurant mit großer Auswahl. Lysiou-Straße 12 (Plaka).
- **Gerani-O Kouklis.** In dieser Taverne in einem alten Schulgebäude kommt der Kellner an den Tisch und bietet seine Leckereien auf einem Tablett an. Tripodon-Straße 14 (Plaka).
- **Tsekoura.** Traditionsreiche Taverne, in deren im Winter verglasten und im Sommer teilweise offenen Innenraum ein Feigenbaum wächst. Tripodon-Straße 3.
- **Xinos.** Die alteingesessene Plaka-Taverne bietet auch etwas fürs Auge: Volkstümliche Malereien aus den 20er Jahren verzieren die Wände. Angelou-Geronta-Straße 4.
- **Europe.** In dieser einfachen Markttaverne in der Nähe des Omonia-Platzes werden auch gegrillte Lammköpfe und die Kuttelsuppe Patsa serviert. Satovriandou-Straße 7.
- **O Damigos** ist eine urige Kellertaverne mit Wein vom Faß, die allerdings im Hochsommer geschlossen hat. Kidathineon-Straße 41.
- **Kotsolis.** Die Konditorei und Patisserie wurde schon 1906 gegründet. Im Angebot sind glasierte Feigen, Maronen und Bitterorangen sowie mit Walnußsplittern gefüllte Blätterteigtaschen (Karydopittes). Adrianou-Straße 112 (Plaka).

Antikes und Volkskundliches

Athen wartet mit mehreren Dutzend Museen auf, aber nur einige sind wirklich für jeden interessant. Die aktuellen Öffnungszeiten erfährt man bei der Tourist-Information oder über die deutschsprachige, wöchentlich erscheinende »Athener Zeitung«.

- **Archäologisches Nationalmuseum** ㉙. Eine der größten Antiken-Sammlungen der Welt, mit Schätzen aus mykenischer Zeit, Klassik, Hellenismus und Römerzeit. Patission-Straße 44.
- **Akropolis-Museum** ❶. Hier werden antike Fundstücke von der Akropolis ausgestellt. Akropolis.
- **Byzantinisches Museum** ㉞. Es bietet eine Ikonensammlung von Weltrang und dokumentiert die Entwicklung der byzantinischen Baukunst. Vassilissis-Sofias-Avenue 22.
- **Benaki-Museum** ㉜. Antike Kunst, koptische Sammlung, Ikonen, Schmuck aus nachbyzantinischer Zeit und eine große volkskundliche Ausstellung werden hier gezeigt. Vassilissis-Sofias-Avenue 22.
- **Museum für Kykladische Kunst** ㉝. Das hochmoderne Museum besitzt eine große Sammlung von Marmor-Idolen aus dem 3. Jahrhundert v. Chr. Neophytos-Doukas-Straße 4.
- **Nationalgalerie.** Die Galerie präsentiert griechische Malerei von El Greco bis heute. Vassileos-Konstantinou-Avenue 50.
- **Museum der griechischen Volkskunst.** Die Ausstellung zeigt viel Interessantes, u. a. traditionelle Karnevalskostüme. Kidathineon-Straße 17.
- **Kerameikos-Museum.** Hier werden viele Grabbeigaben und Grabmäler vom benachbarten antiken Friedhof Athens ausgestellt. Ermou-Straße 17.

Kerameikos-Museum

In Morpheus' Armen

Das offizielle Verzeichnis weist für Athen an die 280 Hotels in allen sechs griechischen Kategorien von Luxus bis E-Klasse nach. Ein Problem haben fast alle: Absolut ruhig wohnt man nirgends. Wer bei offenem Fenster schlafen will und lärmempfindlich ist, nimmt also besser Ohrstöpsel mit. Um sich lange Wege zu ersparen, wohnt man am besten in der Altstadt Plaka. Wer Luxus sucht, der bettet sich am Hang des Lykabettos.

- **Grande Bretagne.** Das traditionsreiche Luxushotel liegt zentral und erfüllt alle Anforderungen bis hin zur Präsidenten-Suite. Syntagma-Platz. ☎ 01/33 14 44 49, Fax 01/3 22 80 34.
- **St. George Lycabettus.** Über dem Schickeria-Viertel Kolonaki am Hang des Lykabettos liegt das Luxushotel, das relative Ruhe bietet. Kleomenous-Straße 2. ☎ 01/7 29 07 11, Fax 01/7 29 04 39.

Hotel Electra Palace

- **Electra Palace** ist das beste Hotel in der Plaka, mit Pool und Dachgarten. Nikodemou-Straße 18. ☎ 01/3 24 14 01, Fax 01/3 24 18 75.
- **Athos.** Die 18 kleinen, aber sehr geschmackvoll eingerichteten und klimatisierten Zimmer sind relativ ruhig. Manche haben Balkon, Zimmer 601 sogar eine große Terrasse mit Akropolis-Blick. Patroou-Straße 3. ☎ 01/3 22 19 77, Fax 01/3 21 05 48.
- **Aphrodite.** Aus einigen Zimmern dieses einfachen Hotels in der Plaka kann man die Akropolis sehen. Apollonos-Straße 21. ☎ 01/3234357, Fax 01/3 22 52 44.
- **Phaedra** ist ein einfaches Plaka-Hotel für Preisbewußte. Cherefondos-Straße 16. ☎ 01/3 23 84 61.

Herodes-Atticus-Theater

Kultur unterm Sternenhimmel

Die Aufführung einer antiken Tragödie ist nirgends stimmungsvoller als in einem antiken Theater. Aber das Athen von heute ist nicht nur dem Altertum zugewandt. Man pflegt auch die europäischen Klassiker und die zeitgenössische griechische Dramatik – im Winter in über 50 Theatern, im Sommer meist unterm Sternenhimmel.

- **Athener Festival.** Das umfangreiche Festival-Programm läßt kaum zu wünschen übrig: Im Herodes-Atticus-Theater ❻ werden antike Dramen, Konzerte, Opern- und Ballettaufführungen von in- und ausländischen Ensembles dargeboten. Karten gibt es an der Abendkasse und beim Festival-Büro, Stadiou-Straße 4 (Nähe Syntagma-Platz). Anfang Juni bis Anfang Oktober.
- **Dora-Stratou-Theater.** Originalgetreue griechische Tänze eines professionellen Ensembles in authentischen Trachten aus ganz Griechenland werden hier gezeigt. Mai bis September.
- **Lykabettos-Festival.** Konzerte griechischer und internationaler Pop- und Rockstars sowie griechischer Liedermacher finden in einem modernen Freilufttheater auf dem Lykabettos ㉛ statt. 12 Abende im Juli.
- **Megaro Mousikis Athinon.** In- und ausländische Orchester und Solisten geben in Athens hochmodernem Konzerthaus an der Vassilissis-Sofias-Avenue zahlreiche Gastspiele. Von September bis Mai.
- **Festival von Epidauros.** Reisebüros in Athen organisieren Ausflüge zu den Aufführungen antiker Dramen im berühmten antiken Theater; Kartenvorverkauf auch beim Athener Festival-Büro. Wochenenden im Juli und August.

BARCELONA

Die wachgeküßte Schönheit

Altehrwürdige, glanzvolle Zeugnisse aus längst vergangener Zeit, daneben das pulsierende, moderne Leben: ein aufregender Kontrast, dessen Charme sich in Barcelona, der selbstbewußten Metropole des Mittelmeers, kaum ein Besucher entziehen kann. Aufbruchstimmung, Wandel und Erneuerung prägen die Geschichte der Hauptstadt Kataloniens seit jeher, zuletzt nach dem Ende der 40jährigen Franco-Herrschaft, unter der Barcelona hinter einer verwahrlosten Fassade an sich selbst zu ersticken drohte.

Und wie plötzlich änderte sich das alles! Mit dem Tod des Diktators kamen zunehmend neuer Schwung und neue Begeisterung auf. Schritt für Schritt veränderte sich die Stadt mit dem noch unvollendeten Wahrzeichen, der berühmten Kirche La Sagrada Familia (Bild) von Antonio Gaudí. Leben zog ein, und eine neue Farbenpracht verdrängte das einstige Grau. Gerade aus diesem so offensichtlichen Kontrast zur Vergangenheit konnten ein stolzes Selbstwertgefühl und neue künstlerische Freiheit erwachsen, was wohl am deutlichsten und eindrucksvollsten anläßlich der Olympischen Spiele 1992 zu Tage trat: Barcelona war endgültig aus seinem Dornröschenschlaf erwacht.

Eine bewegte Geschichte

Die Hauptstadt der Katalanen

Prunkvoll ist der Palau Nacional, erbaut als spanischer Pavillon der Weltausstellung 1929. Hier zeigt das Museu d'Art de Catalunya u. a. Wandmalereien katalanischer Kirchen.

Alles, was Barcelona war und ist, konzentriert sich auf sein Barri Gòtic, sein »Gotisches Viertel«. Und noch konkreter auf die Plaça de Sant Jaume ❶, jenen Platz mit dem Rathaus auf der einen und dem Palast der katalanischen Regierung auf der anderen Seite. Hier laufen und liefen die Fäden der Macht zusammen – schon in der Römerzeit, denn ungefähr hier lag damals das Forum der Colonia Iulia Augusta Faventia Paterna Barcino. Die Römer hatten ihre Siedlung mit einer 1,5 Kilometer langen Stadtmauer umgeben – auf dem Platz vor der Kathedrale und längs der Straßen Tapineria und Sot-Stinent Navarro ist sie noch ganz deutlich zu erkennen. Doch auch sie konnte weder den Ansturm der Westgoten im 5. noch die Eroberung durch die Mauren im 8. Jahrhundert verhindern. Daß sich die Araber hier nicht länger hielten, lag am Frankenkönig Ludwig dem Frommen, der sie im Jahre 801 vertrieb und Barcelona zur Hauptstadt der Grenzmark Gotalonia (Katalonien) machte. Deutet sich vielleicht schon hier der große Gegensatz zum übrigen Spanien an, das über Jahrhunderte hin von den Mauren beherrscht wurde, ein Gegensatz, der für das Zusammenleben dieser beiden Völker so kennzeichnend war und immer noch ist?

Der älteste Teil Barcelonas liegt im Herzen des Barri Gòtic, des »Gotischen Viertels«. Sein mittelalterlicher Charme macht das Quartier zu einem Ort voller Leben und zum beliebten Motiv für Maler.

Unter den Grafen von Barcelona blühte das christliche Katalonien vom 11. bis zum Ende des 14. Jahrhunderts auf. Das Land wurde zu einer der wichtigsten Mächte im westlichen Mittelmeer, ja trat sogar mit Genua und Venedig in Konkurrenz. Der schwungvolle Handel und die politischen Erfolge schlugen sich natürlich auch in Barcelona nieder: Im Zeichen der Gotik entfaltete die Stadt ihre ganze Pracht. Ende des 13. und in der ersten Hälfte des 14. Jahrhunderts entstanden die großen gotischen Kirchen wie die Kathedrale ❻, Santa Maria del Mar ⓰, Sants Just i Pastor ❷, Santa Maria del Pi ❼ und Paläste wie der Saló del Tinell ❺, die Börse (Llotja), die große Schiffswerft der Drassanes...

Im Jahre 1410 starb das Haus der Grafen von Barcelona aus, und die Krone des katalanisch-aragonesischen Königshauses ging auf die kastilische Dynastie der Trastámeres über, die die natürliche Weiterentwicklung des Landes kaum zu fördern verstand. Das einst so florierende Zusammenwirken zwischen Monarchie und katalanischem Bürgertum kam zum Erliegen. Mit der Heirat Ferdinands II. von Aragón mit Isabella I. von Kastilien-Léon wurde 1469 die Grundlage des spanischen Zentralismus gelegt, der sich im Laufe der folgenden Jahrhunderte immer weiter verstärkte. Schließlich wurde Katalonien 1714 als Verlierer im Spanischen Erbfolgekrieg vollends unterdrückt. Was blieb, war der Unternehmergeist des katalanischen Gewerbes. Nicht umsonst sagt man den Katalanen in Spanien nach, daß sie aus Steinen Brot machen. Und als dann Barcelona Ende des 18. Jahrhunderts auch zum Handel mit den spanischen Kolonien in

Kolumbus-Säule

Am unteren Ende der Rambla (8), gleich vor dem alten Hafen Barcelonas, erhebt sich das Monument a Colom (13), das die Stadt im vergangenen Jahrhundert dem Entdecker Amerikas widmete. Nicht etwa, weil der berühmte Seefahrer ein Sohn der Stadt war, sondern ganz einfach weil Kolumbus bei der Rückkehr von seiner ersten Amerikareise 1493 hier vom spanischen Königspaar Ferdinand und Isabella empfangen worden ist. Gaietà Buigas schuf die 60 Meter hohe Säule, das weithin sichtbare Wahrzeichen der Stadt, für die erste Weltausstellung in Barcelona 1888. Von der Plattform aus bietet sich ein lohnender Ausblick über die Altstadt und den Hafen. Wer sich für Schifffahrt interessiert, sollte die ganz in der Nähe gelegenen Reials Drassanes, die besterhaltene und größte mittelalterliche Werft Europas (mit Schiffahrtsmuseum) (12) besichtigen.

Amerika zugelassen wurde, kam allmählich wieder Schwung in die Stadt.

Das 19. Jahrhundert stand im Zeichen der Industrialisierung. Um Barcelona herum, das immer noch innerhalb seiner Stadtmauern eingeengt war, entstanden die ersten Fabriken, und die ersten Eisenbahnlinien wurden in Betrieb genommen. Und plötzlich war Katalonien dem übrigen Spanien – wenn schon nicht politisch, so doch zumindest wirtschaftlich – um vieles überlegen und um Jahrzehnte voraus. Der neue Reichtum schuf ein neues Selbstbewußtsein. 1854, nachdem endlich die Genehmigung zu der bereits so lange angestrebten Stadterweiterung gekommen war – aus Madrid natürlich –, erstrahlte Barcelona, nun bereits jenseits seines historischen Kerns, in neuer Größe. Bewußt knüpfte man – es war die Zeit des Modernisme – an die frühere Blütezeit an. Aus historischer Rückbesinnung heraus gab es die ersten Autonomiebestrebungen, zuerst zaghaft und zögernd, dann aber immer bestimmter und überzeugter: Nach dem Zusammenbruch der Monarchie konnten die Katalanisten schließlich 1932 für ihre Region ein Autonomiestatut durchsetzen, und am 6. Oktober 1934 stand Lluís Companys als Präsident der neu eingerichteten katalanischen Regierung auf dem Balkon des Regierungspalastes an der Plaça de Sant Jaume und rief – allerdings vergebens – die Katalanische Republik aus. Weitere zwei Jahre später beschwor Franco mit seinem Militärputsch vom 17./18. Juli 1936 den Spanischen Bürgerkrieg herauf und konnte nach dessen bitterem Ende mit aller Grausamkeit gegen die als »rot« und »separatistisch« verdammten Katalanen vorgehen. Durch eine gezielte Einwanderungspolitik wurde die katalanische Eigenständigkeit an ihrer Wurzel – der eigenen Sprache nämlich – mit anhaltendem Erfolg untergraben. Jetzt galt es »christlich«, d. h. kastilisch, »die Sprache des Reiches«, zu sprechen – für viele Katalanen damals mehr oder weniger noch eine Fremdsprache.

Nach 40 Jahren Diktatur haben sich die Dinge heute weitgehend, aber keineswegs von Grund auf geändert. Seit 1977 ist Barcelona wieder die Hauptstadt der autonomen Region Katalonien. Der Konflikt mit dem übrigen Spanien besteht jedoch fort. Das in Jahrhunderten gewachsene gegenseitige Mißtrauen ist da. Ob es je überwunden werden kann?

Klassizistische Arkadenbauten umgeben die Plaça Reial, die ab Mitte des 19. Jahrhunderts entstand. Der Drei-Grazien-Brunnen ist ein Frühwerk Antoni Gaudís.

Der Saló de Cent im Rathaus: Hier tagte im Mittelalter der »Rat der Hundert«, die Stadtvertretung.

Modernisme

Jugendstil auf katalanisch

Üppig geschwungene Formen, märchenhaft-verspielte Ornamente und eine heitere Mischung aus zarten und kräftigen Farben: Die Casa Batlló, ein Meisterwerk des genialen Architekten Antoni Gaudí, steht am Passeig de Gràcia, Barcelonas vornehmster Flaniermeile.

Art Nouveau, Modern Style, Sezession, Jugendstil – gegen Ende des 19. Jahrhunderts entstand, aus einem neuen Zeitgefühl heraus, europaweit eine avantgardistische Kunstströmung, die sich vor allem in Architektur und Kunstgewerbe niederschlug. Die katalanische Spielart – der Modernisme – ist eine ganz eigenwillige Ausprägung dieser Strömung.

In Katalonien deckt sich diese Zeit mit einem neu erwachten nationalen Bewußtsein. Als Folge der Industrialisierung war gegen Ende des Jahrhunderts ein reiches Bürgertum entstanden, das nach Selbstdarstellung verlangte. Wie einst der Adel und die Kirche wollte es seine neue gesellschaftliche Bedeutung demonstrieren. Daß dieses Verlangen nicht in Protzerei oder Kitsch ausartete, ist in Barcelona so genialen Architekten wie Antoni Gaudí i Cornet, Lluís Domènech i Montaner und Josep Puig i Cadafalch zu verdanken. Die Stadterweiterung, die sogenannte Eixample, gab den Architekten die Möglichkeit, ihre Vorstellungen zu verwirklichen. So entstand das größte Jugendstilviertel Europas.

Der Modernisme, der die »Neustadt« prägt, wurde in Barcelona zu einem wesentlichen Ausdrucksmittel für die Renaixença, die Rückbesinnung auf die eigenen Wurzeln und die einstige Größe. Auch die Kunst orientierte sich zunächst an der Vergangenheit. Es ist die Welt der Gotik – die mittelalterliche Hoch- und Glanzzeit katalanischer Macht und Unabhängigkeit –, die immer wieder zitiert wird. Typische Beispiele dieser neugotischen Jugendstilarchitektur sind die Casa Terrades 27 von Josep Puig i Cadafalch oder die südlich davon gelegene Casa Thomas von Lluís Domènech i Montaner.

Auch Antoni Gaudí, der heute wohl bekannteste Vertreter des katalanischen Modernisme, nimmt gotisch-islamische Elemente in seine Bauten auf – bester Beweis hierfür dürfte wohl der von ihm zwischen 1885 und 1889 errichtete Palau Güell 10 sein. Es gelingt ihm aber, einen unverwechselbaren eigenen Stil zu entwikkeln: Unter seinen Händen wächst Architektur heran wie Natur. Alles erscheint wie natürlich gewachsen, alles bildet eine organische Einheit. Er selbst sah sein Schaffen mystisch durchdrungen von der Allgegenwart Gottes, die jeden Stein, jede architektonische Ausdrucksform ergreift und

Am Eingang des von Gaudí geschaffenen Parc Güell begrüßt ein Phantasietier mit Schuppen aus farbigen Keramikplättchen den Besucher.

Katalanischer Jugendstil in Reinkultur: Das Innere der Casa Lleó Morera am Passeig de Gràcia.

Auch die Geschäftswelt schätzte den Modernisme: Diese phantasievolle Tierskulptur verziert ein Schirmgeschäft auf der Rambla.

verklärt. Gaudís Hauptwerk, die unvollendet gebliebene Kirche zur Heiligen Familie, die Sagrada Família (23), an der er von 1883 bis zu seinem Tod im Jahre 1926 arbeitete, ist nach seinen eigenen Worten eine »Predigt in Stein«.

Gaudí fand bei seinen Zeitgenossen durchaus keine einhellig positive Aufnahme. Der schwer auf seinen Gebäuden lastende Symbolgehalt, der dem heiteren Überschwang an detailfreudiger Ornamentik bei anderen Vertretern dieser Bewegung so konträr gegenüberzustehen scheint, erschwerte sein Verständnis beträchtlich. Die Casa Milà (21) am Passeig de Gràcia zum Beispiel, bei der revolutionäre Bautechnik und eine geradezu überschäumende Gestaltungskraft Hand in Hand gehen, wurde so von nicht wenigen abfällig als »pedrera«, als Steinbruch, bezeichnet. Mehr Erfolg hatte da schon seine heiter-verspielte Casa Batlló (21) – Gaudís Beitrag zur sogenannten »mançana de la discòrdia« am Passeig de Gràcia. In dieser Häuserzeile zwischen den Straßen Aragó und Consell de Cent trat er in unmittelbaren Wettstreit mit den beiden anderen großen Vertretern des katalanischen Jugendstils: Lluís Domènech i Montaner, hier vertreten mit seiner leider inzwischen veränderten Casa Lleó Morera (21), und Josep Puig i Cadafalch mit der neugotisch-mittelalterlichen Casa Amatller (21).

Diese Fassade im Barri Gòtic zeigt, wie der Modernisme normale Alltags-Bauwerke zu Kunstwerken machte.

Gaudís Mystizismus war es sicher nicht, der den Modernisme in ganz Katalonien so populär machte. Was einen Apotheker oder einen Konditor dazu bewegte, sein Geschäft zu einem Kleinod modernistischer Architektur zu machen, wie beispielsweise die Farmàcia J. de Bolòs oder die Pastisseria Figueres, war kaum das Interesse an einer Nachbildung gottgewollter Natur. Es war das mit diesem Projekt verbundene Streben, Kunst als Ausdruck der Modernität in alle Bereiche des menschlichen Lebens zu tragen. Und aus einer solchen Überzeugung heraus entstand wohl auch die für die damalige Zeit wahrlich revolutionäre Krankenhausanlage des Hospital de la Santa Creu i Sant Pau (24), die Lluís Domènech i Montaner zu Beginn unseres Jahrhunderts schuf und die auch heute noch – beeindruckend schön, aber vollkommen überlastet – ihren Dienst tut.

Bei so viel Jugendstil-Pracht, die dem Besucher mit ihren oft üppig geschwungenen, phantastisch-bizarren Formen auf Barcelonas Straßen entgegentritt, muß ein Umstand jedoch einigermaßen frustrierend wirken: Kaum eines all dieser wunderschönen Gebäude kann besucht, d.h. so erlebt werden, wie es um die Jahrhundertwende von seinen Besitzern bewohnt wurde. Gerade in der Innenarchitektur, in der Ausgestaltung von Räumlichkeiten, bei den Möbeln und Kleinobjekten, zeigt der Jugendstil ja seine ganze schöpferische Kraft. Ein Abstecher in das im Parc de la Ciutadella gelegene Museu d'Art Modern (18), das eine umfangreiche Sammlung von Kunsthandwerk und Möbelstücken des Jugendstils beherbergt, kann diese Lücke schließen. Rückhaltlos und in seiner ganzen überschwenglichen Größe erschließt sich der Modernisme jedoch beim Besuch einer Musikveranstaltung im Palau de la Música Catalana (20). Der zwischen 1905 und 1908 von Lluís Domènech i Montaner geschaffene Konzertsaal sucht in seiner üppigen Dekoration und verträumten Schönheit weltweit seinesgleichen.

Keramiksplitter und Glasscherben zieren diese Ruhebänke im Parc Güell. Organisch gewachsen mußte Gaudís Kunst aussehen. Was lag also näher, als sich von Wellen inspirieren zu lassen?

Metropole der Kreativen

Design und moderne Kunst in Barcelona

Kein Zweifel: Barcelona hat sich in den letzten Jahrzehnten zu einer Hochburg modernen Designs entwikkelt. Nach der künstlerischen Flaute der Franco-Zeit brach in Kataloniens Hauptstadt in zeitlicher Übereinstimmung mit dem Heranwachsen der neuen spanischen Demokratie ein kreativer Schaffensdrang aus, der nach und nach auf alle Lebensbereiche übergreifen sollte. Überall wurde renoviert und gebaut, modernisiert – und gestylt. »Barcelona, posa't guapa« (»Barcelona, mach' dich schön«) heißt die Devise. Plätze und Parks wurden und werden – oft von jungen Architekten – neu gestaltet. Die Plaça dels Països Catalans vor dem Hauptbahnhof Estació de Sants ist ein – nicht unumstrittenes – Beispiel für eine neue, nüchterne Architektursprache. Der Parc de l'Espanya Industrial 29 erregte mit seinen Phantasien aus Beton und Stahl international Aufsehen.

Salvador Dalí war eine der eigenwilligsten und schillerndsten Persönlichkeiten der modernen Weltkunst.

Auch beim Einkaufen geht es heute vor allem ums Design. Durchgestylte Läden, die Mode, Schuhe, Schmuck, Accessoires und schicken Schnickschnack anbieten, und das Vinçon – ein richtiges Designer-Kaufhaus – ziehen die Kaufwilligen an. Bars (El Velvet oder Nick Havanna) und Restaurants (El Tragaluz) legen ebenfalls Wert auf Optik – ob die neuen Barhocker nun wirklich bequem sind oder nicht.

Die neuen Comics made in Barcelona – auch sie ein Produkt der katalanischen Design-Welle – sind auf der ganzen Welt bekannt. Der Graphik-Designer Javier Mariscal wurde mit seinen »Zeitgeistfiguren« zum Begriff und schaffte den weltweiten Durchbruch, als seine »Cobi«-Figur Maskottchen der Olympischen Spiele wurde.

So schrill und kaum noch originell sich dieses Design-Fieber heute bisweilen auch darbietet, so echt waren die Impulse dieser Wiederbelebung handwerklicher Kreativität. Denn eigentlich ist diese Avantgarde-Bewegung gar nicht so neu, sondern geht – unterbrochen nur durch die 40jährige Franco-Diktatur – auf die Zeit um die Mitte des vorigen Jahrhunderts zurück. Damals fand ein im Schatten des Machtzentrums Madrid dahindämmerndes Barcelona aufgrund des wirtschaftlichen Aufschwungs und des neuen Reichtums plötzlich auch wieder zu neuem Selbstwertgefühl. Die Rückbesinnung

auf die eigene Größe, das eigene Können und die eigene Kreativität war damals (und ist es auch heute zum Teil wieder) weitgehend mit einer Loslösung von zentralspanischer Bevormundung und einem Drang nach dem jenseits der Pyrenäen erahnten Fortschritt verbunden. In einem solchen Klima der Aufgeschlossenheit, ja der Freiheit, fanden denn auch zu Beginn unseres Jahrhunderts Künstler von Weltruf in Katalonien einen idealen Nährboden. Pablo Picasso, Joan Miró und Salvador Dalí, sie alle ließen sich von Barcelona inspirieren. Heute

Speisen in künstlerischem Ambiente: Das Restaurant El Tragaluz verwöhnt seine Besucher nicht nur mit kulinarischen Genüssen, sondern auch mit eigenwilligem Raumdesign.

»Wolke und Stuhl« heißt die eindrucksvoll-bizarre Dekoration – aus 2500 Metern Aluminiumdraht – auf dem Gebäude der Fundació Antoni Tàpies.

Kunst, soweit das Auge reicht: Beim Bummel durch das Barri Gòtic gibt es zu allen Epochen und Stilrichtungen etwas zu sehen.

kann man ihre Werke in den Museen der Stadt sehen. Während Dalís Schaffen in Katalonien im wesentlichen in Figueres, der Geburtsstadt des Genies, vertreten ist, sind den beiden anderen Meistern in Barcelona zwei beeindruckende Museen gewidmet.

Das Museu Picasso 17 ist in zwei wunderschönen gotischen Stadtpalästen in der Carrer Montcada untergebracht. Schwerpunkt der Sammlung ist das Frühwerk des Meisters, also die Zeit zwischen 1895 und 1904. Hervorzuheben sind neben den 1957 abgeschlossenen Studien zu Diego Velázquez' »Las Meninas« die Bilder »Primera Comunión« und »Ciencia y caridad« (als ausgesprochene Jugendwerke), »Los Desamparados« und »Mujer de mechón« (aus der blauen Periode) und »Cabeza« aus der kubistischen Epoche.

Die Fundació Joan Miró 35 befindet sich in einem einmalig schönen, lichtdurchfluteten Gebäude auf dem Montjuïc, von wo man einen großartigen Ausblick auf die Stadt hat. Der Corbusier-Schüler Josep Lluís Sert, einer der berühmtesten katalanischen Architekten des 20. Jahrhunderts, schuf den Bau für seinen Freund Miró. In diesem mediterran anmutenden Gebäude treten Architektur und Kunst in ein spannungsreiches Wechselspiel. Mirós farbenfrohe, oft kindlich anmutende Kompositionen (Bilder, Zeichnungen, Skulpturen) – das Museum bietet einen guten Überblick über sein vielseitiges Schaffen – entfalten in dieser Atmosphäre eine ganz eigentümliche, magische Ausdruckskraft.

Ein eigenes Museum wurde auch für den 1923 in Barcelona geborenen Antoni Tàpies geschaffen. Die Fundació Antoni Tàpies 22 ist seit 1984 in einem von Lluís Domènech i Montaner erbauten Jugendstilgebäude untergebracht. Neben Wechselausstellungen werden Werke des international anerkannten Graphikers und Malers gezeigt.

Moderne, zeitgenössische Kunst findet sich in Barcelona aber nicht nur in den Museen. Die Stadt selbst ist eine Art Freilichtmuseum: In den neu angelegten Parks gibt es Skulpturen bekannter Künstler zu entdecken. Herausragende Beispiele sind Mirós Plastik »Dona i Ocell« (»Frau mit Vogel«) im Parc de l'Escorxador, die visuellen Gedichte eines Joan Brossa bei der Radrennbahn in Horta, Eduardo Chillidas riesige Hängestruktur im Parc de la Creueta del Coll 26 oder Andrés Nagels stählerner Drache im Parc de l'Espanya Industrial gleich neben dem Hauptbahnhof Estació de Sants.

»Barcelona, més que mai« (Barcelona, mehr denn je) – so lautet die Aufforderung, diese Stadt zu erleben.

In der Fundació Joan Miró: die skurril-phantasievollen Skulpturen dieses Großmeisters der Moderne.

Die Bühne des Lebens

Schein und Sein in der Weltstadt

Bunt und voller Eindrücke ist ein Bummel auf der berühmten, lebhaften Rambla.

Bisweilen hat man in Kataloniens Metropole den Eindruck, all der Design-Trubel, all dieses Streben nach Modernität, nach Überwindung einer mutmaßlichen Rückständigkeit zehren zu sehr an der tiefinneren Substanz Barcelonas. Aus einem bisweilen komisch anmutenden Jetzt-sind-wir-wer-Denken heraus wird vor allem seit dem Erfolg der Olympischen Spiele im Sommer 1992 vieles hinweginternationalisiert. Auch manches, das vordem zu den typischen Erscheinungsformen des Alltagslebens gehörte, die in der Summe das Flair einer Stadt ausmachen. Diese Uniformierung, in der sich viele Großstädte heute immer mehr verlieren, kennzeichnet auch Barcelona. Zunehmend wird es schwerer, hinter der vertrauten Fassade den eher dissonanten – weil unbekannten – Kern der Dinge aufzuspüren.

Kleine, heimelige Läden mit vollgestopften Regalen, in denen es alles gibt, was man so braucht: ein Kontrast zur hektischen Weltstadt-Aura und doch ein Stück »echtes« Barcelona.

Auch wenn die exotisch aufgeputzten Obst- und Gemüsestände am Eingang des Boqueria-Markts auf der Rambla (8) von Touristen umlagert sind, so haben sie im Grunde genommen doch wenig mit dem zu tun, was das Wesen einer Markthalle hier im alltäglichen Leben ausmacht. Da müssen wir schon weitergehen, weitersuchen, uns verführen lassen von Gerüchen, Farben und Stimmen, müssen Altvertrautes und Erhofftes vergessen und offen sein für Neues und Erstaunliches: Nur so gelangen wir, geleitet von Barcelonas Hausfrauen, zu all dem zappelnden Meeresgetier, zu den gewaltigen Thunfischleibern, stehen vor fahlweißen Kutteln, tiefrotem Stierfleisch und der Länge nach aufgehackten Schafsköpfen... Ganz gewiß sind solcherart Leckerbissen auch in Barcelona nicht jedermanns Sache, aber sie gehören eben zu diesem Alltag dazu. Sie sind eine Art Wegweiser in eine uns fremde Welt, in der anders gegessen, anders gedacht und anders gelebt wird.

Nicht die längs der Rambla massenhaft zu Statuen erstarrenden Pantomimen sind es somit, nicht das immer gleiche Flötengedudel der in ganz Europa heimisch gewordenen südamerikanischen Straßenmusikanten, die den ganz besonderen Charme dieser Promenade ausmachen. Eher dürfte es wohl der kleine Junge sein, der mit seinem Vater vor einem Vogelstand fachsimpelnd einen neuen Stieglitz aussucht. Oder die beiden Rentner, die da auf der steinernen Blumenbank sitzen und so ganz in ihre Partie Schach versunken sind, oder die Hausfrauen, die, vom Markt kommend, kurz noch einen Strauß Blumen mit nach Hause nehmen, die Studenten auf dem Weg zur Uni, die Liebespaare, die Stadtstreicher, die Poeten, die Arbeitslosen, die Stricher, die Hascher, die Penner: ein kunterbuntes Durcheinander, ein Miteinander und Gegeneinander, ein Fließen und Wogen, das nicht zum Stillstand kommt. Leben – nicht immer schön und gefällig, dafür aber echt und (weitgehend) unverfälscht. Laut und schrill gewiß, aber bei allem auch herzlich, tolerant und voll inniger Wärme.

Wer Barcelona kennen und lieben lernen will, der muß versuchen, an seine Wurzeln – seine Men-

Pause beim Flanieren gefällig? Tänzer und andere Straßenkünstler geben auf der Rambla gern Kostproben ihres Könnens.

Für Tapas und ein kleines Schwätzchen unter Freunden findet man zwischendurch immer mal Zeit.

Ausdruck der Lebensfreude der Katalanen: ein Menschenturm anläßlich der Festivitat de la Mercè vor Barcelonas Rathaus.

schen – zu kommen. Sicher, die finden sich auch in den besonders nachts und im Sommer vollkommen überfüllten Straßencafés und Restaurants im neuen Olympiahafen, heute der Top-Treffpunkt der hiesigen Oberschicht und derer, die dazugehören wollen. Viel ursprünglicher, wenn auch viel weniger elegant, geht es da aber schon ein paar Meter weiter zu, in den kleinen Lokalen unterhalb des Passeig Marítim am Strand der Barceloneta (»Klein-Barcelona«), wo es nach Olivenöl riecht und wo man sich zum Essen und Klönen, zum Baden und zum Sonnen, vor allem aber zum schönen Nichtstun niederläßt. Da treffen sich, umringt von umhertollenden Kindern, streunenden Hunden und kreischenden Möwen, leicht verschrobene Damen gesetzten Alters zum Plausch und öffnen das Dekolleté, um die alternde Haut von der Sonne liebkosen zu lassen; da strecken Möchtegern-Casanovas und müde Familienväter ihren dicken Bauch in den blauen Himmel und äugen verstohlen hinüber zu den feschen Oben-ohne-Mädchen. Und von allem Drum und Dran vollkommen losgelöst spielen da die alten Fischer ihre Partie Domino, als ob es nichts Wichtigeres auf der Welt gäbe, bald versunken in strategisches Pläneschmieden, bald in katalanischem Temperament wild aufspringend und gestikulierend, wenn das Spiel dem eigenen Programm zuwiderläuft.

Gelingt es einem, einen Blick hinter die Fassaden der zum Teil allzu modern gewordenen Stadt zu werfen, dann merkt man, wie zäh und beharrlich Barcelonas Einwohner an ihrem manchmal unmodernen, traditionellen Lebensrhythmus festhalten. Die Sardana-Reigen, die sich sonntagvormittags auf dem großen Platz vor der Kathedrale ❻ zur Musik der Cobla (Kapelle) zusammenfinden, sind hierfür ein vielzitiertes, deshalb aber nicht minder treffendes Beispiel. Volkstanz ist in Katalonien kein von Trachtenvereinen neu zu brüchigem Leben aufgepäppeltes Relikt der Vergangenheit. Der für Nicht-Katalanen so fremdartig wirkende Klang der Tenora rührt im Herzen dieser Menschen Dinge an, die sich Verstand und Logik entziehen. Sie können nur in der inneren Gelassenheit und Ruhe ihren Ausdruck finden, mit der die Sardana-Tänzer, feierlich, aber auch mit gedämpfter Heiterkeit, einander unbekannt und doch verbunden, in statischer Bewegung um einen gemeinsamen Mittelpunkt kreisen.

Wer Barcelonas Lebensgefühl nachspüren möchte, muß sensibel sein für Augen-Blicke.

Auf einen Blick

Barcelona entdecken und erleben

Die 1,7-Millionen-Einwohner-Stadt Barcelona kann man wunderbar auf eigene Faust kennenlernen. Von März bis Oktober verkehrt tagsüber im Viertelstundentakt die Buslinie 100, die an allen großen Sehenswürdigkeiten vorbeiführt. Mit einer Tageskarte (beim Fahrer erhältlich) kann man die Strecke beliebig oft unterbrechen und sich alles anschauen.

Der Vergnügungspark auf dem Montjuïc bietet nicht nur Rummelplatz-Attraktionen jeder Art, sondern auch einen wunderschönen Blick auf die Stadt.

1. Plaça de Sant Jaume
2. Sants Just i Pastor
3. Römische Stadtmauer
4. Plaça del Rei
5. Palau Reial Major mit Saló del Tinell
6. Kathedrale
7. Santa Maria del Pi
8. La Rambla
9. Teatre Liceu
10. Palau Güell
11. Sant Pau del Camp
12. Schiffahrtsmuseum
13. Kolumbussäule
14. Wachsfigurenkabinett
15. Aquarium
16. Santa Maria del Mar
17. Museu Picasso
18. Palau de la Cuitadella/Museu d'Art Moderne
19. Arc de Triomf
20. Palau de la Música Catalana
21. Häuser des Modernisme: Lleó Morera, Amatller, Batlló, Milà
22. Fundació Antoni Tàpies
23. La Sagrada Família
24. Hospital de Santa Creu i Sant Pau
25. Parc Güell
26. Parc de la Creueta del Coll
27. Casa Terrades
28. Aussichtsberg Tibidabo
29. Parc de l'Espanya Industrial
30. Parc Joan Miró
31. Poble Espanyol
32. Pavelló Mies van der Rohe
33. Palau Nacional
34. Olympiastadion
35. Fundació Joan Miró

Zeitgenössische Kunst und avantgardistische Architektur in ungewöhnlicher Verbindung: Der Parc de l'Espanya Industrial lädt zum Schlendern und Schauen ein.

Spanien en miniature: Im Poble Espanyol auf dem Montjuïc wurden typische Häuser, Kirchen und Plätze aus allen Regionen Spaniens im Maßstab 1:2 nachgebaut.

Das 1929 für die Weltausstellung in neoklassizistischem Stil erbaute Stadion wurde für die Olympischen Spiele 1992 umgestaltet und faßt jetzt 55 000 Zuschauer.

Der Vogel ist ein Motiv, das Miró als Maler und Bildhauer immer faszinierte: Seine formvollendete Skulptur des »Sonnenvogels« ist in der Fundació Joan Miró ausgestellt.

Das zentrale Fremdenverkehrsbüro Kataloniens findet man in der Gran Via de les Corts Catalanes 658, für Barcelona ist es an der Plaça de Catalunya, ☎ 93/3 04 31 35, und im Hauptbahnhof Barcelona-Sants. Im Sommer gibt es mobile Informationsstellen am Hafen und an der Sagrada Família. Nur im Zusammenhang mit einer Wochenend-Hotelbuchung erhält man die BIP-Karte, die Rabatte auf Museumseintritte und Veranstaltungstickets gewährt (☎ 93/3 04 32 32). Preisgünstige 3- bzw. 5-Tages-Karten für die Metro löst man in U-Bahnhöfen.

Seltsam geformte Türmchen, »Hexenschreck« genannt, machen das begehbare Dach der von Gaudí entworfenen Casa Milà zu einem Skulpturengarten.

Vom Jugendstilarchitekten Lluís Domènech i Montaner: das Hospital de Santa Creu i Sant Pau mit seinen Backsteinpavillons und leuchtenden Dächern.

Der riesige Thronsaal Saló de Tinell im Palau Reial Major ist mit seinen sechs weitgespannten Rundbögen ein Meisterwerk gotischer Baukunst.

Die majestätisch wirkende Plaça del Rei, umgeben von dem historischen Gebäude des ehemaligen Königspalastes, ist sehr beliebt. Hier gibt die Banda Municipal im Sommer ihre Konzerte.

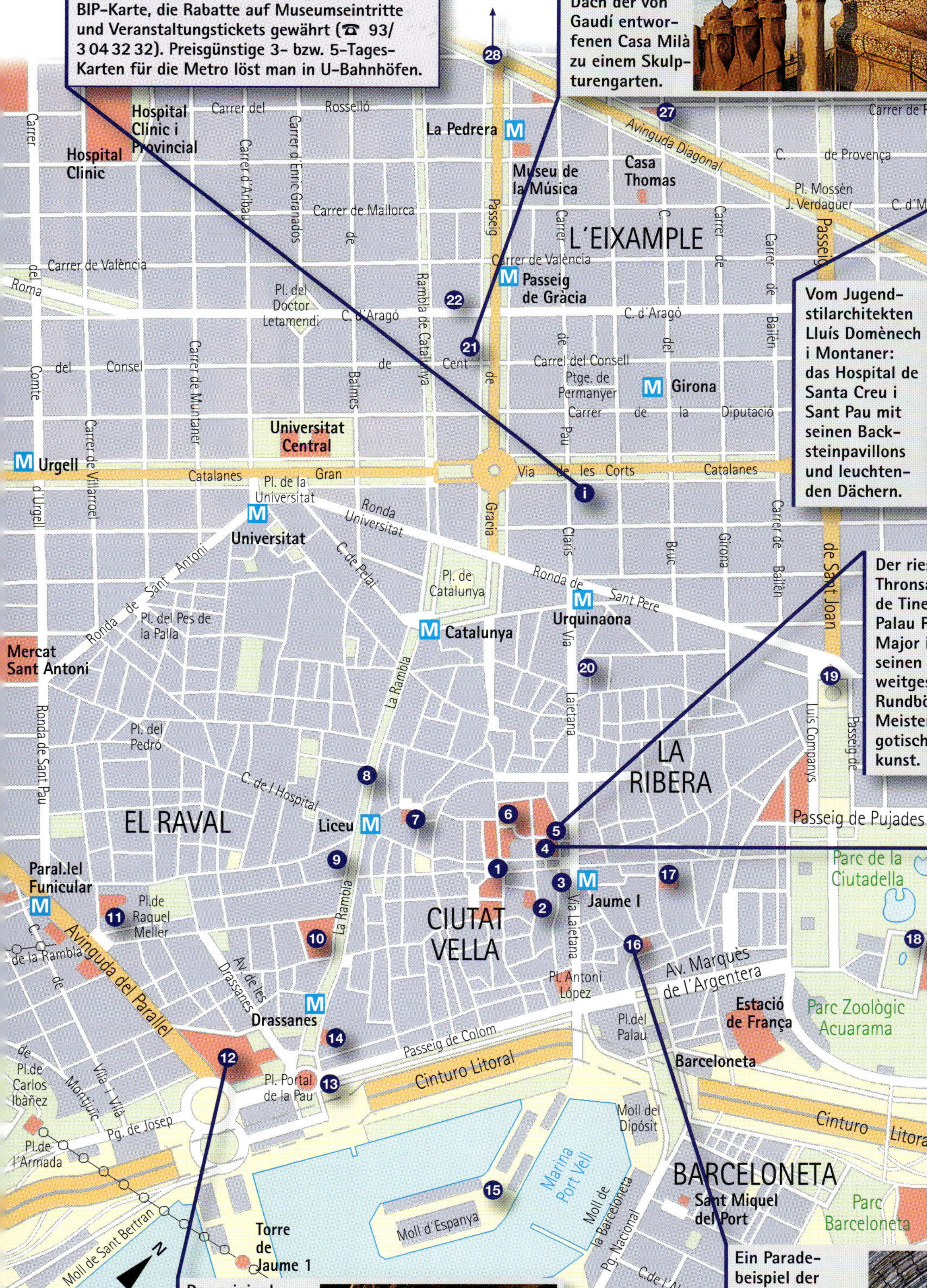

Der originalgetreue Nachbau der königlichen Galeere des Don Juan de Austria, der 1571 in der Schlacht von Lepanto die Türken schlug, ist das Prunkstück des Schifffahrtsmuseums.

Ein Paradebeispiel der katalanischen Gotik ist die Kirche Santa Maria del Mar, die in nur 55 Jahren (1329–1384) erbaut wurde und die einzige fertiggestellte gotische Kirche in Barcelona ist.

Was – wann – wo?

Gut aufgehoben

Im Zuge der Olympischen Spiele 1992 hat sich Barcelonas Unterkunftsangebot erheblich verbessert, allerdings mehr in der gehobenen Klasse als bei den preiswerten Häusern. Zwischen den Traumhotels Rey Juan Carlos und dem Ritz mit ihren Luxussuiten und den billigen Herbergen um die Plaça Reial dürfte jedoch jeder Barcelona-Besucher auf seine Rechnung kommen.

- **Arts Barcelona.** Pracht und Luxus in Barcelonas Hotelturm am Olympiahafen. Mit schöner Aussicht auf Stadt und Meer. Moll Marina, 19–21. ☎ 93/2 21 10 00, Fax 93/2 21 10 70.
- **Condes de Barcelona.** Für Anspruchsvolle. Art-déco-Zimmer mit Marmorbad in exklusiver Lage. Passeig de Gràcia, 75. ☎ 93/4 88 22 00, Fax 93/4 88 06 14.
- **Majestic.** Beste Lage – große Vergangenheit. Hier wohnten Federico García Lorca und Pablo Casals. Passeig de Gràcia, 70. ☎ 93/4 88 17 17, Fax 93/4 88 18 80.

Eine kleine Pause

- **Colón.** Ein Geheimtip, der schon lange keiner mehr ist. Die Zimmer mit Ausblick auf die Kathedrale ❻ sind deshalb auch meist belegt. Avinguda de la Catedral, 7. ☎ 93/3 01 14 04, Fax 93/3 17 29 15.
- **Royal.** Komfortables Haus, modern und sachlich. Direkt an Barcelonas belebter Rambla ❽. Rambla, 117. ☎ 93/3 01 94 00, Fax 93/3 17 31 79.
- **Regente.** Gepflegtes Hotel mit eigenem Swimmingpool und prächtigem Jugendstil-Speisesaal. Rambla de Catalunya, 76. ☎ 93/4 87 59 89, Fax 93/4 87 32 27.
- **Gótico.** Ein Hotel garni der Mittelklasse im Bereich der Altstadt. Jaume I, 14. ☎ 93/3 15 22 11, Fax 93/3 10 40 81.
- **Mesón Castilla.** Zentrales, behagliches Haus mit niedrigeren Preisen. Valldonzella, 5. ☎ 93/3 18 21 82, Fax 93/4 12 40 20.

Bodega Bohemia

Barcelona bei Nacht

Das Nachtleben ist in Barcelona ganz wörtlich zu nehmen. Vor elf – in Diskotheken noch später – ist hier kaum was los. Man beginnt also am besten mit einem gepflegten Abendessen im Port Olímpic, nach dem es dann bis in die frühen Morgenstunden weitergehen kann.

- **Palau de la Música Catalana** ⓴. Abwechslungsreiches Konzertprogramm der Spitzenklasse. Bis zur Wiedereröffnung des abgebrannten Gran Teatre del Liceu teilweise mit (konzertanten) Opernaufführungen. Sant Francesc de Paula, 2.
- **Barcelona City Hall.** Kleines Theater mit elegantem Show-Programm. Wenn man will, auch mit Abendessen. Rambla de Catalunya, 2–4.
- **La Paloma.** Ein Ballhaus aus der Zeit um die Jahrhundertwende, in dem jedes Wochenende geschwoft wird. Tigre, 27.
- **El Molino.** Derb-dreistes Revue-Theater, das in letzter Zeit wieder in Schwung gekommen ist. Vila Vilà, 99.
- **Bodega Bohemia.** Live-Musik mit Altstars, die das Singen nicht lassen können. Lancaster, 2.
- **Boadas.** Immer noch und immer wieder eine der besten Cocktail-Bars der Stadt. Tallers, 1.
- **Nick Havanna.** Barcelonas Design-Bar par excellence. Rosselló, 208.
- **Poble Espanyol** ㉛. Tagsüber eine Art Freilichtmuseum, nachts ein riesiges Unterhaltungszentrum mit Bars, Restaurants und Diskotheken. Avinguda del Marquès de Comillas.
- **Port Olímpic.** Die Terrassen der unzähligen Bars und Restaurants im Olympiahafen sind zum neuen Treffpunkt für die ganze Stadt geworden.

Christus von St. Climent

Ein Streifzug durch die katalanische Romanik

Im Palau Nacional ㉝, dem wuchtigen Kuppelbau, der für die Weltausstellung 1929 errichtet wurde, ist das Museum für Katalanische Kunst untergebracht, wo man nach jahrelangen Umbauarbeiten derzeit nun zumindest wieder die romanische Abteilung besuchen kann. Die aber ist als solche nahezu einmalig auf der Welt.

Schon 1919 begann man damit, die in zahlreichen Dorfkirchen in den Pyrenäen ihrem Schicksal preisgegebenen romanischen Fresken sorgfältig abzutrennen. In weitgehend originalgetreuer Umgebung sollten sie in diesem Museumsbau in Barcelona in neuer Pracht erstehen. Das Ergebnis ist wahrhaft überwältigend: Auf seinem Weg durch die bewußt im Halbschatten belassenen Hallen strahlt dem Besucher die mystische Farbenpracht dieser in romanisch-stilisierten Bogenhallen und Apsiden eingelassenen Fresken entgegen und führt ihn zurück zu den Anfängen katalanischen Kunstschaffens. Höhepunkte sind die Wandmalereien der Kirchen Santa Maria und Sant Climent aus dem Pyrenäendorf Taüll, letztere mit einer majestätisch über dem Altarraum thronenden Christusfigur.

Restaurant Gambrinus

Katalanische Küche für Feinschmecker

Restaurants gibt es in Barcelona wie Sand am Meer, wobei die Küche meist französisch oder italienisch beeinflußt ist. Typisch katalanische Eßkultur in ansprechender Umgebung findet man unter anderem in den folgenden Lokalen:

- **Jaume de Provença.** Eines der besten Restaurants der Stadt. Katalanische und moderne Küche. Provença, 88.
- **Set Portes.** Beste katalanische Küche (vor allem die Reisgerichte), serviert in stimmungsvoller Atmosphäre. Unbedingt reservieren! Passeig Isabel II, 14.
- **Gambrinus.** Fisch, Schalentiere und Reisgerichte auf den Tellern, eine riesige Garnele auf dem Dach. Moll de la Fusta.
- **Els Pescadors.** Etwas abseits, dafür aber um so schöner gelegen. Im Sommer fühlt man sich auf der hübschen Terrasse in ein kleines Fischerdorf irgendwo an der Küste versetzt. Plaça Prim, 1.
- **Can Solé.** Traditionelles Fisch- und Reisrestaurant im einstigen Fischerviertel der Barceloneta. Sant Carles, 4.
- **Pa i Trago.** Vor allem Stammpublikum aus der Nachbarschaft läßt sich die vorzügliche Hausmannskost dieses Restaurants schmecken. Parlament, 41.
- **Can Culleretes.** Das älteste Restaurant der Stadt. Volkstümlich und einfach. Quintana, 5.
- **El Safareig.** Eine hübsche kleine Pizzeria für den schmaleren Geldbeutel. Im Sommer ist der üppig bepflanzte Hinterhof wunderschön. Taulat, 42.

Sonne, Strand und Meer

Die einschneidendste städtebauliche Neuerung, die Barcelona in den letzten Jahren erlebt hat, dürfte wohl die Wiedereinbeziehung des Meeres in das öffentliche Leben der Stadt sein. Wo es vor zehn Jahren nur eine Schutthalde gab, durch welche die Abwässer der Stadt ungeklärt ins Meer abflossen, entstand für die Olympischen Spiele 1992 ein 18 Hektar großes phantastisches Strandgelände mit allen nur erdenklichen Service-Einrichtungen.

Die Strandabschnitte Nova Icària, Bogatell und Mar Bella, gleich neben dem neuen Olympiahafen, sind vom Stadtzentrum aus zum Teil bequem mit der U-Bahn zu erreichen. So kann Barcelona seinen Besuchern den zusätzlichen Anreiz eines gelungenen Strandurlaubs bieten, der den Vergleich mit Städten wie Cannes oder Nizza an der Côte d'Azur durchaus nicht zu scheuen braucht.

Nahe dem Olympiahafen

Doch damit nicht genug: Als das größte Aquarium der Welt zum Thema Mittelmeer gilt das neu eröffnete L'Aquàrium am Moll d'Espanya ⓯. In den 20 großen Becken kann der Besucher etwa 8000 Meerestiere betrachten, darunter auch 30 Haifische. Das große Ozeanarium im Zentrum kann man in einem durchsichtigen Tunnel durchqueren, wobei der Eindruck entsteht, man spaziere auf dem Meeresgrund.

La Boqueria de St. Josep

Mitbringsel, Souvenirs und Spezialitäten

Der Corte Inglés, Barcelonas protziges Großkaufhaus, nimmt eine ganze Straßenfront der Plaça de Catalunya ein. Hier findet man so ziemlich alles, was es zu Hause auch gibt. Wer speziellere Dinge sucht, der hält sich besser an die kleineren Boutiquen und Geschäfte. Hier ein paar Tips:

- **Bulevard Rosa.** Schicke Einkaufspassage in exklusiver Lage: neueste Mode und Accessoires. Passeig de Gràcia, 51–55.
- **Regia.** Eine der exklusivsten Parfümerien der Stadt, die ihre Kunden zudem mit einem hübschen Parfum-Museum überrascht. Passeig de Gràcia, 39.
- **Vinçon.** Barcelonas Design-Laden par excellence. Das Obergeschoß ist in den früheren Wohnräumen des Jugendstilmalers Santiago Rusiñol untergebracht. Passeig de Gràcia, 96.
- **Gong.** Musikfans finden hier ein breites Angebot mit teilweise äußerst günstigen Sonderangeboten. Consell de Cent, 343.
- **Esplai.** Ein kleiner Spielzeugladen im Barri Gòtic, vollgestopft mit den wunderschönsten Dingen. Pi, 16.
- **El Bulevard dels Antiquaris.** Antiquitätengeschäfte in der Art eines arabischen Bazars. Passeig de Gràcia, 55–57.
- **El Celler de Gelida.** Eine Wein- und Spirituosenhandlung, die kaum ihresgleichen finden dürfte. Vallespir, 65.
- **La Boqueria de St. Josep.** Von der Hausfrau bis zum Chefkoch: In der berühmten Markthalle kauft jeder. Das Ambiente allein lohnt den Besuch. Rambla, 85.

BERLIN

Eine Stadt baut auf

Kurfürstendamm und Kreuzberger Nächte, Gedächtniskirche und Schloß Charlottenburg – Touristenattraktionen für Millionen, die über Jahrzehnte nach Berlin kamen, haben ihre Spitzenplätze verloren. Die Hitliste der von den Besuchern frequentierten Ziele, statistisch sorgfältig erfaßt, beginnt mit dem Brandenburger Tor, gefolgt von Baustellen, Baustellen, Baustellen. Diese heißen zur Zeit Potsdamer Platz, Checkpoint Charlie, Friedrichstraße, und dann kommt schon der Reichstag – eine Sommerwoche 1995 von Christo zur Skulptur verhüllt (Bild). Über ihm werden sich bis 2000 ebenfalls die Kräne drehen. Dahin, wo Zukunft und neues Zentrum aus hunderten Gruben wachsen, pilgern In- und Ausländer wie zu Wallfahrtsorten. Hier ist Betreten erbeten, spielt im Sommer die Musik, kann man am Computer die Vision vom Morgen abfragen.

Berlin baut auf, und alle gucken zu. Man wandert weiter durch märkischen Sand, dorthin, wo die Zeugen der Stadtgeschichte älter sind als der Betrachter. Oder es zieht einen dahin, wo Neubauten, Lücken gläsern verschließend, protzig breit oder nur bescheiden Raum füllend, für sich Reklame machen. Ob von den kritischen Berlinern akzeptiert oder zum Streitobjekt ernannt, viele sind heute schon beredte Denkmäler der Hauptstadt-Architekten, die – ganz europäisch – Aldo Rossi und Jean Nouvel oder Sir Norman Foster heißen.

Historischer Boulevard und City 2000

Unter den Linden in Berlin-Mitte

Das Brandenburger Tor – einst Brennpunkt des Ost-West-Konflikts, Symbol für Teilung und Einheit. Carl Gotthard Langhans' klassizistisches Meisterwerk kennt die ganze Welt.

Kein Zweifel – Berlin lebt immer noch mit zwei Herzen. Das heißt, West-Berliner wohnen, kaufen und bummeln selbst Jahre nach dem Mauerfall noch im Westen, so wie Ost-Berliner im Osten. Aber wenn Besuch kommt, dann treffen sich alle auf der historischen Prachtstraße Unter den Linden, Deutschlands ältestem klassizistischen Boulevard – der jetzt wieder die Mitte der Hauptstadt markiert.

Allerdings, die Linden, die 1647 an dem einstigen kurfürstlichen Reitweg zwischen Schloß und Tiergarten gepflanzt wurden, gibt es längst nicht mehr. Und die heutigen, auf der Mittelachse der 60 Meter breiten Straße, scheinen vor lauter Baustaub auch erschöpft. Am Pariser Platz, dem Endpunkt der »Linden«, wachsen neben dem Brandenburger Tor in unglaublicher Geschwindigkeit Gebäude in den Himmel. Als eines der ersten wird das legendäre Hotel Adlon fertiggestellt sein. Die Nobelherberge mit der Adresse Unter den Linden 77 galt im ersten Drittel unseres Jahrhunderts als eines der schönsten Hotels der Welt. Charlie Chaplin und Thomas Mann ließen sich hier verwöhnen. Von etlichen Zimmern und Suiten des neuen Hotels werden Gäste das Brandenburger Tor ❶ sehen können. Als letztes von ehemals 18 Stadttoren präsentiert dieses sich – vor über 200 Jahren von Carl Gotthard Langhans geschaffen – als das Berliner Wahrzeichen schlechthin. Die Quadriga mit der Siegesgöttin hatte Napoleon von 1807 bis 1814 als Beute entführt. Nördlich vom Tor wird man 1999 – beim Einzug des Bundestags – wieder die Bundesfahne am Reichstag ❷ flattern sehen.

Will man das barocke, klassizistische und wilhelminische Berlin kennenlernen, passiert man auf den »Linden« am besten die Ecke Friedrichstraße ❺. Diese Straßenecke soll um die Jahrhundertwende – so wie die z. Z. riesige Baustelle Potsdamer Platz ㉕ – einer der verkehrsreichsten und lautesten Orte der Stadt gewesen sein. Laut ist es nun wieder seit Jahren. Kräne drehen sich auf Großbaustellen, und Geschäftsleute samt Betreibern von Amüsierlokalen hoffen darauf, daß das Jahr 2000 nahtlos an die Roaring Twenties, jene berühmt-berüchtigten 20er Jahre, anknüpfen wird.

Nach der Friedrichstraße aber, wieder Unter den Linden, dominiert die Zeit der frühen Preußenkönige mit dem königlichen und dem Prinzenpalais. Die Neue Wache ⓫ neben der

Opernpalais: Im ehemaligen Kronprinzessinnenpalais lockt ein bei Berlinern wie Touristen beliebtes Café.

Humboldt-Universität ❿ wird seit 1960 als Gedenkstätte gegen NS-Gewaltherrschaft und Krieg – vor und nach der Wende mit unterschiedlichen Akzenten – genutzt. Ihr Inneres bildet seit 1993 den schlichten Rahmen für die Pietà »Mutter mit totem Sohn«, eine überdimensionale Nachbildung einer kleinen Plastik von Käthe Kollwitz. Karl Friedrich Schinkel, allseits als preußischer Stararchitekt bekannt, schuf mit der römisch anmutenden königlichen Wache sein erstes klassizistisches Bauwerk in Berlin. Als vollkommenstes Werk des Klassizismus gilt sein Altes Museum mit der imposanten Säulenfront am Ende des Lustgartens, nur einen Steinwurf entfernt auf der Museumsinsel ⓭.

Schinkels architektonische Entwürfe fügen sich harmonisch in die Reihe der anderen Prachtbauten Unter den Linden ein. Da ist die bereits erwähnte Humboldt-Universität, 1748–66 von Johann Boumann als Palais für Prinz Heinrich, den Bruder Friedrichs des Großen, erbaut und seit 1809/10 Hochschule. Gegenüber liegt die ehem. königliche Alte Bibliothek, in der einst auch Lenin studierte. Auf dem Platz davor erinnert ein in den Boden eingelassenes Denkmal an die Bücherverbrennung vom Mai 1933. Leere Regale symbolisieren den Raum, den die verbrannten Bücher verfemter Autoren hätten einnehmen können. Das 13,5 Meter hohe bronzene Reiterstandbild Friedrichs des Großen, von Christian Daniel Rauch entworfen und 1851 enthüllt, eröffnete das Forum Fridericianum, jenen Teil der Straße, den der König selbst errichten ließ.

Die St.-Hedwigs-Kathedrale ❽ hat Friedrich der Große u. a. zum Zeichen seiner religiösen Toleranz 1747 für die katholische Bevölkerung wohl von Georg Wenzeslaus von Knobelsdorff planen lassen. Zur Ausführung gelangte die dem römischen Pantheon nachempfundene, nach der schlesischen Schutzheiligen benannte, runde Kirche unter Johann Boumann d. Ä.

Das vielleicht schönste Gebäude der preußischen Flaniermeile ist die Deutsche Staatsoper Unter den Linden ❾, erbaut nach Plänen von Knobelsdorffs im Stil eines korinthischen Tempels. Das Opernpalais nebenan, einst der Wohnsitz der preußischen Prinzessinnen, ist mit seinen verschiedenen gastronomischen Einrichtungen und einer hübschen Operncafé-Terrasse der lebendigste Ort auf dem Boulevard der Prachtbauten.

Das ehem. Zeughaus ⓫, Berlins ältester Barockbau, wurde von 1695 bis 1706 unter der Regentschaft Friedrichs I. erbaut. Das einstige Waffenarsenal zieren im Innenhof 22 von Andreas Schlüter geschaffene Masken sterbender Krieger. Eindrucksvoll gemahnen sie an die durch Krieg verursachten menschlichen Qualen. Heute lädt hier das Deutsche Historische Museum zum Besuch.

Der Weg über die Schloßbrücke führt zur Spree-Insel. Blickfang ist der imposante Berliner Dom ⓮, in dessen Gruft die Hohenzollern ruhen. Goldgelb spiegelt sich die Kuppel des neubarocken Kirchenbaus im gegenüberliegenden Palast der Republik ⓯.

Wo Schinkels alte Bauakademie stand, sind die Spuren des Grundrisses in Pflasterung und Rasen zu erkennen, und die unbebaute Fläche gibt den Blick frei auf die Friedrichswerdersche Kirche mit dem Schinkel-Museum. Eine Attrappe der Akademie soll den Stadtplanern und -politikern, wie beim Schloß, wieder Lust machen auf neue Gestaltungsdiskussionen.

Vielen ein architektonisches Ärgernis, doch als Veranstaltungsort im einstigen Ost-Berlin durchaus populär: der asbestverseuchte Palast der Republik, dessen Tage nun gezählt sind.

Der Universalgelehrte Alexander von Humboldt vor der von seinem Bruder Wilhelm gegründeten Universität.

Ein Schloß – kein Schloß

Der Palast der Republik ⓯, dessen Abriß im Sommer 1996 beschlossen wurde, steht etwa dort, wo vor über 500 Jahren aus einer mittelalterlichen Zwingburg das Schloß entstanden war. Im Laufe der Jahrhunderte hatten es namhafte Architekten mit den jeweiligen Zeichen ihrer Zeit zu einem lebendigen Architekturmuseum verwandelt, das jedoch immer den Maßstab für die weitere Stadtentwicklung vorgab. Als Attrappe ließ man das beim Bombenangriff im Februar 1945 zerstörte und 1951 abgerissene Schloß 1993/94 wieder auferstehen (Bild) und eröffnete eine bundesweite Diskussion über einen Wiederaufbau. In Berlin selbst erarbeiten indessen Planer und Historiker eine Vision für die ehemalige Altstadt, die sich als ein Gemenge aus Brachland, leeren DDR-Repräsentationsräumen, kulturhistorischen Kostbarkeiten und Mauerstreifen präsentiert.

Caesar trifft Kleopatra

Berlins Museen im Aufbruch

Moderner Rahmen für die St.-Matthäus-Kirche: Am Kulturforum bewacht eine Stahlskulptur von Alexander Calder Ludwig Mies van der Rohes Neue Nationalgalerie.

König Amenemhet II. herrschte um 1900 vor Christi Geburt über Ägypten. 1996 nach Christus schwebte der Pharao, aus Granit und 7,8 Tonnen schwer, lautlos über den Kupfergraben auf den Vorplatz des ältesten Architekturmuseums der Welt, des Pergamonmuseums auf Berlins Museumsinsel (13). Konsul Bernardino Drovetti hatte die 3,5 Meter hohe Statue 1850 ausgraben lassen und sie noch im selben Jahr dem preußischen König Friedrich Wilhelm IV. für die ägyptische Abteilung des kurz zuvor eröffneten Neuen Museums verkauft.

Amenemhet ist nicht das erste Kunst-Stück, das in Berlin nach der Wiedervereinigung umgezogen ist. Das berühmteste Liebespaar der Antike, Caesar und Kleopatra, hält wieder gemeinsam hof in der Antikensammlung des Pergamonmuseums, und auch Echnaton durfte wieder unter dasselbe Dach wie seine schöne Gemahlin Nofretete, ins Charlottenburger Ägyptische Museum (34), ziehen.

Noch ein gutes Dutzend Jahre wird die Neuordnung der Staatlichen Museen dauern, obwohl sich die Institutionen, die den alten preußischen Kulturbesitz verwalten, schon 1992 vereinigten. Von absolutem Weltrang ist der Fundus der musealen Schätze – mit archäologischen Sammlungen aus dem gesamten Mittelmeerraum und dem Vorderen Orient, mit europäischer Kunst und Kultur vom 11. Jahrhundert bis in die Gegenwart, mit Zeugnissen außereuropäischer Hochkulturen aus Indien, Ostasien und islamischen Ländern und eine der umfangreichsten völkerkundlichen Sammlungen Europas.

Lang sind die Wege zwischen den Hauptstandorten Museumsinsel (13) in Berlin-Mitte, Kulturforum (26) am Tiergarten, Dahlem und Charlottenburg. Kunstfreunde werden für jedes dieser Kulturzentren mindestens einen Tag einplanen müssen.

Hauptattraktion ist zweifellos die Museumsinsel mit ihren fünf bedeutenden Museumsbauten – nach Karl Friedrich Schinkels Konzeption als antike Tempelanlage errichtet. Über eine von 18 ionischen Säulen getragene Vorhalle gelangt man vom Lustgarten her – der wirklich einst Garten war – in Berlins ältestes Museum. Dieses von 1824 bis 1830 erbaute Alte Museum bietet z. Zt. wechselnde Ausstellungen. Das Neue Museum des Schinkel-Schülers Friedrich August Stüler, künftige Heimat des Ägyptischen Museums und des Museums für Vor- und Frühgeschichte, müßte wiederaufgebaut und erweitert werden, aber dafür steht noch kein Geld zur Verfügung. Große Investitionen erfordert auch die Alte Nationalgalerie, nach Stüler-Entwürfen wie ein korinthischer Tempel auf einen hohen Unterbau gestellt. Im Neobarock-Gebäude des Bodemuseums sind derzeit sechs Sammlungen zu sehen, darunter spätantike und byzantinische Kunst. Aber der bedeutendste Musentempel ist sicher das neoklassizistische Pergamonmuseum mit dem weltberühmten Pergamonaltar aus dem 2. Jahrhundert v. Chr. Der deutsche Ingenieur Carl Humann hatte den der Athene geweihten Marmoraltar an der Westküste Kleinasiens (heute Türkei) entdeckt und von 1878 bis 1886 freilegen lassen. In der Antike galt er als eines der Sieben Weltwunder. Die Berliner waren begeistert von den über-

Das Bauhaus-Archiv

Das einmalige Bauhaus-Archiv in der Klingelhöferstraße 14 präsentiert Exponate der 20er Jahre aus den Bereichen Design, Architektur und Kunst. Im Sinne von Walter Gropius, dem berühmten Architekten und Gründer des Bauhauses, widmete sich diese Schule der zeitgemäßen Formgebung – von Hausgeräten bis hin zu Wohnhäusern. Das Museum zeigt die innovativen Objekte aus der Weimarer, der Dessauer und der Berliner Zeit des Bauhauses. Allein Namen wie Ludwig Mies van der Rohe, Lyonel Feininger, Wassily Kandinsky und Laszlo Moholy-Nagy dürften als Besuchermagnet wirken. Hauptmerkmal des von Gropius 1964 selbst entworfenen und 1979, zehn Jahre nach seinem Tod, realisierten Ausstellungsgebäudes ist die weiße Betonfassade, klar gegliedert mit einer Reihe nach Norden ausgerichteten Oberlichtern.

Athene und Zeus geweiht: Der Pergamonaltar aus dem 2. Jahrhundert v. Chr., die wohl berühmteste der Sehenswürdigkeiten Berlins.

lebensgroßen olympischen Göttern und Giganten, die sich am Fries des Podiums bekämpfen. Wer in den nächsten Saal geht (Vorderasiatisches Museum), wird den Blick überwältigt in die Höhe gleiten lassen: Die Prozessionsstraße von Babylon mit dem Ischtar-Tor vermittelt auch hier, in geschlossenen Räumen, orientalischen Zauber.

Das Schloß Charlottenburg 35, übrigens ein beeindruckendes Beispiel höfischer Hohenzollern-Baukunst des Barock, birgt die Galerie der Romantik mit vielen Gemälden Caspar David Friedrichs. Seit dem Frühjahr 1996 sind die Winterkammern der Wohnung König Friedrich Wilhelms II. wiederhergestellt, fast 200 Jahre nachdem sie gestaltet wurden. Unter den originalen Glasbehanglüstern kann man Wandteppiche, Kommoden und Porträtbüsten bedeutender Persönlichkeiten des Hofes bewundern. Auch die Hof-Silberkammern mit dem Porzellan und dem Tafelsilber der Hohenzollern sowie das Kronkabinett mit dem Kronschatz des Hauses Brandenburg-Preußen sind wohl zu den Highlights eines Berlin-Besuchs zu zählen.

Dem Charlottenburger Schloß gegenüber liegen das Ägyptische Museum mit der wunderschönen Gipsbüste Nofretetes, die, ganz allein gestellt, wie in einer feierlichen Gedächtniskapelle präsentiert wird. In einem gründerzeitlichen Kasernenbau an der Schloßstraße (Nr. 1a) ist das Bröhan-Museum mit Exponaten des Art déco und des Jugendstils beheimatet. Unglaublich vielseitig präsentieren sich Möbel und Einrichtungsgegenstände aus der kurzen Entstehungszeit am Anfang dieses Jahrhunderts. Im renovierten Stüler-Bau nebenan hat die Sammlung Berggruen mit zahlreichen Werken Picassos, ergänzt durch Braque, Klee, van Gogh, Cézanne und afrikanische Skulpturen, im Herbst 1996 für zehn Jahre ein angemessenes Quartier gefunden.

Eine der bedeutendsten Kunstsammlungen Europas, die Dahlemer Gemäldegalerie, wird Anfang 1998 zusammen mit Beständen des Bodemuseums in einen Neubau des Kulturforums am Tiergarten ziehen und dort Meisterwerke der Malerei vom Mittelalter bis zum Spätbarock präsentieren. Zum Kulturforum 26 gehört neben der Philharmonie, der Staatsbibliothek und einiger Museen auch die Neue Nationalgalerie. Die 1965 bis 1968 von Ludwig Mies van der Rohe erbaute Halle beherbergt eine einmalige Impressionistensammlung und Kunst des 20. Jahrhunderts. Das Museum für Gegenwart hat im jüngst restaurierten Hamburger Bahnhof 23 nördlich der Spree seine Heimstatt gefunden. Herzstück ist die Sammlung Erich Marx mit Werken von Joseph Beuys, Andy Warhol, Cy Twombly und Robert Rauschenberg.

Schöne Pharaonin: Die 1912 von deutschen Archäologen ausgegrabene Büste der Nofretete ist der Publikumsliebling im Ägyptischen Museum.

Leben auf wechselnder Spur

Das junge Berlin

Tagsüber mag es am Prenzlauer Berg noch ruhige Plätze geben, aber mit der Dämmerung kommen die Touristen.

Laid back Grooves, cooler Hip-Hop, vibrierender Drum & Bass, pumpender Techno, tiefer, souliger House, südamerikanisch hüpfende Beats – alles verstanden? Das sind die Zutaten für einen Dancefloor-Eintopf (für ältere Semester: Tanzmusik), und der Koch heißt DJ. Sprich: der Diskjockey, und das ist keiner, der wahllos Platten auflegt, denn seine Karriere gründet auf Hipness und Innovation, Fertigkeiten in Produktion und Mix, auf Pioniergeist und musikalische Vision. Die Fans sind unerbittlich, DJs sind die Aushängeschilder für den Post-Techno-Großstadt-Sound. Kurz: Wo die Mischung nicht stimmt, geht keiner hin.

Unbestritten, im Osten ist einiges los – wie hier, vor der In-Kneipe Yaam in Treptow.

Auf eine merkwürdige Weise stimmen Zeitgeschmack und -gefühl der Jugendlichen aus Prag und Berlin, New York und Warschau, London, Dublin und Moskau überein und lassen hier einen Club aufleben und dort ein House einschlafen. Die Szene lebt in Berlin-Mitte zwischen Wilhelmstraße und Prenzlauer Berg 18, streift Schöneberg und ignoriert Kreuzberg, besucht Parties und nicht Diskos und erholt sich in Easy-Listening-Clubs, wie der Hafenbar in der Chausseestraße 20, der Escobar (Köpenicker Straße 76/Brücke 1 im U-Bahnhof, Eingang Heinrich-Heine-Straße) oder im Boudoir im Hinterhof von Brunnenstraße 192.

Eine auch zuvor lebendige Jugendszene hat sich im Zuge der Vereinigung aus dem Kreuzberger Mauerschatten gelöst und nach dem Motto »So viel Anfang war nie« Platz in Abrißhäusern in Friedrichshain und Prenzlauer Berg, in pittoresken Ruinen am Rande des alten Scheunenviertels nahe der Oranienburger Straße gesucht. Mit jungen Zuwanderern, Arbeitslosen, Studenten und Abenteurern aus aller Welt schaffen sie eine neue Kultur, die der Normalbürger nur am Rande als solche wahrnimmt oder zu Gesicht bekommt. Während er im Anzug und sie im Kostüm das abrißgefährdete Tacheles, das berühmte multikulturelle Zentrum in der Oranienburger Straße, wie das Pergamonmuseum besichtigen, verachtet der Avantgardist von heute schon die ehemaligen Hausbesetzer. Diese diskutieren nämlich mit einem künftigen Investor darüber, wie die Urbanität des Ortes auf kostbarem Innenstadtraum in einen Neubau integriert werden kann. Die Szene aber zieht weiter.

Weder Nostalgie noch Ostalgie haben Bestand. Und während Ältere (ab 30 Grufties und ab 40 Komposties!) eine homogene Generation X vermuten, in der Egotaktiker im einsamen Rave zu Techno-Sound die Ideale ihrer Elterngeneration verraten, haben unzählige unterschiedliche Grüppchen sich auf den Weg in ihre Zukunft gemacht. Ist die Auguststraße, Meile grauer Galerien, in der tägliche Vernissagen zu Bierabenden entarten, gerade noch der Tip für Kunstkenner gewesen, siedeln sich verkannte

Das Tacheles, gerade noch Inbegriff der Subkulturkneipe mit kreativem Hinterhof-Charme, ist längst Bestandteil eines neuen Berliner Lebensgefühls.

Neue Locations für Tekkno – so schreiben es die Kids hier – sind in jüngster Zeit wie Pilze aus Spree-Athens Boden geschossen.

Größen schon abseits an. Heute Linienstraße, morgen Invalidenstraße? Berlin ist ein Mythos, und der ist nicht greifbar, macht sich an Adressen fest, die nicht findet, wer sie nicht kennt, in Kellern und auf Hinterhöfen im Mitte-Morast. Sie werden oft nur bekannt, weil die Polizei sie zufällig findet, wenn aus angezapften Stromkabeln im Abbruchhaus der Sound kommt, der eine neue Sumpfblüte einige Wochen leben ließ.

Endzeit-Stimmung verbreiten Cafés mit röhrenden Hirschen und Honecker-Porträts, unter denen düster Gekleidete wie im Sniper in der Rosenthaler Straße an Minztee und Mokka nippen. Hier wird die Zukunft müde erörtert, während vom Plattenteller Dudelsäcke tröten.

Exotische Kleider und Schmuckstücke präsentiert, wer will, an Sommersonntagen im Biergarten der Pfefferberg-Ruinen in der Greifswalder Straße, vor Ost- und Westsound neben dem Grill, auf dem die Bratwürste qualmen. Hier sind Schwaben fremder als Afrikaner. Da geht man noch hin und ist sozusagen unter sich, während der Kollwitzplatz, schon fest in Touristenhand, uneins über Fluch und Segen des Kapitalismus streitet, bis der brüchige Stuck verfallender Häuser in die Kaffeetassen sinkt. Die Café-Legenden von gestern sind schon von vorgestern. Ununterscheidbar reihen sich Tische und Stühle zu einem einzigen Biergarten, von Kiezbewohnern gemieden. Das teuerste West-Restaurant im Osten, das Santiago am schon erwähnten Kollwitzplatz, bewahrt die zersplitterte Schaufensterscheibe wie eine Trophäe.

Mit sich selbst und der Neugier Fremder arrangiert, bieten junge Frauen in kleinen Läden in den Hackeschen Höfen 20 an der Rosenthaler Straße tragbare bis mutige, jedenfalls eigene Kollektionen zum Kauf an. Man macht sich selbständig mit Antiquitäten und Zirkusprogrammen, Secondhand-Shops, Tanzschulen, Beratung und Serviceleistungen aller Art, baut, bastelt und renoviert. Man kocht spanisch und ägyptisch oder was man dafür hält und schneidet Haare zu Musik. Alles scheint möglich, die Stadtrundfahrt per Rikscha gehört schon zu den offiziellen touristischen Highlights. Der größte Teil der als Zahnspangen-Generation Verkannten hat sein Leben im Griff und mit Skins, Dealern, Dieben und Sekten nichts am Hut. Die Kluft, die von anderen trennt, scheint in erster Linie die Kluft zwischen Generationen zu sein und nicht – wie bei Älteren – die zwischen Ost und West oder gar Nationalitäten.

Wenn am Rand einer der unzähligen Baustellen Kids, die früher Kinder hießen, mit Knieschützern auf Inlineskates, die früher Rollschuhe waren, waghalsige Kunststücke vor staunendem Publikum vollführen, zeigen sogar Politiker gelegentlich Verständnis für einen Straßensport, der unter den Messehallen 32 und vor der Neuen Nationalgalerie 26 vergeblich verboten wird. Und sommers wird der Schloßplatz in Berlin-Mitte vielleicht wieder mit Tausenden Kubikmetern Sand zum Austragungsort schon traditioneller Beach-Volleyball-Turniere umgestaltet, während vor dem Olympiastadion 33 Basketball-Kids aus aller Welt um Punkt und Sieg kämpfen.

Nur wenn im Sommer wieder die Love-Parade Tausende tanzend auf die Straßen der Hauptstadt zieht, wird – für die meisten am Fernsehschirm – sichtbar, was die jungen Berliner umtreibt. Aber eben nur einen Teil von ihnen.

Berlins junge Modemacherinnen haben ihre eigenen Vorstellungen von chic und bequem.

Preußisches Arkadien

Das grüne Drittel der Hauptstadt

Kühle spendet Schinkels Casino im Schloßpark Glienicke, der zu den schönsten Grünanlagen Berlins zählt – dort gelegen, wo die Hauptstadt endet und Potsdam anfängt.

235 Kilometer müßte man zurücklegen, um Berlin zu umrunden, die Stadt, die so viele Einwohner hat wie Irland, die Republik, die sich die grüne nennt. Wer Tage und Nächte im Zentrum verbrachte, hat wahrscheinlich das viele Grün, das mit dem Wasser weit über ein Drittel der Stadtfläche einnimmt, gelegentlich erahnt. Es beginnt nur einen Steinwurf vom Kurfürstendamm entfernt mit dem Zoologischen Garten (29), der 1844 als erster in Deutschland seine Pforten öffnete. Heute ist er Heimat von gut 14 000 Tieren, die sich seit der Vergrößerung des Geländes im Jahre 1987 auch jenseits des Landwehrkanals tummeln.

Wer das Zoogelände verläßt, findet sich weiter nordöstlich wieder auf idyllischen Wegen, an Wassern, mit Blick auf Inseln und Wald. Nun heißt das Grün aber Tiergarten. Bis der berühmte Landschaftsarchitekt Peter Joseph Lenné 1839 einen englischen Landschaftspark daraus machte, wurde das Areal als kurfürstliches Wildgehege genutzt. Da hatten es die Herrschaften vom damaligen Berliner Stadtschloß aus nicht weit zum Jagen. Von der Siegessäule (28) am Großen Stern, auf dem alle Wege zusammentreffen, hat man einen grandiosen Blick auf diesen größten Park Berlins.

Der rasenbestückte Platz der Republik vor dem Reichstag (2) war – bis zur spektakulären Verhüllung des Bauwerks im Sommer 1995 durch den Verpackungskünstler Christo – Treffpunkt der Kicker aus allen Stadtteilen. Und rund um das Haus der Kulturen der Welt (24), nicht allzu weit entfernt von Schloß Bellevue (27), dem Sitz des Bundespräsidenten, wurde im Sommer gegrillt und gefeiert. Nun wird der Bereich wohl zur Bannmeile der Regierung. Ein großer Spiel-, Jogging- und Erholungspark erstreckt sich hinter dem Charlottenburger Schloß (35) an der Spree.

Im größten Berliner Bezirk, dem im Südosten liegenden Köpenick, breitet sich nicht nur der 767 Hektar große, angenehm ruhige Müggelsee aus. Durch den Köpenicker Forst kann man beispielsweise bis zu den nicht sehr hohen Müggelbergen wandern, die 126 Stufen zum Müggelturm hinaufsteigen – oder auch nur im Park des Schlosses Köpenick bleiben. Man kann das im holländischen Stil erbaute Barockschloß aus dem 17. Jahrhundert mit dem darin eingerichteten Kunst-

Bei den Berlinern sind die romantischen Winkel des Charlottenburger Schloßparks für ein Sonnenbad besonders beliebt.

gewerbemuseum besichtigen, irgendwo die Beine in der Dahme baumeln lassen oder ein Boot mieten und über das Wasser gleiten. Dabei bleibt immer das große backsteinerne Köpenicker Rathaus im Blick, das durch ein Husarenstück des Schusters Wilhelm Voigt als falscher Hauptmann von Köpenick einst Berühmtheit erlangte. Rund um den Rialtoring im Rahnsdorfer Neu-Venedig dümpeln Boote unter Trauerweiden, die sich im Wasser der zahllosen Spree-Seitenarme spiegeln.

Schloß Charlottenburg, beeindruckender Ausdruck der Baulust preußischer Könige, ist auch das historisch bedeutendste Bauwerk im westlichen Teil der Stadt.

Bis Potsdam reicht das grüne Berlin im Südwesten, das sich die Havel entlangzieht, die Berlin vom älteren, aber im Jahre 1920 eingemeindeten Spandau trennt. Vom Wannseeforst über die Pfaueninsel, den Volkspark Klein-Glienicke, den Garten des Jagdschlosses Glienicke und schließlich den Böttcherberg zieht sich das geradezu unendliche Grün. Nur wenig ist wild, fast alles wurde märkischem Sand abgerungen und zu preußischem Arkadien so mühe- wie kunstvoll gestaltet. Wie zufällig eröffnen Wege den bezaubernden Blick auf Bäume und Bauten, die gleichermaßen absichtsvoll die Landschaft prägen. Leichte Marmorbänkchen laden zum Verweilen, Fontänen täuschen Fruchtbarkeit vor, die von Menschenhand geschaffen ist.

56 Meter hoch ist der Grunewaldturm und taugt damit für den ersten Überblick auf Segelboote und Badestellen, auf Schwäne und die Ausflugsschiffe der Havel. An der Nordspitze des Kleinen Wannsees weist ein Gedenkstein auf die Stelle, an der 1811 der Dichter Heinrich von Kleist mit Henriette Vogel aus dem Leben schied. Eine ständige Ausstellung in der Gedenkstätte Wannseevilla (Am Großen Wannsee 56–58) erinnert an den bereits begonnenen, hier aber 1942 von den Nationalsozialisten besiegelten Völkermord an den Juden Europas.

»Üb immer Treu und Redlichkeit« klingt es dagegen mittags um 12 Uhr vom Glockenturm der orthodox anmutenden evangelischen Kirche St. Peter und Paul, die in der Nähe der Ausflugsgaststätte Blockhaus Nikolskoe (Nikolskoer Weg) liegt. Hier bekommt man Lust auf den Besuch der Pfaueninsel gleich gegenüber. Eine Fähre bringt Besucher zum Inselchen, auf dem Friedrich Wilhelm II. ein romantisches Ruinenschlößchen für seine Geliebte, die Gräfin Lichtenau, erbauen ließ. Auf dem Eiland, das tatsächlich von Pfauen bewohnt ist, zeugen exotische Baumriesen von der Zeit, als Peter Joseph Lenné hier sein grünes Gesamtkunstwerk gestaltete.

Möchte man einen letzten Blick über die Havel bis Potsdam und Babelsberg werfen, dann empfiehlt sich ein Spaziergang auf den 66 Meter hohen, waldbestandenen Böttcherberg mit Aussichtsloggia. Kaum zu glauben, daß man sich in einer Millionenstadt aufhält.

Statuen, Springbrunnen und ein See machen den Tiergarten zur grünen Oase mitten in der Stadt.

Die Qual der Wahl

Berlin am Abend

Im Wintergarten, von André Heller und Roncalli-Direktor Bernhard Paul gegründet, treten Artisten der Spitzenklasse auf.

Es heißt, nirgends sei es so schwer, sein Abendprogramm zu gestalten: Das Angebot ist so riesengroß, so vielfältig, daß es täglich mindestens zweier engbedruckter Seiten zur Aufzählung bedarf. Manchem scheint es das kulturelle Paradies auf Erden. Die Vertreibung daraus droht. Denn die große Zahl der Theater, Opern, Operetten- und Musicalhäuser ist darauf zurückzuführen, daß Berlin eine geteilte Stadt war. Die berühmtesten Einrichtungen lagen im Osten, da hatte der Westen nach dem Mauerbau die Verluste nach und nach ersetzt. Heute sind die Häuser in ihrer Gesamtheit kaum mehr zu finanzieren.

Die Schaubühne am Lehniner Platz, West-Berliner Theaterlegende unter Peter Stein, ist in den Feuilletons nach der Wende vom Ost-Berliner Deutschen Theater ㉒ in der Schumannstraße 13a abgelöst worden, das nunmehr die Rolle des verläßlichen Traditionshauses spielt. Schon in den 20er Jahren verschaffte Max Reinhardt ihm Weltruhm. Immer setzten hier Regisseure und Schauspieler die Maßstäbe der Theaterkunst, und es ist eine Spielstätte der Klassiker geblieben.

Wohin sich Bertolt Brechts Berliner Ensemble ❸ im ehem. Theater am Schiffbauerdamm, wo die »Dreigroschenoper« uraufgeführt wurde, entwickelt, bleibt nach dem Tod des Dramatikers und Regisseurs Heiner Müller abzuwarten. Die Volksbühne am Rosa-Luxemburg-Platz provoziert in Agitprop-Manier Aufsehen. Im klassizistischen Gebäude der ehem. Singakademie brilliert das Ensemble des Maxim-Gorki-Theaters ⓬ am Festungsgraben 2 immer wieder mit bemerkenswerten Aufführungen. Ob Taboris »Mein Kampf«, Fassbinder-Stücke oder Sobols »Getto«, ein volles Haus ist gewiß. So wurde auch »Der Hauptmann von Köpenick« mit Harald Juhnke, den Regisseurin Katharina Thalbach bei Bedarf in der Hauptrolle ablöste, zu einem langanhaltenden Publikums- und Kritiker-Erfolg.

Mit neuem Schwung schafft sich die leichte Muse zunehmend Platz. Im Metropol ❹ in der Friedrichstraße sorgt Altmeister René Kollo mit moderner Technik für neuen Pep im Operettenhaus. Das Hansa-Theater (Alt Moabit 48) bleibt in der Tradition des Berliner Volkstheaters. Schwänke nennt man anderswo, was das Haus hier bietet. Klassische Komödien, auch mal »Arsen und Spitzenhäubchen«, werden im Theater am Kurfürstendamm gegeben.

Unter drei Opernhäusern haben Musikfreunde noch die Auswahl – der Kulturetat wird das Angebot wohl begrenzen. Der Klassik verbunden ist die Deutsche Oper in der Bismarckstraße. Die lange diskutierte Zukunft der Komischen Oper in der Behrenstraße scheint gesichert, und die Deutsche Staatsoper Unter den Linden ❾ ist unter Daniel Barenboim für Berliner und Besucher zur ersten Adresse geworden.

Fast schon eine Institution darf man wohl das Classic Open Air am Gendarmenmarkt ❼ nennen. Hunderte drängen sich um die Freitreppe

Im Friedrichstadtpalast werden glanzvolle Revuen auf hübsche Beine gestellt. Hier war die DDR, was sie überall gern sein wollte: Weltklasse.

Seit der Verpflichtung Daniel Barenboims an die Staatsoper Unter den Linden – hier eine »Rheingold«-Aufführung – geben sich hier Weltstars die Klinke in die Hand.

des Konzerthauses Berlin, wenn Opern, Operetten oder Filmmusik-Klassiker unter freiem Himmel gezeigt werden. Auch die westlich des Olympiastadions 33 liegende Waldbühne, Deutschlands größtes Freilichttheater, lädt nicht nur zu Rockkonzerten und Sommerkino ein, Mozarts »Zauberflöte« wird hier ebenso aufgeführt wie die »Carmina Burana« von Orff.

Unübertroffen und in Sachen Eintrittskarten selbst für Berliner nicht leicht erreichbar: die Philharmonie 26, in der sich gelegentlich auch Chefdirigent Claudio Abbado die Ehre gibt. Das von Hans Scharoun außen goldschimmernd und innen mit hervorragender Akkustik gestaltete Konzerthaus ist Teil eines Ensembles im Tiergarten, in dem sich die geschwungenen Linien wie in der benachbarten Staatsbibliothek fortsetzen. Das Berliner Philharmonische Orchester mit über 100jähriger Tradition gehört zur Weltspitze. Seine Dirigenten wie Wilhelm Furtwängler und Herbert von Karajan machten Musikgeschichte.

Den Namen Palma Kunkel hat die in Berlin sehr bekannte Kabarettistin von Christian Morgenstern entlehnt. Den Erfolg haben ihr ihre witzigen, absurden Liedtexte gebracht.

Die ganz leichte Muse präsentiert sich in vielfältiger Form: Da gibt es z.B. den riesigen Neuen Friedrichstadtpalast 21 in der Friedrichstraße, dessen gekonnte Revuen immer noch in erster Linie Besucher aus dem Osten Deutschlands anlocken, vielleicht weil Westler vergesellschaftete Fröhlichkeit vermuten. Oder es gibt den Wintergarten in der Potsdamer Straße – von André Heller und Roncalli-Chef Bernhard Paul quasi als Wiedergeburt des namhaften Vorkriegsvarietés aus der Friedrichstraße begründet. Hier kann man meisterhafte Artistik bewundern. Im volkstümlicheren und fröhlicheren Varieté Chamäleon in den Hackeschen Höfen 20 in Berlin-Mitte, wo am Wochenende Menschenschlangen bis auf die Straße Einlaß zur Mitternachtsshow begehren, wird solch künstlerische Perfektion nicht angestrebt. Da sind auch Flops erlaubt und möglich. Viel zu klein ist – zumindest am Wochenende – das Spiegelzelt der einzigartigen Bar jeder Vernunft in der Schaperstraße 24, egal, ob dort gesungen, gelesen oder musiziert wird. Wer hier auftritt, gehört bald zum Kreis der etablierten Berliner Künstler und bleibt dem Karriere-Starter meist noch eine Weile treu wie Meret Becker oder Max Raabe.

Kann man die Kabaretts noch empfehlen? Die müden im Westen und die traurigen im Osten? Auch wenn die Eintrittskarten für Die Stachelschweine im Europa-Center oder Die Distel in der Friedrichstraße noch so mühsam errungen sind – auf die Highlights muß man warten. Aber gelegentlich gibt es Überraschungen.

Westler, die Lesungen, Stadtteilfeste, Ausflugsziele, entferntere Kneipen im Ostteil der Stadt besuchen, erzählen immer noch vom Gefühl des Einbruchs in eine fremde Intimität. Deutlich wird das im Stadtteil Prenzlauer Berg, wo

Im Jugendstilzelt der Bar jeder Vernunft startete so manche Berliner Karriere – wie die von Meret Becker, Tim Fischer oder Max Raabe.

Touristenbusse durch die verfallenen Straßen rollen, nach dem Flair des Widerstands, nach den Künstlern Ausschau haltend. An die 100 gastronomische Betriebe haben sich rund um den Kollwitzplatz angesiedelt. Nur die vom Kiez, die gehen da nicht hin. Aber es lohnt sich, ihnen zu folgen, zum Beispiel in die Kulturbrauerei in der Schönhauser Allee 36/39. Hier hat sich in einem alten Industriegebäude eine bemerkenswerte Kulturszene etabliert, die zu Theater, Ballett und Musikveranstaltungen unterschiedlicher Art sowie Lesungen einlädt.

Auf einen Blick

Berlin entdecken und erleben

Zwei Städte wachsen wieder zusammen, jede mit eigenem Flair und eigenen Sehenswürdigkeiten. Da lohnt eine Rundfahrt durch die 3,5-Millionen-Stadt ab Kurfürstendamm (Höhe Uhlandstraße) oder Pariser Platz oder eine Busfahrt (Linie 100) vom Bahnhof Zoo zum Prenzlauer Berg.

Sanssouci, die Schloß- und Parkanlage Friedrichs des Großen in Potsdam, ist ein preußisches Arkadien, das dem Sandboden abgerungen wurde.

1. Brandenburger Tor
2. Reichstag
3. Berliner Ensemble
4. Metropol-Theater
5. Friedrichstraße
6. Checkpoint Charlie
7. Gendarmenmarkt mit Konzerthaus (ehem. Schauspielhaus), Deutschem und Französischem Dom
8. St.-Hedwigs-Kathedrale
9. Deutsche Staatsoper Unter den Linden
10. Humboldt-Universität
11. Neue Wache und ehem. Zeughaus
12. Maxim-Gorki-Theater
13. Museumsinsel mit Altem Museum, Neuem Museum, Bodemuseum, Alter Nationalgalerie, Pergamonmuseum
14. Berliner Dom
15. Palast der Republik
16. Nikolaiviertel
17. Rotes Rathaus
18. Prenzlauer Berg
19. Alexanderplatz
20. Hackesche Höfe
21. Friedrichstadtpalast
22. Deutsches Theater, Kammerspiele
23. Hamburger Bahnhof
24. Haus der Kulturen der Welt
25. Potsdamer Platz
26. Kulturforum mit Neuer Nationalgalerie, Philharmonie
27. Schloß Bellevue
28. Siegessäule
29. Zoologischer Garten
30. Kurfürstendamm mit Kaiser-Wilhelm-Gedächtniskirche
31. Deutsche Oper
32. Messegelände
33. Olympiastadion
34. Ägyptisches Museum
35. Schloß Charlottenburg

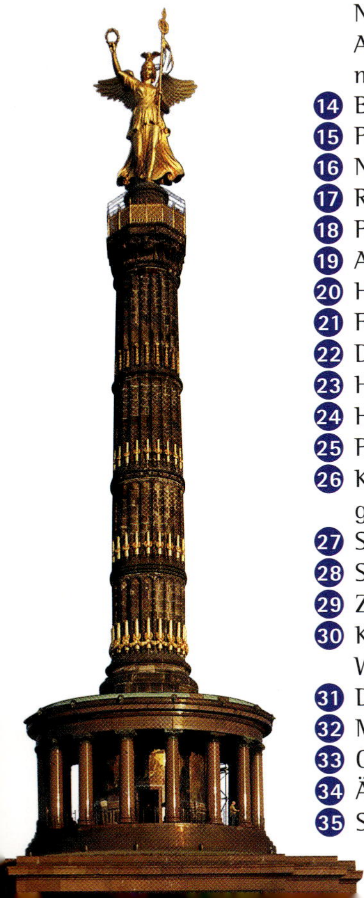

Das Konzerthaus, Schinkels Theaterbau im Stil des romantischen Klassizismus, schmückt Berlins schönsten Platz, den Gendarmenmarkt. Im Sommer ist er Freilichtbühne.

Die »schwangere Auster« war einst Kongreßhalle. Jetzt findet man hinter der Plastik von Henry Moore das Haus der Kulturen der Welt.

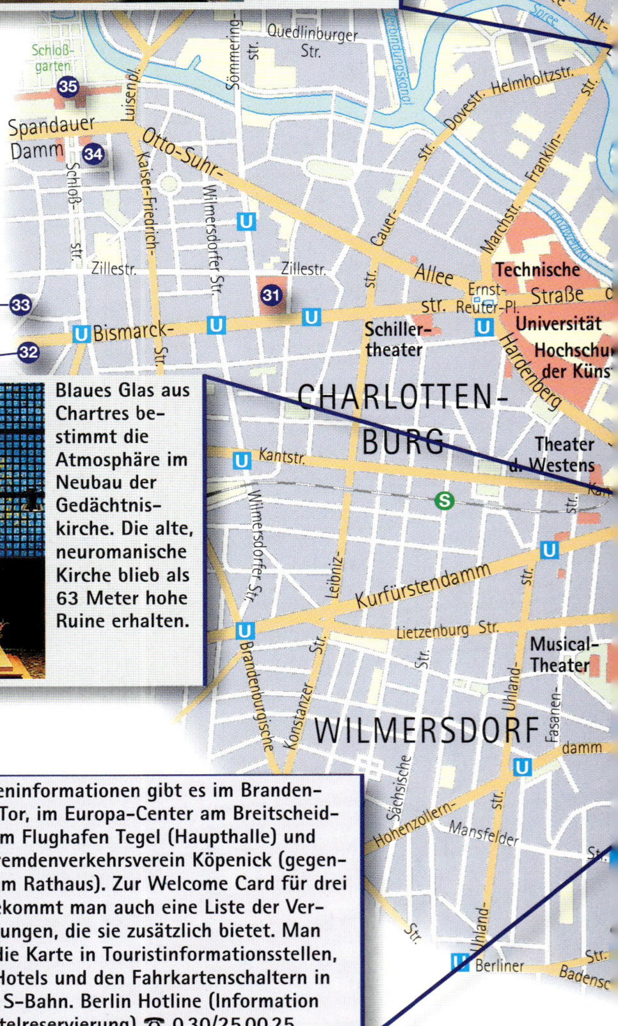

Blaues Glas aus Chartres bestimmt die Atmosphäre im Neubau der Gedächtniskirche. Die alte, neuromanische Kirche blieb als 63 Meter hohe Ruine erhalten.

Touristeninformationen gibt es im Brandenburger Tor, im Europa-Center am Breitscheidplatz, am Flughafen Tegel (Haupthalle) und beim Fremdenverkehrsverein Köpenick (gegenüber dem Rathaus). Zur Welcome Card für drei Tage bekommt man auch eine Liste der Vergünstigungen, die sie zusätzlich bietet. Man erhält die Karte in Touristinformationsstellen, vielen Hotels und den Fahrkartenschaltern in U- und S-Bahn. Berlin Hotline (Information und Hotelreservierung) ☎ 0 30/25 00 25.

Mit dem exquisiten französischen Kaufhaus Galeries Lafayette ist die Friedrichstraße in der alten Stadtmitte 1996 zu neuem Leben erwacht.

Im historistischen Hamburger Bahnhof wurde ein Museum für Gegenwart geschaffen. Werke von Joseph Beuys und Andy Warhol bilden das Herzstück.

Monströs, im Stil des wilhelminischen Historismus, ragt der Berliner Dom – Grabkirche der Hohenzollern – am Lustgarten auf. Bei Konzerten finden in der Kirche 1600 Besucher Platz.

Mit 365 Metern ist der Fernsehturm am Alexanderplatz, dem Alex, das höchste Bauwerk Berlins. Das Telecafé in 207 Metern Höhe dreht sich und ermöglicht eine unvergleichliche Aussicht.

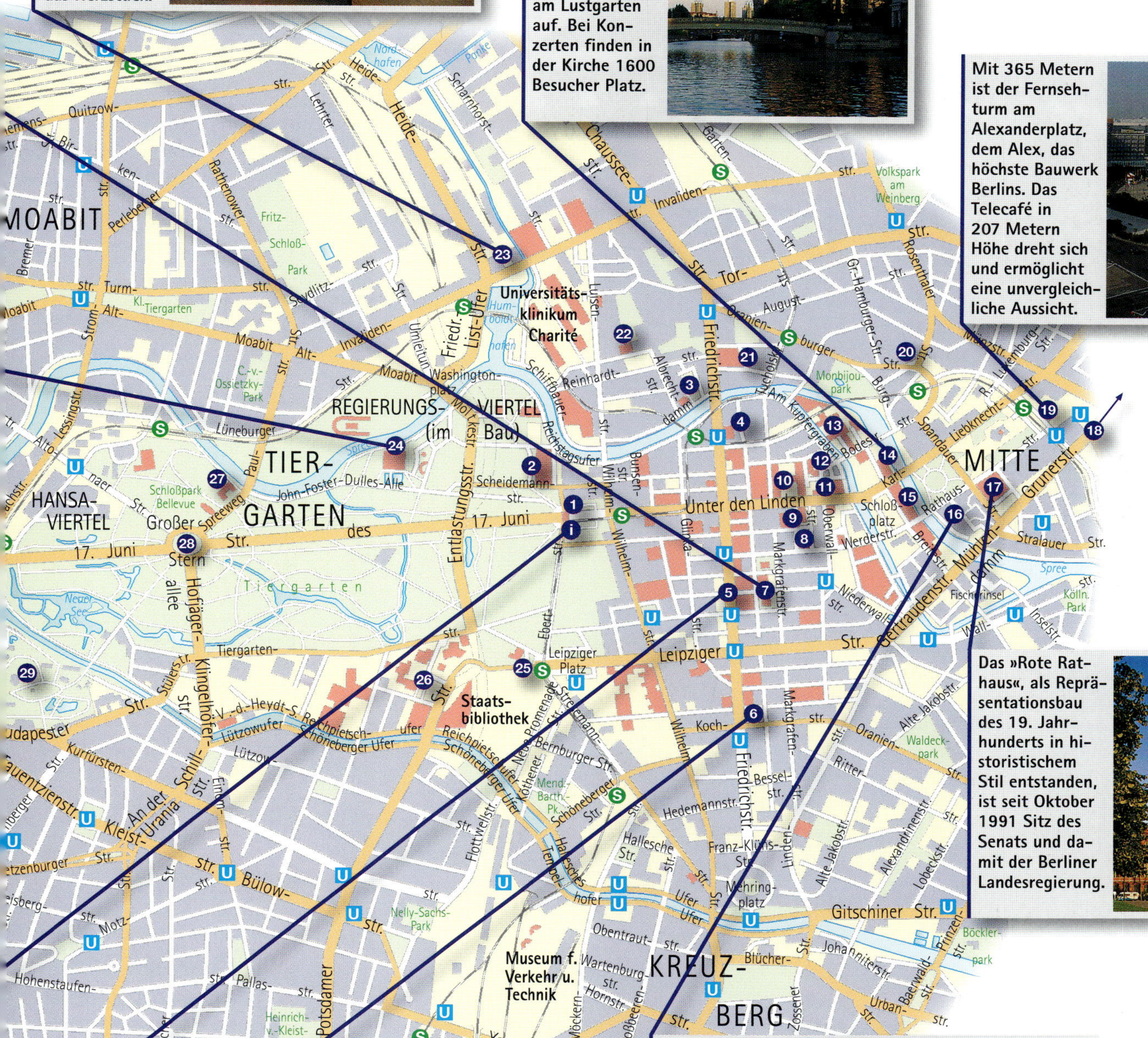

Das »Rote Rathaus«, als Repräsentationsbau des 19. Jahrhunderts in historistischem Stil entstanden, ist seit Oktober 1991 Sitz des Senats und damit der Berliner Landesregierung.

Die Wiege der Stadt um die Nikolaikirche ist zur 750-Jahr-Feier 1987 auf dem Reißbrett ganz pittoresk wiedererstanden – und allgemein beliebt.

Vom legendären Grenzübergang Checkpoint Charlie ist nur das Mauermuseum geblieben, das eindringlich von Politik und Fluchtabenteuern aus einer sonst verschwundenen Zeit erzählt.

Was – wann – wo?

Chinesisches Teehaus

Sorat Art'otel

Eisbein und Sushi

Das, was Auswärtige für typisch halten, ist es auch. Aber nur dort, wo es Tradition hat – und da ist es auch gut. Und sonst? Hat jeder Berliner seinen Italiener an der Ecke, an seiner Ecke. Wer nicht, der ißt japanisch oder indisch oder spanisch oder mexikanisch oder afrikanisch. Und wer das nicht mag, ißt sowieso nur Currywurst.

- **Bistro Bamberger Reiter.** Haute Cuisine hat auch in der Hauptstadt Namen: Dies ist einer davon, der in jeder Hinsicht an der Spitze rangiert. Die Preise sind auch für Jung-Gourmets akzeptabel. Regensburger Straße 7.
- **Restaurant am Fasanenplatz.** Edel und gut ist es, mit kleiner feiner Karte – neudeutsch könnte man sagen. Fasanenstraße 42.
- **Kashmir Palace.** Die sanftere und delikate nordindische Küche wird hier gekonnt zelebriert. Kaum irgendwo ißt man Lamm besser. Marburger Straße 14.
- **Zitadellen-Schänke.** Die mittelalterlichen, äußerst schmackhaften Speisen werden unter historischem Tonnengewölbe mit dem Dolch in der Hand verzehrt. Am Juliusturm.
- **Restaurant Fridericus.** Wer sich nicht vom (gemalten) Volk vor den Fenstern schrecken läßt, speist hier im Opernpalais vorzüglich und wird freundlich bedient. Unter den Linden 5.
- **La Vigna.** Hier ißt man am Stehtisch, zusammen mit denen, die nur eine kurze Mittagspause haben, und den italophilen Flaneuren. Bregenzer Straße 9.
- **Konnopkes Imbiß.** Er öffnet morgens um 4.30 Uhr, und sein Ruf ist legendär. Umfragen und sogar Veröffentlichungen zufolge ist die Currywurst hier unübertroffen. Schönhauser Allee/Ecke Danziger Straße, unter der Hochbahn.

Buletten

Sorgenfrei in Sanssouci

Potsdam, Brandenburgs Landeshauptstadt, liegt hautnah an Berlin dran. Über die Avus gelangt man mit dem Wagen flugs von der Berliner City aus durch märkische Landschaft in die südwestlich gelegene Stadt. Aber auch eine Schiffsfahrt über die Havel von Berlin-Spandau oder Berlin-Wannsee aus bietet sich in den Sommermonaten an. Potsdams Schlösser und Parkanlagen sind Touristenmagnete. Im Winter sind einige geschlossen, und im Sommer empfiehlt sich wegen des großen Andrangs ein Besuch am Vormittag.

- **Schloß Sanssouci.** Die wohl schönsten deutschen Rokokoräume, darunter die Bibliothek, das Musikzimmer und der Marmorsaal, sind nur mit Führung zu besichtigen.
- **Neue Kammern.** Waren ursprünglich als Orangerie in einem eigenen Schloßflügel mit Gästewohnung konzipiert. Innen sind kostbare Rokokosäle mit wunderschönen Holzintarsien zu bestaunen.
- **Chinesisches Teehaus.** Noch einige Jahre soll es dauern, bis dieses exotische Tempelchen, das nach der Restaurierung fast zu golden glänzt, die richtige »Farbe« bekommt.
- **Orangerie.** Sie zeigt sich als Wintergarten im italienischen Stil. Im Raffael-Saal hängen Kopien von Gemälden des Meisters.
- **Neues Palais.** Dies ist das Repräsentationsschloß schlechthin. Mit seinem preußischen Prunk und den Verzierungen aus Muscheln und Halbedelsteinen erscheint es fast überladen.

Über Nacht

Mehr als 48 000 Gästebetten gibt es in Berlin – da muß sich niemand mit der Besucherritze begnügen. Teure Suiten wie im Schloßhotel Vierjahreszeiten in Grunewald (Brahmsstraße 10), von Modeschöpfer Karl Lagerfeld komponiert, ein günstiges Künstlerheim wie die Luise nahe dem Brandenburger Tor (Luisenstraße 19) – alles da, und sogar in den Seitenstraßen des Kurfürstendamms finden sich schöne Herbergen.

- **Grand Hotel Berlin.** Die meisten, die hier in der historischen Stadtmitte nächtigen, sind berühmt genug, um am Folgetag in der Zeitung zu stehen. Friedrichstraße 158–164. ☎ 0 30/2 02 70, Fax 0 30/20 27 33 62.
- **Adlon.** Das im Sommer 1997 eröffnete Luxushotel knüpft an die Tradition des legendären alten Adlon an – 337 Zimmer und Suiten, exquisite Ausstattung und Lage, ebensolche Preise. Direkt am Brandenburger Tor ❶. Unter den Linden 77. ☎ 0 30/2 26 10, Fax 0 30/22 61 22 22.
- **Berlin Hilton.** Klingt schon teuer, ist auch eine feine Adresse, direkt am Gendarmenmarkt gelegen ❼. Mohrenstraße 30. ☎ 0 30/2 02 30, Fax 0 30/20 23 42 69.
- **Riehmers Hofgarten.** Stilvoll, im feineren Kreuzberg. Weckt Erinnerungen an die Jahrhundertwende. Yorckstraße 83. ☎ 0 30/78 10 11, Fax 0 30/7 86 60 59.
- **Sorat Art'otel.** Ideal für Kunstfreunde. Überall hängen Bilder und Grafiken von Wolf Vostell. Joachimsthaler Straße 29. ☎ 0 30/88 44 70, Fax 0 30/88 44 77 00.
- **Wittelsbach.** Rapunzel läßt das Haar herunter... – ein Märchenhotel, auch für Eltern, die Buggy und Flaschenwärmer nicht mitbringen müssen. Wittelsbacherstraße 22. ☎ 0 30/8 62 13 45, Fax 0 30/8 62 15 32.
- **Frauenhotel Artemisia.** Im 4. und 5. Stockwerk eines alten Berliner Mietshauses bleiben Frauen unter sich. Brandenburgische Straße 18. ☎ 0 30/8 73 89 05, Fax 0 30/8 61 86 53.

Drinnen und draußen

Messen und Märkte, Feste und Festivals, die Berliner scheinen immer unterwegs zu sein – sie sind überall, wo in ihrer Stadt etwas los ist.

- **Grüne Woche.** Sie ist mehr als eine internationale Ausstellung für Ernährungs- und Landwirtschaft und Gartenbau: ein echtes »Freßfest«. Januar.
- **Sechstage-Rennen.** Eine traditionelle Radsportveranstaltung lebt wieder auf. Januar.
- **Internationale Filmfestspiele.** Leinwandgrößen geizen mit ihrer Anwesenheit, doch den Berlinern selbst ist der »Bär« durchwachte Nächte wert. Februar.

Handwerkskunst auf der Grünen Woche

- **Internationale Tourismusbörse.** Eine knappe Woche lang träumen sich Berliner und Gäste auf der weltgrößten Reisemesse nach jwd, und das heißt janz weit draußen. März.
- **Love Parade.** Techno-Umzug und Techno-Party auf alljährlich wechselnden Pfaden. Juli.
- **Deutsch-Amerikanisches Volksfest.** Es ist Tradition, und die Berliner lassen es sich nicht wegnehmen. Gefeiert wird am Hüttenweg in Dahlem. Juli/August.
- **Classic Open-air.** Hier werden akustische Leckerbissen zu angemessenen Preisen auf dem Gendarmenmarkt oder auch der Waldbühne serviert. Juli/August.
- **Berliner Festwochen.** Ein Leitthema zieht sich durch verschiedenste Veranstaltungen wie Ausstellungen, Musikdarbietungen, Lesungen, Film- und Theatervorführungen. September.
- **Berlin Marathon.** Start ist auf der Straße des 17. Juni, Ziel ist die Gedächtniskirche ㉚, und die Strecke ist tatsächlich länger, als sie aussieht. September.
- **JazzFest Berlin.** Gehörte vor einigen Jahren noch den 68ern. Hat sich aber enorm verjüngt, hauptsächlich, was die Besucher betrifft. Haus der Kulturen der Welt und andere Orte. Oktober.

Techno

Einmal um die Häuser...

... oder durch die Gemeinde – so sagt man zum Kneipen-, Bar- oder Diskothekenbummel. Das Angebot ist riesengroß, da kann man die Lützowstraße mit dem »Kumpelnest 3000« und ähnliches gut auslassen, um Touristennepp aus dem Weg zu gehen.

- **Zur weißen Maus.** Hier läßt man den Abend im Stil der goldenen Zwanziger ausklingen. Ludwigkirchplatz 12.
- **Galerie Bremer.** Ein Gentleman aus Surinam begrüßt die Gäste, die wissen, wer dieser Scharoun ist, der die Bar-Einrichtung aus dem Jahre 1955 entworfen hat. Fasanenstraße 37.
- **Silberstein.** Allein die künstlerisch gestalteten Stühle lohnen den Besuch des eigenwilligen Cafés mit dunkler Note. Nahe der Neuen Synagoge in der Oranienburger Straße 27.
- **Obst & Gemüse,** so hieß es immer schon, früher nur zu Recht. Ein sehr junges Publikum trifft man hier an, das auch in der Kaufhausruine Tacheles gegenüber zu Hause ist. Oranienburger Straße 48.
- **Café Anita Wronski.** Eine Kneipe reiht sich am Wasserturm in Prenzlauer Berg an die andere – ist dies die schönste mit hohem Raum und Galerie? Man muß es selbst herausfinden. Knaackstraße 26–28.
- **Entwederoder.** Die Trickfilmzeichner von Werner und Asterix sind hier in Prenzlauer Berg ⑱ zu Hause. Oderberger Straße 15.
- **Flöz.** Das ist Berlins älteste Jazzkneipe, und sie ist immer noch schön. Nassauische Straße 37.
- **90°.** Bekannte Disko, zu der auch über 20jährige (und ältere) Zutritt haben. Am Anhalter Bahnhof, Dennewitzstraße 37.
- **Bar am Lützowplatz.** Das Lokal ist der schlagende Beweis dafür, daß wider Erwarten auch die Hauptstadt einen Treffpunkt der Reichen und Schönen hat. Lützowplatz 7.

Theater, Theater – und Kino

Glück gehört gelegentlich dazu, eine Karte für beliebte Abendveranstaltungen zu bekommen. Aber man muß nichts dem Zufall überlassen: Professionelle und freundliche Helfer sitzen bei der Berlin-Hotline (☎ 0 30/25 00 25), die Kartenreservierungen vornehmen, und der telefonische Vorverkauf von Theaterkarten findet beim Activ-Point (☎ 0 30/24 04 15 00) statt.
Wer lieber ins Kino will, hat die Qual der Wahl: Cinema Paris (Kurfürstendamm 211), Delphi Filmpalast (Kantstraße 12a), Filmpalast Berlin (Kurfürstendamm 225) und UCI Kinowelt Zoo Palast (Hardenbergstraße 29a) sind nur die bekanntesten Adressen.

Volksbühne

- **Renaissance-Theater.** Äußerlich unauffällig, innen Musterbeispiel für die Theatergestaltung der 20er Jahre. Anspruchsvolle Boulevardstücke und unterhaltsame Gegenwartsthemen. Hardenbergstraße/Ecke Knesebeckstraße.
- **Volksbühne.** Für die einen Frank Castorfs Krawalltheater, für die anderen modern und lebendig wie kein anderes. Rosa-Luxemburg-Platz.
- **Tribüne.** 1919 gegründet und kurze Zeit Teil der Theateravantgarde, heute mit vielfältigem Programm vom klassischen Schauspiel über Liederabende bis zu literarisch-kabarettistischen Revuen. Otto-Suhr-Allee 18.
- **Hebbeltheater.** Koproduzierte Gastspiele freier Gruppen aus aller Welt, neue Musik, modernes Tanztheater, Avantgardistisches. Stresemannstraße 29.
- **Grips.** Kindertheater, von Jugendlichen und Eltern mindestens genauso gern besucht, weil Zeitprobleme wie Drogenmißbrauch, Rassenhaß und Arbeitslosigkeit kindgemäß, aber nicht kindisch umgesetzt werden. Altonaer Straße 22.

Bern

Bärenstark und bürgernah

Einst hat ihr der große Goethe die Liebe erklärt: »Von allen Städten, die ich gesehen habe, ist Bern aber die schönste!« Die Stadt auf der Aarehalbinsel, die so unterschiedliche Baustile wie den französischen Klassizismus und die deutsche Gotik harmonisch vereint und die bis heute ihr mittelalterliches Gesicht bewahrt hat. Gut 200 Jahre nach der Französischen Revolution, die Berns Goldenes Zeitalter abrupt beendete, beeindruckt die Stadt nicht nur mit ihrem reichen, kulturhistorisch wertvollen Erbe. Als Hauptstadt der Helvetischen Konföderation prägte sie auch entscheidend die Schweizer Demokratie. Eine lebendige Demokratie, wo man die Sitzungen der Volksvertreter aus den verschiedenen Kantonen im Parlamentsgebäude, dem Bundeshaus (Bild), von öffentlichen Tribünen aus verfolgen kann. Wie anstrengend diese Lebendigkeit mitunter ist, verraten die Bundesräte (Minister) manchmal draußen unter Berns Lauben, wo sie sich – häufig ohne Leibwächter – unters »Volk« mischen. Und ist ihre Miene allzu sorgenvoll, so sind die Bäuerinnen auf dem Wochenmarkt vor dem Bundeshaus nicht die einzigen, die für die höchsten Schweizer Politiker ein paar aufmunternde Worte übrig haben.

Die Stadt als Gesamtkunstwerk

Lebendige Geschichte in alten Gassen

Der große Tag der Berner Bären ist der Ostermontag: Dann werden jeweils die Jungtiere im Bärengraben erstmals der Öffentlichkeit vorgeführt.

Den Gang der Geschichte kann man Bern vom Gesichte ablesen, schrieb im letzten Jahrhundert der Berner Mundartschriftsteller Rudolf von Tavel. Eine über achthundertjährige Geschichte erzählt dieses Gesicht, das als eines der großartigsten Zeugnisse mittelalterlichen Städtebaus in Europa bis heute seine Einmaligkeit bewahrt hat. Mit einem Füllhorn wurde die Stadt immer wieder verglichen – gefüllt mit der reichen Ernte einer über Jahrhunderte hinweg erfolgreichen und von viel Glück begünstigten bernischen Wirtschaft und Politik.

Der Zeitglockenturm ist Berns Wahrzeichen. Vier Minuten vor jeder vollen Stunde zieht das Figurenspiel alle in seinen Bann.

Der Anfang dieser Erfolgsgeschichte liegt im Dunkeln. Doch das Opfer der hübschen Legende, die dieses Dunkel ein wenig erhellt, spielt heute im Stadtbild eine Hauptrolle: Der Bär, den der Stadtgründer Herzog Berchtold V. aus dem schwäbischen Geschlecht der Zähringer auf der dicht bewaldeten Halbinsel erlegte, habe der neuen Stadt den Namen gegeben, berichtet eine bernische Chronik aus dem 15. Jahrhundert.

Bern und seine Bären – eine alte Liebe: Seit 1441 werden im Bärengraben 23 die drolligen Tiere gehalten, deren bedächtige Art auch ein wenig auf Charakter und Sprache der Bernerinnen und Berner abgefärbt zu haben scheint. Und wie schicksalsträchtig diese Liaison ist, illustriert ein handgroßer ausgestopfter Bär, der aufrecht im Historischen Museum 26 steht, in den winzigen Pfoten ein Schwert und einen Schild. Das putzige Kerlchen erinnert an jenes dunkle und gern verschwiegene Kapitel der »Erfolgs«-Geschichte der Stadt, als Bern seine stolze Unabhängigkeit verlor und für fünf Jahre von Napoleons Truppen besetzt war. Nach der Eroberung Berns, die auch die übrige Eidgenossenschaft in den Untergang mitriß, entführten die siegestrunkenen Soldaten nämlich nicht nur den bernischen Staatsschatz nach Paris, sondern auch die Bären. Im Graben ließen die Franzosen einzig ein neugeborenes lebensunfähiges Bärlein zurück, das – ausgestopft – zum Symbol des alten Bern wurde.

Der Untergang der alten Ordnung lähmte aber auch die städtebauliche Entwicklung; die Stadt erstarrte in ihrem barocken Gesicht. Nicht mehr weitergeführt wurde jene einzigartige »Architektur der Gemeinschaft«, die Bern zu einem Gesamtkunstwerk gemacht hatte: Ob Patrizierpalast oder Handwerkerhaus – über Jahrhunderte hinweg wurde die Ausgestaltung aller Bauten immer auf das Gesamtbild der einzelnen Gassen ausgerichtet. Wie früh sich bereits breite Bevölkerungsschichten am Kunstwerk Bern beteiligten, veranschaulicht das 10 000-Ritter-Fenster im Chor des Münsters St. Vinzenz 9, das 1450 nur geschaffen werden konnte, weil reiche Bürger und Leute aus dem Volk ihr Scherflein zu den Kosten beisteuerten.

Mit ihrer vollen Staatskasse – gefüllt mit reichen Einkünften aus den Untertanengebieten – trat die Stadt Bern früh als gewichtige Arbeitgeberin für Baumeister und Künstler auf. Mit dem Zeitglokkenturm (Zytglogge) 6 – berühmt die um 1530 von Kaspar Brunner geschaffene astro-

Überall begegnet einem der Bär: Auf dem Zähringerbrunnen trägt er Schild und Rüstung des Stadtgründers Berchtold V.

Gemütliches Shopping versprechen die schmalen Gassen der Stadt. Im Bild links die Herrengasse.

Im Chor des Münsters St. Vinzenz (rechtes Bild) ist der bedeutendste spätgotische Glasmalereizyklus der Schweiz zu sehen.

nomische Uhr –, dem Münster St. Vinzenz, dem Rathaus 20 und dem Käfigturm 2 setzte sie unübersehbare Zeichen von Macht und Selbstbewußtsein. Für den Münsterbau holte man mit Matthäus Ensinger und Erhard Küng die ganz großen Meister ihrer Zeit nach Bern und startete außerdem im 16. Jahrhundert den für diese Zeit einzigartigen Versuch, mit den Brunnen das Stadtbild durch Piktogramme zu vervollkommnen.

So beharrlich die Regierenden sich für das Gesamtkunstwerk Bern einsetzten – in den Untertanengebieten wurden keine Bauten geduldet, die mit jenen Berns hätten konkurrieren können. Alle Bemühungen galten nur der Verschönerung der Stadt Bern, nicht aber der Kunst und ihrer Förderung. Keine künstlerische Tradition ist so in der Geschichte der Stadt auszumachen. Eine Ausnahmeerscheinung blieb im 16. Jahrhundert der Berner Maler, Staatsmann, Dichter und Reformator Niklaus Manuel, Schöpfer des berühmten Totentanzes, der später im sogenannten Totentanz-Fenster des Münsters verewigt wurde. Erst im 20. Jahrhundert wurden mit dem (Wahl-)Berner Paul Klee wieder Berner Motive in aller Welt bekannt.

Ob der große Berner Schriftsteller Friedrich Dürrenmatt, der in Konolfingen, auf dem Land, aufgewachsen ist, noch etwas von diesem selbstherrlichen Geist gespürt hat? Beschreibt er doch seine erste Begegnung mit Bern mit folgenden Worten: »Ich irrte umher, von schweren Träumen getrieben, gehetzt von der Stadt, die jenen peinigte, der aus der Ferne gekommen war, bei ihr Zuflucht zu finden. Ich ahnte, daß sie sich selber genügte, denn sie war vollkommen und ohne Gnade…«

Auch das jüngste Kapitel der Geschichte ist auf Berns Gesicht zu lesen: Die »Architektur der Gemeinschaft« ist dem geschäftstüchtigen Kalkül der Immobilienhändler gewichen. In der zweiten Hälfte dieses Jahrhunderts sind zahlreiche, historisch wertvolle Bauten in der Innenstadt zerstört worden, weil der Umbau der mehrheitlich als Wohnhäuser konzipierten Gebäude in Geschäftshäuser als zu kostspielig erachtet wurde. Aufgefüllt wurden die Lücken mit Neubauten, deren mehr schlecht als recht kopierte Fassaden sich nur sehr oberflächlich in die alten Straßenzüge einpassen. Ein zaghafter Versuch, die Bevölkerung weiter für das Gesamtkunstwerk Bern zu begeistern, findet aber jeden Sommer statt: Um seinen Rang als »schönste Blumenstadt Europas« weiter wahren zu können, prämiert die Stadt die schönsten Blumenfenster. Und als Preise winken in einer Zeit, wo auch die Schweizer Staatskasse mit den roten Zahlen kämpft, eine Küchenschürze, ein Salzgefäß oder ein Serviertablett. Natürlich verziert mit einem Bären.

Der Simsonbrunnen steht in der Kramgasse, die Originalfigur des Löwenbändigers im Historischen Museum.

Die Brunnen der Stadt

Bereits im 16. Jahrhundert wurden die ersten schlichten, zum Teil hölzernen Brunnen, die in der Innenstadt zwischen Bahnhof und Bärengraben standen, durch prächtige, mit farbigen Statuen gekrönte Steinbauten ersetzt. Die meisten Figuren der elf historischen Brunnen schuf der Künstler Hans Gieng. Als künstlerisch wertvollste Brunnenfigur gilt seine »Gerechtigkeit« 21 mit Waage und Schwert, der zu Füßen der Papst, der Sultan, der Kaiser und der Schultheiß von Bern liegen. Umstritten ist bis heute die Bedeutung des Kindlifresserbrunnens 5, die einen Riesen zeigt, der kleine Kinder verschlingt. Wegen seiner Nähe zum Zeitglockenturm wurde der Gefräßige lange Zeit als der Titan Kronos, der seine eigenen Kinder frißt, oder als Saturn, der die Monate verschluckt, betrachtet. Neueste Forschungen untermauern aber die Vermutung, daß es sich bei der Figur um ein frühes Zeugnis von Antisemitismus handelt und einen Juden zeigt, der Christenkinder verzehrt.

Flußgeschichten

Etwas andere Ansichten einer Stadt

Architektur vor Flußlandschaft: Nydegg- und Untertorbrücke komponieren beim Überspannen der Aare ein Bild voller Harmonie.

Mit vielen Wassern ist Bern gewaschen. Davon wußte nicht nur Casanova, der sich in seinen Memoiren überaus angetan zeigte von der Stadt am Fluß, ein hübsches Lied zu singen.

Die Aare, die ihre Farbe mit den Jahreszeiten verändert – mit der Schneeschmelze und den Gewittern in den Bergen –, die sich das Blau vom Himmel holt und sich auch mit dem Grau trüber Zeiten vergnügt, läßt nichts aus und erzählt denn auch die ganze Geschichte Berns.

An die Aare zog es im 1. Jahrhundert v. Chr. die ersten, römischen Siedler genauso wie knapp zweitausend Jahre später, im frühen neunzehnten Jahrhundert, die russische Zarentochter Anna Feodorowna. Sie verliebte sich in die Elfenau, die schönste aller bernischen Campagnen – den Landsitzen, auf denen die Berner Patrizier die Sommerfrische verbrachten. Im Elfenaupark 31 ließ die Großfürstin den Landsitz umbauen und einen englischen Garten mit Orangerie anlegen. Zwischen Elfenaupark und den Ruinen des römischen Amphitheaters 14 auf der Engehalbinsel, vorbei am Tierpark Dählhölzli 30, am Bärengraben 23 und dem botanischen Garten 16, verführen die Uferwege zu kilometerlangen Spaziergängen in unmittelbarer Zentrumsnähe. Haben doch die Aare-Ufer, im Unterschied zu jenen der Flüsse anderer Schweizer Städte, über weite Strecken ein Stück ihrer Ursprünglichkeit bewahrt.

Durch Literatur und Musik fließt die Aare, nicht nur ihres sanften Grollens und ihrer romantischen Mondscheinmalereien wegen. Mit ihrer Kraft greift sie mitunter auch schicksalshaft in Liebesgeschichten ein. In Rudolf von Tavels Mundartroman »Der Houpme Lombach« aus dem alten Bern bringt so die Ungestüme zwei Königskinder zusammen, deren Liebe an allerlei Mißverständnissen zu scheitern droht: Beim Schloß Reichenbach versuchte einst die schöne Blanche, allein mit dem Fährschiff, den Hauptmann ihres Herzens vom anderen Ufer zu holen. Ob ihr übergroßes Herzklopfen oder die unberechenbare Strömung das Boot zum Kentern brachte, verrät der Dichter nicht; doch der todesmutige Sprung des Hauptmanns in die Fluten

Sommerspaziergang an der Aare, wo zwischen Marzili und Eichholz alle hundert Meter eine Treppe ins Wasser zum Baden führt.

Als erster Schweizer Kanton hat Bern 1978 das Oben-Ohne-Baden erlaubt: Im Marzilibad, direkt unter dem Bundeshaus, wird von der behördlichen Freizügigkeit am meisten Gebrauch gemacht.

verhinderte eine Tragödie und sorgte für ein Happy-End.

Und wer der Aare noch heute vertraut – die Tourist Information bietet im Sommer sogar eine Stadtrundfahrt per Schlauchboot an –, dem zeigt sie nicht nur eine ungewohnte Ansicht auf ihre berühmte Silhouette. Abseits der Touristenströme verrät sie als zuverlässige und unbestechliche Wegweiserin auch ein paar ihrer Geheimnisse, belohnt den Neugierigen mit versteckten Winkeln und Plätzen.

Nicht weniger romantisch als die Ufer der Halbinsel sind die Wege, die von der Aare in wenigen Minuten ins Stadtzentrum führen: gepflasterte Raine, ein hundertjähriges Senkeltram, anderswo Lift genannt, und verwinkelte Treppen, von denen die gedeckte hölzerne Fricktreppe ⑩ mit ihrem eigentümlichen Echo die geheimnisvollste ist. Sie alle verbinden die Oberstadt mit der Matte ㉒, dem farbigsten und geschichtsträchtigsten aller Altstadtquartiere, das heute mit seinen Musiklokalen, Restaurants und Clubs ein wenig zum »Berner Soho« geworden ist.

In diesem Gerber- und Arbeiterquartier wurde bis ins 20. Jahrhundert sogar eine eigene Sprache, das »Mattenenglisch« gesprochen, und seine Bewohner setzten sich immer von der übrigen Stadtbevölkerung, von »denen da oben«, ein wenig ab. Doch ganz so wild wie im 18. Jahrhundert geht es heute nicht mehr zu, als die Matte als munteres Bäderparadies der sinnlichen Vergnügungen in ganz Europa berühmt war und die dortigen Behandlungen sogar Casanova nachhaltig beeindruckten.

Seinen eigenwilligen Charme hat das Quartier direkt am Wasser aber auch nach der behördlich verordneten Schließung der Bäder-Bordelle im Jahre 1823 nicht verloren. So erhellte es auch die Kindheit des großen Berner Malers Ferdinand Hodler, ein »Mätteler«, der seiner Herkunft mit folgenden Worten die Liebe erklärte: »Da fragt man immer nach dem Ursprung meiner Künstlerschaft und meinen ersten künstlerischen Eindrücken. Die wunderbare Schönheit der Stadt Bern, wie ich sie in meiner Kindheit erlebte, sie war es einzig und allein, die meine künstlerische Ader weckte und nährte. Das alte Bern war unbeschreiblich schön.«

Dieses »unbeschreiblich schön« ergänzt die Aare noch mit ein paar eigenwilligen Ansichten, erinnert sie doch auch an die düsteren Kapitel der Stadtgeschichte: Dunkel fließen ihre Wasser beim Blutturm ⑰, in dessen Nähe einst die Berner Scharfrichter das Henkerbeil geschwungen haben. Mit ihrer Perspektive bringt sie einen aber auch zum Schmunzeln, wenn der imposante Bau des Bundeshauses ① von der Aare aus wie eine kartonhafte Kulisse wirkt, und zum Staunen, offenbart doch erst der Blick von unten die Kirchenfeldbrücke ⑪ als technisches Meisterwerk.

Die schönsten Geschichten spart die Aare aber für jene auf, die sich mutig ihr in die Arme werfen. Gehört doch das Baden immer noch zu den aufregendsten Vergnügungen. Ob im großen Marzilibad ㉙ direkt unter der Bundesterrasse oder im romantischen Lorrainebad ⑮: Wer sich von der Aare treiben läßt und auf das leise Grollen der Steine im Flußbett horcht, der erfährt noch ein paar Geschichten, die in keinem Reiseführer stehen.

Beim Schwellenmättli in der Matte ist Berns schönster Sound, das Rauschen der Aare, am lautesten.

Auf einen Blick

Bern entdecken und erleben

Zu Wasser und zu Lande kann man Bern (133 000 Einwohner) erkunden: Etwa bei einem zweistündigen Stadtbummel (Treffpunkt Zytglogge), bei einer Kutschfahrt durch die historische Kulisse (Standplätze Bärengraben, Zytglogge, Bärenplatz; individuelle Fahrtwünsche werden erfüllt), oder mit dem Bus (Abfahrt am Bahnhof). Eine Schlauchbootfahrt auf der Aare eröffnet ungewohnte Perspektiven auf die mittelalterliche Stadt. Wer es bequemer wünscht, macht eine Schiffsfahrt bis an den Wohlensee. Auskünfte und Reservierung: Tourist Information im Bahnhof Bern, ☎ 0 31/3 11 66 11.

Ein Ausflug nach Thun lohnt sich nicht nur seiner Schlösser wegen, auch die Dampfschiffrundfahrten auf dem See vor imposanter Alpenkulisse sind es wert.

1 Bundeshaus
2 Käfigturm
3 Französische Kirche
4 Kornhaus
5 Kindlifresserbrunnen
6 Zeitglockenturm (Zytglogge)
7 Zähringerbrunnen
8 Einsteinhaus
9 Münster St. Vinzenz
10 Fricktreppe
11 Kirchenfeldbrücke
12 Marzilibahn
13 Heiliggeistkirche
14 Römische Ruinen
15 Lorrainebad
16 Botanischer Garten
17 Blutturm
18 Kunstmuseum
19 Stadttheater
20 Rathaus
21 Gerechtigkeitsbrunnen
22 Stadtteil Matte
23 Bärengraben
24 Kunsthalle
25 Alpines Museum
26 Historisches Museum
27 PTT Museum
28 Naturhistorisches Museum
29 Marzilibad
30 Tierpark Dählhölzli
31 Elfenaupark

Nicht nur Bilder von Schweizern (hier Ferdinand Hodler) bietet das Kunstmuseum. Bekannt ist aber vor allem die Paul-Klee-Sammlung.

Im Büro der Tourist Information im Bahnhof (☎ 0 31/3 11 66 11) sowie in Hotels und an SVB-Verkaufsstellen ist für Touristen die Bäre-Abi-Verbund-Tageskarte erhältlich, die für alle Verkehrsmittel (Tram, Bus und Eisenbahn) der Stadt und Agglomeration Bern gültig ist. Bei der Tourist Information gibt es auch den eintägigen Museumspass für Bern sowie den Schweizerischen Museumspass (für einen Monat und für ein Jahr), der in zahlreichen – aber leider noch nicht allen – großen und kleinen Museen der Schweiz gilt.

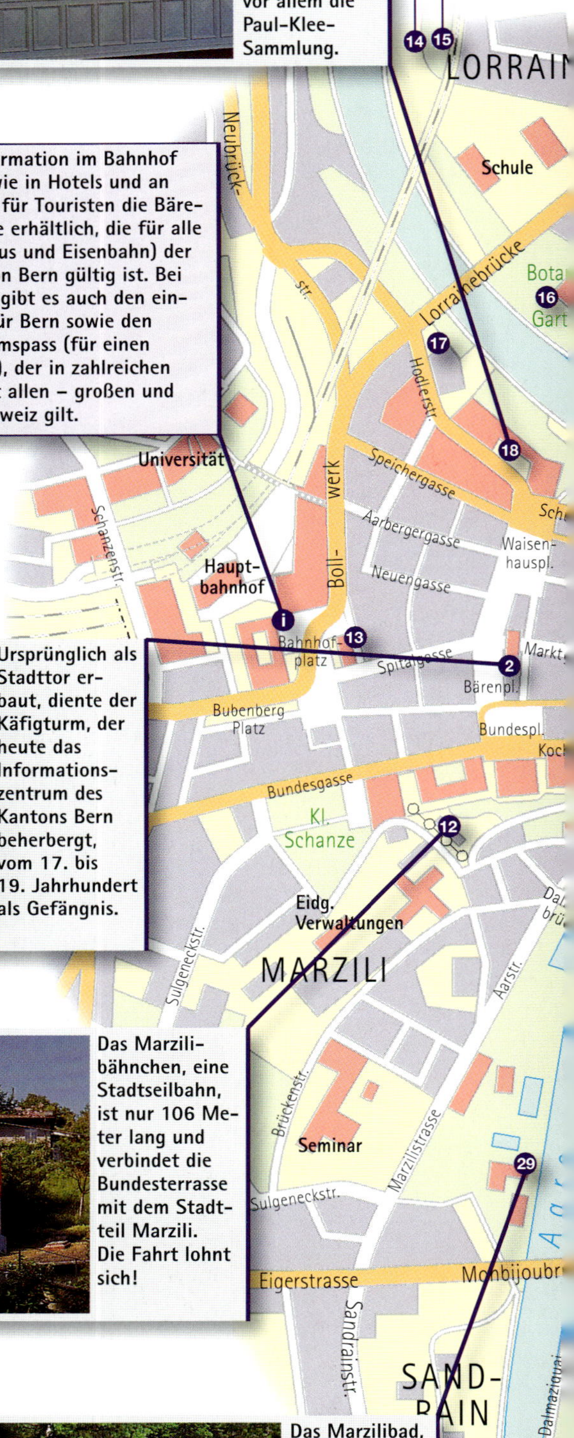

Ursprünglich als Stadttor erbaut, diente der Käfigturm, der heute das Informationszentrum des Kantons Bern beherbergt, vom 17. bis 19. Jahrhundert als Gefängnis.

Das Marzilibähnchen, eine Stadtseilbahn, ist nur 106 Meter lang und verbindet die Bundesterrasse mit dem Stadtteil Marzili. Die Fahrt lohnt sich!

Das Marzilibad, das längste Flußbad Europas, erstreckt sich über die 2,3 Kilometer lange Strecke zwischen Schönausteg (Bild) und Dalmazibrücke.

In den sieben Jahren, die Albert Einstein in Bern lebte, entwickelte er die Grundlagen zur Relativitätstheorie. Im Einsteinhaus (Kramgasse 49) werden Lebenszeugnisse und Fotos gezeigt.

Vermischtes

Privatstunden in
Mathematik u. Physik
für Studierende und Schüler erteilt gründlichst
Albert Einstein, Inhaber des eidgen. polyt. Fachlehrerdiploms,
Gerechtigkeitsgasse 32, 1. Stock.
Probestunden gratis. 4977°

Sozial und baulich klar von der Oberstadt getrennt, hat das alte Gerberviertel Matte an der Aare bis heute seinen eigenwilligen Charme bewahrt.

Das Füttern der »Mutzen« im Bärengraben ist erlaubt. Aber nur mit der am Kiosk erhältlichen Bärenkost. Die verkaufte Menge wird bei der Berechnung der täglichen Hauptmahlzeit berücksichtigt – wegen der schlanken Linie.

Das Historische Museum beherbergt eine beeindruckende Sammlung an mittelalterlichen Waffen, Rüstungen und Kirchenschätzen. Besonders eindrucksvoll ist aber der Rundblick vom Belvédère-Turm.

Das PTT Museum zeigt neben zahlreichen Geräten (alle zum Ausprobieren) auch, wie Post in entlegene Gebiete »per Hund« ausgetragen wird.

Der Tierpark Dahlhölzli direkt an der Aare – mit Urpferden, Moschusochsen, Seehunden, Pinguinen, Elchen und Weißstörchen – zeigt ein beeindruckend vollständiges Bild der europäischen Fauna.

Was – wann – wo?

Hotel Schweizerhof

Wo Rilke sein Haupt bettete

Rilke ließ in Bern nur das Hotel Bellevue Palace gelten: »Das Bellevue ist doch – soviel Erfahrung ich nun habe, das angenehmste schweizer Hôtel für mich, wunderbar, wie rasch ich mich jedesmal hier einfinde«, schrieb er 1920. Die Stimmung im Hotel ist immer noch einmalig, und im Restaurant und auf der großen Terrasse darf auch Platz nehmen, wer in einer anderen Bleibe sein Haupt bettet (Kochergasse 3–5, ☎ 031/3 20 45 45, Fax 031/3 11 47 43).

- **Schweizerhof.** Welche Berühmtheiten in diesem traditionsreichen Haus abgestiegen sind, verraten messingene Schildchen in seinem klassisch schönen Stadtrestaurant. Bahnhofplatz 11. ☎ 031/3 11 45 01, Fax 031/3 12 21 79.
- **Belle Époque.** Hält, was sein Name verspricht: Jugendstil, wo das Auge auch hinschaut. Gerechtigkeitsgasse 18. ☎ 031/3 11 43 36, Fax 031/3 11 39 36.
- **Innere Enge.** Großer Garten und großer Jazz. Das kleine feine Hotel mit dem Weltklasse-Programm im eigenen Club. Engestraße 54. ☎ 031/3 09 61 11, Fax 031/3 09 61 12.
- **Bären.** Ganz von Frauenhand gemanagt, ist das hübsche Mittelklasse-Hotel berühmt für sein freundliches Betriebsklima. Schauplatzgasse 4. ☎ 031/3 11 33 67, Fax 031/3 11 69 83.
- **Goldener Schlüssel.** Gepflegtes, einfaches Hotel mit erstaunlich erschwinglichen Preisen. Rathausgasse 72. ☎ 031/3 11 02 16, Fax 031/3 11 56 88.

Theater oder Warten auf den Aufbruch

In Zeiten des Umbruchs blüht Berns Theaterszene auf: Das war im 16. Jahrhundert nicht anders als in den 60er Jahren. Während der Reformation, als das Theater ein gewichtiges Mittel war, um die Machenschaften der katholischen Kirche zu denunzieren und die neuen Ideen unters Volk zu bringen, glänzte Bern als wichtige Theaterstadt. Und in den Sechzigern, den Jahren des großen Aufbruchs, entwickelte sich in den Kellertheatern mit den avantgardistischen Stücken von Beckett, Ionesco, Sartre und Arrabal eine Alternativszene zum behäbigen Stadttheater. Als Bern allerdings endlich realisierte, daß diese Szene europaweit zu den führenden gehörte, war sie schon am Verschwinden.

Puppen Theater

- **Stadttheater** ⓳. Nicht unbedingt experimentierfreudig, aber auf erstaunlich hohem künstlerischen Niveau präsentieren sich die Produktionen des Drei-Sparten-Hauses. Kornhausplatz 20.
- **Casino.** Die Bernische Musikgesellschaft garantiert in diesem neubarocken Bau für klassischen Wohlklang. Casinoplatz.
- **Dampfzentrale.** Der experimentelle Jazz ist in diesem Fabrikgebäude ebenso zu Hause wie die Rockmusik und die Freien Theatertruppen. Marzilistraße 47.
- **Altes Schlachthaus.** Freie Gruppen aus dem In- und Ausland teilen sich diese begehrte Studiobühne. Rathausgasse 22.
- **Puppen Theater Bern.** Europaweit bekannt ist das einmalige Puppenspiel von Monika Demenga und Hans Wirth. Gerechtigkeitsgasse 31.

Berner Platte, Rösti und Gnagi

Aus einer Zeit, als Kalorien genossen und nicht gezählt wurden, stammen Berner Rösti und die berühmte Berner Platte: Schweinsrippchen und -würste, Speck, Berner Zungenwurst, geräucherte Rindszunge, Suppenfleisch und Schinken garnieren ein Sauerkraut, das mit Wacholderbeeren und Weißwein oder mit reifen Trauben und Sekt gekocht wird. Und was dem Berliner sein Eisbein, ist dem Berner sein Gnagi mit gepökelten Öhrli, Züngli, Schnörrli und Wädli vom Schwein.

Café Plattform

- **Zähringer.** Nur das Beste aus Wasser und Wald kommt hier auf den Tisch. Badgasse 1.
- **Della Casa.** Nicht nur das Essen ist hier echt, sondern auch das Servierpersonal, das wiederum mindestens so legendär ist wie die servierte Berner Platte. Schauplatzgasse 16.
- **Lorenzini.** Der Name verrät's: italienische Küche in ihren raffiniertesten Variationen. Keine Berührungsängste sind an den zwei Bars gefragt. Theaterplatz 5/ Hotelgasse 8.
- **Harmonie.** Sogar im Hochsommer kann hier ein Fondue bestellt werden, ist doch das traditionsreiche Restaurant berühmt für seine Käsespezialitäten. Hotelgasse 3.
- **Landhaus.** So vielfältig hier die Küche auch jeden Tag ist – am Donnerstag gibt's immer Jazz. Altenbergstraße 6.
- **Musig Bistro Monbijou.** Nach den hausgemachten Pesto-Ravioli wird von Mundartliedern bis Jazz viel einheimische Musik aufgetischt. Mühlemattstraße 48.
- **Café Plattform.** Ob Touristen oder Einheimische – alle schwärmen von dieser Kastanienbaum-Oase mitten in der Stadt und ihren einfachen Mahlzeiten. Münsterplattform 5 Ost.

Alpines Museum

Kunst und Kurioses

Wider die Erwartungen der Berner haben sich Ende des letzten Jahrhunderts die eidgenössischen Räte für Zürich als Sitz des Schweizerischen Landesmuseums entschieden. Doch Bern, das über beeindruckende historische Sammlungen verfügte, hielt dieser Beschluß nicht davon ab, ein eigenes Historisches Museum zu bauen, das neben den bernischen Schätzen eine der wichtigsten völkerkundlichen Sammlungen der Schweiz zeigt.

- **Historisches Museum (26).** Beherbergt einen »romantischen Stilpluralismus«, dennoch steht der Besucher staunend nicht nur vor dem Tausendblumenteppich. Helvetiaplatz 5.
- **Kunstmuseum (18).** Die Paul-Klee-Stiftung und die Werke von Adolf Wölfli sind nur zwei der Schwerpunkte des Museums, in dessen Sammlung die alten Meister ebensowenig fehlen wie die Großen der klassischen Moderne. Hodlerstraße 8–12.
- **Kunsthalle (24).** Der Zeit immer ein bißchen voraus sind die Ausstellungen in dem als Haus für Gegenwartskunst konzipierten Museum. Helvetiaplatz 1.
- **Alpines Museum (25).** Beherbergt die größte Sammlung alpiner Geländemodelle und Ferdinand Hodlers Diptychon »Aufstieg und Absturz«, das der Maler 1894 für die Weltausstellung in Antwerpen geschaffen hat. Helvetiaplatz 4.
- **Schweizerisches PTT Museum (27).** Nicht nur für Philatelisten ist das PTT Museum mit seinen über 500 000 Briefmarken sehenswert: Auch die Entwicklung von Post und Telefon wird aufgezeigt. Helvetiastraße 16.
- **Einsteinhaus (8).** Das Patentamt hat ihn nur als »Experten zweiter Klasse« eingestellt – und so hatte Albert Einstein während seiner Berner Zeit genügend freie Kapazitäten, um die Relativitätstheorie zu entwickeln. Kramgasse 49.

Prächtige Oberarme und Zwiebelzöpfe

»Manne i d'Hose«, so heißt es im August am Schwingfest auf dem Gurten; wegen 100 000 Kilogramm Zwiebeln fahren zahlreiche Extrazüge jeweils am letzten Montag im November nach Bern, und in der Silvesternacht fassen zahlreiche Bernerinnen und Berner mit der Champagnerflasche unter dem Arm vor dem Münsterportal mit dem Jüngsten Gericht gute Vorsätze fürs neue Jahr: Auf den ersten Blick Unspektakuläres hat in Bern oft seinen besonderen Reiz.

- **Gassenfasnacht.** Jahrhundertelang hat der Berner Fasnachtsbär geschlafen. Seit er aus dem Käfigturm (2) befreit worden ist, verfallen ihm jedes Jahr immer mehr Bernerinnen und Berner. Februar.
- **Internationales Jazzfestival.** Große Namen und junge Talente verbreiten zusammen mit dem Publikum eine Woche lang Hochstimmung im Kursaal. Mai.
- **Gurtenfestival.** Dank dem Rockfestival in der natürlichen Arena vom Gurten schwärmen Superstars in aller Welt von Berns lieblichem Hausberg. Juli.
- **Nationalfeiertag.** Über 700 Jahre hat's gedauert, bis aus dem Schweizer Nationalfeiertag auch ein gesetzlicher arbeitsfreier Festtag wurde. 1. August.
- **Gurtenschwingen.** Ein publikumsfreudiges Schauspiel der seltsamen Hosen, klaren Regeln und prächtigen Oberarme ist Schwingen – ein Männerringkampf – in dem meist ein kräftiger Käser oder Senn obenausschwingt. August.
- **Internationale Berner Tanztage.** Aus dem Tanz einiger Idealisten wurde der Schweiz größte Werkschau zeitgenössischen Tanzes. August/September.

Ziebelemärit

- **Ziebelemärit.** Nicht allein die in rauhen Mengen umgesetzten Zwiebeln und Konfetti machen den Charme dieses Volksfestes aus. Hautnah erlebt man ihn vor vier Uhr früh. Vierter Montag im November.

Shopping mit trockenen Füßen

Die sechs Kilometer Lauben und Arkaden, in denen sich Spezialgeschäfte, Antiquitätenläden und Kunsthandwerk-Ateliers aneinanderreihen, machen aus der Stadt ein riesiges Shoppingzentrum, wo das Einkaufen auch bei schlechtem Wetter gemütlich ist. Es lohnt sich aber, nicht nur durchs »Hauptrohr« zu flanieren, das vom Bahnhof

Warenhaus Loeb

direkt zum Bärengraben (23) führt: In Rathausgasse, Postgasse und Nydeggstalden überraschen junge Goldschmiede- und Designermode-Ateliers, Antiquitäten- und Trödlerläden mit ihren Schätzen.

- **Heimatwerk.** Der Name hält mehr, als er verspricht: Modernes und traditionelles Design in Topqualität, alles Made in Switzerland. Kramgasse 61.
- **Buchantiquariat Hegnauer.** Wer hier eine Rarität sucht, findet sie meist – und entdeckt noch ein paar weitere. Münsterplatz.
- **Warenhaus Loeb.** Berns ältestes Warenhaus setzt auf ein solides Sortiment und ausgefallene Schaufensterdekorationen. Spitalgasse 47–57.
- **Küchenladen.** Ob Jack-The-Ripper-Messer, High-Tech-Shaker, Designer-Geschirr, Hochzeitsgläser oder Bären-Backformen: Der Küchenladen hat's. Postgasse 53 und Gerechtigkeitsgasse 60.
- **Howald's Erben.** Wo die Vergangenheit glänzt: Jedes der Schmuckstücke hat eine lange Geschichte. Gerechtigkeitsgasse 54.

BRÜGGE

Gefeiertes Mittelalter

Himmelhohe Türme und Fassaden mit gotischem Backsteinmaßwerk oder feingestalteten Steinreliefs, die altniederländische Malerei in Museen und Kirchen: Auf Schritt und Tritt begegnet der Besucher Zeugnissen einer Epoche, in der Brügge der bedeutendste Handelsplatz nördlich der Alpen war. Die erste Börse der Welt befand sich hier, ortsansässige Kaufleute aus 20 Nationen belebten damals, im Mittelalter, das Straßenbild. Burgundische Herzöge machten Brügge zum Schauplatz rauschender Feste. Bis schließlich Anfang des 16. Jahrhunderts das Geschäftsleben der Metropole den Rücken kehrte. Übrig blieb die über Jahrhunderte von eingreifenden Veränderungen verschonte Kulisse: Ein bezauberndes Ensemble altniederländischer bürgerlicher Baukunst prägt die pittoreske belgische Stadt.

Reisende des vorigen Jahrhunderts hatten den Eindruck eines verschlafenen Ortes; eine »tiefere Ruhe als in der Wüste« empfand ein englischer Besucher. Auch das ist inzwischen Geschichte, seitdem der Tourismus Brügge zu neuem Leben erweckte und die alljährliche Heiligblutprozession (Bild) zur weit über Flandern hinaus bekannten Attraktion machte.

Fahrt in die Vergangenheit

Brügges Straßen und Kanäle

Der Beginenhof, von Gräfin Margareta 1245 gegründet, beherbergt heute einen Benediktinerinnen-Konvent.

Mit einem Familienkrach bei den Karolingern nahm Brügges Geschichte ihren Anfang. Dem westfränkischen König Karl dem Kahlen kam im Jahre 862 die Tochter abhanden. Aus einem Nonnenkloster in Senlis hatte sich das schöne Fräulein Judith entführen lassen und den Kidnapper alsbald geehelicht. Als Balduin mit dem eisernen Arm ging der Mann in die Geschichte ein. Sein Schwiegervater wider Willen verbannte ihn in den entlegensten Winkel seines Herrschaftsbereiches, eine sumpfige, zu jener Zeit kaum bewohnte Gegend. Balduin wurde der erste Graf von Flandern.

Einer Überlieferung zufolge mußte er an der Stelle, wo er seine Burg errichten wollte, erst einen Bären erschlagen. Der Ort heißt heute noch Burg, es ist der Platz, an dem seit über 600 Jahren das Brügger Rathaus (Stadhuis) ⓫ mit seinem holzgewölbten Gotischen Saal steht. Romanische Grundmauern der Donatuskirche, die aus der Burgkapelle entstand, sind gegenüber im Keller des Hotels Holiday Inn zu besichtigen, nebst Eichenpalisaden der Burgumwallung und Vitrinen mit diversen Fundstücken, darunter auch ein Bärenschädel.

Die Grafen von Flandern verlegten im weiteren Verlauf des Mittelalters ihren Hauptwohnsitz nach Gent. Doch um ihre Burg herum hatte sich inzwischen eine blühende Handwerker- und Kaufmannssiedlung entwickelt, damals noch an der Reimündung in einen Meeresarm der Nordsee gelegen. Daß hier einmal ein Welthafen entstehen würde, hatten vielleicht schon die Wikinger geahnt, die im frühen Mittelalter die Gegend regelmäßig heimsuchten. »Bryggja«, der Name, den sie dem Ort gaben, ist das altnordische Wort für Anlegesteg.

Innerhalb der Mauern diente das Flüßchen Rei, das im Laufe der Jahrhunderte in einem System von Kanälen eingefangen und durch und um das Stadtgebiet herum geleitet wurde, der Schiffahrt. Auf diesen »Reien« gelangten kleinere Frachtkähne bis zum Markt, wo sie in einer überdachten Halle anlegen konnten. Ein »Venedig des Nordens«? Der bei Werbetextern beliebte Titel ist leicht irreführend, denn das Wasser ist in Brügge nicht allgegenwärtig. Es findet sich nur an den schönsten Stellen.

Umstanden von hohen Bäumen, hinter denen sich mittelalterliche Treppengiebel verstecken, von Kormoranen, Enten und Bläßhühnern bevölkert, liegt am südlichen Rand der Altstadt das Minnewater ㉜. Der stille Weiher war bis ins vorige Jahrhundert der Stadthafen von Brügge.

Der Dijver mit der Johann-Nepomuk-Brücke. Von hier aus gelangt man durch die von herrlichen alten Patrizierhäusern gesäumte Wollestraat zum Markt.

Treppengiebel aus rotem Backstein sind Brügges Markenzeichen. Links von der Brücke über das Minnewater liegt das Hauptportal des Beginenhofes.

Bootsfahrt

Eine Rundfahrt auf den Reien dauert etwa eine halbe Stunde. Die Boote verkehren von März bis November täglich zwischen 10 und 18 Uhr, im Dezember nur an den Wochenenden und an Feiertagen, von folgenden fünf Anlegestellen aus: Venetie van het Noorden, Huidevettersplein 13; Coudenys, Braambergstraat 1; Bootexcursies Gruuthuse, Nieuwstraat 11; Georges Stael en Zoon, Katelijnestraat 4; Demeulemeester, Wollestraat 34.

Kein »Lake of Love« also, wie englischsprachige Reiseführer behaupten. Ein Schiff »minnen« bedeutete damals, es wenden. Noch immer haben die Reien denselben, streckenweise unterirdischen Verlauf wie im Mittelalter. Heute dienen sie allerdings nicht mehr dem Güterverkehr, sondern dem Transport von Touristen. Man braucht sich nur eine Zeitlang auf einer der zahlreichen Brücken der stillen Betrachtung hinzugeben – unvermeidlich rauscht früher oder später ein Boot unter einem hindurch, voll mit andächtig Lauschenden und einem Führer, der in einer der gängigen Sprachen über die Sehenswürdigkeiten berichtet. Zu bestaunen gibt es einiges auf den fünf bis sechs Kilometern Fahrt entlang der altersgrauen, hier und da mit Laub überwachsenen Backsteinmauern, der stattlichen Bürgerhäuser und Bäume, die sich im Wasser spiegeln.

Da ist das Sint-Jansspital 29 aus dem 13. Jahrhundert, das heute u. a. das Museum mit Werken des bedeutenden flämischen Malers Hans Memling beherbergt. Oder der 112 Meter hohe Backsteinturm der Liebfrauenkirche (Onze-Lieve-Vrouwkerk) 28, die ebenfalls bedeutende Kunstwerke birgt. Nahe dem Wasser stehen auch die alten Handelshäuser: das Zunfthaus der Gerber, das gotische Zollhaus (Oud Tolhuis) 6 und die Poortersloge 18, wo sich die Poorters, die Oberschicht des mittelalterlichen Brügge, zu festlichen Anlässen trafen. Und immer wieder geben die Giebel den Blick frei auf das Wahrzeichen der Stadt, den Belfried der Tuchhalle 2 mit seinem eleganten achteckigen Glockengeschoß, von dem aus man einen herrlichen Blick auf die Stadt genießen kann, wenn erst einmal die 366 Stufen erklommen sind.

Doch eine Grachtenfahrt ersetzt nicht den Spaziergang, der in die Höfe und Innenräume der prachtvollen Gebäude führt. Der Begijnhof 31 ist einer der stimmungsvollsten Plätze Flanderns. Fromme Frauen, Beginen genannt, lebten in den rund um den Hof erbauten Reihenhäuschen aus dem 17. Jahrhundert in einer klosterähnlichen Gemeinschaft. Die Ruhe, die einst über dem Hof lag, ist an Ferientagen durch die vielen Touristen allerdings empfindlich gestört.

Tourismus ist in Brügge kein neues Phänomen. Der erste Reiseführer, das »itinerarium Brugense«, datiert von 1380. »Brugghe die Scone« hieß bereits damals die Stadt, deren Schönheit heute vier Millionen Besucher im Jahr anzieht. Daß sie nicht verblaßt, ist eine stete Sorge der Stadtverwaltung. Hausbesitzer, die einer Aufforderung, ihre Fassaden im historischen Kern restaurieren zu lassen, nicht unverzüglich Folge leisten, haben mit hohen Geldbußen zu rechnen. Die allsommerliche Invasion machte Brügge zu einer der wohlhabendsten Gemeinden Belgiens, mit allen Vor- und Nachteilen.

Der 83 Meter hohe Belfried ist das Wahrzeichen der Stadt. Von seinem Balkon aus wurden den Bürgern in früheren Zeiten Gesetze und amtliche Beschlüsse verkündet.

Treffen bei Familie Börse

Die einstige Handelsmetropole

In einer Mainacht des Jahres 1302 fand auf dem Brügger Marktplatz ein schauerlicher Sprachtest statt, bei dem es um Sein oder Nichtsein ging. Aufständische Bürger empörten sich

Acht Jahrhunderte lang, bis 1977, diente das Sint-Jansspital als Krankenhaus. Die Apotheke von 1643 mit ihrem historischen Interieur sollte sich jeder ansehen.

gegen die französische Okkupation und trieben alle Fremden zusammen. Jeder der Gefangenen mußte das Sprüchlein »Scilt en Vrient« aufsagen. Bei wem ein französischer Akzent herauszuhören war, hatte sein Leben verwirkt. Acht Wochen später kam es fünfzig Kilometer südlich bei Kortrijk zur Auseinandersetzung auf dem Schlachtfeld. Es wurde ein schwarzer Tag in Frankreichs Militärgeschichte. Am Ende zogen die Flamen übers Feld und sammelten die Sporen der erschlagenen Ritter ein.

Mit ihrem Sieg in der »Schlacht der Goldenen Sporen« bescherten die Brügger ihren Nachfahren den flämischen Nationalfeiertag am 11. Juli und dem Marktplatz ein Monument. Im vorigen Jahrhundert setzte die Stadt hier den Zunftmeistern Jan Breydel und Pieter de Coninck, den Anführern des Aufstands, ein Denkmal zur bleibenden Erinnerung an die Zeiten, als die stolze Bürgerschaft der reichen Handels- und Hafenstadt nicht mit sich spaßen ließ.

Von ihrem Sockel aus schauen die beiden Bronzehelden auf ein anderes Monument bürgerlichen Stolzes, den Belfried ❷, der in eine alle Proportionen sprengende Höhe über die Tuchhalle hinausragt. Vom Balkon über dem Hauptportal aus pflegte der Magistrat dem Volk seine Beschlüsse kundzutun. Im zweiten Geschoß des Turmes sind noch die 700 Jahre alten Gitter zu sehen, hinter denen die Truhe mit den städtischen Freibriefen und Privilegien verwahrt wurde. Brügge war in seiner Blütezeit im 14. Jahrhundert eine Stadt, in der der Landesherr, der Graf von Flandern, nicht allzuviel zu sagen hatte.

Brügge zählte damals 35 000 Einwohner, genauso viele wie London zu jener Zeit. Seit der ersten Jahrtausendwende war es zu einem Zentrum der Wollverarbeitung und des Tuchhandels herangewachsen, bildete die Drehscheibe der Warenströme von den britischen Inseln und aus dem nordöstlichen und südwestlichen Europa. Von zahlreichen Niederlassungen ausländischer Kaufleute ist die Genueser Loge ❺, ein prächtiger Bau der Spätgotik, bis heute erhalten. Auch das Oosterlingenhaus ⓳, Stützpunkt der deutschen Hanse, ist noch zu sehen, wenngleich durch Umbauten entstellt. Das Haus der Patrizierfamilie van der Beurze ⓱ war ein Treffpunkt von Kaufleuten aus aller Herren Länder, wo Finanzgeschäfte getätigt wurden. Das »Börsen«-Geschäft wurde auf dem Platz vor dem Haus abgewickelt und der Familienname in vielen Sprachen auf das Handels- und Finanzgeschäft als solches übertragen.

Die Herzöge von Burgund, die seit dem späten 14. Jahrhundert auf dem Heiratswege die verschiedenen nie-

Lodewijk van Gruuthuse machte Karriere im Staatsdienst der Herzöge von Burgund. Das Porträt zeigt ihn als Ritter des Ordens vom Goldenen Vlies.

Spitzenklöppeln ist in Brügge ein Gewerbe mit fast fünfhundertjähriger Tradition.

derländischen Fürstentümer an sich brachten, hielten sich in Brügge einen luxuriösen Hofstaat. Burgundische Spitzenbeamte ließen sich Residenzen errichten, die bis heute das Stadtbild prägen, wie etwa das gotische Palais von Pierre Bladelin 16, dem Schatzmeister des Ordens vom Goldenen Vlies. Der Hof des Lodewijk van Gruuthuse, des Diplomaten, Provinzstatthalters und Feldherrn, vermittelt einen Eindruck vom damaligen Leben, denn neben den verschiedenen Sammlungen bewahrt das Gruuthusemuseum 27 originaleingerichtete Räume.

Kulturell erlebte Brügge im 15. Jahrhundert seine besten Jahre. Bürgerlicher Reichtum und höfische Prachtentfaltung brachten einige der bedeutendsten Künstler der Zeit in die Stadt. Jan van Eyck wirkte hier seit 1425 als Hofmaler Herzog Philipps des Guten. Im Groeningemuseum 26 hängt seine für den Kanonikus van der Paele geschaffene Madonna. Der aus Seligenstadt gebürtige Hans Memling wurde um 1480 zu einem der reichsten Bürger Brügges; sechs seiner Gemälde sind heute im Sint-Janssspital 29 zu sehen. In Siena erstand 1506 der Brügger Kaufmann Jan Moscroen eine Madonna von Michelangelo. Das Marmorbild, das als einziges seiner Werke bereits zu Lebzeiten des Meisters Italien verließ, ziert seither die Liebfrauenkirche (Onze-Lieve-Vrouwkerk) 28.

Wo sich soviel Reichtum ballte, fiel auch für Bedürftige etwas ab. So entstanden seit dem 14. Jahrhundert die Godshuizen 30, sozialer Wohnungsbau aus Stiftungen wohlhabender Bürger und Zünfte. Die abgeschlossenen Komplexe winziger Häuschen gruppieren sich häufig um einen Innenhof mit Garten und Kapelle, wo die Bewohner Gelegenheit hatten, für das Seelenheil ihrer Gönner zu beten. Erhalten sind 46 Godshuizen, fast alle als Altenwohnungen im Besitz des Sozialamtes. Besonders stimmungsvoll und für Publikum zugänglich ist das Godshuis de Meulenaere in der Nieuwe Gentstraat 8/22. Einen Blick über die Mauer lohnt das Godshuis de Vos in der Noordstraat 2/8.

Einer privaten Stiftung verdankt auch Brügges bizarrstes Gotteshaus seine Existenz. Die Jerusalemkirche 23, Ende des 15. Jahrhunderts von einem Mitglied der aus Genua zugewanderten Familie Adornes erbaut, ist der Jerusalemer Grabeskirche nachempfunden. In den angrenzenden Gebäuden des ehemaligen Godshuis pflegt man heute die Kunst des Spitzenklöppelns. Nachmittags ab zwei Uhr steht das Kantcentrum 22 offen für Hobbyklöpplerinnen, die hier unter Anleitung ihrer Liebhaberei frönen können, und für Besucher, die ihnen dabei zuschauen wollen. Zum wichtigsten Herstellungsort belgischer Spitzen entwickelte sich Brügge erst im 16. Jahrhundert, nach dem Niedergang als Handelsmetropole. Klöppeln wurde für viele Familien zur einzigen Einkommensquelle.

Der Niedergang Brügges setzte ein, als sich die Bürger mit dem Erben der burgundischen Herzöge, Maximilian von Österreich, anlegten. Daß sich das Geschäftsleben um 1500 nach Antwerpen verlagerte, war nicht nur der allmählichen Verlandung des Seehafens, sondern auch der Rache des Habsburgers zuzuschreiben.

Buntes Treiben herrschte immer auf dem Marktplatz von Brügge, doch auch geschichtliche Umbrüche hat das Zentrum der Handelsstadt gesehen.

Auf einen Blick

Brügge entdecken und erleben

Die Weitläufigkeit des mittelalterlichen Stadtkerns läßt noch etwas von der einstigen Bedeutung Brügges als Handelsmetropole erahnen. Von Stadttor zu Stadttor kann man in der weitesten Ausdehnung über drei Kilometer an den historischen Giebeln der 120 000-Einwohner-Stadt entlangflanieren. Die wichtigsten Baudenkmäler und Museen liegen fußgängerfreundlich in einem Radius von 500 Metern um den Markt herum. Doch auch Sehenswürdigkeiten abseits der Touristenpfade, etwa die Jerusalemkirche oder das Volkskundemuseum, lohnen einen Abstecher.

Damme, im 12. Jahrhundert gegründet als Seehafen von Brügge, konkurriert mit dem deutschen Mölln um die Ehre, Begräbnisort Till Eulenspiegels zu sein.

1 Regierungsgebäude
2 Belfried mit Tuchhalle
3 Craenenburg
4 Theater
5 Genueser Loge
6 Altes Zollhaus
7 St. Walburgakirche
8 Justizpalast
9 Alte Kanzlei
10 Landhaus des Brügger Freiamtes
11 Rathaus
12 Heiligblut-Basilika
13 Ehemalige Domprobstei
14 Kathedrale St. Salvator
15 St. Jakobskirche
16 Palais Bladelin
17 Haus ter Beurze
18 Jan-Van-Eyckplein mit Poortersloge
19 Oosterlingenhaus
20 Potterie-Museum
21 Volkskundemuseum
22 Kantcentrum
23 Jerusalemkirche
24 St. Annakirche
25 Fischmarkt
26 Groeningemuseum
27 Gruuthusemuseum
28 Liebfrauenkirche
29 Sint-Jansspital
30 Godshuizen
31 Begijnhof
32 Minnewater

Die älteste Pfarrkirche der Stadt und seit 1834 Kathedrale. 1478 hielten die Ritter des Goldenen Vlies hier ihre erste Sitzung ab. Das Chorgestühl zeigt ihr Wappen.

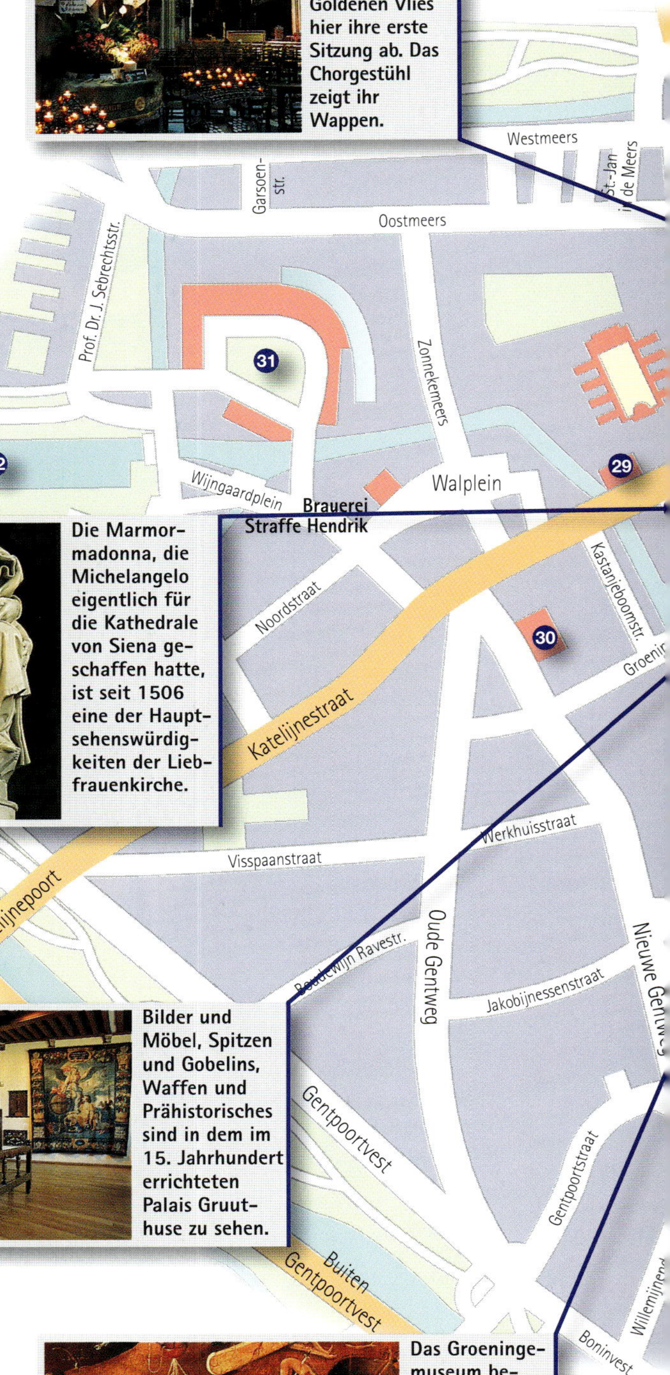

Die Marmormadonna, die Michelangelo eigentlich für die Kathedrale von Siena geschaffen hatte, ist seit 1506 eine der Hauptsehenswürdigkeiten der Liebfrauenkirche.

Bilder und Möbel, Spitzen und Gobelins, Waffen und Prähistorisches sind in dem im 15. Jahrhundert errichteten Palais Gruuthuse zu sehen.

Das Groeningemuseum beherbergt eine hochbedeutende Sammlung altflämischer Malerei: hier ein Werk von Hieronymus Bosch.

Handelshaus und bedeutendster bürgerlicher Repräsentationsbau Brügges: die Tuchhalle. Sie wird überragt vom Glockenturm, dem Belfried, von dessen Spitze man die ganze Stadt überblickt.

An der Ostseite des Marktes stand bis 1787 über einem Flußarm die Wasserhalle, überdachter Anlegeplatz für Frachtkähne. Heute tagt hier in einem neugotischen Bau der Provinzialrat von Westflandern.

Am Ende der Spiegelrei fällt der Blick auf das Türmchen der Poortersloge, Clubhaus der reichen Bürger und Kaufleute aus der Zeit um 1400.

Im gotischen Obergeschoß der Heiligblutbasilika wird ein Tropfen des Blutes Christi aufbewahrt – wahrscheinlich ein Beutestück aus dem Heiligen Land zur Zeit der Kreuzzüge.

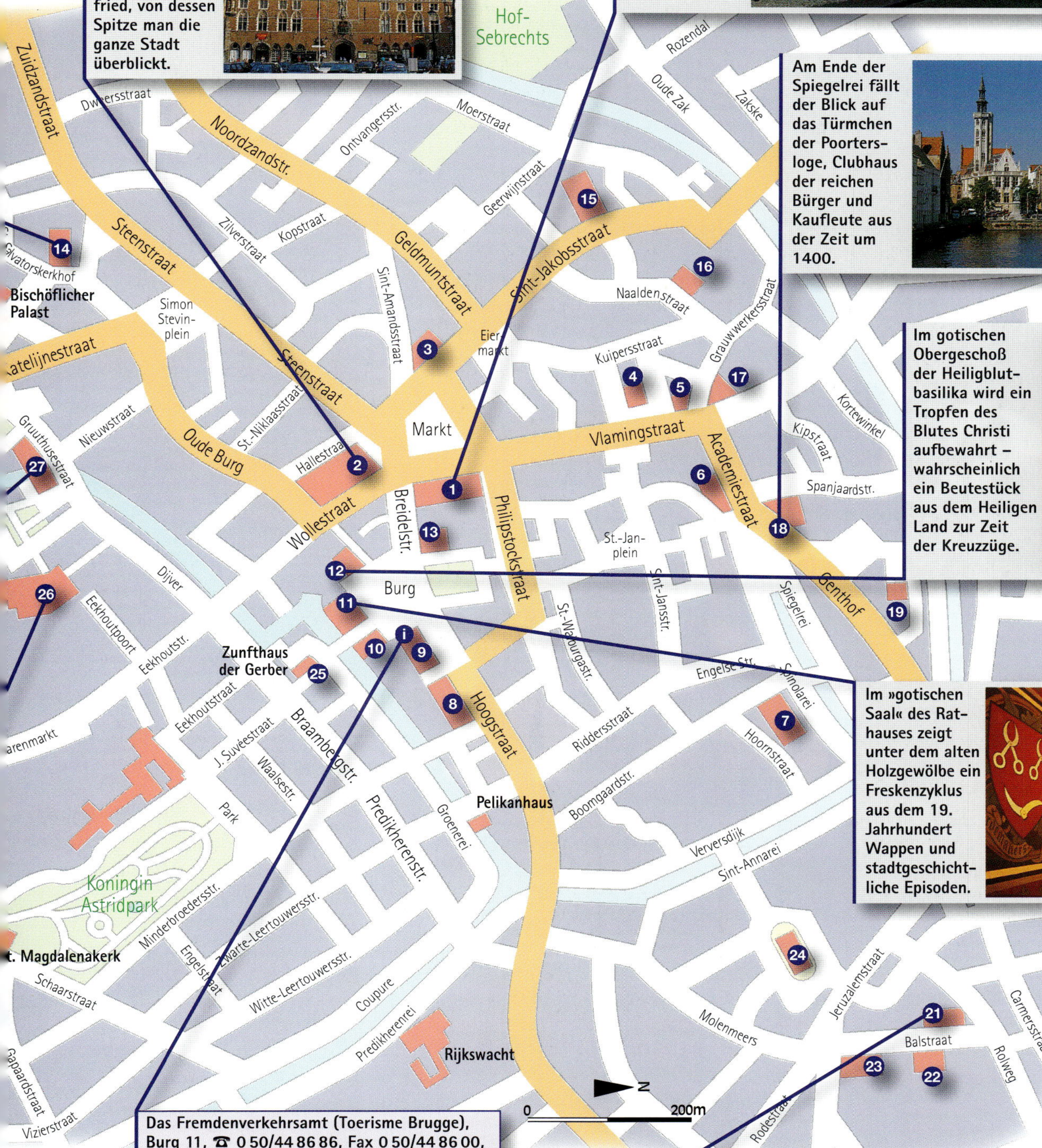

Im »gotischen Saal« des Rathauses zeigt unter dem alten Holzgewölbe ein Freskenzyklus aus dem 19. Jahrhundert Wappen und stadtgeschichtliche Episoden.

Das Fremdenverkehrsamt (Toerisme Brugge), Burg 11, ☎ 0 50/44 86 86, Fax 0 50/44 86 00, organisiert auf Anfrage Führungen durch Stadt und Umgebung mit sieben thematischen Schwerpunkten. Die Führungen für Gruppen von bis zu 30 Personen dauern in der Regel zwei Stunden. In den Monaten Juli und August wird von der Touristeninformation obendrein täglich um 15 Uhr eine Stadtführung angeboten. Treffpunkt ist das Fremdenverkehrsamt. Auch einen Walkman Guide kann man sich dort ausleihen.

Das Museum für Volkskunde dokumentiert in elf Ausstellungsräumen ländliches und kleinstädtisches Leben in Westflandern bis etwa 1900.

Was – wann – wo?

Einfach Spitze

Prozessionen und historische Umzüge

Das mittelalterliche Stadtbild Brügges bietet den idealen Rahmen für die großen Umzüge und Prozessionen, die alle auf religiöse oder geschichtliche Ereignisse zurückgehen.

- **Heiligblutprozession.** Hätte nicht im Jahre 1204 ein christliches Kreuzfahrerheer Konstantinopel geplündert, Brügge wäre heute um eine Attraktion ärmer. Jedes Jahr an Christi Himmelfahrt bewegt sich ein bunt kostümierter Zug durch die Stadt. Festwagen mit biblischen Szenen, Trompeter und Bannerträger in mittelalterlicher Tracht, selbst ein fahrbares Glockenspiel begleiten Brügges ehrwürdigste Reliquie: ein paar Milliliter vom Blute Christi. Die fromme Legende besagt, der Patriarch von Jerusalem habe den edlen Tropfen dem Grafen von Flandern für erwiesene Tapferkeit im zweiten Kreuzzug vermacht.
- **Festzug des Goldenen Baumes.** Alle fünf Jahre ziehen die 2000 Teilnehmer in Gewändern des 15. Jahrhunderts, darunter hundert Berittene, und zwölf Prunkwagen durch die Stadt. Der Umzug erinnert an die Hochzeit des burgundischen Herzogs Karl des Kühnen mit Margareta von York im Jahre 1468. August, an zwei Sonntagen hintereinander.
- **Blindekensprozession.** Jedes Jahr wird eine 36 Pfund schwere Kerze durch die Stadt getragen, zum Dank an die Muttergottes für einen Sieg über die Franzosen im Jahre 1304. 15. August.

Heiligblutprozession

In Erwartung

Mit Roß, Rad und Boot

Sich mit dem Auto durch die engen Gassen der Altstadt zu quälen, sollte man tunlichst lassen, wenn keine Notwendigkeit dazu besteht. Ein raffiniertes System von Einbahnstraßen führt Ortsunkundige unversehens und auf dem schnellsten Wege wieder hinaus. Parkraum ist knapp und teuer. Doch es gibt Alternativen. So verkehrt die Pferdebahn täglich von dem Platz 't Zand aus, und vor dem Rathaus und der benachbarten Tuchhalle warten die Kutscher auf ihre Fahrgäste. Die Stadt vom Kutschbock aus zu erleben ist bequem und hat seinen eigenen Reiz. Wer es ganz individuell liebt, kann sich am Bahnhof und bei drei privaten Verleihern auch ein Fahrrad mieten und Brügge erradeln.

Zu Wasser geht es in Booten über die Reien durch die Altstadt (s. S. 85), aber auch ins einige Kilometer nördlich gelegene Damme, den mittelalterlichen Hafen Brügges. Von Anfang April bis Ende September fährt der Raddampfer »Lamme Goedzak« auf dem Kanal Brügge–Damme fünfmal täglich hin und her (Abfahrten in Brügge vom Noorweegse Kaai).

Geklöppeltes und Süßes

Elegante Einkaufspassagen und Geschäfte mit exklusiver Mode, Schmuck, Kosmetik und Delikatessen gibt es in Brügge wie in jeder anderen Stadt. Eine Spezialität, die man sich nicht entgehen lassen sollte, sind die feinen belgischen Pralinen. Ein Süßwarenladen findet sich in fast jeder Straße. Einzigartig in Vielfalt und Qualität ist auch das Angebot an Spitzen: Allein in der Innenstadt hat der Kunde die Wahl zwischen 84 Spitzengeschäften. Wer sicher sein will, belgische Handarbeit zu kaufen, sollte dort auf das Siegel »Quality Control« achten.

- **Rococo.** Das größte Spitzengeschäft der Stadt besitzt noch die alte Einrichtung aus dem Gründungsjahr 1892. Wollestraat 9.
- **'t Apostelientje** hat ausschließlich handgeklöppelte Spitze im Angebot. Balstraat 11 und Oude Burg 4.
- **Kantcentrum** (22). Neben einem Spitzenmuseum, wo man sich über die Kunst des Klöppelns informieren kann, betreibt der private Trägerverein auch einen kleinen Laden. Peperstraat 3.
- **De Sieze** bietet Pralinen in allen Variationen. Bei über 50 Sorten fällt die Entscheidung nicht leicht. Burg 15.

Oud Huis Amsterdam

Träumen inbegriffen

Wer die kühle Noblesse eines modernen Vier-Sterne-Hauses bevorzugt, wird in Brügge leicht ein entsprechendes Hotel finden. Atmosphärischer ist sicher das Frühstücken in einem Salon des 18. Jahrhunderts. Die etwa 100 Hotels der Stadt, darunter viele alte Bürgerhäuser und Palais aus der burgundischen Epoche, sind auf jeden Geschmack eingestellt. Natürlich auch auf Reisende, die nicht mehr suchen als ein preisgünstiges Dach über dem Kopf.

- **Holiday Inn Crowne Plaza.** Das moderne Luxushotel im Herzen der Altstadt wurde über den Grundmauern der ehemaligen Donatuskirche erbaut. Burg 10. ☎ 0 50/34 58 34, Fax 0 50/3 43 56 15.
- **Relais Oud Huis Amsterdam.** Großbürgerliches Ambiente aus der Zeit des Klassizismus mit schönem Garten. Spiegelrei 3. ☎ 0 50/34 18 10, Fax 0 50/33 88 91.
- **De Snippe.** Rokokodekor und Wandgemälde aus dem 18. Jahrhundert machen hier den besonderen Charme aus. Nieuwe Gentweg 53. ☎ 0 50/33 70 70, Fax 0 50/33 76 62.
- **Bourgoensch Hof.** Im 16. Jahrhundert erbaut als Brauerei, seit 1971 Hotel mit historischem Flair und Blick auf das Wasser. Wollestraat 39. ☎ 0 50/33 16 45, Fax 0 50/34 63 78.
- **Cateline.** Ein Schloß aus dem 14. Jahrhundert inmitten eines ausgedehnten Parks im Vorort Sint Andries. Zandstraat 272. ☎ 0 50/31 70 26, Fax 0 50/31 72 41.
- **Rembrandt-Rubens.** Die antiken Möbel und Gemälde im Foyer passen zu dem Haus, das um 1600 für einen Maler erbaut wurde. Walplein 38. ☎ 0 50/33 64 39.
- **Lodewijk van Male.** Neugotisch umgestaltetes Landhaus aus dem 16. Jahrhundert. Der Weiher im Park war früher das Wasserreservoir von Damme. Maalse Steenweg 488. ☎ 0 50/35 57 63, Fax 0 50/37 06 26.
- **Ensor.** Solide Unterkunft für Reisende mit schmalem Budget. Speelmansrei 10. ☎ 0 50/34 25 89, Fax 0 50/34 20 18.

De Karmeliet

Am Bier kommt man nicht vorbei

Wenn Bier, wie eine flämische Volksweisheit behauptet, gesünder ist als Wasser, dann ist Brügge der reinste Kurort. Es gibt hier Plätze wie den Eiermarkt, wo man sich vergeblich nach einem Haus ohne Kneipe umschaut. An sonnigen Tagen bieten die Terrassen vor den unzähligen Cafés und Restaurants ein fast südländisches Bild. Und unter mittelalterlichen Kellergewölben, am Feuer alter Kamine, läßt es sich stimmungsvoll tafeln.

- **De Karmeliet.** Eines der besten Restaurants der Stadt. Französische Küche par excellence. Langestraat 19.
- **'t Brugs Beertje.** Auf der Karte stehen über 300 belgische Biersorten. Bierkrüge und Etiketten bestimmen auch das Dekor der kleinen Kneipe. Kemelstraat 5.
- **'t Voske-Malpertuus.** In einem Klosterkeller des 16. Jahrhunderts werden flämische Spezialitäten serviert. Eiermarkt 9.
- **'t Voermanshuys.** Fischrestaurant in einem Keller aus dem 16. Jahrhundert. Oude Burg 14.
- **Den Dyver.** Spezialität des Hauses, das direkt an einem Kanal liegt, sind in Bier zubereitete Gerichte. Dijver 5.
- **De Stove.** Typisches Brügger Häuschen mit altem Kamin. Kleine Sint Amandsstraat 4.
- **Straffe Hendrik** ist der Name eines Brügger Bieres und zugleich der Kneipe, wo es ausgeschenkt wird. Stimmungsvoller Innenhof, großer heller Schankraum mit Brauereiambiente. Walplein 26.
- **Oud Brugge.** Alt und Neu: Restaurant und Karaokebar in einem Keller aus dem 13. Jahrhundert. Kuipersstraat 33.

Teure Glitzersteine

War es wirklich Lodewijk van Berquem, dem die Welt die Kunst des Diamantenschliffs verdankt? Der Überlieferung zufolge soll er 1476 in Brügge diese neue Technik erfunden haben. Bedauerlicherweise ist ein Goldschmied dieses Namens hier für die damalige Zeit nicht nachweisbar. Sei's drum: Fest steht, daß Brügge im 15. Jahrhundert eines der bedeutendsten europäischen Diamantenzentren war. Heute beherrschen in Belgien ansässige Firmen fast 70% des weltweiten Diamantenhandels, wenn auch seit langem von Antwerpen aus. Ein Antwerpener Unternehmen war es auch, das 1985 mit einer Filiale an den Ursprungsort der Tradition zurückkehrte. Wer Brugs Diamanthuis mit seinem spätgotischen Giebel unweit des Marktes in der Cordoeanierstraat 5 betritt, findet schon an der Tür den Hinweis, daß dies kein Museum ist. Dennoch ist es ein offenes Haus für Neugierige: Ein Schauraum zeigt Historisches, und Gruppen ab zehn Teilnehmern können den Diamantschleifern über die Schulter schauen.

Glockenspieler

Daß man mit Glocken Musik machen kann, ist wöchentlich in Brügge zu hören, wo der einzige festangestellte Stadtglockenspieler Belgiens wirkt. Der Arbeitsplatz von Aimé Lombaert liegt in fast 80 Metern Höhe auf dem Belfried ❷ mit seinen 47 Glocken. Jeden Mittwoch, Samstag und Sonntag waltet er hier um 14.15 Uhr seines Amtes, außerdem von Juni bis September auch am Montag, Mittwoch und Samstag um 21 Uhr.

Brüssel

Die Hauptstadt Europas

Geschichte, Lebensart der Menschen und geographische Lage – alles sprach für Brüssel bei der Suche nach einer Heimat für die europäischen Institutionen. Europas wechselvolle Historie seit dem Mittelalter spiegelt sich in der Chronik der belgischen Hauptstadt modellhaft wider. Und wer hinterließ hier nicht alles seine Spuren: Burgunder, spanische und österreichische Habsburger, Franzosen, Holländer, Deutsche. Obwohl heute ein Zentrum der Weltpolitik, ist Brüssel überschaubar geblieben. Sein spröder Charme erschließt sich nur dem Besucher, der mehr sehen will als Atomium (Bild), Manneken Pis und Grand' Place. Jenseits der Fassaden der vergoldeten Gildehäuser zeigt sich dann die liebenswerte Originalität dieser Stadt, die vor allem von drei Epochen ihrer Geschichte architektonisch geprägt ist: vom Goldenen Zeitalter der Habsburger zwischen Backsteingotik und Barockgiebeln, von der Gründerzeit der Jahrhundertwende mit den revolutionär neuen Jugendstilbauten und schließlich von der Moderne, die in Brüssel erst anbrach, als die belgische Hauptstadt Sitz der Europäischen Union und der Nato – und damit zur europäischen Hauptstadt – wurde.

Das Goldene Zeitalter

Von der Grand' Place zu den Marollen

Alle zwei Jahre leuchtet die Grand' Place in allen Farben: Wo einst Flanderns Freiheitshelden, die Grafen Egmont und Hoorn, hingerichtet wurden, breitet sich dann ein prachtvoller Blumenteppich aus.

In Brüssel ist der Besucher erst dann wirklich angekommen, wenn er auf der Grand' Place ❶ steht. Der Grote Markt, wie der Platz auf flämisch heißt, ist der Mittelpunkt der Altstadt, Schaufenster und Selbstdarstellung einer glanzvollen Epoche. Von hier gehen alle touristischen Erkundungspfade aus, hierhin führen sie wieder zurück. Nirgendwo ist die Geschichte in dieser Stadt so anschaulich und so gegenwärtig. Der wie eine Theaterkulisse wirkende Platz ist aber alles andere als ein totes Architekturmuseum. Das historische Pflaster zieht zu jeder Tages- und Nachtzeit Menschen an: vom morgendlichen Blumen- oder Vogelmarkt bis zu den Rockkonzerten in den Sommernächten. Architekturkenner halten das Geviert aus 34 prächtigen Zunfthäusern für einen der schönsten Plätze Europas. Und wer von einem der Cafés aus, wo man im Sommer draußen sitzen kann, den harmonischen Zusammenklang von Gotik, Renaissance und Barock betrachtet, der wird dem zustimmen.

Die Einheit in der Vielfalt der architektonischen Formen verdankt Brüssel letztlich einer Katastrophe: Als die Kanonen des französischen Königs Ludwig XIV. im Jahre 1695 das Stadtzentrum in Schutt und Asche legten, bauten die wohlhabenden Zünfte den Grote Markt prächtiger als zuvor wieder auf. Halbwegs überstanden hat die Kanonade damals wie durch ein Wunder nur das gotische Rathaus, das heute das einzige originale spätmittelalterliche Bauwerk auf dem Platz ist. Die in flandrischer Spätgotik errichtete Maison du Roi direkt gegenüber, in der das königlich spanische Gericht tagte, ist eine Rekonstruktion aus dem vorigen Jahrhundert. Vor dem Haus ließ der fanatische Herzog Alba 1568 die Grafen Egmont und Hoorn enthaupten. Sie waren – zusammen mit Wilhelm von Oranien – die Anführer der adeligen Opposition gegen die spanische Herrschaft gewesen. Die Zunfthäuser tragen alle einen eigenen Namen, und jedes hat eine Geschichte zu erzählen: Das alte Café Le Cygne (Der Schwan), in dem Karl Marx und Friedrich Engels ihre »Arbeiter-Assoziation« gründeten, ist heute – Ironie der Geschichte – eines der teuersten Restaurants der Stadt. Im Le Pigeon (Die Taube) gegenüber fand einst der französische Schriftsteller Victor Hugo als politischer Asylant Zuflucht.

Unmittelbar an die Grand' Place grenzt ein Stadtviertel, das auch aus Brüssels Goldenem Zeitalter stammt,

Stilvolles Interieur: Rathaus-Amtszimmer aus dem 18. Jahrhundert.

Die Kirche Notre Dame du Sablon ist eines der prächtigsten spätgotischen Bauwerke der Stadt – nur leider stark renovierungsbedürftig.

dennoch kleinbürgerlicher, enger, weniger prächtig wirkt als der Marktplatz, aber um so lebendiger ist: die Ilôt Sacré (Heilige Insel). Die kleine Gasse links von der Maison du Roi führt in die richtige Richtung und läßt im Namen das Leitmotiv anklingen: Chair et Pain bzw. Vlees en Brood, also Fleisch und Brot. Wenn man die Grand' Place als die gute Stube der Stadt bezeichnen will, dann ist dieses kleine, ganz eigenständige Stadtviertel der Bauch von Brüssel. Beiderseits der Rue des Bouchers drängt sich ein Restaurant an das andere. Vor den Fischrestaurants locken die kunstvoll auf Eis drapierten Stilleben aus Hummer, Krabben und Nordseefischen. Keines dieser typischen Touristenlokale ist schlecht. Einheimische allerdings trifft man hier nur selten. Eine der wenigen Ausnahmen ist das populäre, für die belgische Küche typische Chez Léon, wo man »Moules et frites« (Muscheln und Pommes frites) ißt. Das schicke De Ogenblik am Eingang der Galerie de la Reine und die solide Taverne du Passage in der angrenzenden Passage St.-Hubert ❸ sind ebenfalls bei der internationalen Gemeinde der Wahl-Brüsseler beliebt.

In eine ganz andere Welt taucht der mutige Brüssel-Besucher, wenn er die im Reiseführer mit Sternen gekennzeichneten Pfade verläßt und zu Fuß ein weiteres altes Stadtviertel erkundet, das unterhalb des Justizpalastes liegt: die Marollen ㉜. Hier haben sich in den vergangenen Jahren in den Gassen um die Rue Haute einige kleine originelle Restaurants und Geschäfte angesiedelt. Doch die Originalität und den Charakter des Viertels, das Fremden oft heruntergekommen und schäbig vorkommt, machen seine Bewohner aus: die kleinen Leute, die Arbeiter und Handwerker, »das Volk«. Im Mittelalter waren das die Weber und die Gürtelmacher, die Sattler, Küfer und Kerzenzieher, die zwar ihre noblen Zunfthäuser an der Grand' Place hatten, in den Marollen aber ihre Werkstätten. Hier, in diesen engen, überbevölkerten Gassen schlug das Herz der Stadt.

Vom Marollen-Viertel aus, vorbei an der wuchtigen gotischen Kirche Notre Dame de la Chapelle ⓫, in der Pieter Bruegel d. Ä. begraben liegt, gelangt man hinauf in die ehemals aristokratische Welt des Grand-Sablon-Platzes. Hier hatten vom 16. Jahrhundert an die großen Adelsfamilien, die Arenbergs, die Croys, die Egmonts und die Thurn und Taxis, ihre Stadtpalais. Einige der besten Brüsseler Restaurants, der erlesensten Antiquitätengeschäfte, der renommiertesten Galerien und teuersten Privatwohnungen findet man hier, diskret hinter spitzgiebeligen Backsteinfassaden verborgen.

Zwischen dem stillen Petit Sablon ❾ und dem Grand Sablon liegt eine der schönsten Kirchen Brüssels, Notre Dame du Sablon ❽. Besonders wenn abends die wundervoll bemalten Glasfenster von innen beleuchtet sind, gleicht die turmlose Kirche im gotischen Flamboyant-Stil einem riesigen Reliquienschrein.

Die Sablon-Plätze liegen in der Nachbarschaft des Mont des Arts mit den großen Musées Royaux des Beaux-Arts. Die Sammlungen der Alten und Modernen Kunst ❼ und die Bibliothèque Royale Albert I. mit ihrem Bestand an kostbaren Handschriften liefern gute Gründe dafür, dieses Viertel des Geistes und der Kunst als den Kopf von Brüssel zu bezeichnen.

Der Marollien

Zur Zeit der industriellen Revolution herrschte im Marollen-Viertel unbeschreibliche Armut. Die Marollen waren zu einem Ghetto der untersten Gesellschaftsschicht geworden. Auch heute noch wohnen hier die Langzeitarbeitslosen und die sozial Schwachen. Und doch ist es das wohl originellste, ursprünglichste Viertel der Stadt, dessen Bewohner – der Marollien – der aufmüpfige Held vieler Komödien und Chansons ist. Er spricht einen eigenartigen, für Fremde nahezu unverständlichen Dialekt, in dem sich Französisch, Flämisch und Spanisch mit Wort-Einsprengseln aus dem Deutschen und Hebräischen mischen. Im Toone-Marionettentheater (s. S. 105) kann man ihn noch unverfälscht hören.

Auf dem Kunstberg und rundherum

Die Museumsstadt

Tim und Struppi kennt man überall: Sie und ihr Schöpfer Hergé interessieren die Besucher des Comic-Museums ganz besonders.

Mehr noch als der Musik, der Literatur und dem Theater sind die Brüsseler traditionell der bildenden Kunst zugewandt. Brüssel – das ist die Stadt der flämischen Meister wie Rogier van der Weyden, Hugo van der Goes und den Bruegels, aber auch – in unserem Jahrhundert – der Surrealisten René Magritte und Paul Delvaux. Einige der großen Bildhauer des ausgehenden 19. Jahrhunderts wie Constantin Meunier oder Jef Lambeaux hatten ihre Ateliers in den damals neuen und prächtigen Vierteln der Oberstadt zwischen der Place Loise und dem Bois de la Cambre. Einige ihrer Skulpturen stehen heute fast unbeachtet in den Parks von Brüssel, der Großteil ihrer Werke wurde jedoch auf den Mont des Arts gebracht, den Kunstberg, in die Musées Royaux des Beaux-Arts ❺.

René Magritte ist der wohl populärste belgische Maler unseres Jahrhunderts. Das Museum für Moderne Kunst zeigt einige der bekanntesten Bilder des Surrealisten, darunter »Le retour«.

Diese Königlichen Museen der Schönen Künste gehören zu den international bedeutendsten Kunstmuseen. Schwerpunkt des Museums der Alten Kunst an der Rue de la Régence ist die flämische und niederländische Malerei der Zeit zwischen dem 15. und 17. Jahrhundert. Rogier van der Weyden – nach Jan van Eyck der bedeutendste Tafelmaler der niederländischen Schule – war seit 1436 Stadtmaler von Brüssel. In dieser Zeit vollzog sich auch im Norden Europas – zeitgleich mit der italienischen Frührenaissance – ein radikaler künstlerischer Neubeginn: Die Malerei öffnete sich der Naturbeobachtung und strebte eine Illusion der Wirklichkeit an. Das Werk Hugo van der Goes', der in seinen letzten Lebensjahren als Mönch im Roten Kloster vor den Toren Brüssels malte, bildet einen weiteren Höhepunkt in der Malerei des 15. Jahrhunderts. Fast ein Jahrhundert später ließ sich Pieter Bruegel d. Ä., genannt »Bauernbruegel«, in Brüssel nieder. Er ist im Museum der Alten Kunst mit einigen wenigen, aber besonders schönen Bildern vertreten: der »Winterlandschaft mit Eisläufern«, der »Volkszählung von Bethlehem«, der »Landschaft mit dem Sturz des Ikarus«. Zu den Kostbarkeiten gehört auch die umfangreiche Rubens-Sammlung. Werke des großen Porträtisten Anthonis van Dyck, der Genremaler Jacob Jordaens und Adriaen Brouwer sowie der berühmten niederländischen Meister Frans Hals und Rembrandt ergänzen das Panorama der Kunst aus den Glanzzeiten Flanderns und der Niederlande.

Einen Zeitsprung vollzieht der kunstbeflissene Besucher, wenn er von den alten Meistern überwechselt in das unmittelbar benachbarte, tief in den Untergrund des Mont des Arts gegrabene Museum für Moderne Kunst ❼, das 1984 eingeweiht wurde. Höhepunkte sind Belgiens Beitrag zum Fin de siècle mit Werken von Félicien Rops und Fernand Khnopff und zum Surrealismus durch die Maler René Magritte und Paul Delvaux sowie durch den einflußreichen Vorläufer dieser Stilrichtung James Ensor. In der Nachkriegszeit stellte sich die Gruppe COBRA mit experimenteller

Untergebracht ist das Comic-Museum in einem der schönsten Jugendstilgebäude des Architekten Horta (rechts im Bild: Tims Mondrakete).

und expressiver Malerei gegen die Strömungen einer intellektuellen und reglementierten Kunst. Ihren Hauptsitz hatte die Künstlergruppe, deren Name sich aus den Anfangsbuchstaben der Städte Copenhagen, Brüssel und Amsterdam zusammensetzt, zunächst in der belgischen Metropole.

Ende des vorigen Jahrhunderts wurden zum 50jährigen Jubiläum des (von den Niederlanden) unabhängigen Königreichs Belgien Park, Triumphbogen und Museen des Cinquantenaire ㉖ geschaffen. Im Nordtrakt der monumentalen Anlage ist das Königliche Militärhistorische Museum untergebracht. Das Königliche Museum für Kunst und Geschichte im Südtrakt zeigt Kulturschätze aus nahezu der ganzen Welt, von ägyptischen Königsbüsten des Mittleren Reiches über mittelalterliche Reliquiare bis zu Gobelins des frühen 16. Jahrhunderts, für deren Herstellung Brüssel berühmt war.

Eine ganz andere Art von Kunst – in Belgien wird sie die »Neunte Kunst« genannt – steht im Mittelpunkt des jüngsten und einzigartigen Brüsseler Museums, das 1989 von König Baudouin dem Publikum übergeben wurde. Der touristische Magnet, der jedes Jahr mehr als 160 000 Besucher anlockt, ist Europas erstes Comic-Museum (Centre Belge de la Bande Dessinée) ⑲. Am Ende der Rue des Sables, in einem heruntergekommenen Stadtviertel, erblickt man wie aus Ruinen erstanden eines der interessantesten Gebäude der belgischen Hauptstadt: Der berühmte Jugendstilarchitekt Victor Horta hat das ehemalige Warenhaus entworfen, das heute – vorbildlich renoviert – dem Comic-Museum ein repräsentatives Zuhause bietet. Auch wer sich nicht zu den Freunden der Comics (französisch: bandes dessinées) zählt, sollte die zehn Minuten Fußweg von der Grand' Place auf sich nehmen, um eines der schönsten Horta-Häuser zu sehen.

Doch wer mag Tintin und Milou nicht, die in der deutschen Version Tim und Struppi heißen, oder den lonesome Cowboy Lucky Luke und die lustigen Schlümpfe? Wer im Centre de la Bande Dessinée die Originalzeichnungen angesehen und sich über das Entstehen eines Comics informiert hat, wird garantiert für eine Weile die Schmökerecke nicht mehr verlassen wollen.

Hergé, der Schöpfer von Tim und Struppi, hielt sich einst bei seinen Zeichnungen an ganz konkrete Vorlagen, die er unter anderem auch in Museen gefunden hat. Eine der wichtigsten Fundgruben war für ihn damals das Zentralafrika-Museum in Tervuren. Es liegt nur wenige Kilometer außerhalb der Stadt und ist problemlos mit der Straßenbahn zu erreichen. Gebaut mit den Millionen, die nach 1880 aus der ehemals belgischen Kolonie Kongo (heute: Zaire) ins Land flossen, beherbergt das Museum heute nicht nur eine reiche geographische und ethnologische Sammlung, sondern auch kostbare Masken und Skulpturen – eine der bedeutendsten Sammlungen afrikanischer Kunst in Europa. Jahrzehntelang ignoriert oder unterschätzt, werden die in den Magazinen des Museums gehorteten Schätze der afrikanischen Kunst erst jetzt nach und nach erschlossen und der Öffentlichkeit zugänglich gemacht.

Mit der Errichtung des pompösen Triumphbogens im Cinquantenaire erfüllte sich König Leopold II. im Jahre 1904 einen Herzenswunsch – zur Erinnerung an die Staatsgründung Belgiens.

Kunst und Wirklichkeit: Versteckt sich Franky Deconinck hinter seinem Porträt – oder zeigt er sein wahres Gesicht?

Stilvoll und formvollendet

Brüssels Baukunst der Jahrhundertwende

Das Metropole ist eines der Brüsseler Traditionshotels mit dem Charme der Belle Époque.

Auf dem Kunstberg, dem Mont des Arts, verläuft die Grenze zwischen den zwei Epochen, die Brüssel architektonisch und atmosphärisch entscheidend geprägt haben. Hier berühren sich die Altstadt, das Brüssel Pieter Bruegels d. Ä., des Grafen Egmont und Herzog Albas, und die 200 Jahre später entstandene Oberstadt mit ihren eleganten Straßenzügen aus dem Fin de siècle. Wer an den Backsteinhäusern der Îlot Sacré, den goldenen Giebeln der Grand' Place 1 vorbei durch die engen Gassen des Marollen-Viertels 32 zum Galgenberg hochsteigt, auf dem in den 80er Jahren des vergangenen Jahrhunderts der gigantische Justizpalast 31 errichtet wurde, der bewegt sich wie mit einer Zeitmaschine vom 17. ins ausgehende 19. Jahrhundert.

Damals stand das kleine Belgien an der Spitze des Fortschritts und der industriellen Entwicklung auf dem Kontinent. Die Schornsteine der wallonischen Schwerindustrie rauchten. Auf der Berliner Kongo-Konferenz wurde 1885 König Leopold II. der riesige, an Bodenschätzen reiche »Unabhängige Kongostaat« zugesprochen, dessen wirtschaftliche Ausbeutung Belgien für die nächsten Jahrzehnte reich machte. Die wirtschaftliche Macht, die neue Wohlhabenheit von Königshaus, Staat und Bürgertum wurde mit breiten Boulevards und überdimensionalen und überladenen Repräsentationsbauten zur Schau gestellt: dem Justizpalast – damals das größte Gebäude Europas – in der Oberstadt und der Börse 13 am Rande der Altstadt, dem Afrika-Museum in Tervuren und dem großen Triumphbogen im Cinquantenaire-Park 26. In dieser Zeit entstanden auch die Galerien in der Innenstadt. Selbst im regnerischen Brüsseler Winter kann man hier trockenen Fußes flanieren, die Auslagen der eleganten Geschäfte betrachten und ungestört einkaufen. Die schönste der mit Glaskuppeln überwölbten Passagen – St.-Hubert 3 – in unmittelbarer Nähe der Grand' Place, war bereits 1847 vollendet.

Während das Handelsbürgertum in dieser prunkvollen Zeit der Belle Époque in den fernen Kolonien Geld machte, bahnten sich in Gesellschaft, Politik und Kultur tiefgreifende Veränderungen an, die weit in unser Jahrhundert hineinwirken sollten. Künstlerischer und architektonischer Ausdruck der nun anbrechenden neuen Zeit war der Jugendstil, in der französischsprechenden Welt zutreffender als »Art nouveau« bezeichnet. Weit mehr als nur florale Dekoration, bedeutete er den radikalen Bruch mit der schwülstigen Kunst des ausge-

Die schönsten Bronzen vom Ende des 19. Jahrhunderts stehen fast unbeachtet in den Parks und im Botanischen Garten.

Jugendstil-Rundfahrt

Die Arbeitsgemeinschaft für städtische Forschung (ARAU) bietet eine klug kommentierte Stadtrundfahrt an, die einer Einführung in die verschiedenen Stilrichtungen des Art nouveau gleichkommt: Vom floral wuchernden Ornamentstil des Strauven-Hauses am Square Ambiorix bis zum strengen geometrischen Stil des grandiosen Palais, das der Wiener Architekt Josef Hoffmann zu Beginn des Jahrhunderts im Stil der Wiener Secession an der Avenue de Tervuren für den Ingenieur Stoclet 27 baute. Mit seinen klaren Linien nahm dieses Gebäude den Art-déco-Stil vorweg und kündigte die Moderne des Bauhauses an.

Die Passage St.-Hubert bietet ein wunderschönes Ambiente für Shopping der gehobenen Art.

henden 19. Jahrhunderts, dem Stilmischmasch aus Antike, Mittelalter, Renaissance und Barock. Er propagierte einen neuen Lebensstil: statt pompöser Repräsentation nun Privatheit, Komfort, Funktionalität, Entsprechung von Form und Zweck.

Als erster hielt sich der junge Brüsseler Architekt Victor Horta an die neuen Stil- und Lebensregeln, als er 1893 das Hôtel Tassel 29 entwarf, das erste Haus Europas, das eindeutig im Jugendstil gebaut wurde. In diesem Privathaus in der Rue Paul Emile Janson finden sich alle Charakteristika des Art nouveau, die man auch am Beispiel von Hortas eigenem Wohnhaus in der nahen Rue Américaine studieren kann: Formen, die aus der Natur abgeleitet sind, Verwendung »einfacher« Materialien sowie Eisen-Glas-Konstruktionen. Schon seit der Mitte des Jahrhunderts benutzte man solche Konstruktionen mit tragenden Eisenteilen bei den riesigen Gewächshäusern des Schlosses von Laeken 16 und des Jardin Botanique 18. Wohnhaus und Atelier Hortas sind heute Museum 30 – von der Türklinke und den rankenartigen Holztreppenläufen bis zur Eßzimmereinrichtung ein Paradebeispiel für das stimmige Gesamtkunstwerk eines Jugendstilhauses, das man sich als Besucher Brüssels nicht entgehen lassen sollte. Nach der baugeschichtlichen Initialzündung Victor Hortas wurde Brüssel für eine Generation Europas künstlerische und architektonische Jugendstil-Hauptstadt. Nirgendwo – die anderen Jugendstil-Metropolen Wien, Budapest und Barcelona eingeschlossen – findet man heute noch so viele gut erhaltene Zeugnisse des Art nouveau wie in der belgischen Hauptstadt.

Da man in Brüssel die Kunst gerne mit Lebensart verbindet, bietet sich für den Besucher eine Jugendstil-Gourmet-Tour an: Sie könnte im populären Falstaff neben der Börse mit einem Half-and-half-Aperitif (halb Champagner, halb Chablis) beginnen und mit dem Gabelfrühstück im Café L'Ultième Hallucinatie in der Rue Royale 316 fortgesetzt werden – einem Restaurant, das durch die authentische Art-nouveau-Ausstattung begeistert. Schließlich kann der Abend in einer Jugendstil-Replik beendet werden: dem legendären Feinschmecker-Tempel Comme Chez Soi an der Place Rouppe. Wer nach diesem kulinarischen Höhepunkt dann aus finanziellen Gründen gezwungen ist, schnell seine Koffer zu packen, der kann stilecht aus Brüssel abreisen: Der Zentralbahnhof (Gare Central) wurde nämlich auch von Victor Horta entworfen.

Wohnhaus und Atelier des Architekten Horta – heute Museum – sind ein gelungenes Beispiel für ein Jugendstil-Gesamtkunstwerk.

Europa in der Käseschachtel

Das moderne Brüssel und die EU

Verläßt der Besucher die in den Reiseführern ausgezeichneten Touristenpfade, wird sich ihm der spröde Charme Brüssels nur allmählich erschließen. Mit der Stadt hinter der Schauseite tut man sich schwer. Heruntergekommene Viertel, Schnellstraßenschneisen, die gewachsene Stadtviertel durchschneiden, Betonunterführungen, tote Straßenzüge durch öde Bürohaus-Schluchten werden ihn abschrecken.

Die städtebaulichen Sünden und die Zerstörung Brüssels durch den Verkehr können jedoch keineswegs nur den europäischen Institutionen angelastet werden, die Brüssel als Sitz auserkoren haben und die sich – wie einige Kritiker vorschnell behaupten – krebsartig in die gewachsenen Quartiers gefressen hätten. Den Abriß der zwischen Sablon und Marollen gelegenen Maison du Peuple, eines der architekturgeschichtlich interessantesten Jugendstilbauten von Victor Horta, muß man als große Schande bezeichnen – für die Brüsseler Politiker, Architekten und Städteplaner. Mit der Europäischen Union (EU) allerdings hat diese kulturelle Katastrophe nichts zu tun. Auch die Schnellstraßen mitten durch die Stadt, die Brüssel zwar »autogerecht« gestaltet, die alten Stadtviertel aber abgeschnürt und für Fußgänger schwer passierbar gemacht haben, wurden schon für die Weltausstellung 1958 in die Stadt geschnitten. Die Europäische Wirtschaftsgemeinschaft hielt aber erst 1959 in Brüssel Einzug, die NATO acht Jahre später.

Daß die Entscheidung, Brüssel zum Sitz der Europäischen Union zu machen, die einst eher kleinstädtisch-verschlafene belgische Hauptstadt tiefgreifend verändert hat, ist jedoch unbestreitbar. Auch wenn Luxemburg und Straßburg offiziell nach wie vor auch Sitze der Europäischen Union sind, ist Brüssel längst zur Hauptstadt Europas geworden. Mehr als 16 000 EU-Beamte arbeiten in den Büroburgen rund um den Rond Point Schuman. Neben den 160 Botschaften und 90 Vertretungen von Regionen und Bundesländern haben sich rund 2000 regierungsunabhängige Organisationen, Verbände, Gewerkschaften und mehr als 10 000 Lobbyisten im Europa-Viertel Brüssels angesiedelt.

Das Palais Berlaymont ㉔, das mit seinem charakteristischen Grundriß in Form eines großen X jahrzehntelang auf Fotos und TV-Bildschirmen gleichsam das Erkennungszeichen der EU-Kommission war, wird inzwischen nicht mehr von ihr genutzt. Die 20 Kommissare residieren jetzt unmittelbar am Cinquantenaire-Park im architektonisch eher langweiligen Breydel-Bürogebäude. Weit repräsentativer ist der neue Sitz des EU-Ministerrats ㉓ am Rond Point Schuman, der nach dem Brabanter Philosophen Justus Lipsius benannt ist. Roter Granit, hohe Portale und ein weiter Innenhof signalisieren, daß hier nicht nur im Hinblick auf Mitglieder-Zuwachs, sondern offenbar auch für die Ewigkeit gebaut wurde. Das gleiche gilt für den neuen Gebäudekomplex des Europäischen Parlaments, den der Brüsseler Volksmund »Caprice des Dieux« genannt hat. Tatsächlich erinnert die über alle Dächer ragende Glaskuppel

Das neue Europaparlament erinnerte die Bürger an die Verpackung des französischen Brie »Caprice des Dieux« – und heißt daher im Volksmund so.

Das wahre Machtzentrum der Europapolitik versteckt sich hinter den verspiegelten Glasfassaden des Justus-Lipsius-Gebäudes, denn hier tagt der Ministerrat.

über dem Parlamentsgebäude entfernt an die ovale Schachtel des gleichnamigen französischen Briekäses.

Kritiker der Brüsseler Stadtplanung beklagen sich über die Zerstörung der alten Häuser hinter dem Gare du Quartier Léopold, die dem überdimensionierten EU-Parlament weichen mußten. Doch die EU-Institutionen bringen der Stadt auch viele Vorteile. Mehr als 55 000 Arbeitsplätze hängen direkt von der EU ab. Dabei sind noch nicht einmal die Arbeitsplätze in den Restaurants, Geschäften, Umzugsunternehmen oder Hotels mitgerechnet, die von den EU-Beamten profitieren. Auch der belgische Wirtschaftsminister weiß, was er der Präsenz der Europa-Behörden in Brüssel verdankt: Rund acht Milliarden Mark, so haben seine Beamten errechnet, fließen jährlich von der EU, von ihren Beamten und aus ihrem Umfeld in die Stadt – ein beachtlicher Beitrag für das Wirtschaftsleben einer Kommune, die nicht einmal eine Million Einwohner zählt.

In der Europastadt Brüssel und ihren Vororten leben mehr als 10 000 Deutsche und jeweils ähnlich große Gemeinden von Franzosen, Engländern, Italienern und Spaniern. Rund ein Drittel der Bevölkerung Brüssels hat einen ausländischen Paß. Belgiens Hauptstadt ist zweifellos nicht nur eine europäische, sondern eine internationale Stadt mit hoher Toleranz gegenüber fremden Kulturen. Aber Brüssel ist kein Schmelztiegel. Die unterschiedlichen Sprachen, Kulturen, Gesellschaften bewahren in den verschiedenen Stadtvierteln ihr Eigenleben, mit eigenen Schulen, eigenen Lebensgewohnheiten und Mentalitäten: die Briten im grünen Tervuren, die Gastarbeiter aus Marokko und der Türkei in Schaarbeek und St. Josse, die Deutschen in Overijse und Wezembeek. Und an der Porte Namur ist ein nahezu rein schwarzafrikanisches Viertel entstanden.

Die Brüsseler haben in ihrer wechselvollen Geschichte, in der eine Fremdherrschaft die andere ablöste, gelernt, mit der Vielfalt der Kulturen zu leben. Die flämischen Randgemeinden müssen mit dem offiziell zweisprachigen, tatsächlich aber weitgehend frankophonen Brüssel zusammenarbeiten. Die Villengegenden wie Uccle oder Woluwe-St.-Lambert und die Gastarbeiterstadtteile wie Schaarbeek, die ruhigen Vororte und die pulsierende Betriebsamkeit des Europa-Viertels – Brüssel, das aus 19 selbständigen Gemeinden besteht, ist ein Patchwork unterschiedlicher Welten, Kulturen und Rhythmen. Das alte, kleinbürgerliche, das ruhige, etwas verschlafene Brüssel, das der belgische Chansonnier Jacques Brel besang, ist nur noch ein kleiner Teil dieser echt Brüsseler Mischung. Es ist nicht tot, aber es lebt heute für den kurzzeitigen Gast im verborgenen.

Europa, das ist Brüssel

Mit »Brüssel« wird in der europäischen Öffentlichkeit pauschal und verkürzt die gesamte EU bezeichnet. Tatsächlich haben sich inzwischen alle drei Institutionen der EU – die Kommission, der Ministerrat und das Europäische Parlament – hier fest eingerichtet. Wie ein Magnet hat die Brüsseler Kommission, die Exekutivbehörde der EU, die anderen europäischen Institutionen angezogen. Der Ministerrat, das politische Entscheidungszentrum, tagt normalerweise in seinem neuen Gebäude am Rond Point Schuman. Die EU-Kommission führt mit ihrem Verwaltungsapparat die Alltagsgeschäfte der Gemeinschaft. Die Sitzungen des Europäischen Parlaments finden zwar normalerweise in Straßburg statt, doch zusätzlich versammelt sich das Plenum inzwischen auch an zwei Tagen im Monat in Brüssel. Die Parlamentarier aus den 15 Mitgliedstaaten treffen sich zudem zu den Ausschußsitzungen in der belgischen Hauptstadt. Außerdem tagen in Brüssel die zwei beratenden Gremien der EU, der Wirtschafts- und Sozialausschuß (WSA) und der Ausschuß der Regionen.

Auf einen Blick

Brüssel entdecken und erleben

Wer Brüssel mit seiner knappen Million Einwohner hautnah erleben will, sollte es sich erwandern – und dabei gut zu Fuß sein. Denn obwohl die Altstadt rund um die Grand' Place überschaubar ist, liegen andere Sehenswürdigkeiten doch in einiger Entfernung. Für längere Strecken bieten sich Straßenbahn und Metro an. Ein Tagesticket ist für Touristen am preisgünstigsten, und es gilt für alle öffentlichen Verkehrsmittel.

Das Zentralafrika-Museum in Tervuren zeigt Exotisches bis hin zu präparierten Tieren aus der ehemaligen belgischen Kolonie Kongo.

1. Grand' Place
2. Nationaloper (Théâtre Royal de la Monnaie)
3. Passage St.-Hubert
4. Kathedrale St.-Michel
5. Königliche Museen der Schönen Künste
6. Nationalbibliothek Albert I.
7. Museum für Moderne Kunst
8. Notre Dame du Sablon
9. Platz Petit Sablon
10. Museum für Musikinstrumente
11. Notre Dame de la Chapelle
12. Manneken Pis
13. Börse
14. St. Jean Baptiste au Béguinage
15. Bruparck mit Atomium
16. Königliches Schloß in Laeken
17. Platz Charles Rogier
18. Kulturzentrum im ehem. Jardin Botanique
19. Comic-Museum
20. Kongreßsäule
21. Palais de la Nation
22. Königlicher Palast
23. Justus-Lipsius-Gebäude (EU-Ministerrat)
24. Palais Berlaymont
25. Haus des Malers de St.-Cyr
26. Palais du Cinquantenaire
27. Palais Stoclet
28. Naturwissenschaftliches Museum
29. Hôtel Tassel
30. Horta-Museum
31. Justizpalast
32. Marollen-Viertel

In einem prächtigen Park liegt Schloß Laeken, wo die königliche Familie wohnt. Nur eine Woche im Jahr ist der Park zu besichtigen.

Rund um die Brüsseler Börse, in unmittelbarer Nähe der Grand' Place, pulsiert das Leben in den originellen Cafés und Restaurants, die stets Hochkonjunktur haben.

Bevor der Stadtbummel beginnt, kann man sich im Fremdenverkehrs- und Informationsamt der Stadt Brüssel (T.I.B.) im gotischen Rathaus an der Grand' Place kompetent beraten lassen und mit Stadtplänen, Führern und Broschüren versorgen (☎ 02/5 13 89 40, Fax 02/5 14 45 38). Hier gibt es auch den Visit-Brussels-Touristenpaß, der in den meisten Museen Brüssels ermäßigten Eintritt gewährt sowie zur freien Benutzung der öffentlichen Verkehrsmittel für 24 Stunden berechtigt.

Alt und neu eng beieinander: Das Museum für Moderne Kunst wurde tief in den Berg, zum Teil unter das Museum für Alte Kunst, gegraben.

Petite Sablon: die Statuen der Grafen Egmont und Hoorn erinnern an Freiheitskämpfe, 48 Statuetten symbolisieren mittelalterliche Berufe.

Am Ende der belebten Geschäftsstraße Rue Neuve liegt die Place Charles Rogier mit dem Nationaltheater, ein wichtiger Verkehrsknotenpunkt zwischen Nordbahnhof und historischer Altstadt.

Das Glashaus des ehemaligen Botanischen Gartens, Beispiel für Eisen-Glas-Konstruktionen des Fin de siècle, wird heute als Kulturzentrum genutzt.

Die gotische Kathedrale St. Michel auf dem Treurenberg (Tränenberg) beherrscht majestätisch die Altstadt von Brüssel. Sehenswert sind vor allem die Fenster aus dem 16. und 17. Jahrhundert.

Das schmale Haus am Square Ambiorix 11, das der Architekt Gustave de Strauven 1903 für den Maler Saint-Cyr entworfen hat, gilt als Musterbeispiel für eine besonders dekorative Form des Jugendstils.

Im Brüsseler Stadtschloß, vom Parlament nur durch den Parc de Bruxelles getrennt, befinden sich Arbeits- und Repräsentationsräume des Königs.

Ein veritables Gesamtkunstwerk des Art Nouveau: Das Wohn- und Arbeitshaus des berühmten Brüsseler Jugendstil-Architekten Victor Horta ist heute ein vielbesuchtes Museum.

Was – wann – wo?

Farbenfrohe Feste

Die Brüsseler – soviel steht fest – feiern gerne und bei jeder Gelegenheit. Ihre Feste – wie z.B. der »Ommegang«, ein historischer Umzug und Höhepunkt des Brüsseler Festkalenders – haben oft eine lange Tradition. Ideale Kulisse ist die Grand' Place ❶, der prächtige Marktplatz mit seinen alten Zunfthäusern. Im Mai ist sie Treffpunkt der Jazz-Freunde, denn auch in puncto Musik hat Brüssel einiges zu bieten.

Ommegang

- **Reine Elisabeth.** Der internationale Musikwettbewerb gibt Interpreten klassischer Musik (jedes Jahr abwechselnd Violine, Gesang und Klavier) Gelegenheit, sich im Palais des Beaux Arts zu messen. Mai.
- **Jazz Rallye.** Mehr als 500 Musiker der verschiedensten Stilrichtungen – vom Dixieland bis zum Modern Jazz – spielen in den Kneipen der Altstadt und auf der Grand' Place ein Wochenende lang rund um die Uhr. Ende Mai.
- **Ommegang.** Abkömmlinge der alten Patrizierfamilien paradieren in historischen Kostümen zu Pferd oder zu Fuß auf dem historischen Pflaster der Grand' Place. Auf diesem farbenfrohen Fest spielen sie ihre Vorfahren, die 1549 Kaiser Karl V. feierlich in die Stadt geleitet haben. 1. Donnerstag im Juli.
- **Blumenteppich** auf der Grand' Place. Alle zwei Jahre verwandelt sich der Platz in ein buntes Blütenmeer. August.
- **Aufstellen des Meiboom.** Ungeachtet des Namens wird der Maibaum im August aufgestellt, und anschließend feiern alle bis in den Morgen.

Au Pain Quotidien

Brüsseler Tafelfreuden

Über Brüssel hänge an manchen Tagen, so spotten die Franzosen, der Fettdunst aus den Frittenbuden wie einst der Smog über dem viktorianischen London. Tatsache ist – das kann man auch in »Asterix bei den Belgiern« nachlesen –, daß die Pommes frites in Belgien erfunden wurden. Auf »Moules et frites« sollte man die belgische Küche jedoch nicht reduzieren. Die Seezunge aus Oostende, die Carbonade Flamande (eine Art Rindergulasch mit Gueuze-Bier zubereitet), die Waterzooi (ein Gemüseeintopf mit Hühnerfleisch oder Fisch) oder der in Butter gedünstete Chicorée als Vorspeise werden selbst Feinschmecker überzeugen.

- **Comme Chez Soi.** Der Klassiker der modernen Küche gilt als das Brüsseler Paradies der Feinschmecker. 23, Place Rouppe.
- **La Maison du Cygne.** Mit Blick auf die Grand' Place wird die klassische belgische Küche in vornehmem Ambiente serviert. 2, Rue Charles Buls.
- **De Ogenblik.** Einheimische schätzen die hervorragende Küche und die stimmungsvolle Atmosphäre der Brasserie. 1, Galerie des Princes.
- **La Taverne du Passage.** Quirliges Restaurant im Art-déco-Stil, das besonders belgische Spezialitäten wie Waterzooi anbietet. 30, Galerie de la Reine.
- **Rugbyman Nr. Two.** Populäres Fischrestaurant mit großem Umsatz und deshalb stets frischem Angebot. Nirgendwo kann man besseren Hummer oder delikatere Krabben essen. 12, Quai aux Briques.
- **Au Pain Quotidien.** Bäckerei mit dem besten Bauernbrot der Stadt und einem leckeren Frühstücksangebot. 16, Rue Antoine Dansaert.

New Siru Hotel

Im Gefängnis nächtigen?

Das geschichtsträchtigste Hotel Brüssels ist zweifellos das Hotel Amigo, wenige Schritte von der Grand' Place entfernt. Das alte Backsteingemäuer, das heute jeglichen Komfort bietet, war zu Zeiten von Herzog Alba ein gefürchtetes Gefängnis, in dem die Gegner der spanischen Herrschaft schmorten. Im Brüsseler Jargon hat sich die Erinnerung daran erhalten. »Er ist beim Amigo« bedeutet: Er sitzt im Kittchen.

- **Radisson S.A.S.** Hinter der Art-déco-Fassade des wohl teuersten Brüsseler Hotels verbirgt sich eine postmoderne Ausstattung. 47, Rue du Fossé-aux-loups. ☎ 02/2 19 28 28, Fax 02/2 19 62 62.
- **Amigo.** Heute steigt in diesem Luxushotel – ungeachtet der Redensart – Bundeskanzler Helmut Kohl bei EU-Gipfeln ab. 1-3, Rue de l'Amigo. ☎ 02/5 474747, Fax 02/5 13 52 77.
- **Astoria-Sofitel.** Das luxuriöse Hotel ist im Stil des Fin de siècle eingerichtet. 103, Rue Royale. ☎ 02/27 05 05, Fax 02/2 17 11 50.
- **Métropole.** Das Hotel aus der Belle Époque hat die vergangenen 100 Jahre weitgehend unbeschädigt überstanden und präsentiert sich in alter Pracht. 31, Place de Brouckère. ☎ 02/2 17 23 00, Fax 02/2 18 02 20.
- **New Siru.** Gegenüber den großen Traditionshotels geradezu schrill modern. Die Inhaber, das Ehepaar Hollander, beauftragten mehr als 100 belgische Künstler, das Hotel innen wie außen zeitgemäß auszustatten: Der Gast schläft sozusagen in einer Kunstgalerie. 1, Place Charles Rogier. ☎ 02/2 03 35 80, Fax 02/2 03 33 03.
- **Arlequin.** In dem billigen Hotel im »Freßviertel« Îlot Sacré steigen vor allem junge Leute ab. 17–19, Rue de la Fourche. ☎ 02/5 14 16 15, Fax 02/5 14 22 02.

Nicht nur Brüsseler Spitzen

Brüsseler Spitzen sind als Souvenir immer noch beliebt. In den Läden, die sich hinter dem Rathaus auf dem Weg zu Manneken Pis ⓬ aneinanderreihen, kann man sich damit eindecken. Doch die guten Zeiten der Brüsseler Spitzen sind seit dem Beginn unseres Jahrhunderts endgültig vorbei. Die klaren Linien der Moderne dulden keine geklöppelten Ornamente. Auf der Suche nach einem Mitbringsel gehen Brüsselkundige Besucher andere Wege, manchmal mit sehr süßem Ziel.

Zarte Versuchung

- **Flohmarkt** auf der Place du Jeu de Balle. Die Hoffnung, angesichts rostiger Wasserhähne und angeschlagenen Porzellans ein Schnäppchen zu machen, erfüllt sich auf dem fast orientalisch anmutenden Brüsseler Flohmarkt nicht immer.
- **Antiquitätenmarkt.** Die gediegenere und teurere Alternative zum Chaos des Flohmarktes. Vom Silberbesteck bis zu Originalgraphiken wird hier von Samstagvormittag bis Sonntagnachmittag alles angeboten. Place du Grand Sablon.
- **Confiserie Wittamer.** Pralinen aus Brüssel – schön verpackt sind die süßen Kunstwerke das ideale Mitbringsel. 12–13, Place du Grand Sablon.
- **Confiserie Neuhaus.** Wem nach frischem Konfekt zumute ist, der hält sich an die Trüffelchen aus feiner Gianduja-Schokolade, frischer Sahne, gerösteten Mandeln und Likören – unwiderstehlich. 25–27, Galerie de la Reine.
- **Dandoy.** In dem schönen alten Geschäft kann man eine andere belgische Spezialität kaufen: Spekulatius. Auf der Heimreise darf er getrost etwas trocken, mürbe und hart werden. 31, Rue au Beurre.
- **La Bande des Six Nez** ist eines der vielen kleinen Geschäfte, die eine große Auswahl an Comics anbieten. Brüssel gilt nicht umsonst als »Welthauptstadt der Comics«. 179, Chaussée de Warve.

Théâtre Royal de la Monnaie

Kultur am Abend

Brüssel lockt die Freunde der schönen Künste mit einem anspruchsvollen und vielseitigen Theater- und Konzertangebot. Um das Théâtre Royal de la Monnaie ❷, das bis vor kurzem noch als interessanteste Opernbühne Europas gepriesen wurde, ist es allerdings still geworden. Nachdem Gérard Mortier »die Münze« verlassen hat, wurde deutlich, was der Brüsseler Oper fehlt: ein ständiges Ensemble, das Kontinuität in der künstlerischen Arbeit garantieren könnte. An Ersatz mangelt es jedoch nicht. Wer experimentierfreudig ist, versucht es mit einem der vielen flämischen Theater in der Altstadt und an den Quais, die vor allem viel Atmosphäre bieten.

- **Théâtre Toone.** Das Marionettentheater hat ein breites Repertoire. Obgleich die Holzfiguren einen unverständlichen Brüsseler Mischdialekt sprechen, sollte man sich das Spektakel im Toone nicht entgehen lassen, zumal die wilde Handlung der Stücke meist auch ohne Text verständlich ist. 21, Petite Rue des Bouchers.
- **Théâtre National de Belgique.** Das französischsprachige Nationaltheater ist in einem wenig ansprechenden Betonbau an der Place Rogier ⓱ zu Hause. Gespielt werden vorwiegend klassische Stücke.
- **Palais des Beaux Arts.** In dem von Victor Horta in den 20er Jahren erbauten Jugendstilgebäude finden verschiedenste Konzerte statt – Klassik, Jazz, Chanson, aber auch Rock. 23, Rue Ravenstein.
- **Conservatoire Royal de Musique.** Hier stehen anspruchsvolle klassische Konzerte auf dem Programm. 30, Rue de Régence.

Hauptstadt des Bieres

Gambrinus, der sagenhafte König, der das Brauen erfand und von den Bierbrauern zum Schutzherrn erkoren wurde, stammte aus Flandern. Heute sind die Belgier Weltmeister im Biertrinken. Man konsumiert in Belgien aber nicht nur mehr, es werden auch mehr Biersorten produziert als anderswo. Im Mittelalter hatte jeder Ort sein eigenes Brauhaus und sein eigenes Bier. Immer noch brauen überall im Lande zahlreiche kleine Brauereien den Gerstensaft auf handwerkliche Weise. Die Trappisten-Mönche der Klöster Chimey, Orval und Mardesou sind für ihr obergäriges Starkbier berühmt, das bis zu zehn Prozent Alkohol enthalten kann.

Aus dem Kloster

Über die Feinheiten brabantischer Braukunst kann man sich im Arbre d'Or, einem der Gildehäuser auf der Grand' Place, informieren. Das hier eingerichtete Biermuseum zeigt, wie im 17. Jahrhundert gebraut wurde. Die letzte handwerkliche Gueuze-Brauerei Brüssels, die Brasserie Cantillon (56, Rue Gheude), kann man – allerdings nur im Winter – besichtigen. Gueuze ist eine belgische Spezialität, ein gewöhnungsbedürftiges Sauerbier auf der Grundlage von Lambic (Gerstensaft).

Der Übergang von der Theorie zur Praxis fällt in einem der Bierlokale und Kneipen rund um die Marollen ㉜ oder auf der Grand' Place leicht. Zu den originellsten Brüsseler Bierlokalen gehört neben dem Mort Subite (7, Rue Montagne aux Herbes) das Bécasse, wenige Schritte von der Börse ⓭ entfernt in der Taborastraat 11. Im Bierodrome an der Place Fernand Crocq kann man spätabends zum Bier auch Jazz live genießen.

BUDAPEST

Donaukönigin

Mit der Donau bildet Budapest die schönste Landschaft einer Stadt am Fluß, konstatierte schon der Schriftsteller Jules Romains, und jeder, der heute die ungarische Hauptstadt besucht, muß ihm recht geben. Budapest, eine der glanzvollsten Metropolen der alten Doppelmonarchie Österreich-Ungarn, hat auch zu Zeiten des Kommunismus seine Attraktivität als quirlige Großstadt zu wahren gewußt. Bald nach dem von den Sowjets blutig niedergeschlagenen Aufstand gegen die kommunistische Tyrannei im Jahre 1956 entspannte sich die Situation. Im Zuge des wirtschaftlichen Aufschwungs wandelte sich das traurige Erscheinungsbild der im Krieg stark zerstörten Stadt. Viele historische Bauten wurden wiederhergestellt, am Donaukorso entstanden große Hotels. Immer mehr Menschen zog es in die Donaumetropole. Auch aus der damaligen DDR reisten viele junge Leute hierher, um die vergleichsweise freizügige politische Atmosphäre zu genießen. 1989 geriet Budapest dann zur Drehscheibe der »Völkerwanderung« zwischen Ost und West. Nun, da Ungarn sich die Demokratie erkämpft hat, präsentieren die Budapester ihre geliebte Stadt erst recht in voller Pracht. Eine der zweifellos besten Arten, sich der Zweimillionen-Stadt zu nähern, ist eine Schiffsfahrt stromabwärts auf der Donau. Und der Besuch eines der historischen Bäder (Bild) gehört allemal dazu.

Eine junge Hauptstadt

Als Óbuda, Buda und Pest zueinanderfanden

Budapest ist jung und alt zugleich. Genaugenommen existiert es erst seit 1872. Da erhielt es seinen Namen und wurde als neue Hauptstadt Ungarns auch zur jüngsten Europas. Entwickelt aber hat sich die rasant wachsende Metropole aus der unter dem römischen Kaiser Augustus vor rund 2000 Jahren gegründeten Garnisonsstadt Aquincum, an deren Stelle im Mittelalter Óbuda (deutsch: Alt-Ofen), Buda (deutsch: Ofen) und Pest entstanden waren. Zunächst war auf dem Gebiet des späteren Óbuda ein Militärlager eingerichtet worden, bald danach entstand eine von Veteranen, Händlern und einheimischen Kelten besiedelte zivile Stadt darum herum.

Von der Militärstadt der Römer ist unter anderem das aus dem 2. Jahrhundert n. Chr. stammende Amphitheater (Amfitéatrum) in der Nagyszombat utca erhalten. Seine ovale Arena, die vor allem Gladiatorenkämpfen und Tierhatzen diente, war 131 × 107 Meter groß; der Zuschauerraum bot etlichen Tausend Personen Platz. Ein weiterer Zeitzeuge römischer Vergangenheit steht in der nahen Meggyfa utca: Die zwischen 1958 und 1967 zutage gekommene Herkules-Villa aus dem dritten nachchristlichen Jahrhundert mit einem dekorativen Mosaikfußboden, der Szenen aus dem Herkules-Mythos und der Dionysos-Sage zeigt.

Von der Zivilstadt Aquincum, die 106 n. Chr. zur Hauptstadt der römischen Provinz Pannonia Inferior ernannt und im 19. Jahrhundert zu einem Drittel ihrer ursprünglichen Größe ausgegraben worden ist, künden noch manche Fundkomplexe: ein kleineres Amphitheater, die Ruinen einst recht komfortabler Wohnhäuser mit Wasserleitung, Kanalisation und Fußbodenheizung, einige öffentliche Gebäude und Bäder. Auf dem Ausgrabungsgelände präsentiert ein archäologisches Museum an der Szentendrei út Gegenstände des römischen Alltags wie Schreibwerkzeuge, Schmuck, Münzen und – als große Rarität – eine Wasserorgel.

Das monumentale Parlament am Pester Donau-Ufer sollte das Selbstbewußtsein der Magyaren innerhalb der Donaumonarchie symbolisieren.

Ein Überbleibsel der Römerzeit befindet sich auch am sogenannten Donaukorso (Dunakorsó), der Flanierstraße aller Budapester und Touristen zwischen Elisabeth- (Erzsébet híd) und Kettenbrücke (Lánchíd) an der Pester Uferseite: Contra Aquincum (14), ein als Festung errichteter militärischer Vorposten, dessen dicke Mauerreste mit dem rekonstruierten Wachturm heute von Studenten der nahen Universität als beliebter Treffpunkt genutzt wird.

In den letzten Jahrzehnten des 19. Jahrhunderts versuchte dann das durch den Zusammenschluß der Städte Buda, Óbuda und Pest gebildete Budapest eiligst, in Konkurrenz zum 225 Kilometer entfernten Wien zu

Das Museum der Bildenden Künste birgt auch eine beachtliche Skulpturensammlung.

Die Kunsthalle: ein Tempel für die Moderne.

treten, der Residenz des österreichischen Kaisers und ungarischen Königs Franz Joseph I. Jenes Habsburgers, der den Magyaren unter dem Einfluß seiner Frau Elisabeth (Sisi) 1867 den stürmisch verlangten Ausgleich gab: Ungarn wurde – und blieb bis zum Ende des Ersten Weltkriegs – innerhalb der Doppelmonarchie Österreich-Ungarn ein selbständiger Reichsteil mit eigenem Parlament und fast eigenständiger Regierung.

Für die Umgestaltung und den kometenhaften Aufstieg der neuen Metropole kam den Budapestern die 1000-Jahr-Feier im Jahre 1896 als Impulsgeber sehr gelegen. Zum Jubiläum der Landnahme des Karpatenbeckens durch die Magyaren unter Fürst Árpád – damit begann die ungarische Geschichte – erhielt die Hauptstadt zur Kettenbrücke 10 noch vier weitere Donauübergänge aus Stein. Heutzutage verbinden sieben Brücken die beiden Ufer. Auch die nach wie vor verkehrende erste U-Bahn des Kontinents konnte in Betrieb genommen werden. Auf der Pester Seite – dem weitaus größten Teil des heutigen Budapest – entstanden anläßlich der Feierlichkeiten außerdem der Große Ring (Nagykörösi) – die über vier Kilometer lange und 45 Meter breite Budapester Hauptstraße –, der Kleine Ring (Kiskörút) und boulevardartige Verbindungsstraßen.

Eine davon, die Andrássy út, führt auf den Heldenplatz (Hösök tere) 28. Zusammen mit dem Bildhauer György Zala gelang dem Architekten Albert Schickedanz ein imposantes Platz-Ensemble im Stil des Historismus. Blickfang der Anlage ist das halbkreisförmige Milleniums-Denkmal: In der Mitte ragt eine hohe Säule in den Himmel, die den Erzengel Gabriel trägt; auf dem Sockel sind – hoch zu Roß – Fürst Árpád und die anderen sechs ungarischen Stammesfürsten aus der Zeit der Landnahme in Bronze dargestellt. Südlich des Heldenplatzes errichtete Schickedanz die neoklassizistische Kunsthalle (Mükcsarnok) 29, die zu Ungarns wichtigstem Forum für Ausstellungen zeitgenössischer Kunst geworden ist. An seiner nördlichen Flanke wurde der Platz 1906 durch das Museum der Bildenden Künste (Szépmüvészeti Múzeum) 27 ergänzt, das durch seine zahlreichen Sammlungen von Weltrang riesige Besuchermengen anzieht. Berühmt ist die Sammlung spanischer Malerei – die bedeutendste außerhalb des Madrider Prados. Hinter dem Platz legten die Stadtväter als Hauptaustragungsort der damaligen Milleniums-Feierlichkeiten das Stadtwäldchen (Városliget) an – samt Zoologischem Garten und Vergnügungspark (Vidám Park), einem künstlichen Teich und der bizarren, aus unterschiedlichsten Stilen ungarischer Repräsentativbauten komponierten Burg Vajdahunyad.

Die Kettenbrücke, 1840–49 von dem englischen Ingenieur Adam Clark errichtet, war die erste feste Donaubrücke der ungarischen Hauptstadt.

Zum Symbol eines überschwenglichen Nationalbewußtseins geriet das zwischen 1884 und 1902 nach Plänen von Imre Steindl erbaute Parlamentsgebäude (Országház) 8 am linken Donau-Ufer. 268 Meter lang und bis zu 118 Meter breit, mit einer 96 Meter hohen Kuppel und symmetrisch angeordneten Türmen, präsentiert sich eines der größten Abgeordnetenhäuser des Kontinents als Stilgemisch aus ungarischem Mittelalter, französischer Renaissance, Westminster-Gotik plus einem Hauch Orient. Es umfaßt 691 Räume und beherbergt heute die Amtszimmer des Präsidial- und Ministerrats sowie Verhandlungs- und Empfangssäle. Im großen Saal des Südflügels tagt das Parlament.

Magyarenlegende in Stein: Das Milleniums-Denkmal auf dem Heldenplatz vereint die großen Gestalten der ungarischen Geschichte.

Der Berg der Könige

Burg, Matthiaskirche und Fischerbastei

Von der Pester Seite aus gesehen, wirkt der Burgberg (Várhegy) von Buda geradezu imposant. In Wirklichkeit ist er nur ein etwa 60 Meter hoher Hügel. Auf dem langgezogenen schmalen Plateau drängen sich zu beiden Seiten der holprigen Straßen mittelalterliche, barocke, klassizistische und Biedermeier-Häuser, die sich Adelige und wohlhabende Bürger – Deutsche und Ungarn, Katholiken, Protestanten und Juden – erbauen ließen. Jedes zweite Gebäude trägt eine Tafel, die es als müemlék, als Denkmal, ausweist. Dabei sind die Mauern fast aller buntgestrichenen, unterschiedlich verzierten Häuser in der malerischen Fortunagasse (Fortuna utca) und der Herrengasse (Úri utca) vorwiegend neueren Datums. Selbst an der Liebfrauenkirche, die allgemein Matthiaskirche (Mátyás templom) genannt wird, stammt nahezu kein Stein aus der Zeit ihrer Erbauung. Gleiches gilt von dem zuletzt unter dem österreichischen Kaiser und ungarischen König Franz Joseph I. umgestalteten und erweiterten Burgpalast (Várpalota) ❶ sowie der neoromanischen Fischerbastei (Halászbástya) ❹.

Majestätisch thront der Burgpalast auf dem südlichen Teil des Burgbergs über der Donau mit der Kettenbrücke. 1903 in dieser Form vollendet, beherbergt der Bau u. a. die Ungarische Nationalgalerie und das Historische Museum der Stadt.

Als die Rote Armee im Februar 1945 nach mehrmonatiger Belagerung den von der deutschen Wehrmacht verteidigten Burgberg einnahm, gab es dort kein einziges unversehrtes Gebäude mehr. Der Wiederaufbau dauerte Jahrzehnte. Entgegen dem Wunsch mancher Kunsthistoriker, die die Vergangenheit vergangen sein lassen wollten, rekonstruierte man die Bauwerke getreu nach alten Plänen. Nur den Burgpalast versah man mit einer barocken Fassade und einer Kuppel, wie sie nie zuvor existiert haben. Heute sind in dem Palast verschiedene Museen untergebracht.

Das Gute an den Generalreparaturen waren die damit Hand in Hand gehenden archäologischen Untersuchungen. So kamen beispielsweise bei den Grabungen auf dem Gelände des Burgpalastes die Überreste der im Auftrag von Sigismund I. erbauten gotischen Burg zum Vorschein. Obgleich dieser ungarische König 1410 erst römisch-deutscher König und 1433 sogar Kaiser wurde, bevorzugte er nicht wie seine Vorgänger das etwa 40 Kilometer entfernte Visegrád (Plintenburg) oder das weitere 20 Kilometer ferne Esztergom (Gran) als Residenz: Ihn zog es nach Buda. Der 1458 vom Adel zum König gewählte Matthias I. Corvinus aus dem kriegerischen Geschlecht der Hunyadi ließ den Palast vergrößern und die Innenräume mit Renaissance-Elementen schmücken. Buda, Visegrád und Esztergom machte er zu vielgepriesenen Fürstensitzen, an die er durch seine Verbindung mit Lorenzo Medici in Florenz vor allem italienische Künstler berief.

Nachdem 1526 in der Schlacht von Mohács das ungarische Heer besiegt

Die ältesten Häuser des Burgviertels – im nördlichen Teil des Burghügels – stammen noch aus dem Mittelalter.

Aussichtsterrasse im Märchenschloß-Stil: Von der Fischerbastei aus genießt man einen herrlichen Blick auf Pest und das hügelige Hinterland.

und König Ludwig II. gefallen war, besetzten die Türken zweimal – in jenem Jahr sowie 1541 – die Burg. Damit begann für 145 Jahre die Herrschaft der Osmanen über den gesamten mittleren Teil Ungarns. Die Burg wurde dem Verfall preisgegeben – und wer nicht floh, verarmte. Den Habsburgern, denen Ungarn durch Erbvertrag zugefallen war, verblieb nur der Westen und Nordwesten des Landes. Die Burg und die in Trümmern liegenden Siedlungen Buda, Óbuda und Pest konnten sie erst 1686 zurückerobern. Da die drei Orte nahezu entvölkert waren, holten sie, wie schon der Arpadenkönig Béla IV. nach dem Mongolensturm von 1241/42, deutsche und österreichische Siedler. Der Wiederaufbau ging langsam voran. An dem Status von Preßburg (ungarisch Pozsany und heute slowakisch Bratislava) als ungarischer Haupt- und Königsstadt änderte sich vorläufig nichts.

Nach dem Zusammenschluß von Óbuda, Buda und Pest zu Budapest begann die Neugestaltung der Burg, des Burgviertels und der Matthiaskirche ❸. In dem im 13. Jahrhundert für die deutsche Bürgerschaft im gotischen Stil erbauten Gotteshaus wurde im Jahre 1867 der Habsburgerkaiser Franz Joseph I. zum König von Ungarn gekrönt. Seiner von den Magyaren Erzsébet genannten Gemahlin Elisabeth (Sisi) wurde die Stephanskrone lediglich über die Schulter gehalten. Dessenungeachtet liebten die Budapester sie enthusiastisch und verehrten sie nach ihrer Ermordung wie eine Heilige. Eine wichtige Brücke über die Donau wurde nach ihr benannt: Erzsébet hid ⓰.

Vor der reich ornamentierten Kirche mit dem 80 Meter hohen Matthias- und dem kleineren Béla-Turm stehen eine Dreifaltigkeitssäule und – an ihrer Südfront – das bronzene Reiterstandbild des hl. Stephan. Der Enkel des Fürsten Árpád, im Jahre 1001 zum ersten König von Ungarn gekrönt, war es, der die seßhaft gewordenen Magyaren christianisierte. An der Ecke der Dreifaltigkeitsstraße

In der Türkenzeit war die Matthiaskirche zur Moschee umfunktioniert worden. Ihr Inneres wurde im 19. Jahrhundert im spätgotischen Stil neu gestaltet.

(Szentháromság utca) zum Dreifaltigkeitsplatz fällt ein barockes Gebäude mit Uhrturm auf: das Alte Rathaus ❷ von Buda. Es erinnert an die Zeit, da sich Buda – nach der Vertreibung der Türken – zu einer Beamtenstadt österreichischer Couleur entwickelte.

Am östlichen Ende des Burgbezirks aber befindet sich das Wahrzeichen der Stadt, jenes Bauwerk, zu dem die meisten Budapest-Besucher strömen: die um die Jahrhundertwende errichtete Fischerbastei (Halászbástya) ❹. Auf den ersten Blick meint man eine Wehranlage zu erklimmen, aber oben angelangt, zeigt sie sich als gewaltig große Aussichtsterrasse aus weißem Sandstein, geradezu ideal, um an heiteren Tagen die Sonne über Budapest zu genießen. Von hier aus hat man den schönsten Blick auf das Parlament ❽, die Kettenbrücke ❿, den Donaukorso und die Innerstädtische Pfarrkirche (Belvárosi Plébániatemplom) ⓯. Der Name Fischerbastei rührt von den Fischern her, die während der Türkenkriege die einst vorhandene Stadtmauer an dieser Stelle zu verteidigen hatten.

Römisch-türkisches Badevergnügen

Budapest und seine Thermen

Das Király ist eines der ältesten türkischen Bäder der Stadt. Sein kuppelüberwölbtes achteckiges Becken wird von acht Blendbogen umsäumt.

Budapest ist die einzige Großstadt der Welt, aus deren Grund mehr als 100 Thermalquellen und Brunnen sprudeln und die mit fast 50 Bädern aufwarten kann. Täglich fließen aus den Quellen 50 Millionen Liter Wasser mit einer Temperatur von 20 bis 76 °C in die öffentlichen Bäder der Stadt. Um die heilende Wirkung des Wassers wußten schon die alten Römer. Von den Thermenanlagen, in denen sie ihr Rheuma mit Hilfe des Wassers und mit Schlammbädern zu kurieren suchten, zeugen archäologische Funde in Óbuda. Freigelegte Altarsteine im Norden der Margareteninsel (Margitsziget) 7 in der Donau künden von einem für die Nymphen des Heilwassers errichteten Heiligtum.

Die Blütezeit der Badekultur fällt allerdings in die 145 Jahre, die auf die Eroberung Budapests durch die Osmanen im Jahre 1541 folgten. Nach der Rückeroberung des Landes durch die christlichen Streitmächte 1686 ließen die Türken mehrere intakte Bäder in der verödeten Stadt zurück. Drei davon sind heute noch in Betrieb: Das eine ist das auch Königsbad genannte Király-Bad (Király fürdö) in der Fö utca unterhalb des Burgberges. Den Bau des Bades begann 1565 Arslan Pascha, der aber nicht mehr dazukam, sich in dem von drei kleinen Bassins flankierten Becken, dem als Ilidse bezeichneten Ritualbad, zu vergnügen. Er fiel in Ungnade und mußte sich mit einer vom Sultan übersandten Seidenschnur erdrosseln lassen. 1570 ließ Pascha Sokoli Mustafa das von vier Kuppeln bekrönte Bauwerk fertigstellen. Ende des 18. Jahrhunderts gelangte eine Familie König, die später ihren Familiennamen magyarisierte und sich Király nannte, in den Besitz des Bades. Sie fügte dem türkischen Originalbau ein klassizistisches Gast- und Kurhaus zu.

Am Fuße des 235 Meter hohen, steil zur Donau abfallenden Gellértberges mit dem in den Nachtstunden angestrahlten Denkmal des hl. Gellért (Gerhardus) 17, stehen unweit der Elisabethbrücke zwei türkische Bäder. Es handelt sich um das mit einem wunderschönen Kuppelsaal ausgestattete Raitzen-Bad (Rác fürdö) und das Rudas-Bad (Rudas fürdö). Sie gehen eigentlich auf römische Badehäuser zurück, sind aber etwas früher als das Király-Bad – 1566 – vollkommen umgebaut worden. Die Türken sollen das Rudas-Bad als »Grünes Säulenbad« bezeichnet haben. Es umfaßt ein ungefähr 100 Quadratmeter großes achteckiges Hauptbecken, das von neun

Heilwasser

Warum ist eigentlich das Heilwasser, wenn es noch dazu ein Thermalwasser ist, so gesund? Zwei Komponenten spielen eine Rolle: einmal ist es die physikalische, d. h. Temperatur, Strömung und Auftriebskraft, die z. B. bei Erkrankungen des Bewegungsapparates Linderung erzielt. Zum anderen ist es die chemische Komponente, welche Heilung bei den verschiedensten organischen Erkrankungen garantiert. Nimmt die menschliche Haut während des Badens nützliche Mineralien auf, gibt der Organismus auch verschiedene Stoffe in entschlackender Weise an das Wasser ab. Beim Baden atmet man dann zusätzlich die im Dampf gelösten Bestandteile ein. Eine rundum gesunde Sache also.

So gewaltig das Széchenyi-Bad insgesamt wirkt, so liebevoll gestaltet präsentiert es sich in den Details.

In herrlichem Jugendstil prangt die Schwimmhalle des Hotels Gellért – zwischen den beiden Weltkriegen Tummelplatz von Millionären aus aller Welt.

Bogensäulen eingerahmt wird und mit einer Wassertemperatur von 36 °C für angenehmes Wohlgefühl sorgt. Die kleineren Bassins warten mit Temperaturen zwischen 16 °C und 42 °C auf. Außerdem gibt es eine Dampfkammer mit kamilledurchtränktem Dunst sowie Räume für die verschiedenen Heilbehandlungen und Massagen. Die Nutzung des Thermalbads ist ausschließlich den männlichen Gästen vorbehalten. Frauen und Mädchen dürfen das angegliederte Hallenschwimmbad besuchen. Gespeist werden das Rudas- und das kleinere Raitzen-Bad von Thermalquellen, die aus dem Gellértberg fließen.

Auch das Gellért-Bad (Gellért fürdö) 19 im 1918 eröffneten Hotel Gellért bezieht sein Heilwasser aus diesen Quellen. Erbaut sind Hotel und Bad im Jugendstil, der etwas später als in anderen Städten den pathetischen Historismus der Gründerzeit verdrängt hat. Er präsentiert sich in der ungarischen Metropole, wo er Sezessionsstil genannt wird, als ein hinreißendes Spiel mit osmanischen und anderen orientalischen Motiven in leuchtenden Farben, wofür gerne bunte Ziegel und Kacheln verwendet wurden. Das Gellért-Bad, das in den 20er und 30er Jahren unseres Jahrhunderts bei der internationalen High-Society ungemein beliebt war, präsentiert sich mit seinem farbigen Fliesenboden, den reich verzierten Wänden und seinen Säulen unter tonnengewölbtem Glasdach wie ein Traum aus Tausendundeiner Nacht. Es gibt streng für Männer und Frauen getrennte Heil-, Sprudel- und Wannenbäder sowie ein für beide Geschlechter zugängliches Hallenbad. Das Wellenbad im Freien ist nur sommers geöffnet.

Wird das Gellért-Bad ebenso wie die beiden über ein gemeinsames Heilbad verfügenden Komforthotels auf der Margareteninsel – Hotel Therme und Grand Hotel Ramada – hauptsächlich von ausländischen Gästen frequentiert, ziehen die Budapester das Lukács-Bad (Lukács fürdö) an der Margaretenbrücke und das Széchenyi-Bad (Széchenyi fürdö) 32 im Stadtwäldchen vor. Das Lukács-Bad erhält sein Wasser aus Quellen des Rosenhügels (Roszadomb), das besonders heilkräftig sein soll. Zumindest geht das aus den an der Wand des Innenhofes angebrachten Marmortäfelchen hervor, auf denen in vielen Sprachen Dank für Heilung ausgesprochen wird. Das Széchenyi-Bad, ein neobarockes Gebäude in unmittelbarer Nähe des Zirkus', nutzt das aus einer 1256 Meter tiefen und 76 °C heißen Thermalquelle sprudelnde Wasser für Thermal-, Dampf- und Wannenbäder.

Das Rudas mit seinen bis ans Bassin reichenden Bogensäulen gilt unter Kennern als das schönste türkische Bad der Stadt.

Paprika im Blut

Wahrheiten und Unwahrheiten über ungarische Spezialitäten

Budapests Märkte bieten, was typisch ist und für die ungarische Küche benötigt wird – nicht nur Paprikaschoten, Tomaten, Zwiebeln und Knoblauch.

Wer den Namen Budapest hört, bringt die Stadt an der Donau sofort mit Csárdás, Gulasch, Paprika und Tokajer in Verbindung. Dabei liegt er gar nicht so falsch, obgleich diese Vorstellung aus einer Reduktion der Wirklichkeit, um nicht zu sagen dem Klischee aus Operette, Film und Werbung resultiert.

Um eine wirklich unwahre Geschichte handelt es sich jedoch, wenn erzählt wird, Urvater Árpád habe auf seinem Ritt von Ost nach West den Paprika mitgebracht. Wahr ist vielmehr, daß seine Nachfahren den Paprika erst im 16. Jahrhundert kennengelernt haben. Da kam die Paprikaschote, Frucht eines Nachtschattengewächses, über mehrere Stationen aus Zentralamerika nach Europa. Ungarn wurde damals gerade von den Türken beherrscht, die diese Pflanze zunächst nur für ihren eigenen Bedarf anbauten. Das Mahlen der getrockneten Paprikaschoten erfanden dann vielleicht tatsächlich die Magyaren.

In ungarischen Kochbüchern wird der feurigrote Paprika jedenfalls erst im 19. Jahrhundert erwähnt. Heute bietet der Handel Gewürzpaprika in den Geschmacksrichtungen mild, edelsüß und halbsüß sowie scharf an. Verwendung in der einheimischen Küche finden außer diesen Sorten auch die grünen, roten und gelben Gemüse-Paprikaschoten und etwa ebenso häufig Tomaten und saure Sahne (tejföl) – und zwar als elementarer Bestandteil der meisten Fisch- und Fleischgerichte. So ist es auch bei Gulyas. Allerdings entspricht ein Gulyas nicht dem in vielen Ländern angebotenen Gulasch. Wer letzteres bestellt, erhält unweigerlich ein Suppengericht, bei dem viel Gemüse, in Würfel geschnittene Kartoffeln und gezupfte Nockerln mitgekocht werden. Was man außerhalb des Landes unter einem Gulasch versteht, kennt man in Budapest als Pörkölt. Wird das Pörkölt aus weißem Fleisch und unter Zugabe von saurem Rahm und mit weniger Zwiebeln zubereitet, ist es ein Paprikasch.

Eine besondere Köstlichkeit unter Ungarns Süßspeisen sind die Gundel-

Im Gerbeaud, im Herzen von Pest am Vörösmarty tér gelegen, spürt man sie noch, die ganz eigene Atmosphäre der traditionsreichen k.u.k. Kaffeehäuser.

Einst Treffpunkt des literarischen Budapest: In einmaligem Fin-de-siècle-Dekor präsentiert sich das Café New York.

Palatschinken (Gundel palacsinta), eine Kreation des Gastronomen Károly Gundel, der zu Budapest gehört wie der Hotelier Sacher zu Wien. Auch wenn Gundel 1956 gestorben ist: In der Állatkerti körút 2 im Stadtwäldchen gibt es immer noch ein Luxusrestaurant, das seinen Namen trägt. Die mit Nuß-Rosinen-Creme gefüllten und von Schokoladensoße ummantelten und mit Rum flambierten Palatschinken sind Allgemeingut der ungarischen Küche geworden.

Nicht unbedingt wahr ist auch, daß die Budapester am liebsten den weißen Tokajer, den Wein der Könige und König unter den Weinen, trinken. Wie die alten Römer halten sie sich, sofern sie nicht überhaupt Bier bevorzugen, mehr an die im Ausland weniger populären Weißweine vom Plattensee (Balaton) oder den herben Rotwein Egri Bikavér (Erlauer Stierblut).

Und obwohl Budapest keineswegs mehr wie zur Jahrhundertwende eine Kaffeehausstadt nach Wiener Vorbild ist, trinkt man nicht nur nach dem Essen Kaffee. Man trinkt ihn – meist schwarz und süß – zu jeder Tageszeit in kleinen Espressos oder Café-Konditoreien, von denen es etwa 600 in der Stadt gibt. Als Relikt des Fin de siècle hat sich das in Goldstuck prunkende Café New York (25) in der Erzébet körút 9 in unsere Zeit gerettet. Nur – Treffpunkt von Stückeschreibern, Bildhauern, Malern und Journalisten, ein Ort, wo einst ganze Zeitungsartikel entstanden und Ferenc (Franz) Molnár Teile seines »Liliom« schrieb, ist es heute nicht mehr. Im daran anschließenden Restaurant spielt eine Zigeunerkapelle vorwiegend für Fremde. Zahlreiche der großen Hotels haben aber in der Zwischenzeit auch Kaffeehäuser eingerichtet, die den alten Wiener Cafés nachempfunden sind.

Als unzutreffend herausgestellt hat sich überdies die Behauptung, daß der Csárdás die Musik der Zigeuner sei. Wahr ist entsprechend den Forschungsergebnissen des ungarischen Komponisten Béla Bartok, daß die Wurzeln des Csárdás mit seiner punktierten Rhythmik, der weit ausholenden melodischen Linie und der Gliederung in »langsam«, »schnell« und »noch schneller«, im dunkeln liegen. Nachweisbar sind dagegen uralte magyarische und slawische Elemente sowie italienische Einflüsse. Nachweisbar ist auch die Herkunft des Namens: Er geht zurück auf das Wort Csárda, das soviel wie Gasthaus bedeutet. Die um 1416 eingewanderten Zigeuner – denen die Musik ursprünglich zugeschrieben wurde – wurden lediglich vom ersten Tag an zu Musikanten des ungarischen Volkes, die dessen Lieder in ihr Repertoire aufnahmen. Wie sie ohne Noten ihre Violinen, Baßgeigen, Flöten und Zimbals erklingen lassen, hängt allein von der Interpretation des auf der ersten Geige aufspielenden Primas ab. Daß die traditionelle Tracht der Bande, wie eine Zigeunerkapelle offiziell heißt, aus schwarzem Anzug und weißem Hemd besteht, weiß jeder Ungar. Die verschnürten roten und blauen Westen, in die manche Manager die Musikanten zwängen, sind bloß Konzessionen an das Publikum – das eben auch in Budapest sehen möchte, was ihm aus ungarischen Operetten à la »Csárdásfürstin« vertraut erscheint.

Zigeunerkapellen spielen in vielen Restaurants zum Essen auf – auch im eleganten, mit ungarischen Motiven ausgemalten Kárpatia.

Einen Hauch von Pußta sollen die allgegenwärtigen Folkloreshows vermitteln. Manchmal gelingt das sogar.

Auf einen Blick

Budapest entdecken und erleben

Ruinenfeld und Archäologisches Museum von Aquincum bezeugen das hohe künstlerische und zivilisatorische Niveau der einstigen römischen Bürgerstadt.

Um Budapest (über zwei Millionen Einwohner) zu erkunden, sollte man das Auto unbedingt abstellen (und nichts von Wert drin lassen) und sich mit öffentlichen Verkehrsmitteln, deren Netz hervorragend ausgebaut ist, auf den Weg machen. Stadtrundfahrten und Ausflüge können in IBUSZ-Reisebüros und Hotels gebucht werden. Empfehlenswert ist auch eine Donauschiffahrt mit Spaziergang auf der durch ihre Parkanlagen und Freizeiteinrichtungen beliebten Margareteninsel. Karten sind an der Schiffsanlegestelle (6, Vigadó tér), in Hotels und Reisebüros erhältlich.

1. Burgpalast
2. Altes Rathaus
3. Matthiaskirche
4. Fischerbastei
5. Hotel Hilton
6. St.-Anna-Kirche
7. Margareteninsel
8. Parlament
9. Ungarische Akademie der Wissenschaften
10. Kettenbrücke
11. Redoute
12. Vörösmárty-Platz mit Vörösmárty-Denkmal
13. Váci utca (Einkaufsstraße)
14. Contra Aquincum
15. Innerstädtische Pfarrkirche
16. Elisabeth-Brücke
17. Denkmal des hl. Gellért
18. Zitadelle mit Befreiungsdenkmal
19. Gellért-Bad
20. Ungarisches Nationalmuseum
21. Große Synagoge
22. Hauptstädtisches Rathaus
23. St.-Stephans-Pfarrkirche
24. Oper
25. Café New York
26. Erkel-Theater
27. Museum der Bildenden Künste
28. Heldenplatz
29. Kunsthalle
30. Burg Vajdahunyad
31. Anonymus-Denkmal
32. Széchenyi-Bad

Das am Donauufer gelegene neugotische Parlament mit der orientalisch anmutenden Kuppel ist riesig: 268 Meter lang und 96 Meter hoch.

Die barocke St.-Anna-Kirche zählt zu den bedeutendsten Bauten Ungarns aus dem 18. Jahrhundert. Ungewöhnlich für die Region ist der ovale Grundriß der Kirche.

Die Matthiaskirche, Krönungskirche der ungarischen Könige, ist eines der Budapester Wahrzeichen. Der große Turm wurde 1470 unter König Matthias Corvinus erbaut.

Der Burgpalast beherbergt heute Museen, Galerien und eine Bibliothek. Die Ungarische Nationalgalerie (Bild) dokumentiert die Kunstgeschichte des Landes.

Die Kettenbrücke verbindet Buda und Pest. Die abendliche Beleuchtung der dicht mit Lampen bestückten Hängebrücke ist sehenswert.

Die St.-Stephans-Pfarrkirche aus dem 19. Jahrhundert, allgemein Basilika genannt, ist die größte Kirche der Stadt. Im Kirchenschatz: die einbalsamierte rechte Hand von König Stephan I.

Im Museum der Bildenden Künste findet man außer einer Ägyptischen und Antiken Abteilung eine sehenswerte Galerie Alter Meister – und vieles mehr.

Das Széchenyi-Bad ist eines der größten Heil- und Freibäder Europas. Errichtet wurde es in zwei Etappen (1909/13 bzw. 1927) und zwei Stilen.

Die Fassade der Ungarischen Staatsoper ist mit zahlreichen Statuen von Musen und Komponisten geschmückt. Innen wie außen bietet der Bau einen festlichen Rahmen für die erstklassigen Vorstellungen.

Das in der Sütő utca 2 unweit der großen Hotels am Donaukorso gelegene Tourinform-Büro (☎ 01/117 98 00) ist eine große Hilfe für Ausländer. Man erhält dort alle notwendigen Informationen und Broschüren auch in deutsch. Für die Benutzung der öffentlichen Verkehrsmittel wie Straßenbahn, Trolleybus, U-Bahn und Vorortbahn (HÉV) gibt es Einheitspreise, und es empfiehlt sich immer ein Tages- oder Dreitagesticket. In das Budaer Bergland westlich der Stadt fahren mehrere Autobuslinien vom Moszkva tér ab.

Die Stephanskrone und die anderen kostbaren Krönungsinsignien sind im Prunksaal des Ungarischen Nationalmuseums zu sehen. Karl IV. wurde 1916 als letzter ungarischer König damit gekrönt.

Was – wann – wo?

Traditionsrestaurant

Reichhaltig und gut gewürzt

Restaurants findet man in Budapest auf Schritt und Tritt, die Qualität in den billigen Lokalen läßt allerdings oft zu wünschen übrig. Das Essen ist nicht selten fett, das Gemüse wird in einer Mehlschwitze zubereitet – daran muß man sich erst gewöhnen. Das bekannteste ungarische Gericht, der Gulasch, ist eigentlich ein Eintopf, natürlich gewürzt mit Paprika. Empfehlenswert sind Spezialitäten wie die Fischsuppe (Halászlé), die Gänsestopfleber in Schmalz (Libamáj zsirjaban), der Gundel-Palatschinken und als Nachspeise Nockerln auf Somlauer Art (Somlói galuska).

- **Légrádi** ist ein Abendrestaurant der Spitzenklasse. Magyar utca 23.
- **Kalocsa.** Ausgezeichnete ungarische und internationale Küche im Budapest Hilton. Abends gibt's hier Zigeunermusik. Hess András tér 1–3.
- **Gundel** lebt heute mehr vom guten Ruf aus der Vergangenheit. Nicht gelitten hat das Ambiente. Állatkerti út 2.
- **Monarchia.** Unter neuer Geschäftsführung ist das Restaurant auf dem Weg zum Gourmet-Tempel. Virányos út 4.
- **Mátyás Pince.** Das Lokal ist wegen seiner ungarischen Küche besonders bei Reisegruppen beliebt. Während des Essens wird Zigeunermusik gespielt. Március 15 tér 7.
- **Sípos Halászkert.** In diesem bekannten Fischrestaurant sollte man die Fischsuppe nicht auslassen. Fő tér 6.
- **Les amis Étterem.** Kleines Lokal am Fuß des Rosenhügels. Vorherige Reservierung empfohlen. Cukor utca 3.

Kaffeehäuser

Eine genaue Trennung zwischen den Institutionen Kaffeehaus, Espresso und Konditorei gibt es eigentlich nicht. Überall erhält man guten Kaffee (kávé), jede Menge Kuchen, Torten, Gebäck, Kastanienpüree, im Sommer Eis, Erfrischungsgetränke, Likör, gelegentlich auch Sandwiches, Schmalzbrote mit Zwiebeln sowie Toastbrote mit Knoblauch. Also einfach »reinschmecken«…

- **Café Gerbeaud.** Die berühmte Traditionskonditorei besteht seit 1888. Im Sommer lockt die Terrasse. Vőrösmarty tér 7.
- **Café New York** ㉕. Besitzt immer noch das Flair der Jahrhundertwende, als es Treffpunkt von Journalisten, Schriftstellern und Schauspielern war. Erzsébet körút 9-11.
- **Angelika Cukrászda.** Gemütliche Konditorei im Pfarrhaus von St. Anna. Batthyány tér 7.

Kaffeehaus

- **Pierrot Café.** Kleines Café im Burgviertel mit vielen Kaffee-Spezialitäten und leckeren Cocktails. Abends gibt es Live-Pianomusik. Fortuna utca 14.
- **Ruszwurm.** Traditionsreiche Konditorei, die zumeist überlaufen ist. Spezialität ist die Linzer Torte. Szentháromság utca 7.
- **Wiener Café** im Hotel Forum. Eine der besten Café-Konditoreien mit reichem Angebot an süßen Leckereien und verschiedenen Kaffeesorten. Apáczai Csere János utca 12–14.
- **Zsolnay Cukrászda.** In elegantem Ambiente aus der Zeit des Fin de siècle kann man sich die Köstlichkeiten des Hauses schmecken lassen. Teréz körút 97.

Kempinski

Eine gute Nacht…

Weit über 20 000 Hotelbetten stehen zur Zeit für Budapest-Besucher bereit, das riesige Angebot bietet für jeden Geldbeutel etwas. Da aber der Tourismus – zumal während der Sommermonate – boomt, empfiehlt es sich, rechtzeitig zu reservieren.

- **Hilton** ❺. Gilt vielen als vornehmstes aller Budapester Hotels. Alte und moderne Architektur sind hier harmonisch verbunden, die Reste des einbezogenen gotischen Dominikanerklosters können besichtigt werden. Hess András tér 1–3. ☎ 01/2 14 30 00, Fax 01/2 14 22 81.
- **Kempinski Hotel Corvinus.** Jüngste Fünf-Sterne-Herberge mit Gesellschafts- und Tagungsräumen. Erzsébet tér 7–8. ☎ 01/2 66 10 00, Fax 01/2 66 20 00.
- **Atrium Hyatt.** Modernes Hotel mit einem als Hängegarten gestalteten Innenhof. Roosevelt tér 2. ☎ 01/2 66 12 34, Fax 01/2 66 91 01.
- **Thermal Hotel Margitsziget.** Modernes Komfort-Kurhotel auf der Margareteninsel. Margitsziget. ☎ 01/3 11 10 00, Fax 01/2 69 45 87.
- **Gellért.** Jugendstil-Hotel mit Kurbetrieb und einer ausgezeichneten Küche. Szent Gellért tér 1. ☎ 01/1 85 22 00, Fax 01/1 66 66 31.
- **Radisson Béke.** Das zentral gelegene Hotel im Jugendstil bietet hervorragenden Service und ein Spielkasino im Haus. Teréz körút 43. ☎ 01/3 01 16 00, Fax 01/3 01 16 15.
- **Danubius Grand Hotel** ist mit dem danebenliegenden Thermalhotel durch einen Tunnel verbunden. Margitsziget. ☎ 01/3 11 10 00, Fax 01/1 53 30 29.
- **Erzsébet.** Beliebtes Familienhotel mit gutem Restaurant. Károlyi Mihály utca 11–15. ☎ 01/1 38 21 11, Fax 01/1 18 92 37.
- **Taverna.** Preisgünstiges Hotel in der Pester Fußgängerzone. Váci utca 20. ☎ 01/1 38 49 99, Fax 01/1 18 71 88.

Geschichte und Weltkunst

Zahlreiche Galerien und mehr als 40 Museen, die teilweise internationales Niveau haben, erwarten den Besucher. Die wechselvolle Geschichte des Landes wird hier greifbar, und die europäische Kunst kommt ebenfalls nicht zu kurz. Ein Tip: Samstags wird zumeist kein Eintritt verlangt.

- **Ungarisches Nationalmuseum** (Magyar Nemzeti Múzeum) (20) in einem wunderschönen klassizistischen Gebäude. Es dokumentiert die Geschichte der Ungarn von der Landnahme bis 1849. Hier sind auch die Kroninsignien Ungarns ausgestellt. Múzeum körút 14–16.

Kunsthalle

- **Ludwig Museum/Museum zeitgenössischer Kunst** (Ludwig Múzeum/Kortárs Müvészeti Múzeum). Grundstock des neugegründeten Museums, das internationale und ungarische Kunst der letzten 30 Jahre vorstellt, sind 160 Kunstwerke der Stiftung Ludwig. Szent György tér 2.
- **Ungarische Nationalgalerie** (Magyar Nemzeti Galéria). Ungarische Kunst vom Mittelalter bis ins 20. Jahrhundert. Hervorragend sind die Tafelbilder des 14. und 15. Jahrhunderts. Flügel B, C, D des Burgpalastes (1).
- **Museum der Bildenden Künste** (Szépművészeti Múzeum) (27). Sowohl die graphische Sammlung als auch die Galerie Alter Meister mit der »Esterházy-Madonna« von Raffael und Werken zahlreicher spanischer Künstler verdienen den Besuch. Hősök tere (am Heldenplatz (28) im Stadtpark).
- **Kunsthalle** (Műcsarnok) (29). Von Albert Schickedanz gestaltetes Gebäude, das als wichtigster Ort für Wechselausstellungen zeitgenössischer Kunst in Ungarn gilt. Hősök tere (am Heldenplatz).

Schloß Zichy

Fest für Augen und Ohren

Immer gut besucht sind die beiden Opernhäuser und das Operettentheater. Im Sommer werden Operetten und Konzerte auch im Freien – in der Parkanlage am Feneketlen tó (Grundloser See), auf der Margareteninsel und im Hof des Schlosses Zichy – gegeben. Seit einigen Jahren nützt man das Budapester Népstadion ebenfalls für Musikveranstaltungen. Die Konzert- und Opernaufführungen sind im allgemeinen sehr anspruchsvoll, die Operetteninszenierungen wirken dagegen eher provinziell.

- **Staatsoper** (Magyar Állami Operaház) (24). Das prachtvolle Rang- und Logentheater besitzt 1500 Sitzplätze, die zu einem großen Prozentsatz an Abonnenten vergeben sind. Die erstklassigen Aufführungen in diesem einmaligen Ambiente lohnen den Besuch. Andrássy út 22.
- **Erkel-Theater** (Erkel Színház) (26). In diesem nach dem Komponisten der ungarischen Nationalhymne und der Nationaloper »Hunyadi Laszlo« benannten Opernhaus mit 3000 Sitzplätzen werden Konzerte und Ballettabende gegeben. Köztársaság tér 30.
- **Operettentheater** (Fővárosi Operettszínház). Emmerich Kálmans »Die Csárdásfürstin« und »Gräfin Mariza« sowie Franz Lehárs »Die lustige Witwe« und »Das Land des Lächelns« gehören zum ständigen Repertoire. Nagymező utca 17.
- **Pester Redoute** (Vigadó) (11). 1865 von Franz Liszt und Johannes Brahms eröffnetes Konzerthaus, das 1945 schwer beschädigt und erst 1980 wiedereröffnet wurde. Der Große Saal kann für Bälle gemietet werden. Vigadó tér 2.
- **Konzertsaal der Budapester Musikakademie** (Zenemüvészeti Föiskola). Heimstätte großer Dirigenten und Instrumentalisten und bekannt für seine hervorragende Akustik. Liszt Ferenc tér 8.

Volkskunst und Mode

Das Einkaufsangebot ist reichhaltig und die Qualität recht gut. Vor allem in der Váci utca (13) und ihren Nebengassen gibt es Geschäfte, die neben modischer Kleidung heimischer Provenienz auch aus Österreich importierte Waren zu günstigen Preisen anbieten. Die Läden auf dem Großen Ring und in der Rákóczi út sind auf Billigwaren spezialisiert. Noch immer etwas niedriger als in Deutschland oder Österreich sind die Preise für das berühmte Herend-Porzellan. Als Mitbringsel eignen sich der barackpalinka (Aprikosenschnaps) und seine stärkere Variante, der óbarack (alter Aprikosenschnaps), Schallplatten und CDs sowie Volkskunst.

Folklore: allseits beliebt

- **Népmüvészeti es Háziipari Szövetkezet.** Größtes Kaufhaus für Volkskunst aller Art: bäuerliche Keramik, Schnitzereien und Matyo-Stickereien auf Blusen, Röcken, Kleidern und Taschen. Váci utca 14.
- **Herend.** In den Geschäften für Herend-Porzellan findet man Kunstobjekte, Vasen und Tafelservice in Neuauflage altbewährter Entwürfe und mit zeitgenössischen Mustern. József nádor tér 11, Kigyó utca 6 und in den großen Hotels.
- **Clara-Liska.** Modische Damenbekleidung höchster Qualität. Váci utca 12.
- **Griff.** Elegante Mode für den eleganten Herrn. Haris köz 1.
- **Labirintus.** Unterirdisches Einkaufszentrum mit über 20 Boutiquen – wer hier nichts Passendes findet, ist selber schuld. Váci utca 11/B.
- **Hungaroton.** Schallplattensalon. Klassik und Unterhaltungsmusik, Jazz, Pop und Folklore auf Schallplatte, Kassette oder CD. Vörösmarty tér.

DRESDEN

Barockes Juwel

Hoch zu Roß, goldglitzernd, steht er auf dem Neustädter Markt: Kurfürst Friedrich August I. von Sachsen. Als König von Polen hieß er August II., doch als »den Starken« kennt ihn alle Welt. Er soll sich mit Bären gebalgt und mit bloßen Händen Hufeisen zerbrochen haben, 354 Kinder werden ihm nachgesagt. Ohne diesen Friedrich August und seinen Sohn und Nachfolger würde es das barocke Dresden nicht geben, all die Kunstwerke von unermeßlichem Wert, den Zwinger, die Hofkirche, die im Wiederaufbau befindliche Frauenkirche, die bereits virtuell in einer Computeranimation (Bild) zu besichtigen ist. August der Starke begründete im 18. Jahrhundert den Weltruf von Dresden, das nach den gewaltigen Zerstörungen im Zweiten Weltkrieg längst wieder das Flair einer Kunst- und Kulturstadt bietet. »Elbflorenz« nannte Johann Gottfried Herder voller Überschwang die kursächsische Metropole. Berühmt ist die Hauptstadt des Freistaates Sachsen ebenso als Musik-Dorado mit der Semperoper und dem traditionsreichen Kreuzchor. Auch das Umland ist reizvoll: Mit den Schiffen der größten und ältesten Raddampferflotte der Welt kann man zum Schloß Pillnitz und weiter in die Felsenwelt der Sächsischen Schweiz rauschen. Ausflüge dorthin sowie zur Moritzburg und nach Meißen gehören zu einem Dresdenbesuch wie ein Abend in der Semperoper.

Träume aus Sandstein

Die Prachtbauten der Wettiner

Canalettos Bild »Dresden vom rechten Elbufer« zeigt eine Stadtsilhouette, wie sie bis zum Jahre 2006 weitgehend wiederhergestellt sein soll.

Dort, wo heute zahlungskräftige Gäste im Hotel Bellevue Dresden absteigen, stand 1748 der Italiener Bernardo Bellotto, genannt Canaletto, mit seinem Skizzenblock. Er schaute über die Elbe und zeichnete. Die Hofkirche, die Türme der Kreuzkirche und des Schlosses, die Augustusbrücke, die gewaltige Kuppel der Frauenkirche.

Reiten für Sachsen: Auch diese Recken, alle drei im 14. Jh. Markgrafen von Meißen, bereichern den Fürstenzug der Wettiner.

Die Vedute »Dresden vom rechten Elbufer unterhalb der Augustusbrücke« wurde zum Bild der Stadt, wurde zum Klassiker. Sie hängt in der Gemäldegalerie Alte Meister, den Standort des Hofmalers kennt jeder Einheimische, es ist der Canaletto-Blick.

Vom Elbufer führt der Weg über die Augustusbrücke zum Residenzschloß ❶, Dresdens größter Baustelle. Seit einigen Jahren wandelt es sich von der Kriegsruine wieder zum prachtvollen Monument sächsischer Geschichte und Kultur mit den Prunkgemächern von August dem Starken. Links vom Georgentor des Schlosses reitet der berühmteste sächsische Herrscher im Fürstenzug ❼. Das 102 Meter lange Bild an der Außenwand des Langen Ganges vereint 35 Markgrafen, Kurfürsten und Könige aus dem Hause Wettin hoch zu Roß, gefolgt von Künstlern, Handwerkern und Wissenschaftlern. 25 000 Meißner Kacheln wurden zum größten Porzellanbild der Welt zusammengefügt. Es ist nicht nur ein Geschichtspanorama, das 800 Jahre sächsische Historie zeigt, es ist auch ein Album der Mode und der Waffentechnik. Denn die dargestellten 93 Personen tragen Kleidung und Waffen ihrer jeweiligen Zeit. Einer fehlt allerdings in der Ahnengalerie, weil er bei der Herstellung des Frieses noch ein Kind war: König Friedrich August III., der letzte regierende Wettiner, der bei seiner Abdankung 1918 seinen Landsleuten zugerufen haben soll: »Nu, dann machd eiern Dregg alleene.«

Auf engem Raum drängen sich in Dresden berühmte Bauwerke. Allen voran der Zwinger ❸, eine Spitzenleistung der europäischen Architektur, ein Traum aus Sandstein, geschaffen von dem Architekten Matthäus Daniel Pöppelmann. Wenn sich das Plätschern der Brunnen mit der Musik vom Glockenspielpavillon vereint, dann inspiriert das zum Träumen von vergangenen Jahrhunderten. Rauschende Feste ziehen

Die Orgel in der katholischen Hofkirche ist das letzte und größte Werk des berühmten sächsischen Orgelbaumeisters Gottfried Silbermann.

am Auge vorüber, so die Hochzeit des Sohnes von August dem Starken mit der Tochter von Kaiser Joseph I. aus dem Hause Habsburg. 60 000 Kerzen erleuchteten damals im September 1719 das – noch nicht vollendete – furiose Ensemble barocker Festarchitektur. August der Starke wußte stets, sich ins rechte Licht zu rücken.

Zwinger, Hofkirche St. Trinitatis ❻ und Semperoper ❺ umrahmen den Theaterplatz, der als einer der schönsten Plätze in Europa gilt. Aus Stein gehauen erwarten Goethe und Schiller am Operneingang die Besucher, obwohl keiner der beiden Dichterfürsten je eine Oper geschrieben hat. Zu Königszeiten war der nach Plänen von Gottfried Semper errichtete Hochrenaissancebau auch Schauspielhaus, 1878 zur zweiten Eröffnung stand Goethes »Iphigenie auf Tauris« auf dem Programm. Im Vorgängerbau, auch von Semper errichtet, feierte Richard Wagner mit den Uraufführungen von »Rienzi« (1842), dem »Fliegenden Holländer« (1843) und dem »Tannhäuser« (1845) Triumphe, vor ihm war Carl Maria von Weber als Hofkapellmeister tätig. 51 Ur- und 120 deutsche Erstaufführungen erlebte die Semperoper, der Ruhmestempel der sächsischen Kunst. Dresdens Musiktradition ist lang: Der Kreuzchor und die Sächsische Staatskapelle Dresden wurden vor mehr als 400 Jahren gegründet, heute sind sie mit der Dresdner Philharmonie ein Begriff für höchste Klangkunst.

Eine große Freitreppe führt zum »Balkon Europas«, wie die Brühlsche Terrasse ❿ auch genannt wird. Wer hier oben die rund 500 Meter entlangbummelt, sich ans Geländer lehnt und über die Elbauen zur Neustadt und von dort zu den Loschwitzer Höhen schaut, wird wohl dem berühmten Kunstgelehrten Johann Joachim Winckelmann zustimmen, der 1749 meinte: »Wer Dresden nicht siehet, hat nichts Schönes gesehen.«

Die schweren Luftangriffe im Februar 1945 haben Dresdens barocke Stadtpersönlichkeit fast ausgelöscht. Manches ist wiederentstanden, anderes wird in den nächsten Jahren dazukommen. Die Stadt wächst, verändert sich, Dutzende von Kränen belegen es. Als Symbol für den Wiederaufbau gilt die Frauenkirche ❾ mit ihrer monumentalen Kuppel, einst das bedeutendste protestantische Bauwerk Sachsens. Fast fünfzig Jahre ragte ihre Ruine am Neumarkt als Mahnmal gegen den Krieg auf. Ein Drittel der originalen Steine, aus den Trümmern geborgen, werden wieder ihren ursprünglichen Platz einnehmen. Scherzhaft wird deshalb vom größten Puzzle der Welt gesprochen.

Die Pläne Dresdens sind ehrgeizig, man möchte nicht nur »Elbflorenz« sein, sondern auch zum »Venedig des Nordens« werden, wie es schon August der Starke plante. Der Wallgraben des Zwingers wird als Kanal bis zur Wallstraße verlängert, umgeben von einer eleganten Flaniermeile. Das neue Dresden verkörpert bereits das World Trade Center, 1996 mit rund 430 Millionen Mark fertiggestellt, das zur Drehscheibe der Wirtschaftsströme zwischen West und Ost werden soll. Das größte und architektonisch markanteste Gebäude Dresdens bietet zudem eine Einkaufsmeile, Restaurants, Theater und viele Freizeiteinrichtungen.

Spätestens zum 800jährigen Stadtjubiläum im Jahre 2006 möchte sich die sächsische Landeshauptstadt wieder in alter Pracht präsentieren: mit Frauenkirche und Residenzschloß, also mit der Silhouette, die Canaletto vor rund zweieinhalb Jahrhunderten auf seinem berühmt gewordenen Gemälde festgehalten hat.

1985 wurde die Semperoper – nach 1841 und 1878 – zum dritten Mal eröffnet. Das 1945 zerstörte Gebäude war nach den Originalplänen wiederhergestellt worden.

Balthasar Permosers Herkules, der die Weltkugel trägt, ist nur eine der Figuren, die den Wallpavillon des Zwingers schmücken.

Schatzhaus Dresden

Gemälde, Porzellane und Diamanten

Johann Melchior Dinglinger schuf den Tafelaufsatz mit dem Porträt Augusts des Starken – zu sehen im Grünen Gewölbe.

Sie ist der Star unter all den Schätzen Dresdens: die »Sixtinische Madonna«. 1754 kam das Meisterwerk des großen Raffael in die Elbestadt. Die Mönche des Klosters San Sisto zu Piacenza waren in Geldnot und konnten dem Angebot von Kurfürst Friedrich August II. nicht widerstehen. Die Madonna mit dem Kind, den heiligen Sixtus und die heilige Barbara zu ihren Seiten, wirkt seitdem wie ein Magnet auf Kunstfreunde aus aller Welt. In diesem italienischen Kloster hängt übrigens immer noch eine Kopie des Gemäldes.

Der Kurfürst und sein Vater August der Starke waren ausgesprochene Kunstliebhaber. Ihre Aufkäufer eilten durch ganz Europa, meist waren sie zum rechten Zeitpunkt zur Stelle: Als der Herzog von Modena 1746 seine Schulden nicht mehr begleichen konnte, kaufte man ihm die ungefähr 100 schönsten Stücke seiner Sammlung ab, darunter Tizians »Zinsgroschen« und Holbeins »Bildnis des Charles de Soileurs Sieur de Morette«. Als große Teile der Gräflich Wallensteinischen Sammlung in Dux zum Verkauf standen, kamen die Dresdner mit dem höchsten Gebot und konnten so 268 Gemälde erwerben, darunter Vermeer van Delfts »Bei der Kupplerin« und Jean Etienne Liotards »Schokoladenmädchen«. Auch aus der kaiserlichen Galerie in Prag wurden Gemälde gekauft, darunter die »Wildschweinjagd« von Peter Paul Rubens. Etwa 700 Bilder sind in der Gemäldegalerie Alte Meister ❹ im Zwinger zu sehen, über die Goethe nach seinem Besuch schrieb: »Ich trat in dieses Heiligtum, und meine Verwunderung überstieg jeden Begriff, den ich mir gemacht hatte.«

1830 regte der Staatsminister von Lindenau an, die Tradition Augusts des Starken weiterzuführen und zeitgenössische Gemälde zu sammeln. Aus der so entstandenen Sammlung ging 1931 die Gemäldegalerie Neue Meister ⓯ im Albertinum hervor. Der Bogen spannt sich vom Beginn des 19. Jahrhunderts bis in die Gegenwart. Von den deutschen Malern der Romantik haben einige berühmte in Dresden gewirkt: Carl Gustav Carus, Adrian Ludwig Richter und Caspar David Friedrich, der u. a. mit dem »Kreuz im Gebirge« vertreten ist. Besonderes Sammlungsgebiet ist die Kunst aus der Zeit der DDR mit Malern wie Bernhard Heisig oder dem im Jahre 1980 ausgebürgerten und nun wieder in seiner Heimatstadt Dresden verwurzelten A. R. Penck.

Ein besonderes Faibel hatte August der Starke für das weiße Gold, das Porzellan. Ein »Schloß« schwebte ihm für seine Porzellansammlung vor, auf das die Herrscherhäuser der Welt neidvoll schauen sollten. Aus China und Japan ließ er prachtvolle Stücke heranschaffen, seine eigene Manufaktur in Meißen hatte pausenlos zu produzieren. Mit dem Preußenkönig Friedrich Wilhelm I. vollzog August der Starke 1717 einen spektakulären Tausch: Der Preuße übergab vierzehn einen Meter hohe ostasiatische Deckelvasen mit blauer Unterglasurmalerei, die heute als »Dragonervasen« bekannt sind, da der Sachse mit 600 Dragonern bezahlte. Bereits im ersten Inventarverzeichnis von 1721 sind über 23 000 Porzellane registriert. Doch aus dem »Porzellanschloß« wurde nichts. Wie so oft, waren auch diesmal die Pläne größer als das, was die königliche Schatulle ermöglichte. Die Sammelleidenschaft des Kurfürsten bescherte Dresden aber immerhin eine der größten Porzellansammlungen der Welt – im Zwinger ist sie zu sehen.

In der Gemäldegalerie Alte Meister hängt Giorgiones um 1508 geschaffene »Ruhende Venus«, ein wichtiges Werk der späten italienischen Renaissance.

»Nach dem Bade« von Karl Schmidt-Rottluff. Das expressionistische Bild des »Brücke«-Malers hängt in der Gemäldegalerie Neue Meister.

Mit dem Bezahlen hatte August der Starke oft Probleme. Sein Hof-Goldschmied Johann Melchior Dinglinger konnte ein Lied davon singen. Sieben Jahre hatte er mit seinen beiden Brüdern und 14 Gehilfen an einem Tischaufsatz gearbeitet. 137 aus Gold gegossene und farbig emaillierte Figuren entstanden, mehr als 5000 Diamanten, Smaragde, Rubine und Perlen verarbeitete der Meister. Das Ergebnis gilt als Hauptwerk der europäischen Juwelierkunst des Barock. Das Schmuckwerk zeigt den »Hofstaat zu Delhi am Geburtstag des Großmoguls Aureng-Zeb« vor 300 Jahren. Als August der Starke 1709 erstmals davorstand, soll er gesagt haben: »Er vermache es mir.« Genug Geld hatte er jedoch wieder einmal nicht. So handelte er mit Dinglinger Ratenzahlung aus und stotterte jahrelang die vereinbarten 58 485 Taler ab. Der Tischaufsatz gehört zu den Glanzstücken im Grünen Gewölbe ⓮, Europas größtem, reichstem und ältestem Schatzkammer-Museum, im Albertinum. Dem Auge wird ein Fest geboten. Es glitzert und funkelt an allen Stellen. Der Grüne Diamant von 41 Karat wetteifert mit dem Sächsischen Weißen von 48 Karat, dem einer der größten jemals gefundenen Saphire von 648 Karat die Show stiehlt. Gezeigt wird ebenfalls Europas größter historischer Juwelenschatz mit neun vollständigen Garnituren der sächsisch-polnischen Könige. Im 18. Jahrhundert trugen sie Mitglieder der königlich-kurfürstlichen Familie zum Repräsentieren.

Wunderbare Handwerkskunst stellt auch ein Kirschkern dar. 180 Gesichter sind in ihn eingeschnitzt. Das bekam jedenfalls Kurfürst Christian I. gesagt, als man ihm den Kern 1589 als Geschenk überreichte. Mit starken Lupen unserer Tage konnten allerdings nur maximal 80 ausgemacht werden – dennoch gilt der Kirschkern als ein Meisterwerk der Schnitzkunst.

Bis 1942 befanden sich die Reichtümer hinter meterdicken Mauern im Residenzschloß ❶, wohin sie nach dessen Wiederherstellung auch zurückkehren werden. Der Name Grünes Gewölbe stammt von dem teilweise grünen Anstrich der gewölbten Tresorräume, die schon August der Starke als eines der ersten Kunstmuseen überhaupt für die Öffentlichkeit zugänglich gemacht hatte.

Der Kurfürst liebte Pracht und Prunk, Kleidung und Schmuck konnten oft nicht üppig genug sein. Doch einmal war es des Guten zuviel, was sich der starke August selbst zumutete. 1697 bei der Inthronisation in Krakau fiel er plötzlich in Ohnmacht – das Krönungsornat mit dem Diamantenschmuck war selbst für den körperlich mächtigen Monarchen zu schwer.

»Saskia mit der roten Blume« (oben): das letzte Porträt Rembrandts von seiner Frau. Die Engel (unten) stammen aus Raffaels »Sixtinischer Madonna«.

Aus Kolumbien stammt der Smaragd, der in dem Werk »Mohr mit Smaragdstufe« verarbeitet ist. Die Kostbarkeit steht im Grünen Gewölbe.

Mit dem Raddampfer auf der Elbe

Ausflüge in die Sächsische Schweiz und nach Meißen

In weitem Bogen fließt die Elbe durch Dresden. Und auf dem bis zu 120 Meter breiten Fluß gleiten Schaufelraddampfer dahin, die zu Dresden gehören wie der Zwinger und das Schloß. Am Terrassenufer unterhalb der Brühlschen Terrasse ⓫ hat die älteste und größte Raddampferflotte der Welt ihren Liegeplatz. Vor einigen Jahren wurden die Personen-Raddampfer originalgetreu restauriert. Im Schiffsbauch schaufelt der Maschinist aber heute keine Kohlen mehr, der Rauch wird durch Heizöl erzeugt.

Der 1926 erbaute Seitenraddampfer »Dresden« ist eines von acht historischen Schiffen, mit denen man Erlebnisfahrten auf der Elbe unternehmen kann – hier vor Schloß Albrechtsberg.

Die Glocke bimmelt, und die Schaufelräder beginnen das Wasser zu durchpflügen. Die Fahrt im Ambiente der Jahrhundertwende beginnt. Der Turm der Hofkirche ❻ bleibt zurück, ebenso die Kunstakademie mit der Siegesgöttin Nike auf der mächtigen Kuppel, die die Einheimischen liebevoll »Zitronenpresse« nennen. Vorbei an den drei Elbschlössern hoch oben am Loschwitzhang geht es, dann ist das »Blaue Wunder« ㉔ erreicht, eine Hängebrücke, die seinerzeit als technisches Meisterwerk Bewunderung erregte. Doch die Baumeister schienen sich ihrer Sache nicht ganz sicher zu sein. Bevor die Brücke 1893 dem Verkehr übergeben wurde, mußte sie sich einer Belastungsprobe unterziehen: Sechs Pferdewagen, drei Dampfwalzen, ein vollbesetzter Straßenbahnwagen, vier gefüllte Wassersprengwagen, drei Kutschen, fünf Pferde, ein beladener Materialwagen und weitere 150 Freiwillige wurden aufgeboten. Da noch Platz war, hatte zu guter Letzt noch eine Kompanie des Dresdner Jägerbataillons aufzumarschieren.

Das Zwiebelturmkirchlein »Maria am Wasser« kündet den ersten Höhepunkt dieser Reise an: Pillnitz ㉕, die Sommerresidenz des sächsischen Königshauses mit dem Berg- und dem Wasserpalais. Zum Elbfluß hinab schwingt sich eine Treppe, an der einst die königlich-kursächsischen Prunkgondeln anlegten. August der Starke kam damit, um seine geliebte Gräfin Cosel zu besuchen, die pfeiferauchende schöne Mätresse aus dem Holsteinischen. Der mit Christiane Eberhardine von Brandenburg-Bayreuth vermählte Herrscher war seiner schönen Cosel so verfallen, daß er ihr schriftlich die Ehe versprach, in Dresden das Taschenbergpalais ❷ erbauen ließ und ihr Schloß Pillnitz schenkte. Als die sehr attraktive, zur Reichsgräfin avancierte Frau mit dem Kurfürsten nicht mehr nur das Bett teilen wollte, als sie sich in die Staatsfinanzen einmischte und schließlich gar die Außenpolitik zu stören begann, war es August dem Starken dann doch zu viel. Kurzerhand ließ er die Cosel am Weihnachtsabend des Jahres 1716 auf Burg Stolpen einsperren. 49 Jahre, bis zu ihrem Tode, mußte sie dort zubringen.

Hat der Raddampfer Pillnitz verlassen, grüßen hinter Pirna die bizarren

Entdeckungen an Bord

Die »Große Elbtal Linie« führt von Dresden zum »Blauen Wunder« und Schloß Pillnitz. Von dort geht es an Pirna vorbei in die Sächsische Schweiz nach Stadt Wehlen, Kurort Rathen, Königstein, Prossen und Bad Schandau, wo nach 6,5 Stunden angelegt wird. Die »Große Dampfer-Rundfahrt« führt ebenfalls stromaufwärts, vorbei an den Elbschlössern Albrechtsberg, Lingner und Eckberg, nach Pillnitz, das nach 90 Minuten erreicht wird. »Sächsische Weinstraße« heißt die Linie, die flußabwärts nach Radebeul, Meißen und von dort weiter in das Weindorf Diesbar-Seußlitz führt.

Von den Schlößchen im Elbtal – hier das Belvedere im Schloßpark Wackerbarth – hat man einen wunderschönen Blick auf die Weinberge.

In der Schauwerkstatt der Meißner Manufaktur: Die Schwerter sind das traditionelle Gütesiegel für das edle Porzellan.

Sandsteinfelsen des Elbsandsteingebirges. Die volkstümliche Bezeichnung Sächsische Schweiz soll von den Schweizer Malern Adrian Zingg und Anton Graff stammen. Vor etwa zweieinhalb Jahrhunderten waren die beiden in Dresden losmarschiert. Die wildromantische Felsenwelt erinnerte sie an ihre Heimat, nur war alles eine Nummer kleiner. Als Juwel dieser zum Nationalpark erklärten Landschaft gilt die Bastei, eine Felsformation unmittelbar an der Elbe. Zehntausende drängen sich jährlich auf dem Aussichtsplateau, das den schönsten Blick der Region bietet.

Eine Dampferstation weiter thront auf einem Felsen die Festung Königstein – mächtig und prächtig. Das sächsische Herrscherhaus flüchtete in unruhigen Zeiten hierher, nicht nur mit der Dienerschaft, auch mit den Kunstschätzen. Denn die Festung Königstein galt als uneinnehmbar, sie war militärisch stets auf dem neuesten Stand.

Von Dresden aus elbabwärts rauschen die Raddampfer nach Radebeul mit dem Schloß Hoflößnitz, dem bedeutendsten Weingut Sachsens. Auf der grünen Terrasse, mit Blick auf das zitronengelbe Belvedere, wird ausgeschenkt, was die Winzer aus den Trauben der Weinberge keltern. An der Elbe gedeiht schon seit über 700 Jahren Wein – von Pirna im Süden über Radebeul und Meißen bis Diesbar-Seußlitz im Norden zieht sich das östlichste Anbaugebiet Deutschlands hin. Radebeul ist aber auch Wallfahrtsort von Karl-May-Fans aus aller Welt. Der Schöpfer von Old Shatterhand und Winnetou verbrachte hier die letzten Lebensjahre, sein Wohnhaus wurde Museum. Die Fahrt geht weiter ins 1000jährige Meißen, das durch das Porzellan mit dem Markenzeichen der gekreuzten blauen Schwerter berühmt wurde. Der Apothekergehilfe Johann Friedrich Böttger sollte eigentlich auf Geheiß Augusts des Starken Gold herstellen. Immer mit der Drohung seines Kurfürsten »Tu mir zurecht, Böttger, sonst…« im Nacken lebend, hatte er schließlich Erfolg: 1710 konnte August der Starke in vier Sprachen die »große Entdeckung« des weißen Porzellans der Welt bekanntgeben. Auf der Albrechtsburg richtete er die erste Porzellanmanufaktur Europas ein. Meißen ist wie zu Zeiten von August dem Starken noch die berühmte Porzellanstadt, in der Manufaktur im Triebischtal kann eine Schauwerkstatt besichtigt werden. Mit dem Dom und der Albrechtsburg ist es aber auch die Wiege Sachsens. Auf dem Burgberg residierte als erster Markgraf der Wettiner Konrad. Rund 800 Jahre bestimmte dieses Geschlecht die Geschicke Sachsens. Von den 34 Herrschern kam aber nur einer über die Landesgrenzen hinaus zu Ruhm, jener, dem die Nachwelt den Beinamen der Starke gab.

Seit fast eineinhalb Jahrhunderten führt vom Neurathener Felstor diese steinerne Brücke zur Bastei, dem berühmtesten Aussichtspunkt der Sächsischen Schweiz.

Auf einen Blick

Dresden entdecken und erleben

Niemand muß in der 500 000-Einwohner-Stadt allein auf Entdekkungsreise gehen. Sachkundige Führer bieten – vor allem am Theaterplatz und am Altmarkt – vielfältige Führungen an. Besonders schön ist Sightseeing vom Wasser aus: Mit dem Schaufelraddampfer geht es bis zum »Blauen Wunder« und zurück. Die Schiffsfahrt kann durch einen Stadtrundgang zu Fuß ergänzt werden (☎ 03 51/86 60 90). Reizvoll sind auch Stadtrundfahrten mit der Straßenbahn (☎ 03 51/8 57 10 11) oder der Hummelbahn (☎ 03 51/4 98 95 19). Eine etwas andere Stadtführung ist die »igeltour« (☎ 03 51/8 04 45 57), die zu Fuß, per Rad oder Bahn thematische Gesichtspunkte der Stadt mit ungewohntem Blickwinkel aufzeigt.

Ein klassisches Wandergebiet ist das Elbsandsteingebirge, auch Sächsische Schweiz genannt. Steile Felsen und tiefe Schluchten können erkundet werden.

1. Residenzschloß
2. Taschenbergpalais
3. Zwinger
4. Alte Meister
5. Semperoper
6. Kathedrale St. Trinitatis (ehem. katholische Hofkirche)
7. Langer Gang/Fürstenzug
8. Johanneum
9. Frauenkirche
10. Brühlsche Terrasse
11. Raddampfer-Anlegestelle
12. Festung Dresden
13. Albertinum
14. Grünes Gewölbe
15. Neue Meister
16. Kreuzkirche
17. Schauspielhaus
18. Zigarettenfabrik Yenidze
19. Japanisches Palais
20. Goldener Reiter
21. Jägerhof
22. Dreikönigskirche
23. Milchladen Gebr. Pfund
24. »Blaues Wunder«
25. Schloß Pillnitz
26. Hygienemuseum

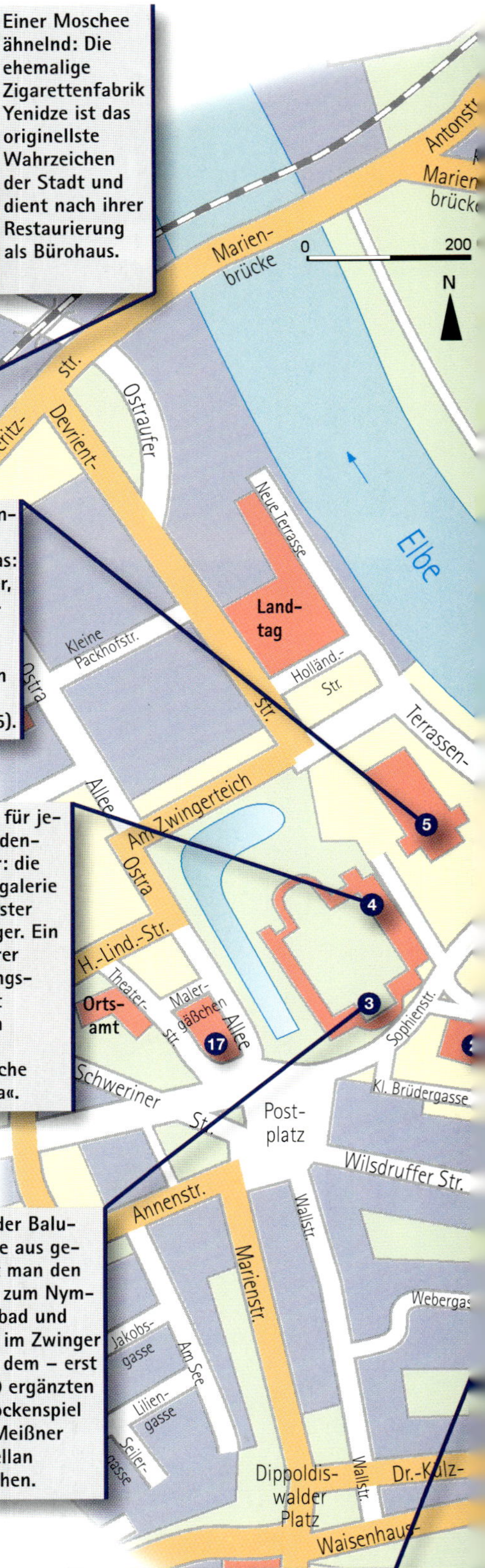

Einer Moschee ähnelnd: Die ehemalige Zigarettenfabrik Yenidze ist das originellste Wahrzeichen der Stadt und dient nach ihrer Restaurierung als Bürohaus.

Eines der schönsten Musiktheater Europas: die Semperoper, für deren Aufführungen Karten vorbestellt werden sollten (☎ 0351/4911705).

Ein Muß für jeden Dresden-Besucher: die Gemäldegalerie Alte Meister im Zwinger. Ein besonderer Anziehungspunkt ist natürlich Raffaels »Sixtinische Madonna«.

Von der Balustrade aus genießt man den Blick zum Nymphenbad und kann im Zwinger noch dem – erst 1930 ergänzten – Glockenspiel aus Meißner Porzellan lauschen.

Die 22 toskanischen Arkaden des Langen Ganges beeindrucken ebenso wie dessen Rückseite: das grandiose Porzellanbild des Fürstenzugs.

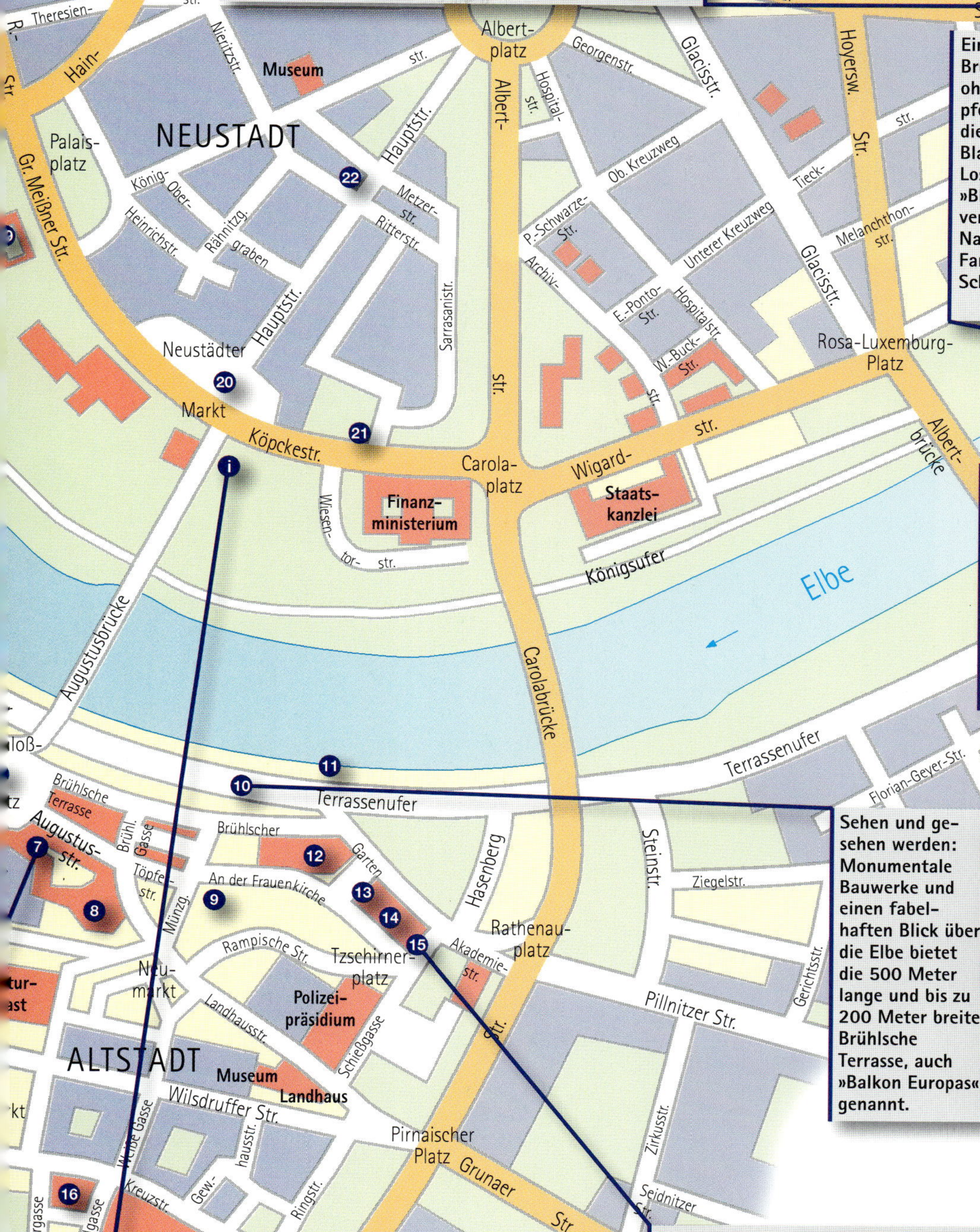

Die Molkerei Gebrüder Pfund in der Bautzener Straße gilt als der wohl schönste Milchladen der Welt. Hier gibt es auch ein kleines Bistro.

Eine der ersten Brücken Europas ohne Strompfeiler verbindet die Stadtteile Blasewitz und Loschwitz: Das »Blaue Wunder« verdankt seinen Namen der Farbe des Schutzanstrichs.

Ein großartiges Ensemble im Chinoiseriestil ist Schloß Pillnitz – hier das Wasserschloß –, einst Sommerresidenz des sächsischen Hofes.

Sehen und gesehen werden: Monumentale Bauwerke und einen fabelhaften Blick über die Elbe bietet die 500 Meter lange und bis zu 200 Meter breite Brühlsche Terrasse, auch »Balkon Europas« genannt.

Die berühmtesten deutschen Künstler vom 19. Jahrhundert (z. B. Caspar David Friedrich) bis heute sind in der Gemäldegalerie Neue Meister versammelt. Im Bild: »Sehnsucht«, ein Frühwerk von Otto Dix.

Die Tourist-Information (☎ 0351/491920) befindet sich in der Prager Straße 10. Hier bekommt man die Dresden Card, die 48 Stunden freie Fahrt auf allen Straßenbahn- und Buslinien, freien Eintritt in alle elf Museen der Staatlichen Kunstsammlungen sowie Preisnachlässe beim Eintritt in weitere Museen und bei Stadtrundfahrten gewährt. Buchen kann man hier auch das Pauschalangebot »Dresden Days«, das zwei Übernachtungen mit Frühstück inklusive Dresden Card und diversen Extras bietet.

Was – wann – wo?

Elbflorentinische Nächte

Das Angebot der Dresdner Hotels reicht von der 340 m² großen Kronprinzensuite im Taschenbergpalais bis zum zweckmäßig eingerichteten Zimmer. Die meisten Touristen bevorzugen ein Hotel in der City, um die Sehenswürdigkeiten bequem zu Fuß erreichen zu können. Die zentrale Lage hat allerdings ihren Preis.

art'otel dresden

- **Kempinski Hotel Taschenbergpalais.** Mit 250 Mio. Mark wurde das kriegszerstörte Taschenbergpalais ❷ der Gräfin Cosel wieder aufgebaut. Entstanden ist Dresdens Luxushotel. Taschenberg 3. ☎ 0351/49120, Fax 03 51/4 91 28 12.
- **Dresden Hilton.** Der Name garantiert Qualität. Die Frauenkirche ❾, das Schloß und die Elbe liegen vor der Hoteltüre. An der Frauenkirche 5. ☎ 03 51/8 64 20, Fax 03 51/8 64 27 25.
- **Bülow Residenz Dresden.** Intim-familiärer Charakter, komfortabel eingerichtete Zimmer. Rähnitzgasse 19. ☎ 03 51/8 00 30, Fax 03 51/8 00 31 00.
- **Bellevue Dresden.** Auf der Neustädter Seite am Elbufer bietet es den berühmten Canaletto-Blick. Große Meißner Str. 15. ☎ 03 51/8 12 00, Fax 03 51/8 12 06 09.
- **Dorint Hotel Dresden.** Neues Haus mit Charme und Komfort, etwa 10 Minuten vom Altmarkt entfernt. Grunaer Str. 14. ☎ 03 51/4 91 50, Fax 0351/4 91 51 00.
- **art'otel dresden.** Design- und Kunsthotel. Die Innenarchitektur hat der Mailänder Designer Denis Santachiara entworfen. Ausgestattet mit Werken des Malers A. R. Penck. Ostra-Allee 33. ☎ 03 51/4 92 20, Fax 03 51/4 92 27 77.

Echt Meißen

Meißner Porzellan und Kunsthandwerk

Wer es sich leisten kann, kauft ein Stück echtes Meißner, erkennbar an dem Markenzeichen der zwei gekreuzten blauen Schwerter. Einen guten Namen besitzt ebenfalls die 1872 gegründete Sächsische Porzellanmanufaktur Dresden. Wie in Meißen werden die Vasen, Teller, Schalen und Figuren noch in Handarbeit ausgeformt. Als Mitbringsel eignen sich auch die Kunsthandwerkserzeugnisse aus dem nahen Erzgebirge wie Lichterengel, Nußknacker und Räuchermännchen. Oder man hält sich an den beliebten Wein aus dem Elbtal, dem nördlichsten Anbaugebiet Deutschlands, und in der Weihnachtszeit wird wohl jeder mit dem berühmten Dresdner Christstollen nach Hause fahren.

- **Palais-Shop** im Hotel Taschenbergpalais. Hier erhält man die gesamte Palette der Sächsischen Porzellanmanufaktur Dresden. Sophienstraße.
- **Hotel-Shop** im Dresden Hilton. Große Auswahl an Erzeugnissen aus der namhaften Meißner Manufaktur. An der Frauenkirche 5.
- **Dürerhaus.** Drechselarbeiten aus dem Erzgebirge, Blaudruckstoff und Keramik aus der Oberlausitz. Körnerplatz 13.
- **Kunstgewerbe Etzold.** Viele schöne Dinge, die aus den sächsischen Kunsthandwerkerstuben kommen, werden hier angeboten. Hauptstraße 19.
- **Tröpfchen.** Echt Sachsen: Sekt aus Radebeul und Wein aus der Meißner Gegend. Ringstr. 9.
- **Café Kreutzkamm.** Spezialitäten dieser Traditionsbäckerei sind Baumkuchen und der Dresdner Stollen. Altmarkt 18.

Linie 6

Saure Eier und andere Spezialitäten

Der eine möchte die lokale Küche kennenlernen, Sauerbraten zum Beispiel oder saure Eier mit Specksoße, andere wollen wie Gourmets speisen. Dresdens Gastronomie kann alle Ansprüche erfüllen. Ob vornehmes Ambiente mit leiser Musik oder lockere Atmosphäre mit Jazz und Rock, die Auswahl an Restaurants, Cafés und Kneipen ist groß.

- **Das Caroussel.** Elegantes Barock-Ambiente, lauschiger Innenhof und vorzügliche Küche. Rähnitzgasse 19 (im Hotel Bülow Residenz).
- **Gourmet Restaurant.** Der Sterne-Koch Mario Pattis verwöhnt mit Speisen, die einst am sächsischen Königshof serviert wurden. Merbitzer Str. 53 (im Romantik Hotel Pattis).
- **Canaletto.** Regionale und internationale Küche in historischem Gewölbe. Große Meißner Str. 15 (im Hotel Bellevue).
- **Italienisches Dörfchen.** Das Café bietet Leckereien der hauseigenen Patisserie, im Biersaal werden deftige sächsische Gerichte serviert, im Weinzimmer munden auserwählte Weine. Ins Erlwein-Restaurant in die 1. Etage geht, wer stilvoll speisen möchte. In den Sommermonaten laden die Elbterrassen zum Verweilen ein. Theaterplatz 3.
- **Gasthaus zur Eule.** Im rustikalen Ambiente des seit 1378 bestehenden Gasthauses wird traditionelle sächsische Küche serviert. Grundstr. 100.
- **Bierhaus Dampfschiff.** Ober- sowie Unterdeck, Bowlingbahn, Dixielandmusik und deftige sächsische Küche. An der Frauenkirche 5 (im Dresden Hilton).
- **Maygarten Linie 6.** Vor allem das eigenwillige Interieur zieht die Gäste an: Ringsum erblickt man Requisiten alter Dresdner Straßenbahnen, der Wirt begrüßt den Gast oft in Schaffneruniform. Schaufußstr. 24 (in Tolkwitz).

Und abends in die Oper...

Dresden hält am Tage für seine Gäste ein vorzügliches Kulturangebot bereit, das am Abend fortgesetzt wird. Die Semperoper gilt als ein Muß für jeden Musikinteressierten, Karten sollten vorbestellt werden. Erlebnisreich sind aber auch Besuche der anderen großen und kleinen Theater, die mit vielfältigem Repertoire aufwarten.

Staatsschauspiel

- **Staatsschauspiel Dresden ⓱.** Das einstige Königliche Schauspielhaus erhielt nach der Rekonstruktion 1993–95 sein historisches Innenaussehen zurück. Schauspielhaus, Ostra-Allee 3.
- **Sächsische Staatsoper (Semperoper) ❺.** Das Ensemble bietet Operngenuß pur. Die vor über 400 Jahren gegründete Sächsische Staatskapelle Dresden wurde auf großen Musikfestivals und ausgedehnten Tourneen durch Europa, Nordamerika und Japan gefeiert. Theaterplatz.
- **Staatsoperette.** Das einzige Theater im deutschsprachigen Raum, das sich in solchem Umfang und auch namentlich zur Operette bekennt. Pirnaer Landstr. 131.
- **Dresdner Philharmonie.** Das Konzertorchester der sächsischen Landeshauptstadt, 1870 gegründet, gehört zu den namhaftesten Europas. Kulturpalast in der Wilsdruffer Straße.
- **Podium.** Das kleine Literaturtheater bringt vorwiegend Klassiker der Moderne zur Aufführung. Hauptstr. 11.
- **Theater Junge Generation.** Märchen, internationale Dramatik und zeitgenössische Jugendstücke werden gespielt. Meißner Landstr. 4.
- **Theaterkahn Dresdner Brettl.** Kabarett, Musik und Literatur auf einem 1912 erbauten Schiff, das am Elbufer vor Anker liegt. Terrassenufer (an der Augustusbrücke).
- **Die Herkuleskeule.** Professionelles politisch-satirisches Kabarett, das schon vor der Wende 1989 einen guten Ruf besaß. Sternplatz 1.

Moritzburg

Reizvolle Umgebung

Dresdens Umgebung gehört zu den schönsten, die eine Großstadt vorweisen kann. In der reizvollen Landschaft stehen die Türen von Museen, Schlössern und Burgen offen, die oftmals eng mit der sächsischen Geschichte oder der des Hauses Wettin verknüpft sind.

- **Königstein.** 240 m über der Elbe thront die einst stärkste Festung ihrer Art in Deutschland. Die Burg sicherte die Grenzen des Königreichs Böhmen, bis sie im 15. Jahrhundert an die Wettiner fiel.
- **Moritzburg.** Das Barockschloß ist eines der schönsten Wasserschlösser Europas. August der Starke ließ es für Feste und Jagdgesellschaften ausbauen. Im Schloßmuseum ist auserlesenes Kunsthandwerk ausgestellt.
- **Meißen.** Dom und Albrechtsburg erheben sich auf einer Anhöhe. Die Burg gilt als einer der schönsten gotischen Profanbauten. Die Stifterfiguren von 1260, die im Chor des Doms zu sehen sind, gehören zu den Meisterwerken deutscher Plastik. Die Meißner Staatliche Porzellanmanufaktur ist Europas älteste noch produzierende Manufaktur. In der Schauhalle wird ein Überblick über die fast 300jährige Tradition gegeben. Talstr. 9.
- **Stolpen.** Die Burg, die bereits 1222 erstmals erwähnt wird, war im 18. Jahrhundert der Verbannungsort der berühmtesten Mätresse von August dem Starken, der Gräfin Cosel, die hier fast 49 Jahre ihres Lebens verbrachte. Schloßstr. 10.
- **Radebeul.** Das Karl-May-Museum zeigt eine völkerkundliche Ausstellung über die Indianer Nordamerikas in der »Villa Bärenfett«. Biographisch-literarische Sachzeugnisse des berühmten Schriftstellers befinden sich in seinem ehemaligen Wohnhaus, der »Villa Shatterhand«. Karl-May-Str. 5.
- **Graupa.** Im Lohengrinhaus wohnte der berühmte Komponist Richard Wagner 1846 als Hofkapellmeister. Richard-Wagner-Str. 6.

Dixieland und Striezelmarkt

Dresden feiert zu fast allen Jahreszeiten Feste. Das Spektrum ist vielgestaltig, vor allem aber ist man der Musik zugetan. Wenn die Dixieland-Gruppen aus aller Welt aufspielen oder renommierte Orchester und Solisten bei den Dresdner Musikfestspielen auftreten, dann ist die ganze Stadt voller Musik.

- **Internationales Dixieland-Festival.** Das New Orleans Europas – sagen Jazzer und Dixiefreaks zu Dresden. Besonderes Ereignis ist die große Dixielandparade durch die Innenstadt. Eine Woche im Mai.
- **Dresdner Musikfestspiele.** Etwa 70 Veranstaltungen (Oper, Theater, Ballett und klassische Konzerte) an mehr als 15

Dixieland-Festival

Spielstätten in und um Dresden. Höhepunkte sind die großen Open-air-Veranstaltungen im Zwinger ❸, im Schloßgarten Pillnitz und vor dem Dresdner Schloß ❶. Mitte Mai bis Anfang Juni.
- **Elbhangfest.** Großes Volksfest von Loschwitz bis Pillnitz mit Kunst-, Handwerker- und Gewerbemärkten, Festumzug, Theater, Konzerten und vielem mehr. Letztes Wochenende im Juni.
- **Filmnächte am Elbufer.** Historische Filme mit Live-Musik und Filmklassiker der jüngsten Zeit. Juli bis Anfang August.
- **Vogelwiese.** Große Sommerkirmes mit jahrhundertealter Tradition. Im Mittelpunkt steht das 1446 erstmals erwähnte Vogelschießen. Juli.
- **Tage der zeitgenössischen Musik.** Orchester, Ensembles und Solisten aus vielen Ländern der Welt bieten ein vielseitiges Programm. Spielstätten sind die Semperoper, der Kulturpalast, die Kreuzkirche ⓰ und andere große Häuser. Die ersten zehn Tage im Oktober.
- **Striezelmarkt.** Einer der ältesten Weihnachtsmärkte Deutschlands (seit 1434). Der Name stammt vom berühmten Dresdner Christstollen, früher Striezel genannt. 1. Advent bis Weihnachten.

DUBLIN

Literatur und Lebensfreude

Dublin, die Heimat berühmter Schriftsteller, ist eine Stadt mit mehr als nur einem Gesicht. Die ärmeren Viertel am Nordufer der Liffey kontrastieren mit den wohlhabenderen auf der Südseite, der eng umgrenzte, beschauliche Stadtkern mit den weitläufigen, monotonen Trabantenstädten. Zwischen den weltgewandten »jackeens«, deren Familien dem Landleben schon vor Generationen entflohen sind, und den »culchies«, denen angeblich noch die Torfsoden an den Sohlen haften, herrscht geheime Rivalität.

Dublin ist eine junge Stadt. Das Erscheinungsbild, der Rhythmus und die Atmosphäre der irischen Hauptstadt werden von der Jugend bestimmt, selbst wenn diese Jugend zu mehr als einem Fünftel arbeitslos ist. Von der asketischen Strenge jedenfalls, die noch in den 70er Jahren herrschte, ist keine Spur zurückgeblieben.

Dublin ist, trotz seiner Ausdehnung, eine intime Stadt ohne Wolkenkratzer. Das City Centre kann man bequem an einem Tag erwandern. Zu dem Gefühl der Überschaubarkeit kommt durch die vielen Parks und Gärten der Eindruck der Weite. In den Parks werden Schwätzchen gehalten wie früher auf dem Dorfanger. Tatsächlich hat sich Dublin etwas von dem Charakter eines Dorfes bewahrt, in dem man immer wieder auf Bekannte stößt, in dem der Volkstanz überlebt hat und wo es, auf der Straße wie im Pub, eine Fülle an traditioneller Musik gibt.

Vom Wikingerdorf zur Metropole

Flair und Tradition

Von Folk über Jazz bis hin zur Klassik – das Angebot der Straßenkünstler in der Grafton Street ist vielfältig.

Das Wappen des Trinity College vereint britische und irische Symbole: Löwe und Harfe.

Häßliche weiße Büroblocks stehen an der für Dublins Stadtgeschichte wichtigsten Stelle: Wood Quay. Hier landeten im Jahre 841 die Wikinger, um sich anzusiedeln. Als das Gelände in den 70er Jahren für besagte Bürogebäude geräumt wurde, traten die Strukturen der Wikingersiedlung zutage: Straßen, Wohnhäuser, Arbeitsgeräte, Münzen und Schwerter grub man aus, bedeutende Funde zur Erforschung der Wikingerzeit. Allein die Dubliner Stadtverwaltung war nicht zu beeindrucken. Trotz Massendemonstrationen, höchstrichterlicher Entscheidungen und Appellen von Wissenschaftlern aus aller Welt wurden die Bürohäuser gebaut und begruben das wichtigste Zeugnis für Dublins Frühgeschichte unter sich. Die Funde sind heute im Nationalmuseum ❿ zu bewundern, an der Stelle der einstigen Stadtgründung findet sich lediglich eine Gedenktafel.

Nachdem die Wikinger im 12. Jahrhundert vertrieben werden konnten, kamen die Anglo-Normannen. Dublin wurde zum Mittelpunkt der englischen Herrschaft auf der irischen Insel. Eine erste Festung wurde erbaut, von der heute noch einige wenige Teile im Dublin Castle ❸ zu sehen sind. An der Stelle, an der schon 1172 der Eroberer Richard de Clare ein Gotteshaus errichten ließ, steht die Kathedrale Christ Church ❷. Östlich davon zieht sich der Bezirk Temple Bar hin ❺, ein ehemaliges Hugenottenviertel, das für seine Druckereien und Uhrmacher berühmt war. Eigentlich sollte hier ein Busbahnhof entstehen, doch gottlob blieb Temple Bar erhalten. Mit seinem Flair von Boheme, mit seinen engen, kopfsteingepflasterten Gassen ist es der lebendigste Teil Dublins. Alte Lagerhäuser und moderne Stahlbauten stehen hier nebeneinander, beherbergen Restaurants, Cafés, Boutiquen, das Irish Film Centre, Secondhand-Läden, Galerien, Theater – und unzählige Pubs.

Die Stadt erreichte ihre Blütezeit im 17. und 18. Jahrhundert. Zahlreiche bedeutende Bauten entstanden. Einer davon ist die Bank of Ireland ❽ am College Green. Bis zur Vereinigung Irlands mit dem britischen Königreich durch den »Act of Union« im Jahre 1801 war das Gebäude Sitz des irischen Parlaments. 1802 erwarb die Bank den Bau, das House of Lords blieb jedoch bis heute nahezu unverändert erhalten. Das Bauwerk wurde als erstes bewußt geplantes Parlamentsgebäude in Europa 1729 von Sir Edward Lovett Pearce entworfen. Gegenüber der Bank liegt der Haupteingang zum Trinity College ❾, das schon 1592 unter der Schirmherrschaft von Königin Elisabeth I. gegründet wurde. Hier haben die Schriftsteller Jonathan Swift, Oscar

Book of Kells

Der Long Room der alten Bibliothek des Trinity College beherbergt ein großartiges Kunstwerk: das Book of Kells, eine grandios illustrierte Evangelien-Handschrift auf kalbsledernen Seiten aus dem 9. Jahrhundert. Das Buch wurde 1007 aus der Sakristei in Kells gestohlen, doch der Dieb hatte es lediglich auf die goldene Schatulle abgesehen. So fand man die wertvolle Handschrift nach drei Monaten wieder. Das Buch hat die Jahrhunderte nicht unbeschadet überstanden, einige Seiten sind verlorengegangen. Heute hat das 1953 in vier Bänden neu gebundene Book of Kells 680 Seiten. Jeweils zwei sind in Vitrinen im Long Room ausgestellt – einer mit einer ganzseitigen Illustration, der andere mit einer Textseite. Ab und zu wird eine Seite umgeblättert.

Das Trinity College ist Irlands älteste Universität – die meisten seiner Gebäude stammen allerdings aus dem 18. Jh.

Wilde, John Millington Synge und Samuel Beckett studiert. Die Statuen des Publizisten Edmund Burke und des Dramatikers und Poeten Oliver Goldsmith säumen den Eingang.

Südlich der Universität liegt die Grafton Street, das Nobeleinkaufsviertel Dublins. An der nach einem Vizekönig des 18. Jahrhunderts benannten Straße liegen traditionsreiche Geschäfte – wie Brown Thomas und Weir & Sons – neben modernen Boutiquen, Schuhgeschäften, Plattenläden, Fast-food-Restaurants und einer Filiale von Bewley's Oriental Café. Bewley's ist eine Institution, sie besteht seit mehr als 150 Jahren. Hier kann man die verschiedensten Tee- und Kaffeesorten kaufen, aber auch zum herzhaften Irish Breakfast Zeitungen lesen oder der Musik der Straßenmusiker, buskers genannt, lauschen, die von draußen hereindringt. Am Ende der Grafton Street liegt der neun Hektar große Stadtpark St. Stephen's Green (14), der 1880 von Sir Arthur Edward Guinness gestiftet wurde.

Am Merrion Square (28) südöstlich der Universität, einem der schönsten Plätze Dublins, finden sich noch Juwele historischer georgianischer Stadtarchitektur, entstanden zwischen 1714 und 1830. Die Türen mit den kunstvoll verzierten Türklopfern – ein beliebtes Bildmotiv für Touristen – erleichtern es den Bewohnern, angesichts der einheitlichen Fassaden ihr Haus zu finden. Gedenktafeln an den Häuserwänden erinnern an berühmte Bewohner: Oscar Wildes Eltern, den Dichter William Butler Yeats und den Katholikenführer Daniel O'Connell.

O'Connell war der bekannteste Führer des Widerstandes gegen die englische Krone, der sich zu Beginn des 19. Jahrhunderts in Irland regte. Waren unter englischer Herrschaft bisher nur Protestanten für öffentliche Ämter zugelassen, so erreichte er, daß auch Katholiken ins Parlament gewählt werden durften. Weitergehende Befreiungsversuche scheiterten jedoch – auch der spektakulärste, der Osteraufstand von 1916. Schauplatz war das 200 Jahre zuvor vollendete General Post Office (24), das Hauptpostamt. Zwischen ionischen Säulen proklamierte Patrick Pearse die Republik Irland und damit das Ende der englischen Herrschaft. Doch die Sache ging schief: Die englische Regierung ließ den Aufstand niederschlagen, die Anführer wurden hingerichtet. Erst sechs Jahre später war es soweit: Nach einem blutigen Unabhängigkeitskrieg wurde Irland zum Freistaat. Durch die Kämpfe wurden auch die Bürgerhäuser in der früher wohlhabenden O'Connell Street (25) stark in Mitleidenschaft gezogen, so daß viel vom einstigen Glanz verlorenging.

Auch wenn viele der älteren Bauwerke heute – meist aus Geldmangel – dem Verfall preisgegeben sind, ist Dublin eine Stadt mit viel Charme. Ein Charme, der vor allem von den freundlichen und offenen Menschen ausgeht, die hier leben.

Die Christ Church wurde vor beinahe 1000 Jahren gegründet. Ihre jetzige Gestalt verdankt die Kathedrale der Renovierung im Jahre 1871.

Die engen Straßen des Viertels Temple Bar mit ihren Restaurants und Galerien haben ein liebenswertes Flair.

Eine literarische »Kneipenbekriechung«

Die etwas andere Stadtführung

Es ist schon eine ganz außergewöhnliche Führung, an der man in Dublin teilnehmen kann: Ausgebildete Schauspieler begleiten die Interessierten von Pub zu Pub, rezitieren aus Romanen und Gedichten, intonieren Balladen und inszenieren Melodramen. Wer sich auf die Spuren der Dichter begibt und an einem »Literary Pub Crawl« teilnimmt, erfährt nicht nur viel über Werk und Wirkungsstätten der berühmtesten irischen Schriftsteller, er braucht auch vor allem eines nicht zu fürchten: eine trockene Kehle. Vorgestellt werden bei dem Rundgang durch einige Pubs der Hauptstadt vor allem die Autoren Oscar Wilde, James Joyce, Patrick Kavanagh, Samuel Beckett, Flann O'Brien und Brendan Behan, gelten diese doch als ebenso schreibfreudig wie trinkfest. Besonders in den 40er und 50er Jahren, als die Gesprächskultur des irischen Pubs noch nicht mit Unterhaltungsmedien wie dem Fernsehen konkurrieren mußte, konnten sich Irlands große Wortkünstler in den Pubs so häuslich einrichten, daß ihnen diese oft zum zweiten Arbeitszimmer wurden.

Der »Literary Pub Crawl«, dessen Route Mehrfach-Teilnehmern zuliebe immer etwas variiert wird, bietet Literaturinteressierten die Möglichkeit, neben vielen Informationen und Anekdoten über die Autoren einige der stimmungsvollsten Pubs der Stadt kennenzulernen. Die feucht-fröhliche »Kneipenbekriechung« beginnt stets – Ostern bis Ende Oktober täglich, im Winter Donnerstag bis Samstag – um 19.30 Uhr im Duke Pub in der Duke Street. Vor allem Joyce, Kavanagh und Behan waren Stammgäste der Kneipe, die mittlerweile eindreiviertel Jahrhunderte alt ist. Oder sind sie vielleicht immer noch da? Nach einer ausgiebigen Zechtour schrieb ein Gast: »In einer kalten Nacht, nach Ausnutzung der Gastfreundschaft des Hauses, wird man es mir vergeben, wenn ich mir einbilde, daß ich die Geister der berühmten Gäste vergangener Tage auf die Straße kommen und tanzen sehe.« So steht es jedenfalls auf der Rückseite der Getränkekarte.

Ebenfalls in der Duke Street liegen Davy Byrnes' und The Bailey. Beide Pubs wurden bekannt durch James Joyces berühmten Roman »Ulysses«, der den 16. Juni 1904 im Leben des Leopold Bloom detailliert beschreibt. Im Davy Byrnes' aß der Romanheld ein Gorgonzola-Sandwich. Auch heute noch steht am 16. Juni, der jährlich als sogenannter »Bloomsday« gefeiert wird, eben dieses Gorgonzola-Sandwich auf der Speisekarte. Auch im gegenüberliegenden The Bailey verkehrte der Romanheld. Leider ist die berühmte Haustür der Eccles Street Nr. 7, dem »Wohnhaus« von Leopold Bloom, die beim Abriß des Hauses gerettet werden konnte, seit dem Umbau des Bailey nicht mehr im Pub ausgestellt. Sie befindet sich heute im James-Joyce-Zentrum in der North Great George's Street.

Weiter zieht die Gruppe, der sich mitunter auch hellhörige Passanten

Es muß ja nicht immer Alkohol sein: Im Winding Stair Bookshop and Café wird zur Lektüre eine Tasse Kaffee serviert.

Der Bloomsday am 16. Juni ist für echte James-Joyce-Fans ein Nationalfeiertag (linkes Bild).

Davy Byrnes' in der Duke Street ist einer von zahlreichen Pubs der Stadt, die großen – und weniger großen – Literaten als zweite Heimat gedient haben.

anschließen, durch den Innenhof des Trinity College ❾ zu Mulligan's in der Poolbeg Street. In der angeblich besten Guinness-Zapfstelle der Stadt dürfen die ersten Pints – jene magischen 0,56 Liter, um die sich im Pub alles dreht – des schwarzen Bieres bestellt werden. Der schon 1782 eröffnete Pub mit seinem seit 1850 unveränderten Interieur, in dem sich nach dem Genuß von heißem Whiskey bereits Joyce und Behan angeheitert fühlten, ist kahl und dunkel. Hier traf sich früher die »Society for the Preservation of the Dublin Accent«, die Gesellschaft zur Erhaltung der Dubliner Schnauze.

Inzwischen spielen die Führer eine Theaterszene aus Stücken von Sean O'Casey oder George Bernard Shaw. Um den Wissensstand ihrer Zuhörer zu testen, beschließen sie jede Station der Prozession mit einer literarischen Quizfrage. Der Gewinner bekommt eine Flasche eines bekannten irischen Sahnelikörs.

In der Palace Bar in der Fleet Street hängen Bilder der literarischen Großmeister an den Wänden. Flann O'Brien, der sowohl in irischer als auch in englischer Sprache schrieb, ist gleich mehrfach zu finden. Unter dem Pseudonym »Myles na gCopaleen« verfaßte er für die »Irish Times« regelmäßig seine Spott-Kolumne, in der er niemanden schonte – schon gar nicht seinen Herausgeber R. M. Smyllie, der jeden Nachmittag pünktlich um fünf in dem Pub aufkreuzte und an die darbenden Dichter Aufträge vergab. Die Palace Bar war nur einer der vielen Horchposten O'Briens. In den Pubs schnappte der Autor die Gesprächsfetzen auf, die in seinen Glossen wiederzufinden sind.

McDaid's in einem umgebauten Gotteshaus der Herrnhuter Brüdergemeine in der Harry Street war einer der Lieblingspubs von Brendan Behan. Paddy O'Brien – nicht verwandt mit Flann O'Brien und über 40 Jahre lang der Mann am Zapfhahn – berichtete, daß Behan, von Beruf Anstreicher, den Kneipengästen anbot, ihre Jacken gegen flüssige Entlohnung bunt anzumalen. Auch der Dichter Patrick Kavanagh schätzte dieses literarische »Feuchtbiotop«. Der Erzähler Liam O'Flaherty trank sein Bier im McDaid's, wenn er nicht gerade im Davy Byrnes' saß. Wie die meisten der in Dublin ansässigen Geistesrivalen kamen O'Flaherty und Kavanagh nicht sonderlich gut miteinander aus, so daß mitunter ein handfester Streit vom Zaun gebrochen wurde.

Nun steuert die literarische Karawane noch The Old Stand in der Exchequer Street an. Hier hat Michael Collins, einer der Führer im Unabhängigkeitskrieg von 1920/21, sein Bier getrunken.

Auch wenn sich heute noch so mancher Schriftsteller tagein, tagaus in einem der zahlreichen Pubs der Stadt – es gibt über 700 – aufhält, so sind die goldenen Zeiten des Deliriums und der mythisch überhöhten Leberzirrhose vorbei. Aber auch die »Litera-Touristen« wissen zu diesem Zeitpunkt längst nicht mehr, ob sie den Dichtern auf der Spur waren oder deren literarischen Figuren. Mit der Beantwortung der Quizfragen findet die literarische (Sauf-)Tour ein prosaisches Ende: Ja, Joyce wurde 1882 geboren. Das aber interessiert nur noch diejenigen, die Sahnelikör mögen.

Sollte Dublin einmal zerstört werden, so könnte man es anhand von James Joyces »Ulysses« wieder aufbauen.

Dublin Writers Museum

Drei Literatur-Nobelpreisträger sind in Dublin geboren: William Butler Yeats, George Bernard Shaw und Samuel Beckett. Da gehört es sich, daß die Stadt ihren Dichtern ein Museum stiftet. Das Dublin Writers Museum ㉓ ist seit 1991 in einem restaurierten Gebäude aus dem 18. Jahrhundert am Parnell Square Nr. 18 untergebracht. Schriftstellern von Weltrang wie Jonathan Swift, Oscar Wilde und James Joyce ist ebenso Raum gewidmet wie nicht ganz so bekannten, etwa Bram Stoker, dem Schöpfer des »Dracula«. In Schaukästen sind Erstausgaben, Fotografien, handschriftliche Notizen, Briefe und Manuskripte ausgestellt. Im ersten Stock zeigt die »Gallery of Writers« Porträts und Büsten bedeutender Dichter. Nebenan, im Haus Nr. 19, befindet sich das Irish Writers Centre, eine Begegnungsstätte für zeitgenössische Schriftsteller.

Schwarzes Gold

Das irische Nationalgetränk

Von einer kleinen Lokalbrauerei avancierte Guinness zur größten Exportbrauerei der Welt: Das schwarze, sämige Bier mit kleiner Schaumkrone gibt es in 150 Ländern.

Unter ihrem Namen St. James's Gate Brewery kennen sie die wenigsten. Um so bekannter dürfte dafür der Name des wichtigsten Produktes der Brauerei sein: Guinness Extra Stout oder einfach nur Guinness. Die Brauerei wurde 1759 von Arthur Guinness gegründet, der das Grundstück – in einem Anflug von Optimismus – gleich für 9000 Jahre zum Preis von 45 Pfund pro Jahr gemietet hatte. Bier war im Irland des 18. Jahrhunderts, besonders auf dem Land, nahezu unbekannt. Die Iren tranken statt dessen Whiskey, Gin und vor allem den hausgebrannten Poteen, jenen farblosen Schnaps, dem damals wundersame Heilkräfte nachgesagt wurden: »Fleischwürmer töten, die jugendliche Kraft verstärken, den Darmwind pfeifen lassen und das Herz erleuchten.« Ein Jahr später – 1760 – verabschiedete die Regierung ein Gesetz, das das private Brennen von Schnaps untersagte. Durch dieses Gesetz wurde die Hälfte der irischen Bevölkerung über Nacht zu Kriminellen.

Die Guinness-Brauerei (17) bestand anfangs aus einem Kupferkessel, einem Maischbottich, einer Getreidemühle, zwei Malzhäusern und zwölf Pferden sowie einem Dachboden mit 200 Tonnen Heu. Arthur Guinness braute zunächst englisches Ale. Erst später stieg er auf das dunkle Bier um, das bei den Gepäckträgern im Londoner Covent Garden so beliebt war und von diesen auch den Namen hatte: Porter. Aus dem Porter wurde schließlich das stärkere Extra Stout, das den Firmennamen in aller Welt bekannt machte. Im 19. Jahrhundert war Guinness bereits die größte Brauerei Irlands und Anfang dieses Jahrhunderts gar die größte der Welt. Guinness ist der bei weitem bekannteste irische Exportartikel, obwohl der Bier-Multi seinen Hauptsitz längst in England hat.

Guinness gibt es inzwischen in über 150 Ländern, sechs Brauereien unterhält die Firma im Ausland, 15 weitere stellen das irische Nationalgetränk in Lizenz her. Das Dubliner Stammhaus produziert täglich 1,4 Millionen Liter, 40 Prozent davon für den Export. Die heutige Brauerei hat natürlich keine Ähnlichkeit mehr mit der Produktionsstätte der Gründungszeit. Es geht hochtechnologisch zu: Alu-Fässer rollen auf Förderbändern, über ein Rohrsystem werden die verschiedenen Braustationen versorgt. Aber immer noch weht durch die engen Gassen der Liberties, Dublins ältestem Arbeiterviertel, fast ständig ein süßlicher Malzgeruch. Auch die Zutaten haben sich seit Beginn nicht geändert. So heißt es in der Werbebroschüre: »Die einzigen Zutaten, die zum Brauen von Guinness verwendet werden, sind Gerste, Hopfen, Wasser, Hefe und die menschliche Hand.« Deshalb entsprach das Produkt auch schon immer dem deutschen Reinheitsgebot und wird seit den 30er Jahren nach Deutschland exportiert. Auch der Verdacht, daß die Farbe des schwarzen Gebräus von der Dreckbrühe der Liffey herrührt, an deren Ufer die Brauerei liegt, entspricht gottlob nicht der Wahrheit: »Guinness

Rückgriff auf Bewährtes: Der Tukan aus den 60er Jahren kehrte Anfang der 90er in die Guinness-Reklame zurück.

Im ehemaligen Hopfenlagerhaus – heute Museum – kann man den Produktionsprozeß des Schwarzen Goldes miterleben.

Klappern gehört zum Handwerk: Welche Werbefläche in Dublin, auch die höchstgelegene, ist eigentlich noch guinnessfrei?

ist wegen des gerösteten Malzes schwarz«, betont die Werbeabteilung. Das ist beruhigend.

Im Jahr geben die Iren rund 13 Prozent ihres Einkommens für alkoholische Getränke aus. Davon streicht Guinness den Löwenanteil ein: 47 Prozent des Biermarktes entfallen auf das Stout. So fällt es der Inhaberfamilie nicht allzu schwer, sich großzügig zu geben. Bereits Ende des 19. Jahrhunderts stellte die Familie 150 000 Pfund für die Renovierung der St.-Patrick´s-Kathedrale 16 zur Verfügung. Mit dem Geld der Guinness-Dynastie wurden die Häuser der Liberties saniert und Parkanlagen gestiftet, werden heute noch zahlreiche kulturelle Veranstaltungen gesponsert. Der Dubliner Schriftsteller Oliver St. John Gogarty geriet schon 1925 ob der Wohltätigkeiten des Konzerns in Verzückung: »Jedenfalls, dort unten liegt die große Brauerei, die mehr für Dublin getan hat als irgendeine seiner Institutionen. Was für eine wunderbare Verbindung Guinness schafft: Du kannst für bessere Wohnungen der Armen trinken, du kannst dich in St. Stephen's Green hineintrinken oder wenigstens in die Würdigung derjenigen, die der Stadt den Park gaben; du kannst dich sogar, wenn du willst, in Armut trinken und dich zum Gegenstand der Wohlfahrt machen.«

In den 20er Jahren entstand der heute noch legendäre Werbespruch »Guinness is good for you«. Angeblich stammt er von der Krimi-Autorin Dorothy L. Sayers. Plausibler scheint jedoch, den Spruch für das Resultat einer Umfrage zu halten, die das Unternehmen unter seinen Kunden durchführte. Die einhellige Antwort auf die Frage, warum sie Guinness bevorzugten, lautete: »Weil es mir guttut.« Überdies haben viele Schriftsteller dem Getränk in ihren Werken ein Denkmal gesetzt. Doch nicht alle Dichterworte sind für die Guinness-Werbemanager zitierfähig. So sinnierte Leopold Bloom in James Joyces berühmtem Roman »Ulysses«: »Fässer voller Porter, wunderbar. Da sind auch Ratten drin. Saufen sich voll, bis sie wie Wasserleichen aussehen. Und so was trinkt man nun. Das muß man sich mal vorstellen. Rotz, Kotz. Na ja, wenn wir alles wüßten.« Literaturinteressierten Biertrinkern empfiehlt sich Guinness dennoch mit dem Werbeslogan »James's Choice.«

Im Besucherzentrum »Guinness Hop Store« in der Crane Street erfährt man alles über die Erfolgsgeschichte der Brauerei und wie Guinness produziert wird. Auch werden allerlei reklameträchtige Anekdoten erzählt: Eine Expedition habe 1927 am Nordpol vier Flaschen Guinness gefunden, die 18 Jahre zuvor von einem anderen Forschungsteam dort zurückgelassen worden waren. Und Robert Louis Stevenson, der Autor der »Schatzinsel«, soll auf seine Reise nach Samoa sogar einen Kasten des Gebräus als Reiseproviant mitgenommen haben. Vorgestellt werden im Hop Store auch die anderen Produkte, die mittlerweile unter dem Namen Guinness vertrieben werden: Bekanntestes ist wohl das »Guinness-Buch der Rekorde«, das inzwischen in zwei Dutzend Sprachen übersetzt und bei über 60 Millionen verkauften Exemplaren nur von der Bibel übertroffen wird. Doch Bücher kann man nicht trinken...

Ein Guinness am Tag soll gesund sein – mancher Arzt verschreibt es wegen der Nährstoffe sogar schwangeren Frauen.

Der Pub ist das verlängerte Wohnzimmer der Iren: Er dient als Nachrichtenbörse, Kontaktschmiede und politische Bühne.

Auf einen Blick

Dublin entdecken und erleben

Dublin ist eine Stadt der Improvisationen: das alte Parlament ist heute eine Bank, das älteste Krankenhaus ein Museum und das Hauptpostamt die größte Sehenswürdigkeit, weil hier 1916 Rebellen die Unabhängigkeit Irlands erklärten. Die Hauptattraktionen der 1,1-Millionen-Stadt liegen in der Innenstadt, welche auf verschiedenen Pfaden bequem zu erwandern ist (ab Dublin Tourism Centre, Suffolk Street). Man kann Dublin aber auch per Rad (☎ 01/8 72 59 31) oder per Doppeldeckerbus (täglich 10.15 und 14.15 Uhr ab Haltestelle 59 Upper O'Connell Street) unter Anleitung erkunden.

Im 20 Hektar großen, 1789 angelegten Botanischen Garten befinden sich die einzigen original viktorianischen Palmenhäuser der Britischen Inseln.

1. Museum für Stadtgeschichte (Dublinia)
2. Christ-Church-Kathedrale
3. Dublin Castle
4. Rathaus
5. Stadtviertel Temple Bar
6. Stadtmuseum (Civic Museum)
7. Powerscourt House
8. Bank of Ireland
9. Trinity College
10. Nationalmuseum
11. Nationalgalerie
12. Naturgeschichtliches Museum
13. Parlament (Leinster House)
14. St. Stephen's Green
15. Stephen's Green Shopping Centre
16. St.-Patrick's-Kathedrale
17. Guinness-Brauerei
18. Four Courts (Gerichtshof)
19. Whiskey Corner
20. Botanischer Garten
21. National Wax Museum
22. Municipal Gallery of Modern Art
23. Writers Museum
24. General Post Office
25. O'Connell Street/Bridge
26. Abbey Theatre
27. Custom House (Zollhaus)
28. Merrion Square
29. James Joyce Museum in Dun Laoghaire

Neben Berühmtheiten wie James Joyce gibt es im Wachsmuseum auch Märchenfiguren für die Kleinen und ein Horrorkabinett für die Großen.

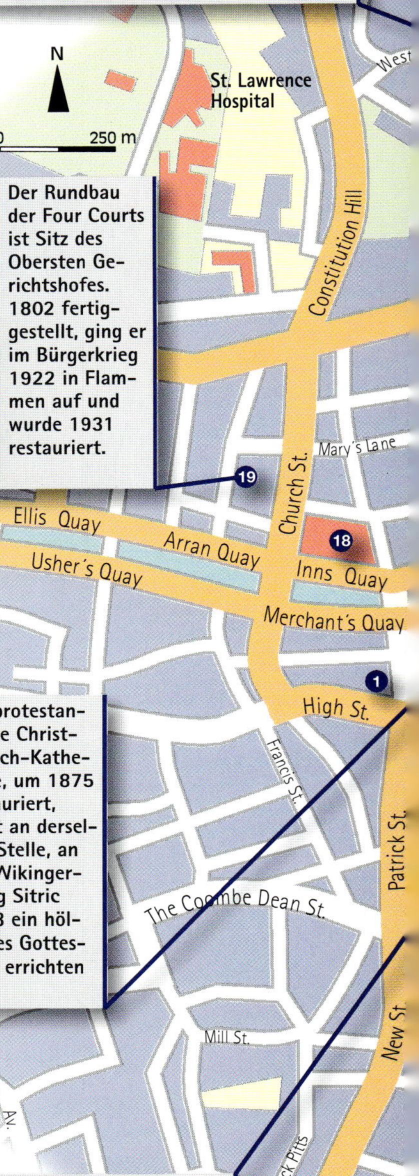

Der Rundbau der Four Courts ist Sitz des Obersten Gerichtshofes. 1802 fertiggestellt, ging er im Bürgerkrieg 1922 in Flammen auf und wurde 1931 restauriert.

Die protestantische Christ-Church-Kathedrale, um 1875 restauriert, steht an derselben Stelle, an der Wikingerkönig Sitric 1038 ein hölzernes Gotteshaus errichten ließ.

Im Innern der protestantischen St.-Patrick's-Kathedrale liegen die Grabstätten des Schriftstellers Jonathan Swift, der hier Dekan war, und seiner Freundin »Stella« Esther Johnson.

Im Writers Museum geben Manuskripte, Porträts und Fotos einen Überblick über Irlands Literaturgeschichte vom Mittelalter bis zur Gegenwart.

Als die Gemeinde der St. Andrew's Church in der Suffolk Street 1995 auf zwei Mitglieder geschrumpft war, erwarb Dublin Tourism das Gebäude. Hier kann man Eintrittskarten reservieren lassen und Unterkünfte in ganz Irland buchen (☎ 01/6 05 77 77), sich für Stadtführungen anmelden, Literatur und Souvenirs erwerben oder etwas essen. Ein Ansagedienst (☎ 15 50/11 22 33 innerhalb Irlands oder ☎ 00 35 31/6 05 77 97 aus dem Ausland) informiert rund um die Uhr über große und kleine Ereignisse in Dublin.

Die O'Connell Bridge, 1790 von James Gandon nach Pariser Vorbildern erbaut, und die O'Connell Street sind Wahrzeichen und wichtigste Verkehrsadern der Stadt.

Bis zur Vereinigung Irlands mit dem britischen Königreich 1801 war das Gebäude Sitz des irischen Parlaments, seit 1803 ist die Bank of Ireland hinter der fensterlosen Fassade untergebracht.

Am Trinity College, 1592 von Königin Elisabeth I. als »Bollwerk gegen den Papismus« gegründet, studierten unter anderen die Literaten Oliver Goldsmith, Oscar Wilde, Bram Stoker und Samuel Beckett.

Hauptattraktion des Nationalmuseums ist das »Gold der Kelten«: Prachtstücke sind der Kelch von Ardagh und die Tara-Brosche aus dem 8. Jahrhundert.

Dublin Castle wurde am Standort eines Wikingerforts zwischen 1202 und 1228 erbaut; die Staatsgemächer dienen heute Staatsempfängen.

Was – wann – wo?

Totenmaske von James Joyce

Lord Edward Restaurant

Alles auf engstem Raum

Samstags ist das Gedränge in der Dubliner Innenstadt beängstigend. Viele Bewohner machen ihre wöchentlichen Einkäufe im Zentrum, weil hier alles nahe beieinander liegt: Warenhäuser und Boutiquen, Lebensmittelläden und Fast-food-Restaurants. Die billigeren Shops findet man in der Henry Street und der Mary Street, die teureren in der südlichen Innenstadt jenseits des Liffey rund um die Grafton Street.

- **Kilkenny Shop.** Der Laden mit der größten Auswahl an irischem Kunstgewerbe. Nassau Street.
- **Forbidden Planet.** Eine ergiebige Fundgrube für Science-fiction-Literatur und Comics. 36 Dawson Street.

Kerzenfabrik Rathborne

- **Powerscourt Townhouse Centre.** Ein schönes Einkaufszentrum mit überdachtem Innenhof. Das Gebäude stammt aus dem Jahre 1774. Clarendon Street.
- **Claddagh Records.** Die beste Adresse für traditionelle Musik und Folk – CDs nicht nur aus Irland, sondern aus der ganzen Welt. 2 Cecilia Street.
- **John G. Rathborne.** Die Kerzenfabrik ist das älteste Unternehmen Irlands und wurde 1488 gegründet. East Wall Road.
- **Mother Redcaps Market.** Der größte Hallenmarkt Dublins bietet CDs, Bücher, Antiquitäten, aber auch Lebensmittel. Christ Church, Back Lane.
- **DESIGNyard.** In diesem Laden im Künstlerviertel Temple Bar zeigen die experimentierfreudigsten Juweliere Irlands ihren Schmuck. 12 East Essex Street.

Irland lebt aus seiner Geschichte…

…und Kultur begegnet man in Irland überall – ob es die 5000 Jahre alten Kammergräber im Boyne-Tal nördlich von Dublin sind oder die irischen Herrenhäuser aus dem 18. Jahrhundert überall im Land. Um die geschichtlichen Hintergründe besser zu verstehen, bietet sich die vielfältige Palette der Dubliner Museen an.

- **Irish Whiskey Corner** ⑲. »Uisce Beatha« ist das gälische Wort für Lebenswasser, die Engländer machten daraus Whiskey. Das alte Getreidelagerhaus informiert über die Geschichte und die Herstellung des edlen Getränks. Bow Street.
- **James Joyce Museum** ㉙. Die erste Szene des Romans »Ulysses« spielt in dem Turm, der 1962 als Museum eröffnet wurde. Neben Erstausgaben, Zeichnungen und Fotos ist auch die Totenmaske von Joyce zu sehen. Sandycove, Dun Laoghaire.
- **National Gallery** ⑪. Besonders irische und englische Gemälde, aber auch Werke der niederländischen und italienischen Malerei werden in der Nationalgalerie ausgestellt. Merrion Square.
- **Kilmainham Gaol.** Von Ende des 18. Jahrhunderts bis 1924 hat man in diesem Gefängnis Irlands Rebellen eingesperrt. Heute ist es ein Nationaldenkmal. Inchicore Road, Kilhainham.
- **National Museum** ⑩. Die wichtigste Abteilung des Nationalmuseums ist die Schatzkammer. Hier sind bedeutende Stücke aus der keltischen Eisenzeit bis zum späten Mittelalter ausgestellt, u. a. die Tara-Brosche aus dem 8. Jahrhundert sowie das Kreuz von Cong aus dem 12. Jahrhundert. Kildare Street.

Nicht nur Irish Stew

Dublin ist schon lange keine kulinarische Wüste mehr. In der Innenstadt gibt es fast an jeder Ecke ein gutes Restaurant, und man bekommt inzwischen auch irische Spezialitäten in guter Qualität: z. B. Boxty, einen gefüllten Kartoffelpfannkuchen, oder natürlich den berühmten Hammeleintopf Irish Stew. Fisch ist trotz der Insellage keine irische Spezialität! Erst neuerdings hat eine Reihe guter Fischrestaurants aufgemacht.

- **Longfields No. 10** ist ein Gourmet-Restaurant. Chefkoch Tommy Donovan gehört zu den berühmtesten seines Fachs in Irland. 9/10 Lower Fitzwilliam Street.
- **Latchfords Bistro** ist in einem wunderschönen, georgianischen Gebäude untergebracht. Zu den Besonderheiten der Küche gehören Steaks, Fasan, Krabben, aber auch Vegetarisches. 99–100 Lower Baggot Street.
- **Lord Edward Restaurant** and Tavern ist das älteste Fischrestaurant im ältesten Teil Dublins. Vegetarier und Fleischliebhaber kommen aber auch nicht zu kurz. 23 Christchurch Place.
- **Gallaghers Boxty House** zeigt, daß die irische Küche ihren Schrecken verloren hat. Das Irish Stew ist nicht zu verachten. 20-21 Temple Bar.
- **Little Lisbon** hat sich auf portugiesische und angolanische Küche spezialisiert. Man darf seine eigene Flasche Wein mitbringen. Fownes Street, Ecke Dame Street.
- **Beshoffs** ist ein Schnellimbiß, der vom letzten Überlebenden der Meuterei auf dem russischen Panzerkreuzer Potemkin, Ivan Beshoff, gegründet wurde und berühmt für frischen Fisch ist. 14 Westmoreland Street.

Wie man sich bettet...

... so schläft man: Vom Luxushotel über das preiswertere Bed and Breakfast bis hin zur billigen Herberge ist alles zu haben – aber man muß rechtzeitig buchen. Es sind nicht immer kulturelle Veranstaltungen oder Kongresse, die für Bettenknappheit sorgen, sondern manchmal auch das Endspiel in den irischen Nationalsportarten Hurling und Gaelic Football oder ein Rugby-Länderspiel gegen England.

- **The Shelbourne Dublin.** Wohnen wie die Dichter William Makepeace Thackeray und George Moore, die im vornehmsten Hotel der Stadt abgestiegen sind: geräumig und elegant. 27 St. Stephen´s Green. ☎ 01/6 76 64 71, Fax 01/6 61 60 06.
- **Conrad International Dublin.** Mehrfach ausgezeichnete Nobelherberge mit freundlichstem Service und einem eigenen Business Centre. Zentral gelegen. Earlsfort Terrace. ☎ 01/6 76 55 55, Fax 01/6 76 54 24.
- **Berkeley Court.** 5-Sterne-Hotel in Stilmixtur mit viel Messing, Spiegelkultur und Imitationen antiken Mobiliars. Lansdowne Road. ☎ 01/6 60 17 11, Fax 01/6 61 72 38.
- **Burlington.** Das größte Hotel Irlands. Großzügige und geschäftige Atmosphäre unter Kronleuchtern. Hervorragende Bar (Buck Mulligan's), hauseigene Disko. Upper Leeson Street. ☎ 01/6 60 52 22, Fax 01/6 60 84 96.

- **Mont Clare.** Relativ kleine Zimmer in Plüsch-Chic. Englische Clubatmosphäre. Merrion Square. ☎ 01/6 07 38 00, Fax 01/6 61 56 63.
- **Blooms.** Modernes City-Centre-Hotel nahe Trinity College und Dublin Castle. Die Zimmerfenster sind dreifach verglast. 6 Anglesea Street. ☎ 01/6 71 56 22, Fax 01/6 71 59 97.
- **ISAAC´S (Dublin Tourist Hostel).** Hier trifft sich die InterRail-Jugend. Schlafmöglichkeiten sowohl in Doppelzimmern als auch in Riesenschlafsälen. 2 Frenchmans Lane. ☎ 01/8 55 62 15, Fax 01/8 55 65 74.

The Brazen Head

Harfe, Dudelsack und Gitarre

Irland verfügt über die lebendigste Musiktradition Europas. Selbst in den kleinsten Orten findet man Music Pubs, wo an ein oder zwei Abenden in der Woche traditionell Musiker aufspielen. Viele Iren verdienen sich ihren – wenn auch bescheidenen – Lebensunterhalt oder zumindest ein paar Freigetränke damit. Die traditionelle irische Musik gliedert sich in zwei Kategorien: Instrumentalmusik, die als Begleitung für Volkstänze diente, sowie eine Art rezitativer Gesang, der meist unbegleitet vorgetragen wird und oft nur eine Oktave umfaßt.

- **O'Donoghue´s.** Der Pub gilt als Wiege der »Dubliners«, die hier zum ersten Mal zusammen gesungen haben. Sessions jeden Abend. 15 Merrion Row.
- **The Brazen Head.** Der 1198 gegründete Pub ist der älteste der Stadt. Sessions jeden Abend. 20 Lower Bridge Street.
- **Hughes´ Bar.** In dem Pub findet montags, mittwochs und donnerstags »Set Dancing«, also traditioneller Tanz, statt. An den übrigen Abenden wird ohne Tanz musiziert. 519 Chancery Street.
- **International Bar.** Musiziert wird nicht im Schankraum im Erdgeschoß, sondern im ersten Stock: mal Rock, mal Country, meist traditionelle Musik. 23 Wicklow Street.
- **Slattery´s.** Einer der ersten Musikpubs Irlands. Die Mittwoch-Sessions sind besonders berühmt. 129 Capel Street.
- **Baggot Inn.** Seit einem Vierteljahrhundert der wichtigste Pub für irische Rockmusik. Alles, was Rang und Namen hat, ist hier aufgetreten: Boomtown Rats, Thin Lizzy, U2 und viele mehr. 143 Baggot Street.

Wetten daß...?

Der Beruf des Buchmachers ist in Irland ähnlich krisenfest wie der des Gastwirts. Man kann sein Geld nicht nur auf Hunde, Pferde, Brieftauben oder eine irische Fußballmannschaft setzen, sondern auf praktisch alles: auf weiße Weihnachten oder sogar auf ein bestimmtes Datum für den Weltuntergang. Mancher Besucher ist davon überzeugt, die Iren würden nur deshalb Sport treiben oder Rennen veranstalten, weil das eine gute Gelegenheit zum Wetten ist. Die Atmosphäre auf einer Rennbahn ist einmalig. Buchmacher stehen auf Schemeln neben schwarzen Tafeln, auf denen die Namen der Tiere für das nächste Rennen sowie die Quoten verzeichnet sind, die laufend geändert werden. Dabei unterhalten sich die Buchmacher mit Hilfe einer Zeichensprache, die nur sie verstehen.

Einer wird gewinnen

- **Hunderennen.** Shelbourne Greyhound Stadium, Shelbourne Park; Harold´s Cross Greyhound Stadium, 151 Harold´s Cross Road.
- **Pferderennen.** The Curragh, Grafschaft Kildare (etwa 45 Kilometer südwestlich); Punchestown bei Naas, Grafschaft Kildare (etwa 35 Kilometer südwestlich); Fairyhouse, Grafschaft Meath (etwa 20 Kilometer nordwestlich); Leopardstown (etwa 10 Kilometer vom Stadtzentrum).
- **Flachlandrennen** finden im Curragh statt. Die wichtigsten sind das Irish 1000 und 2000 Guineas Mitte Mai und das Irish Derby Ende Juni.
- **Hindernisrennen.** Irish Grand National Anfang August in Fairyhouse und die Punchestown-Rennen Ende April.

EDINBURGH

Adel verpflichtet

Schottlands Kronjuwel heißt unbestritten Edinburgh – dank seiner Traumkulisse eine der schönstgelegenen Städte der Welt. Wie ein Edelstein verzaubert die aristokratische Hauptstadt mit tausend Facetten und magischem Flair: Dazu gehören romantische Gäßchen und prachtvolle Adelspaläste, elegante Häuserzeilen im klassizistischen Stil, weitläufige Parks und immer wieder ein unvermuteter Blick aufs Meer. Und natürlich das allgegenwärtige Schloß, dieses wie selbstverständlich aus dem Fels gewachsene Wahrzeichen der Kulturmetropole.

Jeder ehrliche Schotte hält die Königsmeile zu Füßen der Burg für den herrlichsten Platz auf Erden. Auf diesem Weg zur zweiten Königsresidenz, Holyroodhouse, erzählt die Altstadt geheimnisvolle Legenden von Helden und Schurken, findet man berühmte Kiltmaker und erstklassigen Single Malt Whisky. Weit mehr als eine Institution sind die vielen urgemütlichen Pubs, deren würziges Real Ale schon die weltberühmten Schriftsteller Sir Walter Scott und Robert Louis Stevenson zu schätzen wußten. Shopping total verspricht dazu die lebhafte Princes Street an der Südgrenze zur Neustadt, einem Meisterwerk georgianischer Stadtplanung. Unvergleichlich ist Edinburgh jedoch im Festivalfieber, unvergeßlich das feierliche Military Tattoo. Zu diesem Großen Zapfenstreich auf der Burgesplanade treten Dudelsackregimenter aus aller Welt mit ihren »Pipes and Drums« an.

Königliche Flaniermeile

Die Royal Mile zwischen Castle und Holyroodhouse

Beherrschender Blickpunkt der Royal Mile und allgegenwärtiges Wahrzeichen der schottischen Metropole ist das mächtige Castle ❶. Allein das Panorama, das sich von den Burgzinnen in luftiger Höhe bietet, hinterläßt einen unvergeßlichen Eindruck. 1566 gebar Maria Stuart in einer winzigen Kammer im Königspalast einen Sohn, der als Jakob VI. über Schottland und nach dem Tode Elisabeths I. dann ab 1603 als Jakob I. auch über England herrschen sollte. Im benachbarten Gemach werden Schottlands Krönungsinsignien aufbewahrt: Zepter, Schwert und die 1540 aus dem Gold schottischer Bergwerke geformte Krone.

Hauptachse der Altstadt ist die Royal Mile. Den markantesten Blickfang im Abschnitt der High Street bildet die Turmspitze von St. Giles.

Nur wenige Städte besitzen eine solche Freilichtbühne als Hauptstraße – als Schauplatz von Stadt- und Staatsgeschichte – wie Edinburgh mit seiner Royal Mile. Sie ist Herzstück und Hauptachse der Edinburgher Altstadt mit ihren Wynds und Lands, wie die verwinkelten Seitengassen und schmalen Adelspaläste genannt werden. Namhafte Kiltmaker-Läden und urgemütliche Pubs säumen den eleganten Straßenzug, der sich ganz allmählich vom Burgfelsen hinabwindet bis zum zweiten königlichen Schloß: dem Palace of Holyroodhouse ⓯. Er ist bis heute offizielle Residenz der Königin, wenn sie in Edinburgh weilt. Aber nicht nur die Monarchen Schottlands haben die wahrhaft königliche Flaniermeile geprägt. Auch wohlhabende Kaufleute, Gesandte und das einfache Volk haben hier Geschichte geschrieben. Auf der Royal Mile wurden Maria Stuart und Bonnie Prince Charlie umjubelt, hielt der streitbare Reformator John Knox flammende Reden, trieb William Brodie, das Vorbild für »Dr. Jekyll und Mr. Hyde«, sein Unwesen.

Genau betrachtet, handelt es sich um vier historische Straßen – Castle Hill, Lawnmarket, High Street und Canongate –, die im Volksmund zur Royal Mile zusammengefaßt wurden. Direkt im Anschluß an die Esplanade beginnt der Castle Hill mit dem Aussichtsturm (Outlook Tower). Seine Camera Obscura ❸ stammt noch aus der Zeit der Königin Victoria. Schräg gegenüber erzählt das Scotch Whisky Heritage Centre ❷ vom »schottischen Lebenswasser«. Im Elektrowagen geht man auf Entdeckungstour zu berüchtigten Schmugglerbanden und legendären Whiskybaronen, um schließlich selbst das Geheimnis eines Single Malt erschnuppern und natürlich auch probieren zu können.

Das bereits vor 1490 erbaute Stadthaus wurde ab 1560 von John Knox, dem Vater der schottischen Reformation, bewohnt.

Eines der kleinsten Museen der Stadt ist das 1622 erbaute Lady Stair's House ❹ im gleichnamigen Close, wie die bezaubernden Hinterhöfe heißen. Das ehemalige Palais der Grafen von Stair widmet sich den drei großen Literaten des Landes: Sir Walter Scott, Robert Louis Stevenson – beide gebürtige Edinburgher – und Robert Burns, der nur wenige Meter entfernt für einige Zeit am Lawnmarket wohnte.

Hochkirche Edinburghs ist die St. Giles Cathedral ❻. Ihre markante Turmspitze bildet aus acht Strebebögen eine offene Krone. Eine Kirche stand

Immer noch steht vor dem Haupttor der Burg ein Wachsoldat – doch die Besucher sind in der Felsenfestung willkommen.

an dieser Stelle mindestens seit 854, der heutige spätgotische Bau stammt allerdings weitgehend aus dem 14. und 15. Jahrhundert. Absolutes Muß für Kunstfreunde ist ein Blick auf die wunderschönen Eichenschnitzereien und Signets der Kapelle des Distelordens. Schottlands ältester Ritterorden zählt außer dem regierenden Monarchen nie mehr als 16 Mitglieder. Mitte des 16. Jahrhunderts predigte John Knox von der Kanzel calvinistische Prinzipien wider die Katholiken und führte dabei einen erbitterten Kampf gegen Maria Stuart. Wer eine romantische Ader hat, sollte im Pflaster vor dem Hauptportal auf das »Heart of Midlothian« achten – ein alter Brauch verheißt Glück, wenn man in das Granitherz hineinspuckt.

Wo bis zur Unterzeichnung des Unionsvertrages von 1707 das schottische Parlament tagte, hat jetzt der oberste Gerichtshof seinen Sitz. Denn Schottland behielt auch nach der Vereinigung mit England sein eigenes Rechtssystem. In diesem Teil der High Street zweigen mehrere kleine Gäßchen nach Norden ab, die den Passanten immer wieder mit atemberaubenden Blicken auf den Firth of Forth überraschen.

Kinderherzen schlagen an der High Street höher beim Betreten des Museum of Childhood ❾. Auf fünf Stockwerken hat der Sammler Patrick Murray hier in mehr als 30 Jahren altes Spielzeug aus aller Welt zusammengetragen. Die Ausstellung im John Knox House ❿ gegenüber ist dem radikalen Reformator gewidmet, der dort während seiner Amtszeit als Pfarrer von St. Giles gewohnt haben soll. Daß er sogar zweimal verheiratet war, läßt seine Schmähschrift gegen »Das monströse Regiment der Weiber« kaum vermuten.

Letzter Abschnitt der Royal Mile ist die Canongate. Lange Zeit gehörte sie zu den Topadressen der Stadt, zog die Nähe des schottischen Hofes viele wohlhabende Adlige an. Das noble Moray House ⓫ war 1648 Oliver Cromwells Hauptquartier und 1707 Unterzeichnungsort des Unionsvertrages. Als offizielles Stadtmuseum gilt das Huntly House ⓬, während »The People's Story« im malerischen Canongate Tolbooth ⓭ aus dem Leben der einfachen Leute erzählt. Vom Fischfang und Schiffsbau des 18. Jahrhunderts über den viktorianischen Schulalltag bis zur heutigen Punkfrisur ist alles vertreten.

In stolzer Schönheit endet die königliche Flaniermeile schließlich vor den schmiedeeisernen Toren von Holyroodhouse ⓯, einem weitgehend im Stil der Renaissance erbauten Palast mit prunkvollen Staatsgemächern. Auf Holyroodhouse wurden Jakob V. und Karl I. gekrönt, ehelichte Maria Stuart ihren Vetter Lord Darnley, einen ebenso hübschen wie schwächlichen Taugenichts, hielt der charismatische Thronprätendent Bonnie Prince Charlie 1745 für kurze Zeit hof. Seit Königin Viktorias Zeiten dient der Palast als offizielle Residenz der britischen Monarchen und ist daher während der Sommermonate zeitweise nicht zugänglich.

Als krönenden Abschluß sollte man sich den traumhaften Blick von den nahen Salisbury Crags gönnen: Er umfaßt die gesamte Royal Mile bis hinauf zum Burgfelsen und weiter über den Shoppingboulevard Princes Street und die georgianische Neustadt bis zur weiten Mündung des Forth.

Holyrood Palace: Auf ewig wird das Schloß mit der Erinnerung an die unglückliche Maria Stuart verknüpft sein, die hier 1567 den Mörder ihres zweiten Gatten heiratete.

The Heart of Midlothian: Ein herzförmiges Steinmuster vor St. Giles erinnert an das städtische Gefängnis, das einst hier stand.

Dr. Jekyll und Mr. Hyde

An der Südseite des Lawnmarket liegt der Brodie's Close, benannt nach einer angesehenen Handwerkerfamilie. Ihr bekanntester Sprößling war indes der skrupellose William Brodie. Sein Doppelleben als geachteter Diakon und gemeiner Dieb blieb lange Jahre unentdeckt, bis man ihn beim Raubzug im Steueramt erwischte. Ironie des Schicksals: Deacon Brodie endete 1788 für seine Missetaten am selbstentworfenen Galgen auf der High Street. Die spektakuläre Gaunergeschichte inspirierte Robert Louis Stevenson 1887 zu seinem »Seltsamen Fall des Dr. Jekyll und Mr. Hyde« – die Handlung verlegte der Autor allerdings nach London.

Dudelsack und Schöngesang

Edinburgh im Festivalfieber

Hauptattraktion des Kulturfestivals ist das Military Tattoo auf der Schloßesplanade. Zum Großen Zapfenstreich mit farbenprächtigen Paraden finden sich schottische Regimenter aus aller Welt ein.

Edinburgh hat eine Naturbegabung fürs Dramatische. Fast 70 Hügel bilden eine grandiose Kulisse und den theatralischen Rahmen nicht nur für eine lebendige Vergangenheit. Tag und Nacht, das ganze Jahr hindurch, spielt diese Stadt den vollendeten Gastgeber mit einer Fülle faszinierender Veranstaltungen. Europas Festivalkapitale nennt sich Edinburgh, und das zu Recht. Markenzeichen ist das Edinburgh International Festival, das alljährlich im August für drei Wochen zu neuem Leben erwacht. Die Idee für das Festival lieferte 1947 der englische Opern-Impresario und spätere Direktor der Metropolitan Opera New York, Rudolf Bing, der sich zunächst an Cambridge und Oxford gewandt hatte. Als man dort wenig Interesse bekundete, fiel seine Wahl auf die schottische Hauptstadt. Begeisterte Unterstützung fand er beim damaligen Edinburgher Oberbürgermeister John Falconer und beim British Council. Mit großem Geschick gelang es Rudolf Bing in nur wenigen Monaten, gefeierte Stars und Ensembles wie William Primrose, Kathleen Ferrier, die Glyndebourne Opera Company und die Old Vic Theatre Company für Edinburgh zu engagieren. Die nächtliche Show auf dem Burghof bedurfte in jenen Tagen gar noch einer Sondergenehmigung des Verteidigungsministeriums. Das Festival wurde ein Riesenerfolg und entwickelte sich in den folgenden Jahren zum größten Kulturspektakel seiner Art weltweit.

Heute strömen rund 300 000 Menschen zu den Opernabenden, Theateraufführungen, Musicals, Kammerkonzerten, Tanzveranstaltungen und Kunstausstellungen. Und drei Wochen lang sind Edinburghs Straßen und Plätze ein lebhafter Treffpunkt von Dudelsackpfeifern, Akrobaten und hoffnungsvollen Kleinkunstamateuren, die alle ihr Talent unter freiem Himmel zur Schau stellen.

Höhepunkt des Festivals aber ist der allabendlich stattfindende Große Zapfenstreich auf der Esplanade des Castle ❶. Zum feierlichen Military Tattoo im traditionellen Kilt treten Dudelsackregimenter aus aller Welt mit ihren »Pipes and Drums« an. Tausende von Zuschauern drängen sich abends auf

Zum Spektakel des Festival Fringe gehören kunterbunte Phantasiekostüme, spontane Happenings und eine Vielfalt von Avantgardekünstlern.

Im kunterbunten Reigen des Festivals Fringe muß farbige Akzente setzen, wer auffallen möchte.

den begehrten Tribünenplätzen am Schloßplatz, um dem farbenprächtigen Spektakel beizuwohnen. Die Bezeichnung Tattoo stammt übrigens vom holländischen »Taptoe« – für Zapfenstreich – (Montag bis Freitag 21.00 Uhr, Samstag 19.45 und 22.30 Uhr).

Was sich zunächst »am Rande« (fringe) des Festivals als buntes Alternativprogramm abspielte, ist längst dessen fester Bestandteil geworden und gilt seit Jahren als Sprungbrett junger Talente: das Festival Fringe. Die Anzahl seiner Veranstaltungen – bis zu 12 000 – übertrifft heute sogar bei weitem das eigentliche Festspiel. Bekannte und weniger bekannte Künstler bieten hier eine schier unerschöpfliche Vielfalt an eigenwilligen Fantasyshows, spontanen Happenings und Kabarett, aber auch Rock-, Pop- und Klassik-Konzerte.

Parallel zu den beiden großen Festspielen finden außerdem das älteste Filmfestival der Welt statt, eine Buchmesse und ein Jazz- und Bluesfestival mit geselligen Pubmeetings und großen Open-air-Konzerten.

Zum sogenannten Edinburgher Frühling gehören weitere Festivals für Kindertheater und Wissenschaft, bunte Volksfeste und die gigantische Royal Highland Show im Juni, eine Landwirtschaftsmesse, die mit Unterstützung der Königsfamilie alte schottische Traditionen hochhält.

Jahrzehntelang kämpften die Kulturverantwortlichen in Edinburgh um die notwendigen finanziellen Mittel für ein richtiges Festivaldomizil für Theater- und Opernaufführungen. 1994 konnte das moderne Festival Theatre (33) an der Nicolson Street endlich den Betrieb aufnehmen. Das erste Bühnenhaus an gleicher Stelle wurde 1892 von Edward Moss eröffnet: das legendäre Empire Palace Theatre. Für seinen Entwurf zeichnete kein Geringerer als Stararchitekt Frank Matcham verantwortlich, der den Bau mit verschwenderischem Dekor versah. Der glanzvolle Zuschauerraum für 3000 Besucher wurde in warmen Grün- und Goldtönen ausgeführt, als Motive für den plastischen Schmuck wählte Matcham Elefanten mit nubischen Reitern, Nymphen und Cherubinen. Im Empire traten berühmte Künstler auf, feierten u. a. Vesta Tilley, Anna Pavlova, Margot Fonteyn, Charlie Chaplin, Judy Garland und Charles Laughton rauschende Triumphe. Nach dem Umbau des Hauses 1928 durch die Gebrüder Milburn wurden im Empire bis 1963 Varietéshows, Musicals, Opern und Eisrevuen gezeigt, bevor

Ein Muß für Ballettfreunde sind die erstklassigen Aufführungen im Festival Theatre, das auch für seine großartige Akustik gerühmt wird.

der Zeitgeist den Niedergang einläutete und man das Haus kurzerhand zur Spielhalle umfunktionierte.

Fast 30 Jahre sollten vergehen, bis Colin Ross den Auftrag erhielt, dem Gebäude ein neues Gesicht zu verleihen, um wieder eine Theaterära zu eröffnen. Der heutige Besucher betritt hinter der lichten Glasfront ein großzügiges Foyer mit Café und Bar. Das von Frank Matcham entworfene Prachtauditorium wurde weitgehend in seinen ursprünglichen Zustand versetzt und nur dort umgestaltet, wo moderne Ansprüche es verlangten. Zum erstklassigen Programm der jetzigen Bühne, die allseits für ihre großartige Akustik gepriesen wird, gehören ebenso innovative Operninszenierungen, Musicals und Ballettabende schottischer Ensembles wie Gastspiele internationaler Stars. Allen voran natürlich das wahre Feuerwerk aus Topveranstaltungen während der turbulenten Festivaltage.

Festival-Adressen

Unter folgenden Adressen bekommt man zusätzliche Informationen oder kann Karten für Vorstellungen reservieren:

Edinburgh International Festival, 21 Market Street, EH1 1BW, ☎ 2 26 40 01, Fax 2 25 11 73

Tattoo Ticket Office, 22 Market Street, EH1 1QB, ☎ 2 25 11 88, Fax 2 25 86 27

Festival Fringe, 180 High Street, EH1 1QS, ☎ 2 26 52 57, Fax 2 20 42 05

Festival Theatre, 13–29 Nicolson Street, EH8 9FT, ☎ 5 29 60 00, Fax 6 62 11 99

Jazz and Blues Festival, 116 Canongate, EH 8 8DD, ☎ 5 57 16 42

International Film Festival, Film House, 88 Lothian Road, EH3 9BZ, ☎ 2 28 40 51, Fax 2 29 55 01

Book Festival, Scottish Book Centre, 137 Dundee Street, ☎ 2 28 54 44, Fax 228 43 33

Haggis, Scotch und Tartanmuster

Schottlands Markenzeichen

»Wünscht ihr, daß ein Schotte euch verehrt, gebt ihm 'nen Haggis!« schrieb Robert Burns 1786 über die deftige Nationalspeise im Wurstformat.

Lebendige Traditionen, subtiler Humor, eine unnachahmliche Gastfreundschaft und liebenswerte, mitunter etwas gewöhnungsbedürftige Eigenheiten gehören bekanntlich zu Schottlands Markenzeichen. So der »Häuptling der Würstewelt«, wie Volkspoet Robert Burns das schottische Nationalgericht Haggis in einem Gedicht nannte. Der Name stammt vom französischen »Hachis« für Gehacktes und meint die Hauptzutat: gehackte Innereien vom Schaf. Diese werden – laut einem überlieferten Rezept aus dem Jahre 1787 – mit kleingeschnittenen Zwiebeln, Nierenfett und einer Handvoll Hafermehl gemischt und gut gewürzt etwa zwei bis drei Stunden in einem Schafsmagen gekocht. Frisch zubereitet mit »Tatties and Neeps«, der traditionellen Beilage aus Kartoffelbrei und weißen Rüben, ist Haggis eine deftige Delikatesse, die man durchaus probieren sollte. Zum sogenannten Burn's Supper am 25. Januar, dem alljährlich festlich begangenen Geburtstag des Nationaldichters, wird denn auch bis heute der obligatorische Haggis serviert. Natürlich kann man sich die Landesspezialität genauso unterm Jahr schmecken lassen – fast jedes Restaurant an der Royal Mile kennt sein eigens überliefertes Hausrezept.

Schildhalter und Bannerträger im alten Königswappen war seit dem 13. Jahrhundert das schottische Einhorn, umrankt vom Symbol des ritterlichen Distelordens.

»Auf Flaschen gezogenes Sonnenlicht« nannte George Bernard Shaw das aromatische uisge beatha, den von Kennern weltweit begehrten Whisky. Irische Mönche sollen es gewesen sein, die das Geheimnis der Destillierkunst nach Schottland brachten. Als England nach der Union von 1707 die Abgaben für das »Lebenswasser« drastisch erhöhte, wurden Schwarzbrennerei und Schmuggel zur nationalen Ehrensache – fast jeder zweite Schluck Scotch war damals illegal gebrannt. Um der schwarz betriebenen Destillen Herr zu werden, erließ man 1823 schließlich erschwingliche Brennlizenzen. Es entstanden die ersten legalen Familienbetriebe wie Glenlivet, Cardhu, Glenfarclas und Glenfiddich. Als die Reblaus Ende des 19. Jahrhunderts die Weinberge Europas heimsuchte, schlug die große Stunde des Single Malt, machten geschäftstüchtige Whiskybarone wie John Grant und Johnnie Walker ein Vermögen. Heute ist das ebenso hochprozentige wie hochbesteuerte Nationalgetränk der zweitgrößte Devisenbringer des Landes.

Keiner der rund 180 schottischen Malts schmeckt wie der andere. Und jede Destille schwört auf Befeuerung und Form ihrer traditionellen pot stills, der seit Generationen zentimetergenau normierten Kupferkessel, in denen der gemälzte Gerstensud gebrannt wird. Klar wie Leitungswasser läuft der Alkohol durch den vom Zoll versiegelten spirit safe, wo der Destillatsanteil für die Faßabfüllung auswählt wird – trotz modernster Meßmethoden noch immer das Kunststück erfahrener Brennmeister. Bleibt die Frage: Soll der farblose Spiritus nun in alten amerikanischen Bour-

Schottische Pubs sind stilvolle Oasen der Gemütlichkeit. Hier kann man noch in aller Ruhe Scotch probieren – je nach Geschmack als Single Malt oder Blended Whisky.

Mollige Wollkniestrümpfe oder eine richtige Hochlandgarderobe? Bei den Kiltmakern auf der königlichen Flaniermeile wird man in jedem Fall fündig.

bonfässern reifen, um den Hauch von leicht getorftem Malz, Vanille und wilder Minze zu erreichen? Oder lieber in spanischen Sherryfässern lagern? In jedem Fall handelt es sich um schwere, poröse Eichenfässer. Bis zu 20 Prozent des Alkohols entweicht während der mindestens dreijährigen, meist jedoch 8, 12 oder 14 Jahre dauernden Reifung durch die Faßwände – der sogenannte »angel's share«. Der Whisky atmet dafür die Luft seiner Umgebung ein, das Aroma stiller Torfmoore, stürmischer See, Tang und salzigem Wind. Wie man Whisky genießt, ist fast schon eine Glaubensfrage: Wer möchte, kann mit etwas stillem Wasser verdünnen – Eis und Soda gelten indes als Sakrileg.

Mehr als ein Folklorestück bedeutet auch heute noch für viele Schotten der Kilt, der Wollrock mit Karomuster. Wie die Dudelsackmusik verkörpert er eine ausgeprägte Traditionsverbundenheit und maßgeschneidertes Clanbewußtsein, eine ureigene schottische Weltanschauung. Dabei sind beileibe nicht alle Tartans jahrhundertalt, die meisten Schottenmuster wurden sogar erst im 19. und 20. Jahrhundert kreiert. Schon der klassische Kilt sah anders aus und hieß damals noch plaid oder féileadh bhreacain. Dieses »große Gefaltete« bestand aus zwei breiten Stoffbahnen. Die erste wurde in Falten gelegt (kilted) um die Taille gebunden, die zweite diente als Überwurf, wobei der Schwertarm freiblieb. Seit dem Ende des 17. Jahrhunderts beschränkte man sich dann auf den Rock. Zum Schutz der empfindlichsten Körperteile trug man im Kampf einen Lederbeutel vor dem Bauch, den sporran. Er darf auch heute nicht fehlen, verziert mit schmuckem Fellbesatz. Der kleine Dolch (dirk genannt) am wollenen Kniestrumpf, inzwischen sogar bei Empfängen gern gesehen, verhieß in alten Tagen Krieg. Der große Unterschied zwischen Kilt und gewöhnlichem Rock aber sind Farbfolge und Spielart des Tartanmusters. Heute überwiegend eine Modeerscheinung, war der Tartan einst wichtiger Bestandteil für das Selbstverständnis der Clansmen und heraldisches Erkennungszeichen.

1746 – nach der Schlacht von Culloden – verboten die Engländer unter Androhung von Höchststrafen nicht nur das Tragen von Waffen, sondern auch jeglichen Kilt und Tartan. Erst 40 Jahre später wurde das Verbot der Hochlandtracht wieder aufgehoben. Seine eigentliche Renaissance verdankt der Kilt allerdings den romantischen Historienschmökern von Sir Walter Scott und der Schottlandvorliebe Königin Viktorias, die ab 1845 sogar ihren Hofstaat im Kilt antreten ließ. Prinzgemahl Albert persönlich entwarf den graugrundigen Royal Tartan, der zum Vorbild einer neuen Mustergenerationen wurde. Ganze Regimenter wurden im Tartanlook gekleidet, und wer etwas auf sich hielt, besaß nun selbstverständlich schottisch anmutende Garderobe.

Heute wacht die Scottish Tartans Society über die Einhaltung der mehr als 600 Muster und hilft bei der Suche nach dem Stammclan. Wer sich in Edinburgh eine Hochlandgarderobe zulegen möchte, sollte die namhaften Kiltmaker in der Royal Mile aufsuchen. Und im Clan Tartan Centre in der Bangor Road kann man per Computer genealogische Forschung betreiben und Stoffe samt Accessoires erstehen. Auch wenn die Anfertigung von Rock, Jackett und Weste einige Zeit und nicht wenig Geld kostet – dieses Outfit hält ein Leben lang.

Große Fingerfertigkeit und genügend Puste müssen sie schon mitbringen, die Dudelsackbläser.

Auf einen Blick

Edinburgh entdecken und erleben

Der Royal Botanic Garden nördlich des Stadtzentrums besitzt das größte Palmenhaus Großbritanniens – mit seltenen Pflanzen aus aller Welt.

Stadtführungen und Bustouren durch die 440 000-Einwohner-Stadt vermittelt unter anderem das Fremdenverkehrsamt (☎ 01 31/5 57 17 00). Geführte Spaziergänge widmen sich der Stadtgeschichte, der Architektur oder Legenden wie Deacon Brodie, dem realen Vorbild für »Dr. Jekyll und Mr. Hyde«. Wer Hexen und Geistern nachspüren will, sollte abends an Witchery Tours (☎ 01 31/2 25 67 45) oder einem Ghost Walk (☎ 01 31/6 61 01 25) teilnehmen.

Zwei Brücken überspannen den Firth of Forth: eine imposante Stahlbrücke für die Eisenbahn und die Street Bridge, eine der längsten Hängebrücken Europas.

1 Castle
2 Scotch Whisky Heritage Centre
3 Camera Obscura
4 Lady Stair's House
5 Gladstone's Land
6 St. Giles Cathedral
7 Parliament House
8 City Chambers
9 Museum of Childhood
10 John Knox House
11 Moray House
12 Huntly House
13 Canongate Tolbooth mit People's Story
14 Canongate Church
15 Palace of Holyroodhouse
16 Calton Hill
17 Playhouse
18 Royal Botanic Garden
19 National Portrait Gallery und Museum of Antiquities
20 Waverley Station mit Waverley Market
21 Princes Street mit Kaufhaus Jenners und Scott Monument
22 National Gallery of Scotland
23 Princes Street Gardens
24 Georgian House
25 National Gallery of Modern Art
26 Royal Lyceum Theatre
27 Usher Hall
28 Filmhouse
29 Grassmarket
30 National Library
31 Greyfriars Church
32 Royal Museum of Scotland
33 Festival Theatre

Kunstschätze von der Renaissance bis zum Postimpressionismus findet man in der 1859 eröffneten National Gallery of Scotland.

Weite Grünanlagen verlaufen parallel zur Shoppingmeile Princes Street. Hier trifft man sich zu Füßen von Sir Walter Scotts Monument, um ausgiebig Spiel und Entspannung zu frönen.

Die National Gallery of Modern Art zeigt u. a. Picasso, Matisse und Klee, aber auch die Werke der »Scottish Colourists«.

Hoch über der Stadt thront das Schloß auf einem schwarzen Basaltfelsen. Von hier hat man einen traumhaften Blick über Edinburgh und die nähere Umgebung.

Zuständig für alle Anfragen – wie Unterkunft, Stadtführungen, Ausflüge und Veranstaltungen – über die Stadt Edinburgh, aber auch ganz Schottland, ist das zentral am Bahnhof Waverley Station gelegene Edinburgh and Scottland Information Centre, Waverley Market, 3 Princes Street, Edinburgh EH2 2QP, ☎ 01 31/5 57 17 00. Auch für alle großen Bühnen bekommt man hier die Eintrittskarten. Darüberhinaus kann man sie über die Ticket Hotline ☎ 01 31/5 58 10 72 bestellen.

Wer mit Kindern unterwegs ist, muß im Museum of Childhood vorbeischauen, einer wahren Schatzkammer historischer Spielsachen.

Der 1591 fertiggestellte Tolbooth im vornehmen Canongate-Viertel der Royal Mile diente früher als Gefängnis. Jetzt erzählt dort ein Museum vom Edinburgher Alltag gestern und heute.

Eisenkonstruktion aus einem Guß: die lichte Eingangshalle des Royal Museum of Scotland. Hier werden Archäologie, Naturgeschichte und Technik bis zum Raumfahrtzeitalter erklärt.

Hauptkirche Edinburghs ist die 1243 geweihte St. Giles Cathedral. Der gotische Sakralbau entstand Ende des 14. Jahrhunderts, der spätgotische Zentralturm wurde 1495 vollendet.

Edinburghs neues Opernhaus, auch Heimstatt von Ballett und Varieté, liegt in der Nicolson Street. Das hochgelobte Festival Theatre gilt nicht nur während der Festspieltage als Schottlands erste Bühne.

Was – wann – wo?

Festliches Edinburgh

In Edinburgh weiß man Feste zu feiern, allen voran die berühmten Festivaltage im August. Während der dreiwöchigen Veranstaltungen des Edinburgh International Festival und des alternativen Festival Fringe wird alles nur Erdenkliche an Unterhaltung geboten. Zur gleichen Zeit läuft auch das

Festival Fringe

Filmfestival, und beim Jazz Festival wird das Beste an Jazz und Blues geboten. Und schließlich finden sich internationale Autoren in den Charlotte Square Gardens zum Book Festival ein (s. S. 143).

- **Hogmanay.** Fünftägiges Straßenfest mit Feuerwerk zum Jahreswechsel. In der Silvesternacht begibt man sich mit Scotch und Schwarzbrot zum »First Footing«, dem ersten Schritt über die Türschwelle von Freunden, denen man seine Mitbringsel mit besten Neujahrswünschen überreicht. 29. Dezember bis 2. Januar.
- **International Science Festival.** Drei spannende Wochen lang gibt es hier aktuelle Wissenschaft zum Anfassen. März und April.
- **Children's Festival.** In einem Zeltdorf im Inverleith Park wird eine Woche lang buntes Kindertheater gezeigt. Mai.
- **Royal Highland Show.** Schottlands bedeutendste Landwirtschaftsmesse mit traditionellen Spezialitäten und großer Blumenschau. Juni.
- **Military Tattoo.** Niemand bleibt unberührt, wenn abends die Dudelsackregimenter aus aller Welt mit ihren ergreifenden Weisen auf dem Schloßplatz antreten. August.

Hotel Balmoral

Logieren wie Seine Lordschaft

Von der Familienpension bis zum Luxushotel: Unterkunftsmöglichkeiten gibt es in allen Preisklassen. Wer es sich leisten kann, steigt in einem der traditionsreichen Häuser Edinburghs ab, die mehr bieten als nur Komfort.

- **The Balmoral.** Unbestritten eine der Topadressen Europas mit stilvollem Ambiente der viktorianischen Ära. Von der Westseite ein Traumblick auf Edinburgh Castle ❶. 1 Princes Street, EH2 2EQ. ☎ 01 31/5 56 24 14, Fax 01 31/5 57 37 47.
- **The Caledonian.** Die »Grand Dame« der City, zu Recht mit fünf Sternen ausgezeichnet. Princes Street, EH1 2AB. ☎ 01 31/4 59 99 88, Fax 01 31/2 25 66 32.
- **Holiday Inn Crowne Plaza.** Nobelherberge hinter historischen Mauern im Herzen der Altstadt. 80 High Street/Royal Mile, EH1 1TH. ☎ 01 31/5 57 97 97, Fax 01 31/5 57 97 89.
- **Channings.** Die fünf geschmackvoll eingerichteten edwardianischen Stadthäuser sind nur wenige Gehminuten vom Zentrum entfernt. South Learmonth Gardens, EH4 1EZ. ☎ 01 31/3 15 22 26, Fax 01 31/3 32 96 31.
- **Greenside.** Das Georgianische Stadthaus mit geschmackvollem Ambiente gehört zu den preisgünstigeren Unterkünften. 9 Royal Terrace, EH7 5AB, ☎ 01 31/5 57 00 22, Fax 01 31/5 57 00 22.
- **Malmaison.** Stilvolles kleines Hotel mit Hafenblick und erstklassiger französischer Küche. One Tower Place, Leith, EH6 7BD. ☎ 01 31/5 55 68 68, Fax 01 31/5 55 69 99.

Barlegenden und Pubs

Schottische Pubs sind mehr als eine Institution. Sie sind wahre Oasen der Gemütlichkeit: heimelig, etwas verraucht, genau das Richtige für Drizzle-Wetter. Hier trifft man sich mit Freunden zum Schwatz auf ein Bier. Denn in einer Sache sind sich sogar Schotten und Engländer einig: Alle trinken gerne Bier, meist ein »Pint« oder bei weniger Durst eben nur ein »Half Pint«. Dem deutschen Exportbier ähneln am ehesten die untergärigen Lager-Biere. Die obergärigen, spritzig-fruchtigen Ales erinnern an Altbier, Real Ales reifen im Faß ein zweites Mal und kommen gezapft ins Glas. Obergärig sind auch die dunklen, malzbetonten Stouts mit sahnig-weißer Schaumkrone.

- **Black Bull.** Ein urgemütlicher Pub zu Füßen der Burg mit Live-Musik und ausgezeichnetem Real Ale. 12 Grassmarket.
- **Kenilworth.** Weit mehr als eine Barlegende. 152/154 Rose Street.

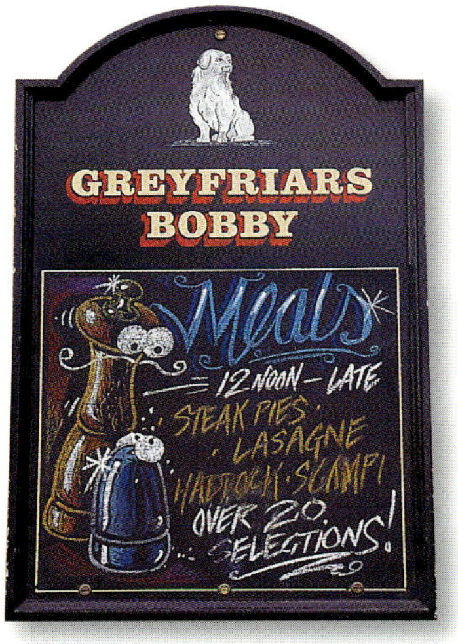

Pint or Half Pint?

- **Greyfriars Bobby.** Der beliebte Studententreff hat seinen Namen von Schottlands berühmtestem Skye-Terrier. 34 Candlemaker Row.
- **Deacon Brodie's.** Illustre Kneipe, die ihren Namen Edinburghs skrupellosem Vorbild für »Dr. Jekyll und Mr. Hyde« verdankt. 435 Lawnmarket.
- **Last Drop** ist ein Szenepub in der Altstadt. 74/78 Grassmarket.
- **NB's Bar.** Es lebe der Sport! Umgeben von Spitzensportlegenden läßt sich's entspannt plaudern. 1 Princes Street.
- **Car Wash.** Hier gibt's Soul und Blues vom Feinsten. 11/13 North Bank Street.
- **Underground.** Mit Live-Musik und Tanz. 119 Rose Street.

Café Royal

Oasen für Feinschmecker

In Edinburgh wird gern und gut getafelt, findet man neben schottischen Spezialitäten wie Lachs, Lamm und Wild die verschiedensten Gerichte aus aller Welt. Ganze Kochbücher sind zudem im »Land o' Cakes« der unüberschaubaren Vielfalt an Pies, Tarts und Shortbread gewidmet. Nach traditioneller Art oder neuen kreativen Rezepten speist man in den Taste-of-Scotland-Restaurants, die vom Scottish Tourist Board ausgezeichnet werden. Den Tee nimmt man am besten in einer Sandwich Bar oder einem Tea Room, die auch mit phantasievollen Häppchen aufwarten.

- **Martin's.** Ein Geheimtip für Feinschmecker – Forbes Stott zelebriert Menüs der Spitzenklasse. 70 Rose Street.
- **The Tattler.** Köstlich zubereitete Meerestiere, Geflügel und Wild stehen auf der Speisekarte des viktorianischen Edelpubs. 23 Commercial Street, Leith.
- **Atrium.** Im Saltire Court des Traverse Theatre zaubert Andrew Radford exquisite Gaumenfreuden auf den Teller. 10 Cambridge Street.
- **Dubh Prais.** Klein aber fein: James McWilliams Kellerrestaurant in der Royal Mile. 123b High Street.
- **Café Royal Oyster Bar.** Hinter kunstvoll bemalten Glasfenstern speist man Meerestiere und Wild vom Feinsten. 17 West Register Street.
- **The Witchery by the Castle.** Wo im Mittelalter Hexen und Zauberer ihre schwarze Magie erprobten, wird heute allabendlich vornehm diniert. Castle Hill.
- **Hendersons's Salad Table.** Vegetarisches und Bio-Vollwertkost bei entspannender Live-Musik. 94 Hanover Street.
- **Abbotsford.** Charmanter Künstlertreff im viktorianischen Stil mit viel Atmosphäre. Gute Küche zu moderaten Preisen. 3 Rose Street.

Kaufhäuser und Kiltmaker

Daß Schotten auf die Preise achten, ist hinlänglich bekannt, und so überrascht es kaum, daß Edinburgh in Sachen Preis-Leistung mehr bieten kann als die meisten anderen Metropolen Europas. Wer erstklassige Wollwaren, Kilts und Kaschmirpullover, Shortbread, Räucherlachs oder einen bestimmten Single Malt mit nach Hause nehmen will, sollte die namhaften Geschäfte an der Royal Mile, in der Princes (21) und George Street aufsuchen. Alles unter einem Dach findet man bei Jenners und in den Einkaufszentren von St. James, Waverley (20) und Gyle. In Stockbridge, Victoria Street und West End laden kleine Antiquitätenläden und ausgefallenes Kunsthandwerk zum Bummeln ein.

Tartanmuster

- **Jenners.** Das »älteste unabhängige Kaufhaus der Welt« ist eine wahre Fundgrube für entzückende Geschenkideen. 48 Princes Street.
- **Gyle Shopping Centre.** Das neueste Einkaufszentrum am Rande der Stadt mit 60 Geschäften. Gyle Avenue.
- **Burberrys & The Scotch House.** Schottische Wollwaren, Kilts und Tweed in allen Variationen. 39–41 Princes Street.
- **Cashmere Store.** Jacken, Pullover und Schals vom Feinsten. 379 High Street/ Royal Mile.
- **Hector Russel.** Traditionsreicher Kilt- und Wollieferant. 95 Princes Street.
- **Geoffrey Highland Crafts.** Alle Tartanmuster für die richtige Hochlandgarderobe. 57-59 High Street.
- **Kinloch Anderson.** Kiltmaker der Royals seit 1868. Commercial Street, Leith.
- **Macsween of Edinburgh.** Beste Haggis zum Mitnehmen. 130 Brunsfield Place.
- **Royal Mile Whiskies.** Erstklassige Single Malts, Blended Whiskies und Quaichs. 379 High Street.

Vorhang auf!

Die Stadt der Kunst und Kultur kann mit gefeierten Bühnen aufwarten. Ausgezeichnete Inszenierungen von Oper, Schauspiel, Musical und Ballett wetteifern mit Rock, Pop und Jazz um die Gunst der Zuschauer. Traditionell schottische Abende bieten zudem Einblick in die reiche heimische Kultur. Es empfiehlt sich, rechtzeitig zu reservieren, vor allem während der besagten Festivaltage.

- **Royal Lyceum** (26)**.** Das viktorianische Schmuckstück beherbergt Edinburghs erste Repertoirebühne. Grindlay Street.
- **Festival Theatre** (33)**.** Von Oper bis zu Varieté – hier wird alles geboten (s. S. 149). 13–29 Nicolson Street.
- **Theatre Workshop.** Eher kleines Experimentiertheater mit großem Erfolg. 34 Hamilton Place.
- **Traverse Theatre** ist bekannt für seine innovativen Produktionen. Cambridge Street.
- **King's Theatre.** Im edwardianischen Schauspielhaus werden Musicals, Tanz und Pantomime gegeben. 2 Leven Street.

English National Ballet

- **Playhouse** (17)**.** Wichtigste Bühne für Musicals und Rockkonzerte. 18–22 Greenside Place.
- **Queen's Hall.** Gefragte Konzerthalle mit internationalem Programm. Clerk Street.
- **Usher Hall** (27)**.** Edinburghs beste Konzerthalle mit 2500 Plätzen. Lothian Road.
- **Spirit of Scotland** bietet Schottische Abende mit Dudelsackklängen, Fünf-Gänge-Menü und Whiskyprobe. 23 Lothian Road.

Florenz

Hauptstadt der Kunst

So ist diese Stadt der behaglichste und angenehmste Aufenthalt, den man sich vorstellen kann, schrieb Jacob Burckhardt 1839. Durchzogen vom graugrünen Band des Arno, über den sich noch die alten Brücken spannen, liegt die Stadt mit ihren Türmen und Kuppeln, Palästen und Gärten in einer weiten Mulde. Von Zypressen und Oliven bewachsene Anhöhen steigen im Norden und Süden hinan, bebaut mit prunkvollen Klöstern und Villen. Florenz hat nicht die barocke Sinnlichkeit Roms, nicht die morbide Faszination Venedigs – Florenz ist eine Stadt der klaren Formen. Die mächtigen Paläste und Kirchen der Renaissance bestimmen das Stadtbild. Weltberühmte Künstler wie Alberti, Brunelleschi und Michelangelo haben sie errichtet, wieder andere, unter ihnen Donatello, Botticelli, Masaccio, Leonardo da Vinci und Ghiberti – hier seine für das Baptisterium gestalteten Bronzetüren – haben sie ausgeschmückt.

Die Stadt der Medici könnte ein einziges, großes Museum sein – und in gewissem Sinn ist sie es –, aber da gibt es noch weit mehr Facetten. Mit seinen eleganten Geschäften, berühmten Restaurants und typischen Trattorien, den belebten Gassen und stillen Plätzen, mit dem unbeschreiblichen Licht, das, von Stunde zu Stunde wechselnd, die Silhouette der Stadt verklärt, begeistert Florenz wohl jeden Besucher.

Die Seele ist mir so voll

Berühmte Reisende in Florenz

Johann Gottfried Seume (1763–1810) schwärmte von S. Croce.

Seit 1593 verkaufen Goldschmiede auf dem Ponte Vecchio ihre Preziosen. Über die Brücke – eine hölzerne Version bestand schon zu Römerzeiten – verbindet der Corridoio die Uffizien mit dem Palazzo Pitti.

Ich eilte so schnell heraus als hinein, schrieb Goethe. Nur dreieinhalb Stunden hielt sich der Dichter 1786 auf seiner »Italienischen Reise« in Florenz auf, dann eilte er weiter nach Rom. Heute machen es alljährlich Hunderttausende von Bus-Touristen ebenso. Hermann Hesse amüsierte sich 1901 in seinen Reisetagebüchern »über die Menge der Reisenden, die in ängstlicher Eile von Stadt zu Stadt gewissenhaft dem Baedeker folgen und für einen harmlosen Spaziergang, für den Eintritt in eine unbekannte Kapelle, für lustige Straßengespräche ... absolut keine Viertelstunde übrig haben«. Doch es gab – und gibt! – immer auch Menschen, die der Stadt die ihr gebührende Aufmerksamkeit widmeten.

Nicht erst seit Goethes »Italienischer Reise« und dem 1803 von Johann Gottfried Seume veröffentlichten »Spaziergang nach Syrakus« war man in Deutschland neugierig geworden. Für Dichter und Philosophen, Künstler und Adelige wurde die Bildungsreise in das »Land, wo die Zitronen blühn« vor allem aber im frühen 19. Jahrhundert zur Herzenssache. War Florenz zunächst nur eine Etappe auf dem Weg zum Rom der Antike, so wurde die Stadt der Medici mit der Wiederentdeckung der Renaissance zum Traumziel. »Der Markt von Florenz ist der herrlichste und interessanteste Anblick, den nur ein Mensch finden kann«, schwelgt der Dichter Heinrich Heine 1828 von der Piazza della Signoria ❼ und gesteht: »... die Seele ist mir so voll, so überfließend, daß ich mir nicht anders zu helfen weiß, als indem ich einige enthusiastische Bücher schreibe.« Den Maler Anselm Feuerbach ergriff 1856 in den Uffizien ❿ »die träumerische Schönheit, die weiche Schwermut und diese unaussprechliche Vollendung« so sehr, daß er »die Galerie sofort verlassen mußte, weil ihm die Tränen unaufhaltsam herunterliefen«. Er war nicht der erste und einzige, den die Gefühle übermannten. Noch in dem 1984 erschienenen Roman »Der junge Mann« beschreibt Botho Strauß, wie die Heldin vor Simone Martinis »Verkündigung« bewußtlos zu Boden sinkt.

Geschützter Platz für die Porträtzeichner: Die Südgalerie bildet den krönenden Abschluß der U-förmig angelegten Uffizien. Im Innern begeistern die grandiosesten Gemälde der Welt.

Piazzale Michelangelo – vom besten Aussichtspunkt der Stadt genossen schon viele berühmte Florenz-Reisende das herrliche Panorama. Unübersehbar: der Dom S. Maria del Fiore.

In der zweiten Hälfte des 19. Jahrhunderts waren die Kunstwerke von Florenz zum Studienobjekt von Künstlerzirkeln geworden. Die Deutschen und Schweizer scharten sich um den Bildhauer Adolf von Hildebrand. Der Maler Arnold Böcklin verkehrte hier ebenso wie die Komponistengattin Cosima Wagner, der Dirigent Wilhelm Furtwängler oder die Dichter Rainer Maria Rilke und Hugo von Hofmannsthal. 1902 besuchte der Maler Paul Klee Florenz und die Uffizien, die er »nach zweieinhalb Stunden sehr ergriffen, sehr klein und kopfschüttelnd« verließ.

Doch nicht nur die Künstler kamen. Seit 1860 das Werk des Kulturhistorikers Jacob Burckhardt über »Die Kultur der Renaissance in Italien« erschienen war, gehörte Florenz zum Pflichtprogramm aller Bildungsbeflissenen nördlich der Alpen. Mütter mit Töchtern, den Reiseführer in der Hand, wandelten durch Museen und Kirchen und füllten die Hotels und Pensionen der Stadt. Viele Gäste kamen nicht für Tage oder Wochen, sie blieben Monate und Jahre. Nicht allein den Deutschen, vor allem den Engländern hatte es Florenz angetan, und sie bildeten bald die größte dieser Kolonien. Die verfallenden Villen auf den Hügeln um Florenz in verwunschenen Gärten mit Buchsbaumhecken, zerborstenen Terracottakübeln und grün überwucherten Statuen hatten das gewünschte elegische Flair für die Domizile dieser sonnenhungrigen Untertanen Queen Victorias. Nicht zuletzt den über Jahre in Florenz und Fiesole ansässigen Engländern und ihrer bekannten Leidenschaft für Gärten ist die Instandsetzung und der Erhalt vieler Florentiner Gartenanlagen zu danken.

Florenz hatte auch auf die Schriftsteller eine inspirierende Wirkung: D.H. Lawrence verfaßte hier seinen Roman »Lady Chatterley's Lover«, der damals einen großen Skandal hervorrief. In seiner Wohnung nahe dem Palazzo Pitti ⓬ begann der russische Dichter Fjodor Michailowitsch Dostojewskij 1868, seinen Roman »Der Idiot« zu schreiben.

Die Fremden, auch wenn sie über Jahre und manchmal Generationen blieben, lebten in ihren eigenen Zirkeln und hatten kaum Kontakt zu den Italienern. Starben sie in Florenz, so hinterließen sie ihre in Jahren angesammelten Kunstschätze und Bibliotheken, die Villen mit ihren oftmals berühmt schönen Gärten nicht der Stadt, die ihnen über Jahre und Jahrzehnte Gastfreundschaft gewährt hatte; meist kamen die Universitäten der Heimatländer in den Genuß des Erbes: Stanhope, Harvard, die New York University und noch vielen anderen fielen auf diesem Weg Dependancen in Florenz zu. Und, als wollte man den gesamteuropäischen Anspruch auf diese Stadt dokumentieren, wurde 1976 in der altehrwürdigen Badia von Fiesole die Europa-Universität eröffnet.

Am Ende des Zweiten Weltkrieges erwarb sich ein Deutscher ganz besondere Verdienste um Florenz. Der Konsul Gerhard Wolf hatte nicht nur vielen politisch Verfolgten zu Unterschlupf und Flucht verholfen, er erreichte es auch, daß die deutsche Besatzung auf die Zerstörung der Stadt verzichtete und sich mit der Sprengung der Arno-Brücken begnügte. Die Stadt dankte es ihm mit der Ehrenbürgerschaft.

Hinter dem Palazzo Pitti erstreckt sich der Boboli-Garten, eine der schönsten Parkanlagen Italiens. Hier lustwandelte auch das Ehepaar Dostojewskij.

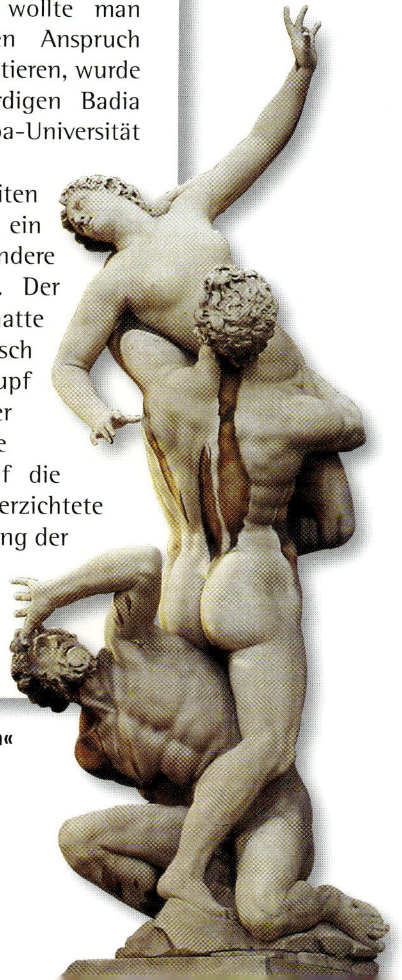

Der »Raub der Sabinerinnen« (1583) ist nur eine von vielen wertvollen Skulpturen unter den Arkaden der Loggia dei Lanzi an der Piazza della Signoria.

Die Kunst an der Macht

Die Medici als Bauherrn und Mäzene

Der 31. Oktober 1737 war eine Sternstunde für Florenz. Anna Maria Ludovica de' Medici, die letzte ihrer Familie, unterzeichnete an diesem Tag mit den als Großherzöge der Toskana nachfolgenden Habsburgern

Michelangelos David posiert – als Kopie – vor dem Eingang des Palazzo Vecchio.

den »patto di famiglia«. Darin wurde festgelegt, daß die Kunstsammlungen und anderen Schätze der Medici »zum Schmuck des Staates, zum Nutzen der Öffentlichkeit und zum Ergötzen der Fremden für immer in der Hauptstadt und innerhalb der Grenzen des Großherzogtums« zu bleiben hatten. Mit einem Federstrich kam Florenz so in den Besitz all dessen, was bis heute Millionen von Menschen in die Stadt am Arno zieht. Nicht nur Gemälde, Statuen, Silber und Juwelen, auch eine Vielzahl der schönsten und prächtigsten Bauten verdankt Florenz dieser Familie.

Pater patriae – Vater des Vaterlandes – wurde Cosimo il Vecchio nach seinem Tod 1464 genannt. Mit ihm, »dem Alten«, hatte der kometenhafte Aufstieg dieser Familie von Kaufleuten und Bankiers zu Herzögen und Großherzögen der Toskana begonnen. Sie besaßen viele Talente, waren Dichter und Philosophen, Architekten, Sammler und Förderer der Künste, Diplomaten und harte Verhandlungspartner, denen es gelang, das ganze Gebiet der heutigen Toskana in ihren Machtbereich zu zwingen.

Macht mußte anschaulich gemacht werden. Cosimo beauftragte den Baumeister Michelozzo, in der Via Larga (heute Via Cavour 1) einen seinem Stand angemessenen Palast zu errichten. Der Palazzo Medici-Riccardi 26 wurde zum Vorbild für alle Renaissancepaläste. Die Palastkapelle schmücken die berühmten Fresken von Benozzo Gozzoli. Cosimo ließ den Maler historische Ereignisse darstellen, die deutlich machen, in welchem Rang der Medici seine Familie sah: Der jüngste der Heiligen Drei Könige trägt die Gesichtszüge von Cosimos Enkel Lorenzo.

In das ebenfalls in der Via Cavour gelegene Kloster S. Marco 28 zog sich Cosimo gerne zu geistlichen Übungen zurück. Es wurde durch seine Unterstützung erweitert und von

Fra Angelico mit Fresken ausgemalt. Hier und in der Badia Fiesolana richtete Cosimo Bibliotheken ein, die zu den berühmtesten jener Zeit zählten. Ein Teil von Cosimos Bücherschätzen zog später in die Biblioteca Medicea-Laurenziana 24 ein, die der Medici-Papst Klemens VII. bei Michelangelo in Auftrag gegeben hatte. Die Bibliothek wurde an Kirche und Kloster S. Lorenzo 25 angebaut, der Pfarr- und Grabeskirche der Familie. Bereits 1419 schuf Brunelleschi, der geniale Konstrukteur der Domkuppel, den Neubau der Kirche. Viele Bildhauerarbeiten, darunter die zwei Bronzekanzeln, stammen von Donatello. In der Krypta sind Cosimo der Alte und Donatello begraben, die Eltern und Söhne von Cosimo fanden in Brunelleschis Meisterwerk, der Alten Sakristei, die letzte Ruhe. In der Neuen Sakristei blieb Michelangelos Grabmal für Guiliano de' Medici mit den Allegorien von Tag und Nacht unvollendet. Die sechs großen Medici-Herzöge, von Cosimo I. bis zum 1723 verstorbenen Cosimo III., liegen in der achteckigen Fürstenkapelle (Cappella dei Principi) begraben, die von Giovanni de' Medici 1602 entworfen und mit Halb-

Die »Räume der Elemente« im Palazzo Vecchio bergen diesen spätrömischen bärtigen Kopf. Kurioserweise sitzt er auf einer Männerbrust aus dem 16. Jahrhundert.

Blickfang der Florenz-Silhouette: der Palazzo Vecchio mit seinem 94 m hohen Turm. Ab 1299 entstanden, zeugt der trutzige Bau von der Blüte des städtischen Gemeinwesens im Mittelalter.

edelsteinen geschmückt wurde. Neben dem Glockenturm hat schließlich 1995 die große Gönnerin Anna Maria Ludovica ein Denkmal erhalten. Unter Cosimos Enkel Lorenzo il Magnifico, dem Prächtigen, gedieh das Geistesleben und künstlerische Schaffen in Florenz vor allem durch persönliche Förderung. So war er es, der Michelangelo als Lehrling in der Werkstatt Ghirlandaios entdeckte und unterstützte. Ein reges Bauschaffen begann aber erst wieder, als 1531 die Medici in den Herzogsrang erhoben wurden. Bis zu diesem Jahr war trotz der Machtfülle der Familie Florenz eine Stadtrepublik geblieben, als stolzes Statussymbol diente das Regierungsgebäude, der Palazzo della Signoria. In diesen zog Herzog Cosimo I. für einige Jahre, funktionierte ihn somit zum Fürstensitz um, bis er in den erneuerten Riesenkomplex des Palazzo Pitti ⓬ übersiedelte und der alte Bau seinen endgültigen Namen Palazzo Vecchio ❾ erhielt. Vor dem Palazzo Vecchio und in der benachbarten Loggia dei Lanzi ❽ wird im Auftrag der Medici dem stolzen David Michelangelos von 1504, dem Symbol der freien Republik im Kampf gegen die mächtigen Fürstentümer, nach und nach eine Reihe von bedeutungsvollen Skulpturen hinzugesellt: 1534 der Herkules von Bandinelli, 1554 Cellinis Perseus mit dem Haupt der Medusa, 1575 Ammanatis Brunnenfigur des Neptun, 1582 der Raub der Sabinerinnen von Giambologna.

Das größte Bauprojekt wurde 1560 unter der Leitung von Giorgio Vasari begonnen. Herzog Cosimo I. wünschte einen Bau, in dem die gesamte Administration der Toskana zusammengelegt werden konnte: die Uffizien ❿ (ufficio = Büro). Bald schon nutzte der Herrscher das oberste Stockwerk, die Galleria, für seine berühmte Gemäldesammlung. Als die Medici-Familie vom Palazzo Vecchio in den erweiterten Palazzo Pitti umgezogen war, baute Giorgio Vasari einen Gang, der über den Ponte Vecchio ⓫ hinweg die Uffizien mit dem neuen Domizil verband. Hinter dem Palazzo ließ die Gemahlin Herzog Cosimos I., Eleanore von Toledo, den ausgedehnten Boboli-Garten ⓭ anlegen. Mit seinen Wasserspielen, Teichen, Grotten und Labyrinthen, mit Hunderten von Marmorstatuen in schattigen Alleen ist er einer der schönsten Gärten Italiens. Auf der Anhöhe entstand unter der Leitung Michelangelos zwischen 1590 und 1595 eine Befestigungsanlage. Wie der Name Forte di Belvedere ㊱ besagt, hat man von dort einen wunderschönen Blick auf die Stadt, deren Bild von einer Familie so entscheidend geprägt worden ist.

Triumphierend präsentiert Perseus das Haupt der Medusa: Das manieristische Meisterwerk des Goldschmieds und Bildhauers Benvenuto Cellini steht (inzwischen ebenfalls als Kopie) unter dem linken Bogen der Loggia dei Lanzi.

Die Galleria Palatina im Palazzo Pitti stellt ihre Schätze, darunter Gemälde von Tizian, Raffael und Tintoretto, in 29 prachtvollen Räumen aus.

Übervoll von schönen Sachen

Die Florentiner Kunstlandschaft

Die Franziskanerkirche S. Croce überzeugt außen durch ihre klare neugotische Fassade – innen durch 276 wertvolle Grabdenkmäler, die an große Italiener wie Michelangelo, Galilei oder Rossini erinnern.

Ein begehbares Kunstwerk wird Florenz zu Recht genannt: 65 Museen, 69 kunstgeschichtlich interessante Kirchen, 85 Paläste, unzählige Brunnen, Denkmäler, Statuen – in keiner anderen Stadt findet man auf vergleichsweise kleinem Raum eine derartige Fülle von Kunst. »Florenz ist so übervoll von schönen Sachen jeder Art, daß man Monate lang zu sehn hat«, schrieb der deutsche Bildhauer und Architekt Adolf von Hildebrand.

Die Silhouette der Stadt mit ihren Prachtbauten dominiert der alles überragende Dom S. Maria del Fiore ❷ mit seiner mächtigen Kuppel aus rotem Ziegel und weißem Marmor. Ende des 13. Jahrhunderts wurde mit dem Bau begonnen. 20 000 Menschen bietet der 160 Meter lange Dom Platz. Erst in den 30er Jahren des 15. Jahrhunderts wurde die 25 000 Tonnen schwere und 107 Meter hohe Kuppel, das für alle Zeiten Maßstäbe setzende Meisterwerk Brunelleschis, vollendet; die darauf sitzende Laterne schließlich 1461. Den Bau des Campanile, des Glockenturms, begann Giotto 1334. Viele der Skulpturen, die den Dom und den Campanile schmückten, wurden aus denkmalpflegerischen Gründen abgenommen und sind jetzt im Dom-Museum ❸ (Museo dell'Opera del Duomo) aus der Nähe zu sehen, darunter die 16 Propheten und Sibyllen von Andrea Pisano, Donatello und anderen sowie die Pietà von Michelangelo und Platten von den Bronzetüren des Baptisteriums ❶. Diese dem Dom gegenüber liegende achteckige Taufkapelle (Battistero S. Giovanni) aus weißem Marmor stammt aus dem 11. Jahrhundert. Innen beeindrucken der vielfarbige Marmorfußboden und die herrlichen Kuppelmosaiken. Am berühmtesten sind jedoch die drei gewaltigen Bronzetüren mit wunderbaren figürlichen Szenen aus dem Alten und Neuen Testament. Die Darstellungen am Südportal führte Andrea Pisano 1330 aus, Lorenzo Ghiberti arbeitete bis 1424 an der Nordtüre und anschließend 24 Jahre am Ostportal, der sogenannten Porta del Paradiso.

Wer sich nicht sattsehen kann an der Bildhauerkunst, dem schlägt im Bargello ❻ das Herz höher. In dem mächtigen Palast aus dem 13. Jahrhundert ist das umfangreichste Skulpturenmuseum Italiens untergebracht, mit so herrlichen Werken wie den beiden David-Statuen Donatellos oder Michelangelos Brutus und sein Trunkener Bacchus. Viele der Kunstwerke sind vom ursprünglichen Standort hierhergebracht worden. Das berühmteste Original, das an seinem ursprünglichen Platz durch eine Kopie ersetzt worden ist, zieht die Florenzbesucher allerdings in die Galleria dell'Accademia ㉗: die 4,10 Meter hohe Marmorstatue des David von Michelangelo. Für Verehrer des großen Michelangelo Buonarroti sind die Kirche S. Lorenzo ㉕ mit dem Medici-Grabmal in der Neuen Sakristei sowie die Casa Buonarroti ㉝ weitere Stationen auf dem Stadtspaziergang. Im Wohnhaus der Familie Buonarroti sind vornehmlich Frühwerke dieses Universalgenies zu sehen.

Ein ganzer Saal im Bargello, dem Nationalmuseum, ist dem berühmten Renaissance-Bildhauer Donatello gewidmet. Diese Skulptur zeigt den heiligen Johannes.

Ahnungsvoll wirkt die »Muttergottes mit Kind und kleinem Johannes«. Sie wartet im Saal der Esther des Palazzo Vecchio auf Besucher.

Simone Martinis zarte »Verkündigung an Maria« (1333) aus der Capella di S. Martino in Assisi zählt heute zu den Schätzen der Uffizien.

Für Liebhaber der Wandmalerei ist der Besuch der Kirche S. Maria del Carmine ⓮ auf der linken Arnoseite ein Muß. Die Fresken der Brancacci-Kapelle gab der Kaufmann Felice Brancacci 1423 in Auftrag. Die Bilder, die Masaccio schuf, gehören zu den eindrucksvollsten und einflußreichsten Frührenaissance-Werken. Einen Blick auf die feine Gesellschaft der Renaissance und das Stadtbild von Florenz erlauben die Fresken in der großen gotischen Dominikanerkirche S. Maria Novella ㉓. In der von 1486 bis 1490 ausgeschmückten Hauptchorkapelle läßt Ghirlandaio in Szenen aus dem Leben Mariens Personen der Florentiner Gesellschaft in zeitgenössischer Mode auftreten.

Keine andere Kirche in der Stadt Florenz kann es jedoch mit der kunstvollen Ausstattung von S. Croce ㉞ aufnehmen, der Ordenskirche der Franziskaner. Die von Giotto geschaffenen Wandmalereien in den Kapellen beeindruckten auch Künstler wie Michelangelo. Seinen besonderen Ruhm aber verdankt dieses toskanische Pantheon den großen Männern, die hier ihre letzte Ruhestätte gefunden haben: Galileo Galilei und Niccolo Machiavelli, Michelangelo und Ghiberti, die Komponisten Luigi Cherubini und Gioacchino Rossini sind unter ihnen. Für den Dichter Dante und den Baumeister und Humanisten Leon Battista Alberti wurden Denkmäler errichtet. 278 Grabplatten verdienter Bürger sind in den Fußboden eingelassen. Der Innenraum ist mit Werken der berühmtesten Künstler der Renaissance ausgestattet; die durch den Klosterhof erreichbare, von Brunelleschi erbaute Cappella dei Pazzi gilt als eine der geglücktesten Renaissance-Architekturen überhaupt.

Die in Florenz und anderen Kunstzentren Italiens und dem übrigen Europa geschaffenen Tafelbilder und Gemälde, die vor allem von den Medici gesammelt wurden, sind in zweien der weltweit bedeutendsten Galerien zu bewundern: der Sammlungen in den Uffizien ❿ und der Galleria Palatina im Palazzo Pitti ⓬. In der Galleria degli Uffizi sind auf 8000 Quadratmetern etwa 1600 der schönsten und kostbarsten Kunstgegenstände des Abendlandes – Gemälde, Skulpturen und Gobelins – ausgestellt. Glanzlichter der italienischen Gotik sind Giottos »Ognissanti-Madonna« und Simone Martinis »Verkündigung«, berühmte Renaissance-Gemälde sind Botticellis »Geburt der Venus« und der »Frühling« sowie die »Verkündigung« und die »Anbetung der Könige« von Leonardo da Vinci.

Ein Blick nach oben lohnt sich: Die Decke dieses Saales im Palazzo Pitti ist dem Göttervater Jupiter gewidmet. Pietro da Cortona schuf das herrliche Fresko Mitte des 17. Jh.

In der Galleria Palatina werden vor allem die Meisterwerke von Raffael und Tizian und die großartige Sammlung flämischer Meister bewundert, unter ihnen Bilder von Rubens und van Dyck. In den ehemaligen Königsgemächern (Appartamenti ex Reali) verblieben die Gemälde und Skulpturen noch in ihrem ursprünglichen Rahmen der mit Stuck und Fresken ausgeschmückten und kostbar möblierten Wohn- und Repräsentationsräume.

Die ebenfalls im Palazzo Pitti beheimatete Galleria d'Arte Moderna zeigt, daß man auch Kunst unseres Jahrhunderts sammelt. Doch selbst die Eröffnung des Museo Marino Marini ㉑ an der Piazza San Pancrazio im Jahre 1988 – mit Werken des große modernen Bildhauers – kann nicht darüber hinwegtäuschen, daß die eigentliche Glanzzeit von Florenz die Renaissance war.

Prächtige Fresken von Domenico Ghirlandaio zieren die Hauptchorkapelle der gotischen Dominikanerkirche S. Maria Novella.

Im Hof des Palazzo Medici-Ricardi: Orpheus und der Höllenhund Zerberus – ein Meisterwerk Baccio Bandinellis.

Made in Italy

Florenz und die Mode

Originelle Besatzwaren, genannt Passamaneria – hier mit Seidenstoff gearbeitet.

Die bekanntesten Juweliere und Goldschmiede der Welt haben Dependancen in Florenz.

Hochkarätig könnte man das Dreieck nennen, das die Straßenzüge der Via dei Tornabuoni und der Via della Vigna Nuova mit dem Lungarno Corsini bilden. Nicht nur, daß in der Via dei Tornabuoni ⓳ die berühmtesten Juweliere der Welt – Bulgari, Cartier, Tiffany – und die Traditions-Goldschmiede von Florenz, Buccellati und Settepassi, Haus an Haus ihre Preziosen in kostbarsten Schreinen zur Schau stellen. Auch die Crème de la crème der italienischen Modeschöpfer gibt sich in diesem Viertel ein Stelldichein. Giorgio Armani, Chiara Boni, Gucci, Prada, Regina Schrecker, Luisa Spagnoli, Valentino – alle sind vertreten. Emilio Pucci hat die Schauräume im alten Familienpalast hinter dem Dom verlassen und bietet seine unverkennbaren, farbenfrohen Modelle und die dazugehörigen Foulards jetzt in der Via della Vigna Nuova zum Verkauf. Und im mittelalterlichen Palazzo Fini-Speroni, dem Firmensitz von Ferragamo, wurde 1996 ein Museum eingerichtet, in dem man die kunstvoll-kapriziösen Kreationen des verstorbenen Schuhkönigs Salvatore Ferragamo bewundern kann. Damit beschuhte der Meister Leinwandheldinnen – von Greta Garbo über Grace Kelly bis Marilyn Monroe.

Einen Verkaufshit kreierte der Schuh-Papst Salvatore Ferragamo 1947 mit seiner aus Nylonfäden gewirkten »unsichtbaren« Sandalette.

Die Auslagen machen trunken. In wohl keiner anderen Stadt werden Waren mit solcher Raffinesse und Eleganz zum Verkauf angeboten. Aber wer kann es sich schon leisten, hier wirklich einzukaufen? Meist ist Window-Shopping angesagt, und ein abendlicher Bummel durch die dann ruhiger gewordenen Straßen gibt uns eine Ahnung vom Möglichen in Sachen Luxus und Eleganz. Die Verkaufsräume glänzen in Glas und Chrom oder geben sich gediegen, mit fremdländischen Hölzern ausgestattet. Es sind nicht selten Töchter der städtischen High-Society, die in diesen Modetempeln den Verkauf zelebrieren, und ihr Anblick ist das beste Beispiel für den unfehlbar guten Geschmack, den man den Florentinerinnen nachsagt.

In früheren Zeiten taten sie wohl des Guten etwas zu viel, denn im Jahre 1330 wurde eine Verordnung erlassen, worin den Frauen von Florenz zu tragen verboten war: »Krönchen oder Kränze, weder aus Silber, noch aus Gold, Perlen oder Edelsteinen, Gewänder verziert mit Gold, Silber, Edelsteinen, Seide, Emaille oder Glas und Gürtel mit mehr als 12 Silberschnallen, außerdem … mehr als zwei Ringe je Finger«. Jacob Burkhardt schreibt in seiner »Kultur der Renaissance«, daß die Florentinerinnen um 1400 beschlossen hatten, sich keiner Mode-Regelung mehr zu unterwerfen, sondern sich so zu kleiden, wie es ihrem Stand und dem Reichtum ihres Mannes geziemte. Auf Ghirlandaios 1485–90 entstandenen Fresken der Hauptchor-Kapelle in S. Maria Novella ㉓ kann man noch heute die Eleganz der Damen zur Zeit der frühen Renaissance bewundern.

Mode und alles, was im weitesten Sinn damit zusammenhängt, waren seit Jahrhunderten nicht nur ein Anliegen ihrer Bewohner, sondern vor allem ein wichtiger Wirtschaftsfaktor

Nur einen Blick riskieren? Kaum eine Frau wird es bei einem Einkaufsbummel durch Florenz dabei belassen.

Der Schick italienischer Lederwaren ist sprichwörtlich. Es lohnt sich übrigens, in Florenz einzukaufen, da manches auch preiswerter als zu Hause sein kann.

der Stadt. Besonders im Wollhandel war Florenz seit dem späten Mittelalter führend in Europa. Die Gilde der Wollweber und -händler, Arte della Lana, gehörte zu den reichsten Gilden. Schon im 12. Jahrhundert zählte sie an die 20 Webereien und über 200 Handelsgeschäfte. Der 1308 errichtete Palazzo dell'Arte della Lana ❹ gilt als einer der schönsten gotischen Paläste der Stadt. Er ist mit Orsanmichele ❺, der Kirche der Zünfte, verbunden. 1378 waren es die »ciompi«, die Wollschläger, die im Bewußtsein ihrer wirtschaftlichen Bedeutung einen der ersten sozialen Aufstände der Stadtgeschichte anzettelten. Und es waren Wollwebereien, die den Grundstock für den Reichtum der Medici bildeten.

In der kargen Nachkriegszeit, 1951, entsannen sich einige Beherzte, unter ihnen der Marchese Emilio Pucci und Salvatore Ferragamo, der glorreichen Tradition der Stadt: Sie veranstalteten – für wenige Interessierte – eine erste Schau Florentiner Mode. 1952 wurde das Ereignis wiederholt, diesmal mit großem Pomp im Weißen Saal des Palazzo Pitti ⓬. Die inzwischen weltweit berühmten Pitti-Modemessen waren geboren; sie finden seitdem alljährlich im Frühjahr und im Herbst statt. 1996 wollte man der »Hauptstadt für Mode und Geschmack« noch weiteren Glanz verleihen. Unter der Schirmherrschaft von Valentino, dem Doyen der italienischen Modemacher, wurde die »Biennale di Firenze« aus der Taufe gehoben. Das Festival soll alle zwei Jahre unter dem Motto »Il tempo e la moda« (Die Zeit und die Mode) stattfinden und bietet über drei Monate eine weitgefächerte Palette von Veranstaltungen, in denen Mode eine Rolle spielt: Kunst, Design, Fotografie, Film, Theater, Literatur etc.

An keine Termine gebunden ist die Besichtigung der immer geschmackvoll und originell dekorierten Schaufenster. Boutiquen locken überall in der Innenstadt: mit Modellen unverkennbar ›made in Italy‹. Aber nicht nur für schicke Kleidung, auch für formschöne und vorzüglich verarbeitete Schuhe und Lederwaren hat Florenz das Primat. Versteckt in alten Palästen liegen Geschäfte, die ihre Waren in echt englischem Understatement anbieten (nicht jedoch bei den Preisen!). Traubengleich hängen in anderen Läden die Sandalen an der Hauswand – hier zeigt ein großes Pappschild den günstigen Preis an. Um den Mercato S. Lorenzo findet man Buntes und Preiswertes, in Domnähe und in der zentralen Via del Corso mit ihren Nebengassen herrscht junges, flippiges Design vor: Mode für jeden Geschmack und für jeden Geldbeutel.

Ein Lehrstück in Sachen Renaissance-Mode: Auf den Fresken der Kirche S. Maria Novella treten Figuren in zeitgenössischer Kleidung auf.

Florenz ist bekannt für seine italienische Version der Haute Couture – die elegant dekorierten Schaufenster der Via dei Tornabuoni erklären es.

Auf einen Blick

Florenz entdecken und erleben

In Florenz (über 440 000 Einwohner) kommt man nur zu Fuß voran – so lassen sich die Bau- und Kunstwerke genießen. Die Strecken im Zentrum sind kurz, und die engen mittelalterlichen Straßen bleiben tagsüber weitgehend für den privaten Autoverkehr gesperrt. Das Netz des einzigen (außer Taxis) öffentlichen Verkehrsmittels Bus ist zwar gut ausgebaut, doch viele kleine Straßen muß er umfahren.

Geometrisch geschnittene Buchsbaumhecken prägen den Renaissance-Garten der berühmten Medici-Villa Gamberaia aus dem 16. Jh. nahe Settignano.

1 Baptisterium
2 Dom S. Maria del Fiore
3 Dom-Museum
4 Palazzo dell'Arte della Lana
5 Orsanmichele
6 Bargello
7 Piazza della Signoria
8 Loggia dei Lanzi
9 Palazzo Vecchio
10 Uffizien
11 Ponte Vecchio
12 Palazzo Pitti
13 Boboli-Garten
14 S. Maria del Carmine
15 S. Spirito
16 S. Trinità
17 Palazzo Davanzati
18 Palazzo Strozzi
19 Via dei Tornabuoni
20 Palazzo Rucellai
21 Museo Marino Marini (S.Pancrazio)
22 Ognissanti
23 S. Maria Novella
24 Biblioteca Medicea-Laurenziana
25 S. Lorenzo
26 Palazzo Medici-Riccardi
27 Galleria dell'Accademia
28 S. Marco
29 Fiesole
30 SS. Annunziata
31 Ospedale d'Innocenti (Findelhaus)
32 Museo Archeologico
33 Casa Buonarroti
34 S. Croce
35 San Miniato al Monte
36 Forte di Belvedere

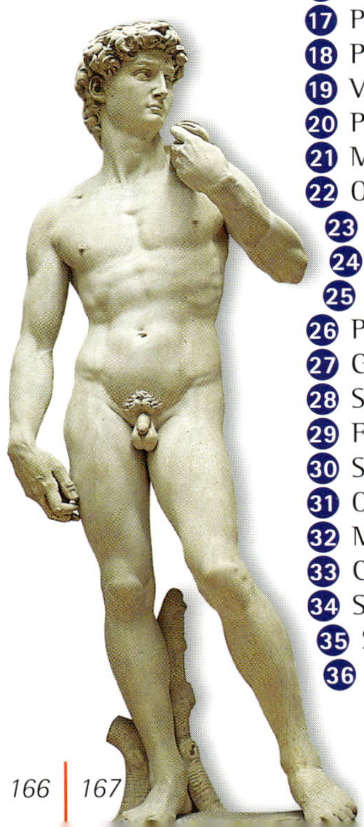

Wie hoch der Wohnstandard schon im 14. Jh. sein konnte, zeigt der Palazzo Davanzati heute als »Museum des alten Florentiner Hauses«.

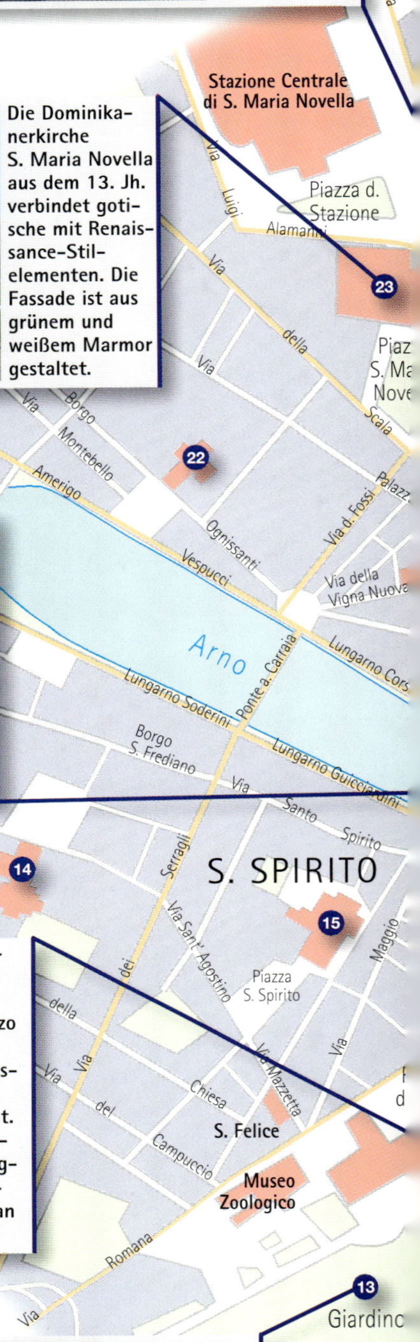

Die Dominikanerkirche S. Maria Novella aus dem 13. Jh. verbindet gotische mit Renaissance-Stilelementen. Die Fassade ist aus grünem und weißem Marmor gestaltet.

Die staatlichen Touristenbüros, z. B. APT, Via A. Manzoni 16, ☎ 0 55/2 33 20, Fax 0 55/2 34 62 86, veranstalten mehrstündige Florenz-Rundfahrten, meist mit Abstecher zur Etruskerstadt Fiesole. Veranstaltungstermine kann man im Büro der Comune di Firenze, Chiasso Baroncelli 17e, ☎ 0 55/2 30 21 24, oder bei Firenze SOS Turistica, Via Cavour 1r, ☎ 0 55/29 08 32, Fax 0 55/2 76 03 83, erfragen. Touristentickets für öffentliche Busse erhält man in Tabakläden und Bars, die mit »ATAF« gekennzeichnet sind.

Mehrere Museen und Sammlungen sind im Palazzo Pitti, der im 19. Jh. Königsresidenz war, untergebracht. Auch die ehemaligen königlichen Gemächer kann man besichtigen.

Hinter dem Palazzo Pitti liegt der herrliche Boboli-Garten, der zu einem Spaziergang zwischen Brunnen, Teichen, einer künstlichen Grotte und vielen Marmorstatuen einlädt.

Das Baptisterium, Battistero San Giovanni (1128), ist vor allem durch seine drei mächtigen Bronzeportale bekannt. Das Innere ist in ein warmes, geheimnisvolles Licht getaucht.

Mit seiner fast 115 Meter hohen Kuppel von Brunelleschi ist der Dom S. Maria del Fiore das Wahrzeichen von Florenz. Von der Kuppelspitze aus hat man eine grandiose Sicht auf die Stadt.

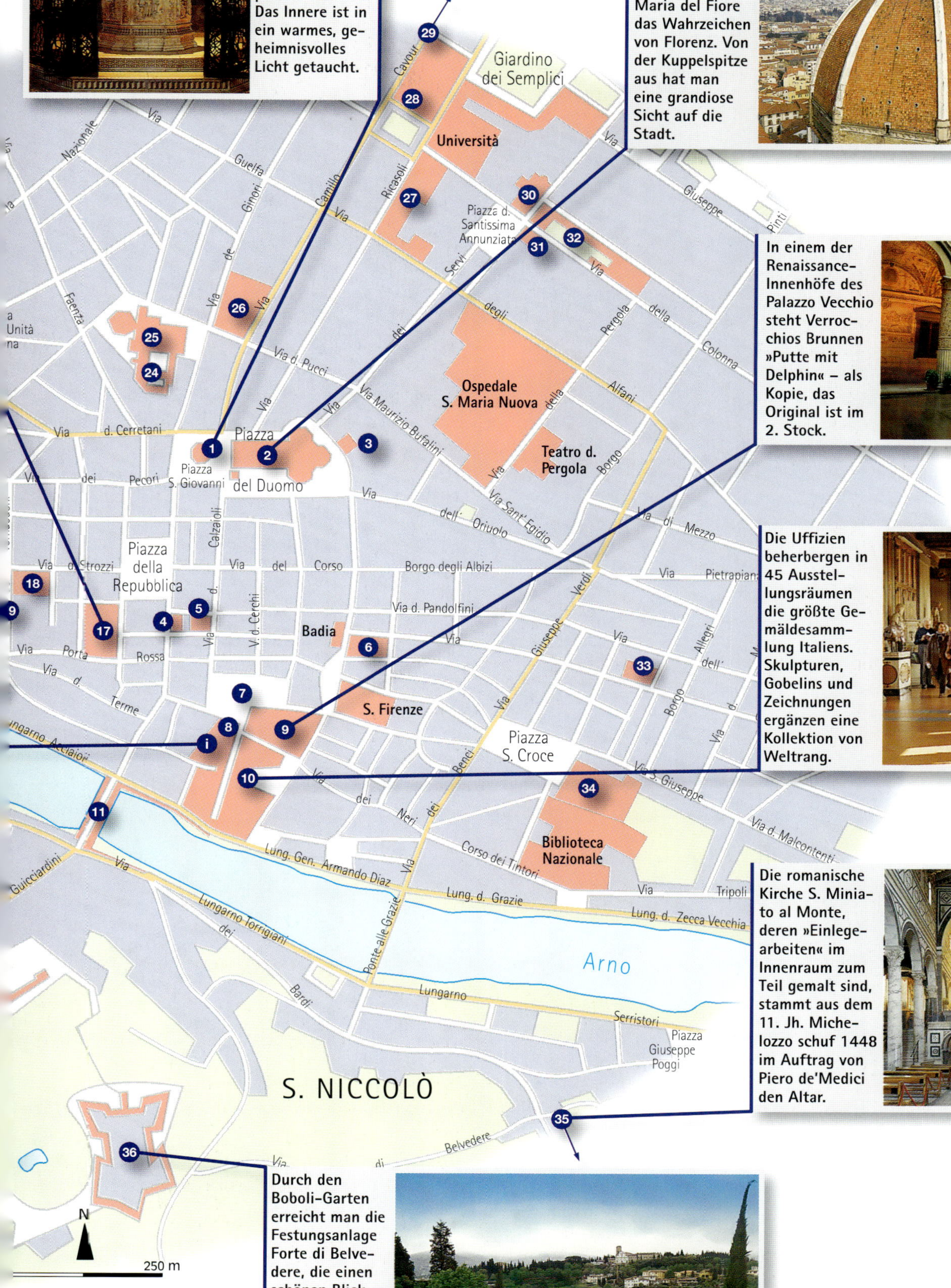

In einem der Renaissance-Innenhöfe des Palazzo Vecchio steht Verrocchios Brunnen »Putte mit Delphin« – als Kopie, das Original ist im 2. Stock.

Die Uffizien beherbergen in 45 Ausstellungsräumen die größte Gemäldesammlung Italiens. Skulpturen, Gobelins und Zeichnungen ergänzen eine Kollektion von Weltrang.

Die romanische Kirche S. Miniato al Monte, deren »Einlegearbeiten« im Innenraum zum Teil gemalt sind, stammt aus dem 11. Jh. Michelozzo schuf 1448 im Auftrag von Piero de'Medici den Altar.

Durch den Boboli-Garten erreicht man die Festungsanlage Forte di Belvedere, die einen schönen Blick auf Florenz und San Miniato (Bild) bietet. Die Medici ließen sie im 16. Jahrhundert erbauen.

Was – wann – wo?

Diskos und Treffs

In Florenz sind die Nächte lang, besonders im Sommer, wenn sich das Leben mehr vor als in den Bars und Cafés abspielt. Dann sind alle Plätze, etwa die Piazza Santo Spirito, bis spät in die Nacht belebt, man flaniert, verläßt die eine Bar, um sich im nächsten Café wieder zu treffen. In den Wintermonaten verlegt sich das Ganze dann nach drinnen: Die heißen Rhythmen erklingen in alten Gewölben, und man debattiert an den Tischen der Szene-Cafés.

- **Meccanò.** Die größte und beliebteste Disko mit Restaurant und mehreren Pisten – im Sommer im Freien. Viale degli Olmi 1 (Park der Cascine).
- **Lidò.** Vorwiegend junges Volk tanzt in der Disko-Bar am Arno – und in den Sommermonaten ebenfalls draußen. Lungarno Giraldi 1.

Heißer Rhythmus

- **Gelateria Vivoli.** Das beste Eis der Stadt und über 30 Sorten. Via Isola delle Stinche 7r.
- **Rose's.** Ein Ort, an dem bis in die Nacht unter Rosen heiß diskutiert wird – bei Snacks und tropischen Getränken. Via del Parione 26r.
- **Cabiria.** In heißen Nächten dehnt sich von hier das Leben über die ganze Piazza aus. Piazza S. Spirito 4r.
- **Porfirio Rubirosa.** Stahl und Schwarz bestimmen das Ambiente – die Snobs von Florenz den Ton. Viale Strozzi 18/20.
- **Full up.** In dieser gemütlichen Bar im Zentrum fühlen sich auch ältere Semester wohl. Via della Vigna Vecchia 25r.

Café Gilli (Decke)

La Cucina Italiana

Viele meinen, die Toskana könne ihnen in puncto Küche nichts Neues mehr bieten. Und ob sie kann! Die wundervollen typischen Gerichte der »armen«, der echten toskanischen Küche sind hierzulande noch weitgehend unbekannt. Acquacotta, wo gibt's die schon, und Ribollita oder die dicke Minestrone aus allen Gemüsen, die der Garten hergibt? Florenz ist voll von Trattorien, in denen meist noch gute Hausmannskost auf den Tisch kommt. Und für Eilige gibt es Weinstuben, Cantinette, in denen kleine, leichte Gerichte angeboten werden.

- **Enoteca Pinchiorri.** 1995 zum »Spitzenrestaurant Italiens« gekürt. Wenn man den Gourmet-Tempel besucht hat, weiß man warum. Via Ghibellina 87.
- **Harry's Bar.** Eines der klassisch-eleganten Lokale am Arno-Ufer mit bester Küche und vorzüglichem Service. Lungarno Vespucci 22.
- **Cantinetta Antinori.** In den Gewölben dieses Palazzo muß man für die »Snacks« schon etwas tiefer in die Tasche greifen, aber es lohnt sich. Piazza Antinori 3.
- **Belledonne.** Nicht ganz vegetarisch, aber auf Gemüse wird in dem kleinen, gemütlichen Lokal besonderer Wert gelegt. Via delle Belledonne 5.
- **Borgo Antico.** Drinnen und draußen werden wundervoll leichte Gerichte bis spät in die Nacht serviert – und freitags fangfrischer Fisch! Piazza S. Spirito 6r.
- **Cantinetta da Verrazzano.** Sie liegt zwischen Dom und Piazza della Signoria – Bar und Weinstube mit kleinen Köstlichkeiten und netten Leuten. Via dei Tavolini 18r.
- **Café Gilli.** Süßes für den Gaumen und Jugendstil fürs Auge. Piazza della Repubblica 39.

Schlafen im Palazzo

Nahezu 400 Stadthotels machen die Wahl schwer, aber jeder findet die passende Unterkunft: im Zentrum günstig zum Museumsbesuch und Einkaufsbummel, auf der Höhe erholsam und mit herrlichem Blick. Die richtige Wahl ist nur eine Frage der Einstellung – und des Geldbeutels natürlich.

- **Villa San Michele.** Traumhaft ist alles im Kloster, das Michelangelo entwarf: die Lage, die Räume, das Essen – und die Preise. Via di Doccia 4. ☎ 0 55/5 94 51, Fax 0 55/59 87 34.
- **Helvetia & Bristol.** Old-England-Atmosphäre – und alles vom Feinsten. Der Lunch im Jugendstil-Wintergarten ist gar ein Erlebnis. Via dei Pescioni 2. ☎ 055/287814, Fax 0 55/28 83 53.
- **Minerva.** Das Traditionshotel wurde auf das schönste renoviert. Piazza S. Maria Novella 16. ☎ 0 55/28 45 55, Fax 0 55/26 82 81.
- **Torre di Bellosguardo.** Geschichtsträchtiges Hotel in schöner Lage. Via Roti Michelozzi 2. ☎ 0 55/2 29 81 45, Fax 0 55/22 90 08.
- **Hotel Executive.** Wer es gern modern und funktional mag, findet die Zimmer (einige mit Sauna und Terrasse) ganz nach seinem Geschmack. Via Curtatone 5. ☎ 0 55/21 74 51, Fax 0 55/26 83 46.
- **Morandi alla Crocetta.** Auch vielköpfige Familien finden hier freundlichste Unterkunft. Via Laura 50. ☎ 0 55/2 34 47 47, Fax 0 55/2 48 09 54.
- **Silla.** Etwas verblichener Charme, aber großzügige Zimmer, freundlicher Service und eine ideale Lage auf der »anderen« Seite des Arno. Via dei Renai 5. ☎ 0 55/2 34 28 88, Fax 0 55/2 34 14 37.

Porta Rossa

- **Porta Rossa.** Zwischen Dom und Piazza della Signoria liegt das älteste Hotel von Florenz mit viel nostalgischem Charme. Via Porta Rossa 19. ☎ 0 55/28 75 51, Fax 0 55/28 21 79.

Ponte Vecchio

Verführerische Auswahl

Florenz ist ein Einkaufsparadies: Die Auslagen der Geschäfte sind so verführerisch, daß man kaum widerstehen kann. So lohnt es sich etwa, einen Bummel über den Ponte Vecchio ⓫ zu machen, wo die Juweliere ihre Kostbarkeiten ausstellen. Neben Schmuck stehen natürlich Mode und Lederartikel an erster Stelle, daneben Antiquitäten, Keramik, Papier, Tischwäsche, Stoffe... und nicht zuletzt Köstlichkeiten wie Wein und Olivenöl.

- **Ferrini.** Feinste Tisch- und Nachtwäsche, für die Florenz seit jeher bekannt ist. Via Calimala 5r.
- **Settepassi.** Der berühmteste unter den Juwelieren von Florenz – obwohl Cartier und Bulgari nur wenige Schritte entfernt residieren. Via Tornabuoni 25r.
- **Il Papiro.** Hat viele typische Florentiner Geschenke: handgebundene Bücher, handgeschöpftes Papier u. v. m. Piazza del Duomo 24r.
- **Ansaga.** Man gibt sich französisch, aber vom handbemalten Geschirr über Gläser und Stoffe ist hier alles schönstes italienisches Design. Via del Parione 32r.
- **Arti e Mestieri in Oltrarno.** Ganz in der Hand der Florentiner Handwerker ist die Piazza Santo Spirito jeden 2. Sonntag im Monat.
- **Mercato delle Pulci.** Auf dem Flohmarkt bei der alten Fischhalle findet man auch Antiquitäten für den schmaleren Geldbeutel (wochentags und am letzten Sonntag im Monat). Piazza dei Ciompi.
- **Enoteca Internazionale.** Wenn man es nicht schafft, dem Weingebiet des Chianti einen Besuch abzustatten, sollte man sich hier mit den berühmten Lagen eindecken. Via delle Oche 27r.
- **Mercato Centrale.** Ein Gang durch die wochentags täglich geöffnete alte Markthalle von San Lorenzo ist für jeden Gourmet ein absolutes Muß.

Wie es gefällt...

Florenz hat nicht nur für die Liebhaber der klassischen schönen Künste jede Menge zu bieten. Für die das ganze Jahr über stattfindenden Messen, Märkte und Feste stellt die Stadt am Arno den idealen Rahmen dar. Handwerk und Mode, das Schöne und der Kommerz stehen auch hier im Vordergrund, aber das lokale Brauchtum kommt im Jahreslauf ebenfalls nicht zu kurz.

Calcio Storico

- **Mostra Internazionale dell'Artigianato.** Nicht nur italienisches Kunsthandwerk, sondern vor allem auch Arbeiten aus Ländern der Dritten Welt werden in der Fortezza da Basso gezeigt. Mai.
- **Festa del Grillo.** Bei diesem Fest im Cascine-Park kommen nicht nur die Kinder, die traditionell Grillen freilassen, auf ihre Kosten. Sonntag nach Himmelfahrt.
- **Calcio Storico.** Es ist ein farbenfrohes Spektakel, wenn auf der Piazza Santa Croce Fußballmannschaften in historischen Gewändern gegeneinander auflaufen. Abgerundet wird das Fest durch einen historischen Umzug und ein nächtliches Feuerwerk. 24. Juni.
- **Artigianato e Palazzo.** Unvergleichlich ist der Rahmen, in dem die Silber- und Goldschmiede, Weber und Töpfer ihre Waren im Garten des Palazzo Corsini zeigen. Mitte Juni.
- **Biennale Mostra Mercato Internazionale Antiquariato.** Edel wie die Ausstellungsräume im Palazzo Strozzi ⓲ sind auch die ausgestellten Stücke. September/Oktober in den ungeraden Jahren.
- **Florence Fashion Biennale.** Mode und nochmals Mode: Drei Monate lang gibt es zu diesem Thema Ausstellungen, Aufführungen und Happenings. Mitte September bis Mitte Dezember, in den geraden Jahren.

Belcanto & Spettacolo

Freunde klassischer Musik kommen in Florenz ebenso auf ihre Kosten wie die Anhänger der leichten Muse, Ballett-Fans ebenso wie Happening-Enthusiasten. Im Teatro Comunale und den anderen Bühnen der Stadt finden von Oktober bis April allabendlich niveauvolle Vorstellungen statt (Theaterkarten über die Agenzia Globus, Piazza S. Trinità 2r, ☎ 0 55/21 49 92, Fax 0 55/2 38 12 58). Und in den Sommermonaten ist hier immer etwas los.

- **Maggio Musicale Fiorentino.** Weltberühmte Künstler aus aller Welt sowie angereiste Zuschauer füllen Stadt und Spielstätten zu diesen hochkarätigen Opern- und Konzertaufführungen. Mitte April bis Ende Juni.

Aida

- **Fabbrica Europa** nennt sich eine Reihe von Performances, Happenings und Revuen im alten Bahnhof Stazione Leopolda, die nahezu frivole Beschwingtheit in die sonst eher ernste Atmosphäre der Stadt bringen. Mai.
- **Florence Dance Festival.** Ballettaufführungen finden im Amphitheater im Park der Cascine statt. Mitte Juni bis Ende Juli.
- **Estate Fiesolana.** Tanz und Schauspiel, Konzerte und Filmaufführungen im Teatro Romano in Fiesole, in Klosterhöfen und Palastgärten. Juli und August.

Die kühle Schöne

HAMBURG

Norddeutschlands Metropole an der Elbe ist nicht nur eine der schönsten und grünsten Städte Deutschlands, es ist auch eine Stadt mit zwei Gesichtern – der Hafen bringt es mit sich. Er nimmt ein Neuntel des gesamten Stadtgebiets ein. Hier wurde und wird zum Teil noch immer jener Reichtum erarbeitet, den die stolze Hansestadt andernorts zur Schau stellt. Nirgends tritt dieser Gegensatz eindrucksvoller zutage als an der noblen Elbchaussee, wo der Blick von den hochherrschaftlichen Villen aus Klassizismus und Gründerzeit unweigerlich auf die Kräne und Docks der gegenüberliegenden Hafenanlagen fällt. Das bodenständige St. Pauli mit seinem deftigen Fischmarkt und der Rotlichtmeile Reeperbahn, wo sich neben den Seeleuten heute vor allem die Touristen vergnügen, steht in reizvollem Kontrast zum feinen, von britischer Lebensart geprägten Hamburg der alteingesessenen Reeders- und Kaufmannsfamilien rund um die Außenalster (Bild) und in den Elbvororten. Zwischen diesen Polen spannt sich der buntschillernde Bogen des lebendigen Stadtstaates, der als Geschäfts- und Einkaufsmetropole, als Presse- und Medienhauptstadt der Republik und nicht zuletzt – dank hanseatischen Mäzenatentums – auch als Ort der Kunst und der Kultur so viel zu bieten hat.

Das merkantile Zentrum

Rund um die Binnenalster

Wenn abends rund um die Binnenalster die Lichter angehen, ist der Blick von der Lombardsbrücke auf Hamburgs Stadtzentrum besonders schön: Rechts liegt der imposante weiße Komplex des ehrwürdigen Hotels Vier Jahreszeiten, geradeaus am Jungfernstieg ❹ das Einkaufsparadies Alsterhaus und links das mächtige, grün leuchtende Rathaus ❶. Da stellt sich hoch im Norden an lauen Sommerabenden fast südländisches Flair ein. Dem läßt sich auch auf dem Rathausmarkt selbst nachspüren, hatte sich doch Baumeister Alexis de Châteauneuf bei der Anlage des Platzes nach dem großen Stadtbrand von 1842 den Markusplatz in Venedig zum Vorbild genommen. Daß trotz Alsterarkaden ❸ und großzügiger Freitreppen zur Kleinen Alster die venezianische Heiterkeit mit einem Schuß Nüchternheit gepaart bleibt, mag wohl am Naturell der Hamburger selbst liegen. Zwar hat man mit dem Vorurteil, ein wenig »s-teif« zu sein, ganz gut leben gelernt – was kümmert's einen schließlich, was die anderen denken –, die hanseatisch vornehme Zurückhaltung aber ist sprichwörtlich – und Realität. Es kann lange dauern, bis man das Vertrauen der Hamburger geschenkt bekommt. Und Schaumschlagen nützt einem gar nichts, denn hier hält man es mit britischem Understatement: Mehr sein als scheinen lautet die Devise. Was sich im übrigen auch auf die Mode auswirkt – unauffällig, aber teuer.

Bei der Demonstration des politischen Selbstbewußtseins durfte von diesem Grundsatz abgewichen werden. Am Rathaus zum Beispiel ist von Understatement wenig zu spüren: 111 Meter lang ist die viergeschossige Werksteinfassade, 112 Meter hoch der zentrale Uhrturm, 846 Quadratmeter mißt allein der große Festsaal, und der ganze Bau besitzt mehr Räume als der Buckingham Palace. Elf Jahre dauerte die Bauzeit, ehe der prunkvolle neue Sitz von Senat und Bürgerschaft 1897 eingeweiht werden konnte.

Hamburg ist stolz darauf, seit dem Mittelalter eine unabhängige, freie Stadt zu sein und keinen fremden Herren gedient zu haben. In dieser Tradition steht der bis heute gepflegte Brauch, daß der Erste Bürgermeister der Hansestadt selbst hochrangigem Staatsbesuch nie entgegenfährt, sondern diesen stets zu sich ins Rathaus kommen läßt.

Durch einen Innenhof mit dem Rathaus verbunden, in geradezu symbolischer Einträchtigkeit, erhebt sich am Adolphsplatz der im Kern spätklassizistische Bau der Börse ❷, die älteste Institution dieser Art in Nordeuropa. Wenn es darum geht, Geschäfte zu tätigen, hatten die Hamburger schon immer die Nase vorn. Das zeigt sich auch eindrucksvoll im Karree nordwestlich von Rathaus und Börse, zwischen Jungfernstieg, Gänsemarkt und Stadthausbrücke, dem Hamburger

Seit 1558 trifft sich die Hamburger Finanzwelt in der Börse, die nun seit 150 Jahren am Adolphsplatz residiert.

Hamburg vom Wasser aus gesehen

Wer Hamburg einmal von einer ganz anderen, unerwartet beschaulichen Seite erleben möchte, der besteige an der Binnenalster/Anleger Jungfernstieg ❹ einen weißen Dampfer der Alsterflotte. Aus dem riesigen Angebot an Rund- und Streckenfahrten sei hier die sogenannte Kanalfahrt herausgegriffen, die über die Außenalster und durch stille Seitenkanäle führt. In Begleitung von Schwänen und Kanuten geht es vorbei an üppig bewachsenen Ufern und Gartenlauben-Idyllen, an versteckten Bootsstegen und Gärten hochherrschaftlicher Villen, die man von der Straße aus nie zu Gesicht bekommt (Alster-Touristik ☎ 040/3574240).

Die kleine Alster am Rathausmarkt, das bevorzugte Revier der berühmten Alsterschwäne, verbindet die Binnenalster mit dem Alsterfleet und so mit der Elbe.

Shopping-Dorado für gehobene und höchste Ansprüche. Hier gibt es kaum etwas, was es nicht gibt – und alles (natürlich) in erster Qualität. Hier verkaufen der Modezar Wolfgang Joop (Neuer Wall 9) und Traditions-Ausstatter Ladage & Oelke (Neuer Wall 11), die Papier-Ästhetin Waltraud Bethge (ABC-Str. 9), der Taschen-Papst Louis Vuitton (Neuer Wall 50), der Konditor Le Nôtre (im Alsterhaus, Jungfernstieg 16–20) und und und…

Um das Geldausgeben noch attraktiver zu machen, haben sich die Hamburger etwas Besonderes einfallen lassen: die Passagen. Nicht, daß man das Prinzip der überdachten Fußgängerzone erfunden hätte, aber in solch edler Ausstattung und in dieser Konzentration, wie sie hier seit Ende der 70er Jahre entstanden ist, kann das Hamburger Passagenviertel jedem Vergleich standhalten. Ob Hanse-Viertel ❺, Gerhof- oder Gänsemarktpassage, ob Bleichenhof, Galleria oder Alte Post: Hier wird das Einkaufen zum vergnüglichen Selbstzweck – das nötige Kleingeld vorausgesetzt. Mittags belagern Banker und Werbeleute, Börsianer und Senatsangestellte die Stehtische der mit »Snackbars« nur äußerst unzureichend charakterisierten Delikateß-Anbieter. Und dennoch – und auch das typisch hamburgisch – ist in diesem Areal der Reichen und Erfolgreichen noch Platz für die vor allem von Studenten bevölkerte Zentralbibliothek und für das bodenständige Ohnsorg-Theater.

Auch wenn die Termine drängen, für eine kleine Stärkung zwischendurch nehmen sich die Hanseaten immer Zeit: Schlemmermarkt im Hanse-Viertel.

Nur wenige Gehminuten entfernt zeigt sich Hamburg ganz anders. Der Hauptbahnhof im sozialen Brennpunkt St. Georg ist mit seiner Drogenszene zu trauriger Berühmtheit gelangt. Zum Hauptbahnhof führt vom Rathausmarkt geradewegs die Mönckebergstraße, die mit den Häusern der großen Warenhausketten eine ideale Ergänzung zur Boutiquen-Szene bietet. Hier toben Schlußverkauf und Weihnachtsrummel, letzterer stimmungsvoll ergänzt durch den Weihnachtsmarkt rund um die Hauptkirche St. Petri ❿. Die älteste Pfarrkirche Hamburgs fristet zusammen mit ihrer Nachbarin St. Jacobi ⓫ ein eher unauffälliges Dasein: Eng eingekeilt zwischen den Weihestätten des Konsums spiegelt sich an ihrer Lage auch die Tatsache wider, daß in Hamburg der Macht der Kirche wenig Entfaltungsraum gelassen wurde. Daran ändern auch die ansehnlichen Kirchenbauten und große Namen wie Carl Philipp Emanuel Bach und Georg Philipp Telemann in der Geschichte der Hamburger Kirchenmusik wenig.

Symptomatisch für das Verhältnis zwischen weltlicher und geistlicher Macht in der Vergangenheit ist das Schicksal des Mariendoms, an den heute nur noch die Domstraße hinter St. Petri erinnert. Als zu Beginn des 19. Jahrhunderts die Sanierung des maroden Baus anstand, verweigerte die Bürgerschaft die nötigen Mittel dafür – wohl mit dem Hintergedanken, dadurch die drohende Wiedereinsetzung des ungeliebten Domkapitels dauerhaft zu verhindern. Und so wurde der Dom 1806 kurzerhand abgerissen.

Ein Cappuccino unter den Alsterarkaden mit Blick aufs Rathaus: Ein schönerer Platz für die Shopping-Pause findet sich in der Innenstadt kaum.

Das Tor zur Welt

Für diesen Beruf muß man ein Näschen haben: Teeprüfer bei der Arbeit in der Speicherstadt.

Der Hamburger Hafen – Ozeanriesen, Speicher und Kontore

Er kennt sich aus im Hafen. Die Schiffsführer der Rundfahrt-Barkassen sind wandelnde Lexika in Sachen Seefahrt und geben gerne Auskunft.

Der Aufstieg Hamburgs zur deutschen Seehandelsmetropole und zu einem der bedeutendsten Häfen Europas begann mit einer Urkundenfälschung. Die meisten Historiker bezweifeln heute nämlich die Echtheit jenes Freibriefs, mit dem Kaiser Friedrich Barbarossa im Jahre 1189 den Hamburgern die Handelsfreiheit auf der Niederelbe zugestand. Aber das ist Schnee von gestern und tut der guten Stimmung, mit der alljährlich am 7. Mai, dem Ausstellungsdatum der Urkunde, der Hafengeburtstag gefeiert wird, keinen Abbruch.

Die Keimzelle des alten Hafens liegt am Nikolaifleet (17), wo heute die schlanken Fachwerk-Giebelhäuser der Deichstraße als letztes Relikt der Altstadt erhalten geblieben sind. Da Hamburg nach dem verheerenden Stadtbrand von 1842, der in der Deichstraße Nr. 42 ausbrach, und nach den Zerstörungen im Zweiten Weltkrieg nur wenig historische Bausubstanz erhalten geblieben ist, nahm man sich der Häuser in der Deichstraße dankbar an. Hier gelang es, mit einer Reihe von Lokalen in betont hamburgischem Lokalkolorit eine gastfreundliche Altstadt-Atmosphäre zu erzeugen.

Obwohl seit 1321 Mitglied im Städtebund der Hanse, ging das »Tor zur Welt« erst sehr viel später richtig auf. Anfang des 19. Jahrhunderts eröffnete die Unabhängigkeit der spanischen und portugiesischen Kolonien in Mittel- und Südamerika neue Möglichkeiten. Der Amerika-Handel brachte den Aufschwung zum modernen Seehafen. 1836 wurde der Linienverkehr nach New York aufgenommen, und die Hamburger Paket-Fahrt-Actien-Gesellschaft (kurz Hapag) stieg zur größten Reederei der Welt auf. Der Bau des künstlichen Sandtorhafens 1862 und der Anschluß an den Deutschen Zollverein 1888 brachten weitere entscheidende Fortschritte. Letzteres Ereignis bescherte der Stadt auf dem Freihafengelände die einmalige Speicherstadt (15), ein gründerzeitliches Bauensemble aus fünf- bis achtbödigen Backstein-Speicherhäusern, das noch heute als der größte zusammenhängende Lagerhauskomplex der Welt gilt. Die mit wilhelminisch verspielten Schmuckelementen wie Türmchen, Zinnen und Erkern versehenen Blocks auf der Brookinsel wecken bei Investoren Begehrlichkeiten, doch bislang konnte eine Umwandlung der historischen Lagerräume in fashionable Eigentumswohnungen verhindert werden. Und so wird der charakteristische Geruch von frisch geröstetem Kaffee, von Tee und Gewürzen hier wohl noch eine Weile in der Luft liegen.

Wo fleißig gehandelt wird, braucht man aber nicht nur Lager-, sondern auch Büroräume, die hier Kontore ge-

Auf ihrem langen Weg zum Hamburger Hafen und zurück zur Nordsee schieben sich die Ozeanriesen beeindruckend dicht am Elbufer vorbei.

Der sonntägliche Fischmarkt auf St. Pauli ist eine hamburgische Institution, auch wenn die Fischhändler selbst dort schon lange in der Unterzahl sind.

Ein Hauch von Historie: Die liebevoll restaurierten Giebelhäuser am Nikolaifleet lassen erahnen, wie die Stadt im 18. Jahrhundert ausgesehen hat.

nannt werden. Schräg gegenüber der Speicherstadt, jenseits des Zollkanals, wurde diesem Bedürfnis unter der Ägide des berühmten Stadtbaumeisters Fritz Schumacher in den 20er Jahren Rechnung getragen. Zwischen Meßberg und Speersort entstand das sogenannte Kontorhausviertel – mächtige Blockbebauung mit Klinker- und Ziegelfronten in einer Stilmischung aus Neuer Sachlichkeit und Expressionismus. Architektonisch herausragend ist das spitz zulaufende Chilehaus mit Staffelgeschossen und geschwungener Südfassade. Fritz Höger baute es 1922–24 für Henry B. Sloman, der mit dem Import von Salpeter aus Chile zu Reichtum gekommen war.

Den schönsten Überblick über den Hafen verschafft die 82 Meter hoch gelegene Aussichtsplattform des Kirchturms von St. Michaelis (19). Der »Michel«, wie Hamburgs Wahrzeichen kurz und liebevoll genannt wird, thront majestätisch über dem stadtseitigen Elbufer. Norddeutschlands schönste protestantische Barockkirche mit ihrem lichtdurchfluteten Innenraum in Weiß, Gold und Grau wird von den Hamburgern auch als Konzertsaal geschätzt. Unterhalb des Michel schiebt sich die weitverzweigte futuristische Stelzenstadt des Pressekonzerns Gruner + Jahr bis an den Hafenrand heran.

Wer den im Hintergrund als gedämpfte, aber stets wahrnehmbare Geräuschkulisse präsenten Hafen aus der Nähe betrachten möchte, sollte sich eine Hafenrundfahrt nicht entgehen lassen. Sie zählt mit Recht zu den schönsten Erlebnissen eines City-Besuchs. Auch die Hamburger selbst haben sie wohl alle irgendwann schon einmal mitgemacht und nehmen die Pflicht, Gästen die Stadt zeigen zu müssen, gerne zum Anlaß, sie zu wiederholen. An den St.-Pauli-Landungsbrücken (21) geht's los, und deren langgestrecktes Jugendstil-Gebäude mit den kupfergedeckten Kuppelhauben und Türmchen ist schon eine Schau für sich. 1907–09 wurde es für den Passagierverkehr nach Übersee gebaut, heute legen hier die Rundfahrt- und Elbdampfer an.

Natürlich kann der Barkassenkapitän nur einen kleinen Teil des 8700 Hektar großen Hafengeländes vorführen – zu ausufernd sind die Dimensionen des nach Rotterdam zweitgrößten Hafens Europas: 45 Kilometer Kaimauer, Liegeplätze für über 300 Seeschiffe, jährlich 14 000 Abfertigungen von Handelsschiffen mit einem Güterumschlag von 72 Millionen Tonnen. Doch trotz der eindrucksvollen Zahlen ist der Hafen längst zur Problemzone geworden. Arbeitsplätze gingen und gehen weiter verloren: Allein zwischen 1966 und 1986 halbierte sich die Zahl der Hafenarbeiter – bei gleichzeitiger Erhöhung der Warenumschlagmenge um 50 Prozent. Und gegenwärtig kämpft das Traditionsunternehmen Blohm + Voss, die letzte in Hamburg verbliebene Großwerft, mit Massenentlassungen gegen die Konkurrenz aus Fernost. Ein Strukturwandel wird nötig sein – doch Hamburg ohne Hafen, das ist unvorstellbar.

Mit Schiffsparaden und Regatten, fröhlichen Menschenmengen und einem Feuerwerk wird am 7. Mai der Hafengeburtstag groß gefeiert.

Denkmal für Klaus Störtebeker am Brooktor: Der legendäre Pirat wurde im Jahre 1400 hingerichtet.

Auf der Reeperbahn nachts um halb eins …

Die Tradition reicht weit zurück: Zwar wurde auf der Reeperbahn (25) mit der Arbeit der Reepschläger (niederdt. »Reep« = Tau) ursprünglich ein seriöses Handwerk betrieben, doch bereits zu Anfang des 19. Jahrhunderts begann sich rund um die 600 Meter lange Straße ein Amüsierviertel für Seeleute zu entwickeln. In der jüngeren Vergangenheit waren es dann eher Touristen, die dem bekanntesten Rotlichtbezirk der Republik einen Besuch abstatteten. Mit der von Hans Albers beschworenen Romantik ist es längst vorbei. Aber in den letzten Jahren haben witzige Kneipen, heiße Musikschuppen und schräge Theater für eine kreative Belebung der beinahe zur Touristen-Falle verkommenen »sündigen Meile« gesorgt.

Musik, Museen und Mäzene

Die Kunst und die Pfeffersäcke

Über die Pfeffersäcke, wie die hanseatischen Kaufleute mit mildem Spott hier gerne genannt werden, mokierte sich einst schon Heinrich Heine – und das, obwohl der Dichter selbst sein Leben lang auf die Zuwendungen seines reichen Hamburger Onkels Salomon angewiesen blieb.

Das Image, nüchterne Rechner zu sein, haftet den Hamburgern bis heute an. Dabei wird leicht vergessen, wieviel die Stadt dem persönlichen Engagement ihrer Bürger und dem Mäzenatentum einzelner Kaufleute, Reeder oder Fabrikanten zu verdanken hat. Freigebige Fürsten hatten hier nie das Sagen, und so ist es im Stadtstaat Tradition, daß für öffentliche Einrichtungen kultureller Art Privatinitiative herhalten muß.

Diese Tradition läßt sich bis ins 17. Jahrhundert zurückverfolgen. 1678 sorgte die Gründung des ersten öffentlichen und ständig bespielten Opernhauses in Deutschland für Aufsehen. Und was noch ungewöhnlicher war: Der Musentempel am Gänsemarkt wurde nach privatwirtschaftlichen Gesichtspunkten geführt. Immerhin ging das mutige Unterfangen rund 50 Jahre lang gut. Der junge Georg Friedrich Händel spielte hier Geige und Cembalo und komponierte seine ersten drei Opern für diese Bühne. Später wurde Georg Philipp Telemann Musikdirektor, doch den fortschreitenden Niedergang des Unternehmens konnte er auch nur zeitweilig aufhalten. Der Sänger, Komponist und Musikpublizist Johann Mattheson machte in seinem Rechenschaftsbericht scharfsichtig das »Naturell der Einwohner« für das Scheitern verantwortlich, »denn, kurtz zu sagen: Opern sind mehr für Könige und Fürsten, als für Kauff- und Handelsleute.« Womit wir wieder beim Thema wären.

Das Ballett der Hamburgischen Staatsoper zählt seit Jahren zu den besten Deutschlands. Das Repertoire der Neumeier-Truppe reicht von den klassischen Stücken bis zu Choreographien auf zeitgenössische Musik.

Folgerichtig verlegte man sich in dem 1765 an etwa gleicher Stelle errichteten Neubau zunächst aufs Schauspiel. Gotthold Ephraim Lessing war der berühmteste Dramaturg dieses »Nationaltheaters«, seine »Minna von Barnhelm« das Erfolgsstück des Hauses. Im 19. Jahrhundert stand dann mit dem Aufkommen des Virtuosentums bei Instrumentalsolisten sowie dem Auftreten reisender Gesangsstars die Musik wieder im Vordergrund. Der hanseatische Geschäftssinn reagierte prompt auf die neue Entwicklung: Ein Aktienverein »opferbereiter Männer« ließ sich von Karl Friedrich Schinkel ein neues Theater entwerfen, das 1826/27 an der Dammtorstraße in leicht abgeänderter Form erbaut wurde. Da das Haus eindeutig für die Bedürfnisse des weit profitableren Musiktheaters konzipiert war, ließ sich die Trennung der Sparten auf Dauer nicht mehr aufhalten. Eine Entwicklung, die im Bau des Deutschen Schauspielhauses ❾ an der Kirchenallee ihren Schlußpunkt fand. Auch dieses Projekt – man ahnt es bereits – wurde von einer Gruppe hamburgischer Theaterfreunde in Auftrag gegeben. Im Jahre 1900 fand die feierliche Eröffnung des Hauses statt, das mit knapp 1400 Sitzplätzen noch heute zu den größten Sprechtheatern in Deutschland zählt. Sehr zum Leidwesen der Hamburger Theaterfans und trotz aller Bemühungen mit zum Teil hochkarätigen Intendanten will eine Wiederbelebung jener glorreichen Zeiten, da der legendäre Gustaf Gründgens Ende der 50er Jahre dem Theater zu nationalem Ruhm verhalf, bisher nicht so recht gelingen.

Da hatte die Hamburgische Staatsoper ❼ dank einer glücklichen Personalpolitik schon mehr Fortüne. Zwar wurde der 1873 von Martin Haller umgebaute Schinkel-Bau im Zweiten Weltkrieg weitgehend zerstört und durch einen herzlich ungeliebten Funktionsbau im Stil der 50er Jahre ersetzt, doch ist es den wechselnden Intendanten von Günther Rennert und Rolf Liebermann über Christoph von Dohnányi bis zu Peter Ruzicka und Gerd Albrecht stets gelungen, höchstes Niveau zu bieten. Unter ihrer Ägide entwickelte sich die Staatsoper

Video-Installation von Nam June Paik in den Deichtorhallen. In den ehemaligen Markthallen präsentieren wechselnde Ausstellungen die neuesten Tendenzen zeitgenössischer Kunst.

Johannes Brahms wurde am 7. Mai 1833 in Hamburg geboren, wo er sich mit Klavierspielen in Matrosenkneipen und Theatern sein erstes Geld verdiente.

Der stimmungsvolle Rahmen und die gute Akustik machen ein Konzert in St. Michaelis zum Erlebnis. Chor und Orchester belegen bei großen Messen und Oratorien die gesamte Nordempore des »Michel«.

zu einem wichtigen Forum vor allem des neuen Musiktheaters. Zum Liebling der sonst eher an britischen Gepflogenheiten orientierten Hanseaten avancierte während der letzten zwei Jahrzehnte aber ein Mann aus Wisconsin: Ballettchef John Neumeier beweist nun schon seit 1973, daß Kontinuität und Kreativität keine Gegensätze sind.

Ein weiterer Musentempel, der aus dem Hamburger Kulturleben nicht mehr wegzudenken ist, die Musikhalle ❻ am Karl-Muck-Platz, verdankt seine Entstehung der testamentarischen Stiftung eines Salpeter-Importeurs. Die Hinterlassenschaft des Reeders Carl Heinrich Laiesz ermöglichte den Bau des neobarocken Musik-Palasts im ersten Jahrzehnt des 20. Jahrhunderts. Nur notorische Nörgler wagen heute anzumerken, daß der Zuschauerraum der noch immer einzigen »seriösen« Konzerthalle Hamburgs nicht mehr dem neuesten Stand entspricht, zumindest was Komfort und Sichtverhältnisse angeht. Vor der Musikhalle erinnern zwei Plastiken an Johannes Brahms, den großen Sohn der Stadt, der freilich zu Lebzeiten nicht immer so hofiert worden ist. Als man den 29jährigen bei der Vergabe des Dirigentenpostens beim Philharmonischen Orchester 1862 schmählich überging, dürfte dies seinen Entschluß gefestigt haben, die künstlerische Heimat weiterhin in Wien zu belassen.

Nicht nur Musik und Theater, auch die bildende Kunst profitierte vom zupackenden Bürgersinn der Hanseaten. Eine durch Schenkungen zusammengekommene Kollektion, die der Kunstverein 1850 in der ersten »öffentlich städtischen Gemäldegalerie« in den Börsen-Arkaden präsentierte, wurde zur Keimzelle der Hamburger Kunsthalle ❽. Sieht man sich heute dem mächtigen, 1863–88 im Stil der italienischen Renaissance errichteten Gebäude am Glockengießerwall gegenüber, mag man kaum glauben, daß auch diese Monumentalarchitektur seinerzeit zu zwei Dritteln aus privaten Spenden finanziert worden ist.

Die grandiose Gemäldesammlung – mit Schwerpunkt auf dem 19. Jahrhundert – zieht Besucher von weither an. 1997 hat mit der Galerie der Gegenwart auch die zeitgenössische Kunst einen eigenen Präsentationsrahmen erhalten. Das hätte sicher ganz besonders den 1992 verstorbenen Industriellen und großen Mäzen Kurt A. Körber gefreut. Er finanzierte 1989 den Ausbau der Deichtorhallen ⓮, einst Standort des Blumen- und Gemüsegroßmarkts, zu einem modernen Ausstellungszentrum für Avantgardekunst.

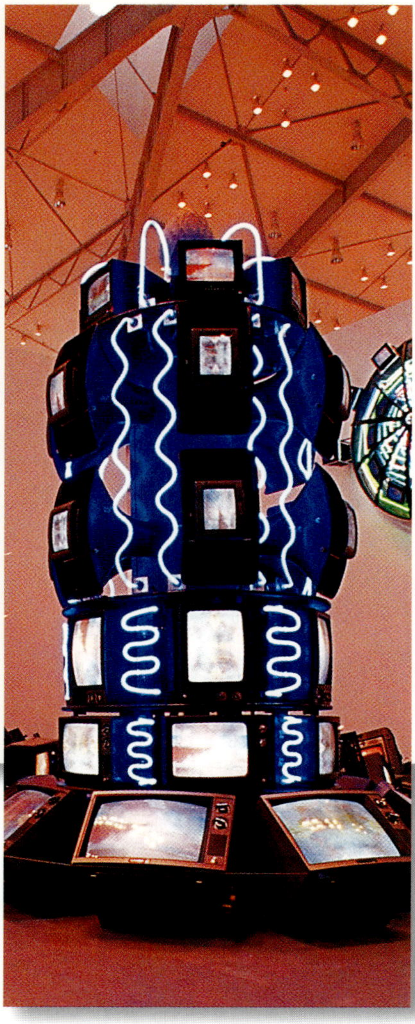

Im reinsten Jugendstil eingerichtet ist das »Pariser Zimmer« im Museum für Kunst und Gewerbe.

Der feine Westen

Von Ottensen nach Blankenese

Sie ist neun Kilometer lang, führt auf dem Elbhochufer von Altona nach Blankenese und zählt noch immer zu den allerbesten Adressen der Hansestadt: die Elbchaussee 24. Klassizistische Prachtbauten in parkartigen Gartenanlagen mit altem Baumbestand und mächtigen Rhododendron-Büschen künden vom Wohlstand und Selbstbewußtsein des Hamburger Großbürgertums. Doch allen gärtnerischen Abschottungsmaßnahmen zum Trotz: Das Wohnen ist hier schon lange kein reines Vergnügen mehr. Zu hoch ist das Verkehrsaufkommen, zu groß an schönen Tagen der Ansturm auf das Elbufer.

Das war nicht immer so. Noch bis vor hundert Jahren war die Elbchaussee Privatstraße. Ein Schlagbaum half, die in Hamburg so geschätzte Exklusivität zu wahren. Nur wer die geforderte Benutzungsgebühr entrichtete, durfte weiterfahren. Von etwa 1780 an war es bei den reichen Hamburger Reedern und Kaufleuten in Mode gekommen, draußen vor der Stadt entlang der Elbe repräsentative Landsitze bauen und Gärten im englischen Stil anlegen zu lassen. Begehrt waren natürlich die Grundstücke mit Blick auf den Fluß, um das Defilee der eigenen Schiffe wohlgefällig beobachten zu können. Zum meistbeschäftigten Architekten um die Wende vom 18. zum 19. Jahrhundert wurde der dänische Hofbaumeister Christian Frederik Hansen.

Erst hundert Jahre später breiteten sich entlang der Elbchaussee die sogenannten Elbvororte Othmarschen, Flottbek und Nienstedten richtig aus – heute die begehrtesten Wohnviertel überhaupt. Geographisch schlägt die Elbchaussee heute den Bogen zwischen den sozialen Extremen der Großstadt Hamburg: vom traditionell proletarisch, aber nun von der Alternativszene geprägten Ottensen über die »Millionärsviertel« bis Blankenese. Dieses zählt zwar auch zum feinen Westen, als alte Kapitäns- und Fischersiedlung hat es jedoch einen ganz eigenen Charakter bewahrt.

Doch der Reihe nach: Im Osten markiert die Christianskirche neben dem mächtigen weißen Quader des Altonaer Rathauses den Beginn der Prachtstraße. Zugleich erinnert das nach dem dänischen König Christian IV. benannte Gotteshaus, auf dessen Kirchhof der Dichter Friedrich Gottlieb Klopstock begraben liegt, daran, daß Altona bis 1867 noch zu Dänemark gehörte. Lange Zeit war es die zweitgrößte dänische Stadt nach Kopenhagen. Die offizielle Angliederung an Hamburg erfolgte erst 1937 mit dem sogenannten Groß-Hamburg-Gesetz der Nationalsozialisten.

Der Altonaer Ortsteil Ottensen im Dreieck zwischen Elbchaussee und Bahnhof Altona zählt zu den buntesten Ecken der Hansestadt. Szenekneipen und türkische Gemüseläden, Selbsthilfeprojekte und Trödler prägen das Bild. Jahrelang wurde auf die Sanierung der Häuser verzichtet; einige alteingesessene Geschäfte gaben auf. Inzwischen gilt es in der Verlags- und Medienbranche, bei Werbern, Architekten und anderen Kreativen als schick und attraktiv, in restaurierten ehemaligen Fabrikgebäuden zu arbeiten. So findet sich manch selbstgestrickter Fahrradladen plötzlich in der Nachbarschaft Handy-bewehrter

Malerisch schmiegen sich die Häuser in Blankenese an den dichtbewachsenen Geesthang. Schmale Gäßchen und steile Treppen führen durch den seit 1302 als Fährstelle belegten Ort zur Elbe hinab.

Der Kaufmann und Reeder Wilhelm Brandt ließ sich 1818 an der Landseite der Elbchaussee in Höhe Övelgönne nach dem Vorbild eines Schlosses auf der Krim das prächtige »Säulenhaus« errichten.

Jung-Broker wieder. Ein schönes Beispiel für diese Ottenser Mischung sind die Zeisehallen in der Friedensallee. In den entkernten Hallen einer ehemaligen Schiffsschraubenfabrik entstand ein lebendiges Kulturzentrum, mit dem Szene-Restaurant Eisenstein, dem Filmhaus, einem Kino, einem Verlag und zahlreichen Läden.

Nur wenige Blocks weiter, an der Elbchaussee, ist von solcherlei Atmosphäre nichts mehr zu spüren. Hier werden die Cabrio-Dächer hochgeklappt und die Sonnenbrillen ins Haar gesteckt – zu Fuß geht hier niemand. Flaneure sieht man allenfalls unten an der Elbe, wo sich am Wochenende Menschenmengen mit Blick auf die gegenüberliegenden Hafenanlagen an den pittoresken Minihäusern der alten Kapitänssiedlung Övelgönne vorbeischieben. Sehr zum Verdruß der Bewohner, wie der bekannteste Övelgönner, der Dichter Peter Rühmkorf, zugibt. Aber Övelgönne ist nunmal »in«. Seit Jahren schon ist das Café Strandperle am Museumshafen der Treffpunkt am Elbufer, und oben ragt die verglaste Rotunde des Gourmet-Tempels Le Canard aus dem Steilhang.

Im weitläufigen Jenischpark, drei Kilometer weiter in der Ufersenke bei Teufelsbrück, findet dagegen noch jeder sein ruhiges Plätzchen. Hier wird der Picknick-Korb ausgepackt und Feder- oder Fußball gespielt. Der Blick vom prächtigen, nach Schinkel-Entwürfen 1830–33 erbauten Jenischhaus (heute Museum großbürgerlicher Wohnkultur) hinunter auf die Elbe ist einfach einmalig. Der unscheinbare Flachbau in unmittelbarer Nähe beherbergt die vom Zigarettenfabrikanten Hermann F. Reemtsma gestiftete Sammlung von Plastiken und Druckgrafiken des Bildhauers, Grafikers und Dramatikers Ernst Barlach. Ursprünglich gehörten zum Areal des Parks, den Baron Caspar von Voght 1797 im englischen Landschaftsstil anlegen ließ, noch das Gelände des Botanischen Gartens, des Derbyparks, des Poloplatzes sowie der Golf-, Tennis-, und Hockeyanlagen rund um den S-Bahnhof Klein-Flottbek – womit übrigens die in den Elbvororten bevorzugten Sportarten genannt wären.

Letzte Station auf dem Weg nach Blankenese ist das im Ortskern noch immer dörflich wirkende Nienstedten, das zwei in ganz Hamburg bekannte, direkt an der Elbchaussee gelegene »Institutionen« zu bieten hat: Da ist zum einen die ländlich hübsche, zum Teil in Fachwerkbauweise errichtete evangelische Kirche von 1751, die bei Hamburgs traditionsbewußter Jeunesse dorée als Hochzeits- und Taufkirche so beliebt ist, daß die Wartezeit für gemeindefremde Anwärter mittlerweile mehr als ein Jahr beträgt. Kein Wunder auch, daß sich die Grabinschriften auf dem dazugehörigen Friedhof wie ein Who is who der feinen Gesellschaft lesen. Zum anderen wurde schräg gegenüber das berühmte Café-Restaurant Jakob gerade zu einem Nobelhotel ausgebaut. Die herrliche Lindenterrasse des über 200 Jahre alten Gasthauses, wie sie Max Liebermann 1902 auf der Leinwand festgehalten hat, soll auch wieder in voller Pracht erstehen.

Polo, ein ebenso aufregender wie exklusiver Sport. In Flottbek ist der älteste Polo-Club Deutschlands beheimatet.

Märchenhaft und jedem Spaziergänger offen: der bereits Ende des 18. Jahrhunderts angelegte Jenischpark.

Klassizistische Marmorfigur aus dem Vestibül des Goßlerhauses. Die von Christian Frederik Hansen erbaute Säulenvilla wird heute vom Ortsamt Blankenese genutzt.

Auf einen Blick

Hamburg entdecken und erleben

Ein Tip für einen Familienausflug ins Grüne ist ein Besuch von Hagenbecks Tierpark, der berühmten Hamburger Institution im Stadtteil Stellingen.

Das Angebot an unterschiedlich langen Rundfahrten durch die 1,7 Millionenstadt ist groß. Die Busse starten in der Kirchenallee am Hauptbahnhof (☎ 0 40/2 27 10 60), die Hummelbahn am Hauptbahnhof und an den St.-Pauli-Landungsbrücken (☎ 0 40/7 92 89 79). Zur hochinteressanten Hafenrundfahrt legen die Barkassen von den St.-Pauli-Landungsbrücken ab (☎ 0 40/3 11 70 70). Die Alsterschifffahrt (☎ 0 40/3 57 42 40) bietet die verschiedensten Fahrten vom Anleger Jungferstieg aus an, ob Dämmertörns, Fleet- und Kanalfahrten oder die einfachen Alster-Kreuzfahrten von Anleger zu Anleger (mit der Möglichkeit zu unterbrechen).

Auf der Alster schippert man vorbei an vornehmen Villen und gepflegten Parks, die seit dem vorigen Jahrhundert rund um das Gewässer entstanden sind.

1. Rathaus
2. Börse
3. Alsterarkaden
4. Jungfernstieg
5. Passagen mit Hanse-Viertel
6. Musikhalle
7. Hamburgische Staatsoper
8. Hamburger Kunsthalle
9. Deutsches Schauspielhaus
10. St. Petri
11. St. Jacobi
12. Thalia-Theater
13. Museum für Kunst und Gewerbe
14. Deichtorhallen
15. Speicherstadt
16. St. Katharinen
17. Deichstraße/Nikolaifleet
18. Krameramtsstuben
19. St. Michaelis
20. Museum für Hamburgische Geschichte
21. St.-Pauli-Landungsbrücken
22. Alter Elbtunnel
23. Fischmarkt
24. Elbchaussee
25. Reeperbahn
26. Hagenbecks Tierpark
27. Planten un Blomen
28. Außenalster

Die St.-Pauli-Landungsbrükken – heute Ausgangspunkt der Hafenrundfahrten – werden vom Ostturm des 200 m langen Empfangsgebäudes (1907–09) überragt.

Beliebte Mundartbühne und eines der architektonischen Schmuckstücke der Reeperbahn: Das St.-Pauli-Theater lohnt einen Besuch.

Den 1907–11 erbauten Alten Elbtunnel betritt man bei den Landungsbrücken durch einen imposanten Kuppelbau und fährt mit dem Fahrstuhl 23,50 Meter in die Tiefe.

Die noblen Einkaufspassagen im Hanseviertel zwischen Rathaus, Jungfernstieg und Gänsemarkt machen (Window-)Shopping zum Erlebnis. Und bei Regenwetter bleiben die Füße schön trocken.

Die bei Seglern beliebte Außenalster umgeben schicke Villenviertel aber auch der Arbeiterstadtteil St. Georg. Blickpunkte sind der Turm der Dreieinigkeitskirche und das Hotel Atlantic.

Die Gemäldesammlung der Hamburger Kunsthalle gehört zu den besten des Landes. 1977 eröffnet: die Galerie der Gegenwart.

Bei den Tourismus-Informationsstellen am Hauptbahnhof (Eingang Kirchenallee, ☎ 0 40/3 00 51-2 00), bei den St.-Pauli-Landungsbrücken (zwischen Brücke 4 und 5, ☎ 0 40/3 00 51-2 03) sowie in vielen Reisebüros, Hotels und auch an Fahrkartenautomaten der Verkehrsbetriebe erhält man die preisgünstige Hamburg Card. Sie ist einen bzw. drei Tage gültig und bietet Ermäßigung bei Stadt-, Hafen-, Alsterrundfahrten sowie freien Eintritt in vielen Museen und Freifahrt mit den öffentlichen Verkehrsmitteln.

In den 1911–1914 errichteten großflächigen Deichtorhallen wird nicht mehr mit Gemüse und Blumen gehandelt, sondern moderne Kunst in internationalen Ausstellungen gezeigt.

Hamburgs Wahrzeichen, die St. Michaelis-Kirche, wird kurz »Michel« genannt. Nicht minder beeindruckend: das Bismarck-Denkmal.

Das Selbstbewußtsein der Hamburger Kaufleute zeigt sich in der Speicherstadt, die 1888 im Stil der Backsteingotik als der weltgrößte Lagerhauskomplex entstand.

Was – wann – wo?

Labskaus und mehr

Der Guide Michelin, die Bibel der internationalen Gourmets, sorgte für eine Sensation: 1996 bekam Hamburg erstmals mehr der begehrten Sterne zugesprochen als München, die heimliche Hauptstadt der Schlemmer. Doch mag's die Bayern auch wurmen, die Hanseaten haben es schon lange gewußt: Die Hamburger Köche sind besser als ihr Ruf. Auch abseits der Sterne gibt es Köstliches:

Da Paolino

- **Le Canard.** Nouvelle cuisine vom Meisterkoch Josef Viehhauser in einem modernen Glaspalast am Elbhang. Elbchaussee 139.
- **Tafelhaus.** Etwas abseits vom City-Trubel kann man die vom Michelin-Stern gekrönten Meeresfrüchte- und Fischspezialitäten in aller Ruhe genießen. Holstenkamp 71.
- **Anna e Sebastiano** führen in Eppendorf das unbestritten beste italienische Restaurant der Hansestadt. Lehmweg 30.
- **Da Paolino.** Promi-Treff in schöner Lage an der Außenalster (28) mit gehobener italienischer Küche. Alsterufer 2.
- **Old Commercial Room.** Hier bekommen Sie es nun endlich, das berühmte Seemannsgericht Labskaus. Hamburger Traditionsrestaurant zu Füßen des Michel (19). Englische Planke 10.
- **Fischereihafenrestaurant.** Das Fischrestaurant in Hamburg, stilecht zwischen den Fischhallen am Hafen gelegen. Große Elbstr. 143.
- **Rive.** Das ambitionierte Restaurant im neuen Terminalgebäude der England-Fähre avancierte zum Treff der Werbe- und Medienszene. Van-der-Smissen-Str. 1.
- **Eisenstein.** Die Werkhalle einer ehemaligen Schraubenfabrik ist zum kulinarischen Treffpunkt in Altona geworden. Friedensallee 5.

Atlantic Hotel Kempinski

Die Qual der Wahl

Zugegeben, die Lage ist einmalig, dennoch sind Hamburgs Vorzeige-Herbergen wie das berühmte Vier Jahreszeiten an der Binnenalster nicht die einzigen Orte, wo man sein Haupt bequem zur Nacht betten kann. Rund 250 Hotels und Hotelpensionen sind in der Hansestadt registriert.

- **Atlantic Hotel Kempinski.** Auf dem Traditionshaus die Weltkugel, darinnen Gäste von Welt. An der Alster 72–77. ☎ 0 40 / 28 88-0, Fax 0 40 / 24 71 29.
- **Elysée.** Zentral gelegenes Haus für gehobene Ansprüche, Nähe Congress Centrum. Rothenbaumchaussee 10. ☎ 0 40 / 41 41 20, Fax 0 40 / 41 41 27 33.
- **Prem.** Wer auf gediegenes Ambiente und hervorragendes Essen Wert legt, ist in diesem sehr persönlich geführten Hotel am richtigen Ort. An der Alster 9. ☎ 0 40 / 24 17 26, Fax 0 40 / 2 80 38 51.
- **Maritim Hotel Reichshof.** Direkt gegenüber vom Hauptbahnhof und nahe dem Schauspielhaus wird die Tradition gepflegt. Sehenswert ist der getäfelte Speisesaal. Kirchenallee 34. ☎ 0 40 / 24 83 30, Fax 0 40 / 24 83 38 88.
- **Marriott.** Modernes Haus am Gänsemarkt, geeignet für Freunde des Musiktheaters, denn die Staatsoper liegt gleich um die Ecke. ABC-Str. 52. ☎ 0 40 / 3 50 50, Fax 0 40 / 35 05 17 77.
- **Hafen Hamburg.** Vom neuen, postmodernen Turm, der die St.-Pauli-Landungsbrücken (21) überragt, ist der Blick unvergleichlich. Seewartenstr. 9. ☎ 0 40 / 31 11 30, Fax 0 40 / 31 11 37 51.
- **Garden Hotels Pöseldorf.** Mitten in der Stadt und doch im Grünen liegen die drei stilvoll restaurierten Gründerzeitvillen. Magdalenenstr. 60. ☎ 0 40 / 41 40 40, Fax 0 40 / 4 14 04 20.
- **Sarah Petersen.** Kleine Hotel-Pension in der Nähe des Hauptbahnhofs mit Stammgästen aus dem Künstlermilieu. Lange Reihe 88. ☎ und Fax 0 40 /24 98 26.

Poststraße

Wo Einkaufen Spaß macht

In Hamburg, der Stadt der Kaufleute, hat man die Kunst des niveauvollen Verkaufens zur Perfektion gebracht. Fast alle Stadtteile besitzen Straßenzüge, wo sich die Geschäfte konzentrieren und sich das Schauen und Stöbern lohnt. Hier ein paar Tips zur ersten Orientierung in der Innenstadt:

- **Colonnaden.** Die ehemalige Privatstraße verbindet den Bahnhof Dammtor mit dem Jungfernstieg (4) und ist heute Fußgängerzone mit noblen Geschäften.
- **Hanse-Viertel** (5). Älteste und größte der Hamburger Passagen, beherbergt eine Vielzahl von Läden, Cafés und Snackbars. Haupteingang Poststraße/Große Bleichen.
- **Galleria.** Die vielleicht schönste Passage entfaltet ihren postmodernen Schick zwischen Große Bleichen und Bleichenfleet.
- **Alsterhaus.** Was den Berlinern das KaDeWe, ist den Hamburgern ihr Alsterhaus: Edles Kaufhaus an der Binnenalster mit exzellenter Schlemmer-Etage. Jungfernstieg 16.
- **Antik-Center.** Im alten Bunker am Hauptbahnhof kommt Entdeckerlaune auf: Rund 25 Händler bieten unter Tage Möbel und hochwertigen Krimskrams an. Klosterwall 9–21.
- **Isemarkt.** Der Wochenmarkt unter den Hochbahngleisen im fashionablen Eppendorf ist, was Auswahl und Qualität betrifft, unschlagbar (Di und Fr 8.30–14 Uhr). Isestraße.
- **Fischmarkt** (23) auf St. Pauli, das ist mehr als nur ein Markt, das ist ein Ereignis. Das frühe Aufstehen lohnt sich (So 5–10 Uhr)! Große Elbstraße.

Lebendige Off-Kultur

Wie es sich für eine »richtige« Großstadt gehört, findet Kultur nicht nur in den Staatstheatern, in der Oper (7) oder der Musikhalle (6) statt. Die Fülle der alternativen, zum Teil avantgardistischen Nebenschauplätze in Sachen Musik, Theater und Kabarett macht den kulturellen Reichtum der Hansestadt aus. Veranstaltungshinweise findet man in den Stadtmagazinen »Oxmox«, »Prinz« und »Szene Hamburg«.

- **Docks.** Rockpalast der Reeperbahn (25) für heiße Live-Auftritte. Hier war schon David Bowie zu Gast. Spielbudenplatz 19.
- **Große Freiheit/Kaiserkeller.** Die Adresse erinnert zwar an Freddy Quinn, die Pop- und Rockmusik, die in dieser Groß-

Große Freiheit

Disko live gespielt wird, allerdings weniger. Große Freiheit 36.
- **Schmidt.** Seit der NDR die Shows ins Fernsehen brachte kein Geheimtip mehr, aber schräg und komisch sind die Darbietungen allemal. Spielbudenplatz 24.
- **Kampnagel.** Die ehemaligen Fabrikhallen in Barmbek sind zum wichtigsten Forum für experimentelles Theater geworden. Jarrestr. 20–26.
- **Fabrik.** In den Räumen einer ehemaligen Maschinenfabrik in Altona logiert seit 25 Jahren Hamburgs beliebtestes Kulturzentrum: Jazz, Rock, Theater, Literatur in toller Atmosphäre. Barnerstr. 36.
- **Logo.** Wer den neuesten Underground-Tendenzen in der Rockmusik nachspüren will, ist hier an der richtigen Adresse. Grindelallee 5.
- **Markthalle.** Kultur und Gemüse sind hier eine fruchtbare Verbindung eingegangen: tagsüber Markthalle, abends Kommunikationszentrum. Klosterwall 9–21.

Erotic Art Museum

Kurioses und Skurriles

Hamburg besitzt renommierte Museen: die Kunsthalle (8), das Museum für Kunst und Gewerbe (13) sowie die Museen für Hamburgische Geschichte (20) und für Völkerkunde finden überregionale Anerkennung. Weniger bekannt sind die vielen kleinen, zum Teil privaten Museen, die sich ausgefallenen bis skurrilen Themen widmen:

- **Buddelschiffmuseum.** Im Elbvorort Wedel, an der Schiffsbegrüßungsanlage »Willkomm Höft«, sind die erstaunlichen Ergebnisse filigraner Fummelarbeit zu bewundern. Im Schulauer Fährhaus.
- **Gewürzmuseum »Hot Spice«.** Passend zum Thema in der Speicherstadt (15) angesiedelt. Mit der Eintrittskarte für das einzige Gewürzmuseum der Welt erwirbt man ein Säckchen Pfeffer. Am Sandtorkai 32.
- **Deutsches Zollmuseum.** Die Entwicklung des Zollwesens, fast geniale Verstecke und allerlei Schmuggelgut präsentiert das Museum im Freihafen. Alter Wandrahm 16.
- **»electrum«,** das Museum der Elektrizität, nannten die Hamburger Elektrizitätswerke ihre kuriose Sammlung zum Thema »100 Jahre Strom und Elektrogeräte«. Klinikweg 23.
- **Schulmuseum.** Hier können Sie einen Parforceritt durch die nicht immer ruhmreiche Geschichte der Pädagogik unternehmen. Neustädter Str. 60.
- **Puppenmuseum.** In der Villa Michaelsen auf dem Blankeneser Falkenstein stellt Elke Dröscher ihre historischen Puppen und Puppenstuben aus. Grotiusweg 79.
- **Sielmuseum.** Kaum zu glauben, was im Lauf der Zeit so alles in der Kanalisation landet… Sie werden sich wundern! Pumpwerk Hafenstraße bei den St.-Pauli-Landungsbrücken 49.
- **Erotic Art Museum.** Das alte Thema in immer neuen Variationen: erotische Kunst der letzten 400 Jahre. Bernhard-Nocht-Str. 69.

Come to the cabaret …

Das Musical boomt in deutschen Landen, und Hamburg hat sein Gutteil dazu beigetragen, denn hier hat alles begonnen. Genauer gesagt auf der Reeperbahn, im Operettenhaus. Als die singenden Katzen von »Cats« am 18. April 1986 zum ersten Mal über die Bühne tollten, rechneten wohl die kühnsten Optimisten nicht mit dem unglaublichen Dauererfolg, den Andrew Lloyd Webbers Geschichten von Grisabella & Co.

Phantom der Oper

heute aufzuweisen hat. Millionen Zuschauer haben die erfolgreichste Produktion in Deutschland bisher gesehen. Das »Phantom der Oper«, für das eigens das Musicaltheater Neue Flora gebaut wurde, schickt sich an, diesen Erfolg zu wiederholen. Im Kielwasser der Großproduktionen hat sich in den letzten Jahren auch die Off-Theaterszene des Genres angenommen, und in Schmidts Tivoli oder im Delphi gibt's so manche Produktion, die der »großen« Konkurrenz Paroli bieten kann.

- **Buddy** – Die Buddy Holly Story. Neue Metropol Musicaltheater, Norderelbstr. 6.
- **Cats.** Operettenhaus, Spielbudenplatz 1.
- **Phantom der Oper.** Neue Flora, Stresemannstraße/Ecke Alsenstraße.
- **Delphi Musical & More.** Eimsbütteler Chaussee 5.
- **Schmidts Tivoli.** Spielbudenplatz 27.

Konzert- und Theaterkassen

Theaterkasse Alsterhaus, Jungfernstieg 16, ☎ 040/352664;
Theaterkasse Central, Gerhart-Hauptmann-Platz 48, ☎ 040/337124;
Theater- und Konzertkasse Kurt Collien, Eppendorfer Baum 25, ☎ 040/483390;
Konzertkasse Gerdes, Rothenbaumchaussee 77, ☎ 040/453326.

Helsinki

Mit Flair und Meer

Tochter der Ostsee wird Finnlands Hauptstadt oft genannt. Und mit Recht, denn ihre Lebenskraft und Schönheit beruhen seit jeher auf ihrer Nähe und Verbindung zum Meer. Ihre maritime Schönheit hat viele Gesichter: das Markttreiben am Südhafen, die Aussicht auf die kleine Hafeninsel Valkosaari (Bild), die kilometerlangen Uferpromenaden und Strände, die Inselwelt der Schären und die Festungsinseln von Suomenlinna.

Architektonisch ist Helsinki eine spröde Stadt, dabei eine Stadt der Kontraste, die sich dem Ankommenden nicht auf Anhieb öffnet. Ein Stadtkern, der in seiner klassizistischen Geschlossenheit einmalig ist, kündet vom Glanz einer Hauptstadt im Dienste des Zaren. In zahlreichen Jugendstil-Varianten trug später das Bürgertum sein nationales Selbstbewußtsein zur Schau. Und in den Bauten moderner finnischer Architekten stehen Funktionalität, Tradition und Natur in faszinierendem Einklang.

In den Sommernächten ist Helsinki hellwach, wird zur »Weißen Stadt des Nordens«, und seine Stimmung ist wie ausgewechselt. Unter dem leuchtenden Abendhimmel genießen die Einwohner den Überfluß an Licht und Wärme. Mit ein wenig Glück entdeckt man dann ein Stück von der Seele der herben Schönheit am Finnischen Meerbusen.

ARCTURUS
FINNCARRIERS

Tochter der Ostsee

Schärenwelt, Heringsmarkt und Lachs

Die lebendigen Marktplätze sind eine Welt für sich: Produkte der einheimischen Landwirtschaft sind Trumpf! Unmittelbar am Kauppatori befinden sich die Anlegeplätze der großen Fähren: Ankömmlinge können sofort ins Marktgewühl abtauchen.

Der riesige Leib der Fähre schiebt sich behutsam in die von Inseln durchsetzte Hafeneinfahrt. Schnelle Motorboote ziehen vorbei und verlieren sich in den Weiten der Schären – den kleinen Felsinseln vor der Küste. Mit bloßem Auge ist ein alter Dreimaster auszumachen, der am Südhafen angelegt hat. Dann zeigt sich Helsinki, die »Tochter der Ostsee«, im Panorama-Bild: Über neoklassizistischen Häuserreihen thront das Wahrzeichen der Stadt, die Domkirche (Tuomiokirkko) ❺, geniale Schöpfung des preußischen Architekten Carl Ludwig Engel. Im Sonnenlicht glänzen nicht weit entfernt die vergoldeten Zwiebeltürme der Uspenski-Kathedrale ❻, die Nähe zu Rußland deutlich machend. Und zu Füßen dieser ganzen Pracht halten Fisch-, Gemüse-, Blumen- und sonstige Händler Markt ab.

So etwa präsentiert sich Finnlands Hauptstadt von der Seeseite, und wenn man Helsinkier nach den schönen Seiten ihrer Stadt befragt, so erwähnen viele die Nähe und Verbindung zum Meer. Die maritime Schönheit Helsinkis hat viele Gesichter und ist an keine Jahreszeit gebunden. Im Sommer geht es an einen der zahlreichen Badestrände, die wie im Stadtteil Töölö fast hinter der Haustür liegen. In kalten trockenen Wintern verwandeln sich die zugefrorenen Buchten in weite Schlittschuhlauf-Arenen.

Im Herbst, genauer in der ersten Oktoberwoche, steigert sich das Treiben auf dem Markt (Kauppatori) ❼ im Zentrum geradezu in ein Herings-Happening. Unzählige Heringsfischer haben mit ihren Booten angelegt, haben den gefangenen Hering wochenlang gewürzt, eingelegt oder getrocknet. Sie hoffen nun, daß sich der finnische Herbst erbarmen möge und nicht durch Dauerregen den sonst als

Bauern von den umliegenden Inseln bieten direkt vom Boot ihre Produkte feil.

Idyllische Szene vor Kaivopuisto: Zum alljährlichen Sommerputz gehört das Schrubben der Teppiche, bei Sonnenschein eine durchaus angenehme Beschäftigung.

sicher geltenden Umsatz gefährdet. Meist erfüllt sich die Hoffnung auch, und das Schauspiel nimmt seinen Lauf: Heringe in Hülle und Fülle, Fisch über offenem Feuer, Tangotakt, Stimmengewirr auf finnisch, begleitet vom Gekrächze zufriedener Möwen. Der Markt ist auch in den Sommermonaten eine Attraktion. Gemüsestände biegen sich unter der Last faustgroßer Tomaten und Zwiebeln. Frauen schleppen Einkaufsbeutel, Rentner schlürfen in praller Sonne ihren Kaffee. Bauern greifen mit schwerer Hand in Kartoffelberge, die mit dunkelroten Rosen geschmückt sind. In geübter Manier filetieren Fischverkäufer Lachs. Nicht Marktgeschrei, sondern Blicke, die sparsamen Gesten des Nordens, sollen zum Kauf ermuntern. Säuerlicher Fischgeruch vermischt sich mit dem süßlichen Duft, der von Blumenständen herüberweht. Auf der feineren Seite des Marktes gibt es Korb- und Lederwaren, Saunazubehör sowie Holzarbeiten vom Buttermesser bis zum Handbesen.

Vom Markt starten auch Boote zu ein- bis zweistündigen Ausflügen durch die Inselwelt vor Helsinki. Vorbei geht es am Kaivopuisto, dem Brunnenpark ⓰, einem der schönsten Parks der Stadt. Wo sich im letzten Jahrhundert kosmopolitische Adlige aus Rußland tummelten, haben sich in den schönen Jugendstilvillen heute Diplomaten niedergelassen. Vor allem ist Kaivopuisto aber ein beliebtes Ausflugsziel. Dann taucht das Schiff in die Welt der Schären ein. Granitflächen treten an die Wasseroberfläche, größere wurden zu Inseln, auf denen im Schatten der Bäume alte Villen liegen. Saunahäuser am Ufer, Segel- und Motorboote scheinen obligatorisches Zubehör. Durchquert werden die Inseln der Seefestung Suomenlinna ⓯, vorbei ziehen Hafenanlagen und die Insel Seurasaari, auf der in dem Freilichtmuseum ㉗ Zeugen des ländlichen Finnland sorgsam zusammengetragen sind: Getreidespeicher und Werkzeuge, Bauernstuben, zartes Porzellan auf grob gehobelten Regalen, schlanke Kirchboote und eine Wassermühle berichten vom finnischen Alltag vergangener Jahrhunderte. Auf dem Rückweg fällt der Blick auf die Landzunge Katajanokka, bebaut im Stile der finnischen Nationalromantik – dieser seltsamen Mischung aus Granit, Burgtürmen, Pforten und Kapitellen. Bei Katajanokka halten auch Sisu, Urho, Otso und Voima ihren Sommerschlaf – nicht Helden aus der finnischen Sagenwelt, sondern kraftstrotzende Schiffe der Eisbrecherflotte.

Helsinkis Nähe zum Meer spiegelt sich auch in der Speisekarte wider. Von Heringen war bereits die Rede, nicht jedoch vom Lachs, über dessen reichlichen Verzehr schon im finnischen Nationalepos »Kalevala« berichtet wird. Zu den Klassikern unter den Festessen gehören gebeizter Lachs und gebackene Frühlingsforelle, die im Verhältnis zu Fleisch preisgünstig sind. Und aus Kopf und Gräten bereiten die Finnen die berühmte Lohikeitto, die Lachssuppe, die durch Zwiebeln, Schnittlauch und Kartoffeln ihren unnachahmlichen Geschmack erhält. Fisch gibt es zwar in jedem Supermarkt, doch Helsinkier, die einen Lachskauf zelebrieren wollen, gehen in eine der alten Markthallen. Dort liegt der Lachs in all seinen Varianten: im Stück ab ein Kilo aufwärts, filetiert, geräuchert oder gebeizt und mit reichlich frischem Dill belegt – ein Fest der Sinne.

Am offenen Feuer gebackener Fisch (Loimukala) ist eine Delikatesse für Augen, Nase und Gaumen.

Ein kulinarischer Urlaubsgenuß aus Finnland – die Fischsuppe

Warum nicht einmal eines der beliebten Gerichte der Finnen selbst zubereiten? Zutaten für acht bis zehn Personen: 1,5–2 l Wasser, 300 g Kartoffeln, 0,5–1 kg Fisch (z. B. Zander, Lachs, Hecht oder Forelle), 2 Eßlöffel Weizenmehl, 50 g Butter, 0,5 l Milch, Salz, 2–4 Eßlöffel gehackter Dill.
Die Kartoffeln schälen, würfeln und halb gar kochen. Ausgenommene und gesäuberte Fische in Stücke schneiden und dazugeben. Etwa 15 Minuten bei leichter Hitze gehen lassen. Das in Milch aufgelöste Weizenmehl dazugeben und kurz aufkochen. Der Fisch ist gar, wenn er sich von der Gräte zu lösen beginnt. Mit Salz, Butter und Dill würzen. Die Suppe mit Roggenbrot und Butter servieren.

Mittsommerzauber

Wenn die Grenze zwischen Tag und Nacht verschwimmt …

Der Horizont leuchtet zitronengelb und taucht Helsinki in ein helles Dämmerlicht. Die Hitze des Tages weicht allmählich der Abendkühle, die jedoch nicht frösteln läßt. Im Umfeld der Mittsommernacht verliert man schnell sein Zeitgefühl. Wie spät ist es eigentlich? Ist es vor oder nach Mitternacht? Welch unpassende Fragen! Helsinki ist hellwach, will jetzt keinen Schlaf, ist süchtig nach Helligkeit – der Mangelware im Winter.

Wenn die Grenze zwischen Tag und Nacht verschwimmt, sind Helsinkis Restaurants drinnen leer und draußen voll. Sie überfluten Fußgängerwege und erobern Innenhöfe, aus denen oft jazzige Klänge dringen. Auf den Tischen dominiert mittelstarkes Bier, im Volksmund liebevoll »Keskari« oder »Keppana« genannt. Trifft man auf die Biersorte »Koff«, hat man es mit einem besonders geschichtsträchtigen Gerstensaft zu tun. »Koff« ist die Abkürzung von Synebrychoff, des Namens einer Kaufmannsfamilie aus Rußland, die Anfang des vorigen Jahrhunderts in Helsinki eine kleine Brauerei gründete. Heute ist sie die älteste Skandinaviens.

Überall im Zentrum von Helsinki haben Restaurants und Kaffeestuben ihren Ausschank nach draußen erweitert. So auch am Esplanadenpark ❽ zwischen den Einkaufsstraßen Pohjoisesplanadi und Eteläesplanadi, einer beliebten Promenade, die zum Bummeln einlädt. Viele Pärchen flanieren in Richtung Kappeli, einem angestaubt-stilvollen Restaurant aus der zweiten Hälfte des 19. Jahrhunderts. Um einen Straßenkünstler hat sich ein Menschenknäuel gebildet. Mit Kunstrad, Pechfackeln, Witz und Charme gelingt es ihm tatsächlich, die sonst so zurückhaltenden Finnen aus der Reserve zu locken. Auf das Treiben schaut in erhabener Haltung das Bronzestandbild von Johan Ludvig Runeberg, dem die finnische Nation ihre Hymne verdankt. Das Denkmal für den Nationaldichter schuf sein Sohn Walter Runeberg.

Wenn die Grenze zwischen Tag und Nacht verschwimmt, haben sich einige Hauptstädter auf den Treppenstufen der Domkirche (Tuomiokirkko) ❺ niedergelassen. Zu ihren Füßen liegt der Senatsplatz (Senaatintori) ❶, den der Berliner Architekt Carl Ludwig Engel im Stil des Sankt Petersburger Klassizismus komponierte: Rechterhand befinden sich die Universität ❹ und die als schönster Engel-Bau der Stadt geltende Bibliothek, gegenüber das ehemalige Senatsgebäude, heute Regierungspalais ❷. Der Platz ist in seiner architektonischen Geschlossenheit nicht nur gelungen, sondern auf der nördlichen Halbkugel auch einmalig. Am Tag geht es dort hektischer zu. Ununterbrochen fahren Busse mit schwedischen, deutschen oder russischen Kennzeichen vor. Touristenschwärme erklimmen die Stufen zur Domkirche – ein schneller Rundumblick, ein Schnappschuß von Zar Alexander II., ein Abstecher ins Café Engel …

Wenn die Grenze zwischen Tag und Nacht verschwimmt, trifft man viele

Helsinkis Finlandia-Halle: Die weiße Schönheit, ein Werk Alvo Aaltos, ist eine Sehenswürdigkeit, die von Touristen bewundert und von Architekten studiert wird.

Der Esplanadenpark, einst Promeniermeile der feinen Herrschaften, ist im Sommer ein beliebter Treffpunkt der Helsinkier Jugend.

Der »Zeigefinger«, der Turm des Olympiastadions, mißt 72 Meter. Das von Yrjö Lindgren und Toivo Jäntti entworfene Stadion wurde 1938 eingeweiht.

Aus dem Häusermeer der Innenstadt erhebt sich majestätisch die Domkirche, die im 19. Jahrhundert im neoklassizistischen Stil gestaltet wurde.

Helsinkier auf einem Spaziergang um die Töölö-Bucht (Töölönlahti), die sich nördlich des Hauptbahnhofs (10) erstreckt. Uneingeweihte halten sie für einen See, tatsächlich ist sie jedoch eine Ausbuchtung des Finnischen Meerbusens. Die Beliebtheit dieser Gegend hängt auch damit zusammen, daß man hier viele liebenswerte Eigenschaften Helsinkis antrifft: das dichte Nebeneinander von Grün und Wasser, von Natur und Urbanität, und eine kontrastreiche Architektur.

Aus dem grünen Gürtel, der die Westseite der Töölö-Bucht umschließt, erheben sich zwei weiße Schönheiten: die 1971 eingeweihte Finlandia-Halle (Finlandia talo) (23), ein von dem berühmten Architekten Alvar Aalto entworfenes Konzert- und Kongreßzentrum, und die 1993 eröffnete Finnische Nationaloper (29) – der noch junge Stolz der Helsinkier. Die Oper bietet neben Opernklassikern viel Modernes, denn – man staune – die Wagner und Weber der Finnen sind moderne Klassiker unseres Jahrhunderts, wie Jean Sibelius oder Joonas Kokkonen. Nach Sibelius´ sinfonischer Dichtung »Finlandia« wurde auch das Kongreßzentrum benannt. Die Begeisterung der Finnen für die Oper und ihr Opernhaus macht Eintrittskarten zu einer Rarität. Ein Opernbesuch sollte möglichst langfristig geplant werden. Einen Kontrapunkt zu den Schönheiten in Weiß bilden alte Holzvillen, die auf felsigen Anhöhen auf der anderen Seite der Bucht thronen.

Beim Rundgang entlang der Töölö-Bucht fällt der Blick auf das hinter Bäumen liegende Olympiastadion (30), in dem die Olympischen Spiele von 1952 ausgetragen wurden. Weiter geht es zu dem beliebten Vergnügungspark Linnanmäki (31). Blickt man von dieser Seite der Bucht in Richtung Finlandia-Halle, erhebt sich dahinter ein Koloß aus rötlich-grauem Granit. Das Parlamentsgebäude (21) auf dem Arkadenhügel wurde Ende der 20er Jahre gebaut. Sein monumentaler Klassizismus weist bereits Einflüsse des aufkommenden Funktionalismus auf. Gleich hinter dem Parlament befindet sich ein beliebtes Jazz-Restaurant, in dessen Kellergewölben der Dixieland bis in die Morgenstunden das Sagen hat.

Wenn es dann Ende August wieder eine Grenze zwischen Tag und Nacht gibt, leistet sich Helsinki den Rausch einer Nacht der Künste. Sogar Museen und Galerien sind bis spät in die Nacht geöffnet. Esplanadenpark, Senatsplatz, Töölö-Bucht, im Grunde der gesamte Stadtkern werden zu einer Bühne für Aktionskunst, Improvisation, Schattenspiele, Wort, Gesang und Pantomime, Rock und Klassik. Und Zehntausende befinden sich für eine Nacht in einem Zustand leichter Ekstase. Wie spät ist es eigentlich? Welch unpassende Frage! Längst ist es dunkel, doch das Zeitgefühl ist wieder abhanden gekommen.

Gibraltar des Nordens

Die Festungsinseln von Suomenlinna

Die Festung Suomenlinna wurde im 18. Jahrhundert als Bollwerk zur Verteidigung gebaut. Heute ist sie ein geschätztes Erholungs- und Museumsgebiet der Helsinkier und ihrer Gäste.

Die Fähre hat auf Iso Mustasaari, einer von insgesamt sechs Festungsinseln, angelegt. Unter den Ankömmlingen sind mindestens zwei Kategorien auszumachen: Finnen, bepackt mit Rucksack, Decken, Brot und Wein, nehmen sofort Kurs auf die felsigen Ufer, um sich ein passendes Plätzchen für ein Sonnenbad und ein Picknick in den zahlreichen Grünanlagen zu suchen. Man kennt sich aus, weiß um die zahlreichen versteckten Winkel. Touristen orientieren sich zunächst auf der Karte und staunen über die Weitläufigkeit der Festungsinseln ⓯, die durch Brücken miteinander verbunden sind. Umherstreifen scheint die einfachste Art, sich mit der Festung Suomenlinna vertraut zu machen.

Farbe und Baustil einer langgestreckten Strandkaserne künden vom Zepter der russischen Zaren, die über 100 Jahre auf Suomenlinna und in ganz Finnland regierten. Im Schutz massiver Granitmauern liegen die Kasernengebäude, von deren gelben Fassaden und pechschwarzen Dächern ein Hauch Zarenzeit herüberweht. Doch die anfängliche Dominanz russischer Kasernenarchitektur wird bald gezähmt durch die Festungsanlagen auf der Insel Kustaanmiekka. Dort geben granitene Zeugen aus der Zeit der schwedischen Herrschaft den Ton an. Gut erhaltene Kasematten und Bollwerke wechseln mit abgerundeten Verteidigungswällen, aus denen die plumpen 11-Zoll-Geschütze gen See ragen. Der an vielen Stellen blankgeriebene Stahl deutet auf ihre heutige Verwendung hin – als Klettergerüst der Kinder.

Durch die Königspforte von Kustaanmiekka betrat im Sommer 1775 der schwedische König Gustav III. die Insel. Eine schwedischsprachige Inschrift an der Pforte verweist auf den einstigen strategischen Wert der Festung: »Sveaborg … verleiht dem Weisen Macht auf See und auf Land.« Die Worte stammen von dem Artillerie-Offizier Augustin Ehrensvärd, dem der schwedische König 1747 die Bauleitung der Festung übertrug. Er gab ihr den Namen Sveaborg – die Burg Schwedens.

Zeitweilig ackerten bis zu 8000 Soldaten der finnischen Rottenarmee am Festungsbau. Finanziert wurde das gewaltige Unternehmen mit Gold und Silber aus der Staatskasse Frankreichs, mit dem sich Schweden 1765 gegen Rußland verbündet hatte. Sveaborg sollte die finnischen Territorien vor den Eroberungsgelüsten des Zaren abschirmen.

So entstand innerhalb von 40 Jahren ein weitläufiges Festungssystem, dessen Schießscharten bis zu 1300 Kanonen aufnehmen konnten. Im Innern wurden eine Garnisonsstadt, ein Stützpunkt für die Schärenflotte sowie eine Galeerenwerft errichtet. Das Trockendock der Werft, eingesprengt

Auf Suomenlinna bieten Grünflächen und abgeschliffene Felsufer zahlreiche Gelegenheiten für ein Picknick im Freien.

Suomenlinna und vieles mehr …

Nach Suomenlinna gelangt man am schnellsten mit der Fähre, die das ganze Jahr hindurch zwischen Marktplatz und Festungsinsel pendelt (Achtung: Im Winter sind die Museen nur eingeschränkt oder gar nicht geöffnet). Wer jedoch Suomenlinna als Teil der idyllischen Inselwelt vor Helsinki erleben möchte, dem sei eine Rundfahrt empfohlen. In den Sommermonaten starten am Marktplatz und beim Hakaniemi-Platz ab 10 Uhr Schiffsrundfahrten unterschiedlicher Dauer. Vom Boot aus bieten sich kontrastreiche Bilder: die Bollwerke von Suomenlinna, verträumte Sommerhäuser und Villen, Werft- und Hafenlandschaften und das Panorama des Helsinkier Zentrums.

Die Festungsinseln sind nicht nur Naherholungsgebiet, sondern für rund 900 Menschen auch normaler Wohnsitz.

in eine angestaute Meeresbucht, muß Zeitzeugen wie ein Wunderwerk der Technik vorgekommen sein. Heute liegen dort alte Holzschiffe, die sich – gepflegt von privaten Bootsbesitzern – eines angenehmen Rentnerdaseins erfreuen.

Doch auch beste Festungsbaukunst konnte die für Schweden schmachvolle Kapitulation von Sveaborg im Jahre 1808 nicht abwenden. Noch heute wird über die Motive von Festungsadmiral Cronstedt gerätselt, der sich einer zahlenmäßig unterlegenen russischen Streitmacht ergab. Selbst Zar Alexander I., der der Festung 1809 eine Stippvisite abstattete, konnte es kaum fassen: »Und dieses neue Gibraltar hat uns nur einige Wochen Blockade, einige Kanonensalven, rund 100 Mann und – Verhandlungen gekostet.« Finnland war nun russisches Großfürstentum, Sveaborg wurde russische Garnison und erhielt den Namen Viapori.

Schwere Zerstörungen richtete 1855 der Krimkrieg an. 48 Stunden lag Viapori im Feuer der französisch-britischen Flotte. Das martialische Schauspiel ist auf zahlreichen Skizzen und Farblithographien abgebildet, die im Ehrensvärd-Museum zu sehen sind. Viele der zerstörten Gebäude wurden nach dem Krieg wieder aufgebaut. Aus jener Zeit stammt auch die Geschichte über den Künstler Liewendahl, der das Kriegsspektakel im Bild festhielt. Einem russischen General war die Darstellung jedoch zu undramatisch, und er befahl, dem Kunstwerk noch einige Granateinschläge hinzuzufügen.

Wem das bloße Durchstreifen der Inseln nicht ausreicht, dem sei das Ehrensvärd-Museum auf der Insel Susisaari empfohlen. Es zeigt neben Gegenständen aus dem Privatbesitz des Baumeisters Waffen, Schiffsmodelle und Seekarten, die in die Kriegsstrategien jener Zeit Einblick geben. Gegenüber dem Museum befindet sich das Grabmonument des Offiziers Ehrensvärd.

Nach der Oktoberrevolution 1917 und der Unabhängigkeitserklärung Finnlands übernahmen im Mai 1918 die Finnen das Kommando auf Viapori. Ihre erste Amtshandlung ist nicht schwer zu erraten: Viapori wurde in Suomenlinna – Finnlands Burg – umbenannt. Ihr strategischer Wert, nachzulesen an der Königspforte, blieb der Festung noch lange erhalten. Erst 1972 ging Suomenlinna endgültig in zivile Verwaltung über. Der Startschuß für die Umwandlung der Inseln in das faszinierendste Freizeitgebiet Helsinkis war gefallen.

Wechselnde Besitzer, mehr oder minder heftige Scharmützel und der Zahn der Zeit haben so manches Bollwerk geschliffen, so manchem Wall sanftere Konturen verliehen. Doch viel Glanz ist geblieben und wird gepflegt. Deshalb wurde Suomenlinna 1990 in das Verzeichnis der UNESCO über das Kultur- und Naturerbe der Menschheit aufgenommen.

Ein Streifzug über die Inseln lohnt auch für jene, die für das Waffengeklirr vergangener Zeiten nicht viel übrig haben. Eine Galerie bietet moderne Kunst aus Nordeuropa, Kaffeestuben und ein Restaurant laden ein. Ein Puppen- und Spielzeugmuseum bietet Kurzweil für gelangweilte Kinder. Oder man macht es wie die Helsinkier und greift zu Rucksack, Decken, Brot und Wein.

Im Puppen- und Spielzeugmuseum bringen alte Schaukelpferde, Brummkreisel und Zinnfiguren noch heute nicht nur Kinderaugen zum Leuchten.

Auf einen Blick

Helsinki entdecken und erleben

Die Innenstadt von Helsinki kann durchaus zu Fuß bewältigt werden. Längere Gruppenwanderungen organisiert die Fremdenführerzentrale Helsinki (☎ 09/60 19 66). Suomen Tøuristiauto bietet in der Sommersaison drei- bis viermal täglich Busrundfahrten (Gruppenbestellungen unter ☎ 09/4 77 47 50), die entweder vom Marktplatz oder vom Hauptbahnhof starten. Das knapp 500 000 Einwohner zählende Helsinki kann auch von der Seeseite aus erobert werden: Am Marktplatz bieten zahlreiche Veranstalter Wasserrundfahrten für Gruppen.

Ein Ausflug ins Saimaa-Seengebiet: Die 1475 gegründete Burg Olavinlinna ist im Sommer ein beliebter Schauplatz für Opernfestspiele und Volksfeste.

1. Senatsplatz
2. Regierungspalais
3. Rathaus
4. Universität mit Bibliotheksgebäude
5. Dom
6. Uspenski-Kathedrale
7. Markt
8. Esplanadenpark
9. Ateneum
10. Hauptbahnhof
11. Nationaltheater
12. Botanischer Garten
13. Zoo-Insel Korkeasaari
14. Seefahrtsmuseum
15. Festungsinseln Suomenlinna
16. Brunnenpark
17. Sinebrychov-Museum
18. Observatoriumsberg
19. Museum für Finnische Architektur
20. Amos-Anderson-Kunstmuseum
21. Parlamentsgebäude
22. Stadtmuseum
23. Finlandia-Halle
24. Nationalmuseum
25. Felsenkirche
26. Friedhof Hietaniemi
27. Freilichtmuseum auf Seurasaari
28. Sibeliuspark
29. Neue Nationaloper
30. Olympiastadion
31. Vergnügungspark Linnanmäki

Zum abstrakten Jan-Sibelius-Denkmal von Eila Hiltunen gehört auch ein eher realistisches Porträt des Komponisten.

Zu den Schätzen des Nationalmuseums zählen archäologische Funde und sakrale Kunst. Die Decke der Eingangshalle zieren Motive aus dem Nationalepos Kalevala.

Ein Meisterwerk: Die Wände aus Naturfels und das kupferne Deckengewölbe schaffen im Innern der Felsenkirche eine einzigartige Stimmung.

Das monumentale Granitgebäude des Parlaments kann man bei einer Führung kennenlernen. Doch schon die Außenbesichtigung lohnt.

Die 1993 eröffnete Oper läßt die Herzen höher schlagen: Sie besitzt eine der modernsten Bühnen Europas und ist der Stolz der finnischen Nation.

Bei einem gemütlichen Spaziergang durch den Botanischen Garten, den ein St. Petersburger im 19. Jahrhundert angelegt hat, kann man auch die tropischen Pflanzen im Gewächshaus bewundern.

Auf dem Senatsplatz steht Zar Alexander II., dessen liberale Regentschaft dem Großfürstentum Finnland wichtige Reformen brachte.

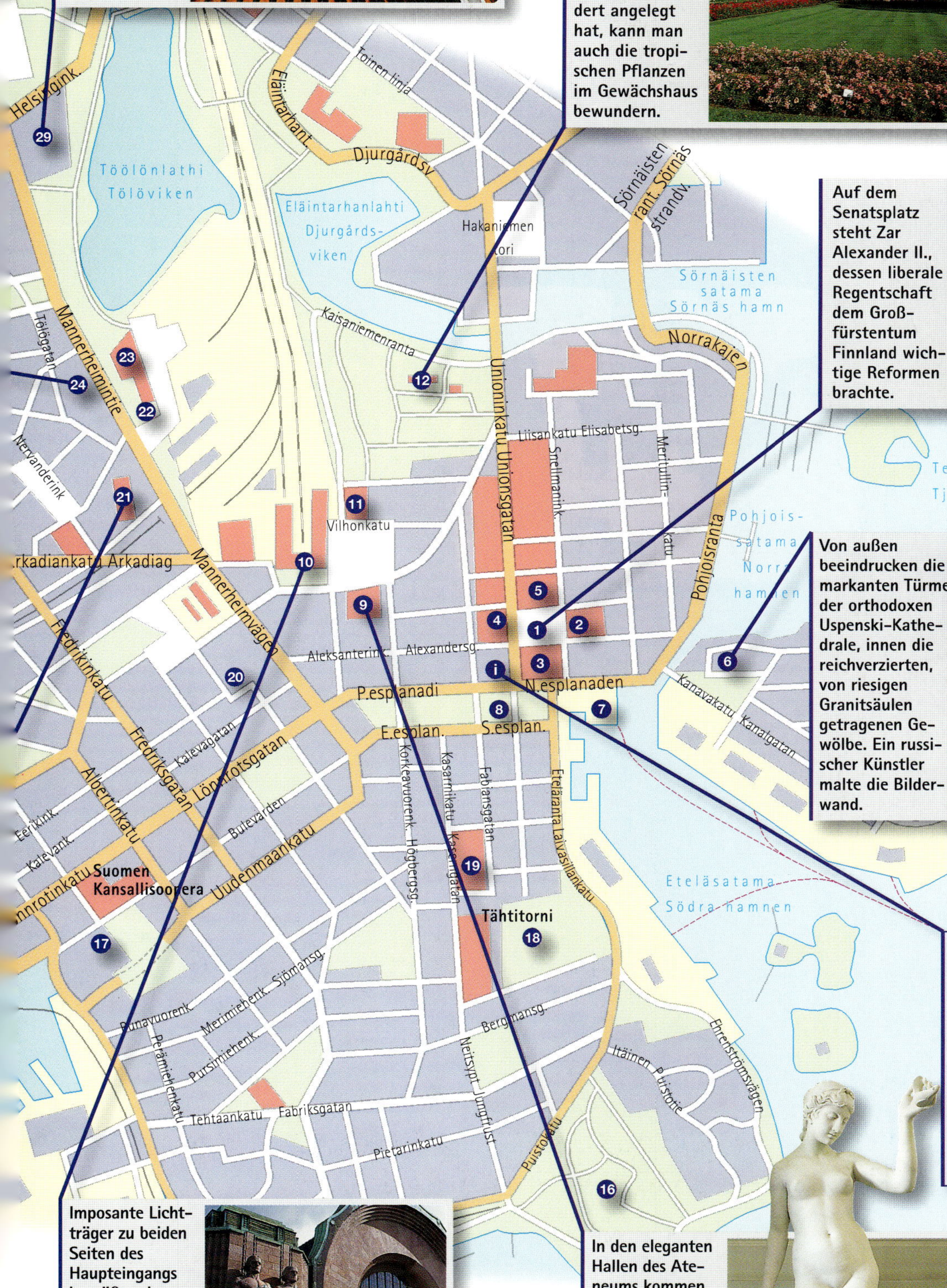

Von außen beeindrucken die markanten Türme der orthodoxen Uspenski-Kathedrale, innen die reichverzierten, von riesigen Granitsäulen getragenen Gewölbe. Ein russischer Künstler malte die Bilderwand.

Beim zentral gelegenen Fremdenverkehrsamt, Pohjoisesplanadi 19, ☎ 09/1 69 37 57, erhält man Touristenkarten (Helsinki Card, Gültigkeit 1, 2 oder 3 Tage). Sie erlauben die Benutzung aller öffentlichen Verkehrsmittel in Helsinki (Straßenbahn, Bus, U-Bahn) und den Zutritt zu Museen und Sehenswürdigkeiten. Enthalten ist auch eine Stadtrundfahrt. Bei den Verkaufsstellen der Verkehrsbetriebe Helsinki sind Netzkarten (Helsinki Ticket, Gültigkeit 1, 3 und 5 Tage) für den innerstädtischen sowie Regionalverkehr erhältlich.

Imposante Lichtträger zu beiden Seiten des Haupteingangs begrüßen den Reisenden. Das markante Bahnhofsgebäude aus dem Jahr 1919 gilt als Hauptwerk des finnischen Architekten Eliel Saarinen.

In den eleganten Hallen des Ateneums kommen Kunstliebhaber voll auf ihre Kosten. Das nach den Entwürfen von Theodor Höijer errichtete Museum zeigt finnische Werke vom 18. Jahrhundert bis heute.

Was – wann – wo?

LordHotel

Es muß keine Suite sein

Das reichliche Hotelangebot macht die Wahl nicht einfach. Gute bis elegante Hotels sind dicht gestreut. Vielleicht sollte man gerade deshalb ein Plätzchen aussuchen, das nicht beliebig mit jedem Hotel in einer anderen Großstadt austauschbar ist.

- **Sokos Hotel Torni.** Das geschichtsträchtige Haus in zentraler Lage bietet allen Komfort. Yrjönkatu 26. ☎ 09/13 11 31, Fax 09/1 31 13 61.
- **Rantasipi** am Internationalen Flughafen Helsinki-Vantaa ist nicht ganz billig. Robert Huberin tie 4. ☎ 09/8 70 51, Fax 09/82 28 46.
- **LordHotel.** Eine gastfreundliche Kombination von Altem und Neuem in einer romantischen Granitburg ist dieses Hotel der oberen Mittelklasse. Lönnrotinkatu 29. ☎ 09/61 58 15, Fax 09/6 80 13 15.
- **Haikko Herrenhof** ist ein Haus für den besonderen Geschmack: ein alter Herrenhof in der Nähe von Porvoo (ca. 50 km östlich von Helsinki). 06400 Porvoo. ☎ 0 19/5 76 01, Fax 0 19/5 76 03 99.
- **Seaside.** Ein modernes Haus mit moderaten Preisen in den Mauern eines alten Käselagers. Ruoholahdenranta 3. ☎ 09/6 93 60, Fax 09/6 93 21 23.
- **Park Hotel Käpylä.** Außerhalb des Zentrums, dafür im idyllischen Holzhaus-Stadtteil Käpylä gelegen. Pohjolankatu 38. ☎ 09/79 97 55, Fax 09/79 27 81.
- **Haaga.** Ein gepflegtes, preisgünstiges Haus, in dem man vom Hotel-Nachwuchs vorzüglich bedient wird. Nuijamiestentie 10. ☎ 09/5 80 78 77, Fax 09/58 07 83 86.

Gaumenfreuden auf finnisch

Für jeden Geschmack und jede Preisvorstellung findet sich in Helsinki ein passendes Restaurant. Wer Appetit auf finnische Küche verspürt, wird schnell fündig. Und immer noch gilt die erstaunliche Tatsache, daß Trinkgelder nicht üblich sind. Unter den unzähligen Restaurants sind auch einige, über die der Besucher nicht gleich stolpert.

Restaurant Šaslik

- **Šaslik.** Russische Küche und ein Hauch Zarenzeit. Spezialitäten des Hauses sind Bärenfleisch und Wildgerichte. Neitsytpolku 12.
- **Lehtovaara.** Stilvolles Restaurant mit bewegter Vorkriegsgeschichte. Besonders positiv: Die Speisekarte spiegelt Einflüsse der westlichen und östlichen Eßkultur wider. Mechelininkatu 39.
- **Kosmos.** Ein Sprung in die Zeit der 20er Jahre. Beliebter Treffpunkt der Künstlerszene. Kalevankatu 3.
- **Kanavaranta.** Maritime Atmosphäre hinter alten Magazinmauern. Spezialität im Winter: flambierte Gerichte. Im Sommer nur abends geöffnet. Kanavaranta 3.
- **Safka.** Klein, aber fein! Ein Restaurant als Familienbetrieb. Funktionaler Stil lenkt alle Sinne auf die Hauptsache – das Essen. Vironkatu 8.
- **Mechelin.** Hier werden Sie ausschließlich vom Gaststätten-Nachwuchs bedient. Für einen zivilen Preis exzellente Bedienung und gute Kost. Mechelininkatu 7.
- **Kuu.** Im Mond (Kuu auf Finnisch) schmeckt das Bier, stimmt die Atmosphäre – und der Abend kann mächtig lang werden. Töölönkatu 27.

Nationaloper

Lob in höchsten Tönen…

… spenden Fachkenner und Publikum dem neuen Opernhaus an der Töölö-Bucht, der Spielstätte der Finnischen Nationaloper und des Finnischen Nationalballetts. Es hat sich inzwischen zum reinsten Wallfahrtsort der opernbegeisterten Finnen entwickelt. Die Theaterszene Helsinkis ist reichhaltig und gegenüber Experimenten aufgeschlossen. Doch Vorsicht: Wegen der Sprachbarriere sind eher die Klassiker zu empfehlen! Kulturgenuß pur bieten auch die Helsinki Festwochen Ende August/Anfang September: Die Bandbreite des Spielplans reicht von klassischer Musik über Oper und Tanz bis hin zu Jazz und Rock.

- **Finnische Nationaloper** (29). Hier ist fast alles zu haben, was das Opernherz begehrt, besonders auch Spitzenwerke des klassischen Balletts. Karten möglichst frühzeitig vorbestellen. Helsinginkatu 58.
- **Helsinkier Stadttheater.** Präsentiert neben Sprech- auch Musiktheater, zum Beispiel Musicals. Modernes Interieur. Eläintarhantie 5.
- **Finnisches Nationaltheater** (11). Das wichtigste Theater des Landes besteht aus vier Bühnen und ist in einem nationalromantischen Granitschloß untergebracht. Läntinen Teatterikuja 1 B.
- **Schwedisches Theater,** die wichtigste schwedischsprachige Bühne Finnlands. Pohjoisesplanadi 2.
- **Aleksander-Theater.** Der langjährige Sitz der Finnischen Nationaloper war ursprünglich ein russisches Garnisonstheater. Heute u. a. Veranstaltungsort für gastierende Theater. Bulvardi 23–27.

Jeden Tag Markttag

Das bekannte Kaufhaus Stockmann (Aleksanterinkatu 52) ist zweifellos in Sachen Shopping eine empfehlenswerte Adresse. Man wird jedoch bald merken, daß sich die Warenwelten gleichen. Ein ganz anderes Erlebnis ist es, über die Märkte und durch die alten Markthallen zu bummeln, sich dort zum Einkauf verführen zu lassen und dabei etwas vom Alltagsleben der Stadtbewohner mitzubekommen. Inmitten von überquellenden Ständen, wechselnden Düften und Farben ist ein Fest der Sinne angesagt (geöffnet sind die Märkte in der Regel werktags und samstags zwischen 9 und 14 Uhr).

- **Kauppatori.** Der Marktplatz ⑩ im Zentrum ist vollgepackt mit Obst-, Gemüse-, Fisch- und Blumenständen. Touristen wie Einheimische kaufen hier gerne ein. Im Sommer ist bis in die Abendstunden Betrieb, dann legen am Marktplatz auch Boote zu Ausflugsfahrten ab.
- **Vanha Kauppahalli.** Helsinkis älteste Markthalle aus dem Jahre 1888. Das Angebot ist breit und reicht von exotischen Gewürzen über finnische Fisch- und Fleischspezialitäten bis hin zu Süßigkeiten. Eteläranta.

Hakaniementori

- **Hakaniementori.** Der pulsierende Markt mit Markthalle ist ein beliebtes Einkaufsziel der Hauptstadtbewohner. In der Markthalle werden Lebensmittel und – im zweiten Stock – Textilien und Souvenirs angeboten. Von hier gibt es Schiffsverbindungen zur Zooinsel Korkeasaari ⑬.
- **Hietalahdentori.** Marktplatz mit Markthalle. Täglich ab 8 Uhr ist Flohmarktzeit mit Schwerpunkt auf Klamotten und Gerätschaften aus Urgroßmutters Zeiten.

Nationalgalerie

Museumslandschaft

Ein Streifzug durch die rund 60 Museen der Hauptstadt könnte eine Beschäftigung von etlichen Wochen werden. Neben Highlights wie Nationalgalerie und Nationalmuseum finden sich auch kleinere Museen mit sehr persönlicher Note. Und im Freilichtmuseum auf der Insel Seurasaari ist das alte ländliche Finnland ausgebreitet.

- **Nationalgalerie,** bestehend aus dem Ateneum ⑨ und dem Museum für Gegenwartskunst. Bietet die umfassendste Kunstsammlung Finnlands: Gemälde, Skulpturen und Graphik – neben finnischen Meistern auch zahlreiche Werke bekannter ausländischer Künstler. Kaivokatu 2–4.
- **Amos-Anderson-Kunstmuseum.** Sehenswerte Sammlung moderner finnischer Kunst und wechselnde Ausstellungen. Yrjönkatu 27.
- **Finnisches Nationalmuseum** ㉔ (Kansallismuseo). Die hier ausgestellten archäologischen Funde, sakralen Kunstwerke und das umfangreiche ethnologische Material führen zu den Wurzeln der finnischen Nation. Mannerheimintie 34.
- **Villa Hakasalmi.** Zeigt die Geschichte der Stadt Helsinki in Bildern der Erinnerung seit ihrer Gründung. Karamzininkatu 2, gegenüber Nationalmuseum.
- **Haus Sederholm** ist das älteste Steinhaus in der Innenstadt. Hier wird nachvollziehbar, wie ein Kommerzienrat im Helsinki des 18. Jahrhunderts lebte. Aleksanterinkatu 16–18.
- **Freilichtmuseum Seurasaari** ㉗. Bäuerliche Bau- und Wohnkultur des 18. Jahrhunderts wird auf der Insel Seurasaari lebendig. Die über 80 Gebäude aus allen Landesteilen Finnlands vermitteln einen Einblick in die Lebensbedingungen des vergangenen Jahrhunderts.
- **Arabia Fabrik und Museum.** Gebrauchs- und Kunstkeramik der Porzellanfabrik Arabia aus 120 Jahren. Hämeentie 135.

In unmittelbarer Nachbarschaft...

... liegen interessante Ausflugsziele, die locker in ein Tagesprogramm passen. Alle sind mit Bus oder Vorortzug zu erreichen. Auskünfte erteilt auch das Fremdenverkehrsamt der Stadt Helsinki in der Pohjoisesplanadi 19.

Gallen-Kallela-Museum

- **Porvoo.** Romantisches Städtchen mit mittelalterlicher Kirche, Stadtkern aus Holzbauten, Kunsthandwerksläden. Idylle zum Bummeln und Fundgrube für Souvenirjäger.
- **Gallen-Kallela-Museum** in Tervaspää, Espoo. Von dem bedeutenden finnischen Maler Akseli Gallen-Kallela (1865–1931) für sich selbst entworfenes Wohnhaus und Atelier im Jugendstil. Sehenswert sind die Inneneinrichtung und die ausgestellten Gemälde und Graphiken. Gallen-Kallelantie 27.
- **Kulturzentrum Hvitträsk.** Nur Stein und Holz verwendete das bekannte Architektentrio Eliel Saarinen, Armas Lindgren und Herman Gesellius, als sie sich 1902 Atelier und Wohnhaus bauten. Auch die selbstentworfene Art-nouveau-Einrichtung ist erhalten. Kirkkonummi Luoma.
- **Jean Sibelius' Villa Ainola.** Inmitten von Natur und Stille schuf Finnlands größter Komponist (1865–1957) hier seine bedeutendsten Werke. Järvenpää.
- **Glasmuseum Riihimäki.** Die Geschichte der finnischen Glasherstellung wird in den umgestalteten Gemäuern einer alten Glasfabrik anschaulich gemacht. Tehtaankatu 23.
- **Wissenschaftszentrum Heureka** in Tikkurila, Vantaa. In einem futuristisch anmutenden Gebäude gibt's moderne Wissenschaft zum Ausprobieren, Spielen und Anfassen. Tiedepuisto 1.

ISTANBUL

Metropole auf zwei Kontinenten

Byzanz, Konstantinopel, Istanbul – am Bosporus lag einst das Machtzentrum von Weltreichen. Die oströmischen Kaiser, später die osmanischen Sultane haben hier im Laufe von fast zwei Jahrtausenden residiert. Istanbuls Lage ist einzigartig: eine Stadt auf zwei Kontinenten, Brücke zwischen Europa und Asien. Schon Mitte des 16. Jahrhunderts schrieb ein Reisender: »Der Bosporus ist ein Schlüssel, der zwei Welten öffnet und schließt«. Dieser Wasserstraße, die das Schwarze Meer und das Marmarameer miteinander verbindet, verdankt Istanbul nicht nur seine strategische Bedeutung – sie bietet seit jeher beste Voraussetzungen für einen florierenden Handel. Auch heute ist es noch vor der binnenländischen Hauptstadt Ankara die Wirtschaftsmetropole der Türkei.

Die Einzigartigkeit dieser kolossalen Stadt – mit schätzungsweise 14 Millionen Einwohnern – läßt sich am ehesten vom Rundbalkon des Galata-Turms ermessen. Im Süden strahlen die Dächer des alten Stamboul, wo Kaiser und Sultane ihre Paläste, Moscheen und Minarette hinterließen. Eins der berühmtesten Bauwerke verdankt die Nachwelt Sultan Ahmed I., der die 1616 eingeweihte Blaue Moschee (Bild) errichten ließ.

Im Reich der Sultane

Der Topkapı- und der Dolmabahçe-Palast

Der Held Byzas, Enkel des Zeus, erhielt vom Orakel in Delphi die Weisung, auf der Landspitze, vor der das Goldene Horn und das Marmarameer aufeinandertreffen, eine Siedlung zu gründen. Sie wurde nach ihm Byzanz genannt. So lautet der Mythos der Stadtgründung, die um 660 v. Chr. durch griechische Siedler erfolgte. Die Akropolis wurde auf dem ersten der sieben Stadthügel errichtet. Heute steht dort der prächtige Topkapı-Palast ❶. Mehmet II., der Eroberer, hatte ihn in der zweiten Hälfte des 15. Jahrhunderts errichten lassen, um den Sieg der osmanischen Dynastie über die byzantinische Herrschaft zu feiern. Er nannte ihn Palast der Glückseligkeit, erst später wurde daraus Topkapı Sarayı – der Kanonentorpalast. Als Residenz bezog ihn Jahrzehnte später Süleyman der Prächtige. Er herrschte von hier aus über ein Gebiet, das von Marokko bis zum Jemen, vom Kaukasus bis nach Ungarn reichte. Evliya Çelebi schrieb in seinem Geschichtswerk: »Er eroberte die Welt, machte sich 18 Monarchen untertan. Er sorgte für Recht und Ordnung in seinen Ländern.« Dies trug ihm auch den Beinamen »der Gesetzgeber« ein. Der Palast gruppiert sich um vier Höfe, umgeben von Häusern und Pavillons, die an das zu Stein gewordene Zeltlager eines Nomadenfürsten erinnern. Die Räume um den ersten Hof dienten als Krankenhaus, Münze, Waffenlager und Unterkunft für Wachen und Personal. Hier hatte jedermann Zutritt – bis heute. Erst am Tor zum zweiten Hof wird Eintrittsgeld für das Topkapı-Museum verlangt. Um den zweiten Hof lagen die Reichsverwaltung, die Stallungen und der Küchentrakt, in dem bis zu 1200 Köche die Speisen für den Sultan und seinen Hofstaat zubereitet haben. Heute sind hier die alten Töpfe, Schüsseln und anderes Küchengerät aus gehämmertem Kupfer ausgestellt. Der größte Teil der zehn hintereinanderliegenden, zylindrisch überdachten Räume beherbergt aber die Porzellansammlung, die zu den erlesensten der Welt gehört.

Hinter dem Tor der Glückseligkeit liegt der dritte Hof mit den interessantesten Ausstellungen des Museums. Wer die vier Schatzkammern betritt, fühlt sich in ein Märchen aus Tausendundeiner Nacht versetzt. Der durch den Film »Topkapi« in den 60er Jahren bekannt gewordene smaragdbesetzte Dolch in der zweiten Schatzkammer nimmt sich in dieser glitzernden Umgebung eher bescheiden aus. In der dritten Schatzkammer liegt unter vielen Smaragden der birnenförmige, goldgefaßte und von 49 Brillanten umrahmte »Löffelmacher-Diamant«, mit 86 Karat einer der größten der Welt. Seinen Namen hat er durch das langewährende Gerücht, der Diamant sei einem Trödler für ein paar Holzlöffel abgekauft

Jahrhundertelang war der Topkapı-Palast (rechts der Turm der Gerechtigkeit) Wohnsitz der Sultane. Jeder gestaltete ihn um – so entstand ein wahres Labyrinth aus Architektur, Terrassen und Gärten.

Süleyman der Prächtige

Als Süleyman der Prächtige im Jahr 1520 Sultan des Osmanischen Reiches wurde, hatte er sich drei Ziele gesetzt: Für den Islam Wien zu erobern, für sein Volk fließendes Wasser in die Stadt zu bringen und für sich selbst eine großartige Moschee zu bauen. 1529 stand er mit seinem Heer vor den Toren Wiens, die Stadt konnte er jedoch nicht erobern. Die 46 Jahre seiner Regentschaft waren das Goldene Zeitalter des Reiches. Süleyman war der zehnte Sultan des Osmanengeschlechts, der vierte, der von Istanbul aus herrschte. Kein anderer hat die Kunst und Architektur, die Bildung und das Rechtswesen so gefördert wie er, der selbst unter dem Pseudonym »Muhibbi« Gedichte veröffentlichte.

Ein Traum aus Tausendundeiner Nacht: In neubarocker Pracht schwelgt das Treppenhaus des Dolmabahçe-Palastes.

worden. Inzwischen weiß man, daß er aus Indien stammt und von der Mutter Napoleons an einen türkischen Gouverneur verkauft worden war. In jedem der Räume steht ein kostbarer Herrscherthron. Der Thron des Nadir Schah in der vierten Schatzkammer wurde dem Sultan im 18. Jahrhundert vom Herrscher des Iran geschenkt. Das Kunstwerk besteht aus 223 auseinandernehmbaren Teilen, die von hunderten Smaragden, Rubinen und Perlen besetzt sind.

Als wichtigster Teil des Serails gelten für Muslime die Räume mit den Hinterlassenschaften des Propheten Mohammed: sein Schwert, sein Mantel, seine Fahne, Barthaare und Zähne. Sultan Yavuz Selim hatte sie 1516/17 von seinem Ägypten-Feldzug nach Istanbul gebracht. Ab dieser Zeit führten die osmanischen Herrscher auch den religiösen Titel Kalif, um so ihrer Machtstellung als Oberhaupt der muslimischen Gemeinschaft Ausdruck zu verleihen.

Zur Erholung begaben sich die Sultane in den Harem, was soviel wie »das Verbotene« heißt. Hier lebten die Frauen des Hofes, streng bewacht von schwarzen Eunuchen, die dafür verantwortlich waren, daß kein Unbefugter die über 300 Räume betrat. Mächtigste Dame war die Mutter des Sultans, die Valide Sultan, nicht nur in den Frauengemächern, sondern im ganzen Land.

Osmanische Herrscher hatten eine Haupt- und zwei bis drei Nebenfrauen sowie Hunderte von Konkubinen. Sie kamen aus allen Teilen des Reiches und wurden entweder als Sklavinnen für den Harem gekauft oder als Geschenke von Familien gebracht, die sich von einer solchen Verbindung Vorteile versprachen. Ein Herrscher aber handelte gegen die Konvention: Süleyman der Prächtige vernachlässigte seinen Harem und war einer Frau ganz ergeben.

Im 19. Jahrhundert entwickelten die osmanischen Herrscher einen Geschmack für europäischen Luxus: Barock und Rokoko waren gefragt. Da der Topkapı-Palast diesen Ansprüchen nicht genügte, gab der junge Sultan Abdülmecit I. dem in Paris ausgebildeten Architekten Karabet Balyan den Auftrag für die Planung eines Neubaus am Ufer des Bosporus. Der Dolmabahçe-Palast (19) gilt als Glanzwerk des Osmanischen Barock. Auf 600 Metern Länge erstreckt sich die Anlage, schön wie ein Zuckerbäckerschloß. Zu dem reich verzierten Festsaal, dem mit allem Luxus ausgestatteten Harem, zahlreichen Salons und fast 300 Zimmern gelangt man über eine große Treppenhalle mit Kristallgeländer. 14 Tonnen Gold wurden für die prunkvolle Innenausstattung verwendet. Unvergleichlich ist der kreuzförmige Festsaal mit einer 36 Meter hohen Kuppel. Über die weiße Marmorterrasse des Dolmabahçe-Palastes verließ 1924 der letzte, damals bereits entmachtete osmanische Sultan seinen Wohnsitz. Die Türkische Republik war schon im Oktober 1923 von dem visionären Staatsmann Atatürk (eigentlich Mustafa Kemal Pascha) ausgerufen worden. Auch er wurde – als Staatspräsident des türkischen Nationalstaats – zum Bewohner des Dolmabahçe-Palastes. Er starb hier am 9. November 1938.

Die Janitscharen waren die Elitetruppe der Sultane. Heute werden ihre Uniformen und Waffen im Topkapı-Museum ausgestellt.

Die Frauen im Harem vertrieben sich ihre Langeweile mit Spiel und Gesang, üppigen Festmählern und Opiumrauchen. Mittelpunkt des Frauenhauses war der Huenkar Sofasi, in dem sich der Sultan bei Musik und Tanz vergnügte.

Byzanz – Konstantinopel – Istanbul

Die berühmten Moscheen

In der Blauen Moschee: Der Architekt Mehmet Aga gestaltete hier mit der Präzision seines ersten Berufes – er war Juwelier.

Wer Gott eine Moschee baut, dem wird er ein Haus im Paradies errichten. Dieser Ausspruch Mohammeds geht Besuchern Istanbuls nicht aus dem Sinn. Von den insgesamt 3000 Moscheen der Stadt krönen die schönsten die sieben Hügel von Stamboul. Das erste islamische Gotteshaus war ursprünglich eine Kirche: die Hagia Sophia (Ayasofya) ❸ – rund tausend Jahre Symbol des christlich-orthodoxen Glaubens. Der erste Bau entstand unter Kaiser Konstantin dem Großen, der 330 die Hauptstadt des riesigen Römischen Reiches hierher – nach Byzanz – verlegte. Byzanz wurde bald nach seinem Herrscher in Konstantinopolis umgetauft. Ein goldenes Zeitalter war für die Stadt angebrochen, denn auch die nachfolgenden Kaiser bemühten sich um ihre Verschönerung. Ende des 4. Jahrhunderts teilten sich die zwei Söhne des Kaisers Theodosius das Reich. Rom wurde Hauptstadt des Weströmischen Reiches und Konstantinopel die des Oströmischen oder Byzantinischen Reichs, mit der Hagia Sophia als Mittelpunkt des religiösen Lebens. Nach einem Brand im Jahre 404 baute man die »Kirche der Göttlichen Weisheit« größer und schöner wieder auf. Nach einer neuerlichen Zerstörung während eines Volksaufstands 532 wurde das heutige Gebäude unter Kaiser Justinian errichtet. Überwältigt von ihrer Pracht, soll er beim Anblick der fertiggestellten Kirche gerufen haben: »Salomon, ich habe dich übertroffen!« Den Zeitgenossen galt sie als achtes Weltwunder, so beeindruckt waren sie von der architektonischen Leistung der beiden griechischen Baumeister. Die Hauptkuppel, die zwei Jahrzehnte später nach einem Erdbeben nochmals erneuert werden mußte, hat eine Scheitelhöhe von 56 Metern. Sie schwebt wie ein Himmel über dem Innenraum. Die Ausstattung soll prachtvoller als die eines Palastes gewesen sein.

Viele Schätze aus dem Goldenen Zeitalter Konstantinopels wurden zerstört, als während des vierten Kreuzzugs im Jahre 1204 die Ritter die Hauptstadt eroberten und für einige Jahrzehnte das Lateinische Kaiserreich errichteten. Einer der Kreuzfahrer berichtete über die Einnahme: »Die heiligen Reliquien können nur beschrieben werden, indem man sagt, es sind

Schon von Ferne sieht der Schiffsreisende das von insgesamt sechs (!) Minaretten umgebene Kuppelgebirge der Blauen Moschee – ein imposantes Bild vor allem abends, wenn sie farbig beleuchtet wird.

Als Istanbul noch Byzanz war: Viele Mosaiken der Kaiserzeit sind in der Hagia Sofia erhalten.

mehr als im Rest der Christenheit. Die Menge an Gold, Silber, Edelsteinen, Pelzen, edlen Stoffen und anderen wertvollen Dingen ist nicht vorstellbar. Meiner Meinung nach hat die Plünderung alles übertroffen, was seit Bestehen der Menschheit geschehen ist.« Beispielsweise wurde der goldene Altar der Hagia Sophia in Stücke zerschlagen und verteilt.

Dieses Schicksal blieb der Kirche erspart, als die Osmanen im Jahre 1453 Konstantinopel einnahmen und zur Hauptstadt ihres Reiches machten. Der Führer Sultan Mehmet II., den man später Fatih (den Eroberer) nannte, gab den Befehl, die Hagia Sophia von Plünderungen zu verschonen – so beeindruckt war er von der Schönheit der Kirche. Er ließ sie statt dessen in eine Moschee umbauen. Der Stadt gab er den neuen Namen Istanbul (Stamboul). In den nächsten Jahrzehnten erhielt das Gotteshaus vier Minarette. Im Jahre 1935 wurde das zu den Hauptsehenswürdigkeiten der Welt zählende Bauwerk in ein Museum umgewandelt. Immer wieder flammt aber die Diskussion auf, ob es wieder zur Moschee werden soll.

Die Entwürfe zu den zwei westlichen der insgesamt vier Minarette der Hagia Sophia schuf Sinan, der Meisterarchitekt des Osmanischen Reichs. Istanbul kann ohne Übertreibung als Stadt des Sinan bezeichnet werden. Viele seiner Bauwerke, die er als Hofarchitekt errichtete, stehen noch heute. Er baute allein 80 Moscheen im ganzen Land. Sein Istanbuler Meisterwerk ist die Süleyman-Moschee (Süleymaniye Camii) ⑭, mit der ihn sein Entdecker und Förderer Sultan Süleyman der Prächtige beauftragte. Sie thront majestätisch auf dem dritten Hügel über dem Eingang zum Goldenen Horn und prägt die Silhouette der Stadt wie kein anderes Gebäude. Die von vier mächtigen Pfeilern getragene Hauptkuppel ist 48 Meter hoch, und das durch die 130 kunstvoll verglasten Fenster einfallende Licht bringt die Verzierungen des gewaltigen Innenraums klar zur Geltung.

Die berühmteste Moschee Istanbuls und damit eines der bedeutendsten Wahrzeichen der Stadt ist die Sultan Ahmet Camii, bekannter als Blaue Moschee ⑤. Sie wurde auf den Fundamenten des alten Palastes der byzantinischen Kaiser errichtet. Sultan Ahmet I. beauftragte einen Schüler Sinans mit dem Bau der Moschee. Sie sollte größer, schöner und bedeutender werden als die Hagia Sophia. Tatsächlich ist die Kuppel zwar nicht ganz so hoch, aber das Bauwerk wurde trotzdem die größte Moschee der Stadt und die einzige mit sechs Minaretten. Die Bauarbeiten überwachte der Sultan persönlich, so begeistert war er von den Plänen Mehmet Ağas. Obwohl 260 Fenster den Innenraum erhellen, ist er immer in ein schummeriges Licht getaucht. 21 000 blaue und grüne Fliesen aus İznik, die hauptsächlich die unteren Wände und die Galerien zieren, bestimmen die Raumfarbe. Der Sultan, darauf bedacht, die Einzigartigkeit der Innengestaltung zu wahren, verbot, andere Kunden mit den Fayencen zu beliefern. An Stellen, wo die Kacheln im Laufe der Jahrhunderte abgefallen waren, wurden sie im 19. Jahrhundert nachgemalt. Kurz nach der feierlichen Einweihung im Jahre 1616 starb der Sultan. Die Grabstätte von Ahmet I. liegt im östlichen Teil des Moschee-Komplexes.

916 Jahre lang symbolisierte sie das Christentum und über 477 Jahre hinweg die islamische Welt: Die Hagia Sofia, seit 1934 Museum, bietet im Innern ein faszinierendes Nebeneinander der Kunst zweier Weltreligionen.

Der wichtigste Tag im Leben eines türkischen Jungen ist die Beschneidung, die zwischen dem fünften und dem zwölften Lebensjahr stattfindet.

Jeder gläubige Moslem verehrt den Koran, das heilige Buch des Islam. Fünfmal am Tag ruft der Muezzin zum Gebet.

Die Lebensader der Metropole

An den Ufern des Bosporus

Rumeli Hisarı, auf der europäischen Seite des Bosporus gelegen, ist das schönste Beispiel osmanischer Festungsarchitektur.

Der Tag beginnt mit dem Geräusch der Schiffe, dem Schreien der Möwen, manchmal mit einem herrlichen Sonnenaufgang oder auch mit einer kühlen Brise und dem Tuten eines Nebelhorns. In jeder Jahreszeit, zu jeder Tageszeit ändern sich die Farben und Gerüche des Bosporus (Boğaziçi). Mal liegt er wie ein spiegelglatter See, mal fließt er wie ein großer Strom, aber dann erinnern die Ozeandampfer daran, daß er eine Meeresstraße ist.

Der Bosporus ist die wahre Schönheit Istanbuls. So sehen es die Menschen, die hier leben. Sie lieben sein Wasser – blau und schimmernd, eine Einladung für Angler und unerschrockene Schwimmer. Hierher zieht es die Istanbuler am Wochenende aus ihren Wohnsilos am Rande der Riesenstadt, aus ihren beengten, ärmlichen Wohnungen. Sie beobachten den Sonnenuntergang – oft mit Tränen in den Augen – und vergessen ihre Sorgen, zumindest für diese Minuten.

Wie die Meerenge zu ihrem Namen kam, erzählt die griechische Mythologie: Um sie vor seiner eifersüchtigen Ehefrau Hera zu verbergen, soll Zeus seine Geliebte Io in eine Kuh verwandelt haben. Vergeblich. Auf der Flucht vor der zornigen Hera durchschwamm die Kuh die Fluten. So heißt der Bosporus also »Rinderfurt«.

Der Bosporus ist etwa 31 Kilometer lang und verbindet das Schwarze Meer mit dem Marmarameer. An der breitesten Stelle liegen die Ufer rund 4 Kilometer auseinander, an der schmalsten sind es nur knapp 700 Meter. Hier liegt auf jeder Seite eine Festung. Am asiatischen Ufer blickt man auf die Burg Anadolu Hisarı 24, die im 14. Jahrhundert von Sultan Beyazıt I. angelegt wurde. Das Gegenstück auf der europäischen Seite, Rumeli Hisarı 23, baute sein Urenkel Mehmet II. der Eroberer in nur vier Monaten, kurz vor der Einnahme Konstantinopels. Die trutzigen Gemäuer dienten der Kontrolle des Schiffsverkehrs auf dem Bosporus. Heute lieben es die Istanbuler, im Sommer in der Anlage von Rumeli Hisarı Freilichtkonzerte zu besuchen.

Nördlich der Burgen spannt sich die Mehmet-Fâtih-Brücke über den Bosporus, eine der zwei Brücken, die die Kontinente miteinander verbinden. Die andere steht bei Ortaköy: Sie ist die viertlängste Hängebrücke der Welt. Von den Einheimischen wird sie die »Halskette des Bosporus« genannt. Auch wenn man es sich heute nur noch schwer vorstellen kann, die Ufer des Bosporus waren lange Zeit sehr dünn besiedelt. Kleine Fischerorte wie İstinye 25, Sarıyer 26 und Anadolu Kavağı 27 lagen idyllisch in Buchten. Besonders in diesem kleinen Ort, kurz vor dem Schwarzen Meer, dreht sich auch heute noch alles um den tages-

Wie in alten Zeiten verkaufen die Fischer morgens in Ortaköy ihre Ware vom Boot.

Die alten Yalıs, die Strandvillen am Bosporus, werden von ihren Besitzern liebevoll instandgehalten. Diese hier in Yeniköy gehören zu den schönsten.

frischen Fang. In fast jedem Haus ist ein Fischgeschäft oder Restaurant untergebracht.

Die ersten Sommerhäuser an den Ufern des Bosporus wurden erst gegen Ende des 17. Jahrhunderts gebaut. Die Wohlhabenden der Stadt leisteten sich malerische Holzhäuser, genannt Yalıs, um die heißen Sommertage und -nächte in einem angenehmeren Klima verbringen zu können. Kein Yalı gleicht dem anderen: Die Konstruktionen, Verzierungen und Farben sind ganz unterschiedlich. Etliche der Holzhäuser fielen im Laufe der Zeit Bränden zum Opfer. Die alten Yalıs, die heute noch stehen, werden zum Teil von ihren Besitzern liebevoll restauriert. Um die schönsten Häuser zu sehen, muß man den Bosporus zwischen Kandilli und Kuzguncuk auf der asiatischen Seite befahren. Kuzguncuk hat einen ganz besonderen Reiz. Der Besucher erlebt eine Völker- und Religionsvielfalt, wie sie zu Zeiten der Sultane alltäglich war. Das Nebeneinander von Moscheen, Kirchen und Synagogen deutet auf die tolerante Haltung und das harmonische Zusammenleben der hier ansässigen Menschen hin.

Etwas weiter nördlich liegt ein wunderschöner kleiner Palast am Bosporus-Ufer: der Beylerbeyi Serail (21). Er wurde 1865 als Sommerresidenz eines Sultans erbaut, und auch heute noch spiegelt sich seine weiße Marmorfassade anmutig im Wasser. Lange Zeit diente er als Gästehaus für Würdenträger aus dem Ausland. Ein prominenter Gast war der österreichische Kaiser Franz Joseph. Für die französische Kaiserin Eugénie wurde eigens eine Kopie ihres Pariser Schlafzimmers angefertigt. Daß dafür Sultan Abdülaziz sein eigenes zur Verfügung stellte, gab damals Anlaß zu Spekulationenen, die weiter Nahrung erhielten, als die Kaiserin den für eine Woche geplanten Besuch auf drei Monate ausdehnte.

Gegenüber, auf der europäischen Seite, liegt der Vorort Ortaköy (20). Sofort zieht die Moschee direkt am Wasser, deren neobarocker Stil an den Dolmabahçe-Palast (19) erinnert, den Blick auf sich. Der mit einer einzigen Kuppel und zwei schlanken Minaretten versehene Bau wurde vom selben Architekten entworfen. In dem heute zur Ruine verkommenen Bau nahe der Moschee feierte eine früh verwitwete Sultanstochter rauschende, um nicht zu sagen wilde Feste – und das vor über 200 Jahren! Trubel gibt es auch heute noch in Ortaköy. Der Stadtteil lädt mit einer Fußgängerzone in malerischen Gäßchen zum Bummeln ein. In den meist renovierten Häusern finden sich Galerien, Geschäfte, Restaurants und Straßencafés. Auf dem großen Platz vor der Moschee trinkt man in stimmungsvoller Atmosphäre seinen Tee direkt am Ufer und beobachtet Musikanten und Straßenkomödianten.

Die schönste Zeit des Jahres am Bosporus ist das Frühjahr. Wenn in den Gärten der Villen und an den Hängen die Judasbäume und Glyzinien blühen und die Meerenge in eine Farbensinfonie aus Blau, Grün, Rot und Violett verwandeln.

Nur für drei Wochen im Jahr wurde der Beylerbeyi Palast – hier die prachtvollen Empfangsräume – von Sultan Abdülaziz genutzt.

Bosporus-Fahrt

Ein Besuch in Istanbul ist ohne eine Fahrt auf dem Bosporus nur das halbe Vergnügen. Zweimal am Vormittag starten von Eminönü große Fährschiffe in Richtung Schwarzes Meer. Im Zickzackkurs zwischen den Kontinenten legt der Dampfer an beiden Ufern der Meeresstraße an. Nach zwei Stunden erreicht man Anadolu Kavagi, einen kleinen Fischerhafen am asiatischen Ufer. Vor der Rückfahrt hat der Besucher genug Zeit, in einem der vielen Lokale einzukehren. Einige große Hotels in Istanbul bieten Bosporus-Fahrten, z. T. auch bei Nacht, auf ihren eigenen Schiffen an. In Eminönü starten auch die Schiffe zu den südöstlich von Istanbul im Marmarameer liegenden Prinzeninseln (Kizil Adalar) (28). Mit ihrer reizvollen Landschaft sind sie ein beliebtes Ausflugsziel.

Ein eigener Kosmos

Istanbul und seine Basare

Auf dem dritten Hügel der Altstadt Istanbuls liegt zwischen den beiden Moscheen Beyazıt und Nuruosmaniye der größte überdachte Basar der Welt: Kapalı Çarşı, der »Gedeckte« oder »Große Basar« ⑩. In fast 4000 Läden, verbunden durch unzählige Gassen, bieten Händler ihre Waren an. Eski Bedesten, die alte Tuchhalle, ist der älteste Teil dieses Einkaufsparadieses. Ihr Baubeginn fällt in die Regierungszeit Mehmet II. des Eroberers. Auf Pfeilern wölben sich 15 Kuppeln über einer Halle mit dicken Mauern. In früheren Jahrhunderten diente dieser Bereich als Tresor der Stadt, denn hier lagerten nicht nur wertvolle Waren, sondern auch das Geld vieler Istanbuler. Nachts wurden die Tore verschlossen und bewacht, und zwar so gut, daß es keine Aufzeichnungen über Einbrüche oder Diebstähle gibt.

Heute ist der Eski Bedesten der schönste Teil des Basars. Hierher verlaufen sich weniger Touristen, und wer etwas anderes als die üblichen Souvenirs kaufen möchte, findet hier, wo viele Schmuck-, Antiquitäten- und Teppichhändler ihre Waren anbieten, noch das eine oder andere alte und originelle Stück.

Um diesen alten Teil entwickelten sich Ladenstraßen, die später überdacht wurden. Nach orientalischer Tradition hatte jeder Gewerbezweig sein eigenes Viertel. Das vereinfachte dem Kunden den Qualitäts- und Preisvergleich. Leider ist es heute nicht mehr ganz so. Im Zuge der Kommerzialisierung wurden viele der alten Handwerksbetriebe ausgelagert, um mehr Verkaufsraum zu schaffen. Alte Straßennamen erinnern an längst ausgestorbene Berufe, wie die Straßen der Pantoffelhersteller, der Turban- und der Steppdekkenmacher. Was aber geblieben ist und bleiben wird, ist die Möglichkeit, nicht nur schlicht einen Gegenstand zu kaufen, sondern ihn feilschend zu erwerben. Handeln als orientalische Form des Einkaufs wird sicherlich weiterhin ein Privileg der Basar- und Straßenhändler bleiben.

Fast die Hälfte der Geschäfte im Großen Basar sind Goldschmieden. Viele Türken sehen den Besitz des Edelmetalls noch immer als die beste aller Geldanlagen an. Zu Hochzeiten schenkt man kleine Goldmünzen oder goldene Armreifen, die von vielen Istanbulern im Basar gekauft werden. Der Schmuck soll der Braut – nicht nur symbolisch – als Sicherheit dienen, für den Fall, daß der Ehemann stirbt oder sie gar verläßt. In den Schaufenstern einiger Juweliere kann der Besucher sogar Geschmeide bewundern, die – vielleicht – einmal Sultansgattinnen oder russische Fürstinnen getragen haben. 20 000 Menschen finden in dem »ungeheuren Bienenstock kleiner Läden«, wie Mark Twain einmal den Basar beschrieb, Arbeit. Bis zu einer halben Million Kunden lassen sich täglich durch den Irrgarten treiben. Sie kaufen Stoffe, Haushaltsgeräte, Lederwaren, Teppiche, Kupfergeschirr, Keramikschüsseln, Kleider, Schuhe und vieles andere mehr. Früher war der traditionelle Einkaufstag der Istanbuler im Basar der Sonntag. Auch das hat sich geändert. Heute ist sonntags alles zu, und an den Wochentagen

Ein Fest für die Sinne ist der Besuch im Ägyptischen Basar. Der Duft der Gewürze und die leuchtende Palette der Trockenfrüchte und Süßigkeiten faszinieren stets aufs Neue.

Stolz präsentiert der Schuhputzer sein prächtiges Arbeitsgerät. Dienstleistungen wie diese sind ein wichtiger Erwerbszweig in Istanbul.

Ali Babas Schatzhöhle: In den Gewölben des größten überdachten Basars der Welt ist das Angebot an glitzernden Herrlichkeiten überwältigend.

bleiben die Läden zwischen 8 und 19 Uhr geöffnet. Danach werden pünktlich alle 17 Tore verschlossen.

Umgeben ist der Kapalı Çarşı von einem offenen Basarviertel. In vielen der kleinen Straßen befinden sich rundum geschlossene Gewerbehöfe (Hans). Wie eine Karawanserei auf dem Land boten sie dem Reisenden in der Stadt Schlafstatt und Lagerraum. Man muß schon besonders aufmerksam sein, um ihre schmalen Eingänge zu entdecken. Einige stammen aus den ersten Jahren der Osmanenherrschaft. Heutzutage beherbergen sie oft Handwerksbetriebe, die vor ihren Werkstätten in kleinen Geschäften die Ware direkt verkaufen. Am Tor zum Großen Basar in der Aynacılar Sok liegt gleich rechts versteckt der Eingang zum Kalcılar Han, einem Han der Silberschmiede. Der Besucher fühlt sich in eine Welt aus vergangener Zeit zurückversetzt, wenn er zwischen den kleinen Werkstätten und Geschäften bummelt.

Direkt am Goldenen Horn liegt der Mısır Çarşısı, der »Ägyptische« oder »Gewürzbasar« 16. Wer sich durch die kleinen Gassen des Basarviertels Tahtakale nach unten treiben läßt, landet hier wie von selbst. Der Gewürzbasar entstand nach der Eroberung Ägyptens im 16. Jahrhundert, um Waren aus dieser Region anzubieten. Noch heute schwelgt man hier in einer Mischung aus orientalischer und nordafrikanischer Atmosphäre. Das Aroma von Gewürzen, der Duft der Öle und der Geruch von frisch geröstetem Kaffee strömen einem auf unwiderstehliche Weise in die Nase. Eine Augenweide sind die leuchtenden Farben der großen, offenen Jutesäcke, aus denen Kräuter, getrocknete Früchte, wie Datteln und Aprikosen, Nüsse, Gewürze und Rosinen angeboten werden. Verführerisch locken natürlich überall die Stände mit Türkischem Honig und den landestypischen süßen Kuchen.

Im ersten Stock des Ägyptischen Basars, in einer alten Wachstube, liegt das schönste Restaurant der Istanbuler Altstadt, das Pandeli. Wer die kleine Steintreppe erklimmt, wird belohnt. Durch die vergitterten Fenster bietet sich ein herrlicher Blick auf die Galatabrücke und das geschäftige Treiben des Basars. Welch genußvolle Rast kann man hier während eines Einkaufstages einlegen!

Geradezu kunstvoll arrangieren die Straßenhändler ihre Ware. Stets besonders frisch sind Obst und Gemüse auf dem Markt neben dem Gewürzbasar.

Auf einen Blick

Istanbul entdecken und erleben

Die geschätzte Einwohnerzahl von mehr als 12 Millionen läßt ahnen, um welch betriebsame Stadt es sich bei Istanbul handelt. Der Stadtspaziergang von einem Architekturjuwel zum nächsten verlangt Gelassenheit. Trotzdem ist man zu Fuß am besten unterwegs. Das Netz der Linienbusse ist dicht, an den wichtigen Stationen erhält man die Tickets an Kiosken oder bei Bauchladenhändlern (Mehrfahrtenblocks). Die gelben Taxis sind ein billiges Fortbewegungsmittel, noch günstiger sind die Dolmus (Sammeltaxis), das sind Kleinbusse, die bestimmte Strecken befahren. Die Orte am Bosporus sind mit Passagierschiffen (Ablegestellen westlich der Galata-Brücke in den Stadtteilen Eminönü und Karakoy) zu erreichen.

Man braucht sich nicht zu scheuen, einen Hamam – ein türkisches Bad zu besuchen, denn Bademeister(innen) weisen die Besucher(innen) ein.

1. Topkapı-Palast
2. Archäologisches Museum
3. Hagia Sophia
4. Yerebatan Sarayı
5. Blaue Moschee
6. Deutscher Brunnen
7. Hippodrom
8. Mosaikmuseum
9. Konstantin-Säule
10. Großer Basar
11. Valens-Aquädukt
12. Theodosianische Landmauer
13. Chora-Klosterkirche
14. Süleyman-Moschee
15. Rüstem-Pasa-Moschee
16. Ägyptischer Basar
17. Goldenes Horn mit Galata-Brücke
18. Galata-Turm
19. Dolmabahçe-Palast
20. Ortaköy
21. Beylerbeyi-Palast
22. Kandili
23. Rumeli Hisarı
24. Anadolu Hisarı
25. İstinye
26. Sarıyer
27. Anadolu Kavağı
28. Prinzeninseln

Der Blick vom Galata-Turm zeigt uns den Weg über die 1991 erbaute neue Galata-Brücke hinüber zur Neuen Moschee und die Nuruosmaniye-Moschee im Hintergrund.

Die Maria mit dem Kind ist Teil der 1321 fertiggestellten Mosaiken in der ehemaligen Chora-Klosterkirche, berühmte Beispiele der Kunst der Spätzeit des Reiches von Byzanz.

Der nach Kaiser Valens benannte, im 4. Jahrhundert erbaute Aquädukt spannt sich mit bis zu 26,5 m Höhe knapp 1 km lang die Senke zwischen zwei Hügeln.

Auf einem Hügel über dem Goldenen Horn erstreckt sich der große Komplex der Süleyman-Moschee, eines der schönsten Bauwerke der osmanischen Architektur.

Es gibt bei allen wichtigen Sehenswürdigkeiten Tourismus-Informationsstellen: zwischen Sultan-Ahmet-Moschee und Hagia Sophia: Divanyolu Cad. 3, ☎ 02 12/5 18 18 02, am Taksim-Platz: Taksim Meydanz-Maksem, ☎ 02 12/2 45 68 76, am Hafen Karaköy Yolcu Salonu: Rıhtım Cad., ☎ 0212/2 49 57 76, am Bahnhof Sirkeci, ☎ 02 12/5 11 58 88, Flughafen Atatürk in Yeşilköy, ☎ 02 12/6 63 07 93, im Hotel Hilton, Cumhuriyet Caddesi, ☎ 02 12/2 33 05 92. Das Zentralbüro befindet sich im Stadtteil Beyoglu, Mesrutiyet Cad. 57/5, ☎ 02 12/2 45 68 75.

Direkt am Bosporus liegt die neubarocke Ortaköy-Moschee, unweit der Stelle, wo die Europabrücke als eine der längsten Hängebrücken der Welt die Wasserstraße zwischen Marmara- und Schwarzem Meer überspannt.

Im 1853 vollendeten prunkvollen Dolmabahce-Palast am europäischen Bosporusufer (hier die Kuppel des Festsaals) vereinen sich westeuropäische Schloßbaukunst und der Ornamentreichtum des Orients.

Ein Glanzstück der bedeutenden Sammlung antiker und altorientalischer Kunst des Archäologischen Museums ist dieser Grabstein aus dem 5. Jh. v. Chr.

Fast 1000 Jahre war die unter Kaiser Justinian geweihte Hagia Sophia die Hauptkirche des Byzantinischen Reichs, weitere 500 Jahre Moschee, was sie – eins der meistbesuchten Museen der Erde – wieder werden soll.

Auf dem Platz des ehemaligen Hippodroms steht der achteckige Brunnenpavillon, den Kaiser Wilhelm II. 1898 als Gastgeschenk stiftete.

Der Sockel des Ägyptischen Obelisken auf dem Platz des ehemaligen Hippodroms zeigt Kaiser Theodosius mit Familie in der Loge der Rennbahn.

Was – wann – wo?

Einkauf ohne festen Preis

Das größte Angebot an Waren haben natürlich die Basare. Hier findet man zwischen den vielen Souvenirs immer wieder originelle Dinge. Neben Leder- und Kupferwaren lohnt sich besonders der Kauf eines schönen türkischen Kelims (gewebter Teppich). Die Muster sind oft über 1000 Jahre alt und verraten den Herkunftsort. Wie überall im Orient ist das Handeln unerläßlich.

- **Seyrekoğlu.** Der hier angebotene Schmuck wird in der über dem Geschäft liegenden Werkstatt angefertigt. Am Eingang zum Gedeckten Basar ⑩ bei der Nuruosmaniye-Moschee. Nuruosmaniye Caddesi 106.

Im Basar

- **Hazal.** Riesige Auswahl an wunderschönen Kelims, alt und neu, in einem alten Haus in der Fußgängerzone von Ortaköy. Medidiye Köprüsü Sokak 27–29.
- **Koç Kürk Evi.** Mitten im Lederviertel des Gedeckten Basars verkauft Herr Koç Lederjacken und Mäntel aus seinem eigenen Atelier. Kapalı Çarşı Kürkçüler 22.
- **Çukurcuma.** In diesem Viertel gibt es viele Antiquitätengeschäfte. Unterhalb der İstiklal Caddesi, gleich hinter dem Galatasaray Gymnasium.
- **Sanatlar Çarşısı** (Istanbuler Kunstgewerbe-Zentrum). In einem kleinen Han neben dem Yeşil Ev-Hotel verkaufen Künstler ihre Werke. Kabasakal Caddesi.

Bauchtanz

Nach Sonnenuntergang

Das Angebot für Abend und Nacht ist in Istanbul nicht ganz so groß wie in anderen Metropolen, und wer eine arabische Nacht mit Bauchtanz erleben möchte, wird eher enttäuscht sein. Ein Tip ist die Fußgängerzone in Ortaköy (İstiklal Caddesi): Hier ist immer etwas los.

- **Bebek-Hotelbar.** Idealer Ort, um auf der Terrasse über den Fluten des Bosporus einen Sundowner zu genießen. Live-Musik. Cevdetpaşa Caddesi 113–115 (Bebek).
- **Galata Kulesi Nightclub.** Wenn es unbedingt Bauchtanz sein soll: Im Nachtclub des alten Galataturms ⑱ kann man die beste Show sehen und zudem die tolle Aussicht auf die Altstadt bei Nacht genießen. Hendek Caddesi (Beyoğlu).
- **Wine'n Roses.** Die Reichen und Schönen Istanbuls treffen sich hier, seit das Weintrinken immer mehr in Mode gekommen ist. Spor Caddesi 183 (Maçka).
- **Gramofon.** Ist tagsüber Café, abends Jazz-Bar mit Live-Musik. Tünel Square (Beyoğlu).
- **Kaktüs.** Halb Café, halb Bar. Es gibt kleine Gerichte und Kuchen, im Sommer auch draußen. İmam Adnan Sokağı 4 (Beyoğlu).

Mezeler, Raki und mehr

Ein ganz wichtiger Teil der türkischen Küche sind die mezeler, die Vorspeisen. Sie sind so köstlich, daß man manchmal das Hauptgericht darüber vergißt. Ob warm oder kalt, der Gast hat eine große Auswahl, und dazu trinkt man Raki, ein Anisschnaps, der im Volksmund »Löwenmilch« heißt.

- **Façyo.** Das beste Fischlokal der Stadt. An der Uferstraße zwischen Tarabya und Büyükdere. Kireçburnu Caddesi 13.
- **Sunset Grill und Bar.** Kalifornische und italienische Gerichte werden auf einer Terrasse mit atemberaubendem Blick über den Bosporus serviert. Adnad Saygun Caddesi 2 (Ulus Park).
- **İskele Restaurant.** Von der Terrasse des Restaurants, das unterhalb des Rumeli Hisarı liegt, scheinen die vorbeifahrenden Boote zum Greifen nahe. Yahya Kemal Caddesi 1 (Rumeli Hisarı).
- **Konyali.** So müssen sich die Gäste des Sultans gefühlt haben: Türkische Spezialitäten serviert man in einem Pavillon des Topkapı-Palastes ❶ mit herrlichem Blick auf Bosporus und Marmarameer. Nur tagsüber geöffnet. Mecidiye Köşkü (Sultanahmet).
- **Hacı Baba.** In der alteingesessenen Lakonta werden landestypische Gerichte angeboten. Vom Innenhof aus blickt man auf die Griechische Kirche. İstiklal Caddesi 49 (Beyoğlu).
- **Kumkapı.** Schon zu osmanischen Zeiten wurden in diesem Stadtviertel die Gäste verwöhnt. Heute bieten mehr als 50 Restaurants in einer Fußgängerzone hauptsächlich Fischgerichte an.

Türkischer Tee: Çay

- **Yakup 2.** Hier treffen sich Künstler und Intellektuelle, um die leckeren mezeler zu genießen. Bei Ausländern, die in Istanbul leben, ist das Lokal ebenfalls sehr beliebt. Asmalı mescit Sokak 35 (Şişhane; Beyoğlu).

Ankunft

Schlafen wie ein Sultan

Istanbul kann mit unzähligen Hotels aufwarten. Von der einfachsten Kategorie bis zur Luxusklasse ist alles vertreten. Auch die bekannten Hotelketten haben sich hier mit ihren Häusern niedergelassen. Wer aber wohnen möchte wie ein Sultan und den Charme vergangener Zeiten sucht, kann sich in einem der folgenden Hotels einquartieren:

- **Çirağan Palace Hotel Kempinski.** Die Lage sowie das Ambiente des alten Sultanspalastes direkt am Bosporus sind einmalig. Çirağan Caddesi 84 (Beşiktaş). ☎ 02 12/2 58 33 77, Fax 02 12/2 59 66 87.
- **Four Seasons.** Im Herzen der Altstadt liegt dieses Luxushotel. Einige der geräumigen Zimmer bieten einen Blick auf die Blaue Moschee. Tevkifhane Sokak 1 (Sultanahmet). ☎ 02 12/6 38 82 00, Fax 02 12/6 38 82 10.
- **Yeşil Ev.** Die historische Villa im Landhausstil liegt in der Nähe der Blauen Moschee. Mit ihrem zauberhaften Innenhof ist sie eine Oase der Ruhe. Kabasakal Caddesi 5 (Sultanahmet). ☎ 02 12/5 17 67 85, Fax 02 12/5 17 67 80.
- **Pera Palas.** 1892 wurde dieses Hotel, das einst die Gäste des Orientexpress' aufnahm, erbaut. Auch wer nicht hier wohnt, sollte sich einen Drink in der Bar genehmigen. Meşrutiyet Caddesi 98–100 (Tepebaşı). ☎ 02 12/2 51 45 60, Fax 02 12/2 51 40 89.
- **Kariye.** Gleich neben der Chorakirche in ruhiger Lage. Das Restaurant ist ausgesprochen gut und bietet osmanische Speisen passend zum Stil des Hauses. Man sollte unbedingt einen Tisch im Garten reservieren. Kariye Camii Sokak 18 (Edirnekapı). ☎ 02 12/5 34 84 14, Fax 02 12/5 21 66 31.

Baden auf türkische Art

In den Badepalästen aus Marmor werden Körper und Seele gereinigt. Nach einem Besuch fühlt man sich glücklich und sauber wie für die Ewigkeit. Entsprechend den Reinigungsvorschriften des Islam wurden die ersten türkischen Bäder schon zu Beginn der Osmanenherrschaft eingerichtet. Nachdem sich der Besucher entkleidet hat, wickelt ihn ein Badediener in ein großes Tuch und führt ihn in den Hararet, den Dampfraum. Dort wird er auf einem Podium aus Marmor in der Mitte des Raumes eingeseift und mit einem Handschuh aus Pferdehaar abgerieben. Auf Wunsch gibt es auch eine Massage. Danach setzt man sich neben eines der Wasserbecken und übergießt sich mit Hilfe kleiner Schöpfgefäße. Der Hamam ist nach Geschlechtern getrennt. Jedes der großen Hotels bietet den Gästen einen – manchmal gemischten – Hamam. Die schönsten öffentlichen Bäder sind:

Cağaloğlu Hamamı

- **Cağaloğlu Hamamı.** Seit Sultan Mahmut ihn 1741 bauen ließ, ist der Hamam in Betrieb. Schon Franz Liszt und Kaiser Wilhelm II. haben sich in dem prächtigen Dampfraum ausgestreckt. Prof. Kazım Gürkan Caddesi 34 (Cağaloğlu).
- **Çemberlitaş Hamamı.** Zwischen Gedecktem Basar und der Konstantin-Säule ❾ liegt dieses Bad, das der berühmte Architekt Sinan geplant hat. Es ist an 365 Tagen des Jahres von 6–24 Uhr geöffnet. Vezirhan Caddesi 8 (Çemberlitaş).

Ringkampf-Training

Um Istanbul herum

Ein Aufenthalt in Istanbul ist nicht nur ein Erlebnis, sondern, wie jeder Großstadtbesuch, durchaus auch anstrengend. Um dem Trubel und dem Verkehrschaos Istanbuls zu entkommen, bieten sich Ausflüge in die nähere Umgebung an.

- **Prinzeninseln (Kızıl Adalar)** ㉘. Die neun kleinen Inseln im Marmarameer liegen nur eine Stunde von Istanbul entfernt. Mit einem Boot, das in Eminönü abfährt, kann man die vier bewohnten Inseln erreichen. Die schönste und größte ist die Büyük Ada. Die alten, hübschen Holzhäuser dienen seit jeher Istanbuler Familien als Sommersitz. Neben dem Georgskloster gibt es ein kleines Terrassencafé mit einer phantastischen Aussicht. Auf den Inseln gibt es keine Autos. Man läuft, fährt in Kutschen oder leiht sich ein Fahrrad.
- **Edirne.** Die alte Hauptstadt des Osmanischen Reichs liegt an den Grenzen zu Bulgarien und Griechenland. Gegründet wurde die Stadt schon 125 n. Chr. vom römischen Kaiser Hadrian, doch abgesehen von einem Stück Stadtmauer stammen alle Sehenswürdigkeiten aus der osmanischen Zeit. Im Sommer finden hier die Yağlı Güreş, traditionelle Ringkämpfe, statt.
- **Selim-Moschee (Selimiye Camii).** Unübersehbar auf einem Hügel über der Stadt Edirne thront die unter Sultan Selim erbaute Moschee, das ausgereifte Alterswerk des Baumeisters Sinan. Sie gilt als die vollkommenste Moschee der islamischen Welt.
- **Kilyos.** Der kleine Badeort am Schwarzen Meer ist nur 25 Kilometer von Istanbul entfernt. Weil das Marmarameer so stark verschmutzt ist, daß vom Baden abgeraten wird, fahren viele Istanbuler – am Wochenende sogar Massen – zu den Sandstränden des ehemaligen Fischerörtchens.

KOPENHAGEN

Romantische Hafenstadt

Stolz, schön und ein bißchen unnahbar erhebt sich Christiansborg ganz nahe am Kopenhagener Hafen. Das mächtige Schloß erinnert beständig daran, wie nüchtern der Aufstieg von Dänemarks Hauptstadt eigentlich begann. Nicht mit Romantik und Märchen, nicht mit Meerjungfrauen (Bild) oder verliebten Prinzen, sondern mit den überaus guten Einnahmen eines florierenden Heringhandels, der auf fast schon fanatische Art und Weise von der alten Burg aus verteidigt wurde.

København – ursprünglich Købmændenes havn, der Hafen der Kaufleute –, diesen Namen trägt die Stadt nicht von ungefähr. Das Handeln und das Feilschen scheint den Kopenhagenern im Blut zu liegen. Kleine und große Geschäfte, die ihre Waren auch auf dem Bürgersteig ausliegen haben, findet man an jeder Straßenecke. Ein Hauch von Mittelmeer und Basar liegt über Kopenhagen, wenn die heiße Sommersonne im Juli hoch am Himmel steht. Dann ist die Kulturhauptstadt von 1996 weder nüchtern nordisch noch zurückhaltend kühl. Eher verspielt, lebenslustig und – weil damals, als im 17. Jahrhundert fast alle handelsfördernden Großmachtträume ausgeträumt waren, die Uhren stehengeblieben sind – auch ein klein wenig melancholisch. Und ausgesprochen romantisch!

Die Stadt der Könige

Kronen und gekrönte Häupter

Margrethe II. – hier mit Ehemann Prinz Henrik – ist seit 1972 Königin von Dänemark.

Kronen und Krönchen gibt es in Kopenhagen überall und in unzähligen Variationen. Die Turmspitze von Schloß Christiansborg ❽ besteht aus vier Kupferkronen, jedes Bierflaschenetikett ist mit einem weißen Krönchen verziert, am Hafenkai Langelinie steht leicht versteckt zwischen Büschen eine fast zwei Meter hohe Krone – ein Überbleibsel aus dem Jahr, als Dänemarks Königin ihre silberne Hochzeit feiern konnte und Künstler die Stadt mit 25 neuen Kronen schmückten. Und natürlich sind auch auf allen dänischen Münzen – die also nicht zu Unrecht »Kronen« heißen – kleine Kronen eingeprägt.

Dabei hätten die Dänen die wichtigste ihrer Kronen, nämlich die zur Krönung ihrer Herrscher, einmal fast verloren. König Christian IV. verpfändete sie im 17. Jahrhundert, nachdem er auf fast schon manische Art und Weise genauso viele Schlachten geschlagen wie Gebäude errichtet hatte. Die gelben Häuser des Viertels Nybodn, den Stadtteil Christianshavn, Schloß Rosenborg ⓰, die elegante Börse ❺ mit ihrem aus vier Drachenschwänzen bizarr gewundenen Kupferturm, Schloß Frederiksborg in Hillerød nördlich von Kopenhagen – all dies ließ Christian IV. quasi nebenbei erbauen, während er »hauptberuflich« im 30jährigen Krieg und im Schwedisch-Dänischen Krieg kämpfte. Trotz hoher Zölle und enormer Steuern leerte sich so langsam aber sicher die Staatskasse. Daß der König die meisten Schlachten verlor, verbesserte die Lage auch nicht. Als sein Sohn im Jahre 1648 als Frederik III. zum König gesalbt werden sollte, mußte Finanzminister Corfitz Ulfeldt deshalb erst einmal nach Hamburg reisen und die Krone bei der Firma Berns & Marselis wieder auslösen. Was gar nicht so einfach war, da die deutschen Bankiers sie bereits weiterverpfändet hatten. Ulfeldt muß bei seiner Reise nach Hamburg sehr optimistisch gewesen sein, denn obwohl die Staatskasse nach der unvorstellbar langen Regierungszeit von Christian IV. – er saß 60 Jahre lang auf dem Thron! – immer noch zum Erbarmen leer war, kaufte der Finanzminister anläßlich der Krönung für 25 000 Gulden neue Diamanten und noch einige »Kleinigkeiten« mehr.

Heute befindet sich die Krone König Christians IV. zusammen mit all

Am 16. April, dem Geburtstag der Königin, trägt die Leibgarde vor Schloß Amalienborg beim Wachwechsel statt der dunkelblauen ausnahmsweise rote Jacken.

den anderen Kronjuwelen und königlichen Schätzen sicher und schwer bewacht in der Schatzkammer von Schloß Rosenborg. Schon ein lautes Husten kann in diesem Schatzkeller den Alarm auslösen. Gleich neben der einst verpfändeten Krone wird eine noch prachtvollere ausgestellt: König Christian V. ließ sie 1670 eigens anfertigen, und sie wurde dadurch zur Krone der absoluten Monarchie. Diese beiden Kronen – einst Symbole unangefochtener royaler Macht – sind allerdings heute nicht einmal mehr Requisiten. Denn seit Dänemark 1849 seine erste demokratische Verfassung erhielt, wurde keiner der Monarchen mehr gekrönt und gesalbt. Teilweise aus Prinzip und teilweise aus Kostengründen. Mehrere Generationen von Dänen kannten die beiden Königskronen, den Reichsapfel und all die anderen Throninsignien deshalb nur aus Erzählungen und von Gemälden. Erst als die Schatzkammer im Jahre 1920 für die Öffentlichkeit zugänglich gemacht wurde, konnte man zum ersten Mal die Kronen, Diademe, Colliers, schweren Ohrgehänge und den elfenbeinernen Elefantenorden, den höchsten dänischen Orden, aus nächster Nähe betrachten.

Nur aufgrund der Tatsache, daß Dänemark seit 1972 von einer Frau – Königin Margrethe II. – regiert wird, ist der Schmuck auch außerhalb des Panzerglases zu sehen. Wenn sich zu offiziellen Anlässen die königliche Familie und ihr Hofstaat herausputzen, Margrethe II. die Juwelen anlegt und eine ihrer berühmten, weil intelligent formulierten Ansprachen hält, findet sich im Königreich kaum einer, der für die Abschaffung der Monarchie plädiert. Vor allem die Kopenhagener hängen an ihrer Königsfamilie, gab doch König Erik VII. der Stadt schon Anfang des 15. Jahrhunderts den Titel »Das Kopenhagen des Königs«. Davon profitiert das Prestige der Stadt auch heute noch, ist sie doch Hauptwohnsitz der Königin und ihrer Familie.

Königliche Residenz ist Schloß Amalienborg 1. Die Anlage aus vier gleichen, um einen achteckigen Platz gruppierten Palais kann zwar nur zum Teil besichtigt werden, ist aber jeden Tag um 12 Uhr Anziehungspunkt vieler Schaulustiger, wenn bei Anwesenheit der Königin die Wachablösung stattfindet. 1794 bezog die königliche Familie Amalienborg zunächst als Provisorium, da Schloß Christiansborg in Flammen aufgegangen war.

Das heutige Christiansborg wurde 1907–28 nach einem weiteren Brand neu aufgebaut und ist Sitz des Parlaments (Folketing) und des obersten Gerichtshofes. Der Folketingsaal und die königlichen Empfangsräume sind im Rahmen einer Führung zu besichtigen. Unter dem heutigen Bau wurden die Ruinen der ersten Kopenhagen-Burg ausgegraben.

In dem herrlichen Renaissanceschloß Frederiksborg, das auf drei Inseln errichtet wurde, fanden die Krönungen statt. Nach einem Brand machte man es 1884 zum reichbestückten Nationalhistorischen Museum. Das gleichzeitig entstandene, märchenhafte Schloß Rosenborg ist mit seiner originalen Einrichtung und der Schatzkammer ebenfalls ein Museum. Im Park findet man unter zahlreichen Statuen auch die des weltberühmten Dänen Hans Christian Andersen.

Das Rokokoschloß Amalienborg hat vier Flügel, die sich rund um das Reiterstandbild Frederiks V. gruppieren. Drei werden von der königlichen Familie bewohnt, der vierte dient repräsentativen Zwecken.

Im Rittersaal von Schloß Frederiksborg feierte bereits Dänemarks populärster König, Christian IV. (1577–1648), glanzvolle Feste.

Hans Christian Andersen

»Reisen ist leben«, schrieb Hans Christian Andersen. Er mußte es wissen. Als 14jähriger Junge kam er nach Kopenhagen. Obwohl er in der Stadt sofort Freunde fand, verließ er sie, so oft es ihm möglich war. Mit dem Artikel »Eine Fußwanderung von Holmens Kanal zur Südspitze Amagers« begann er seine Karriere als Reisejournalist. 29mal war er für Monate, ja für Jahre im Süden Europas und im Orient. Seine Wohnung im Nyhavn 67 stand deshalb meist leer. Und seine 156 Märchen und Geschichten schrieb er auch meist, während er Freunde auf dem Land besuchte. Seine letzte Ruhe fand er auf dem Assistenzfriedhof, der damals – ganz in seinem Sinne – noch am Stadtrand lag. Die weltberühmte »kleine Meerjungfrau« (»Den lille Havfrue«) 32 am Hafen erinnert an Andersens wohl populärste Märchenfigur.

Wo jeder auf seine Kosten kommt

Stadtleben und Stadtvergnügen

Menschen treffen sich, und es entsteht leise Musik, schrieb einst der Kopenhagener Dichter Jens August Schade – und dachte vor allem an Verliebte. Dabei entsteht in Kopenhagen oft leise Musik, wenn sich Menschen mit verschiedensten Geschmäckern und unterschiedlichstem Lebensstil treffen, auch wenn diese Begegnung nur kurz und scheinbar oberflächlich ist. Man lächelt sich zu, stellt eine besorgte Frage, macht eine freundliche Bemerkung, man duzt sich in trauter Eintracht, ohne jemanden jemals zu beleidigen oder aufdringlich zu wirken.

Hafenpromenade voller Atmosphäre: Der Nyhavn lohnt immer einen Bummel, nur Zeit sollte man sich dafür nehmen.

»Jeder kann nach seiner Fasson selig werden« – das berühmte Zitat Friedrichs des Großen hätte auch von einem Kopenhagener stammen können, denn Liberalität wird neben der Mitmenschlichkeit groß geschrieben in dieser traditionsreichen, lebensfrohen Stadt. In Kopenhagen hat das Straßenbild deshalb fast genauso viele Seiten wie Einwohner. Da strampeln gestreßte Mütter mit unkleidsamem Helm auf dem Kopf und zwei Kindern auf dem Fahrrad – eines vorne, eines hinten – durch die Stadt. Da sitzen elegante ältere Damen – den kleinen Hut fesch und schräg auf dem Kopf – auf der sonnigsten Parkbank und rauchen einen Zigarillo. Und dann sind da noch die flotten jungen Herren, die sich ihren Erfolgskurs von weitem ansehen lassen und mit Handy und Aktenkoffer ausgerüstet durch die Innenstadt jagen. Natürlich zu Fuß oder auf einem schicken Rad, denn die Kopenhagener haben entweder gar kein Auto, oder sie lassen es zu Hause stehen. In Deutschland gibt es pro 1000 Einwohner über 480 Autos, in Dänemark sind es 170 weniger, und in Kopenhagen ist diese Zahl sogar noch etwas kleiner. Dafür gibt es hier etwa 400 000 aktive Radfahrer, die bei schönem Wetter, so scheint es, alle gleichzeitig unterwegs sind. Selbst so mancher Minister radelt im Frühling quer über den Strøget zum Schloß Christiansborg ❽, ohne daß er damit Aufsehen erregt. Ein echter Kopenhagener würde sich ohnehin nicht einmal umdrehen, wenn er die Königin beim Einkaufsbummel sieht.

Auch eine dritte positive Eigenschaft der Kopenhagener ist niemals zu übersehen: Man gibt sich ruhig und gelassen. »Nur nicht hetzen«, heißt es oft und gerne, und so wird das Zuspätkommen zu einer Tugend. Ein Bierchen am alten Stichhafen Nyhavn ❷ mit seinen fotogenen Holzsegelschiffen ist den meisten eben wichtiger als Pünktlichkeit, vor allem, wenn endlich mal die Sonne scheint. Spazierengehen, sehen und gesehen werden und bei schönem Wetter so viel wie möglich an der frischen Luft sein – daran erkennt man den wahren Kopenhagener.

Wahrscheinlich war das schon immer so, denn bereits Anfang des letzten Jahrhunderts schuf der Maler Christian Købke eine ganze Serie von Bildern, die alle das gleiche zeigen: Kopenhagener, die auf den Festungsanlagen des Kastells ㉝ promenieren. Vielleicht lieben die Hauptstädter auch deshalb die Spaziergänge, weil die Wälle der Stadt bis 1851 so eng gezogen waren. 200 000 Menschen lebten damals in dem kleinen Gebiet, das heute als Indre by, als Innenstadt,

Harlekin und Isbella – seit Jahrzehnten eine der Attraktionen des Pantomimetheaters im Tivoli.

bezeichnet wird. Jetzt sind es nur noch knapp 15 000.

Dyrehavsbakken, kurz Bakken (30) genannt, war neben dem Kastell eines der ersten Ausflugsziele der Kopenhagener. Mitte des 18. Jahrhunderts ließen sich hier, ganz in der Nähe der heilenden Quelle Kirsten Piils Kilde, die ersten Gaukler nieder. Und wenn die Dienstmädchen und Arbeiter, die Handwerker und Zugehfrauen einmal einen freien Tag hatten, wanderten sie hinaus zum Bakken und vergaßen für ein paar Stunden das anstrengende Leben in der Stadt. Hier hatten sie etwas, was die reichen Bürger nicht besaßen: einen echten Vergnügungspark mit Schaukeln und Karussells, mit Bier und Würstchen, mit starken Männern und Mädchen, die nicht nur anzüglich aussahen, sondern auch Lieder mit entsprechenden Texten sangen. »Mein Leben geht im Galopp, hej hop!«, sang so im Jahre 1867 die Sängerin Malle Knallerup und hatte dabei außer einem durchsichtigen kurzen Rock und einer weitausgeschnittenen Bluse nur noch fleischfarbene Strümpfe an. Später heiratete sie einen Grafen, der sich offensichtlich – heimlich und inkognito – in diese Hochburg der Unzucht geschlichen hatte.

Erst als der Weltenbummler Georg Carstensen 1843 direkt vor dem Stadttor das Tivoli (25) eröffnete, hatten auch die Reichen einen Vergnügungspark, in dem es natürlich von Anfang an weit eleganter zuging als auf dem Bakken. Die unsichtbare Grenze zwischen den Tivoli-Gästen und den Bakken-Besuchern verschwand erst mit den Dienstmädchen. Heute braucht niemand mehr Angst zu haben, daß er im Tivoli plötzlich von der »Herrschaft« beim Bummeln erwischt wird, und kein Graf braucht sich mehr zu schämen, weil er sich auf dem Bakken einen netten Abend macht. Obwohl der Geldbeutel auch heute bei der Frage »Bakken oder Tivoli?« eine nicht unwesentliche Rolle spielt, denn im Tivoli ist es wie eh und je etwas teurer als anderswo. Der Kopenhagener Witz »Dieses Jahr machen wir keinen Urlaub in Spanien, wir besuchen nämlich das Tivoli«, ist nicht völlig aus der Luft gegriffen. Jenseits des schnöden Mammons hat das Tivoli jedoch einiges, was es sonst weltweit nirgendwo gibt: Tausende von Lampions im See und an den Bäumen, Platzkonzerte wie zu Zeiten, als Johann Strauß noch lebte, ein Pantomimentheater, das schon 1874 so aussah wie heute. Und nur wenige 100 Meter weiter, vornehm versteckt hinter Kastanienbäumen, wilde Karussells wie etwa »Græshoppen« – die Heuschrecke. Ein überdimensionales Warnschild rät allen Leuten mit Herzproblemen und Rückenkrankheiten sowie Frauen in anderen Umständen von einer Fahrt ab. Weit weniger gefährlich ist es, wenn das Tivoli-Festfeuerwerk den Sommerhimmel über der Stadt erstrahlen läßt. Kein Wunder also, daß Walt Disney bei einem Besuch in Kopenhagen eine geniale Idee hatte und kurz darauf, 1955, mit dem »Disneyland« in Kalifornien ein spektakuläres Pendant zum Tivoli eröffnete.

Musik auf allen Plätzen: Das singende und klingende Kopenhagen widerlegt eventuelle Vorurteile über den kühlen Norden.

Achtung, Radfahrer! An schönen Sommertagen scheint ganz Kopenhagen per Rad unterwegs zu sein – auch Touristen können umsteigen.

Kunstvoll Belegtes

Smørrebrød: mehr als ein Butterbrot

Darf's mit Schweinebraten, Rotkraut und Zwiebel sein? Ein dänisches Smørrebrød ist üppig und äußerst phantasievoll belegt. Über drei Jahre muß man lernen, um diese Kunst zu beherrschen.

Ein bißchen Lokal-Patriotismus gehört schon dazu, um an einem Sommertag, wenn die ganze Stadt nach heißen Pflastersteinen und frischer Meeresluft riecht, in ein dunkles, verrauchtes Kellerlokal hinunterzusteigen. Und das nur, weil der Magen knurrt und der Gaumen Lust auf eines oder zwei der reichbedeckten dänischen Butterbrote, also auf ein Smørrebrød (sprich: Smörrebröd) hat. Viele Kopenhagener zieht es deshalb an solchen Tagen eher zu einem der Lokale am kleinen Gråbrødretorv ⓬, wo auch draußen serviert wird, oder sie setzen sich sogar direkt an den Stichkanal Nyhavn ❷ und essen dort. Auch wenn diese Restaurants französisch oder international angehaucht sind und Salate, Steaks oder – wie bei Philippe am Gråbrødretorv – kunstvolle Menüs à la France mit Fleisch und Gemüse, entsprechend der Jahreszeit, anbieten. Selbst im dänischsten der dreiundzwanzig Nyhavn-Restaurants, dem legendären Cap Horn, gibt man sich ökologisch-modern und legt Wert auf eine gesunde Speisekarte. Der klassische Hühnersalat, der auf keinem Kopenhagener »Frokost«-Tisch fehlen darf (Frokost heißt wörtlich Frühstück, bedeutet aber Mittagessen), wird von Restaurant-Chefin Camilla Plum ohne Mayonnaise und dafür mit viel Salat serviert. Und statt originalem Eierkuchen mit gebackenem Speck und Tomaten gibt es ein leichtes, mit Spargel gefülltes Omelett.

Angesichts dieser neumodischen Gerichte, die zwar gut schmecken und sehr gesund sind, aber mit der traditionellen Küche nicht mehr sehr viel zu tun haben, zieht es so manchen wahren Kopenhagener dann trotz Sonnenschein und frischer Luft doch in ein Kellerlokal, wo er weiß, was er bekommt: Roastbeef auf dünnem Brot mit Remoulade, gehobeltem Meerrettich und einer kleinen, dekorativ angebrachten Gurkenscheibe. Oder drei verschiedene Sorten eingelegter Heringe mit zwei verschiedenen Sorten Brot, Kapern, Zwiebeln und Fett oder Butter zur Auswahl. Vielleicht auch die legendäre Smørrebrød-Kreation »Dyrlægens natmad« – das »Abendessen des Tierarztes« –, das aus einer dünnen Scheibe Roggenbrot, Butter, Leberpastete, einem besonderen Schinken, einem Zwiebelring und Kresse besteht und auf dem ganz oben ein Stückchen gelatinierter Bratensoße schaukelt. »Sky«, also Wolke, nennen die Dänen dieses wackelige i-Tüpfelchen liebevoll.

Viele Kopenhagener gehen über Jahre oder sogar Jahrzehnte hinweg immer wieder in das gleiche Kellerlokal, weil ihnen die Küche dort besonders zusagt, weil die Ober im rich-

Carlsberg: Das Bier der Dänen wird nach bayerischer Art gebraut, weshalb man es in der Umgangssprache auch gerne als »Bajer« bezeichnet.

tigen Moment immer die richtigen Witze reißen oder weil das Bier gerade dort die perfekte Temperatur hat. Im Café Sommersko, Kronprinsensgade 6, werden Nicht-Stammgäste sogar dann mißtrauisch beäugt, wenn das Lokal völlig leer ist. Wer die ganz natürlich aufsteigende Schwellenangst überwindet, bekommt dafür ein prachtvolles, kalorienreiches Smørrebrød im Großformat. Bei Gitte Kik im Slotskølderen, Fortunstrøde 4, wird dagegen jeder Gast, auch wenn er sich zum ersten Mal blicken läßt, herzlichst begrüßt. Gitte hat das Restaurant von ihren Eltern und ihren Großeltern übernommen. Ihr Smørrebrød ist das, was die Kopenhagener als »reell« bezeichnen würden: Das zierende Grünzeug beschränkt sich auf ein Minimum, dafür gibt es statt zwei Scheiben Wurst gleich vier, und das Brot ist auch einen halben Millimeter dicker als anderswo. Bei Gitte Kik essen seit jeher Politiker, vor allem Abgeordnete, denn Schloß Christiansborg ❽ – in dem das Folketing, das dänische Parlament, tagt – liegt direkt gegenüber. Als das Parlament in den 30er Jahren ein Gesetz verabschiedete, wonach alle Kellerrestaurants eine Mindest-Deckenhöhe haben müssen, sorgte der damalige Ministerpräsident Thorvald Stauning höchstpersönlich dafür, daß der Slotskølderen eine Sondergenehmigung bekam. Schließlich wollte er sein Stammrestaurant doch nicht wegen zwei fehlender Zentimeter verlieren.

Noch freundlicher – wenn das überhaupt möglich ist – wird der hungrige Gast bei Ida Davidsen in der eleganten Store Kongensgade 70 begrüßt. Hier verkehren zwar keine Politiker, aber viele Promis und Geschäftsleute, die auch die kleinste Rechnung mit einer Kreditkarte bezahlen. Die Preise sind dementsprechend, dafür ist Idas Smørrebrød ästhetisch wie japanische Kleingerichte und die Liste der traditionsreichen Brote ellenlang. Ihr Großvater erfand das schon erwähnte »Abendessen des Tierarztes«, das heute auf keiner Speisekarte mehr fehlen darf. Sein sogenannter Smørrebrød-Zettel, auf dem die Gäste das gewünschte Brot ankreuzen konnten, war fast zwei Meter lang. Die Smørrebrød-Zettel gibt es auch heute noch in vielen Restaurants, aber nicht mehr in dieser enormen Länge.

Wie alle anderen Frauen und Männer, die in Frokost-Restaurants ein tolles Brot nach dem anderen belegen, hat auch Ida Davidsen eine Ausbildung zur »Smørrebrødjomfru« hinter sich. Der Weg zur gelernten Kaltmamsell ist lang und hart. Dreieinhalb Jahre dauert die Ausbildung, und nur wenige halten sie durch. »Aber dafür kann man hinterher auch alles«, erzählt Ida lachend. »Brot backen, die Wurst selbst herstellen, die Butter rühren. Wie man die Brote am Schluß belegt, lernt man eigentlich nur nebenbei.« Im Monat Juli ist das Restaurant von Ida Davidsen geschlossen. »Im Sommer sitzen heute die meisten Leute doch lieber draußen, auch wenn sie dann auf Smørrebrød verzichten müssen.«

Hier noch ein Geheimtip für Liebhaber des wahren Smørrebrøds, an dem allzu modern denkende Köche noch nicht »herumgepfuscht« haben: In den kleinen Biergärten Ecke Pile Allé/Roskildevej sitzen sonnenhungrige Kopenhagener unter Lindenbäumen und lassen es sich schmecken. So z. B. in Hansens Familiehave. Ein Besuch kostet allerdings Zeit, denn die Ober lassen nur selten Hektik aufkommen. Schließlich ist ja Sommer. Dafür gibt es hier das beste »Pariserbøf« der Stadt: 300 Gramm in Butter angebratenes Tatar auf einer Toastscheibe mit einem Eigelb, Meerrettich, Pickels, Kapern, gehackten Zwiebeln und gehackter roter Bete. Eine Mischung, die betörend schmeckt.

Sich zum Frokost, dem kalten oder warmen Mittagsbüffet zu treffen, kann geradezu ein kleines Fest zwischendurch sein.

Zeitlos, elegant, praktisch

dansk design

In der Königlichen Porzellanfabrik wird noch heute jedes Stück handbemalt. Für die filigranen Muster braucht man hohe Kunstfertigkeit und stets eine ruhige Hand.

Ihren Sinn für Schönheit haben die Dänen schon früh bewiesen. Etwa, als ein unbekannter Goldschmied im Jahre 700 auf der Insel Bornholm eine überaus zierliche Haarspange gestaltete. Oder als ein ebenfalls unbekannter Wikinger nur 100 Jahre später den Kiel seines Schiffes besonders kunstvoll schnitzte. Beides bezeugt Liebe zum Schönen. Eine Liebe, die sich vor allem durch eine andauernde Suche nach dem absolut Perfekten auszeichnet, und das gilt nicht nur für das Aussehen, sondern vor allem auch für die Funktion. Gerade deshalb wirkt »dansk design« auf Besucher aus südlicheren Gefilden oft nüchtern und kühl. Andererseits ist es, und das eben aus dem gleichen Grunde, so verblüffend zeitlos, daß sich selbst Menschen, die ein gutes Auge für Kunst haben, um ein ganzes Jahrhundert verschätzen können. Die schlichten Schalen für Sahne und Zucker, die der Designer Johan Rohde für den Silberschmied Georg Jensen entwarf und die man heute noch in dem gleichnamigen Laden auf dem Strøget kaufen kann, sind nicht erst fünf oder zehn Jahre alt. Nein, sie stammen aus dem Jahre 1906.

»Der Zweck aller Gegenstände, vor allem wenn sie zum Möbel- oder Baufach gehören, gleichviel ob sie klein oder groß sind, ist es, so weit wie möglich ihrer Bestimmung zu entsprechen. … Die sichersten Anleitungen beim Hervorbringen derartiger Gegenstände sind darum Vernunft, Sachkenntnis und ein gebildeter Geschmack.« Das schrieb der dänische Architekt Gustav Friedrich Hetsch. Sein Geburtsjahr: 1788.

Daß sich die meisten Formgeber diesen klugen Satz wirklich zu Herzen nahmen, zeigt ein Besuch im Kopenhagener Kunstgewerbemuseum (Kunstindustrimuseet) ⓴. Egal, ob es sich um einen Stuhl aus dem vergangenen Jahrhundert, eine Maschine aus dem frühen 20. Jahrhundert, einen Tisch aus den 30er Jahren oder um eine Lampe handelt, die 1995 von einem Designer der jüngsten Generation entwickelt wurde. Manche Künstler fanden sogar schon so frühzeitig eine solch perfekte Lösung für das Problem, Form und Funktion in Einklang zu bringen, daß spätere Kollegen im Grunde nichts mehr besser machen konnten. Wie kann man z. B. noch eine neue Lampenform erfinden, nachdem

Design für jeden Geschmack und (fast) jeden Geldbeutel gibt es im Kaufhaus »Illums Bolighus«. Man muß nichts kaufen – staunen reicht.

Die Teekanne »Magnolie« wurde von Georg Jensen im Jahre 1915 entworfen. Das edle Stück ist bis heute im Programm.

der Kopenhagener Architekt und Gesellschaftskritiker Poul Henningsen (in Dänemark PH genannt) den absolut perfekten Beleuchtungskörper entwickelt hatte – nämlich die sogenannte PH-Lampe, die dank ihrer Schirmkonstruktion niemals blendet und keine häßlichen Schatten wirft? Henningsen, der eigentlich von Lampen keine Ahnung hatte, gewann bereits 1925 auf der Pariser Weltausstellung einen Wettbewerb für die Beleuchtung des dänischen Pavillons. Sein berühmtes Lampenwunderwerk entwickelte er, nachdem sich seine alte Mutter darüber beklagt hatte, wie viel hübscher sie einst im Schein einer Petroleumlampe ausgesehen hätte – und daß das neue elektrische Licht sie ausgesprochen häßlich mache. PH-Lampen werden heute noch nach den gleichen Prinzipien produziert wie damals in den 30er Jahren, auch wenn sie statt Glasschirmen heute Leichtmetallschirme haben.

Im Designer-Kaufhaus Illums Bolighus, Amagertorv 10, gibt es sie in allen Größen und Variationen, als Steh-, Tisch- und Hängelampe. Erst Anfang der 90er Jahre, nachdem es in so ziemlich jedem dänischen Haushalt mindestens eine PH-Lampe gab, hatten dänische Designer mit neuen Lampen-Ideen wieder Erfolg.

Ähnlich war es mit den Stühlen, nachdem erst Hans J. Wegner im Jahre 1949 den perfekten Holzstuhl und Arne Jacobsen zwei Jahre darauf mit seiner »Ameise« den perfekten Stapelstuhl entwickelt hatten. Und wahrscheinlich wird es noch viele Jahre dauern, bis in Dänemark eine neue HiFi-Anlage eine Chance haben wird – nachdem die dänische Edelfirma Bang & Olufsen mit Hilfe einer Gruppe genialer Designer eine Anlage entworfen hat, deren Ruhm seit Anfang der 90er Jahre um die Welt geht.

Ausnahmen bestätigen jedoch die Regel. Natürlich ist auch in der dänischen Formgebung nicht alles nur reinste Vernunft. In der Königlichen Porzellanmanufaktur, Smallegade 45, gibt man sich modern, verspielt, klassisch, romantisch oder traditionsreich – eben so, daß jeder Kunde das finden kann, was seinem Geschmack entspricht. Das Prachtstück ist seit 200 Jahren das Service »Flora Danica« – das wahrscheinlich teuerste Speisegeschirr der Welt. 1788 bestellte der damalige Kronprinz Frederik das Service, bei dem jedes einzelne Stück mit einer

Glas von Holmegaard, der bekanntesten dänischen Glasbläserei: Die meisten Produkte sind zeitlos-schlicht.

anderen Pflanze aus der dänischen Natur verziert ist. Frederik wollte das »Flora Danica« der Zarin Katharina II. schenken. Als das Geschirr mit seinen 2300 Teilen jedoch dreizehn Jahre später endlich fertig war, lebte die Zarin längst nicht mehr, und so blieb es in Dänemark. Das erste und damit originale »Flora Danica« kann durch eine dicke Glasscheibe im Schloß Rosenborg ⓰ bewundert werden. Das edle Ensemble liegt zwar nicht im Schatzkeller, doch gehört es zu den kostbarsten aller Rosenborg-Schätze. Die Königliche Porzellanmanufaktur fabriziert auch heute noch »Flora Danica«. Jedes Stück ist liebevoll handbemalt, genau wie beim allerersten Zarin-Service. Sammlern steht also nichts im Wege – außer vielleicht der Preis. Doch »dansk design«, ob alt oder neu, ist seinen Preis allemal wert!

Georg Jensen hat mit seinem Design Silberschmiede in der ganzen Welt beeinflußt. Seine Bronzebüste steht in der Eingangshalle des Georg-Jensen-Geschäfts in der Fußgängerzone.

Design-Shopping

Design-Shopper sollten sich auf das »teure« Ende der Fußgängerzone Strøget konzentrieren, also auf das Stück von Amagertorv ❿ bis zum Kongens Nytorv ❸. Hier gibt es nämlich ganz einfach alle wichtigen Geschäfte: Illums Bolighus, Royal Copenhagen, Georg Jensen, das Glasgeschäft Holmegaard und – fast am Kongens Nytorv – Bang & Olufsen. Sich umschauen und alles bewundern ist hier durchaus erlaubt. Wichtige Adressen für Leute, die sich für die Geschichte des Designs interessieren: die Wikingerabteilung des Nationalmuseums ❼, das Kunstgewerbemuseum ⓴ und natürlich Schloß Rosenborg ⓰.

Auf einen Blick

Kopenhagen entdecken und erleben

Kopenhagen mit seinen 480 000 Einwohnern wirkt sehr übersichtlich, doch in den verwinkelten Gassen kann man sich leicht verlaufen. Die Innenstadt war bis Mitte letzten Jahrhunderts von Wällen umgeben, deren Wallgräben heute als Seen erhalten sind. Mit Booten kann man die Altstadt von Kanälen und vom Meer aus genießen. Sie fahren jede halbe Stunde, man kann sie von Haltestelle zu Haltestelle oder zur Rundfahrt benützen. Bekanntester Anlegeplatz: Nyhavn, ☎ 33 13 31 05.

Schloß Frederiksborg in Hillerød, auch mit der S-Bahn zu erreichen, strahlt schon von weitem die Aura märchenhafter Zeiten und Welten aus.

1. Schloß Amalienborg
2. Nyhavn
3. Königlicher Neuer Markt mit Schloß Charlottenburg
4. Holmenkirche
5. Börse
6. Königliche Bibliothek
7. Nationalmuseum
8. Schloß Christiansborg
9. Thorvaldsens Museum
10. Amagertorv
11. Heiliggeistkirche
12. Gråbrødretorv
13. Liebfrauenkirche
14. St. Petri
15. Runder Turm
16. Schloß Rosenborg
17. Staatliches Kunstmuseum
18. Sammlung Hirschsprung
19. Marmorkirche
20. Kunstgewerbemuseum
21. Freistaat Christiania
22. Erlöserkirche
23. Christianskirche
24. Ny-Carlsberg-Glyptothek
25. Tivoli
26. Louis Tussaud's Wachsmuseum
27. Rathaus
28. Tycho-Brahe-Planetarium
29. Zoologischer Garten
30. Vergnügungspark Bakken
31. Tuborg Brauerei
32. Kleine Meerjungfrau
33. Kastell
34. Gefionbrunnen
35. Widerstandsmuseum

In Schloß Rosenborg liegen die Kronjuwelen und hängt noch das blutige Hemd Christians IV., das der König trug, als er bei einer Seeschlacht ein Auge verlor.

Der Runde Turm hat keine Treppe, sondern eine Wendelstraße. Zar Peter der Große war davon so begeistert, daß er 1716 zu Pferde nach oben ritt, die Zarin folgte ihm im Sechsspänner.

Das Planetarium ist neu und bei den Kopenhagenern umstritten. Doch ihre Liebe zur Astronomie, von Tycho Brahe geweckt, ist groß.

Stadtrundfahrten sind in Kopenhagen am besten per Boot (☎ 33 13 31 05), im Bus ab Rathausplatz (☎ 31 54 06 06) und auf dem Fahrrad zu machen (☎ 31 24 04 07). Letztere Möglichkeit ist in der Radfahrerstadt zu empfehlen, jedoch nur für geübte Pedalritter. Die Kopenhagener flitzen schnell durch die Stadt. Die Touren starten am Hauptbahnhof; die Abfahrtzeit kann individuell vereinbart werden. Bei der København Touristinformation kann man auch nach kurzfristigen Übernachtungsmöglichkeiten fragen (☎ 33 11 13 25).

Nachts spiegeln sich die unzähligen Lämpchen des Tivoli – kein Neonlicht – im See wider. Jeden Mittwoch und Samstag gibt es um Mitternacht ein Prachtfeuerwerk.

Der Marmor der Marmorkirche besteht aus bemaltem Holz, denn bei ihrem Bau wurde das Geld knapp. Die Dänen sammelten Kupferkessel für das Kupferdach.

»Königin, Königin, komm heraus, sonst gehn wir heute nicht nach Haus«, rufen die Dänen am Geburtstag der Königin unzählige Male vor Schloß Amalienborg.

In der winzigen Holmenkirche, in der auch Margrethe II. geheiratet hat, dürfen sich im Prinzip alle Dänen, egal von welcher Gemeinde, trauen lassen.

Erst 1972 zogen die Aktienhändler aus dem Renaissancebau aus, den König Christian IV. 1619 errichten ließ. Die Fassade ist aufregend, der Inhalt eher langweilig: In der alten Börse sind heute Büros untergebracht.

Das Schloß Christiansborg, einst Wohnsitz der Könige, ist heute Regierungssitz. Sein seit 250 Jahren unverändertes Theater gilt als weltweit einmalig.

Eindrucksvolle antike Skulpturen, Meisterwerke französischer Impressionisten: die Ny-Carlsberg-Glyptothek ist eine beachtliche Privatsammlung.

Was – wann – wo?

Vornehm und stilvoll

Als Brigitte Nielsen noch die Frau von Sylvester Stallone war, stieg sie mit ihrem Gatten im **Hotel d'Angleterre** ab und winkte vom Balkon wie eine Königin. Vielleicht weniger vornehm, aber ebenfalls stilvoll geht es in manchen anderen Hotels zu.

Hotel d'Angleterre

- **Phoenix.** Nur zwei Minuten von Schloß Amalienborg entfernt und sehr royal. Alle Zimmer im Stil Louis' XVI. Bredgade 37. ☎ 33 95 95 00, Fax 33 33 98 33.
- **Nyhavn 71.** Ein jahrhundertealter Speicher direkt am Hafen wurde zum Luxushotel umgebaut. Die großen und kleinen Fähren nach Schweden und Norwegen halten quasi vor der Haustür. Nyhavn 71. ☎ 33 11 85 85, Fax 33 93 15 85.
- **Astoria** liegt am Hauptbahnhof und ist in seiner einmaligen Art-déco-Architektur eine kleine Perle. Die Zimmer sind zwar schlicht, aber äußerst funktionell und stilvoll eingerichtet. Banegårdspladsen 4. ☎ 33 14 14 19, Fax 33 14 08 02.
- **Kong Arthur.** Zentral gelegenes Hotel (Tivoli und Fußgängerzone zu Fuß erreichbar) mit idyllischem Innenhof. In den Zimmern herrscht bescheidene Eleganz. Nørre Søgade 11. ☎ 33 11 12 12, Fax 33 32 61 30.
- **Ascot,** in der Nähe des Rathausplatzes, hat das wahrscheinlich schönste Penthouse der Stadt und außerdem äußerst familienfreundliche Appartements. Studiestræde 61. ☎ 33 12 60 00, Fax 33 14 60 40.
- **Memory** – ich vergess dich nie! Winziges Hotel im romantischen Stadtteil Frederiksberg, vor allem bei Flitterwöchnern beliebt. Sdr. Fasanvej 4. ☎ 31 87 13 42, Fax 31 87 13 42.

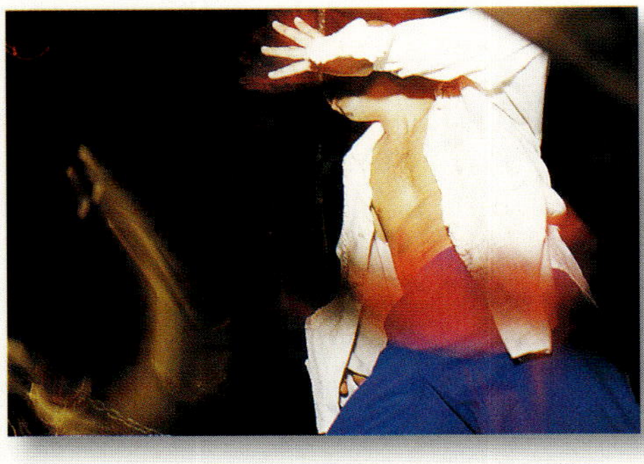

X-Ray

Bis in die Morgenstunden

Das Kopenhagener Nachtleben und der Kalender gehören zusammen. An einem Dienstag Mitte des Monats ist die Stadt nachts leer. An einem Samstag zu Beginn des Monats kann man froh sein, wenn man irgendwo überhaupt noch einen freien Barhocker findet. Dänen sind außerdem keine großen Disko-Besucher, und das Wort Erotik wird in dieser Hochburg der Liberalität weniger großgeschrieben, als manche vielleicht meinen.

- **Bananrepublikken** ist so undänisch, wie es sich anhört. Calypsomusik, Plastikdecken und merkwürdige Drinks stehen auf der Karte. Nørrebrogade 13.
- **X-Ray.** Die einzige wirklich schrille Disko Kopenhagens. Gothersgade 13, 3. Stock.
- **Kakadu Bar.** Sie kann als Beweis dienen, daß Kopenhagen und Erotik irgendwie doch zusammengehören. Elegante Nachtclubtänzerinnen und teurer Champagner bis in den frühen Morgen. Colbjørnsensgade 6.
- **Café Rust** ist, trotz des Namens, kein Mekka gemütlicher Kaffeetrinker. Rockbands geben Konzerte, man hört zu oder tanzt mit. Guldbergsgade 8.
- **Copenhagen Jazz House.** Selbst dann eine heiße Adresse, wenn gerade kein Jazzfestival stattfindet. Niels Hemmingsensgade 10.
- **Vinstuen Toga.** Eigentlich eine kleine, unscheinbare Kneipe, jedoch Treffpunkt der Parlamentarier, die nach getaner Arbeit ein eiskaltes Bier trinken wollen. Store Kirkestræde 3.
- **Palæ Bar.** Die Kneipe, in der jeder jeden kennt, und in der man trotzdem ganz alleine noch um ein Uhr morgens in Ruhe ein Buch lesen kann. Ny Adelgade 5.

Essen wie Gott in Dänemark

Kopenhagener lieben die elegante Küche – und haben ihre traditionelle Hausmannskost dabei fast vergessen. Dafür ist der Abend im Restaurant eben etwas ganz Besonderes. Das weiß der Koch, das wissen die Gäste, und das sollten auch die Touristen wissen.

- **Kong Hans Kælderen** ist das Restaurant der Stadt, das sich am längsten über einen Michelin-Stern freuen kann. Restaurants mit zwei Sternen gibt es übrigens in ganz Dänemark nicht. Vingårdsstræde 6.
- **Divan 2.** Das elegante Tivoli-Restaurant ist wie eine eigene Märchenwelt im Fantasy-Park. Die Küche erinnert an Paris, die Rechnung kommt vom Mond, der Abend ist unvergeßlich. Tivoli, Vesterbrogade 3.
- **Krogs Fiskerestaurant** hat Fisch in allen Variationen auf der Speisekarte. Für Dänemark ist das etwas ganz Besonderes, denn obwohl das Land zwischen Nord- und Ostsee liegt, essen die Dänen nur selten Fisch. Gammel Strand 38.

Küche im Kong Hans

- **Alsace.** Hier steht ein Österreicher in der Küche. Apfelstrudel? Kein Problem. Dänisches Kalvefrikassee? Ebenfalls kein Problem. Alles ist möglich, wenn die Jahreszeit mit den Ideen des Kochs übereinstimmt. Ny Østergade 9.
- **Cap Horn** hört sich südländisch an, ist aber eines der dänischsten Restaurants der Stadt. Alle Zutaten kommen aus ökologischem Anbau. Nyhavn 21.
- **Philippe** ist wohl das Restaurant, das einem elegant-gemütlichen Bistro am meisten ähnelt. Weiße Tischdecken, Kerzenlicht und ein netter Koch, der jeden kennt. Dazu eine Speisekarte, über die sich Gaumen, Magen und Geldbeutel freuen können. Gråbrødretorv 2.

Wenn es regnet...

... dann geht man ins Museum. Vielleicht verdanken es die Kopenhagener gerade dem häufigen Regen, daß es Museen aller Art in ihrer Stadt gibt.

- **Nationalmuseet** ❼. Das Museum zeigt von den ersten Runensteinen der Wikinger über Kleider der Biedermeierzeit und Kunst aus Grönland alles, was mit Dänemark zu tun hat. Ausstellungen zum Mitmachen und Anfassen. Ny Vestergade 10.
- **Ny Carlsberg Glyptotek** ㉔. Das Museum für besinnliche Stunden. Springbrunnen plätschern, antike Statuen schauen schweigend auf die Besucher – Weltkunst am Dantes Plads 7.

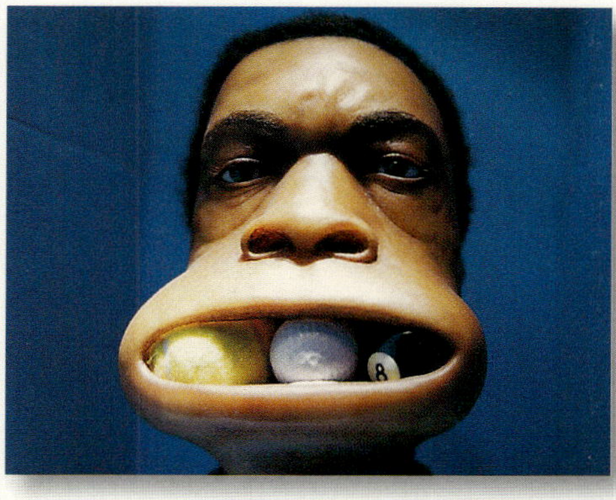

Believe it or not

- **Karen Blixen Museet.** Es ist eigentlich gar kein richtiges Museum, sondern die Prachtvilla, in der die Autorin Karen (Tania) Blixen (»Jenseits von Afrika«) ihre wunderbaren Geschichten schrieb. Ihr Grab liegt unter einem einsamen Baum in dem riesigen Garten. Rungsted Strandvej 111 in Rungsted.
- **Frilandsmuseet.** Häuser, Mühlen, Gutshöfe aus mehreren Jahrhunderten, voll eingerichtet: Sitzbetten, Wiegen, Bierküchen – nichts fehlt. So wohnten die Armen, so lebten die Reichen... Die originalen Bauten wurden mitten in einem großen Naturschutzgebiet am Stadtrand Kopenhagens aufgebaut. Kongevejen 100 in Lyngby.
- **Believe it or not –** das kann man sich hier öfters fragen: Wie weit kann ein Mensch den Mund öffnen? Wie groß war der größte Mann, wie klein die kleinste Frau? Rådhuspladsen 57.
- **Louis Tussaud's Wachsmuseum** ㉖ hat nicht nur einen Horrorkeller und genauso viele Wachsfiguren wie das berühmte Pendant in London, sondern auch die Figuren aller dänischen Könige seit der Wikingerzeit. H.-C.-Andersen-Boulevard 22.

Jazz Festival

Fröhliches Kopenhagen

Frühling, Sommer, Herbst und Winter – in Kopenhagen feiert man mit den Jahreszeiten. Und weil die Stadt der Jugend und den Junggebliebenen gehört, kann sich jeder ohne Bedenken anschließen.

- **Bakken.** Hurra, der Sommer rückt näher! Der älteste Vergnügungspark der Welt eröffnet immer am letzten Donnerstag im März die Saison. Klampenborg, Dyrehavevej 62.
- **Pfingstkarneval.** Während des jährlich stattfindenden Karnevals fühlt man sich in der Innenstadt fast wie in Rio.
- **Sankt-Hans-Aften** (Mittsommernacht). Der Himmel ist zartgrau und hell, in allen Parks und Gärten brennen »Sankt-Hans«-Feuer. 23. Juni.
- **Roskilde Festival.** Das größte Open-air-Festival in Nordeuropa dauert vier Tage und präsentiert die wichtigsten Rockstars der Saison. Jährlich fahren 90 000 Rockfans nach Roskilde, der alten Domstadt 50 Kilometer südlich von Kopenhagen. Letzter Donnerstag im Juni.
- **Jazz Festival.** Alle Open-air-Veranstaltungen des Festivals, die auf den Altstadtstraßen und -plätzen sowie entlang des Kanals stattfinden, sind kostenlos. Zweite Juli-Woche.
- **Treffen der Weihnachtsmänner und Nikoläuse.** Mitten im Sommer treffen sich die Weihnachtsboten aus aller Welt im Bakken. Es ist nur noch ein halbes Jahr bis Weihnachten! 21.–26. Juli.
- **Weihnachtsmarkt.** Das Fest naht. Im Tivoli ㉕ gibt es einen Weihnachtsmarkt, der Oberbürgermeister zündet vor dem Rathaus die Lichter am Christbaum an. 1. Advent.

Bang & Olufsen

Von uralt bis hypermodern

Design, eben erst eine Woche alt. Bücher, die bereits 200 Jahre in irgendeinem Regal gestanden haben. Alte Kupferstichkarten, die einem Seefahrer einst den Weg wiesen, Silberbesteck von der Oma nebenan oder vom herrschaftlichen Gut. Geschäfte dieser Art gibt es in Kopenhagen an jeder Straßenecke.

- **Antik & Kunst.** Altes Silber, alte Gläser, Schmuck, Kleinmöbel und vieles mehr. Kompagnistræde 11.
- **Sølvkælderen** bietet eine Riesenauswahl an altem Silber. Kompagnistræde 1.
- **Kaabers Antikvariat.** Hier gibt es seltene alte Bücher, Kupferstiche und Karten. Skindergade 34.
- **W. Ø. Larsen.** Eines der schönsten Pfeifengeschäfte Europas, mit handgeschnitzten Stücken und einem kleinen Museum. Larsen beliefert die königliche Familie mit Tabak und Zigaretten. Amagertorv 9.
- **Priors Dukketeatre.** Ein kleines Puppentheatermuseum, in dem man auch Puppen- und Miniaturtheater kaufen kann. Købmagergade 52.
- **Bang & Olufsen.** Im HiFi-Center kann man die Design-Stereoanlagen bewundern und – falls man über das nötige Kleingeld verfügt – auch kaufen. Østergade 3–5.
- **Galerie Asbæk.** Hier stellen die besten dänischen Künstler aus. Für Kunstsammler ist diese Galerie ein Muß. Bredgade 20.

KRAKAU

Mit Tradition höchst lebendig

Seit 600 Jahren ertönt das Trompetensignal jede Stunde vom hohen Turm der Marienkirche. Was heute vor allem als besondere Touristenattraktion erscheint, bedeutet mehr. Man kann sogar sagen, daß die Melodie symbolisch für die Geschichte Krakaus steht, denn das Spiel bricht plötzlich ab. Der Überlieferung zufolge erinnert es an den Tartareneinfall im 13. Jahrhundert, als ein Stadtwächter vom feindlichen Pfeil durchbohrt wurde, während er seine Pflicht tat.

In Krakau haben immer wieder besondere Ereignisse dem Lauf der Geschichte eine jähe Wendung gegeben, nicht zuletzt die Aufteilung Polens unter den mächtigen Nachbarstaaten im 18. Jahrhundert oder die Zeit der leidvollen deutschen Besatzung, als der Nazi-Generalgouverneur hier residierte. Der Geschichte begegnet man in Krakau allerorten. Die mittelalterliche Stadt ist im Grundriß und in vielen Gebäuden erhalten geblieben, bereichert durch Renaissance- und Barockfassaden. Die Bewohner pflegen das Brauchtum und traditionelle Feste (Bild), zu denen Musikkapellen in Nationaltracht aufspielen. Doch die Stadt ist nicht rückwärtsgewandt, sondern höchst lebendig, schon allein durch ihre Liebe zur Kunst und durch ein reges Kulturleben.

Der Weg zum Drachen

Die Altstadt mit dem Wawel

Europas größter Marktplatz, der Rynek Glówny, zieht mit seinen arkadengesäumten Tuchhallen und dem imposanten Denkmal des Nationaldichters Adam Mickiewicz (1798–1855) jeden Krakau-Besucher in seinen Bann.

Wer dem Königsweg folgt, sieht Krakau von seiner repräsentativsten, geschichtsträchtigsten und auch lebendigsten Seite: Die polnischen Könige und ihre hochwohlgeborenen Besucher zogen von Norden her durch die Barbakane und das Florianstor in Krakau ein und durchquerten die Stadt, um zum Wawel, dem im Süden gelegenen Burgberg, zu gelangen.

Das Florianstor (Brama Floriańska) (2), die mit ihm verbundenen Reste einer Wehrmauer und die Barbakane (1), eine ihm vorgelagerte Befestigung, sind die letzten Zeugen des im Mittelalter errichteten starken Befestigungsrings. Zu Beginn des 19. Jahrhunderts ist er abgetragen worden, an seiner Stelle umgibt seither ein Grüngürtel (Planty) die verkehrsberuhigte Altstadt. Das Florianstor blieb nur deshalb erhalten (so erzählt man sich), weil die Ratsherren befürchteten, daß sonst Windstöße einfallen und die Röcke der auf der ul. Floriańska (6) flanierenden Damen aufwirbeln würden. Auch heute ist die ul. Floriańska die Promenade, auf der sonntags die Familien spazieren. Ziel ist der Hauptmarkt (Rynek Główny) (14), wo man immer Bekannten begegnet. In Krakau kennt jeder jeden, und der Hauptmarkt gilt als bester Ort, um Neuigkeiten auszutauschen.

Der Hauptmarkt ist das Herz der Stadt, und das Denkmal des Dichters Adam Mickiewicz ein beliebter Treffpunkt der Jugend. Eine in Tracht gekleidete Kapelle spielt Volksmusik, oft in Konkurrenz mit jungen Interpreten klassischer Melodien oder lateinamerikanischer Folklore. Viele Cafés und Restaurants laden zur Rast ein. Als Wegzehrung bieten Straßenverkäufer die traditionelle Krakauer Brezel (mit Salz, Mohn oder Sesamkorn) an. Außer von den sonntäglichen Spaziergängern und den unter der Woche darüber hineilenden Beamten ist der Hauptmarkt stets auch von Touristen bevölkert. Sie besuchen die gewaltige Marienkirche (Kościół Mariacki) (15) mit dem Altar von Veit Stoß und suchen an den vielen Ständen im Erdgeschoß der Tuchhallen (Sukiennice) (13) nach Souvenirs. Das riesige Gebäude aus dem Mittelalter, das in der Renaissance und im 19. Jahrhundert seine eindrucksvolle jetzige Gestalt erhielt, übt somit immer noch seine Funktion als Handelsplatz aus.

Der Königsweg führt weiter durch die ul. Grodzka, die Einkaufsmeile, zum Wawel. Der Burgberg wartet gleich mit mehreren Attraktionen auf: Für Anhänger fernöstlicher Mythen liegt unter dem westlichen Teil der Schloßanlage ein heiliger indischer Stein. Tatsächlich ist dort eine starke Strahlung gemessen worden. Spektakulärer die zweite Besonderheit des Berges: An seinem Fuß, neben dem Ufer der Weichsel, öffnet sich eine Höhle. In grauer Vorzeit hauste dort ein feuerspeiender Drache, der neben Schafen auch junge Krakauerinnen zu verspeisen pflegte. Ein mit Schwefel

Malerische Kulisse: Das Florianstor aus dem 14. Jh. diente als repräsentativer Stadteingang für Adlige und Gesandte auf dem Königsweg zum Burgberg Wawel.

Fast arabisch mutet der nördlichste Ausläufer der ehemaligen Stadtbefestigung an. Die runde Barbakane aus gotischer Zeit war bis ins letzte Jahrhundert mit dem Florianstor verbunden.

gefülltes Schafsfell machte ihm den Garaus. Denn als der Schwefel in dem Ungeheuer zu brennen begann, trank es soviel Weichselwasser, daß es mit einem Knall platzte. Ein feuerspeiendes Monstrum neben dem Eingang der im Sommer zu besichtigenden Höhle erinnert an das Ereignis. Die riesigen Knochen, die im Haupteingang der Kathedrale hängen, dienten lange als Beweis der Story – bis die Forschung sie als Überreste eines Wals, Mammuts und Nashorns identifizierte. Hauptattraktion des Berges sind jedoch nicht seine Legenden, sondern die bestehenden und bestaunenswerten Gebäude. Sie wurden errichtet und vielfach umgebaut, seit im Jahre 1000 in Krakau ein Bistum gegründet und von hier aus – bis zum Ende des 16. Jahrhunderts – Polen regiert wurde.

Die heutige Kathedrale (Kościół Katedralny św.św. Waclawa i Stanisława) ㉔ ist bereits die dritte Kirche, die an demselben Platz errichtet wurde – die gotischen Mauern ruhen auf romanischen Fundamenten. Ab dem 14. Jahrhundert hatte sie die Funktion der Krönungskirche und der königlichen Grablege. Neben den Königen fanden in den Krypten Nationalhelden ihre letzte Ruhe, darunter auch Dichter wie Adam Mickiewicz und Juliusz Słowacki. Im Hauptschiff befindet sich das barocke Grabmal des hl. Stanislaw, des Krakauer Bischofs und Schutzpatrons Polens, der 1079 von König Boleslaw dem Kühnen während der hl. Messe getötet worden war. Die ältesten, aus gotischer Zeit stammenden Königsgräber stehen unter den Arkaden der Kirchenschiffe und ähneln sich in der Gestaltung: Auf dem Sarkophag ruht die Skulptur des Herrschers, überdacht von einem Baldachin. König Kasimir Jagiello brach mit dieser Tradition und ließ sich als erster eine eigene Grabkapelle, die Heiligkreuzkapelle, anbauen und von russisch-byzantinischen Malern ausstatten. Das Grabmal selbst, das in verblüffendem Realismus den sterbenden König zeigt, stammt von dem berühmten Nürnberger Bildhauer Veit Stoß. Die schönste unter den vielen die Kathedrale umkränzenden Kapellen ist die Sigismundkapelle – nicht nur, weil sie von einer goldenen Kuppel bekrönt wird. Der Florentiner Bartolomeo Berrecci schuf mit ihr eines der schönsten Renaissance-Bauwerke diesseits der Alpen und eines von überraschender Heiterkeit, denn die oberen Reliefs zeigen erotische Spiele von Tritonen und Nereiden.

Berrecci erbaute auch den großen Arkadenhof des Schlosses ㉓. Das Gebäude beherbergt die Kunstsammlungen, darunter den Kronschatz und die Waffen der Rüstkammer. Zu den wertvollsten Sehenswürdigkeiten gehören die Gobelins, die in der Mehrzahl im Auftrag von König Sigismund August im 16. Jahrhundert in Flandern für den Wawel geschaffen worden sind. 153 von einst rund 350 Wandteppichen sind noch erhalten und nach mehreren Odysseen 1961 wieder an ihren angestammten Platz gelangt.

Wohl die schönste Art, sich Krakau zu nähern, ist eine Schiffsfahrt auf der Weichsel. Vom Wasser aus hat man eine wundervolle Sicht auf die Wawel-Anhöhe mit Kathedrale und Königsschloß.

Das polnische Rom

Kirchen und Klöster

Die neugotische Ausstattung der mächtigen Dominikanerkirche (14. Jh.) war 1850 vollendet.

Polnisches Rom wird Krakau seit Jahrhunderten genannt, denn 20 Kirchen und Klöster prägen das Bild der Altstadt. Sie haben ihren festen Platz im Leben der Bewohner, sind

Expressiv: das Jugendstil-Glasfenster von Stanisław Wyspianski in der Franziskanerkirche.

nicht wie in vielen Ländern zu Museen verwandelt. Wenn auch die Bedeutung der Kirche als moralische und politische Instanz, die sie in Polen bis in die achtziger Jahre in bemerkenswert starkem Maße innehatte, inzwischen merklich nachläßt, sind doch die zahlreichen Gottesdienste immer gut besucht. Die ältesten Gotteshäuser stammen aus romanischer Zeit. Das schönste Beispiel ist die aus weißem Stein erbaute St.-Andreas-Kirche (Kościół św. Andrzeja) 21 mit ihrer zweitürmigen Fassade. Das Innere der Kirche, das sich heute im barocken Gewand zeigt, diente den Bewohnern im 13. Jahrhundert als Zuflucht, wenn die Tartaren in die Stadt einfielen.

Zwei Epochen dominieren in der Kirchenbaukunst: Gotik und Barock. Das läßt sich am besten feststellen, wenn man einen Spaziergang auf den Kościuszko-Hügel macht. Bei guter Sicht, die wegen der Luftverschmutzung leider nicht so häufig herrscht, überblickt man die Silhouette der Stadt mit den hochaufragenden gotischen Kirchtürmen und den Kuppeln der barocken Gotteshäuser.

Prachtvolle Gotik zeigen die vier großen Basiliken, die etwas später als die Kathedrale entstanden (Baubeginn noch im 14. Jahrhundert) und zu den schönsten gotischen Bauwerken Polens gehören: Die Marienkirche (Kościół Mariacki) 15 beherrscht mit ihren ungleich hohen Türmen den Hauptmarkt 14. Vom höheren Turm, der noch seinen spätgotischen Helm besitzt, ertönt zu jeder vollen Stunde das eingangs erwähnte Trompetensignal (Hejnał Mariacki). Südlich der Marienkirche erhebt sich der mächtige Baukörper der Dominikanerkirche (Kościół Dominikanów) 16 mit ihrem Kreuzgang. Die beiden anderen großen Kirchen entstanden im Stadtteil Kazimierz, den König Kasimir der Große im 14. Jahrhundert als eine eigene Stadt gründete. Sowohl die Fronleichnamskirche (Kościół Bożego Ciała) 27 wie die Katharinenkirche (Kościół św. Katarzyny) 26 sind im Auftrag des Königs erbaut worden.

Die Mauern der vier Basiliken bestehen aus rotem Backstein, die tragenden Konstruktionsteile aus hellem Stein. Man entwickelte ein eigenes statisches System: Die Strebebögen stützen nicht mehr von außen wie in der französischen Gotik, sondern halten – verbunden mit den Pfeilern – von innen. Diese Innovation heißt stolz »Krakauer System«.

In spätgotischer Zeit schuf Veit Stoß eine Reihe von Skulpturen für die Kirchen Krakaus. Sein Hauptwerk ist der Marienaltar in der Marienkirche. Das beste Licht für die Besichtigung hat man um zwölf Uhr, wenn, wie jeden Tag, feierlich die Flügel des Altars geöffnet werden. Allerdings sind zu diesem Zeitpunkt auch die meisten Besucher in der Kirche. Der geschlossene Altar erzählt in zwölf Szenen das Leben Mariens und ihres Sohnes. Geöffnet zeigt der Mittelschrein den Tod Mariens. Die zwölf Apostel umringen die kniende Gottesmutter. In ihren lebhaften Gesichtern und Gesten spiegeln sich die Emotionen. Veit Stoß beweist mit diesem Werk seine große Fähigkeit, Gemütsregungen künstlerischen Ausdruck zu verleihen.

Ein gutes Beispiel für seine realistische und expressive Darstellung ist auch das Grabmal von König Kasimir Jagiello in der Heiligkreuzkapelle der Kathedrale am Wawel (Kościół Katedralny św.św. Waclawa i Stanisława) (24). Stoß bricht mit der Tradition, den König als friedlich Entschlafenen oder ewig Lebenden darzustellen, und zeigt ihn im Todeskampf.

Die älteste Barockkirche ist die ab 1596 für den Jesuitenorden erbaute St.-Peter-und-Paul-Kirche (Kościół św.św. Piotra i Pawła) (20), die schönste die St.-Anna-Kirche (Kościół akademicki św. Anny) (8), die um die Wende vom 17. zum 18. Jahrhundert von dem Niederländer Tylman van Gameren im Stile der römischen Kirchenbaukunst Berninis errichtet wurde. Nur in der außergewöhnlichen Höhe des Innenraums orientierte sich der Architekt an den gotischen Kirchen der Stadt.

Das ungewöhnlichste Kircheninnere Krakaus stammt aus der Jugendstilepoche. Um die Jahrhundertwende hat Stanisław Wyspianski die Ausstattung der gotischen Franziskanerkirche (Kościół Franciszkanów) (17) entworfen. Von dem umfangreich geplanten Programm führte er die Wandmalereien im Querschiff und Chor sowie einige Glasfenster aus. Passend zur Haltung der Franziskaner stellte Wyspianski an den Wänden die Natur dar. Mit dem Wandschmuck stimmen die Fenster überein: Der hl. Franziskus und die selige Salomea erscheinen vor einem Hintergrund mit Blumenmotiven. Die vier Elemente schließlich symbolisieren die Natur selbst. Das ausdrucksvollste Werk von Wyspianski ist die riesengroße Glasmalerei in der Westfassade. Sie zeigt Gottvater, wie er über dem Urmeer schwebt.

Als Beispiel heutiger sakraler Architektur sei die symbolträchtige Arche-Kirche (Kościół Matki Boskiej Królowej Polski) in Nowa Huta (30) genannt. Der Stadtteil entstand Ende der 40er Jahre, als die kommunistische Regierung bewußt dem wenig anpassungswilligen, als Kulturstadt suspekten Krakau ein Stahlwerk und eine Arbeitersiedlung vor die Nase setzte. Krakau sollte zum Vorort dieser Musterstadt degradiert werden. Nowa Huta war getreu dem religionsfeindlichen Kommunismus ohne Kirche geplant. Unter großen Schwierigkeiten entstand in den 70er Jahren die Kirche, die aufgrund ihres schiffsförmigen Daches den Namen Arche-Kirche erhielt. Ihre Mauern sind mit Millionen kleinen Steinen aus polnischen Flüssen verkleidet. Die Kirche wurde sofort zum Zentrum freier Kulturentfaltung und politischen Widerstands und blieb es bis zum Ende des kommunistischen Regimes.

Immer zur vollen Stunde ertönt ein jäh abbrechendes Trompetensignal vom höheren der Marienkirchtürme: 1241 starb ein Wächter während des Alarmgebens durch einen tatarischen Pfeil.

Die ungleichen Türme der Marienkirche laden zum Besuch des von Veit Stoß geschaffenen Marienaltars im Innern.

Vor der Barockkirche St. Peter und Paul lockt die Grodzka-Straße, eine beliebte, auch von fliegenden Händlern bevölkerte Einkaufsmeile.

Polens Glaube

Seit im Jahre 966 Mieszko I. mit seinem Volk zum Christentum übertrat, ist die Religion für die Polen gleichzusetzen mit nationaler Identität. Als in den Schwedenkriegen im 17. Jahrhundert Tschenstochau, nordwestlich von Krakau, gegen die Übermacht der protestantischen Armee verteidigt werden konnte, erklärte man den Sieg als Wundertat der dort verehrten Schwarzen Madonna und rief die Gottesmutter als Königin der Krone Polens aus. Der katholische Glaube einte die Bevölkerung gegen die Unterdrücker, als der polnische Staat zerschlagen und von 1795 bis 1918 zwischen Rußland, Preußen und Österreich aufgeteilt war. Noch die oppositionelle Arbeiterbewegung der Solidarność holte sich Kraft und Motivation für ihren Kampf gegen das kommunistische Regime aus der Religion.

Stadt der Künstler

Das Kulturleben durch die Jahrhunderte

In der polnischen Malerei gibt es wohl keinen besseren Chronisten: Der Historienmaler Jan Matejko leitete viele Jahre die Akademie der Schönen Künste.

Ein Dokument im Archiv der Marienkirche (Kościół Mariacki) ⓯ besagt, daß der Hauptaltar von einem Meister »Vittus Almanus de Norinberga« geschnitzt worden ist. Hinter dem lateinischen Namen dieses Mannes aus Nürnberg steckt einer der berühmtesten mittelalterlichen Bildhauer: Veit Stoß. 1477 war der Künstler nach Krakau gekommen, hatte sich bald ein Haus gekauft, in dem er mit seiner Familie bis 1496 lebte und auch seine Werkstatt hatte. Das Haus steht heute noch – allerdings völlig umgebaut – in der ul. Grodzka 39. Daß Veit Stoß nach seiner Rückkehr in Nürnberg als ein »unruhiger, hayllloser burger« bezeichnet wurde, dürfte die Krakauer erstaunt haben. Ihr Stadtrat hatte den Bildhauer so hoch geschätzt, daß er ihn von allen Steuern und Abgaben befreite. Vermutlich zeigte sich schon damals Krakau als eine Stadt, in der Künstler geehrt wurden, sich wohl fühlten und besondere Inspiration fanden.

Stanisław Wyspiański, dessen Schaffen vom Jugendstil geprägt war, malte dieses empfindsame Kinderbildnis. Es hängt im Nationalmuseum.

Auch 400 Jahre nach Veit Stoß hatte sich daran nichts geändert. Die Stadt gab zu Ehren eines Malers 1878 ein Fest. Der Geehrte war Jan Matejko (1838–1893). Er bedeutete für Polen sehr viel und tut es noch heute, denn seine großen Gemälde zeigen die glücklichen und tragischen Momente der polnischen Vergangenheit.

Tragisch waren vor allem das 18. und frühe 19. Jahrhundert verlaufen. Matejkos etwas ältere Zeitgenossen hatten noch erlebt, wie Polen seine politische Selbständigkeit verlor, wie jeder Aufstand weitere Aufteilungen zwischen den Eroberern Rußland, Preußen und Österreich nach sich zog und die Aufständischen nach Sibirien in die Verbannung geschickt wurden. Nur in Galizien, dem südlichen Teil Polens mit den Städten Krakau und Lemberg, blieb dank der relativ liberalen Haltung Österreichs eine nationale Eigenständigkeit bewahrt. Dadurch konnte Krakau sich in der zweiten Hälfte des 19. Jahrhunderts zum Zentrum polnischen Kulturschaffens und Geisteslebens entwickeln. An der polnischen Universität durfte weiterhin gelehrt werden, und das erste Nationalmuseum wurde gegründet. Die Entwicklung war so vielversprechend, daß Prinz Władysław Czartoryski seine wertvolle Kunstsammlung aus dem Exil nach Krakau holte und man hier nun im Czartoryski-Museum ❺ so berühmte Bilder wie etwa Leonardos »Dame mit dem Hermelin« oder Rembrandts »Landschaft mit dem Barmherzigen Samariter« bewundern kann. Die im Jahre 1800 als eine Art nationale Schatzkammer gegründete, später erweiterte Sammlung umfaßt neben Antiken und der Gemäldegalerie allerlei Militaria und Andenken an berühmte Polen. Allein in der Kunst fand Polen seine Identität gewahrt. Welche Führungsrolle den Künstlern beigemessen wurde, zeigte sich bei dem erwähnten Fest zu Ehren Matejkos. Man überreichte ihm symbolisch das Zepter eines Stellvertreters in königloser Zeit.

Ein gutes Beispiel für Jan Matejkos Kunst, historische Ereignisse nicht bloß abzubilden, sondern Entwicklungen aufzuzeigen, ist das Gemälde »Preußische Huldigung«. Es hängt in der Galerie Polnischer Kunst des 18. und 19. Jahrhunderts im Obergeschoß der Tuchhallen (Sukiennice) ⓭ und stellt den Lehnseid des letzten Hochmeisters des Deutschen Ordens, Albrecht von Hohenzollern, an den polnischen König Sigismund I. dar – allem Anschein nach ein Sieg Polens, denn alle dargestellten Gesichter drücken Freude aus. Nur der kluge Narr Stańczyk sitzt vor dem König in melancholischer Haltung, den Blick in die

Tadeusz Kantor (1915–1990), Maler, Bühnenbildner, Theaterregisseur und Gründer des absurden Theaters Cricot 2, schuf 1975 den »Jungen auf Schulbank«.

Leonardo da Vincis »Dame mit dem Hermelin« (um 1485): Das Gemälde des italienischen Meisters ist im Czartoryski-Museum ausgestellt.

Das Multitalent Tadeusz Kantor verpackte und verschnürte Gegenstände, manchmal auch Menschen. Hier ein Werk aus der Galerie Polnischer Kunst des 20. Jahrhunderts im Nationalmuseum.

Ferne gerichtet. Nur der Narr ist sich bewußt, daß die Geschichte nicht nur Höhepunkte beschert. Der geschichtskundige Betrachter des Bildes versteht die Andeutung: Aus dem besiegten und säkularisierten Ordensstaat wird Preußen erstehen, das sich am Ende des 18. Jahrhunderts mit Rußland und Österreich das eroberte Polen aufteilt.

Jan Matejko wohnte in der ul. Floriańska 41; das Haus ist heute Museum (Dom Jana Matejki) ❹ und zeigt neben persönlichen Gegenständen des Künstlers vor allem eine reiche Sammlung an Skizzen und Vorarbeiten, die der auf historische Genauigkeit bedachte Maler anfertigte.

Matejko hatte viele Schüler. Keiner von ihnen übernahm jedoch die theatralische Ausdruckskraft seiner Bilder. Auch die Themen änderten sich. Impressionismus, Symbolismus und Jugendstil wiesen neue Wege in der Malerei. Nur die Auffassung, daß die Kunst der polnischen Nation dienen sollte, blieb auch in den nächsten Generationen bestehen.

Der schon erwähnte Stanisław Wyspiański gehörte zu den größten Schülern Matejkos. Der Dichter, Dramatiker und Maler vermittelte in seinen symbolhaltigen Theaterstücken, Glasmalereien und Gemälden ein sehr kritisches Bild der polnischen Gesellschaft und Geschichte. Seinem visionären Blick entspricht sein expressiver, unruhiger Malstil in kräftigen Farben. Seine Werke sind im Stanisław-Wyspiański-Museum ㉒ in der ul. Kanonicza 9 und im Hauptgebäude des Nationalmuseums (Muzeum Narodowe) ❾ in der Galerie der Polnischen Kunst des 20. Jahrhunderts zu besichtigen.

Seit rund 200 Jahren spielt sich das künstlerische Leben nicht allein in Wohnhäusern und Ateliers ab, sondern zunehmend in Kaffeehäusern. Das berühmteste Künstlercafé ist die Michalik-Höhle (Jama Michalika) ❸ in der ul. Floriańska 45. Sie hat noch immer ihre Jugendstilausstattung und die vielen Zeichnungen und Karikaturen an den Wänden, die von den besten Malern – meist als Zahlungsmittel – überlassen wurden. Hier wurde auch der Grüne Ballon (Zielony Balonik), das erste Kabarett Polens, gegründet. Die Avantgarde-Künstler der Krakauer Gruppe haben ihr eigenes Café und einen Ausstellungsraum im Keller des Krzysztofory-Palastes (Eingang von der ul. Szczepańska 2). Zu den Mitgliedern dieser Vereinigung gehörte u. a. Tadeusz Kantor, der Maler und Leiter des weltberühmten Theaters Cricot 2. Es ist auch nach dem Tod des Künstlers im Jahre 1990 aktiv, aber häufig auf Tournee. Nennt man nur einige der Künstler, die Krakaus Kulturleben in den letzten Jahrzehnten geprägt haben – z. B. den Komponisten Krzysztof Penderecki, die Schrifsteller Sławomir Mrożek und Stanisław Lem, die Filmemacher Roman Polanski und Andrzej Wajda –, so läßt sich auch heute sagen: Krakau ist eine Stadt der Künstler.

Die Galerie Polnischer Kunst des 18. und 19. Jahrhunderts zeigt u. a. Landschafts- und Historienmalerei, hier: Jan Matejkos »Preußische Huldigung« (1882).

Auf einen Blick

Krakau entdecken und erleben

Lohnendes Ausflugsziel: der nordwestlich von Krakau gelegene Ojków-Nationalpark. Einer modernen Skulptur gleicht die Felskeule »Maczuga Herkulesa«.

In Krakaus (900 000 Einwohner) Altstadt liegen die Sehenswürdigkeiten nahe beieinander, so daß sich die Erkundung zu Fuß anbietet. Bequem sind auch Besichtigungstouren mit Mini-Bussen. Führungen in englisch organisieren die Tourist-Infos (☎ 0 12/22 60 91 und 0 12/21 77 06), in deutsch: Orbis (☎ 0 12/22 46 32).

1. Barbakane
2. Florianstor
3. Künstlercafé Michalik-Höhle
4. Jan-Matejko-Haus
5. Czartoryski-Museum
6. Promenade ul. Floriańska
7. Historisches Museum der Stadt Krakau
8. St.-Anna-Kirche
9. Nationalmuseum
10. Collegium Maius/Museum der Jagiellonen-Universität
11. Kabarett im Widderkeller
12. Rathausturm
13. Tuchhallen
14. Hauptmarkt mit Mickiewicz-Denkmal
15. Marienkirche
16. Dominikanerkirche
17. Franziskanerkirche
18. Grünanlage Planty
19. Einkaufsstraße ul. Grodzka
20. St.-Peter-und-Paul-Kirche
21. St.-Andreas-Kirche
22. Stanisław-Wyspianski-Museum
23. Königsschloß mit Kunstsammlungen
24. Kathedrale hl. Wenzel und hl. Stanislaus
25. Drachenhöhle
26. Katharinenkirche
27. Fronleichnamskirche
28. Alte Synagoge/Jüdisches Museum
29. Jüdischer Friedhof
30. Arche-Kirche
31. Juliusz-Słowacki-Theater
32. Kościuszko-Park

In der Tourist-Info (ul. Pawia, ☎ 0 12/22 60 91) nahe dem Hauptbahnhof gibt es alle Broschüren und Informationen, die in Krakau helfen können. Ob Öffnungszeiten von Museen oder Banken – jede touristische Frage wird beantwortet. Auch Fahrkarten zu Zielen außerhalb Krakaus sind erhältlich. Außerdem erfährt man hier die Adressen der Veranstalter von Rundfahrten und Ausflügen. Im Sommer ist eine gemütliche Schiffsfahrt auf der Weichsel zu empfehlen: Zegljga Krakowska, ☎ 0 12/22 08 55.

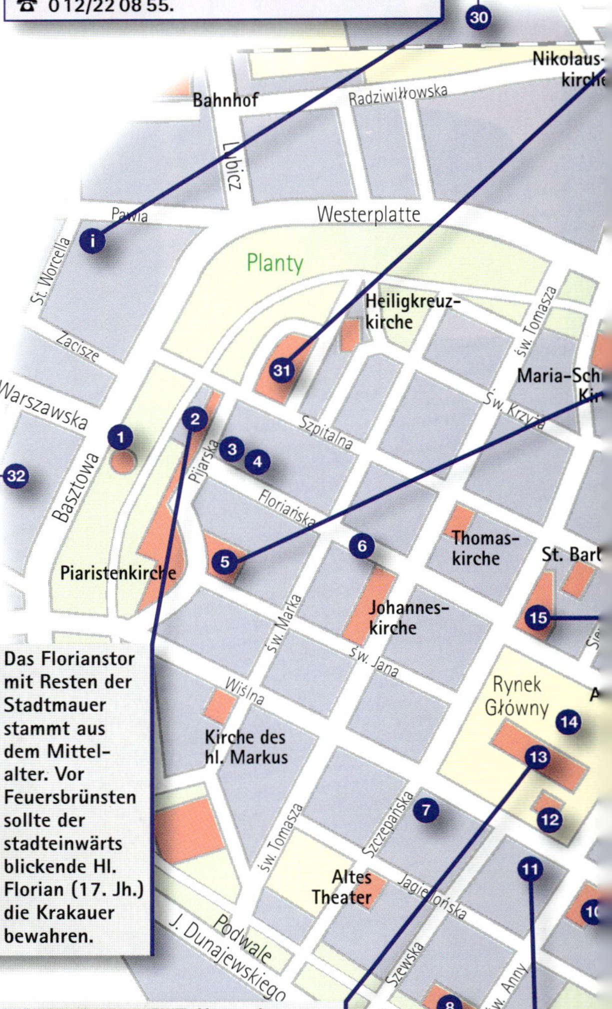

Das Florianstor mit Resten der Stadtmauer stammt aus dem Mittelalter. Vor Feuersbrünsten sollte der stadteinwärts blickende Hl. Florian (17. Jh.) die Krakauer bewahren.

Unter den Arkaden der Tuchhallen sitzt man auch bei schlechtem Wetter geschützt. Hölzerne Krambuden im Innern des Gebäudes bieten alles, was das Herz begehrt.

Legendär: der »Piwnica Pod Baranami« – der Widderkeller. In dieser Kabarett-Kneipe traf sich die Bohème schon in den 50er Jahren.

Täuschend ähnlich: Nach dem Vorbild der Pariser Oper entstand Ende des 19. Jh. das Juliusz-Słowacki-Theater – nationale Bühne für Uraufführungen.

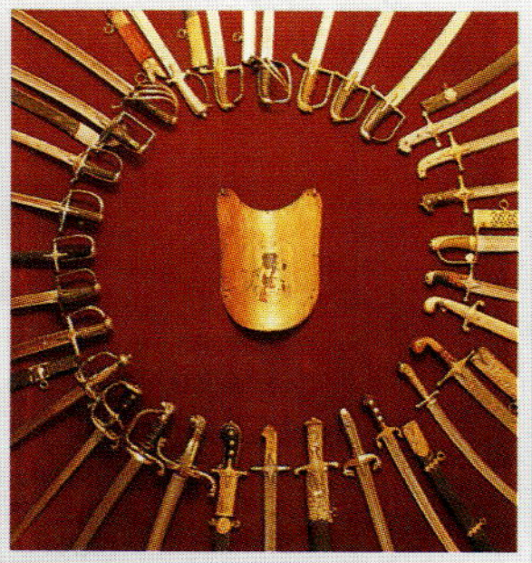

Eine Gemäldegalerie, polnische Kulturschätze und Kunstgewerbliches aus aller Welt präsentiert das Czartoryski-Museum. Eine schöne Sammlung orientalischer Dolche birgt die Waffenkammer.

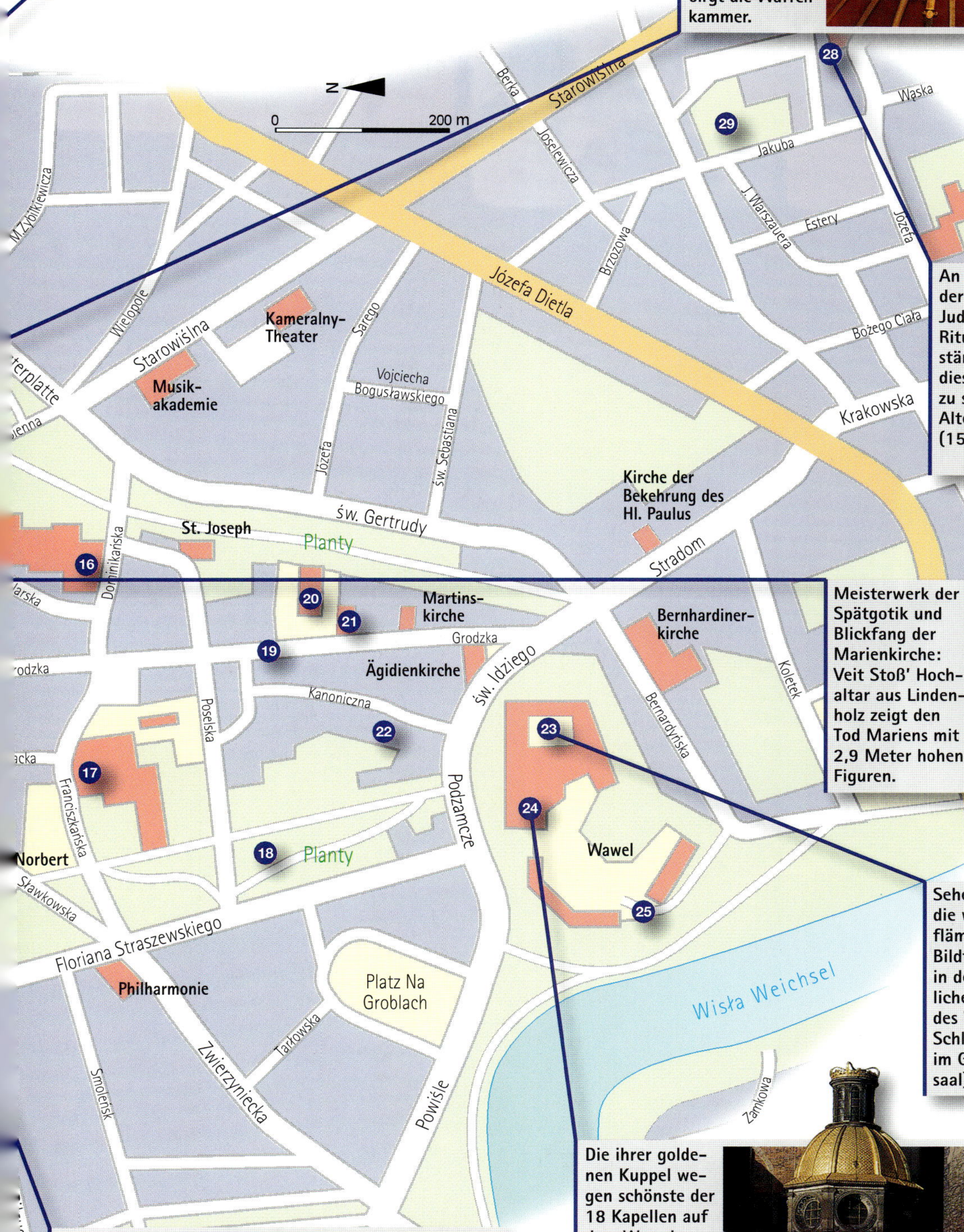

An die Kultur der Krakauer Juden erinnern Ritualgegenstände wie dieser Leuchter, zu sehen in der Alten Synagoge (15./16. Jh.).

Meisterwerk der Spätgotik und Blickfang der Marienkirche: Veit Stoß' Hochaltar aus Lindenholz zeigt den Tod Mariens mit 2,9 Meter hohen Figuren.

Sehenswert sind die wertvollen flämischen Bildteppiche in den königlichen Räumen des Wawel-Schlosses (hier im Gesandtensaal).

Die ihrer goldenen Kuppel wegen schönste der 18 Kapellen auf dem Wawel-Hügel ist nach König Sigismund benannt. Er ließ sie an der Südseite der Kathedrale im toskanischen Stil errichten.

Das um 1400 erbaute Collegium Maius, ein Gebäude aus der Frühzeit der ehemaligen Jagiellonen-Universität, ist heute Museum und Bibliothek.

Was – wann – wo?

Teatr Juliusz Słowacki

Hawełka

Zentral gebettet

Da Krakau seit einigen Jahren ein beliebtes Reiseziel ist, muß man in der Hauptsaison unbedingt frühzeitig reservieren. Sinnvoll ist es, sich im (meist auch ruhigeren) Altstadtkern einzuquartieren, da die Sehenswürdigkeiten dann gut zu Fuß erreichbar sind.

■ **Forum.** Das neue Vier-Sterne-Hotel bietet allen Komfort und eine schöne Aussicht auf Weichsel und Wawel. Ul. Konopnickiej 28. ☎ 012/66 95 00, Fax 012/66 58 27.

Saski

■ **Grand.** Luxushotel mit Jugendstil-Atmosphäre direkt im Zentrum Krakaus. Ul. Sławkowska 5–7. ☎ 012/21 72 55, Fax 012/21 83 60.

■ **Francuski.** Auch dieses kleine renovierte Hotel liegt in der Altstadt. Ul. Pijarska 13. ☎ 012/22 51 22, Fax 012/22 52 70.

■ **Pod Różą.** Traditionsreiches Haus in der Nähe des Hauptmarktes. Hier logierte schon der französische Schriftsteller Honoré de Balzac. Ul. Floriańska 14. ☎ 012/22 93 99, Fax 012/21 75 13.

■ **Polski – Pod Białym Orłem.** Neben dem Czartoryski-Museum liegt dieses Hotel, das seine Zimmer mit Bad noch zu günstigen Preisen anbietet. Ul. Pijarska 17. ☎ 012/22 11 44, Fax 012/22 14 26.

■ **Saski.** Das zentral in der Nähe des Hauptmarktes gelegene Hotel kommt einem kleinen Reisebudget entgegen. Ul. Sławkowska 3. ☎ 012/21 42 22, Fax 012/21 48 30.

Herzhafte Küche

Die traditionelle polnische Küche ist deftig und reichhaltig. Die Polen essen sehr viel Fleisch und lieben den süß-sauren Geschmack. Berühmt sind die Eintöpfe und Suppen: Das Nationalgericht Bigos ist ein Eintopf u. a. aus Weißkohl, Pilzen und Schweinefleisch (oder auch Wild), und auch die Vorspeise Barszcz, eine Rote-Bete-Suppe, ist nicht zu verachten. Fast-food-Restaurants findet man heute an jeder Ecke, doch es gibt auch noch Restaurants und Cafés, wo Tradition großgeschrieben wird.

■ **Wierzynek.** Im berühmtesten Restaurant der Stadt wird dem Gast in vornehmer Atmosphäre eine vorzügliche polnische und französische Küche serviert. Rynek Główny 15.

■ **U Pollera.** In diesem Restaurant aus der Zeit der Jahrhundertwende sollte man Bigos oder eine andere polnische Spezialität bestellen. Ul. Szpitalna 30.

■ **Hawełka.** Ausgezeichnete traditionelle polnische Gerichte stehen auf der Speisekarte dieses Restaurants am Hauptmarkt. Rynek Główny 34.

■ **Ariel.** Jüdische Küche wird hier, im einstigen jüdischen Stadtviertel, zu jüdischer Musik serviert. Ul. Szeroka 17.

■ **Noworolski.** Das Café in den Tuchhallen ist eines der typischen Krakauer Cafés. In Jugendstil-Ambiente kann man sich den guten Kuchen schmecken lassen. Rynek Główny.

■ **U Zalipianek.** Die Ausstattung dieses gemütlichen Cafés wird die Liebhaber der Volkskunst begeistern. Auf der Karte stehen neben Kaffee und Kuchen auch kleine Gerichte für zwischendurch. Ul. Szewska 24.

Klassik und Kabarett

In den Sommermonaten haben zwar die Theater wie auch die Philharmonie geschlossen, doch im Juli und August finden einige interessante Musikveranstaltungen und das Internationale Straßentheaterfestival statt, die diese Lücke schließen. Eine Alternative für diejenigen, die Polnisch verstehen, sind auch die satirischen Kabaretts der Stadt.

■ **Teatr Stary (Altes Theater).** Auf dem Spielplan des wohl renommiertesten Theaters Polens stehen vor allem Klassiker. Ul. Jagiellońska 1.

■ **Teatr Juliusz Słowacki (Staatstheater)** ㉛. In einem monumentalen Gebäude aus der 2. Hälfte des 19. Jahrhunderts finden Theater- und Opernaufführungen statt. Pl. Św. Ducha 1.

■ **Teatr STU** bietet ein alternatives Programm: Happenings und avantgardistisch interpretierte Klassik. Ul. Krasińskiego 16.

■ **Teatr Bückleina.** Theater, Kino und Bar in einem. Man kann sein Bier auch während der Vorstellung trinken. Ul. Lubicz 5a.

■ **Filharmonia.** Jeden Freitag und Samstag finden hier Konzerte statt. Das Orchester spielt aber auch im Wawel-Schloß, in den Kirchen und in der Universität. Ul. Zwierzyniecka 1.

■ **Zielony Balonik (Grüner Luftballon).** Das satirische Kabarett im Café Michalik-Höhle ❸ bot schon nach der Jahrhundertwende polnischen Schriftstellern, Malern und Musikern ein Forum für Gesellschaftskritik. Ul. Floriańska 45.

■ **Piwnica pod Baranami (Zu den Widdern).** Die originelle Kellerkneipe bietet neben Livemusik auch einen Einblick in das intellektuelle Klima der Stadt: polnisches Kabarett ⑪. Rynek Główny 27.

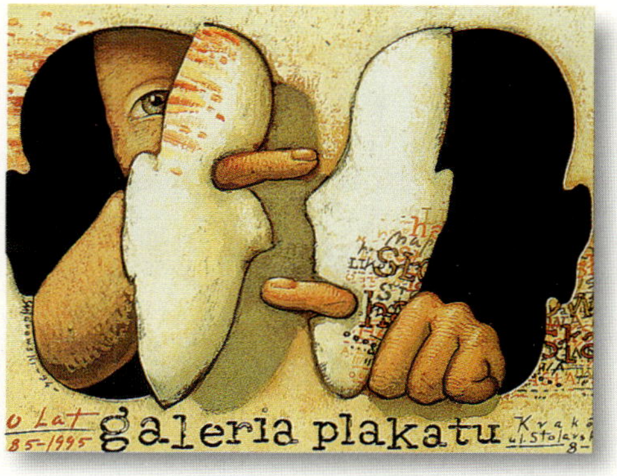

Plochortgalerie Stolarsku

Kitsch und Kunst

Traditionelle Souvenirs wie Puppen in Krakauer Tracht, bemalte Kassettchen oder den Lajkonik-Reiter (die Zentralfigur eines Krakauer Volksfestes) bekommt man in den Tuchhallen auf dem Hauptmarkt (14). Billig sind in Polen immer noch die Korbwaren. Auch schöne Kristall- und Glasartikel, Schmuck und Lederwaren sind als Erinnerungsstücke an einen Krakau-Aufenthalt beliebt. Die Galerien bieten zu relativ günstigen Preisen polnische Gebrauchs- und Gegenwartskunst an. Vorsichtig sollte man bei Antiquitäten sein, da alles, was vor 1945 hergestellt wurde, nicht aus Polen ausgeführt werden darf.
Überall in den Straßen rund um den Hauptmarkt findet man kleine Läden, in der ul. Grodzka (19) beispielsweise reiht sich ein Geschäft an das andere. Bummeln und stöbern läßt sich auch in der ul. Floriańska (6) (Antiquitäten und Galerien) und in der ul. Gołebia, wo verschiedene Läden bizarre und witzige Dinge anbieten.

- **Tuchhallen (13).** Im Erdgeschoß gibt es ein riesiges Angebot an Krakauer Traditionskunst und Souvenirs. Rynek Główny.
- **Gołogórski Gallery.** Kunstvolle Artikel aus Glas. Ul. Grodzka 58.
- **Plochortgalerie Stolarsku.** Eine große Auswahl an originellen polnischen Plakaten bietet diese Galerie. Ul. Stolarska 8.
- **Krakus.** In diesem Kaufhaus kann man vorwiegend polnische Gebrauchswaren kaufen, aber auch Mode und Lederwaren. Ul. Św. Anny 2.
- **Nowy Kleparz.** Am Ende der ul. Długa befindet sich ein traditioneller Markt mit Blumen, Gemüse und Früchten. Dienstags und freitags bekommt man hier auch Korbwaren.

Traditionelle Feste und Festivals

Da Krakau eine Kunst- und Universitätsstadt ist, überwiegen hier die kulturellen Veranstaltungen. Es gibt aber auch lokale Bräuche und traditionelle Feste, die mit Prunk gefeiert werden. Interessante Ereignisse finden das ganze Jahr über statt.

- **Tage der Orgelmusik.** Beim ältesten Krakauer Musikfestival werden Orgelkonzerte und Oratorien in der Philharmonie und in verschiedenen Kirchen geboten. April.
- **Festival der Jüdischen Kultur.** Auf dem Veranstaltungskalender stehen Konzerte, Schauspiele und Ausstellungen in Kazimierz, der ehemaligen jüdischen Stadt. Juni.
- **Lajkonik-Fest.** Zur Erinnerung an die Verteidigung der Stadt gegen die Tataren im 13. Jahrhundert zieht der Lajkonik (ein Flößer in tatarischer Tracht) auf einem Steckenpferd in einem feierlichen, farbenfrohen Zug auf den Hauptmarkt. Juni, acht Tage nach Fronleichnam.
- **Orgelrezital in Tyniec.** In der mittelalterlichen Benediktinerabtei Tyniec werden Orgelkonzerte gegeben. Juni bis August.
- **Musik im alten Krakau.** Unter Beteiligung von Musikern aus der ganzen Welt finden klassische Konzerte in den historischen Gebäuden statt. August.
- **Krakauer Allerseelen Jazz.** Zum Festival der Jazzmusik, das um den Allerseelentag herum veranstaltet wird, kommen auch internationale Stars. Anfang November.
- **Der Wettbewerb der Weihnachtskrippen.** Eine Veranstaltung mit langer Tradition. Die Ausstellung der schönsten Krippen findet im Historischen Museum der Stadt Krakau (7) statt. Dezember.

Lajkonik

Pieskowa Skała

Reizvolle Ausflugsziele

Bei sehr gutem Wetter kann man sogar schon vom Wawel-Felsen oder von den Kościuszko-Hügeln aus das Tatra-Gebirge sehen. Etwa 100 km südlich von Krakau, am Fuße der herrlichen Hochgebirgslandschaft, liegt Zakopane, der berühmte Erholungsort. Es gibt jedoch auch andere interessante Ziele, die nicht so weit entfernt und daher besser zu erreichen sind.

- **Wieliczka.** Das kleine Städtchen, das nur etwa 15 km von Krakau entfernt liegt, besitzt ein Salzbergwerk, das schon seit dem Mittelalter in Betrieb ist. Einen Teil der Galerien und Gänge (etwa 4 km) kann man besichtigen: Unterirdische Seen und in Salz gehauene Kapellen mit Altären und Skulpturen beeindrucken den Besucher. Anschließend kann man noch das Museum besuchen, das 130 m unter der Erde liegt. Hier sind Werkzeuge und alte Holzmaschinen, die sich dank des konservierenden Makroklimas erhalten haben, sowie Dokumente und eine geologische Sammlung ausgestellt.
- **Ojców und Pieskowa Skała.** 25 km nordwestlich von Krakau liegt das Ojców-Tal, das heute Nationalpark ist. Die tiefe Felsenschlucht mit ihren senkrechten weißen Kalksteinwänden bildet Tore, Nadeln und Höhlen. Hier haben sich seltene Tier- und Pflanzenarten erhalten. Touristische Attraktionen sind die malerische Burgruine in Ojców und die Renaissanceburg in Pieskowa Skała. Sie beherbergt auch ein Museum mit Möbeln, Bildern und Gobelins aus mehreren Jahrhunderten.

Auf sieben Hügeln träumen

LISSABON

Saudade ist das Lieblingswort der Lissabonner. Doch so trist wie es klingt, ist es nicht. Saudade bedeutet unter anderem Sehnsucht: Die einen träumen von den alten Straßenbahnen, die durch die verlassenen Straßen rattern, die anderen freuen sich auf den überfälligen Ausbau des U-Bahn-Netzes...

Wenn sich der Abend über die Straßen senkt, machen sich die letzten Angestellten auf den Nachhauseweg von der Arbeit. Die Jungen bereiten sich inzwischen auf eine lange Nacht im Hafenviertel vor. In den mercearias, den kleinen Tante-Emma-Läden, kaufen Hausfrauen schnell noch Kartoffeln für das Abendessen, im postmodernen Amoreiras-Einkaufszentrum wechseln Designerkleider zu Wahnsinnspreisen den Besitzer. »Wie war diese Stadt früher doch schöner, als im Bairro Alto noch jeder, der wollte, Fado sang«, schimpft der alte Schuhputzer, als er seine säuberlich aufgereihten Schuhcremes und Bürsten einpackt und heimgeht. Lissabon werde erst richtig toll, wenn auch die allerneueste Diskothek eröffnet wäre, unterhalten sich zwei technobegeisterte Jungen im überfüllten Bus. Saudade...

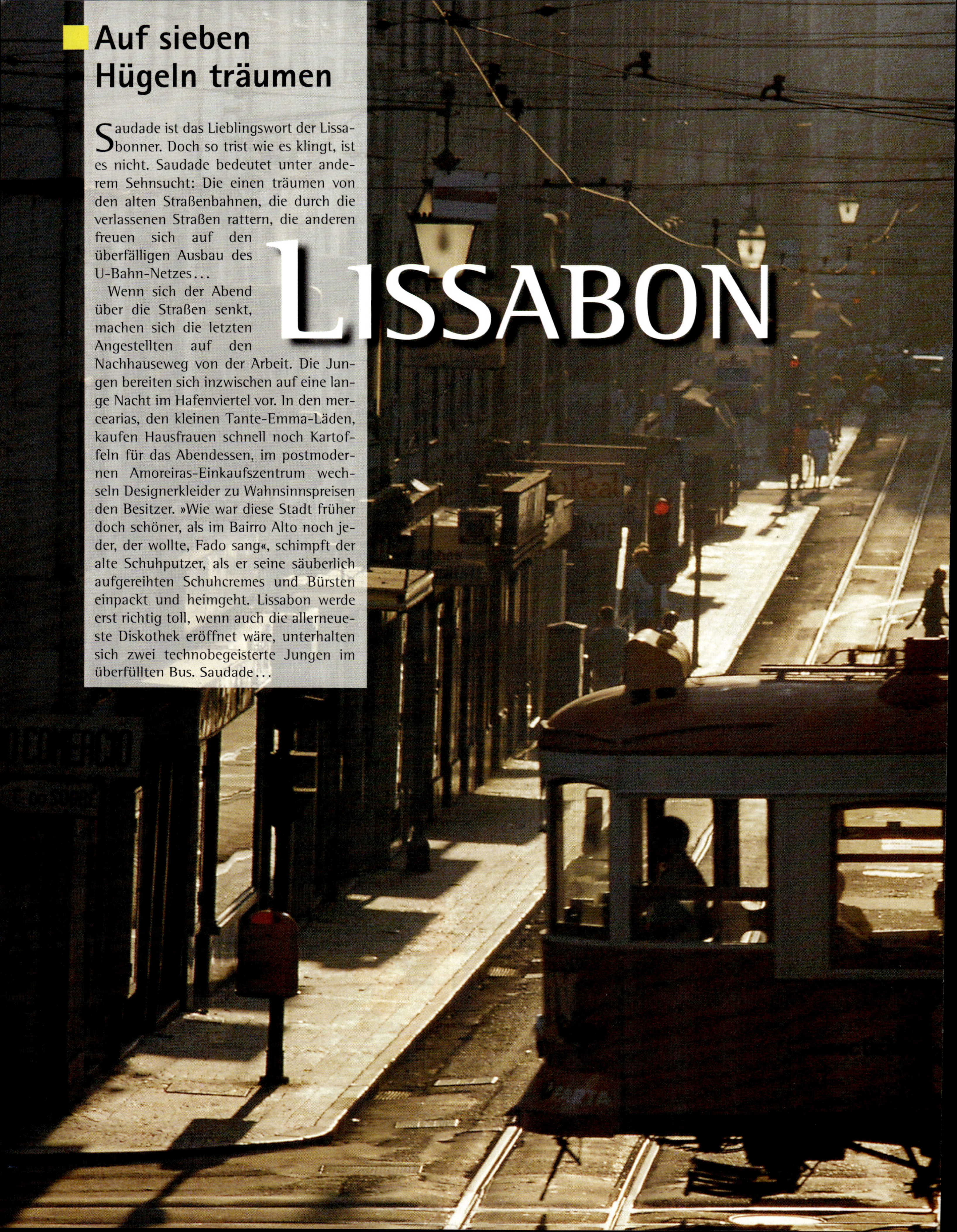

783
MATA

Auf den Spuren der Entdecker

Steinerne Zeugen großer Zeiten

Den Blick aufs Meer gerichtet: Heinrich der Seefahrer an der Spitze all derer, die Portugals koloniale Größe begründeten. Der Padrão dos Descobrimentos steht seit 1960 am Tejo-Ufer.

Nach Lissabon kommen sollte man eigentlich wie die alten Entdecker, als sie vor 500 Jahren von ihren Reisen in die neuen Welten zurückkehrten: per Schiff. Denn nur vom Tejo aus entfaltet sich die ganze Schönheit der portugiesischen Hauptstadt. Stolz steht sie auf den sieben Hügeln am Flußufer. Lissabon ist keine Stadt einzelner großartiger Baukunstwerke; eher ist es ein einzigartiges Gesamtkunstwerk, das da zwischen dem Belém-Turm und dem EXPO-´98-Gelände über die Jahrhunderte gewachsen ist. Lissabon hat schon immer dem Atlantik sein Gesicht zugewandt. Dem schnöden Hinterland im Osten – und damit letztendlich auch Europa – dagegen zeigt es häßliche, wild wuchernde Trabantenstädte und Fabriken.

Hafenort ist Lissabon seit frühgeschichtlichen Zeiten, reich und bedeutend aber wurde es erst spät, durch die Entdeckung des Seewegs nach Indien. Mit den Gewürzen, die die Karavellen aus Asien brachten, wurden Millionen verdient. Aus Afrika kamen Diamanten, aus Brasilien kam das Gold. Vom Turm von Belém (Torre de Belém) (26), erbaut zwischen 1515 und 1521, haben wohl die feinen Damen den mutigen Seefahrern nachgewinkt. Ab 1500 ließ König Manuel I. – angeblich als Dank für die erfolgreiche Indienfahrt Vasco da Gamas – das Jerónimos-Kloster (Mosteiro dos Jerónimos) (24) weiter flußaufwärts bauen. Nicht nur an der im manuelinischen Stil errichteten Kirche vermengen sich gotische Elemente mit Motiven aus der eben erst entdeckten Neuen Welt.

Die Manuelinik ist der Baustil der Entdeckungs-Ära: Steingewordene Schiffstaue ranken sich um gotische Säulen, Motive exotischer Pflanzen durchwirken den weißen Stein. Und auch vorher nie gesehene Tiere haben die Steinmetze dieses glanzvollen Zeitalters phantasievoll verewigt, etwa als grauenvolle Monster in den Kreuzgängen des Jerónimos-Klosters. Oder aber am Belém-Turm: Von der nordwestlichen Ecke blickt den überraschten Betrachter ein Nashorn an! Dem Jerónimos-Kloster gegenüber hat man in den 50er Jahren den großen Seefahrern des 15. und 16. Jahrhunderts ein Denkmal gesetzt, den Padrão dos Descobrimentos (25). Von hinten stellt es ein Schwert dar, von der Seite eine Karavelle, in deren Bug König Heinrich der Seefahrer steht, der große Initiator von Portugals Seefahrt-Ambitionen. Hinter ihm Kartographen, Kapitäne, Wissenschaftler, Dichter und Mönche. Mit einem Lift gelangt man auf die 52 Meter hohe Plattform des Monuments.

Der Welt neue Welten gegeben zu haben, darauf sind die Portugiesen stolz, und darum feiern sie noch bis zum Jahr 2000 den 500. Geburtstag ihrer Entdeckungen: Von der Umsegelung des Kaps der Guten Hoffnung 1497 bis zur Landung in Brasilien im Jahre 1500. Sie haben aus dem kleinen Land am Westende Europas eine Welt- und Wirtschaftsmacht und aus Lissabon eine Metropole gemacht. Überall in Lissabon haben die Entdecker ihre Spuren hinterlassen. Selbst das große Erdbeben, das 1755 die Stadt verwü-

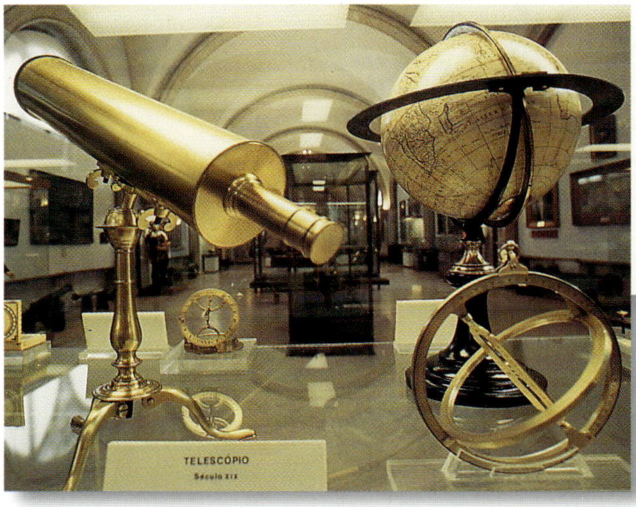

Schatzhaus der christlichen Seefahrt: Das Marinemuseum bietet neben nautischem Gerät die größte Sammlung portugiesischer Schiffstypen.

Manuelinischer Zuckerbäckerstil: Der Torre de Belém, das bedeutendste Wahrzeichen der Stadt, sollte einst die Tejo-Einfahrt sichern.

stete, hat nicht alle ausgelöscht. Der Königspalast und das Archiv der Indien-Gesellschaft wurden damals zwar zerstört. Der Platz, an dem der Palast stand, die Praça do Comércio ⓱, heißt jedoch im Volksmund noch immer Terreiro do Paço – Schloßplatz. Daneben die Ribeira das Naus, die Stelle, an der die schwerbeladenen Handelsschiffe anlegten. Keinen halben Kilometer weiter am Tejo entlang, in der Rua dos Bacalhoeiros, steht die Casa dos Bicos ⓰, ein Renaissance-Haus, das der Familie von Alfonso de Albuquerque, dem Vizekönig von Indien, gehört hat. Früher soll es »Diamanten-Haus« geheißen haben, wegen der spitzen Quadersteine, die aus seiner Fassade hervorstehen.

Hinter dem Santa-Apolónia-Bahnhof liegt in der gleichnamigen Straße der ehemalige Klarissinnenkonvent Madre de Deus mit seinem manuelinischen Hauptportal. Dort ist das portugiesische Azulejo-Museum ⓬ untergebracht. Die Azulejos sind ein wichtiges Gestaltungsmittel in der portugiesischen Kunst, besonders beeindruckend ist ein Kachelbild im ersten Stock, das Lissabon vor dem Erdbeben zeigt. Damals stand auch die Carmo-Kirche (Convento do Carmo) ❹ mitten in der Stadt noch. Das Erdbeben vom Allerheiligentag 1755 aber hat Lissabons bedeutendstes gotisches Bauwerk fast vollständig zerstört, die Ruine wurde nie wieder aufgebaut. Heute beherbergt sie ein kleines archäologisches Museum.

Im Zuge der Entdeckungen wurde Lissabon eines der Handelszentren Europas und schwelgte in unvorstellbarem Reichtum. Wer etwas hatte, der zeigte es auch: Im Stadtteil Paço do Lumiar, damals wohl so etwas wie ein exklusiver Vorort Lissabons, entstanden die Landpaläste der Reichen. Fast verloren steht eine dem heiligen Sebastian geweihte Kapelle mit ihrem manuelinischen Portal zwischen den Prunklandsitzen. Ihr schräg gegenüber die Quinta dos Azulejos, ein Palast aus dem 18. Jahrhundert, der mit großartigen Kacheln dekoriert ist. Im Viertel scheint die Zeit stehengeblieben zu sein: Zwischen den Palästen mit ihren hohen Mauern ducken sich kleine Häuschen, flattert die Wäsche im Wind. Auch das Bairro Alto hat Lissabon genaugenommen den Entdeckern zu verdanken: 1566 legte König Sebastião den Grundstein für die Jesuiten-Kirche São Roque ❺, daneben entstand das Bairro Alto. Das Viertel wurde schnell zur bevorzugten Wohngegend von Aristokraten und Händlern, die durch die Schätze aus Übersee reich geworden waren. Obwohl das Erdbeben von 1755 im Bairro Alto schwere Schäden angerichtet hat, finden sich dort noch viele Paläste aus dem 16. und 17. Jahrhundert.

Unter König Sebastião übrigens ging das portugiesische Zeitalter der Entdeckungen recht ruhmlos zu Ende: 1578 segelte er mit einem Expeditionsheer nach Marokko und wurde in der Schlacht von Alcácer Quibir vernichtend geschlagen. Mit dem erst 24 Jahre alten Herrscher starben Tausende von Soldaten, die verwaiste Krone fiel an Spanien. Erst 1640 wurde Portugal wieder unabhängig.

Azulejo

Das Wort »Azulejo« ist arabischer Herkunft und bedeutet polierter Stein. Seit Mitte des 16. Jahrhunderts werden die Kacheln mit unterschiedlichsten Motiven und Farbgebungen in Portugal hergestellt. Großflächige Wandbilder aus Kacheln zieren Kirchen, Bahnhöfe oder die Eingänge von Wohnhäusern. Sie zeigen Landschaften und Seeschlachten, erzählen christliche Legenden, private Erfolgs-Stories oder sogar Liebesgeschichten. In Lissabon gibt es zwei Fabriken, in denen noch auf traditionelle Art Azulejos hergestellt werden: Fabríca Sant'Anna, Rua do Alecrim 95, und Fabríca de Cerámica Viúva Lamego, Largo do Intendente 25.

In der prunkvollen Abteikirche des Jerónimos-Klosters liegen viele Mitglieder des portugiesischen Königshauses begraben.

Eß-Lust

Von traditionellen Gerichten und Restaurants

Kultur geht durch den Magen, sagt der alte Francisco und trinkt einen Schluck Rotwein. Dann verdrückt er eine Riesenportion Cozido à Portuguesa. Dieses portugiesische Nationalgericht, so behauptet Francisco, schmeckt nun mal bei Pereira da Alfama in der Rua Guilherme Braga 22 besonders gut: Weißkohl mit Kartoffeln und Gemüse, dazu gibt es gekochtes Rindfleisch, Schweinebauch, geräucherte Wurst, Schweinsfüßchen und Schweinsohren. Ein Genuß, der die Suche nach dem kleinen, versteckten Restaurant wert ist. Jeden Tag steht das Cozido hier auf der Speisekarte. Das soll der alte Pereira seinen Erben zur Auflage gemacht haben, bevor er starb. Und daß das Lokal so bleiben müsse, wie es zu seinen Lebzeiten war: ein kleines Wirtshaus mit niedrigen Preisen mitten in der Alfama. Neben der Tür stehen die Bier- und Weinkisten, die Gäste zwängen sich an dem kleinen Tresen vorbei zu den Tischen, vor der Tür warten die Hungrigen auf einen Platz. Alfama eben, wie sie leibt und lebt.

Die Alfama ist das älteste Viertel Lissabons, schon die Mauren haben im 8. Jahrhundert hier gewohnt. Die Gassen sind eng, die Häuser alt und viele baufällig. Trotzdem möchte, wer hier lebt, mit niemandem tauschen. Stolz erzählen die Alten von Severa, der legendären Fadosängerin, die in den Kneipen unten beim Terreiro do Trigo ihre traurigen Balladen vorgetragen hat. Begeistert stehen sie jeden Dienstag- und Samstagmorgen auf dem Flohmarkt beim Kloster São Vicente de Faro (10). Feira da Ladra, der Markt der Diebin, heißt dieses Ereignis, bei dem man skurrile Altertümer und garantiert unnötigen Krimskrams erstehen kann. Ehrfurchtsvoll zeigen die Einheimischen dem Besucher die Santa-Engrácia-Kirche (11), ein Barockbauwerk, in dem die portugiesische Republik ihre Helden bestattet hat. Übrigens hat der Bau der Kirche von 1682 bis 1963 gedauert, und darum heißen niemals endende Arbeiten auch heute noch Santa-Engrácia-Maßnahmen.

Sich eine Krawatte umzubinden kann bei einem Abendessen im Tavares in der Rua da Misericórdia 35 nicht schaden. Denn Tradition wird großgeschrieben in dem nobelsten Restaurant des Bairro Alto. Viel Plüsch schmückt diesen Tempel der Gastronomie, und wenn auch die hohen Spiegel schon leicht erblindet sind, die Küche des Tavares gehört noch immer zu den besten Lissabons. Der Schriftsteller Eça de Queiroz hat mit seinen Literatenfreunden hier oft gegessen. Dabei dürfte er wie in seinen Büchern über die feine Gesellschaft gespottet haben: über die steifen Aristokraten und die Bürgerdamen, die weiter unten über den Chiado (18) tippelten und beim Schaufensterbummel fleißig tratschten. Auch Politik wurde im Tavares gemacht: Bei einer Wildhasensuppe oder zu delikaten Fischgerichten trafen sich hier Republikaner und Umstürzler. So mancher spätere portugiesische Präsident hat im Tavares gegessen und konspiriert.

Der Verdauungsspaziergang nach opulentem Mahl führt vielleicht zum nahen Aussichtspunkt von São Pedro de Alcântara (6), wo man einen herr-

Fundament für eine lange Nacht: Wenn am 13. Juni Lissabons Stadtschutzpatron, der heilige Antonius, gefeiert wird, verwandelt sich die ganze Alfama in ein großes Freiluftrestaurant.

Zum guten Essen gehört ein guter Wein – das vermittelt die stilvolle Werbung der Traditionskellerei Real Vinícola seit Jahrzehnten.

Rare Erstausgaben und vergriffene Schmöker: Die Buchantiquariate in der Rua São Pedro de Alcântara bieten für jeden Geschmack etwas.

lichen Blick auf die Burg (Castelo de São Jorge) ⓮ hat. Oder weiter die Rua de São Pedro de Alcântara hinauf, vorbei an den Antiquitätenhändlern, zum Principe-Real-Platz. Den siebten Hügel nennen die Lissabonner diesen Stadtteil, der stark von der Romantik geprägt ist. Pompöse Bürgerhäuser reihen sich aneinander, sehenswert ist auch der botanische Garten der Akademie der Wissenschaften. Das untere Ende des Viertels erreicht man von der Calçada do Comro aus bequem mit dem Bica-Lift ⓳.

Den Lissabonner Künstlern dagegen hat es schon immer besonders gut im Retiro Quebra Bilhas am Campo Grande 312 gefallen. Das beweisen schon die alten Fotografien gleich neben dem Eingang: Fado-Sänger, Musiker, Schauspieler und Dichter waren hier zu Gast, haben wohl auch mal einen über den Durst getrunken. Gegessen wurde dazu Favas guisadas, gekochte dicke Bohnen, direkt aus den Schrebergärten, die es hier überall gab, denn das Restaurant lag damals am Stadtrand. Oder Pataniscas de Bacalhau, panierter Stockfisch, eine andere Spezialität des Traditions-Gasthauses. Oder man aß von allem ein bißchen. Petiscar heißt diese alte Lissabonner Tradition: ein Häppchen hiervon, ein Stückchen davon, und dazu gab es viel Wein und endlose Unterhaltungen.

Rafael Bordalo Pinheiro hat die portugiesische Gesellschaft der Jahrhundertwende in seinen Karikaturen und Zeichnungen dar- und bloßgestellt. Kaum ein Politiker oder Würdenträger entging seinem scharfen Pinselstrich; eine Auswahl seiner Werke ist in dem ihm gewidmeten Museum ein paar Häuser weiter ausgestellt.

Früher, so heißt es, sei im Retiro Quebra Bilhas viel Fado gesungen worden. Manchmal die ganze Nacht lang, wenn die Menschen auf die Ankunft der Kampfstiere warteten. Denn auch die arabisch angehauchte Arena am Campo-Pequeno-Platz liegt nicht weit entfernt. Heute essen im Retiro Quebra Bilhas vor allem Manager aus den Bürohäusern, die überall um den Campo-Grande-Park entstanden sind. Nur wer am Sonntagnachmittag im Park – am künstlichen See mit den Ruderbooten – spazierengeht, kann noch erahnen, daß der Campo Grande vor 100 Jahren eine Art Naherholungsgebiet der Lissabonner war. Spätestens der Bau der Universität in den 50er Jahren hat das geändert, es entstanden neue Viertel, und auf einmal lag der Campo Grande mitten in der Stadt.

Heute haben es die Gäste im Quebra Bilhas eiliger als in der guten, alten Zeit: Kurz nach 14 Uhr hasten sie in ihre Büros zurück. Essen, reden und darüber die Zeit vergessen – das kann sich kaum noch jemand leisten. Nur an einem der Tische im weinrebenumrankten Hinterhof sitzt noch eine Gruppe beim Nachtisch. Die Männer haben gerade Kaffee bestellt und Bagaço, einen portugiesischen Tresterschnaps. »Aber vom guten, Sie wissen schon, welchen ich meine«, hat einer zum Kellner gesagt. Der nickt mit bedeutungsvollem Blick und holt eine Flasche Selbstgebrannten unter dem Tresen hervor. »Zum Wohl«, sagt er, als er die Gläser auf den Tisch stellt. Mit der Rechnung, das weiß er, kann er sich noch Zeit lassen. Aller modernen Hektik zum Trotz schwelgen diese Gäste genüßlich in alten Erinnerungen.

Nur keine Hektik! Im Traditionscafé Nicola am Rossio-Platz haben es nicht einmal die Kellner eilig, wenn sie ihren Stammgästen den Espresso bringen.

Sightseeing mit der Linie 28

Stadtrundfahrt mit der Straßenbahn

Wegen der großen Höhenunterschiede haben die Wagen der Linie 28 ein besonders sicheres Bremssystem.

Die Bremse zischt, ein kurzes Klingeln. Die Straßenbahn ruckelt los. Sie holpert noch schnell über eine Weiche, und dann geht es mit quietschenden Rädern steil die Rua da Voz do Operário hinab. Eine neue Reise der Linie ㉘ quer durch Lissabon hat begonnen. Gut 30 Minuten dauert die Fahrt, manchmal auch länger. Was sind schon Fahrpläne für die alten Elektrischen, wenn sie sich quietschend durch das Verkehrschaos der portugiesischen Hauptstadt plagen? Wer im schnellebigen Lissabon mit der Straßenbahn fährt, hat Zeit und will die Stadt erleben. Sollen die, die es eilig haben, doch mit der U-Bahn fahren. Nur können die nicht den Blick über Burg (Castelo de São Jorge) ⑭ und Altstadt – vom Graça-Aussichtspunkt gleich neben der Anfangsstation in der Alfama – genießen. Und die rumpeln auch nicht durch die Rua das Escolas Gerais, die so eng ist, daß nur eine Elektrische durchpaßt und die Gegenbahn am anderen Ende warten muß. In diesem Viertel wohnen heute vor allem alte Leute. Der Wagen streift fast die Wäsche, die an den Leinen trocknet.

Fisch in allen Zubereitungsvarianten dominiert die nationale Küche. Besonders frisch kauft man ihn in der Alfama.

Das Viertel ist eines der ältesten Lissabons und vor allem eines der typischsten: Hingeschachtelt sind die kleinen Häuser, verwinkelt und eng die Gassen. Fischverkäuferinnen preisen ihre Sardinen an, in den Tante-Emma-Läden wird der letzte Klatsch ausgetauscht. Ein bißchen weiter hinten das Prunkkloster São Vicente de Fora ⑩, ab 1590 unter König Philipp II. errichtet. Weiter vorne, am Largo das Portas do Sol, war früher ein Tor der alten Stadtmauer. Steil fallen hier die Häuser der Alfama ab, unten weitet sich der Tejo zu seinen Mündungsbecken.

Geradeaus und immer noch bergab rattert jetzt die 28. Die Alten in Pantoffeln, die oft nur eine Station weit fahren, werden weniger. Einkaufstaschenbewaffnete steigen ein, es geht Richtung Baixa, zur Unter- und Einkaufsstadt. Doch erst fährt die Bahn noch vorbei an der Kathedrale Sé Patriarcal ⑮: ein Stilgemisch wie ganz Lissabon. Vor der Besetzung der Stadt durch die Mauren im 8. Jahrhundert war sie wohl ein westgotisches Gotteshaus, die Araber bauten sie zur Moschee um. Zu Beginn der zweiten Hälfte des 12. Jahrhunderts ließ König Afonso Henriques die trutzige Kathedrale errichten. Auf mehrere Erdbeben im 14. Jahrhundert folgten immer wieder Umbauarbeiten, die außer dem romanischen Portal und dem gotischen Grundbau wenig Ursprüngliches übriggelassen haben. Gegenüber, zwischen den Straßen São Mamede und Rua de Saudade, liegen die Ruinen eines römischen Theaters aus der Zeit um 59 n. Chr.

In der Alfama scheint die Zeit stehengeblieben zu sein: Die Menschen haben noch alle Zeit der Welt – oder sie nehmen sie sich.

Hupende Autos drängen sich an der 28 in der Rua da Conceição vorbei. Hier in der Baixa, der Unterstadt, schlägt das kommerzielle Herz Lissabons: Ein Laden drängt sich an den nächsten. Der Marquês de Pombal hatte das Viertel nach dem schweren Erdbeben 1755 völlig neu aufbauen lassen. Schnell mußte es gehen, darum wurden die alten Häuserruinen abgerissen und ein ganzes Viertel mit geometrischen Straßenzügen hingeklotzt. Wie sehr der Marquês die Ordnung liebte, erkennt man noch heute an den Straßennamen: Die Elektrische kreuzt zuerst die Straße der Tuchhändler, zuletzt die der Schuhmacher.

Die feinen Damen mit den Einkaufstaschen sind inzwischen ausgestiegen, der Wagen ist leer geworden und kämpft sich den Hügel zum Chiado-Viertel hinauf. Hinter trostlosen Fassaden verstecken sich Büros und Handelskontore. Weiter oben, wo 1988 ein Großbrand wütete, sieht es inzwischen freundlicher aus. Der Straßenzug um das ehemalige Grandela-Kaufhaus wird nach alten Bauplänen rekonstruiert, inzwischen haben die ersten Läden wieder eröffnet. Der Chiado soll so elegant werden, wie er um die Jahrhundertwende einmal war. Diesen Auftrag hatten die Stadtväter dem Stararchitekten Álvaro Siza Vieira nach dem Brand gegeben, und er hat die Aufgabe gut gelöst: Über den teuren Geschäften der Rua Nova do Almada wurde sogar neuer Wohnraum geschaffen, am Chiado leben heute mehr Menschen als vor dem Feuer. Die Lissabonner bummeln wieder auf der Garrett-Straße oder trinken Kaffee in der Brasileira, wo die 28 gerade angehalten hat.

Das Café A Brasileira ist eine Lissabonner Institution. Hier saß schon der Schriftsteller Fernando Pessoa, dessen Bronzedenkmal vor der Tür steht. Hier trafen sich zu Faschismuszeiten die Regimegegner, hier hockte am Tisch nebenan die Geheimpolizei und schrieb alle Unterhaltungen mit. Zeit für eine bica, einen Expresso, haben die Lissabonner immer. Sei es nach dem Mittagessen, sei es vor einem Konzert in der São-Carlos-Oper, die 1792 dem San Carlos von Neapel nachgebaut wurde.

Die Klingel ertönt, die 28 muß weiter: am Denkmal des Nationaldichters Camões vorbei durch das Bairro Alto zum Parlament (Palácio da Assembleia National) ㉗ von São Bento. In den engen Gassen um die portugiesische Nationalversammlung leben viele Schwarze aus den portugiesischen Ex-Kolonien Cabo Verde und Angola. Die 28 schnauft die steile Calçada da Estrela hinauf zur Estrela-Basilika ㉙. Königin Maria I. hat die Barockkirche Ende des 18. Jahrhunderts gestiftet, weil sie einen Thronfolger geboren hatte.

Dann die letzte Steigung vor der Endstation, die 28 gelangt ins Bürgerviertel Campo de Ourique. Dreistöckige Wohnhäuser säumen den Weg, an fast jeder Ecke ein Straßencafé. Gemischter könnte die Bevölkerung eines Viertels nicht sein: Noch vor einigen Jahren lebten hier nur Rentner, heute hat jeder Politiker, der etwas auf sich hält, eine Wohnung in Campo de Ourique. Das Viertel ist schick geworden, die Elektrische leidet darunter: Mehrmals muß der Fahrer anhalten, weil Sportwagen auf den Gleisen geparkt sind. Heuchlerisch um Entschuldigung bittend, kommen die Besitzer aus Läden oder Cafés gelaufen. Fahrer und Fahrgäste tragen die unfreiwilligen Zwischenstopps mit Fassung. Wer mit der Straßenbahn fährt, hat wirklich keine Eile! Obendrein bleibt so noch etwas Zeit für ein Schwätzchen mit dem Platznachbarn.

»Cemitério dos Prazeres« verkündet da dramatisch der Schaffner: Endstation. Die 28 ist am Ziel. Der »Friedhof der Freuden« ㉚ ist zwar nicht der größte Friedhof der Stadt, vielleicht aber der schönste. Kitsch und Kunst vermischen sich in dieser Totenstadt, wo viele berühmte Portugiesen bestattet sind. Eine alte Frau steigt als letzte aus. Freundlich wünscht sie dem Schaffner einen guten Tag, dann tippelt sie zum Friedhofstor. In der Hand trägt sie einen Strauß Rosen...

Die beste Aussicht auf Lissabons ältesten Stadtteil, die Alfama, hat man vom Miradouro de Santa Luzia. In den engen Gassen – mit den leider z. T. sehr verfallenen Häusern – herrscht ein besonderes Flair.

Fernando Pessoa, Portugals wichtigster Lyriker der Moderne, gefiel es in der Brasileira. Viele seiner Gedichte entstanden hier bei Kaffee und Brandy.

Lebenslust am Tejo

Lissabonner Nachtleben

Erst gegen Mitternacht geht am Wochenende das Nachtleben in Lissabon so richtig los. Dann jedoch füllen sich Straßen, Kneipen und Diskos sehr schnell.

Freitag, 20 Uhr: Schminkzeit in Lissabon. Da stehen die Teens, die Twens und auch die Älteren vor dem Spiegel und machen sich für den Abend schön. Denn später ist Ausgeh-Zeit in Portugals Hauptstadt. Dann strömen alle in die Kneipen des Bairro Alto, in die Bars an der Avenida 24 de Julho oder in die Diskotheken weiter unten am Fluß. Die heißen Sommernächte sind lang in Lissabon, vor allem am Wochenende. Jeder kommt auf seine Kosten. Außer der arme Vater, der ausgerechnet am Freitagabend gegen 20 Uhr ins Bad muß.

Das Nachtleben am Tejo beginnt spät, vor Mitternacht sind die Kneipen leer. Guida hat sich mit ihren Freunden im Targus (Rua do Diário de Notícias, 40B) verabredet, da kann Papa noch lange an die Badezimmertür klopfen...

Ab elf Uhr nachts tut sich etwas: Wenn die japanischen Touristen mit Kameras bewaffnet im Pulk Richtung Autobus marschieren, strömen die Lissabonner ins Bairro Alto. Dann füllen sich die engen Kopfsteingassen des Viertels mit Fußgängern, nur noch wenige Autofahrer bestehen darauf, sich zwischen ihnen durchzuzwängen.

Schon immer galt das Bairro Alto als Boheme-Viertel Lissabons – im vergangenen Jahrhundert lagen dort die Redaktionen der ersten portugiesischen Zeitungen. Allein das war genug, das Viertel bei anständigen Bürgern in Verruf zu bringen. Viele Kneipen gab es dort schon damals – und zudem einige halbseidene Damen. Dann kam der Niedergang, doch seit den 80er Jahren erstrahlt das Bairro Alto in neuem Glanz. Zu den mehr oder minder guten Fado-Lokalen, in denen am Schluß nur noch Touristen abgezockt wurden, gesellten sich Restaurants, Schickimicki-Läden und – inzwischen fast an jedem Eck – Kneipen. Sogar der Fado wurde wieder besser, und inzwischen ist das Bairro Alto ein Muß für Lissabonner Nachtschwärmer. Die künstlerisch Vorbelasteten treffen sich in der Kneipe Majong in der Rua da Atalaia, die inzwischen etwas älteren Semester im Frágil in der Rua da Atalaia. Wer mehr auf rustikal steht, trinkt ein Gläschen Wein oder eine Flasche Bier in der alten Weinbar Os Galegos schräg gegenüber.

Guida hatte inzwischen ihren ersten großen Auftritt des Abends: Wie ein Filmstar ist sie ins Targus geschwebt und hat jedem ihrer Freunde betont cool zwei Küßchen auf die Wangen

Sehen und gesehen werden ist die Devise: Ist man bei den Türstehern bekannt, kommt man überall rein.

Fado

Über den Ursprung des Fado gibt es viele Theorien. Am sichersten scheint, daß der traurige Gesang über Brasilien nach Portugal kam: Dort soll er aus den Liedern afrikanischer Sklaven entstanden sein. Er scheint vor allem eines auszudrücken: die Lust am Traurigsein. Die gefühlvoll vorgetragenen Lieder, die bisweilen auch getanzt werden, erzählen von Heimweh, Verlassenheit, Wehmut, Sehnsucht und Schicksalen, vor allem denen einfacher Leute. Wer einen guten Fado erleben möchte, sollte erstens keinen extra für Touristen inszenierten Fado-Abend besuchen. Und zweitens für einen Besuch der traditionellen Lokale etwas Zeit mitbringen: Die guten Sänger treten meist erst nach Mitternacht auf.

gehaucht. Jetzt sitzt sie auf einem der recht unbequemen futuristischen Stahlstühle und trinkt Mineralwasser, schließlich ist der Abend noch lang. Das Gespräch dreht sich – völlig normal an diesem Ort zu dieser Zeit – darum, wohin man anschließend will. Noch ein bißchen durch die Lokale im Bairro Alto ziehen oder gleich hinunter in die Diskotheken am Tejo, wo langsam etwas los sein dürfte?

Die Gruppe hat sich auf die Avenida 24 de Julho geeinigt, die breite Avenue vor dem Hafenviertel. Dort wurden alte leerstehende Lagerräume und verkommene Wohnhäuser aufgepeppt und in glitzernde Bars, Kneipen und Diskotheken verwandelt. Für jeden Geschmack ist etwas dabei: Der Jet-set und die, die gern dazu gehören, treffen sich im Kapital in der Avenida 24 de Julho 68, Lissabons schniekefeinem, stinkteurem Nachtpalast. Wer an den schwarzgekleideten Türstehern vorbeikommt, gehört zu einer handverlesenen Elitetruppe der Nachtkämpfer und kann zwischen Diskothek im Keller, Barraum im ersten Stock und Dachterrasse wählen. Wenn er nur das nötige Kleingeld dabei hat, denn viel weniger als 50 Mark dürfte er wegen des – zumindest theoretisch vorgeschriebenen – Mindestkonsums nicht dort lassen.

Kurz nach Mitternacht drängt Guida sich mit ihren Freunden zielstrebig durch die Menschentraube vor dem Eingang. Sie haben sich zuerst im Trifásica nebenan – Nr. 66 – umgesehen. Doch dort war es ihnen erstens zu voll, und zweitens war das Publikum zu jung für ihren Geschmack. Guida flüstert dem »Gorilla« an der Tür ein paar magische Worte ins Ohr. Dann darf die Gruppe ins Kapital – schließlich kommt man öfter hierher! Von Mindestkonsum ist ebenfalls nicht die Rede. Auf die gleiche Art und Weise werden die Freunde später ins Plateau am Escadinhas da Praia 7 gelangen, ins Kremlin (daneben am Escadinhas da Praia 5) – die beiden Top-Diskotheken – oder in irgendeines der anderen feinen Lokale, die von erbarmungslosen Türstehern bewacht werden. Es hat durchaus Vorteile, hier gute Freunde zu haben!

Weiter unten am Tejo sind noch mehr Diskotheken: Im Alcântara-Mar in der Rua da Cozinha Económica 11 in Alcântara kommen die Technofreaks auf ihre Kosten, fast nebenan geht es im Banana's Power in der Rua de Cascais 51 afrikanisch zu. Allerdings recht kommerziell afrikanisch. Wer es echter haben will, sollte in die Lontra in der Rua de São Bento gehen. Oder ins Pilon in der Rua do Sol ao Rato, wo es auch Spezialitäten von den Kapverdischen Inseln gibt. Das Kissange in der Rua Campo de Ourique, kaum 500 Meter weiter, ist bei Afro-Musikfans zur Zeit ebenfalls groß in Mode.

Wem das alles zu laut ist, der sollte direkt ans Tejo-Ufer gehen. Dort, wo im vergangenen Jahr nur halbverfallene Lagerhallen standen, finden sich jetzt die neuesten In-Kneipen Lissabons: In der Doca de Santos am Doca de Santo Amaro oder auch im Speakeasy (Rocha Conde de Óbidos) kann man sich zu guter Musik sogar noch unterhalten. Guida und ihre Freunde nehmen um vier Uhr morgens hier einen letzten Drink. Dann geht es nach Hause, wird erst einmal bis zum Nachmittag geschlafen. Schließlich muß Guida am Samstagabend wieder fit sein.

Wenn unten in der Stadt das Nachtleben tobt, wenn es in den zu Diskos und hypermodernen Bars umgebauten alten Lagerhallen am Tejo brodelt, dann ist es auf der Burg São Jorge um so romantischer.

Auf einen Blick

Lissabon entdecken und erleben

Lissabon (2,1 Millionen Einwohner) ist eine Stadt der kurzen Wege! Stadtteile wie die Alfama bei der Burg oder das Bairro Alto kann und sollte man zu Fuß erkunden. Stadtrundfahrten per Bus werden von diversen Unternehmen angeboten, Infos dazu sind im Fremdenverkehrsamt erhältlich. Besonders schön kommt man mit der Straßenbahn durch Lissabon: Die Linie 28, zum Beispiel, rumpelt vom Stadtteil Graça quer durch die Metropole.

Der deutschstämmige König Ferdinand hat sich in Sintra im vergangenen Jahrhundert mit dem Pena-Palast sein portugiesisches Neuschwanstein gebaut.

1 Rossio-Platz
2 Nationaltheater
3 Santa-Justa-Aufzug
4 Carmo-Kirche/Archäologisches Museum
5 Kirche São Roque
6 Aussichtspunkt São Pedro
7 Avenida da Liberdade
8 Keramikfabrik Viuva Lamego
9 Aussichtspunkt Nossa Senhora do Monte
10 Kloster São Vicente de Faro
11 Kirche Santa Engrácia
12 Convento da Madre de Deus/ Azulejo-Museum
13 Aussichtspunkt Santa Luzia
14 Kastell São Jorge
15 Kathedrale Sé Patriarcal
16 Casa dos Bicos
17 Praça do Comércio
18 Largo do Chiado
19 Kabelbahn Elevador da Bica
20 Mercado da Ribeira Nova
21 Statue Christo Rei
22 Brücke des 25. April
23 Kutschenmuseum
24 Jerónimos-Kloster
25 Entdeckerdenkmal Pradão dos Descobrimentos
26 Turm von Belém
27 Parlament
28 Straßenbahnlinie 28
29 Estrela-Basilika
30 Prazeres-Friedhof
31 Park Monsanto
32 Aquädukt
33 Amoreiras-Einkaufszentrum
34 Eduardo-VII.-Park
35 Gulbenkian-Stiftung

Das Aquädukt, Lissabons erste Wasserleitung, wurde zwischen 1729 und 1748 erbaut. Der spektakulärste Teil ist 941 Meter lang, insgesamt mißt die Anlage 58 Kilometer.

Im Fremdenverkehrsamt, Palácio Foz, Praça dos Restauradores, ☎ 01/3 42 52 31, bekommt man den monatlich erscheinenden Kulturkalender ›Agenda Cultural‹. Am Sonntagvormittag sind Museumsbesuche meist kostenlos. Studenten und Senioren bekommen in Portugal in fast allen Museen, Ausstellungen und Konzerten Rabatt (Studentenausweis!). Für öffentliche Verkehrsmittel gibt es Touristenkarten, die einen Tag (Busse/Straßenbahnen) bis sieben Tage (gesamter Verkehrsverbund, einschließlich U-Bahn) gelten.

Die gotische Carmo-Kirche wurde beim Erdbeben 1755 fast vollständig zerstört und nie wieder aufgebaut. Heute beherbergt die Ruine das Archäologische Museum.

Das Mosteiro dos Jerónimos, das Kloster der Hieronymiten, ist das wohl grandioseste Zeugnis des Manuelismus, Portugals dekorativem Baustil der Spätgotik.

Die 2,2 Kilometer lange Brücke des 25. April, eine überaus eindrucksvolle Hängekonstruktion, verbindet Lissabon mit dem Süden des Landes.

Hinter dem Denkmal des Marquês de Pombal beginnt der Eduardo-VII.-Park mit einem Gewächshaus für heimische und tropische Pflanzen.

Der 1900 von Raoul Mesnier de Ponsard errichtete sechsstöckige Santa-Justa-Aufzug kann insgesamt 50 Personen von der Unterstadt zur Ruine der Carmo-Kirche im Bairro Alto befördern.

Das Nationaltheater beherrscht den Platz, der nach König Pedro IV. benannt ist, im Volksmund aber Rossio heißt. Hier schlägt das Herz Lissabons.

Im Kloster Madre de Deus wurde 1960 Portugals Kachelmuseum eingerichtet. Das Prunkstück der Azulejo-Sammlung ist ein Bild von 40 Metern Länge, das Lissabon vor dem Erdbeben von 1755 zeigt.

Vom Aussichtspunkt Santa Luzia mit Pergola und Bänken hat man einen schönen Blick über die Alfama. Ein Kachelbild zeigt die alte Stadtansicht.

Der Elevador da Bica tuckert durch ein noch unverfälschtes Viertel Lissabons, die »Bica« zwischen Bairro Alto und Alcântara am Tejo-Ufer. Hier gibt es kleine Weinkneipen, und jeder kennt jeden.

Was – wann – wo?

Lederartikel und Portwein

Billig einkaufen kann man in Lissabon vor allem Filigranarbeiten und im Land gefertigte Schuhe und Lederwaren. Vieles andere ist importiert und ebenso teuer wie zu Hause. In jüngster Zeit hat sich auch eine Handvoll einheimischer Modemacher profiliert, ihre Läden finden sich in den großen Einkaufszentren und im Bairro Alto. In den Hipermercado genannten Supermärkten am Stadtrand (Continente, Carrefour) gibt es auch Portugiesisches – wie zum Beispiel Portwein – billiger.

Portwein

- **Baixa.** Die geometrisch angelegte Unterstadt ist noch immer Lissabons größtes Geschäftsviertel, hier kann man auch Gold- und Silberhandwerksartikel kaufen. Zwischen Praça Dom Pedro IV und Praça do Comércio (17).
- **Centro Comercial Amoreiras.** Micky-Maus-Architektur mitten in der Stadt und feine Läden für dicke Geldbeutel. Avenida Engenheiro Duarte Pacheco.
- **Solar do Vinho do Porto.** In dem alten Palast im Bairro Alto kann man Portwein nicht nur probieren, sondern auch kaufen. Rua de São Pedro de Alcântara 45.
- **Mercearias.** Tante-Emma-Läden, die den besten Stockfisch Lissabons verkaufen. Besondere Delikatessen sind die Backen und Zungen des getrockneten Kabeljaus. Rua do Arsenal.
- **Feira da Ladra.** Antikes, Trödel und alles, was noch brauchbar ist, wechselt auf dem Flohmarkt, der jeden Dienstag und Samstag stattfindet, den Besitzer. Campo de Santa Clara.

Cervejaria da Trindade

Fisch und mehr

Essengehen ist in Portugal noch erschwinglich, die portugiesische Küche einfach und deftig. Besonders groß ist die Auswahl an Fischgerichten. Die Lokale sind nach einem Sterne-System klassifiziert, das allerdings weder Preisniveau noch Qualität widerspiegelt.

- **Gambrinus.** Wildspezialitäten, vornehme Kellner und deftige Preise erwarten den Gast. Rua das Portas de St° Antão 25.
- **Casa da Comida.** Spezialitäten des Hauses sind Rebhühner und Fasan. Nicht gerade billig. Travessa das Amoreiras 1.
- **Cervejaria da Trindade.** Langusten, Hummer und Taschenkrebse werden in einer ehemaligen Klosterkirche serviert. Besonders schön sind die Kacheln an den Wänden. Rua Nova da Trindade 20.
- **Sua Excelência.** Sr. Queiroz, der Wirt, trägt höchstpersönlich die Speisekarte vor. Internationale Küche mit portugiesischem Touch. Rua do Conde 40.
- **Via Graça.** Die Fischsuppe genießt man mit Blick über die Altstadt. Rua Damasceno Monteiro 9-B.
- **Senhor Vinho.** Guter Fado und gutes portugiesisches Essen. Wenn gesungen wird, sollte man sich allerdings nicht unterhalten. Rua do Meio à Lapa 18.
- **Pap'Açorda.** Açorda, einen Brotbrei aus dem Alentejo, gibt es hier in allen Variationen. Rua da Atalaia 57.
- **O 1° de Maio.** In diesem Restaurant ist der Fisch immer frisch, die Hammelkoteletts sind ausgezeichnet, und dazu ist alles auch noch billig. Rua da Atalaia 8.

Kunst und Meer

Hieronymus Boschs »Versuchung des heiligen Antonius« und alte portugiesische Trachten, Jugendstil und Kutschen: Lissabons Museen bieten für jeden etwas.

- **Museu Nacional de Arte Antiga.** Die bedeutendste Kunstsammlung Portugals zeigt u. a. Werke von Hieronymus Bosch und Albrecht Dürer sowie alte portugiesische Meister. Rua das Janelas Verdes 9.
- **Fundação Calouste Gulbenkian (35).** Der armenische Öl-Milliardär sammelte eigentlich alles. Besonders sehenswert sind die Jugendstilarbeiten von René Lalique. Das angrenzende Centro da Arte Moderna präsentiert die portugiesische Moderne. Avenida de Berna 45.
- **Museu Nacional do Azulejo.** Einzigartige Kachelsammlung in ehemaligem Kloster (12). Rua da Madre de Deus 4.
- **Museu Nacional de Arqueologia e Etnologia.** Phönizische Grabsteine, römische Töpfe, lusitanische Scherben und arabische Küchengeräte verdeutlichen, daß Portugal schon immer eine Kultur-Drehscheibe war. Praça do Império.

Azulejo-Museum

- **Museu Nacional do Traje/Museu do Teatro.** In den zwei Museen in einem schönen Park am Stadtrand erfährt man alles über portugiesische Kleidung und portugiesisches Theater. Largo Júlio Castilho.
- **Museu Nacional dos Coches (23).** Das Kutschenmuseum im Königsschloß von Belém zeigt über 50 Prunkkutschen für alle Anlässe. Praça Afonso de Albuquerque.
- **Das Gelände der EXPO '98,** die dem Thema »Die Ozeane – ein Erbe für die Zukunft« gewidmet ist, befindet sich im nördlich am Rio Tejo gelegenen Stadtteil Moscavide. Das hierfür erbaute größte Ozeanium der Welt ist auch nach der Ausstellung eine der größten Attraktionen der Stadt.

Hotel Albatroz

Ein bis fünf Sterne

Hotels wie Pensionen gibt es in allen Kategorien, das Frühstück ist normalerweise im Preis inbegriffen. Wer billig schlafen will, findet schon um die 50 Mark saubere Doppelzimmer in den zahlreichen Pensionen (Pensão) überall in der Stadt.

- **Da Lapa.** Ein Stadtpalast aus dem 19. Jahrhundert wurde zum Luxushotel umgebaut. Rua do Pau de Bandeira 4. ☎ 01/3 95 00 05, Fax 01/3 95 06 65.
- **Avenida Palace.** Das zentral gelegene Fünf-Sterne-Hotel gibt es schon seit 1892. Beim Umbau blieb der alte Charme erhalten. Rua 1° de Dezembro 123. ☎ 01/3 46 01 51, Fax 01/3 42 28 84.
- **York House.** In einem Kloster aus dem 16. Jahrhundert. Gutes Restaurant und schöne Bar. Rua das Janelas Verdes 32–1°. ☎ 01/3 96 25 44, Fax 01/3 97 27 93.
- **Albergaria Senhora do Monte** bietet einen schönen Blick über die Stadt. Calçada do Monte 39. ☎ 01/8 86 60 02, Fax 01/8 87 77 83.
- **Lisboa Plaza.** Preisgünstiges Vier-Sterne-Hotel in einer Seitenstraße der Avenida da Liberdade. Travessa do Salitre 7. ☎ 01/3 46 39 22, Fax 01/3 47 16 30.
- **Veneza.** Kleines, sympathisches Hotel neben dem Luxusladen Tivoli. Avenida da Liberdade 189. ☎ 01/3 52 26 18, Fax 01/3 52 66 78.
- **Metrópole.** Früher war die Bar ein Muß für jeden, der etwas auf sich hielt. Auch wenn die besten Zeiten vorbei sind, noch immer eine gute Adresse am Rand der Unterstadt. Praça D. Pedro IV 30. ☎ 01/3 46 91 64, Fax 01/3 46 91 66.
- **Albatroz.** Auf Felsen direkt am Meer. Der Weg (20 km) nach Westen lohnt sich. Cascais, Rua Frederico Arouca 100. ☎ 01/4 83 28 21, Fax 01/4 84 48 27.

Stadtrundfahrten per Straßenbahn

Die billigste und schönste Art, Lissabon kennenzulernen, ist die Fahrt mit einer der alten Straßenbahnen. Seit 1910 gibt's die Eléctricos, die man damals »gebraucht« aus England einführte. Mit dem günstigen Touristen-Tageticket kann man die Stadt in aller Ruhe »erfahren«. (Durch den U-Bahn-Ausbau für die Expo '98 fallen einzelne Straßenbahnlinien zeitweise aus!)
Im Bummeltempo rumpelt die Linie 28 (28) den Alfama-Hügel hinauf, vorbei an der romanischen Kathedrale Sé (15), und weiter durch das mittelalterliche Stadtviertel. Steigt man an der Igreja de São Vicente de Fora (10) aus, kann man von dort zu Fuß hinauf zum Castel de São Jorge (14), von wo man die Stadt überblickt.
Interessante Linien sind auch die 16: Poço do Bispo–Algês, die fast von einem Stadtende zum anderen am Tejo entlang führt, und die Linie 24: Largo do Carmo–Rua da Alfândega, durch das Bairro Alto zum Tejo. Von der Praça do Comércio aus fährt zudem eine alte Sightseeing-Straßenbahn auf verschiedenen Routen. Von hier aus kann man mit der Tram auch nach Belém gelangen. Bei dieser etwa 50minütigen Fahrt bekommt der Besucher etwas vom Alltagsleben der Lissabonner mit.
Wer dann noch Lust und Zeit hat, sollte unbedingt mit dem Elevador de Santa Justa (3), einer Eisenkonstruktion aus der Zeit der Jahrhundertwende, von der Rua do Douro ins etwa 30 m höher gelegene Chiado-Viertel fahren, von wo man die Baixa überblicken kann.

Eléctricos

Und wer sich dann noch über die Geschichte der Straßenbahnen informieren will, geht ins Museu da Carris. Hier stehen Lissabons alte Trams, liebevoll restaurierte Elektrische. Mit etwas Glück darf man auch einen Blick in die Werkstatt werfen. Rua 1° de Maio 101.

Musik liegt in der Luft

Das kulturelle Leben Lissabons ist, verglichen mit dem vieler anderer europäischer Hauptstädte, eher zweitklassig. Mehr oder minder regelmäßige Musik- und Ballettveranstaltungen bieten die Gulbenkian-Stiftung (Fundação Calouste Gulbenkian) und das Kulturzentrum Belém (Centro Cultural de Belém, Praça do Império). Die wichtigsten Veranstaltungen sind:

Kulturzentrum Belém

- **Encontros Gulbenkian de Música Contemporânea.** Moderne Musik wird in der Gulbenkian-Stiftung und andernorts (Plakate!) geboten. Anfang Mai.
- **Festival de Sintra.** Findet alljährlich im nahegelegenen Sintra statt, das man auch mit der Bahn ab Lissabon erreichen kann. Auf dem Programm steht klassische Musik, Aufführungsorte sind die historischen Paläste. Info: Câmara Municipal de Sintra. Ende Juni/Anfang Juli.
- **Festival de Música da Costa de Estoril.** Klassische Musik im Großraum Lissabon. Die wechselnden Konzertorte werden im Programm und auf Plakaten angekündigt. Juli und August.
- **Festival de Jazz.** Phantastische Open-air-Konzerte im Amphitheater und im Gulbenkian-Park. August.
- **Noites de Queluz.** Der alte Königspalast von Queluz ist imposante Kulisse für klassische Musik und Ballett. August und September.

DINER
Newsweek

LONDON

Mit Glitzer und Glorie

Wie beschreibt man eine Stadt, die keine einheitliche Verwaltung hat und keinen Oberbürgermeister, dafür aber Europas älteste amtierende Monarchie und der Welt ehrwürdigstes Parlament? Eine Stadt so mächtig, daß Königin Elizabeth II. den Lord Mayor (den Bürgermeister der City of London) um Erlaubnis fragen muß, ehe sie seine engräumige Bannmeile im heutigen Wirtschaftszentrum betreten darf? Und gleichzeitig so schwach, daß Margaret Thatcher als Premierministerin die ganze zentrale Stadtverwaltung nach Hause schicken und an ihrer Stelle 33 Bezirkszentren einrichten konnte? London behauptet, mit fast 1600 Quadratkilometern die flächengrößte Stadt der Welt zu sein und etwas über sieben Millionen Einwohner zu haben. Doch genau weiß das niemand, weil es kein Einwohnermeldeamt gibt. London besitzt herrliche Parks und quirlige Plätze wie den Piccadilly Circus (Bild), berühmte Theater und Museen von Weltgeltung. Wer Kultur genießen will, kann keinen besseren Platz finden: Königin Victoria hat einen guten Teil ihres Kunstbesitzes in die Museen gesteckt und dem Volke geöffnet, damit es sich kostenlos bilden und die Reichtümer mitgenießen konnte. Aber London ist in Teilen auch eine ärmliche, zurückgebliebene Stadt. Die Mischung macht Großbritanniens Hauptstadt wohl so faszinierend.

God save the Royals

Das königliche London

Zeiten größter Machtentfaltung erlebte England im 16. Jahrhundert unter dem Tudor-König Heinrich VIII. und seiner Tochter Elisabeth I. Während der 64jährigen Regierungszeit Königin Victorias (rechts) entwickelte sich Großbritannien drei Jahrhunderte später zum Weltreich.

Jedes Jahr im Spätherbst läßt Königin Elizabeth II. die Irische Staatskutsche anspannen. In vollem Ornat, mit Krone und all den anderen Insignien des einstigen Weltreichs ausgestattet, wird sie von einem ihrer Kavallerie-Regimenter vom Buckingham Palace ❹ über die Mall nach Westminster geleitet, um dort im Parlament ❶ das politische Jahr feierlich zu eröffnen. Das Volk darf entlang der Fahrstrecke jubeln, doch Westminster Palace, wie das Parlamentshaus einst hieß, wird an diesem Tag nur von den Privilegierten betreten: von dem hohen Adel, der hohen Geistlichkeit und den höchsten Richtern, die zusammen das Obere Haus ausmachen, sowie von den Mitgliedern der Königsfamilie – den Royals – und dem diplomatischen Korps als Gästen. Wenn die Queen auf ihrem Thronsitz Platz genommen hat, nähert sich Black Rod, ein hoher Parlamentsdiener, dem Unterhaus im Ostteil des Parlamentsgebäudes. Doch die dort versammelten gewählten Abgeordneten werfen ihm vor der Nase die Tür zu. Er pocht dreimal dagegen, wird eingelassen und ruft, Ihre Majestät wünsche die »Ehrenwerten Mitglieder unverzüglich« zu sehen. Die wechseln den Raum, betont lässig und schwatzend. Im Oberhaus müssen sie stehen, denn alle Sitzplätze sind längst schon vergeben. Der Lordkanzler überreicht der Königin ihre Rede, und die beginnt so feierlich wie nur möglich vorzulesen, was die Regierung im kommenden Jahr tun wird. Sie verkündet das komplette Regierungsprogramm – doch von ihr selbst stammt nicht ein einziges Wort: Die Königin repräsentiert, aber das Land regiert der Premierminister.

Diese nach unabänderlichen Regeln ablaufende Zeremonie verdeutlicht, welch kompliziertes Geflecht aus Gewohnheiten und ungeschriebenen Gesetzen das Verhältnis des Monarchen zu seinem Staat ausmacht. Königin Elizabeth II. ist theoretisch die reichste

Das Queen Victoria Memorial vor dem Buckingham-Palast ist eines der prunkvollsten Monumente der britischen Metropole.

Der Tower, königliche Residenz vom 13. bis zum 16. Jh., war Zeughaus, Schatzhaus und Gefängnis für die Feinde des Monarchen. Inzwischen ist die alte Stadtburg zum Museum geworden.

Der weiträumige Buckingham-Palast mitten im grünen Herzen Londons ist seit der Zeit Queen Victorias der Hauptwohnsitz der königlichen Familie.

und mächtigste Person Großbritanniens, doch praktisch sind ihre Rechte und Pflichten so eng umgrenzt, daß sie neuerdings sogar in Finanznöten schwebt: Ihr vielfaches Milliarden-Vermögen darf sie nur zum geringen Teil antasten, weil das meiste zum Kronbesitz gehört und den muß sie vererben. Als 1992 ein Teil ihrer Stammresidenz Windsor Castle abgebrannt ist, mußte sie das Geld für die Renovierung anderswo suchen: Seither sind dem Publikum in der Zeit ihres Sommerurlaubs im August und September die 18 Prunkräume des Londoner Buckingham Palace gegen hohe Eintrittsgebühren geöffnet. Man darf sich dort ansehen, wie die Queen und ihr Gatte Prinz Philip residieren. Auch ihre jüngeren Kinder, Prinzessin Anne, Prinz Andrew und Prinz Edward, haben im Buckingham-Palast eigene Räume. Das Thronfolgerpaar Charles und Diana wohnte bis zur Scheidung im Kensington-Palast, am westlichen Rand der Kensington Gardens ㉘, in dem Prinzessin Diana jetzt alleine zurückgeblieben ist.

Anders als die radfahrenden, bürgernahen Könige im kontinentalen Europa wahrt die Familie Windsor ihren glanzvollen Schein, doch der ist allemal sehenswert. Die britischen Truppenparaden sind und bleiben die besten. Am eindrucksvollsten ist »Trooping the Colour« im Juni. Da marschieren die Garderegimenter, zwei hoch zu Roß und fünf zu Fuß, vom Buckingham-Palast über die Mall zur Horse Guards Parade auf, um dort den »offiziellen« Königsgeburtstag zu feiern: Der hat nichts mit dem richtigen Datum zu tun, das eigentlich im April liegt, doch der Tag gibt dem diensthabenden Regiment Gelegenheit, die Jahrhunderttradition einer Weltmacht in den bunten Uniformen einer vergangenen Zeit vorzuführen. Wer dieses eindrucksvolle Schauspiel versäumt, dem sei wenigstens der Wachwechsel »Changing the Guard« empfohlen: Auch dieses Ereignis findet in blitzenden Uniformen zu martialischen Kommandorufen statt – vor dem Buckingham-Palast in den Sommermonaten täglich um 11.30 Uhr, während des restlichen Jahres nur jeden zweiten Tag.

Natürlich sind auch die anderen Königspaläste in und um London sehenswert. Der Tower ⑰, in dem bis ins 16. Jahrhundert die Könige wohnten, ist längst zum Museum geworden: Unter viel anderem Glitzer werden dort die Kroninsignien ausgestellt. Eine alte Legende will wissen, daß das Königreich weiterbesteht, bis die Raben aus dem Tower verschwinden. Deshalb hat man einen »Ravenmaster« damit beauftragt, für ihr Bleiben zu sorgen – mit gestutzten Flügeln, versteht sich. Eine intakte mittelalterliche Burg ist auch Schloß Windsor – etwa 40 Kilometer westlich Londons – geblieben, nachdem sich das Königshaus, das eigentlich Hannover-Sachsen-Coburg heißen müßte, seit dem Ersten Weltkrieg benennt. Teile sind von Familienmitgliedern bewohnt, ein 1992 abgebrannter Flügel wird gerade renoviert, doch die schönsten Gebäude stehen zur Besichtigung frei.

Besonders gut erhalten ist Hampton Court, der südwestlich von London gelegene Palast Heinrichs VIII. Gartenverrückte dürfen sich dort im Irrgarten verlaufen, Sportfans können eine Tennisanlage aus der Zeit jenes skandalumwitterten Königs sehen, und wer gerne ißt, sollte die Besichtigung der Küche aus dem 16. Jahrhundert nicht versäumen. Und im Kensington-Palast kann man sehen, wie die Könige im 18. Jahrhundert gelebt haben.

Was schön und prunkvoll ist in London, ist meist mit der Königsfamilie verknüpft. Nur steckt hinter all dem Glanz keine Macht: Die Königin repräsentiert. Mehr darf sie nicht.

Trooping the Colour – Am 2. Samstag im Juni, ihrem »offiziellen« Geburtstag, nimmt die Königin die Parade ihrer Garderegimenter in den prachtvollen Uniformen des einstigen Weltreichs ab.

Rituale und Roben

Die britische Demokratie und ihre Tradition

Die Vertreter der britischen Demokratie residieren bezeichnenderweise in einem königlichen Palast: Die Lords des Oberen und die Ehrenwerten Mitglieder des Unteren Hauses sind in dem wiederaufgebauten Palace of Westminster untergebracht, der heute Houses of Parliament (1) genannt wird, aber – wie auch die gesamte Institution – aus einer Zeit stammt, als der Monarch noch ein mächtiger Mann war. Obgleich die beiden Zentren – die wirtschaftsorientierte City of London und das politische Westminster – schon vor 300 Jahren zusammengewachsen sind, hat diese Polarität doch immer die britische Geschichte bestimmt: Aus den ständigen Auseinandersetzungen des Adels und der Kaufleute mit dem König um Geld und politische Macht entstand ganz allmählich die britische Demokratie. Erste Ansätze reichen bis zur Magna Charta des Jahres 1215 zurück. Doch einigermaßen ausgeprägt und funktionstüchtig war sie erst zu der Zeit, als der alte Palast von Westminster im Jahre 1834 abbrannte.

Am Trafalgar Square – im Hintergrund Big Ben – wird die Erinnerung an Admiral Nelsons Seesieg über Napoleon (1805) lebendig.

Der 150 Jahre alte »Neu«-Bau ist ein Märchenschloß für die Parlamentarier, ein weiträumiges neugotisches Bauwerk mit Türmchen und Erkern – in dem man sich wohl fühlen könnte, wenn nicht doch alles ein bißchen unpraktisch und verbaut wäre. Beherrscht wird der langgestreckte Bau an der Themse durch zwei Türme: Im Westturm, dem Victoria Tower, lagern alle seit 1497 verabschiedeten Gesetze. Der Ostturm heißt nach seinem korpulenten Erbauer Big Ben und beherbergt die berühmteste Uhr und die größte Glocke des Landes. Seit die BBC zu Kriegszeiten ihren Schlag zum Pausenzeichen erkor, ist Big Ben ein Welthit.

Während der Sitzungsperioden spielt sich jeden Tag ein merkwürdiges Ritual im Westminster-Palast ab: Ein Polizeioffizier ruft durch die Hallen und Gänge mit lauter Stimme »Hüte ab, Fremde«, Besucher treten ehrfürchtig zur Seite, Abgeordnete verneigen sich, Gespräche verstummen – es naht auf dem Weg ins Unterhaus »Madame Speaker«, bürgerlich Betty Boothroyd, die es 1992 zur ersten Parlamentspräsidentin in der britischen Geschichte gebracht hat. Es hat die resolute Dame einige Mühe gekostet, unter den vielen Traditionen wenigstens das Tragen einer grauen Perücke zu streichen. Ansonsten schreitet sie einher, als lebe sie noch im 18. Jahrhundert – gehüllt in eine goldbestickte Robe und geleitet vom Sergeant at Arms, der ihr das Mace vorausträgt. Das Mace ist ein großer, wie eine Keule wirkender Zeremonienstab, der für die Amtsgewalt der Wahldemokratie steht: Er wird im Plenarsaal zwischen den Regierungs- und den Oppositionsbänken auf einem Tisch niedergelegt, und jeder kommende oder gehende Abgeordnete verneigt sich davor. An Madame Speaker liegt es, mit Ordnungsrufen

In stoischer Gelassenheit bewacht dieser Soldat Ihrer Majestät das Gebäude der Horse Guards an der Avenue von Whitehall.

Im Unterhaus geht es oft sehr lebhaft zu. Der »Speaker«, hier eine Dame, sorgt für einen zivilisierten Umgang der Ehrenwerten Abgeordneten von Regierungspartei und Opposition miteinander.

und einer guten Portion Humor die »Ehrenwerten Mitglieder« des Hauses zu ordentlichem Benehmen zu bringen. Unterhausdebatten sind derber und direkter als Debatten in anderen europäischen Parlamenten. Die Abgeordneten sitzen sich auf engen Bänken auf »zwei Schwertlängen und einen Arm« Abstand gegenüber, springen auf und liefern sich Wortgefechte. Dafür, daß diese nicht in Tätlichkeiten ausarten, sorgen zwei gelbe Linien, die nicht überschritten werden dürfen – und Betty Boothroyd: Sie läßt neben den Ministern und ihren »Schatten« von der Opposition auch Hinterbänkler zu Wort kommen; und sie weiß, was die sich zurufen dürfen und was mit zeitweisem Ausschluß bestraft werden muß.

Interessierte Besucher, die das Spektakel erleben möchten, müssen allerdings wegen der erhöhten Sicherheitsvorkehrungen meist draußen vor der Tür bleiben: Briten finden Einlaß zu den Besuchergalerien der beiden Häuser über ihre Parlamentarier, Ausländer nach schriftlicher Anmeldung über ihre Botschaften. Doch selbst nach diesen Voranmeldungen bilden sich lange Warteschlangen.

»Demokratie ist die schlechteste aller denkbaren Staatsformen, außer all jenen anderen, die von der Menschheit ausprobiert worden sind« – das Wort stammt von dem legendären Premier Winston Churchill und beschreibt ziemlich exakt, was in Westminster vorgeht: Die Briten haben sich für einen gewählten Diktator entschieden, dessen Amtszeit nach spätestens fünf Jahren in Neuwahlen mündet und der von der Königin als »Erster Minister« bestellt wird. Der Premier lebt in Downing Street 10 ❺, in einem an der Vorderfront rußgeschwärzten und bescheiden wirkenden Reihenhaus, das nach hinten prunkvoll ausgestaltet ist und bis vor wenigen Jahren von Neugierigen bestaunt werden konnte – ehe nordirische Bomben die Sperrung der Straße erzwangen. Von dort aus überblickt und lenkt der Regierungschef die Ministerien in Whitehall – ein ganzes Stadtviertel, in dem Politik gemacht wird. Man merkt seiner Machtvollkommenheit an, daß seine Vorgänger einst ein Weltreich beherrscht haben: Statuen großer Söhne des Landes, Winston Churchills und Oliver Cromwells, kann man vor dem Parlamentsgebäude bewundern, Admiral Nelsons Säule beherrscht den Trafalgar Square ❽, und im ganzen Regierungsviertel stolpert man auf jedem Platz, in fast jeder Straße über das Monument eines Generals oder eines Kolonialbeamten, der einen Beitrag zum Zusammentragen des Weltreichs geleistet hat.

Auch die Westminster Abbey ❷ ist ein Denkmal des imperialen Gedankens. Der gotischen einstigen Abteikirche, einem der schönsten Sakralbauten Großbritanniens, merkt man an, daß sie königlich ist. Sie war die Krönungs- und Begräbniskirche fast aller Monarchen seit über 900 Jahren, und sie ist Denkmalstätte der bedeutendsten britischen Politiker geblieben. Gleich beim Betreten stößt man auf Churchills Gedenkstein.

»Britannia rules the Waves« – im Volksempfinden ist Edward Elgars Lied über die Beherrschung der Meere bis heute die heimliche Nationalhymne geblieben.

Der gut 150 Jahre alte neugotische Palace of Westminster mit dem berühmten Big Ben ist Sitz der beiden Häuser des britischen Parlaments.

Nach einem Gesetz aus dem Jahre 1872 darf an »Speaker's Corner« im Hyde Park jedermann frei seine Meinung äußern.

Mode, Tand und Elefant

Beim Shopping gibt es nichts, was es nicht gibt

Vor traditionsbewußten Nobelgeschäften der Bond Street lassen es sich livrierte Türsteher nicht nehmen, die betuchten Kunden gut auf den Nachhauseweg zu bringen.

Es war einmal, vor langer Zeit, ein Krämerladen in Kensington. »Harrods Store« hieß er, und er muß so einträglich gewesen sein, daß seine Besitzer um die Jahrhundertwende beschlossen, ein wenig zu expandieren. Vor den Augen der Wohlhabenden und Reichen in dieser erlesenen Wohngegend wuchs ein Konsumtempel von nie dagewesenen Ausmaßen empor. Prunkvoll waren Fassade und Interieur und faszinierend das noch heute gültige Motto des Hauses »Omnia omnibus ubique« (Alles für jeden überall), das dem welterfahrenen Nobelkunden die Erfüllung aller nur erdenklichen Kaufwünsche garantierte, die über das Warenangebot aus mehr als 200 Einzelabteilungen hinausgingen. Dem Exzentriker einen lebenden Elefanten zu besorgen, wäre allenfalls ein Zeitproblem. Harrods ❸❸ steht noch immer für große Auswahl, hohe Qualität und entsprechende Preise. Aber es ist doch nur eine kleine Facette der Einkaufswelt Londons, dieser ebenso ehrwürdigen wie schillernden, lebenssprühenden und aufregenden Stadt.

Wer sich die unermeßliche Vielfalt an Kaufbarem aus den Quellen eines einstigen Kolonialreiches erschließen will, wen Mode und Flitter, Kunst, Antiquitäten und alles Ausgefallene interessieren, dem bietet London unvergleichliche Jagdgründe. Die fangen an in der Oxford Street ❷❸ im Herzen der Stadt. Nur Taxis und Busse dürfen in die neuerdings verkehrsberuhigte Zone einfahren, und so ist es bestimmt keine schlechte Idee, sich das Nebeneinander von traditionsreichen Kaufhäusern, Boutiquen, Schuh- und Schmuckläden, Obstständen und Einkehrmöglichkeiten zuerst einmal aus der bequemen Perspektive eines roten Londoner Busses zu erschließen. Aussteigen kann man an jedem Halt, an jeder Ampel, ganz wie man es braucht; auf der offenen hinteren Plattform wacht der Schaffner über die Fahrgäste und deren Sicherheit. In der Oxford Street herumzustöbern lohnt sich allemal, denn es gibt sicher wenige Geschäftsstraßen, in denen ein so heftiger Preiskrieg zwischen allen Branchen herrscht.

In die Anfänge des vorigen Jahrhunderts reicht die Markttradition der Portobello Road zurück. Besonders an Samstagen sind zahlreiche Antiquitätenjäger unterwegs.

Gediegen Britisches bieten die Geschäfte an der Regent Street: konservative Mode, edles Porzellan, Kaschmirwolle und Tuche weltbekannter Hersteller.

Darüber hinaus ist die Oxford Street ein idealer Ausgangsort für andere Einkaufsgegenden wie die Regent Street, deren geschlossene Häuserfassaden in elegantem Bogen den Oxford Circus mit dem Piccadilly Circus (24) verbinden. Es gibt gediegen Britisches: Porzellan, Kaschmir, Tuche und wetterfeste Kleidung weltberühmter Hersteller. Dort ist Hamleys, einer der größten Spielwarenläden, die man sich vorstellen kann, und das im Tudor-Stil erbaute, höchst sehenswerte Kaufhaus Liberty. Hinter diesem wiederum liegt die Carnaby Street – einst Nabel des »Swinging London« der 60er Jahre – ein Tor zum immer noch etwas verruchten Soho, einem außerordentlich lebendigen Gemisch aus kleinen Läden, Kneipen, Gemüsemärkten und, natürlich, Chinatown mit seinen Läden und Restaurants.

Wer es teuer und edel mag, wird sich in der Bond Street umsehen, jener einstigen Heimstätte der Regency Dandies. Wer ihr von der Oxford Street bis zur eleganten Burlington Arcade und von dort nach Piccadilly folgt, Designer-Mode, Juwelen und Kunstgegenstände in stilvoll gestalteten Auslagen betrachtend, der wird einen Nord-Süd-Anstieg des Preisniveaus bemerken. Von Gerade-noch-erschwinglich bis Der-Preis-spielt-keine-Rolle reicht die Skala. Aber auch das Betrachten der Schaufenster lohnt sich. Oder das Beobachten des immerwährenden Kampfes der Chauffeure teuerster Nobelkarossen mit den viel zu kleinen Parklücken, natürlich unter besonderer Berücksichtigung der ausgedehnten Shopping-Gewohnheiten ihrer Arbeitgeber(innen).

Auch das Auktionshaus Sotheby's in der New Bond Street ist einen Besuch wert. Neben den interessanten Ausstellungen der zur Versteigerung gehenden Kunstschätze kann man sich in einem kleinen Restaurant von den Einkaufsstrapazen erholen. Ein klein wenig weiter tritt man in das Reich der Hoflieferanten ein: Fortnum & Mason, der Königin höchstpersönlicher Kolonialwarenlieferant, ist nur eines der gediegenen Häuser in Piccadilly, die ihre »Royal Warrants« – ihre königlichen Auszeichnungen – mit Stolz zur Schau tragen. Und das gilt auch für viele Läden in der Jermyn Street ein paar Schritte weiter südlich, die dem Königshaus und der Creme des Adels über Jahrhunderte höchste Qualität offeriert haben. Die handwerkliche Kunst ihrer Schneider und Schuhmacher hat noch immer ein so hohes Niveau, daß man sagt, ein handgefertigter Schuh aus der Jermyn Street sei eine Anschaffung fürs Leben.

Weniger Generationenüberdauerndes gibt es in Covent Garden (10), jenem Gewirr kleiner Straßen östlich von Soho. Die Vielfalt oft sehr spezialisierter Läden, ausgefallener Mode junger Designer, die Straßenkomödianten, kleinen Märkte, Pubs und Restaurants machen dem weniger Eiligen das Einkaufen zum Erlebnis. Und beim Bummel durch die attraktive Halle des ehemaligen zentralen Gemüse- und Blumenmarktes, die heute viele Läden beherbergt, begegnet man gelegentlich noch Eliza Doolittle: »My Fair Lady« verkauft Blumensträußchen. Doch das Bunteste und Vergnüglichste sind die Londoner Straßenmärkte. Sie beschreiben zu wollen wäre vermessen, man muß sie sich selbst erschließen: Der New Caledonian Market, die Portobello Road mit ihren Antiquitäten und ihrem Krimskrams aller Art oder der seiner Größe wegen schier nicht zu bewältigende Camden Market sind nur ein Einstieg in das Reich des Gebraucht-Schönen, des Skurrilen und des absolut verrückten Plunders.

Sotheby's in der New Bond Street ist eines der ehrwürdigen Auktionshäuser in London, die den Kunst- und Antiquitätenhandel seit Generationen weltweit maßgeblich mitbestimmen.

Avantgarde und Tradition

Museumslandschaft und Theaterszene

Luftsprünge im Royal Opera House – einem Dorado für Freunde von Gesang und Tanz. Opern werden meistens in der Originalsprache gesungen.

Ganz früher war es lange Zeit London und dann ganz sicher Paris. Eine Zeitlang waren es Berlin und New York, doch jetzt sagen viele, der Ruhm einer Welthauptstadt der Kunst und Kultur gebühre längst wieder London: Nirgends schlage das Herz der Musik und Malerei, der Bühne und Schriftstellerei so heftig wie hier. Die britische Bühnenwelt behauptet von sich, witzig und photogen, ein bißchen theatralisch und nicht sehr intellektuell, aber dafür leicht verständlich, bürgernah und überaus erfreulich zu sein. Da ist viel Wahres dran: Nörgler sagen, sie sei von ihrem einst hohen Niveau ins allzu Triviale heruntergestiegen. Bewunderer meinen hingegen, die Kunst sei dem Volk nahegerückt, und der lange Weg von Shakespeare zu Andrew Lloyd Webber tue ihr gut. Jedenfalls kann man in London vom anspruchsvollen klassischen Drama bis zum perfekt dargebotenen Musical alles finden, was man sich wünscht.

Shakespeares Dramen über frühere Könige lassen sich am besten im Betonpalast des Barbican ⑳ bewundern, wo die Royal Shakespeare Company spielt, oder in einer der Klassiker-Aufführungen des National Theatre an der South Bank. Doch zum Verständnis sind gute Englischkenntnisse vonnöten. Die benötigt nicht, wer eines der Musicals im Westend rund um Covent Garden ⑩ und Soho besuchen will: »Cats«, »Phantom of the Opera« oder »Miss Saigon« sind Kassenfüller für viele Jahre – fast so unsterblich wie die weit anspruchsloser ausgestattete Kriminalposse »Mousetrap« von Agatha Christie. Diese Mausefalle schnappt ununterbrochen seit 1952 zu. Ein Eldorado für geistreiches Komödiantentum sind die kleineren Theater zwischen Piccadilly, Shaftesbury Avenue und Soho seit jeher gewesen.

Etwas Besonderes bietet London seit Herbst 1996: Unweit des ursprünglichen Standorts südlich der London Bridge wurde für viel Geld das mittelalterliche Globe-Theatre ⑭ nachgebaut, an dem Shakespeare Besitzanteile hatte und wo er einen Teil seiner Stücke uraufführen ließ. Man steht, sitzt und schwatzt dort im dreistöckigen Rondell rund um die Bühne. Doch auch drei der berühmtesten Orchester Europas und zwei große Opernhäuser – das Royal Opera House und die English Opera – sind in London beheimatet. Es ist übrigens ein Mythos, Londons Kulturleben sei so erfolgreich, daß bessere Vorstellungen immer ausverkauft wären: Karten sind meistens zu haben. Sie sind nur nicht billig.

Ursprung der zahlreichen erstklassigen Museen war wohl, daß London im 18. und 19. Jahrhundert die bei weitem reichste Stadt der Welt war. Nach

Das Victoria and Albert Museum beherbergt eine der bedeutendsten Kunst- und Kunsthandwerkssammlungen der Welt, darunter nicht zuletzt eine einzigartige Skulpturen-Kollektion.

der Brandkatastrophe von 1666, die in der City fast kein Haus unzerstört gelassen hatte, haben sich reiche Kaufleute im Westend, rund um die königlichen Paläste am Hyde Park und entlang der Themse bis nach Richmond hinauf ihre eigenen klassizistischen Residenzen gebaut und als Mäzene gewirkt. In der Vielfalt der inzwischen über 300 Londoner Museen spiegelt sich der Wohlstand und die Macht des weltumspannenden Empires. »Forscher« und Kolonialherren plünderten nach Kräften die neuen Landstriche aus, die sie entdeckt und dem Königtum einverleibt hatten, und sich zum Ruhm brachten sie nach Hause, was sie gefunden hatten. So ist eine Fülle von Sammelstätten entstanden, die vom schlicht Fremdartigen und Skurrilen über die Welt exotischer Pflanzen in Glashäusern und Parks bis hin zu unermeßlichen Kunstschätzen reicht, die damals in aller Welt zusammengekauft und -geraubt wurden.

Andrew Lloyd Webber und seinen Kollegen – wie Michael Gore, dem Komponisten von »Fame« – ist es gelungen, das Londoner Westend neben dem Broadway zum Weltzentrum des Musicals zu machen.

Viele dieser privaten Mäzene haben ihren Kunstbesitz zu niedrigen Preisen oder gar umsonst der Bevölkerung zur Verfügung gestellt: Aus solchen Stiftungen entstanden im 18. und 19. Jahrhundert das British Museum 22 mit seinem unerschöpflichen archäologischen Reichtum an ägyptischen, babylonischen, assyrischen und griechischen Schätzen. Ferner die großen Gemäldesammlungen der National Gallery 7, der benachbarten National Portrait Gallery und der Tate Gallery 3, in denen die Malerei Europas und Großbritanniens vom 13. Jahrhundert bis zur Gegenwart bewundert werden kann. Nach der Weltausstellung in London fügte Königin Victoria 1851 das Victoria and Albert Museum 32 hinzu: Sie ließ die Exponate erwerben und kostenlos ausstellen, »zur Bildung des Volkes«. In den meisten staatlichen Museen ist das bis heute so geblieben.

Um so teurer ist es, andere Kultureinrichtungen zu sehen: Die Besichtigung der königlichen Schlösser und Burgen belastet das Besucherbudget erheblich, und sogar im einst so vorbildlichen Victoria and Albert Museum wird neuerdings um einen Beitrag von 4,50 Pfund gebeten. Die Regierung und die Familie Windsor haben damit Wegmarken gesetzt, an denen sich die Privaten – und das sind viele in London – und die Kommunen ausrichten können.

Sehenswert sind aber die meisten der Museen. Ein Highlight: das Museum von London 20 in der City – dieses 1986 eröffnete Haus bringt mit faszinierenden Details die Stadtgeschichte von der Römerzeit bis zur Nachkriegszeit nahe, wobei unbestrittener Höhepunkt das lebensnahe Modell des verheerenden Stadtbrands von 1666 ist, von dem sich die City bis heute nicht mehr richtig erholt hat. Und ein wichtiger Zweig der Unterhaltungsbranche wird im MOMI (Museum of the Moving Image) 9 gezeigt: Film- und Fernsehgeschichte von den Anfängen bis zur Gegenwart kann in zahlreichen Experimenten miterlebt werden.

MOMI, das »Museum des bewegten Bildes«, bietet neben spezifischen Themen-Ausstellungen einen faszinierenden Gang durch hundert Jahre Filmgeschichte.

Kartenvorverkauf

Theaterkarten bekommt man am bequemsten in den großen Hotels oder über Londoner Agenturen, allerdings für einen ordentlichen Aufpreis. Den kann sich sparen, wer die Vorverkaufskassen der Theater schon von Deutschland aus anruft oder morgens ab zehn Uhr selber dort hingeht. Selbst bei ausverkauften Stücken gibt es oft zurückgegebene Tickets an der Abendkasse, allerdings muß man dort Schlange stehen. Ein Tip: Kaufen Sie nicht bei Schleppern vor dem Theater, die verlangen Phantasiepreise.

Dichtung und Wahrheit

Oliver Twist, Sherlock Holmes und andere Berühmtheiten

Winklige Gassen, Elendsmilieu, Nebel: Das London des 19. Jh. lieferte reichlichen Nährboden für die Phantasie von Kriminalschriftstellern. Sir Arthur Conan Doyles genialer Sherlock Holmes – hier mit seinem Freund Doktor Watson – ist der berühmteste all jener Detektive, deren Kampf gegen das Verbrechen uns noch heute fasziniert.

Arme reiche Metropole: Im vorigen Jahrhundert war London mit seinen erdumspannenden Handelsbeziehungen die größte, die reichste – und doch in weiten Teilen auch die ärmste und am schlimmsten notleidende Stadt auf der Welt: Während im Westend, in Kensington und Mayfair Adelspaläste und Residenzen reicher Kaufmannsfamilien aus dem Boden schossen, ließen sich Millionen von Besitzlosen in der Hoffnung auf Arbeit an den östlichen Stadtrand rund um den Werftenbezirk der Docklands locken. Heute jedoch sind die meisten der einst berüchtigten Elendsquartiere verschwunden: zu Trümmern zerschlagen von den Bomben des Zweiten Weltkrieges, abgerissen zugunsten neuer Bürotürme, verdrängt von den Wohnbedürfnissen wohlhabender Angestellter und Börsianer.

Londons Glanz und Elend, sein brodelndes Leben war stets Thema der Poeten und Literaten: Schon im 8. Jahrhundert beschrieb der angelsächsische Mönch Beda Venerabilis die Siedlung an der Themse als einen »Markt vieler Nationen, die über Land und zur See hierher kamen«. Im 14. Jahrhundert hat Geoffrey Chaucer in seinen »Canterbury Tales« das lustige Leben in London geschildert, und bis heute mehren Romanciers den literarischen Ruhm der britischen Hauptstadt. Doch Londons Elend, Londons Not und Londons Pein hat keiner so wirklichkeitsnah dargestellt wie der 1812 geborene Charles Dickens: Sein Vater saß eine Zeitlang im Schuldgefängnis, er selbst mußte sich schon mit zwölf Jahren in einer Schuhfabrik als Ledereinfärber verdingen, und seit er mit 18 als Reporter für Zeitungen und Zeitschriften zu arbeiten begann, durchwanderte er ruhelos gerade die abgelegenen und armseligen Gassen.

Das London, das er schilderte, war ein bedrohlicher, übelriechender und finsterer Ort, in dem Menschen ausgebeutet werden konnten und die Grenze zwischen Ehrbarkeit und Kriminalität oft nicht mehr klar war; wo sich allerlei Gesindel herumtrieb und wo man in den Gassen gelegentlich nicht nur tote Tierkörper fand. »Auf den Straßen«, so schrieb er, »liegt so viel Schlamm, als seien Wasser und Erde erst gerade eben getrennt worden.« Viele seiner Geschichten veröffentlichte er zunächst als Fortsetzungsromane, »damit sie auch jene lesen, die sich das Geld für ein Buch nicht leisten können«. Doch »Oliver Twist« und all seine anderen Gestalten weckten selbst im fernen Amerika so große Anteilnahme, daß Menschen zum New Yorker Hafen pilgerten, wenn ein britisches Einwandererschiff ankam – nur um zu fragen, ob die in der letzten Fortsetzungsfolge vom Tod bedrohte Little Nell denn noch lebte: So viel Mitleid mit den Armen konnte der Dichter erzeugen. Wer Charles Dickens nachgehen will, der kann sein kleines Museum ㉑ mit Briefen und Bildern, Möbeln und

Charles Dickens schilderte Armut und Not der Menschen lebensnah: Fast täglich wanderte er durch die Stadt. In seinem Haus in der Doughty Street wurde ihm ein kleines Museum gewidmet.

Erstausgaben durchstöbern – der ungemein produktive Dichter hat dort von 1837 bis 1839 drei seiner fruchtbarsten Schaffensjahre verbracht.

Dank seiner vielen Kriminalschriftsteller wurde London eine Art Welthauptstadt des literarischen Verbrechens. Im Haus zwischen den Nummern 237 und 239 steht in der Baker Street das Haus mit der legendären Adresse »Baker Street 221 B«. An dem fiktiven Ort der rastlosen Tätigkeit des von Sir Arthur Conan Doyle erfundenen Sherlock Holmes kann man sich von der »Haushälterin« des Superdetektivs empfangen und durch »seine« Wohnung im ersten Stock geleiten lassen. In der Northumberland Avenue erinnert – in der Nähe der früheren Gebäude von Scotland Yard – ein Pub (mit einem Gedenkzimmer im ersten Stock) an den berühmten Detektiv. Auch der in Greenwich geborene Schriftsteller Edgar Wallace prägte in seinen Kriminalromanen das Bild vom finsteren, nebligen London, in dem man sich abends besser nicht alleine auf die Straßen traute.

Über den vielleicht größten aller Dichter wissen wir nur wenig. Shakespeares berühmtes Theater, das Globe, ist jüngst als Rekonstruktion am Themse-Ufer wiedererstanden.

Wer es ehrfürchtig liebt, der besuche Poets' Corner in der Westminster Abbey ❷ – dort liegen neben Geoffrey Chaucer, William Shakespeare, Jane Austen, Charles Dickens und T. S. Eliot viele andere berühmte britische Dichter begraben.

Man kann London und seine bunte Vergangenheit aber natürlich auch gruseliger genießen: Im London Dungeon in der Tooley Street wurde ein mittelalterliches Gefängnis mit all seinen Grausamkeiten, seinen Folterinstrumenten und seinem einfallsreichen Hinrichtungsinventar wieder aufgebaut. Oder man kann sich unter Anleitung eines Führers zur nächtlichen Wanderung durch Whitechapel auf die Spuren Jack the Rippers begeben, der zwischen August und November 1888 fünf Prostituierte vom Leben zum Tod gebracht hat und niemals gefaßt wurde. Die vollständigste Sammlung der Grausamkeiten und Skurrilitäten aus der Londoner Geschichte findet sich indes bei Madame Tussaud's ㉗. In der »Chamber of Horrors« wird es richtig aufregend: Dort sind die berüchtigtsten Gangster Londons samt ihren beklagenswerten Opfern versammelt, und die blutrünstigen Details ihrer Hinrichtung überlassen der Phantasie wenig Spielraum – sofern die Täter erwischt wurden. Außerdem gibt es auch Folterszenen und Hinrichtungen aus der Geschichte bis zurück in die Zeit der Französischen Revolution. Natürlich sind in dem Wachsfigurenkabinett aber nicht nur Grausamkeiten zu sehen: In der Grand Hall darf man sich neben Helmut Kohl stellen oder kann seine Freunde rund um die britische Königsfamilie versammeln. Auch Sportler und Popstars von Boris Becker über die Beatles bis zu Michael Jackson sind vertreten – leider ist die Ähnlichkeit zu den lebenden Vorbildern nicht immer überzeugend getroffen.

Ein Mörder geistert durch Whitechapel: Jack the Ripper in einer Karikatur der Zeitschrift »Punch«.

Auf einen Blick

London entdecken und erleben

Neben den üblichen Busrundfahrten gibt es in London organisierte Stadtspaziergänge, die bestimmten Themen gewidmet sind: So kann die 6,5-Millionen-Einwohner-Stadt auf den Spuren von Sherlock Holmes oder Jack the Ripper, den Beatles oder Shakespeare entdeckt werden. Oder man begibt sich auf Tour durch die schönsten Pubs.

Stadtführungen bieten unter anderem an: The Original London Walks ☎ 01 71/6 24 39 78; London Pub Walks ☎ 01 81/8 83 26 56.

Ohne Lärm und Hektik: Hampstead, der ländliche Nobelvorort mit Parklandschaft.

1. Houses of Parliament
2. Westminster Abbey
3. Tate Gallery
4. Buckingham Palace
5. Downing Street
6. Horse Guard
7. National Gallery
8. Trafalgar Square
9. Museum of the Moving Image (MOMI)
10. Covent Garden
11. Temple
12. Old Bailey
13. St. Paul's Cathedral
14. Globe Theatre and Museum
15. Southwark Cathedral
16. Tower Bridge
17. Tower of London
18. All Hallows by the Tower
19. Bank of England
20. Barbican Centre mit London Museum
21. The Dickens House Museum
22. British Museum
23. Oxford Street
24. Piccadilly Circus
25. Wallace Collection
26. Sherlock Holmes Museum
27. Madame Tussaud's
28. Kensington Gardens
29. Royal Albert Hall
30. Natural History Museum
31. Science Museum
32. Victoria & Albert Museum
33. Harrods

Wer Madame Tussaud's, das berühmte Wachsfigurenkabinett, ohne langes Schlangestehen besuchen will, sollte sich sein Ticket vom Reisebüro besorgen lassen.

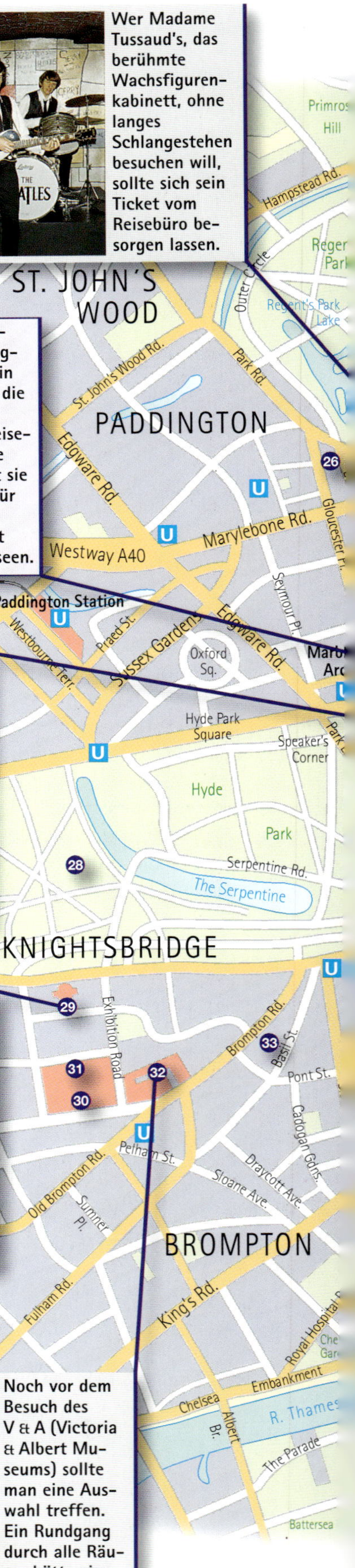

Das größte Informationscenter ist am Bahnhofsvorplatz der Victoria Station, eine Zweigstelle befindet sich im Kaufhaus Selfridges in der Oxford Street. In »Victoria« erhält man die White Card für den ermäßigten Eintritt in Museen. Es empfiehlt sich aber noch vor Reiseantritt in einem Reisebüro im Heimatort die Visitors Travelcard zu erwerben. Man erhält sie nur außerhalb Großbritanniens. Sie bietet für 3–7 Tage unbeschränkte Fahrten mit allen öffentlichen Verkehrsmitteln verbunden mit Gutscheinen für ermäßigten Eintritt in Museen.

Piccadilly Circus, beliebter Treffpunkt inmitten von Verkehrslärm und Leuchtreklame und Ausgangspunkt zu den Einkaufs- und Amüsiervierteln.

In der riesigen Royal Albert Hall sind die alljährlich im Sommer veranstalteten Promenadenkonzerte (Proms) ein beliebtes und erschwingliches Spektakel.

Noch vor dem Besuch des V & A (Victoria & Albert Museums) sollte man eine Auswahl treffen. Ein Rundgang durch alle Räume hätte eine Länge von ca. 11 km.

Die National Gallery am Trafalgar Square ist eine der bedeutendsten Gemäldesammlungen westeuropäischer Kunst.

St. Paul's Cathedral beeindruckt durch ihren goldschimmernden Innenraum. Auf der Whispering Gallery hört man ein geflüstertes Wort noch in 30 m Entfernung.

Solange die Raben im Tower of London leben, wird er bestehen bleiben. Daher füttert und pflegt der »Ravenmaster« in seiner roten Uniform aus dem 16. Jh. die Tiere.

Das MOMI (Museum of the Moving Image) ist das weltgrößte Film- und Fernsehmuseum. Die Präsentation ist faszinierend. Der Besucher kann viel selbst ausprobieren.

Der Big Ben ist ein Wahrzeichen der Stadt. Seit 1858 schlägt im 96 m hohen Uhrturm der Houses of Parliament die 13 t schwere Glocke die volle Stunde.

Vor dem Buckingham Palace findet täglich (April – Juni) um 11.30 Uhr die Wachablösung statt (August – März alle zwei Tage).

Was – wann – wo?

Shopping oder Wahl ohne Qual

Entdeckungsreisen in die Welt der Londoner Geschäfte machen nach etwas Vorplanung noch mehr Spaß, als sie es ohnehin schon tun. Der Hilfen gibt es viele, denn nicht nur Touristen, auch Alteingesessene brauchen gelegentlich einen Leitfaden durchs Labyrinth der großen Stadt.

- **London Shopping Newsline.** Gehört zum Besucherservice des London Tourist Board (☎ 08 39/12 34 86). Die dort erhältlichen Informationen sind immer auf dem neuesten Stand. Sie geben unter anderem Auskunft über besondere Verkaufsereignisse und Ausverkäufe.

A London Market

- **Time Out.** Wöchentlicher Londonführer, der an jedem Kiosk erhältlich ist. Gibt Tips auf den Seiten »Shoptalk«.
- **The London Market Guide.** Von mehreren Märkte-Führern ist diese kleine Broschüre die übersichtlichste und informativste. Man bekommt sie in den Läden der allgegenwärtigen Buchhandlungskette W. H. Smith.
- **Tailor-made Tours.** Wem es nicht aufs Geld ankommt, der wende sich an dieses auf historische Shopping-Touren spezialisiertes Unternehmen (☎ 01 81/5 46 35 97, Fax 01 81/5 46 02 00).

Notting Hill Carnival

Dabeisein macht Spaß

Nebel? Keine Spur! Dieses Wettervorurteil kann man getrost zu Hause lassen. Nicht aber den Schirm. Denn viele der beliebtesten Veranstaltungen von Frühling bis Herbst finden im Freien statt, auch wenn es regnet:

- **Bootsrennen Oxford gegen Cambridge** (University Boat Race). Das Rennen lockt Zehntausende von Zuschauern an die Themse zwischen Putney und Mortlake. Samstag vor Ostern.
- **Trooping the Colour.** Die Königin nimmt die Parade ihrer Garderegimenter auf dem Exerzierplatz der Horse Guards ab. Zweiter Samstag im Juni.
- **Wimbledon Lawn Tennis Championship.** Wer für das zweiwöchige Turnier im voraus keine Karten bekommt, kann am Nachmittag um zurückgegebene Tagestickets anstehen. Wimbledon. Ende Juni.
- **Henry Wood Promenade Concerts (Proms).** Reiches Programm klassischer und moderner Musik zu erschwinglichen Preisen in der Royal Albert Hall. Ende Juli bis September.
- **Notting Hill Carnival.** Bunter, ausgelassener Karneval der karibischen Bevölkerungsgruppe. Notting Hill Gate (U-Bahn). Feiertagswochenende (Bank Holiday) Ende August.
- **Lord Mayor's Show.** Prunkvoller Festzug zur Amtseinführung des neuen Oberbürgermeisters der City. Zweiter Samstag im November.

Portobello Hotel

Angenehme Ruhe

Der Ruf der Schäbigkeit, der den Londoner Hotels – besonders denen der mittleren und unteren Preiskategorien – vorauseilt, bestätigt sich immer wieder. Und andere Häuser sind wiederum zu teuer für das, was geboten wird. Doch viele Ausnahmen bestätigen diese Regel; hier sind einige davon:

- **Forty-seven Park Street.** Neben höchst luxuriösen Suiten beherbergt dieses Hotel das weitgerühmte Restaurant Le Gavroche. 47 Park Street, W1Y 4EB. ☎ 01 71/4 91 72 82, Fax 01 71/4 91 72 81.
- **Athenaeum.** Persönliche Atmosphäre, komfortable Zimmer, angenehme Gesellschaftsräume. 116 Piccadilly, W1V 0BJ. ☎ 01 71/4 99 34 64, Fax 01 71/4 93 18 60.
- **Stakis London St. Ermins.** Sehr gepflegtes, spätviktorianisches Haus in direkter Nähe von Westminster und Victoria-Bahnhof. Caxton Street, SW1H 0QW. ☎ 01 71/2 22 78 88, Fax 01 71/2 22 69 14.
- **Hazlitt's.** In drei Häusern aus dem 18. Jahrhundert (eines davon war einst die Heimstatt des Kritikers und Essayisten William Hazlitt) ist dieses herrlich altmodische Hotel eingerichtet. 6 Frith Street, W1V 5TZ. ☎ 01 71/4 34 17 71, Fax 01 71/4 39 15 24.
- **Portobello.** Exzentrisches Hotel im viktorianisch-gotischen und edwardianischen Stil nahe der Portobello Road. 22 Stanley Gardens, W11 2NG. ☎ 01 71/7 27 27 77, Fax 01 71/7 92 96 41.
- **Hotel 167.** Einfach, hübsch und rundherum angenehm. 167 Old Brompton Road, SW5 0AN. ☎ 01 71/3 73 32 21, Fax 01 71/3 73 33 60.
- **Edward Lear.** Schlichte, saubere Pension nahe der Oxford Street mit vielen Erinnerungen an den Humoristen Lear. 28–30 Seymor Street, W1H 5WD. ☎ 01 71/4 02 54 01, Fax 01 71/7 06 37 66.

Verschiedene Biersorten

Pubs und Inns mit Tradition

Pubs (Public Houses) und Inns gehören zu den erfreulichsten Einrichtungen der britischen Inseln. Früher waren sie Gasthäuser, Raststationen für Mensch und Pferd an Kutschenlinien, in denen die Reisenden essen, trinken, schlafen und Neuigkeiten austauschen konnten. Nirgendwo geht es so laut und fröhlich zu, nirgendwo sind die gesellschaftlichen Grenzen so verwischt wie an der Bar bei Ale und Lager. Jeder Pub hat seinen eigenen Reiz, und viele tragen die Patina einer langen Geschichte.

- **Fitzroy Tavern.** Künstler- und Schriftstellertreff. 16 Charlotte Street.
- **Salisbury.** Ein guter Platz, den Abend in Covent Garden ausklingen zu lassen. 90 St. Martin´s Lane.
- **French House.** Treffpunkt der französischen Résistance während des Zweiten Weltkriegs. Die Kopie einer von Charles de Gaulle hier verfaßten Rede und viele Fotos erinnern daran. 49 Dean Street.
- **Ten Bells.** Ganz in der Nähe dieser alten Kneipe wurde ein Opfer Jack the Rippers gefunden. Zeitungsberichte seiner Untaten bedecken die gekachelten Wände. 84 Commercial Street.
- **Lamb and Flag.** Hat eine lange Tradition als Ale-House. 33 Rose Street.
- **Spaniards Inn.** Hier soll der Straßenräuber Dick Turpin im 18. Jahrhundert seine Raubzüge begossen haben. Spaniards Road.
- **George Inn.** Einzige erhaltene Postkutschenstation aus dem 17. Jahrhundert. Im Innenhof, der von einer Galerie umgeben ist, wird gelegentlich Theater gespielt. 77 Borough Street.
- **Sherlock Holmes.** Viele Gegenstände – wie der ausgestopfte »Hund von Baskerville« über dem Kamin – erinnern an den Namensgeber. 10 Northumberland Avenue.

Schlafengehen kommt später

Ja, es gibt ein Nachtleben, auch dann, wenn die Pubs längst geschlossen haben! Natürlich kann man sich in London die Nacht um die Ohren schlagen und mit den Füchsen und Igeln nach Hause gehen, die des Nachts die Mülltüten der Innenstadt entsorgen. Was im Augenblick absolut »in« ist, steht in Londons wöchentlichem Veranstaltungsführer »Time Out«. Aber Dauerbrenner gibt es auch:

- **Stringfellows** steht ganz oben auf der Hitliste touristischer Nachteulen, die es in die Disko treibt. 16 Upper St. Martin´s.
- **Hippodrome.** Behauptet stolz von sich, die größte Diskothek der Welt zu sein, was wahrscheinlich nur ein ganz klein wenig übertrieben ist. Cranbourn Street.
- **Heaven.** Eine der ersten Adressen für house music aus gigantischen Hifi-Anlagen im Laserlicht. Die Tanzfläche ist gewaltig, und die Warteschlangen vor der Tür sind lang. Villiers Street.
- **Café de Paris.** Hier kann man sich bis in die Morgenstunden in Standard-Tänzen üben. 3 Coventry Street.

Gut drauf

- **Forum** bietet klassischen Soul, Funk und Rhythm and Blues. 9–17 Highgate Road.
- **Ministry of Sound** lockt mit »house & garage« und Techno. 103 Gaunt Street.
- **Club Copa** ist ebenso wie **Gardening Club** (4 The Piazza, Covent Garden) ein klassischer Treffpunkt für Gays. 180 Earl's Court Road.

Kulinarische Spezialitäten aus aller Welt

Die Angehörigen von über 50 Nationen haben die kulinarischen Genüsse ihrer Heimat nach London mitgebracht, so daß man sich ohne Mühe durch die Speisekarten der Welt essen kann.

Le Gavroche

- **Bombay Brasserie** gilt als eines der besten indischen Restaurants außerhalb Asiens. Courtfield Close, Courtfield Road.
- **Le Gavroche.** Haute Cuisine der berühmten Brüder Roux in dezent vornehmem Ambiente. 43 Upper Brook Street.
- **Rules.** Londons ältestes noch bewirtschaftetes Restaurant. Wildspezialitäten nach traditionellen englischen Rezepten stehen auf der Speisekarte. 35 Maiden Lane.
- **Quaglino´s** ist modern-britisch und so gefragt, daß man am besten rechtzeitig einen Tisch bestellt. 16 Bury Street.
- **Belgo Centraal.** Recht weltzugewandte Pseudo-Trappistenmönche servieren im spartanisch möblierten Gewölbekeller belgische Spezialitäten. 50 Earlham Street.
- **Poons.** Eines der besten und preiswertesten chinesischen Restaurants Londons, am Rande von Chinatown in Soho. 4 Leicester Street.
- **Wagamama.** Unerhört beliebtes japanisches Nudelrestaurant. Bis man von immer fröhlichen Bedienungen an lange Tische geleitet wird, heißt es Schlangestehen. 4 Streatham Street und 10A Lexington Street.

Luxemburg

Kleine Weltstadt

Klein, aber fein sei sie, sagen die Luxemburger selbstironisch und doch auch ein bißchen stolz von ihrer Hauptstadt. Tatsächlich verbindet diese Perle im Dreiländereck zwischen Frankreich, Belgien und Deutschland den Charme einer idyllischen Kleinstadt mit der Internationalität ihrer Bewohner, vereint stolze Eigenständigkeit mit Weltoffenheit, die Überschaubarkeit der lokalen politischen Szene mit der tragenden europäischen Rolle. Auch im kleinen Großherzogtum, das – wie manche meinen – aus nicht viel mehr besteht als seiner gleichnamigen Hauptstadt, gibt es den Gegensatz von Provinz und Metropole – »en miniature«. Allerdings lebt fast ein Viertel der Bevölkerung in der Hauptstadt. Banken, Versicherungen und Holdinggesellschaften sind die wichtigsten Arbeitgeber. Neben dem Geldgeschäft und dem Tourismus sind auch die europäischen Institutionen ein entscheidender Wirtschaftsfaktor geworden. Die kleine Weltstadt mit nicht einmal 100 000 Einwohnern wurde schon 1952, noch vor Straßburg und Brüssel, zur Europastadt.

Einzigartig ist die Lage der Stadt: Sie erhebt sich auf einem Felsplateau über den tief eingeschnittenen Tälern von Alzette und Pétrusse, die von imposanten Brücken und Viadukten überspannt werden.

Felsenfest im grünen Herzen

Festung und Altstadt

Die Reste der im 10. Jahrhundert errichteten Lützelburg sind ein beliebtes Ausflugsziel. Hier auf dem Bockfelsen stand die Wiege der Stadt, der Grafschaft und der Dynastie der Luxemburger.

Daß sich die Gründerväter der Europäischen Union schon 1952 ausgerechnet für das kleine Luxemburg als Sitz der Europäischen Gemeinschaft für Kohle und Stahl (Montanunion) entschieden haben, war kein Zufall. Dafür sprachen nicht nur die geographische Lage, sondern auch die vielfältigen kulturellen und dynamischen Bindungen Luxemburgs an Deutschland, Frankreich, Belgien und die Niederlande. Die Bewohner der Stadt, an der sich seit dem Mittelalter die großen Verkehrswege kreuzen, waren stets in mehreren Kulturen zu Hause. Einmal war man dem deutschen Nachbarn im Osten näher, dann wieder mehr nach Westen orientiert. Als wertvolles und heute sehr nützliches Erbe der wechselhaften Geschichte ist den Luxemburgern die Zweisprachigkeit geblieben, die im Wettbewerb um den Sitz der europäischen Institutionen zweifellos ausschlaggebend war.

Tatsächlich wachsen die Luxemburger nicht nur mit zwei, sondern mit drei Sprachen auf: In der Schule lernen sie Deutsch und Französisch, zu Hause reden sie Letzebuergesch (Luxemburgisch), eine moselländische Mundart mit vielen Worteinsprengseln aus dem Französischen. Der schwer zu schreibende Dialekt, den die Saarländer oder Pfälzer auf der anderen Seite der Mosel problemlos verstehen, wurde sogar zur Nationalsprache erhoben. Mehr und mehr wird auch im Rundfunk, im öffentlichen Leben und in den Ämtern Luxemburgisch gesprochen. Die schriftliche Amtssprache in Politik, Justiz und Verwaltung ist dagegen Französisch. Ob es sich nun um die Pâtisserie, um Chaussures oder um das Café de Paris handelt: Auch die Sprache der Geschäftswelt ist Französisch. Das gleiche gilt für öffentliche Hinweistafeln, Verkehrsschilder, Reklameplakate.

Seit einigen Jahren gewinnt das Deutsche wieder an Boden. Nachdem für viele Luxemburger noch lange nach dem Ende des Zweiten Weltkriegs Deutsch die Sprache der Besatzer war, hat sich inzwischen das Verhältnis zu Deutschland und zur deutschen Sprache vor allem bei der jungen Generation normalisiert. Zeitungen erscheinen zu 80 Prozent in deutscher Sprache, viele junge Leute studieren in Deutschland, lesen deutsche Bücher und hören den deutschsprachigen Sender von RTL. Das kleine Land versteht sich wieder als Brücke zwischen der deutschen und der französischen Kultur – eine Rolle, die Luxemburg in der europäischen Geschichte vielfach gespielt hat.

Der moselländische Graf Siegfried, der Stadtgründer, war ein naher Verwandter der deutschen Kaiser und der französischen Könige.

Die in den Fels gehauenen Bock-Kasematten der ehemaligen Festungsanlage boten 50 Kanonen und mehreren hundert Mann Platz.

Seit der Ardenner Graf Siegfried im Jahre 963 den wild zerklüfteten Bockfelsen ⑮ erwarb und dort die Lützelburg errichtete, war das Tal der Alzette und der leicht zu verteidigende Felsen, auf dem die Stadt Luxemburg entstand, eine Art »Scharnier« zwischen den europäischen Mächten. Das Luxemburger Grafenhaus stellte zeitweise den deutschen Kaiser. Burgunder, Österreicher, Spanier, Franzosen und Niederländer wechselten als Besitzer der strategisch wichtigen Festung, die im Laufe der Jahrhunderte immer gigantischere Ausmaße annahm. »Wer Luxemburg nicht gesehen hat, wird sich keine Vorstellung von diesem an- und übereinander gefügten Kriegsgebäude machen«, schrieb Goethe im Oktober 1792, als er sich im Gefolge des Herzogs Karl August von Sachsen-Weimar auf dem Rückzug vor den französischen Revolutionstruppen in Luxemburg von den Strapazen des gescheiterten Feldzugs erholte. 100 Jahre später umfaßte die Festungsanlage mehr als 180 Hektar. Die Stadt selbst war deutlich kleiner. Luxemburg hatte sich zu einem Festungsfelsen entwickelt, zu einem »Gibraltar des Nordens«, von Kasematten – kilometerlangen unterirdischen Gängen und Pulvermagazinen – ausgehöhlt.

Wer heute die Altstadt vom Paradeplatz, der Place d'Armes ⑩, bis zur St.-Michael-Kirche ④ am anderen Ende durchquert, der wird in den engen Gassen im Schatten der Patrizierhäuser eher an die friedliche biedermeierliche Idylle eines Carl Spitzweg erinnert als an kriegerische Festungszeiten. Der einzige Soldat, den der Besucher zu Gesicht bekommt, ist der Wachposten vor dem Großherzoglichen Palais ①. Erst wenn der Gast die Corniche ⑤, jene eindrucksvolle Wallpromenade entlanggeht, die von den Luxemburgern als »schönster Balkon Europas« bezeichnet wird, stößt er auf die Reste der Befestigungen, die zum größten Teil gegen Ende des 19. Jahrhunderts geschleift wurden.

Der Blick von unten, vom Pétrusse-Tal auf die Bastion Beck und die Heiliggeist-Zitadelle ⑲, läßt die Dimension der alten Mauern und Wälle erkennen, von denen die Altstadt umgeben ist. Auch von den großen Brücken, die von der alten Stadt in die neuen Viertel führen, hat man einen prächtigen Blick auf die ungewöhnlich zerklüftete Stadtanlage: Tiefe Abstiege ins Pétrusse-Tal und ins Tal der Alzette trennen die historische Altstadt und das Bankenviertel im Zentrum von der Ende des 19. Jahrhunderts erbauten Neustadt rund um den Bahnhof und dem Europaviertel auf dem Kirchberg ㉙.

Touristisch attraktiver als diese gesichtslosen neuen Geschäfts- und Büroviertel ist zweifellos der historische Kern der tausendjährigen Stadt. Unter dem Motto »1000 Jahre in 100 Minuten« führt ein kulturhistorischer Rundweg an den interessantesten Festungsbauten vorbei. Von der UNESCO wurden sie 1994 als besonders schützenswerte Anlage zum Weltkulturerbe erklärt. Auch die weitverzweigten Bock-Kasematten unterhalb der Montée de Clausen kann man von März bis Oktober auf einer genau beschriebenen Tour besichtigen.

Der Wehrturm im alten Stadtwappen Luxemburgs weist auf den römischen Ursprung der Siedlung hin.

Das Alzette-Ufer war schon früh besiedelt. In der Unterstadt Grund ließen sich vor allem Handwerker nieder, die das Flußwasser für ihre Arbeit nutzten.

Europastadt und Bankenplatz

Das moderne Luxemburg

Luxemburg mit seinen alten Mauern und Türmen ist nicht nur ein kulturhistorisch interessantes Freilichtmuseum für die Festungsarchitektur früherer Zeiten: Luxemburg lebt. Herz der Altstadt, Treffpunkt für jung und alt, für Einheimische wie Besucher, ist die Place d'Armes ⑩, der Paradeplatz. Im Schatten der Linden sitzen zu jeder Tageszeit Touristen und Passanten an den Café-Tischchen, entspannen sich beim Aperitif und schauen dem Treiben auf dem beliebten Platz zu, der im Sommer zu einer Freiluftbühne für Straßenmusiker, Pflastermaler und Pantomimen wird. Doch das kleinstädtische Idyll geradezu südlicher Gelassenheit täuscht. Wenige Schritte entfernt, am Boulevard Royal, der »Wall Street« Luxemburgs, gehen die Uhren anders. Hier laufen in den Bürohochhäusern der Banken die Drähte des internationalen Finanzgeschäfts zusammen.

Luxemburg ist nämlich nicht nur die Residenzstadt eines kleinen Großherzogtums, nicht nur Europastadt mit Tausenden von Beamten. Die Stadt ist auch einer der wichtigsten Finanzplätze der Welt, der mit Zürich, Frankfurt und London konkurrieren kann. Nicht zuletzt, weil der Fiskus des wohlhabenden Kleinstaats auf die Besteuerung des privaten Anlagekapitals verzichtet, haben viele Deutsche ihre Ersparnisse auf Luxemburger Konten deponiert. Seit Beginn der 70er Jahre haben deshalb alle großen deutschen Banken in Luxemburg ihre Filialen eingerichtet, um ihre Kunden auch über die Grenze hinweg betreuen zu können.

Am europäischen Finanzplatz Luxemburg sind auch alle deutschen Großbanken mit Filialen vertreten – hier der repräsentative Kuppelbau der Deutschen Bank.

Waren Mitte der 50er Jahre noch kaum ein Dutzend Banken in der Stadt zu finden, so sind inzwischen mehr als 220 Finanzinstitute, darunter so gut wie alle internationalen Großbanken, registriert. Die glitzernden Glasfassaden ihrer Hochhäuser am Boulevard Royal oder auf dem Kirchberg ㉙, die Betonburgen der Banken rund um den Altstadtkern prägen heute das Stadtbild wie einst die Türme und Wälle das alte Luxemburg. Zudem haben sich über 6000 Holdinggesellschaften am Finanzplatz Luxemburg niedergelassen, der für sie sehr günstige Bedingungen bietet. Nach dem Niedergang der einst mächtigen Stahlindustrie ist das Finanzgeschäft der entscheidende Motor des Luxemburger Wirtschaftslebens geworden. Während die Bedeutung des produzierenden Gewerbes deutlich abgenommen hat, wurden im Dienstleistungssektor viele neue Arbeitsplätze geschaffen.

Mit Gelassenheit und Selbstsicherheit sehen die Luxemburger der Europäischen Währungsunion entgegen, die zweifellos einige der Rahmenbedingungen des Finanzplatzes Luxemburg verändern wird. Doch von Panik ist in den Chefetagen am Boulevard Royal nichts zu spüren. Letztendlich, so wissen die Luxemburger Banker, wird ihre internationale Erfahrung, ihre Solidität und ihre professionelle Beratung der Privatkunden den Ausschlag geben. Für alle Fälle hat man den Kunden höchste Flexibilität versprochen: Die Konten können schon jetzt in über 20 Währungen geführt werden.

Luxemburg hat schon deshalb überhaupt keinen Grund, auf dem Weg zur Europäischen Währungsunion – die einen entscheidenden Baustein der Integration Europas dar-

Luxemburger Symbolik: die wenigen verbliebenen Altbauten am Boulevard Royal – als Zerrbilder von Bankpalästen reflektiert.

Die Institutionen der Europäischen Union – hier das Hochhaus, in dem der EU-Ministerrat tagt, – haben sich in den 60er Jahren auf dem Kirchberg angesiedelt.

stellt – die Bremse zu ziehen oder gar aus dem Kreis der Partner auszuscheren, weil die Europäische Union und ihre Institutionen auf dem zwei Kilometer vom Stadtzentrum entfernten Kirchberg zu einem wichtigen Wirtschaftsfaktor der Hauptstadt geworden sind. Mehr als 8000 EU-Beamte leben und arbeiten in der Stadt und geben hier ihr Geld aus.

Die Bedeutung Luxemburgs als Europastadt hat allerdings in den vergangenen Jahren im Vergleich zu Straßburg und – vor allem – zu Brüssel abgenommen. Das Europäische Parlament hat einen erheblichen Teil seines Sekretariats, das bisher in Luxemburg angesiedelt war, nach Brüssel verlagert. Da Plenarsitzungen des Europäischen Parlaments hauptsächlich in Straßburg und Brüssel abgehalten werden, steht der wegen seines wenig ansprechenden Äußeren »Schwarzer Rabe« genannte Parlamentssaal meist leer. Wichtige Institutionen wie der Europäische Rechnungshof, die Europäische Investitionsbank und der Europäische Gerichtshof, der für Streitfälle zwischen Brüssel und den Mitgliedstaaten zuständig ist, sind jedoch in der Stadt verblieben.

Zweifellos haben die europäischen Einrichtungen und ihre Mitarbeiter in entscheidendem Maße zur Internationalität und zur Weltoffenheit des Großherzogtums beigetragen. Die Luxemburger wiederum haben in den vergangenen Jahrzehnten ein ungewöhnliches Maß an Toleranz und Gastfreundschaft bewiesen. Inzwischen leben nämlich in der Hauptstadt mehr Ausländer als Einheimische. Im Unterschied zu den Nachbarländern rundum gibt es hier jedoch so gut wie keine Fremdenfeindlichkeit oder Ressentiments.

Etwas von dieser Toleranz und Großzügigkeit der Luxemburger muß schon vor den Zeiten der Europäischen Einigung zu spüren gewesen sein. Denn nachdem der Schuster Wilhelm Voigt in Köpenick mit seiner Realsatire auf den wilhelminischen Militarismus ganz Deutschland und die Welt zum Lachen gebracht hatte, sich selbst aber wieder einmal hinter Gitter, entschied er sich für Luxemburg als Exil. Offenbar fand er, daß er in dem Großherzogtum an der Mosel am weitesten von preußischem Beamtengeist und Obrigkeitsdenken entfernt sei. Bis zu seinem Tod im Jahre 1922 – seinem Grab kann man auf dem Liebfrauenfriedhof einen Besuch abstatten – lebte der »Hauptmann von Köpenick« als angesehener Mann still und offenbar zufrieden in der Neypergasse 5.

Bon appétit! Die von Geschäftsleuten bevorzugten Restaurants der gehobenen Klasse orientieren sich meist an der französischen Küche.

Auf einen Blick

Luxemburg entdecken und erleben

Das Gewirr der Einbahnstraßen in der Luxemburger Altstadt hat schon manchen Autofahrer zur Verzweiflung gebracht. Am besten parkt man also das Auto in der zentralen Tiefgarage unter der Place Guillaume II (Zufahrt über die Rue Notre Dame). Als Ausgangspunkt für den Bummel durch die ca. 76 000 Einwohner zählende Stadt bietet sich die Place d'Armes an, wo sich auch das City Tourist Office befindet (☎ 22 28 09, Fax 47 48 18), in dem Informationen und Broschüren kostenlos erhältlich sind. Um die Ortsteile im Talgrund und die Kasematten zu besuchen, kann man zu Fuß gehen oder den Pétrusse-Expreß benutzen, einen Sightseeing-Zug auf Straßenrädern.

An der luxemburgischen Weinstraße gelegen, bietet Bech-Kleinmacher außer Wein auch eine restaurierte römische Grabkammer aus dem 4. Jahrhundert.

1. Großherzogliches Palais
2. Nationalmuseum
3. Fischmarkt
4. St. Michael
5. Corniche
6. Stadtmuseum
7. Kathedrale Notre Dame
8. Nationalbibliothek
9. Rathaus
10. Place d'Armes
11. Kapuzinertheater
12. St. Alphonse
13. Hämmelsmarsch-Figurenbrunnen
14. Justizpalast
15. Bockfelsen
16. Naturhistorisches Museum
17. St. Jean Baptiste
18. Rhamplateau
19. Heiliggeist-Zitadelle
20. Denkmal der Nationalen Solidarität
21. Pétrusse-Kasematten
22. Platz der Verfassung mit Gëlle Fra
23. Casino (Kunstausstellung)
24. Villa Louvigny
25. Villa Vauban
26. Robert-Schuman-Denkmal (Boulevard Robert Schuman)
27. Rote Brücke
28. Fort Thüngen
29. Kirchberg

Die Großherzogin-Charlotte-Brücke, Rote Brücke genannt, verbindet in 74 Metern Höhe das Stadtzentrum mit dem Europa-Viertel.

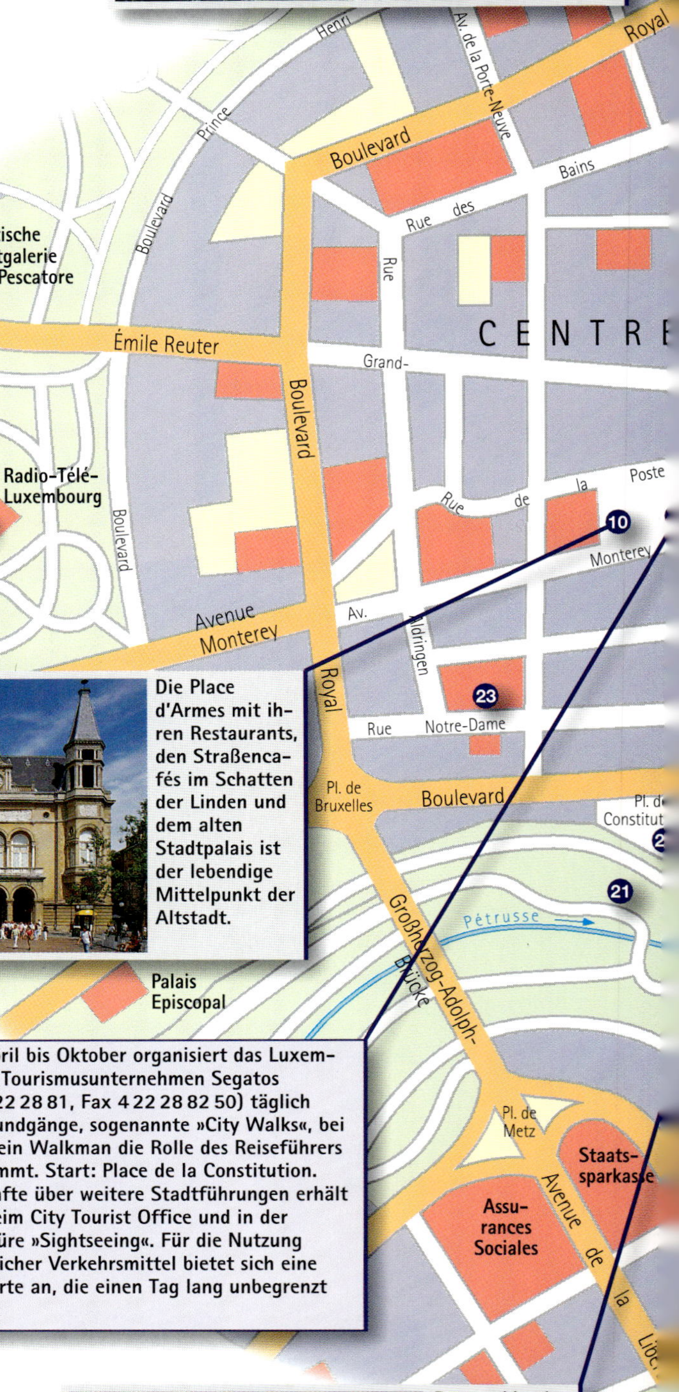

Die Place d'Armes mit ihren Restaurants, den Straßencafés im Schatten der Linden und dem alten Stadtpalais ist der lebendige Mittelpunkt der Altstadt.

Von April bis Oktober organisiert das Luxemburger Tourismusunternehmen Segatos (☎ 4 22 28 81, Fax 4 22 28 82 50) täglich Stadtrundgänge, sogenannte »City Walks«, bei denen ein Walkman die Rolle des Reiseführers übernimmt. Start: Place de la Constitution. Auskünfte über weitere Stadtführungen erhält man beim City Tourist Office und in der Broschüre »Sightseeing«. Für die Nutzung öffentlicher Verkehrsmittel bietet sich eine Netzkarte an, die einen Tag lang unbegrenzt gilt.

Das neoklassizistische Rathaus liegt an der Place Guillaume II, auf der jeden Mittwoch und Samstag der Wochenmarkt stattfindet.

Die bronzenen Figuren des Brunnens stellen den Zug der Hammel durch die Stadt dar, mit dem Ende August das traditionelle Luxemburger Volksfest, die Schobermesse, eröffnet wird.

Von dem 1732 errichteten Fort sind lediglich die drei runden Türme, die »Drei Eicheln«, und die 1991 wieder freigelegten Grundmauern erhalten.

Eine Welt aus Beton und Glas: Der Kirchberg ist Sitz des Centre Européen mit den verschiedenen EU-Institutionen und vieler Unternehmen.

Der Wahlspruch, »Mir wölle bleiwe wat mir sin«, auf einem Renaissance-Haus am Fischmarkt, kennzeichnet den Nationalcharakter der Luxemburger.

Die Corniche auf den im 17. Jh. errichteten Wällen entlang des Alzette-Tals heißt bei den Luxemburgern »schönster Balkon Europas«.

Im 16. Jahrhundert als Rathaus erbaut, wird das Palais seit 1890 als Stadtresidenz der großherzoglichen Familie genutzt. Es ist im Juli und August für die Öffentlichkeit zugänglich.

Die Kathedrale Notre Dame wurde im spätgotischen Stil errichtet, obwohl der Bau erst 1613 begann. Später kamen dann immer mehr Stilelemente der Renaissance dazu.

Was – wann – wo?

Absteigen nahe der City

Als Europa- und Kongreßstadt hat Luxemburg in den vergangenen Jahren ein großes Angebot an Übernachtungsmöglichkeiten geschaffen – vom teuren Vier-Sterne-Hotel mit Pool bis zur bescheidenen Pension. Im April, Juni und Oktober, wenn der EU-Ministerrat an jeweils bis zu 15 Tagen in Luxemburg tagt, kann es dennoch schwierig werden, ein freies Bett zu finden.

Hotel Sofitel

- **Le Royal.** Flaggschiff der Luxemburger Hotellerie, in dem gekrönte Häupter und Regierungschefs absteigen. 12, Boulevard Royal. ☎ 2 41 61 61, Fax 22 59 48.
- **Europlaza – Sofitel.** Beliebt bei Politikern und Journalisten, weil die beiden Hotels der Accor-Kette in fünf Minuten zu Fuß vom Europazentrum zu erreichen sind. 6, Rue du Fort Niedergrünewald. ☎ 43 77 61, Fax 43 86 58.
- **Grand Hotel Cravat.** Solides Traditionshotel mit dem Charme der 50er Jahre. Die Zimmer zur Straße bieten einen schönen Blick übers Pétrusse-Tal. 29, Boulevard Roosevelt. ☎ 22 19 75, Fax 22 67 11.
- **Romantik Hotel Grunewald.** Sehr angenehm, im Stadtteil Dommeldange unten im Tal – und doch nahe des Europaviertels. Exzellente Küche. 14, Route d'Echternach. ☎ 43 18 82, Fax 42 06 46.
- **Arcotel.** Kleines, modern eingerichtetes Hotel in Bahnhofsnähe. 43, Avenue de la Gare. ☎ 49 40 01, Fax 40 56 24.
- **Air-Field.** Kleines Hotel in Nähe des Flughafens, der vielfach von Chartergesellschaften genutzt wird. 6, Route de Trèves, Findel. ☎ 43 19 34, Fax 43 63 91.

Musée National

Tausend Jahre Geschichte

Langweilen muß man sich in Luxemburg auch bei Regen nicht. Zwar sucht man herausragende Sammlungen klassischer oder zeitgenössischer Kunst vergebens. Doch wer sich für Geschichte und Volkskunde interessiert, der kommt in den Luxemburger Museen durchaus auf seine Kosten.

- **Musée d'Histoire de la Ville ❻.** Die architektonische Glanzleistung einer vorbildlichen Renovierung des historischen Gebäudekomplexes im Herzen der Altstadt ist fast noch beeindruckender als die zahlreichen Dokumente zur tausendjährigen Geschichte der Stadt, die der Besucher über ein interaktives Multimedia-System abrufen kann. Die Cafeteria des Museums, im Sommer mit herrlichem Blick von der Terrasse auf das Pétrusse-Tal, ist inzwischen Treffpunkt für die gesamte junge Szene der Stadt. Rue du St. Esprit.
- **Musée National d'Histoire et d'Art ❷.** Kunstwerke verschiedener Epochen, archäologische Fundstücke sowie Gegenstände des täglichen Lebens und Exponate zur Geschichte des Herzogtums sind neben den Wechselausstellungen zu sehen. Marché-aux-Poissons.
- **Casino Luxembourg ㉓.** Dieses Forum der modernen Kunst organisiert das ganze Jahr über Ausstellungen. In dem umgebauten historischen Gebäude finden auch Konferenzen und Konzerte statt. 41, Rue Notre Dame.
- **Kunstgalerie »Am Tunnel«.** Die Staatsbank und Staatssparkasse Luxemburg macht hier ihre Sammlung zeitgenössischer luxemburgischer Kunst der Öffentlichkeit zugänglich. Banque et Caisse d'Epargne de l'Etat, 41, Rue Zithe.

Schloß Wiltz

Vor den Toren der Stadt

Im kleinen Land Luxemburg (Nord-Süd-Achse 82 Kilometer, Ost-West-Achse 57 Kilometer) sind von der Hauptstadt aus alle Ausflugsziele in Tagestouren zu erreichen. In den Weinstädtchen an der Mosel, in der die Winzer ihren Riesling oder Elbling direkt aus dem Keller verkaufen, ist man in 20 Minuten. Die touristisch interessanten Orte mit Burgen und mittelalterlichen Stadtanlagen liegen mehr im Norden, in den Tälern der Sauer und der Our.

- **Vianden an der Our.** Die im 12. und 13. Jahrhundert erbaute Burg gehört zu den großartigsten Burganlagen des Mittelalters. Sie wurde im vergangenen Jahrhundert zum Teil zerstört, wird aber seit einigen Jahren nach und nach restauriert. Die Häuser der Altstadt ducken sich an den Burgberg. Den Besuch kann man mit einer Visite der Burganlagen von Bourscheid, Clervaux und Wiltz verbinden.
- **Esch an der Sauer.** Die pittoreske Lage in einer Flußschleife hat das alte Städtchen, das von der Burgruine dominiert wird, zu einem beliebten Fotomotiv gemacht, das in keinem Bildband über Luxemburg fehlen darf.
- **Echternach.** Zentrum der »Kleinen Luxemburger Schweiz« am Ostzipfel des Großherzogtums. Die kleine Stadt ist durch ihre seit Jahrhunderten stattfindende Springprozession am Pfingstdienstag bekannt. Doch auch das gotische Rathaus, die schönen alten Bürgerhäuser und die Willibrordus-Abtei mit der romanischen Basilika sind sehenswert.

Paradies zum Einkaufen

Für Raucher und Liebhaber eines starken Tropfens ist Luxemburg – fast – ein Paradies, das seit der Abschaffung der Zoll- und Steuergrenzen im EU-Binnenmarkt jedem offensteht. Auf Tabakwaren, Weinen und Spirituosen lasten im reichen Großherzogtum nämlich weit weniger Steuern als in den Nachbarländern, d. h., sie sind hier deutlich billiger. Wo zwischen Trier und Luxemburg noch vor wenigen Jahren die Grenzhäuschen standen, kann man heute im Laden einer Großtankstelle alles einkaufen, was hier preiswerter ist.
Als luxemburgische Spezialitäten sind die heimischen Obstwässerchen, der Nußwein oder -likör und der Ardenner Schinken zu nennen.

Villeroy & Boch

- **Wochenmarkt.** Hier werden nicht nur frisches Obst und Gemüse angeboten, sondern auch Blumen, Gewürze, Käse und hausgemachte Marmelade (Mi und Sa 7.30–13 Uhr). Place Guillaume II.
- **Flohmarkt.** Für Sammler und Kenner wartet möglicherweise der Fund ihres Lebens auf dem Trödlermarkt, der jeden zweiten und vierten Samstag im Monat die Place d'Armes ⑩ in einen bunten Bazar verwandelt.
- **Antiquitätenläden.** Wer etwas Besonderes sucht, der wird vielleicht in einem der Läden in und um die Rue des Capucins fündig. Eine der angesehensten Adressen ist Armand Wagner. Av. de la Porte Neuve.
- **Villeroy & Boch.** Gilt als Geheimtip für Schnäppchenjäger, da man hier Erzeugnisse zweiter Wahl der renommierten Porzellanmanufaktur preisgünstig erwerben kann. 330, Rue de Rollingergrund.
- **Grand-Rue.** Ein Bummel durch die schicke Einkaufsstraße mit ihren Galerien und den noblen Juwelier- und Modegeschäften ist ein Muß für jeden Besucher.

Hier kocht der Chef

Internationale Küche

Die luxemburgischen Köche der gehobenen Klasse orientieren sich – wie sollte es auch anders sein – an der französischen Küche. Wer's einfacher mag, der kann in den vielen internationalen Restaurants Pizza oder Nasi-Goreng, Spaghetti oder Chili con carne bestellen – oder gar die deftigen Gerichte der heimischen Küche wie »Judd mat Gaardebounen« (geräucherter Schweinehals mit grünen Bohnen), die man allerdings auf den Speisekarten inzwischen suchen muß.
Auf jeden Fall sollte man aber die vielfach unterschätzten Luxemburger Moselweine probieren, die zumeist trockener und »echter« sind als die Weine, die auf der deutschen Seite des Grenzflusses in die Flaschen gefüllt werden. Neben ihrem Spitzenwein, dem trockenen Riesling, bauen die Winzer in den Moselorten Remich, Ehnen, Wormeldange oder Grevenmacher Reben wie »Elbling«, »Auxerrois« und »Rivaner« an, Weine, die in Deutschland fast unbekannt sind. Die trockenen Weißweine des Landes kann man in allen Restaurants der Hauptstadt genießen.

- **Saint-Michel.** Nahe dem großherzoglichen Palast werden Gerichte der klassischen französischen Küche und exzellente Weine aufgetischt. 32, Rue de l'Eau.
- **Speltz.** Gehört zur oberen Kategorie der Luxemburger Gastronomie. Im Sommer werden einige Tische in die Fußgängerzone gestellt. 8, Rue Chimay.
- **Brasserie des Nations.** Typisches Luxemburger Restaurant. 40, Rue Philippe II.
- **Académie.** Volkstümlich und bei Einheimischen wie Besuchern beliebt. Place d'Armes.
- **Brasserie Mansfeld.** Unten im Tal der Alzette gelegen, bietet das Restaurant gute, preiswerte Küche. 3, Rue de la Tour Jacob.

City-Promenaden

Das Luxemburger Tourismusbüro (Syndicat d'Initiative et de Tourisme) an der Place d'Armes (☎ 22 28 09) veranstaltet Spaziergänge in Begleitung eines erfahrenen Fremdenführers, die jeweils unter ein bestimmtes Motto gestellt sind:

- **City-Promenade.** Dieser Rundgang von ungefähr zwei Stunden führt von der Place d'Armes über das Regierungsviertel, die Corniche ⑤ und das Großherzogliche Palais ❶ durch die Altstadt zum Wilhelmsplatz (Place Guillaume II.). Die Führung wird nicht nur für Gruppen von bis zu 25 Teilnehmern, sondern auch für Einzelpersonen angeboten.
- **1000 Jahre in 100 Minuten.** Der »Wenzel-Rundgang« verbindet die Stationen der luxemburgischen Geschichte von den Anfängen der Stadt auf dem Bockfelsen ⑮ über die Wenzelsmauer und die Befestigungsanlagen im Alzette-Tal bis in die Oberstadt, die per Aufzug erreicht wird. Die Buchung beim Tourist-Office ist auch für Einzelpersonen möglich.

Pétrusse-Express

- **Goethe-Rundgang.** Dieser Spaziergang auf den Spuren des Dichters, der 1792 auf dem Rückzug der Truppen des Herzogs von Sachsen-Weimar vor der französischen Revolutionsarmee in Luxemburg Station machte, führt durch die Altstadt und die Unterstadt Grund, vorbei am Fischmarkt ③, dem Goethe-Gedenkstein und über die Corniche. Nur als Gruppenführung möglich. Eine genaue Beschreibung des Rundgangs ist beim Tourist-Office erhältlich.
- **Pétrusse-Express.** Wem dies alles zu anstrengend ist, der kann mit dem kleinen Motorbähnchen hinunter ins Tal, in den Grund und hinauf aufs Rhamplateau ⑱ fahren.

MADRID

Wo das Leben nie stillsteht

Madrid liegt auf sandigen Hügeln am Fuße der Sierra de Guadarrama, dem östlichen Massiv des zentralspanischen Hochgebirges. Nur die Höhenluft und ein kräftiger Wind bewahren die spanische Metropole vor dem täglichen Smog. Im trüben Wasser des aufgestauten und kanalisierten Manzanares spiegeln sich mühsam ein paar repräsentative Brücken. 35 Kilometer nördlich zeugen die Trümmer des Staudamms del Gasco, den 1799 ein Gewitter mit sich riß, vom Traum, Madrid per Schiff erreichbar zu machen. Es ist weiß Gott nicht der passende Fleck für eine Großstadt.

Trotzdem machte König Philipp II. Madrid 1561 zur Hauptstadt seines Kolonialreiches. Aus damals 25 000 Madrilenen sind 4,5 Millionen geworden, und sie haben – trotz staubig heißem Sommer und, für spanische Gemüter, bitterkaltem Winter – das Beste daraus gemacht: eine Stadt, in der das Leben nie stillsteht. Vor allem nachts nicht, wenn »la marcha« durch die Straßen fegt, die ewige Suche nach dem Höhepunkt der madrilenischen Nacht.

Ausgewählt, um Spanien von seinem Mittelpunkt aus zu beherrschen, hat sich Madrid seit der Renaissance in eine Stadt voller Pracht und Prunk verwandelt. Doch auch ehrgeizig und geschäftstüchtig ist die Metropole, bis unter die höchsten Dächer ihrer Skyline – ein Schmelztiegel spanischer Lebensart, ein Straßengewirr bester Adressen für Feinschmecker und Liebhaber alles Möglichen und Unmöglichen.

Schätze an der Kunstmeile

Die großen Museen in Madrid

Der zentrale Skulpturensaal des Prado, in der Mitte die schlafende Ariadne auf Naxos. Über 500 große Werke der Bildhauerkunst ergänzen eine der glänzendsten Gemäldesammlungen der Welt.

Was soll man über den Prado ❸❷ viele Worte verlieren: Wenn der Himmel von Madrid sein sanftes Abendlicht über den würdevollen klassizistischen Bau gießt, scheint dieser jeden Tag aufs neue aus Stolz darüber aufzuleuchten, eine der bedeutendsten Sammlungen der europäischen Malerei zu beherbergen.

Während draußen die Touristen in endlosen Schlangen unter der spanischen Sonne schwitzen, dringt drinnen das blendende Tageslicht von Madrid zu den Schätzen des Prado: Gerade im rechten Moment, da sich eine Hofdame zur Infantin Margarita bückt, vor unseren und den Augen ihrer königlichen Eltern – während uns Diego Rodríguez de Silva y Velázquez selbst, Pinsel und Palette in der Hand, aus seinem Bild »Las Meninas« heraus maßnehmend in die Augen schaut.

Vom selben Licht gestreichelt, blickt uns Goyas »Maja« – einmal nackt, einmal bekleidet – geheimnisvoll an. Es läßt die üppigen Hinterteile von Rubens' »Drei Grazien« ebenso rosig leuchten, wie es El Grecos fahle Heilige noch heiliger, die Apokalypsen von Bosch und Bruegel noch endzeitlicher erscheinen läßt. Kurz: eine Sammlung ohne Ebenbürtiges auf der Welt, zumindest was die spanische und flämische Malerei betrifft.

Die führenden Architekten der Welt entwerfen bereits Modelle für eine würdige Erweiterung des Prado. Denn kaum ein Drittel seiner bald 8000 Bilder kann das Museum in seinen Räumen zeigen. Doch wer von Kunst erfüllt hinaus ins Madrider Leben tritt, das hier zehnspurig durch einen Wald aus Platanen, Akazien und indischen Kastanien am Botanischen Garten vorbeibraust, um dann gleichzeitig dankbar und ermüdet am Sockel der Bronzebilder von Velázquez oder Goya niederzusinken, der wünscht sich nicht noch mehr Bilder, sondern mehr Zeit und Muße für all die Kunstschätze von Madrid.

Zwei Museen in unmittelbarer Nähe des Prado machen den Paseo del Prado zu einer der bedeutendsten Kunstmeilen überhaupt. Schräg gegenüber liegt – definitiv seit 1992 – das Museo Thyssen-Bornemisza ❷❷ im Palacio de Villahermosa. Der Schatz des Barons aus Lugano in der Schweiz versammelt über 800 Kunstwerke vom 13. bis 20. Jahrhundert. Er ist eine wunderbare Ergänzung zum Prado, in dem Experten das italienische Mittelalter und Caravaggio unterrepräsentiert sahen. Thyssen-Bornemisza brachte außerdem die klassische Moderne – etwa Werke von Claude Monet und Paul Cézanne, Vincent van Gogh und Paul Gauguin, Erich

Picassos »Guernica«, vielleicht das wichtigste Gemälde des 20. Jahrhunderts, ist Glanzstück des Centro de Arte Reina Sofía.

Heckel und Ernst Ludwig Kirchner, Piet Mondrian und Wassily Kandinsky – nach Madrid. Dadurch wird wiederum die Sammlung des Centro de Arte Reina Sofía 34 ergänzt, das mit dem Vermächtnis Salvador Dalís und Pablo Picassos, mit Joan Miró und Juan Gris Spaniens Beitrag zur Moderne abdeckt.

Diese Bilder von Henri de Toulouse-Lautrec machen nur eine Facette der Sammlung des Barons von Thyssen-Bornemisza aus. Von den alten Meistern bis zur Moderne ist alles vertreten.

Das kurz Reina Sofía genannte Museum, ein paar hundert Meter südlich des Prado, ist seit 1992 Heimat für die Kunst der Moderne, der Gegenwart und der Zukunft. Hier hängt Pablo Picassos »Guernica« – jener monumentale Schrei der Opfer des Bombenangriffs deutscher Flugzeuge auf die gleichnamige baskische Stadt. Ein Bild, das zu einem ethischen Symbol wurde: Endlich ist es befreit vom Panzerglas, das im Casón del Buen Retiro das Werk gegen die Ressentiments derer schützte, die mit Spaniens Demokratie noch immer nicht einverstanden waren. Picasso hatte das Gemälde vor seinem Tod im Jahre 1973 dem demokratischen Spanien vermacht. Sehr zum Ärger der Anhänger der Diktatur Francos, denen es gelang, die Demokratie bis nach dem Tod ihres verehrten »Caudillos« – ihres Führers – im Jahre 1975 hinauszuzögern. Und die zuletzt beim gescheiterten Putsch vom 23. Februar 1981 ihre rechte Flagge gezeigt hatten.

Im Reina Sofía werden zudem bedeutende Werke von Eduardo Chillida, Antonio Tàpies sowie den Künstlergruppen Grupo 57 und Grupo El Paso den – allerdings nicht lückenlos vertretenen – internationalen Avantgardisten gegenübergestellt. Und mit Blick auf die Zukunft: Kino, Videokunst und Performance sind ein stets umstrittener Teil des Programms. Obwohl Spanien mit dem surrealistischen Filmregisseur Luis Buñuel einen wichtigen Beitrag in der Geschichte des Kinos geleistet hat.

Mit seiner Avantgarde tat sich Spanien oft schwer: Cervantes schrieb seinen »Don Quijote de la Mancha«, eines der berühmtesten Werke der Weltliteratur, im Gefängnis. Als der Prado 1819 eröffnet wurde, hatte König Ferdinand VII. mit der Unterdrükkung des Liberalismus Besseres zu tun, als der Zeremonie beizuwohnen. Francisco José de Goya y Lucientes, der neben Velázquez und Picasso zu den größten spanischen Malern zählt, ging fünf Jahre später nach Frankreich ins Exil, nachdem der König die hart erkämpfte Verfassung wieder abgeschafft und die totgeglaubte heilige Inquisition zu neuem Leben erweckt hatte. Wie hart er diesen Rückschritt empfand, zeigt Goyas schwarze Malerei, Zeugnis der letzten Jahre des tauben Künstlers bevor er Madrid für immer verließ. Kunstkritiker zählen diese Bilder zur bereits auf das 20. Jahrhundert weisenden Malerei.

Nach Bürgerkrieg und 40 Jahren Diktatur ist Madrid seit den 80er Jahren mit hastigen Schritten wieder unter die führenden Kunststädte der Welt gerückt. Seit 15 Jahren mißt die Kunstmesse ARCO den Puls der Zeit – durch und durch madrilenisch: Auf dem modernen Messegelände im Norden der Stadt wird ARCO jedes Jahr im Februar größer, internationaler und umstrittener – wie es sich für Gegenwartskunst gehört.

Stand die Herzogin von Alba Modell? So rätseln die Kunsthistoriker, doch das Prado-Publikum liebt sie einfach, Goyas »nackte Maya«.

Der Rhythmus einer Stadt

Wenn es Tag wird in Madrid

Erholung findet der gestreßte Madrilene allemal im Parque del Retiro, einer Oase der Ruhe, die längst von der Stadt umzingelt ist.

Ganz früh am Morgen, wenn die Stadtreinigung mit kostbarem Wasser den Staub von Straßen und Bürgersteigen spritzt, klingt durch die dunklen Straßen das akustische Morgengrauen der Stadt: In 18 000 Cafe-

Um die Puerta del Alcalá brandet der Verkehr einer Weltstadt, die erst nach Diktator Francos Tod aus ihrem Dornröschenschlaf erwachte.

terías und Bars knallen camareros, die Kellner, die Untertassen auf die Tresen, Millionen von Kaffeelöffeln klimpern hinterher. Bald erfüllt der warme Duft frisch fritierter churros Madrid. Schon streben Millionen über die Stadtautobahnen an die Tresen, um das knusprige Spritzgebäck in den Kaffee zu stippen. Madrid erwacht, eilig, doch zumindest im Stehen ist immer etwas Zeit für die schönen Dinge des Lebens.

Im Andén neben dem Bahnhof Atocha – den Rafael Moneo, Spaniens erster Träger des renommierten Pritzker-Architekturpreises, gewagt erweitert hat – kennt ein camarero wie Carlos mindestens ein halbes Tausend eiliger Gäste beim Namen. Um acht Uhr ist seine Bar dicht, und Madrid auch. In keiner U-Bahn, an keinem Tresen ist Platz für auch nur eine Seele mehr. Denn Madrid hat alles in allem weit über vier Millionen Einwohner, Trabantenstädte und Villenvororte haben die Riesenstadt bis an den Fuß der Sierra de Guadarrama geschoben, die mit manchmal bis zum Juni schneebedeckten Gipfeln 50 Kilometer nördlich der Plaza Puerta del Sol (1) aufragt.

Die Puerta del Sol, der Platz, der einst Madrids Mitte markierte, ist Spaniens Nullpunkt, das Maß aller Straßenkilometer. Die goldene Kugel im Uhrturm der Casa de Correos läutet das neue Jahr ein – stets sind Tausende auf dem Platz und Millionen vor den Fernsehern dabei. Die Sol ist das Urbild der Stadtentwicklung: Das namenstiftende Sonnentor, eines der Haupttore der ehemaligen Stadtmauer, ist längst verschwunden. Ein paar Traditionsgeschäfte mit abánicos – spanischen Fächern – und Spitzen halten sich noch an dem Vorplatz zum Kaufhaus El Corte Inglés. Hell leuchten die gelben Bürgerhausfassaden in der Sonne.

Nichts bleibt wie es ist. Wie durch ein Wunder wurden jedoch die in der Renaissance geschaffene quadratische Plaza Mayor (2), der Prado (32) und auch die Kapelle Eremita de San Antonio de la Florida (16) am Paseo de la Florida – in der Francisco de Goya unter seinem eigenen prächtigen Deckenfresko ruht – noch von keinem König und keinem Bürgermeister angetastet.

Als der Alcázar 1734 abbrannte, war der Weg frei für den heutigen Königspalast (Palacio Real) (14) – absolutistische Wucht aus Kalkstein und Granit.

Nördlich davon stehen zwei Zeugen madrilenischer Höhenflüge: 1948 hob das Hochhaus Edificio de España ein Schwimmbad über die Dächer. 1957 markierte der Torre de Madrid, ebenfalls an der Plaza de España gelegen, mit 124 Metern neue Höhen der

Nachmittags, zur merienda, zieht es jedermann in die Cafeterias, wo zum Kaffee die verführerischen bollos – süße Milchbrötchen – gereicht werden.

Frisch renoviert, dient der Glaspalast im Parque del Retiro wieder als lichtdurchflutetes Domizil interessanter Ausstellungen.

Hauptstadt, der indessen unter General Francos Diktatur die Füße einschliefen. In den 80er Jahren wuchs im Tetuán-Viertel der Torre Picasso 155 Meter in den Himmel, zum Zeichen, daß Madrid keine Grenzen kennt. 115 Meter ragen die schrägen Türme der Puerta de Europa auf, Madrids Wahrzeichen der 90er Jahre. Wuchtig markiert der Zwillingswolkenkratzer das Nordende des Paseo de la Castellana: Fünf Kilometer voll architektonischer Wagnisse – Gelungenes steht neben zutiefst Geschmacklosem wie dem Hebron-Hochhaus mit seinem schrillen Kupferhut an der Plaza de Colón.

Kein Mensch liebt Madrid, dieses bunte Provisorium der Emigration im eigenen Land. Doch ist Madrid Spaniens offene Stadt, die alles vereint, was das Land zu bieten hat. Wie es sich in Madrid lebt, das lieben die Madrilenen, trotz Hitze und Kälte, trotz ewigem Stau auf sengendem Asphalt.

Die Stadt ist Kulisse. Durch den Parque del Retiro (30) werden, das Handy am Ohr, Einkaufstüten aus dem noblen Barrio de Salamanca spazieren getragen. Die zwei schönsten Brunnen der Stadt sind zum Gebrauch – wenn es sein muß, auch zum Planschen – bestimmt: der Neptunbrunnen an der Plaza Cánovas del Castillo und der Brunnen der Fruchtbarkeitsgöttin Kybele auf der Plaza de la Cibeles (25) unter der monumentalen Fassade des »Palastes der Kommunikation«. So wird das Hauptpostamt von Madrid genannt, in dem die Zuckergußfassaden der Gran Via ihren würdigen Abschluß finden. Ob nun Real oder Atlético Madrid die Meisterschaft gewinnt oder ob die Regierung Beamtenstellen streicht, die großen Plätze sind zum Feiern oder zum Protestieren da, mögen Neptun auch die Zinken aus der Forke brechen.

Für die wirklich wichtigen Dinge gibt es kein Limit. Von zwei bis fünf kann man seelenruhig zu Mittag essen, dafür gilt auch nicht als Workaholic, wer um 21 Uhr noch am Schreibtisch sitzt. Übrigens spricht man in Madrid nie über Geld, doch schaut man durchaus auf die Preise. Beim Menüpreis liegt in Spitzenrestaurants wie dem Zalacín in der Calle Ólvarez de Baena bei 90 Mark die Obergrenze, mehr gibt niemand gerne aus. Bei 60 Mark liegt der gehobene Menü-Durchschnitt selbst in feinen Restaurants wie dem Luculo in der Calle Génova oder dem Café de Oriente neben der Oper, die sicher im nächsten Jahrtausend wieder bespielt wird.

Madrid ist jeden Tag für eine Überraschung gut: 1995 wurde erstmals eine Frau als Torrera auf Schultern durch das große Tor des Machismo – die Puerta Grande von Las Ventas (29), Spaniens wichtigster Stierkampfarena – getragen. Mario Conde, Ex-Bankier und Held des schnellen Geldes, wird seit

Der Palacio Real mit seiner reichgegliederten Fassade wirkt imposant – wie es sich für die Residenz der stolzen Bourbonenkönige Spaniens gehört.

1996 der Prozeß gemacht. Ferner: Ein wilder Golfplatz zwischen Steineichen und verdorrtem Gras hat den Sport der oberen Zehntausend auf das Green der Tatsachen gebracht. Ein extremer Winter füllte 1996 die leersten Stauseen Europas wieder bis zum Rand. Und jüngst wurden sogar Radfahrer auf den Straßen Madrids gesichtet.

La marcha

Wenn es Nacht wird in Madrid

Palast der Kommunikation: Madrids Hauptpostamt mit der Göttin Kybele davor ist tagsüber ein Prunkpalast, bei Nacht aber ein Märchenschloß.

A la marcha, madrileña/madrileño heißt die Losung derer, die vom Freitagabend bis zum Montag nicht schlafen gehen wollen: »Los geht's, Madrilenin/Madrilene«. Wenn die Sonne aufgeht, tauchen die Nachtschwärmer in den Diskotheken unter, die erst um sechs Uhr morgens öffnen. Und wenn After-hour-Diskos wie das Ya'Stá in der Calle Valverde 10 am Vormittag doch schließen, machen das Aire-The End in der Calle Bermúdez 8 oder das Space of Sound an der Plaza de la Estación de Chamartin 4 erst auf.

Madrids Nachtleben ist ein Mythos, der jede Nacht wahr wird. Selbst unter der Woche findet man seinen Weg durch die Nacht. Doch am Freitag wird es ernst. Wer nicht aufs Land geflohen ist, geht ins Kino oder zum Abendessen – oder beides. Wer danach eine caña, ein Glas Bier, oder eine copa vino, ein Glas Wein, nimmt, den hat »la marcha« schon gepackt – eine Odyssee, die nur ein Ziel kennt: die nächste caña, die nächste copa, den nächsten Happen an einem Tapa-Tresen, den letzten Drink, die erste Disko, den letzten Schrei.

Der Mythos hat eine graue Vorgeschichte: 1939 besiegen die Truppen des Generals Francisco Franco im Spanischen Bürgerkrieg endgültig die Republik. Es folgen fast 40 Jahre Diktatur – und Langeweile. Erst als Franco 1975 stirbt, ist Spaniens Agonie zu Ende: Unter König Juan Carlos I. wird der Weg zur Demokratie geebnet, Spanien wacht auf. »La movida«, Spaniens Kulturrevolution der 80er, erobert die Straßen. »La movida« ist auch Kultur im engeren Sinne: das Kino Pedro Almodovars, Fotografen, Literaten und Maler. Doch auch für sie bedeutet dieses Wort vor allem eines: die Nacht zum Tag machen. Vergnügen, Lust und Freiheit sind seither Grundrechte in Madrids ungeschriebener Verfassung. Noch ist fast alles erlaubt. Erst allmählich setzen sich Bürger gegen den zwanglosen Drogenkonsum zur Wehr, denn auch hier werden Ecstasy-Pillen zum Techno-Sound immer mehr zum Trip der Jugend von heute. Seit kurzem drohen Barbesitzern Bußgelder, wenn Gäste im Stehen vor dem Lokal trinken. Doch noch gilt in Madrid die Regel: Wenn einer schlafen will, ist das sein Problem.

Die vollste Bar ist die beste. Im Gewühl ist immer noch ein bißchen Platz, jeder ist sich selbst der Nächste – nur der Ober ist für alle da. Mit »Dos (tres, cuatro...) cañas!« bestellt man seine Gläser Bier auf Zuruf, »Tinto, por

Zu seiner geliebten tertulia – einem Schwätzchen über Politik, Sport, Wetter, Gott und die Welt – findet der Madrilene eigentlich immer Zeit.

Große Kinos reihen sich in der Gran Via aneinander, und da ist keines, vor dem sich am Wochenende nicht Schlangen bilden. Die Platzanweiser rechnen mit einem Trinkgeld.

favor!« heißt »Rotwein, bitte!« – jedes Wort mehr ist ein Wort zuviel. Reicht man dem Ober das Geld, dann nimmt er es auch, und noch ist jeder camarero mit dem Teller fürs Wechselgeld zurückgekommen, auf dem die propina, das Trinkgeld, liegenbleibt. Zur ersten caña oder copa wird in der Regel eine tapa – die berühmten spanischen Appetithappen – als Aperitif gereicht. Olivenkerne, Gräten und Papierservietten landen auf dem Boden.

Zum Abendessen um zehn ist in guten Restaurants kein Tisch mehr frei. Aus dieser Not machte Madrid seine schönste Tugend – de tapeo gehen. Sich an die Tresen mit den leckersten Speisen drängen und Köstliches aus allen Regionen Spaniens bestellen: Oliven, Tortillas, Meeresfrüchte, Schnecken, Schinken, Käse. Man versammelt sich zum Beispiel an der Bar des Casa Paco an der Puerta Cerrada 11, trinkt eine caña, bildet einen fondo – eine gemeinsame Kasse – und bricht auf zu einer der schönsten Tapa-Touren von Madrid.

Erste Station: die Posada de la Villa, nach 100 Metern rechter Hand in der Cava Baja. Ein paar Schnecken hier, etwas Käse eine Tür weiter im Díaz y Larrouy, endlich den einzigartigen Tomatensalat im La Chata, dazu Jamón ibérico – Schinken vom Besten. Am Ende der Cava Baja steigt man an der Bar des Casa Lucio auf fino de Jerez – einen Sherry – um und stimmt sich so auf die Taberna Almendro 13 ein (ihr Name ist Adresse), der letzte Schrei für überbackene bocadillos (Brötchen) zu fino oder caña.

Es gibt tausend und einen Weg durch die Nacht. Madrilenischster Treffpunkt für den Start: das Viva Madrid in der Calle Manuel F. González 7 bei der Plaza Santa Ana, wo einem die Tabernas und Cocktailbars des alten Dichterviertels Huertas zu Füßen liegen. Von der Cervecería Santa Barbara an der gleichnamigen Plaza zieht man über Hortaleza und Fuencarral hinüber zu Caipirinhas oder zu einem Tee in Literatur- und Jazztreffs an der Plaza Dos de Mayo. Im El Anciano Rey de los Vinos gegenüber der Kathedrale Nuestra Señora de la Almudena startet man in das Viertel der Calle de Bailén, wo bis tief in die Nacht unter dem hohen Viaducto gerockt wird. Wer Ambiente und tertulias sucht: Zum Reden trifft man sich im Café Gijón in der Calle Recoletos 21 oder im Café Comercial an der Glorieta de Bilbao. Zu gepflegtem Jazz, Funk und zu Kultur im Circulo de Bellas Artes in der Calle Marqués de Casa Riera 2. In Clubs wie dem Palacio de Gaviria in der Calle Arenal hat man bei Tango und tertulia für eine ganze Nacht ausgesorgt.

Heiße Nächte verbringt man auf luftigen Terrazas. Am Paseo de Recoletos und der Castellana nimmt man Drinks am Ufer des brausenden Verkehrs. Ruhiger sitzt man am Paseo del Pintor Rosales. Aber ohnehin sind jedes Jahr neue Flecken »de moda«, d. h. »in«. Im Winter tanzt man in zahllosen Cocktailbars schon um Mitternacht zu ohrenbetäubender Musik, gegen vier werden auch Diskothekenklassiker wie das Sol in der Calle Jardines und das Bocaccio in der Calle Marqués de la Enseñada oder neongestylte Renner wie das KU in der Calle Princesa oder das Xenon Angels in der Calle Atocha lebendig. Wer noch nicht am Ende ist, für den beginnt jetzt erst die Nacht.

Es muß nicht immer Wein sein: Bierlokale wie hier die Cervecería Alemana an der Plaza Santa sind abends immer gut besucht.

In der Diskothek »Joy Estava« (Arenal 10) tummeln sich Schöne und auch ein paar Reiche – oder wer sonst noch am Türsteher vorbeikam.

Madrid – vorübergehend geschlossen

Die beliebtesten Ausflugsziele

Geflügelte Widersacher Don Quijotes: Auf einem Bergrücken bei Consuegra trotzen die Mühlen dem heißen Wind von La Mancha (rechte Seite).

Wenn sonntags morgens kristallklar das Licht über die Dächer flutet, haben die Madrilenen Madrid längst stehen und liegen gelassen. Aus der Chocolatería in der Calle San Ginés krauchen ein paar Spukgestalten der Samstagnacht, die ihren Rausch und knusprig fritierte churros in heiße Schokolade gestippt haben. »La marcha« hat sich in unterirdische Diskotheken verkrochen, nichts stört Madrid in seiner friedlichsten Stunde.

Die Löwen vor dem Parlament ㉑ schieben ruhig ihre Bronzekugel. Die Währungshüter unter der goldenen Kugel auf dem Dach der Banco de España – und sogar die Bettler an den Ampeln – nehmen sich frei. Zu Ostern und im August verlassen die Madrilenen Madrid fast vollständig. Arglos kreuzen die Touristen Hauptstraßen wie den Paseo del General Martínez Campos, treten ins Museum Joaquín Sorolla ㉖ ein und fühlen sich in der Künstlervilla so leicht wie die Figuren dieses impressionistischen »Malers des Lichts«, die unbeschwert an den oberen Bildrand stoßen.

In den Escorial, sein monumentales Klosterschloß (im Bild der Audienzsaal), zog sich König Philipp II. in heißen Sommern zurück.

Am Wochenende fährt Madrid hinaus aufs Land – und was für ein Land. In der Sierra de Guadarrama läßt es sich in manchen Wintern bis zum April skifahren. In regenreichen Jahren schlagen die knorrigen Gebirgskiefern wie Spargel aus, die Steineiche quillt förmlich über in ihrer rostroten Blütenpracht und bereitet ihren graugrünen Stachelblättermantel für die sengende Sonne des zentralspanischen Sommers vor. Klatschmohn bedeckt die endlosen Felder. Es duftet unerhört süß nach Ginster und würzig nach Jara, wie Neuschnee im Frühjahr blendet die weiße Blütenpracht des Zitrosegebüschs. Durch das Dottergelb der Sumpfwiesen waten Reiher, auf allen Kirchtürmen nisten arbeitslose Störche: Seit die Spanier 1976 mit dem Übergang zur Demokratie begannen, das Leben in vollen Zügen zu genießen, ist die Geburtenrate die niedrigste der Welt.

Entlang glasklarer Gebirgsflüsse gelangt man durch Eichen- und Pinienwälder hinauf zu Lagunen und Gipfeln, unter denen sich Castilla y León im Norden und La Mancha im Süden erstrecken. Nach Westen hin setzt sich die Sierra de Guadarrama in die bis zu 2590 Meter hohe Sierra de Gredos fort, an deren westliche Ausläufer sich die dichtbewaldete Sierra de la Peña de Francia und der Nationalpark Monfragüe anschließen – einer der letzten mediterranen Wälder im Urzustand.

In Madrid kann man im Juli nachts um drei Uhr bei 33 Grad ohne jeden Luftzug das Fürchten lernen. In den Sierras dagegen läßt es sich atmen. Deshalb hat Philipp II. etwa 50 Kilometer nordwestlich von Madrid in 1028 Metern Höhe seine Klosterresidenz San Lorenzo de El Escorial bauen lassen – ein wuchtiger Palast, Grabstätte des 1598 hier verstorbenen Königs und an Kunstschätzen fast so reich wie der Prado. Die Gärten von Aranjuez, Segovias römischer Aquädukt, die Altstadt von Toledo, die Stadtmauer von Ávila mit ihren 88 Türmen, Don Quijotes Windmühlen in Campo de Criptana und die Burgen von Guadalajara, die trutzigen Städte der Conquistadores in der Extremadura und die am Abgrund der Schlucht »hängenden« Häuser von Cuenca – Zentralspanien liegt Madrid in seiner ganzen Schönheit zu Füßen.

Bis Philipp II. 1561 den Hof nach Madrid verlegte, war Toledo unbestrittenes Zentrum Spaniens. Die grandiose gotische Kathedrale prägt das Stadtbild.

Viele Madrilenen besuchen immer wieder ihre spezielle Lieblingsstadt. Cuenca zum Beispiel, wo sie sich in der kühn über dem Río Huécar »hängenden« Herberge Posada de San José zur Nachtruhe betten, oder im neueröffneten Parador im alten Monasterio de San Pablo. Das ganze Jahr freuen sie sich auf die herbstlichen Níscalos. Als würziges Pfannengericht warten die Edelpilze auf hungrige Ausflügler, die am Abend aus der waldigen Serrania de Cuenca mit ihren bizarren Felsformationen oder aus dem Museum für Abstrakte Kunst zum Aperitif in die Bars unter der gotischen Kathedrale streben.

Der Alkazar von Segovia. Beim Anblick der altkastilischen Burg spürt man den Atem früherer Zeiten, als hier noch Könige residierten.

Um Madrid sprießen ständig neue Traumhotels aus dem Boden, oft in historischen Gebäuden des steinalten Kastilien untergebracht. Was schon zu Francos Zeiten mit den allgemein bekannten – inzwischen vergleichsweise teuren und trotzdem meist ausgebuchten – Paradores begann, hat sich zu einer reichhaltigen und gepflegten Hotelkultur entwickelt, für die Spanien einzigartig ist. Wer nicht so sehr aufs Geld achten muß, steigt bei seinem Ausflug in die Sierra von Madrid etwa im Hotel Santa María del Paular im Kloster von Rascafría oder im El Tiempo Perdido in Patones ab. Doch schon für weniger Geld werden Träume wahr: etwa in der Hospedería del Real Monasterio de Guadalupe, im schon erwähnten Posada in Cuenca, im Hotel Sancho de Estrada im Castillo de Villaviciosa bei Ávila oder in der alten Wassermühle El Molino del Rio Viejo in Collado Hermoso bei Sigüenza. In Klöstern, Burgen und in so manchem alten Landhaus bieten Wirte neben Tisch und Bett auch viel Ambiente.

Sonntags ist in Madrid kaum ein Restaurant geöffnet, in der Osterwoche und im August sind es noch weniger. Dafür leckt man sich in den Provinzen die Finger. Spitzenrestaurants wie das Charolés in San Lorenzo de El Escorial oder El Cenador de Salvador in Collado Villalba mit entsprechenden Preisen für das Menü sind eher selten. In der Regel zaubern ausgesprochen gepflegte Restaurants mittlerer Preisklasse regionale Speisen – dazu werden erlesene Weine angeboten. El Horno de la Aldegüela in Torrecaballeros zum Beispiel, wo man zur Verdauung entweder durch die kastilische Romanik spaziert oder sich in La Granja de San Ildefonso abkühlt – besonders, wenn dort die fontaneros von Hand die unvergleichlichen, aus einem Stausee gespeisten Wasserspiele in Gang setzen (sonntags sind es nur vereinzelte Brunnen, zu Ostern, am 25. Juni und am 25. August wird die ganze Pracht geflutet).

Der römische Aquädukt von Segovia, der noch bis 1974 der Wasserversorgung diente, wurde jüngst restauriert.

Auf einen Blick

Madrid entdecken und erleben

Über private Veranstalter von Stadtrundfahrten in der 4-Millionen-Einwohner-Stadt informieren Hotels und Tourismus-Büros. Zur Rundfahrt »Madrid Visión« (☎ 91/767 1743) startet der erste Bus um 9.15 Uhr in der Calle San Bernardo 19. Zusteigen kann man an jeder Haltestelle von »Madrid Visión« (Plaza de España, Palacio Real u. a.). Eine Attraktion am Wochenende ist der »Erdbeerzug« vom Bahnhof Atocha 35 (10 Uhr) zur Sommerresidenz in Aranjuez.

Die gut 100 km nordöstlich von Madrid gelegene Stadt Segovia mit ihrer mächtigen spätgotischen Kathedrale ist ein ideales Ausflugsziel.

1. Plaza Puerta del Sol
2. Plaza Mayor
3. San Ginés
4. Kloster der Descalzas Reales
5. Museum der Königlichen Kunstakademie
6. Plaza de Santa Ana
7. San Isidro el Real
8. Flohmarkt El Rastro
9. San Francisco el Grande
10. San Andrés
11. Plaza de la Villa
12. San Nicolas de los Servitas
13. Plaza de Oriente
14. Königspalast
15. Kathedrale Nuestra Señora de la Almudena
16. San Antonio de la Florida
17. Casa de Campo
18. Templo de Debod
19. Plaza de España
20. Gran Vía
21. Parlament
22. Thyssen-Bornemisza-Museum
23. Plaza Cánovas del Castillo
24. Hauptpostamt
25. Plaza de la Cibeles
26. Joaquín-Sorolla-Museum
27. Plaza de Colón
28. Puerta de Alcalá
29. Stierkampfarena Las Ventas
30. Parque del Retiro
31. Casón del Buen Retiro
32. Museo del Prado
33. Botanischer Garten
34. Centro de Arte Reina Sofía
35. Bahnhof Atocha

Don Quijote de la Mancha und Sancho Pansa reiten seit 1928 über die monumentale Plaza de España, beobachtet von ihrem Schöpfer, dem Dichter Miguel de Cervantes.

Im Park Montaña del Príncipe Pío steht der Templo de Debod aus dem 4. Jahrhundert v. Chr., ein Geschenk der ägyptischen Regierung.

Ein Straße, die nur eines will: auffallen. Die Hauptgeschäftsstraße Gran Vía zieht sich von der Calle de Alcalá (Bild) bis zur Plaza de España.

Das Renaissance-Karree der Plaza Mayor war einst der Nabel von Madrid. Inzwischen laden auf dem ehemaligen Handelszentrum der Stadt zahlreiche Cafés zum Verweilen ein.

Zentrale Informationsstellen sind die Oficinas deTurismo der Stadtverwaltung, u. a. an der Plaza Mayor, 3 (☎ 91/3 66 54 77), an der Puerta de Toledo, 1 (☎ 91/3 64 18 76) und am Flughafen. Konzert- und Theaterkarten gibt es per Telefon bei »Teleentradas« der Sparkasse Caja de Catalunya (☎ 91/5 38 33 33). Karten für den Stierkampf kauft man am besten an der Plaza de Toros Las Ventas (samstags 10–14, 17–20 Uhr und Sonntagvormittag). Wer nicht in der Sonne sitzen möchte, sollte zu »Sombra« (Plätzen im »Schatten«) greifen.

Der Maler Joaquín Sorolla hat mit diesem Stadthaus einen Hort des Lichts und der Ruhe mitten in Madrid (General Martinez Campos 37) geschaffen. Das Museum zeigt rund 300 Gemälde des Impressionisten.

Seit 1997 bietet wieder der kühle Schwall der Wasserspiele zu Füßen der Kolumbussäule an der in den 70er Jahren angelegten Plaza de Colón sein erfrischendes Schauspiel.

Die zwischen 1764 und 1778 unter Karl III. errichtete klassizistische Puerta de Alcalá war einst das östliche Haupttor der Stadt.

Zu Füßen von König Alfons XII. kann man im Parque del Retiro rudern, flanieren, die Sonne anbeten oder sich in den kühlen Schatten flüchten.

Die Plaza Puerta del Sol – den Namen hat sie vom Emblem des einst hier stehenden Stadttors – ist der Nullpunkt aller Straßenkilometer im Land.

Dieser bronzene Löwe bewacht den Palacio de las Cortes. In dem klassizistischen Prunkbau tagt seit 1978 das spanische Parlament.

Was – wann – wo?

Madrid en Fiesta

Madrids Festkalender kennt nur zwei wirkliche Attraktionen: Zum einen »San Isidro«, das bedeutendste Stierkampf-Treffen der Welt, einen Monat lang rund um den Tag des Schutzheiligen der Stadt am 15. Mai. Und zum anderen »2. de Mayo«, den 2. Mai, Tag des Aufstandes Madrids gegen die französischen Besatzer unter Napoleon auf dem gleichnamigen Platz. Wegen der Länge von »San Isidro« fallen beide Feste beinahe zusammen. Der Unterschied: Am »2. de Mayo« ist das Kulturprogramm alternativ geprägt – mit Kleinkunst, Independent Rock und Lyrik. Dagegen fällt »San Isidro« eher klassisch aus: Ballett, Oper und natürlich Feuerwerk. Neu in der Stierkampfarena: eine »Corrida Goyesca« in historischen Kostümen.

Stierkampf

- **Titirimundi.** Zum Marionetten-Theaterfestival im Teatro Olimpia kommen Puppenbühnen aus aller Welt. Calle Lavapiés. Mitte Mai bis Mitte Juni.
- **San Antonio de la Florida** ⑯. Um den 13. Juni. Eines von Madrids vielen Stadtteilfesten – und eines der schönsten.
- Die heidnischen Sommersonnwendfeuer haben die katholischen Spanier auf die Nacht vom 23. auf den 24. Juni, zu San Juán, verlegt.
- **Festival de Otoño.** Wenn die Madrilenen aus dem Urlaub zurückkommen, empfängt sie ihre Stadt mit dem Herbstfest. Theater, klassische Musik, Stierkämpfe, Jazz. September bis November.
- **Romería de la Virgen de Gracia.** Die in San Lorenzo de El Escorial stattfindende Wallfahrt ist eine der wichtigsten Spaniens. 8. September.

Calle de Piamonte

De compras – Einkaufen

Im Kaufhaus El Corte Inglés bekommt man alles, nur keine Antiquitäten wie rund um die Ribera de Curtidores mit den Antiquitätengalerien »Nuevas Galerías«. Billigeren Trödel gibt es hier samstags, sonn- und feiertags auf dem Rastro ⑧. Exklusiver sind die Boutiquen und Juwelierläden der Calles Serrano und Goya. Schriller ist die Mode rund um die Calles Almirante und Piamonte, spitzer sind die Spitzen und Borten an der Plaza de Pontejos.

- **Calle de Augusto Figueroa.** Hier gibt es Schuhe, die noch gar nicht getragen werden. In einem Dutzend Muestrarios verkaufen Schuhdesigner probeweise die Modelle der nächsten Saison, Klassisches und Ausgefallenes.
- **Calle de Piamonte.** Nie gesehene Handtaschen im Piamonte, nie gehörter Reggae, Funk, Soul und Rap im Kingstone, die schrillste Mode für Chicas im Gallery und im Próxima Parada.
- **Sybilla.** Klassische Damen, die sich nicht eingezwängt fühlen wollen, können für die Linie von Sybilla eine echte Vorliebe entwickeln. Zu klein für die meisten Stadtpläne ist das insgesamt exquisite Nebensträßchen der Calle Jorge Juan. Callejón Jorge Juan, 12.
- **Palacio de los Quesos.** Guter Käse ist in Spanien eine harte Sache: reif, aromatisch, ausgesprochen schmackhaft. Kenner benehmen sich ähnlich wie bei einer Weinprobe. Calle Mayor, 53.
- **El Miajón de los Castúos.** Delikatessen aus der Extremadura zum Kaufen und Kosten. Jamón de Pata Negra ist Schinken von Schweinen mit schwarzen Hufen. Die haben ihr ganzes Leben lang nur Eicheln gefressen. Das schmeckt man. Calle Infanta Mercedes, 56.

Mit Zeit und Muße

Nie sollte man das Mittagsmenü verachten, sich bei Empfehlungen immer auf den Ober verlassen. Ob mediterrane Küche, ob baskische: Das frische Angebot auf dem Markt diktiert die Speisekarte. Es gibt in Madrid einfach hervorragende Zutaten und noch bessere Köche, die es auch bei den anspruchsvollen Madrilenen nicht nötig haben, durch Firlefanz die Speisen zu verteuern. Wer am liebsten alles probieren möchte, kann dies ruhig tun. »A picar« ist die sitzende Variante des tapeo, des Stehens an der Bar, auch in vornehmen Restaurants. Zumindest von den Vorspeisen bestellt man viele verschiedene, und alle nehmen sich nach Lust und Laune.

Casa Ciriaco

- **Zalacaín.** Nur in San Sebastián findet man baskische Küche von ähnlich hohem Niveau. Calle Alvarez de Baena, 4.
- **Jockey.** Neben der internationalen Küche zeigt man hier, was aus spanisch/madrilenischen Rezepten gemacht werden kann. Calle Amador de los Ríos, 6.
- **Príncipe de Viana.** Die Herren kommen im Anzug, noch feiner ist die baskische Küche. Calle Manuel de Falla, 5.
- **La Despensa.** Ein kulinarischer Ausflug in Spaniens Norden, gut in Fisch und Fleisch. Als Nachspeise empfiehlt sich der Pudding, natillas genannt. Calle Cardenal Cisneros, 6.
- **Casa Ciriaco.** Madrilenischer kann man nicht essen, herzlicher nicht bedient werden. Statt Gerichten kann man auch »de picar« bestellen. Gambas, jamón und was sich sonst noch empfehlen läßt. Calle Mayor, 84.
- **El Bocaíto.** Tapeo in seiner schönsten Form. Die Ober sind nett, lassen es sich aber oft nicht anmerken. Den Toast mit gambas oder almejas (Muscheln) sollte man nicht auslassen. Calle Libertad, 6.
- **Redondella.** Der galizische Beweis, daß man für wenig Geld gut und gepflegt zu Mittag essen kann. Calle Tortosa, 7.

Buenas noches!

Buenas noches!

Madrid hat Spitzenhotels, und Madrid hat viele Hotels. Daß man für ein Zimmer dennoch viel zahlen muß und sich selbst in einer Suite im Ritz fragt, ob das schon alles ist, hat einen einfachen Grund: Die Madrilenen nehmen sich in Madrid einfach keine Zimmer. Weil aber das Palace (Plaza de las Cortes, 7), das Ritz (Plaza de la Lealtad, 5) und einige andere Grandhotels Zentren des gesellschaftlichen Lebens sind, wo zu besonderen Anlässen gefeiert wird, gerät man in deren Salons, Restaurants und Gärten ins schiere Staunen.

- **NH Santo Mauro.** Luxus mit Stil und Reiz bis ins letzte Zimmer des Stadtpalais' aus dem 19. Jahrhundert. Mitten im Grünen, mitten in Madrid. Calle Zurbano, 36. ☎ 91/3 19 69 00, Fax 91/3 08 54 77.
- **NH Balboa.** Das Touristenhotel der Mittelklasse liegt ganz nahe am Zentrum. Calle Nuñez de Balboa, 112. ☎ 91/5 63 03 24, Fax 91/5 62 69 80.
- **Mora.** Man trägt die Koffer selber, dafür aber in die angenehmsten Hotelzimmer der unteren Preisklasse. Fenster zum Prado 32 (Doppelglas, Klimaanlage) oder in eine enge, ruhige Seitenstraße. Paseo del Prado, 32. ☎ 91/4 20 15 69, Fax 91/4 20 05 64.
- **Hostal Lorenzo.** Bei der Renovierung wurde der Charme einigermaßen erhalten. Wer billig wohnen möchte, ist hier richtig. Es ist zwar etwas eng, aber man hat alles, was man braucht. Direkt hinter der Gran Vía 20 in der Calle Infantas Nr. 26. ☎ 91/5 21 30 57, Fax 91/5 32 79 78.
- **Parador de Chinchón.** Ab ins Kloster – für Nicht-Berufene vielleicht in seiner schönsten Form des Rückzugs von der Welt in eine der schönsten kleinen Städte Kastiliens. Chinchón, Avda. Generalissimo, 1. ☎ 91/8 94 08 36, Fax 91/8 94 09 08.

Und wohin am Abend?

Kultur verbinden die Madrilenen ganz madrilenisch mit der Frage: »Was machen wir heute abend?« Deshalb hat Madrid ein unglaublich breites kulturelles Angebot, wobei Orchester, Theater- und Tanzensembles anspruchsvoll sind, aber nicht unter die Weltelite streben. Das madrilenischste aller Kulturangebote sind im Winter die »Zarzuelas«, eine Mischung aus Volksoper, Ballett und Theater. Was, wann und wo erfährt man in der wöchentlichen Veranstaltungszeitschrift »Guia del Ocio« und in den Tageszeitungen.

Teatro de la Zarzuela

- **Teatro de la Zarzuela.** Bis zur Wiedereröffnung der Oper an der Plaza del Oriente die Oper von Madrid. Im Winter Zarzuelas. Calle Jovellanos, 6.
- **Teatro de la Comedia.** Spielstätte der Compañia Nacional de Teatro Clásico: Spaniens alte Meister sehr modern gesehen. Calle del Príncipe, 14.
- **Auditorio Nacional de Música.** In der neuen Philharmonie ist die Akustik ausgezeichnet, die Innenarchitektur hat ihre Kritiker. Calle Príncipe de Vergara, 136.
- **Teatro Real.** Nachdem kurz vor der Neueröffnung 1996 der riesige zentrale Leuchter ins Parkett stürzte, dürfte sich die Wiedereröffnung des Madrider Opernhauses voraussichtlich bis Oktober 1997 verzögern. Dann darf man gespannt sein. Plaza de Oriente 4, Calle Carlos III., s/n.
- **Filmoteca Española.** Internationale Kinogeschichte von den Anfängen bis heute auf der Leinwand. Zum Subventionspreis! Calle Santa Isabel, 3.
- **Multicines Ideal.** Das Cineasten-Zentrum der movida zeigt in acht kleinen Sälen internationales Programmkino in Originalversion. Calle Doctor Cortezo, 6.
- **Renoir.** Spanisches und europäisches Kino, daneben Independent Cinema aus USA. In dieser Reihenfolge, immer Originalfassungen, nur beim spanischen Kino leider, leider ohne Untertitel. Calle Martín de los Heros, 12.

Flamenco und Jazz

Flamenco und Jazz haben eines gemeinsam: In ihrer reinsten Form werden sie vor den Ohren und Augen des Publikums gemacht, werden improvisiert. Wie bei der Jam-Session des Jazz, so gibt es in einer richtigen peña eigentlich keine Trennung zwischen Publikum und Akteuren. Denn eine peña ist ein Treffpunkt von aficionados, Liebhabern, die zum Zuhören, zum Singen und zum Mitklatschen kommen. Letzteres sollten ungeübte Besucher einer richtigen peña allerdings diskret unterlassen. Bei den schwierigen Rhythmen stiften Touristenhände nur lästige Verwirrung.

- **Café Central.** Ab 24 Uhr wird hier gejazzt. Das Lokal finanziert sich über den hohen Bierpreis. Plaza del Angel, 10.
- **Populart** ist ein Sax-Treffpunkt mit Schwerpunkt Latin-Jazz in der Calle Huertas 24.
- **Café del Mercado:** Karibische Klänge, für Salsa-Freunde ein Muß. Ronda de Toledo, 1.
- **Casa Patas** ist die Börse des echten Flamenco von Madrid. Konzerte zum Zuhören und zum Kennenlernen. Calle Cañizares, 10.
- **La Soleá.** Eine taberna, die eigentlich eine peña in Urform ist. Hier singt zur Gitarre von Alfonso Orellana, wer sich dazu berufen fühlt – jede Nacht eine Überraschung. Kein Eintritt, aber eine Bedingung für Touristen: ruhig sein und zuhören. Calle Cava Baja, 27.
- **Torres Bermejas.** Ein tablao, das spanische Wort für Bretterbühne. Traditionell: baile (Tanz, bei dem die Bretter nur so knallen) und cante (Gesang). An Touristen gewöhnt. Calle Mesonero Romanos, 11.

Moskau

Stadt der Gegensätze

Gegensätze prägen die Eigenart Moskaus. Wer sich von Osten, von der Steppe Sibiriens her nähert, dem offenbart sich hier reinstes Europa. Von Westen kommend, zeigt sich einem eher schon das Antlitz Asiens.

Die trockene Winterkälte hat Armeen bezwungen. Nur noch die Datschen im weiten Umland retten die wohlhabenderen Hauptstädter vor der sommerlichen Hitzebrut, dem Smog. Auf der gleichen staubigen Twerskaja trägt die Babuschka ihr Kopftuch, ein Arbeiter seine verschlissenen Filzstiefel, stolziert ein sündteurer Nerz, stöckeln Stiefeletten aus Thailand. Der Trolley keucht noch wie ein Pferdegespann durchs Zentrum. Unter der Erde: die rastlose Metro – ein Gruß in die nächsten Jahrhunderte.

Nur ein Steinwurf trennt den Roten Platz vom Kreml, das Mausoleum Lenins, des kommunistischen Staatsgründers, von den Gräbern der Zaren. In Moskau ließen sie sich krönen, auch als St. Petersburg längst das Imperium beherrschte.

Mutter Rußlands, sagten Dichter wie Leo Tolstoj, wenn sie von Moskau sprachen. Eine Mutter, die ihre unverwechselbaren Züge trägt, weil sie das Gegensätzlichste vereint. Ein Gesicht, das bereits mit Väterchen Lenin (Bild) sowjetisch zu altern drohte – und russisch wieder neu auflebt.

Wenn Pflastersteine sprechen könnten

Schöner Roter Platz

Imposant eingerahmt wird der Rote Platz von mächtigen Bauwerken: der Basilius-Kathedrale auf der einen, dem Kreml mit seinen mächtigen Toren und dem Erlöserturm auf der anderen Seite.

Was für London der Trafalgar Square, für Paris die Place de la Concorde, das ist für Moskau die Krasnaja Ploschtschad. Der Rote Platz ❶ ist weiblich, und krasnaja bedeutet weniger rot als vielmehr schön. Aber rot hat sich, besonders durch die sieben Jahrzehnte der Sowjetherrschaft, in der Welt eingebürgert.

Trafalgar Square und Place de la Concorde leben vom flutenden Verkehr, von Bus und Metro, von der Chance, ein Taxi zu erwischen. Der Rote Platz sah vor Jahrzehnten die letzte Straßenbahn vom Manegenplatz, der Maneschnaja Ploschtschad, heraufzockeln, die dann am Wasilewskij-Hang wieder abrollte. Im Januar-Frost des Jahres 1924 setzten Zimmerleute mitten in die Gleisspur ein hölzernes Gebäude. LENIN stand darauf zu lesen. Als sechs Jahre später an dieser Stelle das marmorne Mausoleum ❶ errichtet wurde, hatte man auch die Gleise weggeräumt.

1987 war Matthias Rusts Landung mit einer Sportmaschine der letzte Versuch, den Roten Platz dem Verkehr wieder zu öffnen. Aber der Desperado-Flug endete genaugenommen bereits jenseits der Basilius-Kathedrale ❷. Nein, der Rote Platz lebt von den Fußgängern. Es sind überwiegend Besucher von außerhalb, die – einmal in Moskau – darüberschlendern. Sie sehen einen Platz, der gänzlich kahl und leer ist. Schwarzgraues Basaltpflaster auf 400 Meter von Nord nach Süd und 150 Meter von Ost nach West.

Diese Pflastersteine könnten von Panzerketten erzählen, von Raketentransportern, tausenden Soldaten, roten Fahnen, Staatsflaggen mit Hammer, Sichel und Sowjetstern. Der Platz zog oft genug die besorgten Blicke der Welt auf sich. Vor der backsteinroten Kremlfront beobachteten jedes

In altem Glanz ist sie wiedererstanden: die symbolträchtige Iberische Pforte am Roten Platz, die einst von den Kommunisten zerstört worden war.

Vor dem Lenin-Mausoleum steht man bisweilen auch heute noch länger an. Den Hintergrund (von links) markieren Nikolausturm, Arsenal-Eckturm und Historisches Museum.

Jahr im November die ausländischen Diplomaten die legendären Aufmärsche, die Vernichtungsmaschinerie einer überrüsteten Supermacht.

Das Gegenteil bot das Bild zum 1. Mai: Birkengrün, Blumen, tausende Luftballons, schwungvolle Melodien, offene Kragen, Kinder an der Hand oder auf den Schultern. Von Stalin bis sogar noch zu Gorbatschows Zeit ließ sich die Staatsführung auf der Mausoleums-Balustrade von den vorüberziehenden Massen huldigen.

Zu beiden Seiten des Historischen Museums ❹ waren Richtung Manegenplatz vor gar nicht allzu langer Zeit noch breite Aufmarschschneisen geschlagen worden. Eine hat wieder ihr historisches Aussehen mit den flachen Rundbögen und Turmaufsätzen zurückerhalten: die Iberische Pforte. 1930 war sie von den Kommunisten über Nacht abgerissen worden. Bis dahin hatte kein Russe den Roten Platz betreten, ohne sich an dieser Stelle zu bekreuzigen und die Ikone in der Mauer zu küssen. Nach Jahrzehnten ist das alte Rußland wieder an den Roten Platz zurückgekehrt.

Lenin ist noch da. Die endlose Schlange hat sich auf einige Dutzend Touristen reduziert, die das baulich genial dem Kreml angepaßte Mausoleum noch besuchen. In Eile und Andachtshaltung werden sie am Sarkophag vorbeigeschleust. Kaum Zeit, um die Neugierde zu befriedigen: War Lenin echt? Trägt der wachsbleiche Leichnam Schwarz oder Braun oder einen grauen Anzug? Blinzelnd tritt man wieder ans Tageslicht. Stand da nicht einst ein Doppelposten in versteinerter Haltung am Eingangsportal? Er ist verschwunden wie der Wachwechsel, der Stechschritt, das Aufknallen der Gewehrkolben, das der Glockenschlag vom benachbarten Erlösertor früher ausgelöst hat.

Wer für diese Motive einen Film vorgesehen hatte, der kann ihn ein paar Schritte weiter an der Basilius-Kathedrale verbrauchen. »Wie soll ich diesen Götterspuk beschreiben?« kapitulierte der Schriftsteller Arthur Holitscher. Die Kathedrale wächst förmlich empor, wenn man sich ihr über den Buckel des Platzes Richtung Süden nähert. Erst erscheint die zentrale Kuppel mit ihren farbigen Windungen, dann tauchen immer greller, immer bunter die Türme, Säulen, Fenster, Simse, Türen, Galerien auf. Iwan der Schreckliche ließ die Kirche im 16. Jahrhundert bauen. Seither reichen die Vergleiche von byzantinischem Wahnsinn bis zum Kristallstöpsel einer alten Karaffe …

Nach Begutachtung der Bauorgie kann man sich dem Kaufrausch ergeben. GUM ❸ – das Staatliche Allgemeine Kaufhaus – nimmt die dem Mausoleum gegenüberliegende Front in fast ganzer Länge des Platzes ein. Wer die nötigen Rubel hat, dem hält der Westen hier seinen Luxus feil. Die armseligen Strickmützen einer Farbe, einer Größe gibt es nicht mehr. Die Fülle, das Gedränge sind geblieben. Glasüberdachte Galerien, Brücken, Brunnen entsprechen wieder wie zur Entstehungszeit, Ende des 19. Jahrhunderts, dem Reichtum des Angebots.

Lenin

Im März 1918 bezog Lenin den Kreml, wenige Monate nach der Oktoberrevolution, die ihn an die Macht gebracht hatte. So wurde Moskau nach mehr als zwei Jahrhunderten wieder zur Hauptstadt. Einige der fast 150 Lenin-Erinnerungsstätten, die man zu sowjetischer Zeit in Moskau noch zählte, sind nach wie vor an ihrem Platz. Die wichtigste ist wohl das Mausoleum ❶, wo der einbalsamierte Staatsgründer den Zusammenbruch seines Imperiums wachsbleich überstand.

1870 war Wladimir Iljitsch Uljanow in Simbirsk an der Wolga geboren worden. Lenin nannte er sich erst als Kämpfer der Bewegung, die das Zarenreich revolutionieren sollte. Verfolgt, verurteilt und verbannt, erkannte er 1917 im Zusammenbruch der Ostfront während des Ersten Weltkriegs seine Chance zur bolschewistischen Machtergreifung. 1924 starb er schwer krank in Gorki bei Moskau.

Einkaufen oder nur staunen: Das Kaufhaus GUM mit seinen Ladenpassagen auf drei Stockwerken, überspannt von einem riesigen Glasdach, beeindruckt jeden Besucher.

Das Zentrum der Macht

Der Kreml im Verlauf der Geschichte

Zu den Schätzen der Rüstkammer gehört auch die pelzgesäumte und mit Edelsteinen verzierte Monomach-Krone der russischen Zaren.

Der erste Eindruck: viel Mauer. Sie ist länger als zwei Kilometer, mitunter bis an die 20 Meter steil aufragend, über dem Moskwa-Fluß, der Schokoladenseite, sogar noch einmal doppelt so hoch. Mit Wehrtürmen, Schießscharten und der Zinnenbekrönung in Form von Schwalbenschwänzen zeigt der Kreml ❻ nach außen die Zähne.

Grandioses Ensemble: Borowizkij-Turm, Rüstkammer, Wasserturm, Großer Kreml-Palast und Erzengel-Kathedrale (von links).

Einen Kreml haben viele Städte, denn das Wort heißt Festung. Vor rund 900 Jahren umgab ein Palisadenwerk etwa da, wo sich im Südwesten der Borowizkij-Turm befindet, die Keimzelle der späteren russischen Metropole. Gegen Litauer und Polen, gegen Mongolen und Tataren suchten die Moskowiter hinter den Kremlmauern Schutz. Das Abweisende hatte seinen Sinn.

Tiefer Friede und Stille beeindrucken dagegen im Innern, in den Kathedralen und Kirchen des Kreml ❼. Ein gemurmeltes Gebet, das Knistern flackernder Opferkerzen, das ist alles, was man vernimmt. Betritt man den Kreml durch das Tor des Kutafja-Wachturms ❺, so läßt man das Arsenal und die Beutewaffen vor seiner Fassade – auch wörtlich – links liegen. Die schönste der im Freien ausgestellten Waffen, die alte Zarenkanone mit ihrem unvergleichlichen Kaliber, mit Schnörkeln, Bärenfratze und anderem Zierrat, hat nichts Bedrohliches mehr, ist ein dekoratives Fotomotiv.

Der Kreml ist mit der Zeit gewachsen. Was wir heute sehen, läßt von der lebendigen Stadt, die sie einmal innerhalb Moskaus war, kaum etwas ahnen. Über die Jahrhunderte wurde zerstört, niedergebrannt, wieder aufgebaut und verschandelt. 1961 ließ die Kommunistische Partei der Sowjetunion für ihre Großveranstaltungen noch einen monumentalen Palast aus Glas, Beton, Aluminium und weißem Marmor bauen – Platz für 6000 Partei-Claqueure. Hier ist auch die Stelle, an der das Volk erstmals von Stalins Verbrechen erfuhr. Von dem Diktator, der aus dem Kreml eine verbotene Stadt gemacht hatte – mit Geheimtreppen, unterirdischen Gängen, Verliesen und Falltüren. Eine unterirdische Autostraße,

Allein 10 Tonnen wiegt das Stück, das aus der mit 6 Metern Höhe größten Glocke der Welt, der 1737 gegossenen Zarenglocke, herausbrach.

ja sogar eine Metro-Linie soll angeblich zur Flucht vom Kreml bis über den Stadtrand hinaus existieren.

Stalin selbst richtete sich im Großen Kreml-Palast ein. Für diesen Bau hatte Zar Nikolaus I. rücksichtslos Kirchen und andere architektonische Kostbarkeiten abreißen lassen. Zeigt der nördlich gelegene weiße Glockenturm mit Namen Iwan der Große, wie hoch der Kreml in den Himmel ragt, so beherrscht der Große Kreml-Palast mit seinen weißen langen Fassaden die ansehnliche Südseite des Komplexes. Hier zeigt sich das russische Imperium des 19. Jahrhunderts in seiner Blüte. Das Innere ist nicht weniger auf Prunk und Pomp abgestimmt: Gold, Silber, Halbedelstein in Marmor, Kristall-Lüster an den Stuckdecken, Vasen, Wandmalerei, Gemälde, schnörkelreiches Mobiliar, Teppiche auf kostbarstem Stein- und Parkettboden.

Peter der Große hatte den Kreml zu seiner Zeit als düster und altrussisch-muffig empfunden. Er schuf sich ab 1703 sein St. Petersburg. Trotz der Verlagerung der Hauptstadt dorthin erhielten sich die Romanow-Zaren den Kreml. Er blieb Schauplatz der prächtigen Krönungen, die in der Mariä-Himmelfahrts-Kathedrale stattfanden. »Großfürsten, Prinzen, Diplomaten, der Hofstaat, Honoratioren huldigten hier dem russischen Herrscher, der eine unvergleichliche Machtfülle besaß. ›Herr, erhalte den Kaiser‹ sangen die Chöre, die Glocken sämtlicher Kirchen der Stadt erklangen, und die Fenster der Kathedrale erzitterten von den 101 Kanonenschüssen, die von der Balustrade über der Moskwa aus die Stadt und ganz Rußland grüßten.« So schildert der deutsche Diplomat von Moltke beeindruckt die Krönung des letzten Zaren.

Auf der Bühne des Bolschoj-Theaters (28) lebt diese Vergangenheit noch. Schauplatz der eindrucksvollen Massenszenen in »Boris Godunow« und anderen russischen Opern ist das Herz des Kremls, der Kathedralenplatz. Er ist nach dem Vierer-Ensemble, das ihn umgibt, benannt. Die Kathedralen sind dem Erzengel Michael sowie der Verkündigung, der Gewandniederlegung und der Himmelfahrt Mariens geweiht. Die lombardisch-byzantinischen Elemente, die hier im Kreml die urrussische Kathedralarchitektur beeinflußt haben, stammen von den italienischen Architekten des 15. und 16. Jahrhunderts. Licht und Dunkel, Fresken und Ikonen, Zarengräber und rauchgedunkelter Stein üben ihre einzigartige Faszination im Innern aus.

Die nordwestliche Hälfte des Kreml-Innern läßt der Besucher meist unbeachtet. Eine unsichtbare Linie trennt seine langgestreckten, klassizistischen Verwaltungsgebäude vom weitgehend zugänglichen musealen Teil. Auf der hochragenden Kuppel verraten die russischen Nationalfarben Weiß-Rot-Blau, daß sich dort auch gegenwärtig das Zentrum der Macht befindet. Der neuen Flagge mit dem Staatsadler, die nachts eigens angestrahlt und selbst bei Windstille noch am lebhaften Flattern gehalten wird, mußte 1991 die blutrote mit Hammer und Sichel weichen.

Über Moskau reicht nur der Kreml, über den Kreml nur noch der Himmel. Die alte russische Redensart könnte man mit dem Hinweis auf sieben Stalin-Hochhäuser im Zentrum widerlegen. Sie überragen inzwischen alles. Wer aber den Kreml gesehen hat, wird danach auf sie herabschauen.

Über und über mit Fresken und Ikonen geschmückt präsentiert sich das Innere der Mariä-Himmelfahrts-Kathedrale, einst Krönungs- und Trauungskirche der Zaren.

Vorbild aller Kathedralbauten Rußlands: die im 15. Jh. von einem italienischen Architekten errichtete Mariä-Himmelfahrts-Kathedrale, Zentralkirche des Kreml.

Metro, Märkte, Datschen

Unter- und Überirdisches

Kitsch und Kunst: Alles wird im post-kommunistischen Rußland vermarktet.

Zieh nach Moskau!!! So drängt der Dichter Anton Tschechow einen Freund. »Wer sich hier einmal eingewöhnt hat, der geht nicht mehr weg.« Dagegen erntet aber ein in Rußland bekannter Bühnenheld stets sicheren Beifall, wenn er verzweifelt der Stadt den Rücken kehrt: »Nur fort aus Moskau, fort!« Was denn nun?

Kaufen und Verkaufen heißt die Devise: Der Ismajlowo-Markt gleicht einem riesigen Basar.

Kein Land auf Erden liebt seine Hauptstädter. Von außerhalb beschuldigt man die Metropole der Hartherzigkeit: »Moskau glaubt keiner Träne.« Verglichen mit dem übrigen Land hat es der Moskowiter besser. Märkte, Bahnhöfe, Parks, Kaufhäuser, Universitäten, Flughäfen und Sportstätten, alles gibt es in Mehrzahl. Nur die Metro, die Moskauer U-Bahn, ist einzig.

»Do swidanja, Pferdedroschke!« Um dich noch einmal anzuschirren, sang ein Kutscher in einem zeitgenössischen Liedchen, müßte selbst ich von Sokolniki bis Kulturpark mit der Metro fahren. Das waren die Endstationen der in vierjähriger Rekordzeit fertiggestellten ersten Linie. Das Jahr 1935 wurde zur Zeitenwende: tief unter der Erde schüttelte Moskau die Vergangenheit ab. Das geschah nicht im Verborgenen, im Gegenteil: Krim, Karelien, Kaukasus, Ural und Ferner Osten schickten Marmor und Granit. Jede Station bekam ihr eigenes Gesicht. In den Mosaiken der Station Kijewskaja wogen die Sonnenblumen und Weizenähren der Ukraine. In der Station Dynamo mit ihrer riesigen Glaskuppel über der Eingangshalle erzählen die Wandreliefs von Körperertüchtigung und Lebensfreude. Der Besuch der Komsomolskaja-Station lohnt doppelt. Oberirdisch steht als einer von drei Bahnhöfen an einem einzigen Platz der Jaroslawler Bahnhof in reinstem Jugendstil und empfängt vor allem die Reisenden der Transsibirischen Eisenbahn. Unterirdisch widerspiegelt sich in monumentalen, von mächtigen Kronleuchtern erhellten Mosaiken der ganze Enthusiasmus der Jugend beim Aufbau eines modernen Industriestaates. Das Pathos wird nur von den Bronzehelden der Revolution von 1917 übertroffen, die in der Station der Rewol' Ploschtschad ucii, des Revolutionsplatzes im Zentrum, stehen. Nicht nur der Soldaten und Pioniere wird gedacht, auch der Mutter mit Kind oder dem Sportler.

Als Kirchenräume des Sozialismus oder Moskaus Eremitage hat man die Metrostationen manchmal bespöttelt. Ein beneidenswertes Museum wäre das, mit seinen neun Millionen Besuchern täglich und Öffnungszeiten von sechs Uhr früh bis ein Uhr nachts. Die Züge verkehren im Anderthalb-Minuten-Takt auf fast 200 Kilometern Strecke zwischen 150 mehr oder weniger kunstvollen Stationen.

Das »M« an den Eingängen ist seit der jüngsten Zeitenwende, dem Zerfall der Sowjetunion, als Hinweis überflüssig geworden. Bahnhöfe wie Metro-Stationen erkennt man noch leichter an dem Wildwuchs von Verkaufsständen, fliegenden Händlern, Bettlern und Musikanten. Sie gleichen den alten Kolchosmärkten und überbieten sie noch. Comics oder Sex? Bitte. Blumen oder Kleidung? Poshalsta. Oder ein süßes Hundchen? Wer da nicht widerstehen kann, ist beim Besuch des Vogelmarktes (Ptitschij Rynok) 34 höchst gefährdet.

Oft sind schon die Kleinsten in den Kampf ums tägliche Überleben eingespannt und erspielen sich auf den Straßen ein paar Rubel.

Auch Bauern aus dem Umland versuchen, ihre Produkte in der Stadt zu verkaufen – allerdings haben viele Moskowiter gerade genug Geld für das Nötigste.

Paläste fürs Volk sollten sie sein, die unter Stalin erbauten Metro-Bahnhöfe: Eine der prunkvollsten Stationen ist Komsomolskaja.

Auf der lila Metro-Linie heißt es an der Taganskaja-Station: Die Türen schließen. Nächste ist die Station Proletarskaja. Da steigt man aus, und dann heißt es standhaft sein: Die liebsten Hundeaugen und die samtesten Katzenpfoten verraten einen ganzen Straßenzug entlang, daß es hier entgegen dem Namen des Marktes nicht nur Vögel zu kaufen gibt. Fische und Fischfutter, Hamster, Kaninchen und hochdekorierte Rassehunde, Fachsimpelei der Züchter, Streit um den Preis und ein einzigartiges Geruchsgemisch werden hier geboten. Wer nur Fotos und nicht zauberhafte Welpen mitbringt, kann von Glück reden.

Unvergleichlich in dieser Stadt, die selbst einem einzigen Basar ähnelt, ist der Ismajlowo-Markt. An der Metrostation Ismajlowskij-Park 33 lädt er täglich, besonders aber am Wochenende, Touristen wie Einheimische in Massen ein. Tand und Trödel, Teppiche, Volkskunst in Holzschnitzwerk und Lackmalerei, Gewebtes und Lochstickerei. Man feilscht hier sommers wie winters, trinkt Tee, spielt ein Brettspiel, ein Harmonikaspieler konkurriert mit den plärrenden Radiorecordern, dazu gibt´s Würstchen, Schaschlik, Dollars, Taschendiebe. Hier ist einer der vitalsten Flecken Moskaus.

Vor allem Ausländer haben Moskau immer wieder einen ländlichen Charakter nachgesagt. Die Hinterhöfe gleichen einem Dorfanger. Die Alten halten einen Plausch, Hunde spielen. Es grünt und blüht, und das Tauwetter bildet Seen. Und doch ist diese Idylle nur ein Abglanz dessen, was dem Moskowiter die Datscha ist. Noch nach dem Zweiten Weltkrieg wurden dort, wo sich der riesige Lushniki-Sportkomplex ausbreitet oder wo auf den Sperlingsbergen die Lomonossow-Universität 16 in den Himmel ragt, Tomaten und Kartoffeln angebaut. Heute erreicht man die Datschen längst nicht mehr mit der Metro. Das hindert niemanden daran, ab Freitagabend zur Entvölkerung der Stadt beizutragen, als gelte es der Pest zu entfliehen. Und am Sonntagabend stimmen alle Tschechows »Drei Schwestern« aus vollem Herzen zu: »Nach Moskau! Nach Moskau!«

Der Friedhof vom Neu-Jungfrauenkloster

Vom Kloster 17, das ihm den Namen gab, trennt den Friedhof nur eine hohe rote Wehrmauer aus dem 16. Jahrhundert. Gräber und Denkmäler auf dem Friedhof tragen Namen, die ihn zur vielbesuchten Pilgerstätte machen. Alle Welt blickte darauf, als 1971 Nikita Chruschtschow, der das nachstalinistische »Tauwetter« eingeleitet hatte, dort – und nicht neben der ranggleichen Sowjetprominenz um das Lenin-Mausoleum 1 – beerdigt wurde. Prompt wurde sein Grab (Bild) zum Anziehungspunkt. Doch ist es nicht der einzige: Die Dichter Anton Tschechow und Nikolaj Gogol haben ihre Ruhestätte unweit der Gräber der Komponisten Sergej Prokofjew und Dimitrij Schostakowitsch. Hier stößt man auf die Namen des Geigers David Oistrach, des Filmregisseurs Sergej Eisenstein oder der Dichter Wladimir Majakowskij und Michail Bulgakow. Frische Blumensträuße, einige auswendig zitierte Zeilen, überhaupt die vielen Besucher – darunter viele Kinder – zeugen davon, wie lebendig den Russen ihr kulturelles Erbe ist.

Bauboom in der City

Moskaus Stadtviertel im Wandel

Neu herausgeputzt, erstrahlen die historischen Gebäude des früheren Kaufmannsviertels Kitaj-Gorod wieder in alter Pracht.

Die Christi-Erlöser-Kirche 18 grüßt wieder vom Ufer der Moskwa. Bei Tage blendet der Goldglanz der Kuppeln und Kreuze, im Dunkeln leuchten Scheinwerfer den Koloß neben dem Kreml 6 plastisch aus. Die Geschichte dieser Kirche verdient ein Wort, weil sie von Triumph und Tragödie mehrerer Epochen zu berichten weiß. Sie beginnt 1812, als es Napoleon und seinem Heer gelang, bis in den Kreml vorzudringen. Mit der prunkvollen Erlöser-Kirche setzten sich später das Zarenhaus und Rußland ein Denkmal des Sieges über die Franzosen. Ein Symbol, das die Kommunisten störte. Im Dezember 1931 sprengten sie das Gebäude aus der Silhouette des Moskwa-Ufers heraus. Nur fand Lenin, der nach dem Willen Stalins an dieser Stelle als Dachbekrönung eines monumentalen Sowjetpalastes Moskau weit überragen sollte, statisch nicht den erwünschten Halt. Das Gebäude wurde nie errichtet, die Blöße dann über Jahrzehnte mit einem Schwimmbad verdeckt. 1147 war Moskau gegründet worden, 850 Jahre danach ist die Christi-Erlöser-Kirche nun originalgetreu wieder fertiggestellt. Sie hat eine Symbolkraft für die Moskowiter, die den Bogen der russischen Geschichte weit über Napoleon zurück spannt. Ob es die bescheidenen 100 Rubel des armen Gläubigen waren oder die Barren zur Vergoldung aus dem Tresor der neuerblühten Banken – die Spender wollten, daß sich das neue Rußland in dieser wiedererstandenen Kirche verkörpert findet: glänzend und von beeindruckender Größe.

Die neue Geschichte spricht für einen nationalen Traum. Die Hoffnung drückt sich auch im Baufieber aus, das die Hauptstadt mit Beginn der 90er Jahre erfaßt hat. Weg vom Plattenbau am Stadtrand wandern die Rubel-Millionen ins Zentrum, das kapitalistisch-vital neue Züge annimmt.

Die wiederaufgebaute Christi-Erlöser-Kirche steht für ein neues Rußland, das an Traditionen und die einstige Größe anknüpfen will.

Nicht überall hat die neue Zeit Einzug gehalten: In abgelegenen Straßen findet man noch Geschäfte wie dieses, das »Heiße Pizza und Torten« anbietet.

Berühmt wurde das Weiße Haus durch die Putschversuche der Reformgegner 1991 und 1993.

Der alte Stadtteil Kitaj-Gorod tut wenige Schritte hinter dem GUM ❸ so, als sei er nie etwas anderes als das Viertel der Kaufleute, Versicherungen und Banken gewesen. Um den Gostini Dwor, das wieder hergerichtete Kaufhaus aus dem 19. Jahrhundert, befindet sich alles im Wettlauf mit den Straßenzügen im Zentrum, die ebenfalls altes Recht behaupten: Neglinnaja, Petrowka mit Petrowskij-Passage, Kusnezkij Most, von dessen Eleganz die Welt schon vor der Revolution schwärmte. Die Straßen und Gassen sind randvoll. Das drängelt und schiebt, hupt und quietscht. Glas, Licht, Reklame, Farbe, Mode haben die öden roten Spruchbänder längst ersetzt. Wer hier selbstherrlich trotz des Verbots parkt, der hat auch die dicke Brieftasche für den sündhaft teuren Tand und Luxus in den Boutiquen und Läden. Die eingestreuten Galerien, Buchhandlungen und Antiquariate, nicht zuletzt aber das alles überragende Bolschoj-Theater ㉘, geben diesem Viertel eine gute Mischung.

Vorbei am Akademietheater ㉔, in dem Anton Tschechows Stücke uraufgeführt wurden, gelangt man schon zur nächsten Versuchung, der ehemaligen Gorkij-Straße. Auf der Twerskaja, wie sie wieder heißt, läßt sich sogar flanieren, kann man Kosmetik und Mode klangvoller Firmennamen nicht nur kaufen, sondern auch ausführen. Und der Pelz für den Winter nimmt seinen Weg von Sibirien über Mailand nach Moskau. Ein Bummel auf der Twerskaja führt bis zum Puschkin-Platz ㉖, wo »man sich trifft«. Alexander Puschkin, der bekannteste russische Dichter, schweigt versonnen auf seinem Denkmalsockel. Der Verkehrslärm an dieser Kreuzung läßt jeden, der auch nur ein Wort wechseln will, in den breiten Boulevard fliehen, der rechts und links wegführt und sich ringförmig unter wechselnden Namen fast um die gesamte Altstadt legt. Schachspieler, Kinder, Liebespaare, Zeitungsleser, Hunde und gewöhnliche Passanten bevölkern diese Grünzunge.

Sie schneidet im Westen den Alten Arbat ⑳, die traditionsreichste Fußgängerzone Moskaus mit Straßenmalern, Musikanten und Andenkenläden. Und der Boulevard kreuzt auch den Neuen Arbat, eine Einkaufsmeile, auf der es eigentlich alles gibt, was seine ständige Überfüllung erklärt. Der Neue Arbat gibt sich mit Blaulicht und Signalsirenen auch noch unverkennbar als Kreml-Rennstrecke zu erkennen, die vom Regierungsgebäude, dem 1993 zerschossenen Weißen Haus ㉑ an der Moskwa, zum eigentlichen Machtzentrum im Kreml führt.

Moskau blüht, Moskau baut. Das Weiße Haus zeigt längst keine Narbe mehr, vor dem Kreml ist der Manegenplatz, jahrelang in der Erde klaffend, zur Tiefgarage, zum unterirdischen modischen Einkaufszentrum umgestaltet worden. Selbst am anderen Flußufer regt sich in dem als verschlafen geltenden Zamoskwaretsche-Viertel seit langem wieder die Baulust. Dort haben Stadt und Staat der umfassendsten Sammlung russischer Kunst in der Tretjakow-Galerie ❾ innen (durch einen Erweiterungsbau) Platz und außen wieder ihre Jugendstil-Fassade beschert.

Tretjakow-Galerie ❾

Bei mehr als 100 000 Werken erscheint die Bezeichnung »Galerie« irreführend, jedenfalls zu bescheiden für die umfassendste Sammlung russischer Kunst überhaupt. Den Grundstock bildet die 1892 erfolgte Schenkung des Kaufmanns Pawel Tretjakow an die Stadt. Sie umfaßt vor allem Werke des 19. Jahrhunderts und Ikonen. Unter letzteren zählen die um das Jahr 1411 von Andrej Rubljow geschaffene »Hl. Dreifaltigkeit« und die für wundertätig gehaltene »Gottesmutter von Wladimir« zum Muß eines Besuchs.

Von der sakralen Kunst spannt sich heute der Bogen bis zur russischen Avantgarde des 20. Jahrhunderts. Sowjetkunst, der sogenannte Sozialistische Realismus, hat in der Neuen Tretjakow-Galerie gegenüber dem Gorkij-Park ⓬ ihren Platz gefunden.

Westliche Marken: Die Reklame ist verführerisch, doch kaum ein Moskowiter kann sich den neuen Luxus leisten.

Auf einen Blick

Moskau entdecken und erleben

In den Pauschalangeboten der Reisebüros ist fast immer eine Stadtrundfahrt enthalten. Wer Moskau auf eigene Faust entdecken will, kann sich – am besten über das Hotel – ein Taxi bestellen. Die interessanteste und billigste Art, die Stadt zu erkunden, ist die Metro mit den prächtigen Bahnhöfen, das beliebteste Verkehrsmittel der über neun Millionen Moskowiter. Allerdings sollte man dann die kyrillische Schrift kennen.

In Kolomenskoje, im Südosten der Stadt, vermitteln Domäne und Kirchen in der Moskwa-Flußlandschaft noch immer altrussische Harmonie.

1. Roter Platz und Lenin-Mausoleum
2. Basilius-Kathedrale
3. Kaufhaus GUM
4. Historisches Museum
5. Kutafja-Wachturm / Alexander-Garten
6. Kreml-Paläste
7. Kreml-Kathedralen
8. Auferstehungskirche
9. Tretjakow-Galerie
10. Danilow-Kloster
11. Donskoj-Kloster
12. Gorkij-Park
13. Staatliche Gemäldegalerie
14. Kirche des hl. Nikolas der Weber
15. Tolstoj-Wohnhaus
16. Lomonossow-Universität
17. Nowodewitschij-Kloster
18. Christi-Erlöser-Kirche
19. Puschkin-Museum
20. Alter Arbat
21. Weißes Haus
22. Tschechow-Haus
23. Gorkij-Haus
24. Tschechow-Akademietheater
25. Twerskaja (ehem. Gorkij-Straße)
26. Puschkin-Platz
27. Mariä-Geburts-Kloster
28. Bolschoj-Theater
29. Hotel Metropol
30. Heilige-Dreifaltigkeit in Nikitniki
31. Kalantschewskaja-Platz
32. Andronikow-Kloster
33. Ismajlowskij-Park
34. Vogelmarkt
35. Neues-Erlöser-Kloster

»Kreml« steht als Inbegriff für russische Macht. Die goldenen Kuppeln des Glockenstuhls (Bildmitte) und des Glockenturms (rechts) im Kathedralen-Ensemble zeugen davon.

Schon wenige Monate nach dem Oktoberputsch von 1993 bezog die Regierung das wiederhergestellte Weiße Haus an der Moskwa.

Die Arbatstraße ist eine geschäftige Fußgängerzone, geprägt von kleinen Geschäften, Cafés, Straßenmalern und Musikanten.

Wehrmauern und Kathedralen des Novedewitschij-Klosters sind eindrucksvolle Zeugen der Vergangenheit. Im 16. Jahrhundert wurde das Wehrkloster zum Schutz der Stadt errichtet.

Das Puschkin-Museum für Bildende Künste birgt keine Literatur, sondern eine der kostbarsten Sammlungen europäischer Kunst, einschließlich Werken aus der »Kriegsbeute«.

Auf der Twerskaja, der früheren Gorkij-Straße, locken Luxusläden wie das Delikatessengeschäft Jelisejew mit seiner Jugendstileinrichtung.

Große russische Oper und klassisches Ballett machen neben Stuck, Gold und Samtsesseln jedem Besucher das Bolschoj-Theater zum Erlebnis.

In den großen Hotels, wie z. B. dem Intourist, gibt es Servicebüros, die Auskünfte geben und Theater- und Konzertkarten reservieren. Veranstaltungshinweise findet man in den Tageszeitungen, die auch auf englisch erscheinen und in den Hotels erhältlich sind. Das gilt auch für das spezielle Telefonbuch »Information Moscew«. Ausländische Touristen gelten als reich. Im öffentlichen Verkehr zahlen sie Normaltarif, aber Museen, Kreml und Bolschoj-Theater sind teurer für sie und auch Taxifahrer verlangen von ihnen meist mehr als von Einheimischen.

Binnen sechs Jahren ließ Iwan der Schreckliche die Basilius-Kathedrale erbauen. Die Pracht der Kuppeln und des baulichen Zierrats läßt wohl niemanden unbeeindruckt.

Auf dem Roten Platz fanden zu Zeiten der Sowjetunion pompöse Militärparaden statt. Aus dieser Ära stammen auch die Gräber »verdienter Sowjetbürger« an der Außenmauer des Kreml.

Das Danilow-Kloster, seit der 1000-Jahr-Feier der Christianisierung Rußlands (1988) Sitz des Patriarchen von Moskau, erstrahlt nach der Restaurierung wieder in altem Glanz.

Was – wann – wo?

Mit Blick auf den Kreml

Für einen Moskau-Aufenthalt empfiehlt es sich, eine Gruppenreise zu buchen. Dadurch erspart man sich die umständliche Visabeschaffung und kann außerdem sicher sein, ein erprobtes und zumutbares Hotel zu bekommen. Der individuell Reisende sollte die notwendigen Formalitäten besser über ein Reisebüro abwickeln.
Die Auswahl zwischen Luxus und einfacherer Unterbringung ist in Moskau besonders groß. Wer es sich leisten kann, sollte in einem der Hotels absteigen, von denen es zum Kreml ❻❼ oder zum Roten Platz ❶ nur ein Spaziergang ist.

Hotel Renaissance

- **Baltschug Kempinski Moskau.** Das Luxushotel bietet den unbestritten schönsten Blick auf den Kreml sowie jeglichen Komfort. Uliza Baltschug 1. ☎ 0 95/2 30 95 00, Fax 0 95/2 30 95 02.
- **National.** Aufgefrischter Charme der Jahrhundertwende. Mochowaja Uliza 15/1. ☎ 0 95/2 58 70 00, Fax 0 95/2 58 71 00.
- **Metropol.** Das Bolschoj-Theater liegt direkt vor der Tür des Jugendstilhotels, das einst von Stalin bevorzugt wurde. Teatralnij Projesd 1/4. ☎ 0 95/9 27 60 00, Fax 0 95/9 27 60 10.
- **Renaissance.** Das Hotel der Luxusklasse wurde 1991 (als Olympic Penta) eröffnet und bietet internationalen Standard. Olimpijskij Prospekt 18/1. ☎ 0 95/9 31 90 00, Fax 0 95/9 31 90 76.
- **Zentralnaja** bietet wenig Komfort, liegt aber zentral und ist billig. Uliza Twerskaja 10. ☎ 0 95/22 98-9 57/-5 89.

Hermitage Club

Nachtfalter in Moskau

Bars, Casinos und Nachtclubs werben heute in Moskau mit greller Leuchtreklame. Der Unterschied zur Sowjetzeit, in der das Glücksspiel in Casinos hoch bestraft wurde, kann nicht größer sein. Inzwischen nehmen die Kellner in den weit mehr als hundert Clubs und Restaurants auch nach zehn Uhr abends noch Bestellungen an. Die Croupiers sind perfekt. Ein Sicherheitscheck am Eingang ist keine Ausnahme. Die Musik liebt man grundsätzlich sehr laut. Man zahlt in Rubel, Trinkgeld wird lieber in Dollar genommen. Kurioserweise wird der Tourist am diskreten Auftreten erkannt, da Moskauer Nachtfalter grelle Erscheinung und auffallende Mode bevorzugen.
Namen der Clubs und Diskos wechseln häufig, manche sind Eintagsblüten. Aktuelle Adressen finden sich in den meist englischsprachigen Informationen der Hotels, eine ortskundige Begleitung schadet keinesfalls. Gepflegte Bars mit gepflegten Preisen haben sämtliche Ausländer-Hotels.

- **Up & Down.** Disko, Show, Striptease. Geöffnet »bis zum letzten Gast«. Am Rande des Arbatviertels. Zubowskij Bulwar 4.
- **Lis's.** Sehr lebhafte Disko mit Live-Musik. Olimpijskij Prospekt 16 (Eingang 5 des Olympischen Sportkomplexes).
- **Hermitage Club.** Unterhaltungsshow, Billard, Spielautomaten – und frische Luft in der umgebenden Grünanlage. Karetnyj Rjad 3.
- **Stanislawskij.** Nachtclub. Zentral gelegen. Uliza Twerskaja 23.
- **Cherry Casino.** Bunt gemischtes Publikum, etwas laut. Nowyj Arbat 21.
- **Arbat Blues Club.** Wechselndes Programm ab ca. 22 Uhr. Filipowskij Pereulok 11.

Kunsthandwerk und Kaviar

Feinste Lackarbeiten auf Dosen, Kästchen, Buchumschlägen und Etuis gehören zu den schönsten Rußlandandenken. Benannt nach Ortschaften und Malerschulen, gelten die Palecher Arbeiten darunter als besonders wertvoll, sie sind auch entsprechend teuer. Vor billiger Nachahmung schützt das Fachgeschäft, in dem es auch andere reizvolle Folklore gibt: Puppen in der Puppe, Holzostereier, Spielzeug, Keramikfigürchen, sibirische Knochenschnitzereien sowie Halbedelsteine und Bernstein.

Ismajlowo

- **Vyschyvka.** Leinen, Folkloreblusen und Stickereien. Uliza Arbat 31.
- **Farfor** ist auf Porzellan, Steingut, Gsheler Geschirr und Kristall spezialisiert. Uliza Mjasnitskaja 20.
- **Russkij Suwenir.** All die oben beschriebenen kunsthandwerklichen Mitbringsel erhält man hier. Kutusowskij Prospekt 9.
- **Iskusstwo.** Neben den üblichen Souvenirs führt man hier auch Teppiche im Angebot. Bolschaja Jakimanka 54.
- **Malachitovaja Schkatulka.** Halbedelsteine und Schmuck. Nowyj Arbat 6.
- **GUM ❸.** In den Ladenpassagen des berühmten Kaufhauses finden sich längst auch ausländische Firmen, russisch ist das Ambiente geblieben. Am Roten Platz.
- **Ismajlowo.** Auf dem täglich stattfindenden Markt werden Ölbilder, Graphiken und kunsthandwerkliche Arbeiten angeboten. Ismajlowskij-Park ㉝.
- **Kunstmarkt.** Findet am Wochenende vor der Neuen Tretjakow-Galerie am Krimskij Val statt.
- **Jelissejew.** Wer Wodka und Kaviar einkaufen will, ist hier richtig. Uliza Twerskaja 14.
- **Arbatskaja Sloboda.** Galerie zeitgenössischer Kunst. Uliza Arbat 6.

Bolschoj

Kunstgenuß pur

Tschaikowskijs »Schwanensee« oder Mussorgskijs »Boris Godunow« im Bolschoj-Theater sind der reinste Kunstgenuß. Wer im Bolschoj kein Glück hat, dem dient Moskau mit einem Dutzend Konzertsälen und weiteren sechs musikalischen Bühnen. Es empfiehlt sich, Karten im Hotel reservieren zu lassen, denn am Abend schlägt die Stunde der Schwarzhändler mit mehrfachem Preis in Dollar. Das gilt insbesondere beim Moskauer Winter-Festival (25. Dezember bis 5. Januar) und ganz speziell für die hochkarätigen Dezemberkonzerte im Puschkin-Museum ⑲.

- **Bolschoj-Theater** ㉘. Ballett und Oper von Weltrang mit vorwiegend klassischem Repertoire. Auch das Theater selbst, das 2500 Zuschauern Platz bietet, ist ein Ereignis. Teatralnaja Ploschtschad 2.
- **Stanislawskij- und Nemirowitsch-Dantschenko-Musiktheater.** Oper und Ballett. Steht im Schatten des Bolschoj, das Repertoire ist aber frischer. Bolschaja Dimitrowka Uliza 6.
- **Moskauer Konservatorium.** Das Niveau der Konzerte ist hoch, Musikliebhaber kommen voll auf ihre Kosten. Bolschaja Nikitskaja Uliza 13.
- **Tschaikowskij-Konzertsaal.** Hier finden neben klassischen und modernen Konzerten auch Auftritte von Volkskunstensembles statt. Triumfalnaja Ploschtschad 4/31.
- **Tschechow-Moskauer Akademisches Künstlertheater MChAT** ㉔. Wer seinen Tschechow vorher wirklich gründlich gelesen hat, der sollte sich auch dieses bekannte Sprechtheater gönnen. Kamergerskij Pereulok 3.
- **Obraszow-Puppentheater.** Die satirischen Darstellungen sind ein Vergnügen. Sadowaja-Samotetschnaja Uliza 3.
- **Alter Zirkus.** Nicht nur bei den Kindern sind die Artisten, Clowns und Dompteure des weltberühmten Moskauer Zirkus' beliebt. Zwetnoj Bulwar 13.

Russische und grusinische Küche

Wenn man schon in Moskau ist, dann muß man auch die russische Küche probieren. Zum »russischen Tisch« gehört unbedingt die Vorspeise (Sakuska) mit Fisch, Kaviar, Pilzen, grüner Zwiebel. Ist sie gut zubereitet, wird mancher schon gesättigt sein, obwohl Suppen (Soljanka, Borschtsch, Ucha) sowie die Hauptgerichte wie Stroganoff, Bifschteks, Kotletki und der Nachtisch (Torte, Konfekt, Champagner oder Tee) erst noch folgen.
Grundsätzlich empfehlenswert sind die Restaurants in den genannten Hotels. Im Metropol allein schon wegen der Ausstattung der Speisesäle.

Pirosmany

- **Grand Imperial.** Das Restaurant im Arbatviertel ist mit antiquarischem Inventar eingerichtet. Intime Atmosphäre und recht teuer, aber man fühlt sich reich. Gagarinskij Pereulok 9/5.
- **Dom Literatorov.** Das ehemalige Adelspalais war jahrzehntelang Treffpunkt der Literaturprominenz. Uliza Powarskaja 50.
- **Glasur.** Fein, wie man es sich im neuen Rußland vorstellt – und relativ teuer. Smolenskij Bulwar 12/19.
- **Pirosmany.** Hier hat man die Gelegenheit, eine Nationalküche der ehemaligen Sowjetrepublik kennenzulernen: grusinische Küche. Bohemehaft und recht teuer. Nowodewitschij Prospekt 4.
- **Kropotkinskaja 36.** Zwar Moskau-folkloristisch, aber unaufdringlich ist dieses Restaurant der mittleren Preiskategorie. Uliza Pretschistenka 36/21.
- **Praga.** Das »Tor zum Arbat«, mit dem Charme der vorrevolutionären Zeit: Marmor, Bronze, Wandgemälde über drei ausgedehnte Etagen. Uliza Arbat 2.
- **Russkoje Bistro.** Russisch-Fast-food, preiswert und gut, außerdem folkloristisch bis hin zu den Bedienungen. Uliza Twerskaja 19A/23.

Kuskowo

Tagestouren in eine fremde Welt

Für einen Ausflug in die nähere Umgebung empfehlen sich Metro oder Vorortzug nebst bester Ortskenntnisse. Ansonsten sollte man in einer nur russisch ausgeschilderten Welt die Angebote wahrnehmen, die in einer organisierten Reise meist eingeschlossen sind. Im übrigen ist Moskau Rußland, aber nicht das ganze...

- **Sergijew Possad.** Die Klosteranlagen, in urrussisch weite Landschaft gebettet, vermitteln tiefe Eindrücke eines lebendigen orthodoxen Glaubens. Eine Tagesreise zu diesem Pilgerort, 74 km nordöstlich Moskaus, ist auf jeden Fall lohnend.
- **Abramzewo,** eine Künstlerkolonie des 19. Jahrhunderts, liegt auf der gleichen Strecke. Das Museum und die bescheidenen Atelierhäuschen haben ihre ursprüngliche Atmosphäre bewahrt.
- **Peredelkino.** Die Datscha am Moskauer Stadtrand erinnert als Museum an Boris Pasternak (1890–1960), der mit seinem »Doktor Schiwago« Weltruhm erlangte. Sein Grab kann man auf dem benachbarten idyllischen Friedhof besuchen.
- **Kuskowo.** Die Sommerresidenz aus dem 18. Jahrhundert ist von einem kunstvoll angelegten Park umgeben. Sie beherbergt die kostbarste Porzellansammlung Rußlands. Rjasanskij Prospekt (7 km östlich des Zentrums).
- **Kolomenskoje.** Die Domäne an der Moskwa wurde im 16. Jahrhundert Sommersitz der Zaren. Zu den erhaltenen Bauten gehört die Christi-Himmelfahrts-Kirche (um 1530). In einem schönen Park ist ein Freilichtmuseum mit Holzbauten aus verschiedenen Landesteilen entstanden. Südöstlicher Stadtrand.

MÜNCHEN

Weißblaue Heiterkeit

München ist die Hauptstadt Bayerns. Das ist bekanntlich ein südddeutscher Freistaat, wobei die Betonung eindeutig mehr auf »süd« als auf »deutsch« liegt. In München wird intensiver als wohl in jeder anderen Stadt Deutschlands das Leben an sich in den Mittelpunkt allen Strebens und Tuns gestellt. Und darunter versteht der Münchner keineswegs nur die Arbeit, sondern eher das, was danach oder davor kommt.

Was das ist? Das pure Vergnügen! Vergnügen hat man in München an seiner Altstadt rund um den Marienplatz mit seiner goldenen Figur der Himmelskönigin, überragt von den beiden Türmen der Frauenkirche (Bild). Vergnügen bereiten die Parks und Gärten, allen voran der Englische Garten, diese 3,7 Quadratkilometer große Freizeitoase, Münchens Theater und Museen, Märkte und Kneipen, sogar seine Schickimicki-Gesellschaft und erst recht seine Originale, die in allen Stadtteilen anzutreffen sind. Vor allem vergnügt sich München mit seinem Bier, das die Feste und Jahreszeiten bestimmt. Kritiker halten der Stadt die Genußsucht vor. Doch insgeheim lieben Münchner wie Nicht-Münchner diese unwiderstehliche Mischung aus Müßiggang, Biergarten und, wenn es denn sein muß: Kunst.

Barocke Pracht

Von der Theatinerkirche bis Schloß Nymphenburg

Der Kunstreichtum einer Stadt hat bisweilen allzu menschliche Ursachen. In München löste die langersehnte Geburt eines Wittelsbacher Prinzen eine entscheidende Bauphase aus, die der Residenzstadt letztendlich eine barocke Pracht bescherte, um die sie heute noch beneidet wird.

Ein Anblick zum Genießen: die Theatinerkirche – Münchner Barock in Reinkultur. Links im Bild die geschichtsträchtige Feldherrnhalle.

1652 hatte der bayerische Kurfürst Ferdinand Maria die charmante Prinzessin Henriette Adelaide von Savoyen geheiratet, eine unbekümmerte, temperamentvolle junge Frau, die dem nach verkrustetem spanischen Zeremoniell geleiteten Hof neuen Esprit verlieh. Nur der Thronfolger wollte sich nicht einstellen. 1659 gelobte Henriette, als Dank für die Geburt eines Erbprinzen »die schönste und wertvollste Kirche« zu bauen, die zugleich auch Gotteshaus des Hofes und der Theatinermönche werden sollte. Drei Jahre mußte das kurfürstliche Paar warten. Schließlich wurde am 11. Juli 1662 der Kronprinz Max Emanuel geboren, für die Kunststadt München ein Glücksfall, wie sich später herausstellen sollte. Sein überglücklicher Vater schenkte der Mutter aus Dankbarkeit die Schwaige im Westen vor den Toren Münchens, wo er Henriette ein Sommerschloß errichtete, das im Lauf der Jahrzehnte zur größten Barockanlage Deutschlands anwuchs: Schloß Nymphenburg (31). Und auch die Kurfürstin hielt ihr Versprechen. Gleich nach der Geburt des Erbprinzen erhielt Agostino Barelli, ein Architekt aus Bologna, den Entwurfsauftrag für die Theatinerkirche St. Kajetan am heutigen Odeonsplatz (9), deren Grundsteinlegung am 19. April 1663 erfolgte.

Barelli war ebenfalls ein Glücksfall für die Residenzstadt. Er brachte reinsten italienischen Barock mit nach München, und als er 1674 nach etlichen Auseinandersetzungen in seine Heimat zurückkehrte, um Ratsbaumeister in Bologna zu werden, da stand der Rohbau von St. Kajetan bereits. Der Schweizer Baumeister Enrico Zuccalli vollendete das Werk und schuf die Türme sowie die charakteristische Vierungskuppel, eine perfekte Ergänzung des Münchner Stadtbildes. Diese pittoreske Umgebung erkoren die Wittelsbacher zu ihrer letzten Ruhestätte: Unter dem Hochaltar befindet sich die Fürstengruft.

Zuccalli löste Barelli auch als Baumeister von Schloß Nymphenburg ab. Freilich ruhte der Ausbau nach dem Tod der Kurfürstin im Jahre 1676. 1702 führte Antonio Viscardi die Bauarbeiten nach Zuccallis Plänen fort. Doch erst der Münchner Oberhofbaumeister Josef Effner, der übrigens auch die Schlösser Fürstenried und Schleißheim gestaltete, arbeitete 1715 den Gesamtplan der Schloßanlage aus.

Bayerische Lebenslust zeigt sich im verspielten Rokoko der Badenburg im Schloßpark von Nymphenburg.

Nymphenburg wurde zum Lustschloß der bayerischen Herrscher. Sie regierten und lebten in der Residenz (7), in Nymphenburg lebten sie auf, wie eben Feudalfürsten aufzuleben pflegten. Dazu gehörte auch die erste hochadlige Leidenschaft schlechthin, die Jagd. Die hat man sich so vorzustellen: Aus den umgebenden Wäldern, wie etwa dem Hirschgarten, wurde das Wild Richtung Schloß getrieben. Dort stand die feine Gesellschaft mit ihren Flinten und brauchte nur abzudrücken.

Geradezu jagdsüchtig war Kurfürstin Maria Amalie, Gemahlin des Kurfürsten Karl Albrecht, der 1742–45 eine mehr als unglückliche Rolle als Kaiser Karl VII. spielte. Er baute seiner

Einer der schönsten Kulturtempel Europas: das Cuvilliés-Theater, benannt nach seinem genialen Baumeister.

Frau im Schloßpark von Nymphenburg eine Art feudalen Hochstand, von dem sie bequem und nach Herzenslust auf das Wild schießen konnte, ganz wie es ihr gefiel. Es war natürlich keine simple Plattform, sondern ein zauberhaftes Rokoko-Schlößchen, das noch heute als das schönste seiner Art in Deutschland gilt: die Amalienburg ㉜. Architekt des verspielten Baus war François de Cuvilliés, ein weltgewandter Mann aus Frankreich, der geniale Baumeister des süddeutschen Rokoko.

Unter seiner Regie als Oberhofbaumeister erlangte die Münchner Hofkunst Weltgeltung. Er schuf die Grüne Galerie und die Reichen Zimmer in der Residenz, die auch noch heute – wenn auch als Rekonstruktion – als »schönstes Rokoko der Welt« gelten, wie es der Kulturhistoriker Jacob Burckhardt 1877 bewertet hat. Und Cuvilliés baute das Alte Residenztheater zur prachtvollsten Rokokobühne Europas aus, ein einzigartiger und vollkommener Rahmen für Mozart-Opern. Die im Krieg ausgelagerte originale Innendekoration des Cuvilliés-Theaters, so heißt es mittlerweile, wurde 1956–58 im Apothekentrakt der Residenz aufgebaut, da der ursprüngliche Standort in Schutt und Asche lag. 1958 konnte mit Mozarts »Figaros Hochzeit« eine glanzvolle Wiedereröffnung gefeiert werden.

Ein weiterer Großmeister des bayerischen Rokoko war der Münchner Architekt Johann Michael Fischer. Er schuf mit St. Anna ⓳ im Stadtteil Lehel die Rokoko-Kirche überhaupt. An diesem Gotteshaus wirkte auch ein kongeniales Brüderpaar mit, das ebenfalls künstlerische Weltgeltung erlangen sollte. Cosmas Damian und Egid Quirin Asam entstammten einer oberbayerischen Künstlerfamilie; beide studierten in Rom und verpflanzten später den römischen Spätbarock in ihre Heimat. Ihr berühmtestes Bauwerk in München ist die St. Johann Nepomuk-Kirche in der Sendlinger Straße, besser bekannt als Asam-Kirche ⓭. Hinter einem eher unscheinbaren Portal, eingerahmt vom Asam-Haus – der Wohnung von Egid Quirin Asam – und dem Priestergebäude, entfaltet sich eine atemberaubende Pracht, die den Besucher im ersten Augenblick sprachlos macht.

Cosmas Damian Asam gestaltete sich in Thalkirchen (inzwischen ein Stadtteil Münchens) einen Landsitz aus: das bezaubernde Asam-Schlößl. In dem Anwesen ist heute ein schönes Wirtshaus mit herrlichem Biergarten untergebracht. So ist auch räumlich zusammengekommen, was zusammengehört: Münchner Barock und Münchner Lebenslust.

Harmonie in Vollendung: Schloß Nymphenburg, die barocke Sommerresidenz der bayerischen Kurfürsten und Könige.

Feinste Porzellane entstehen in der Nymphenburger Manufaktur. Vollendet präsentiert sich links der Schäfflertänzer.

Münchner Lebenslust

Bier, Bars und Bayern-Bälle

Brauchtum, Tand- und Trödelmarkt – die Auerdult (im Mai, Juli und September) gehört zum Münchner Lebensrhythmus.

Das Leben ist ohne einen Hauch von Lustbarkeit nicht vorstellbar. Darum gilt dem echten Münchner, und diese rare Spezies gibt es wirklich noch, als oberstes Gebot: »A bissl was geht allerwei.« Und wenn mal gar nichts mehr geht, dann ist wenigstens auf Mutter Natur Verlaß. Dann »feiert der Himmel Münchens oft überraschend glänzende Feste«. Die Stadt hüllt sich »in bläulichen Duft, reizende Sonnenlichter verklären das altertümliche Grau der Architektur und durchdringen das saftige Grün der Vegetation«. Dieses Münchner Phänomen notierten schon die Autoren Hermann und Rudolf Markgraf 1846 im ersten Reiseführer über die Isarmetropole.

Das Leben und die allgemeine Lust daran wurde seinerzeit ebenso einfühlsam wie einleuchtend definiert: Barock und Bräuche, Bier und Bäuche. Dieser Stabreim ist nach wie vor treffend und könnte höchstens um ein weiteres Begriffspaar ergänzt werden: Ball und Bayern, allerhöchstens müßte für die Bars noch ein Reim gefunden werden.

Das mit dem Ball ist rasch erklärt: Man könnte dieses Wort auch mit Beckenbauer gleichsetzen und mit den »Bayern« verknüpfen. Denen aus München natürlich, die zweifelsohne die schönsten, größten, besten und reichsten der Welt sind. Unverschämtheit, dies öffentlich zu bekennnen! Zu Recht schwenkt nun der Anhang des TSV 1860 den Maßkrug, schlägt doch das wahre Münchner (Fußball-)Herz nur für die »Löwen«. Die sind zwar nicht so reich und so schön, dafür viel lustiger. Womit wir wieder beim Thema wären: Lust.

Das mit den Bars ist ein sehr komplexes Thema. Einerseits wird allgemein angenommen, daß in München nach ein Uhr die Bürgersteige hochgeklappt werden und das Nightlife in diesem engen Spalt verschwindet. Andererseits – was heißt das schon! Nur soviel, daß München kein Rotlichtmilieu hat wie Frankfurt, keine Reeperbahn wie Hamburg und keine Kneipenszene wie Berlin. Doch die schönste Bar der Republik, auch das ist allgemein bekannt, liegt in der Maximilianstraße (Nr. 36) und trägt den Namen ihres Besitzers Charles »Schumann«. Der sieht zwar ein wenig asketisch aus, ist aber Münchner und kann vortrefflich mixen, boxen und kochen (in dieser Reihenfolge). Er hat Abitur und sogar ein abgeschlossenes Publizistikstudium. Das zieht natürlich die Leute aus Film, Funk, Fernsehen und der Presse sowie alle anderen agilen Handyträger samt ihres wahnsinnig schönen weiblichen Anhangs an. Diese hinreißend unbescheidene Jeunesse dorée – nur gehässige Auswärtige sprechen von Schickimickis – befruchtet auch die Tresenszene im Käfer's am Hofgarten (Odeonsplatz 6), im Barfly (dort, in der Sternstraße 21, etwas vorstädtisch deftiger), im Nachtcafé am Maximiliansplatz 5 oder im Pusser's (Falkenturmstr. 9), der ehemaligen Harry's New York Bar. Die schönste und exklusivste Disko Deutschlands? Das P1 (= Prinzregentenstr. 1). Oder hat man schon mal gehört, daß sich Mick Jagger oder Boris Becker anderswo auf dem Dancefloor austoben?

Für manche Nachtschwärmer das zweite Wohnzimmer: das »Barfly«.

Sobald die Sonne das Thermometer wie die Laune steigen läßt, zieht es alle Münchner in die Biergärten.

Die Münchner Weißwurst

Sie wurde am 22. Februar 1857 vom Münchner Metzger Sepp Moser in der Gaststätte Ewiges Licht erfunden. Moser wollte für seine Vormittagsgäste an einem Faschingssonntag die üblichen Kalbsbratwürstl herstellen, als er entdeckte, daß ihm die entsprechenden dünnen Därme fehlten. Kurzerhand füllte er das Brät in dickere und machte die Würste im Wasser heiß. Die frisch aus dem Kessel servierten Würste schmeckten allen ausgezeichnet. Ein neues Gericht war geboren. Man kann die Münchner Weißwurst auf die verschiedensten Arten essen – nur niemals mit der Haut!

Die Münchner Lebenslust ist aber eher für leiblichere Genüsse bekannt. Seit eine mächtige Welle der Bescheidenheit die Stadt durchspült hat und die Freßtester so unfein den besten Gourmet-Tempeln den jeweils dritten Stern wegnahmen, liebt es der Münchner Feinschmecker wieder ein bißchen rustikaler. Das heißt beileibe nicht, daß er zum Menü in sternengekrönten Koch-Kathedralen wie dem Tantris in der Johann-Fichte-Straße 7 oder im Glockenbach in der Kapuzinerstraße 29 zwei, drei Maß Bier stemmt. Schließlich weiß doch jedes Kind, daß München von allen deutschen Großstädten den höchsten Weinverbrauch pro Kehle hat. Angeblich auch den höchsten Grappa-Konsum, was wiederum die Leidenschaft der Münchner für Italien und seine gastronomischen und kulinarischen Errungenschaften bestätigt.

Jeder Münchner hat seinen »kleinen Italiener« um die Ecke, der allerdings durchaus das Küchen- und Preisniveau eines Sterne-Restaurants haben kann. Seltener sind die preiswerten Lokale, die man empfehlen kann, wie das Da Noi in Solln oder die Trattoria La Fiorentina in der Goethestraße.

Die Seele der Münchner Lebenslust hat jedoch die Farbe Goldgelb, »und ein Schaum, leicht, durchsichtig, vergoldet wie eine Wolke im Orient, perlt oben auf dem Glase«. Es war ausgerechnet ein Franzose, der im vergangenen Jahrhundert das Münchner Bier so gefühlvoll pries. Würde ein Münchner dem anderen derart vom heimischen Gerstensaft vorschwärmen, käme vermutlich prompt die Frage: »Spinnst jetzt?« – und die heimliche Zustimmung. Dieser feine, ganz besondere Saft liebt nicht nur den elementaren Durst seiner großen Kinder. Viel mehr als die humpenschwere Akustik der fundamentalistischen Bierburgen (der Franziskaner Ecke Residenz-/Perusastraße, der Augustiner in der Neuhauser Straße 16, der Andechser am Dom, Weinstraße 7, nicht zu vergessen das Hofbräuhaus 6) braucht er die seidene Luft eines Sommerabends unter Kastanien, etwa im Seehaus am Kleinhesseloher See im Englischen Garten 24 – oder, als Geheimtip: in der Neuen Schießstätte im Stadtteil Sendling, Zielstattstraße 6. Dort umschwirren in der Dämmerung Gäste und Mauersegler Haus und Biergarten. Jeder kennt jeden mit Vornamen. Alles ist eins: Der Mensch und die Natur. Das Bier und der Durst. Das Leben und die Lust.

Das Hofbräuhaus – Mekka der Biertrinker. Bis zu 10 000 Liter fließen täglich die Kehlen hinunter. Erste Regel für den Stammgast: Sitzen, winken, zahlen, trinken.

Bei soviel Durst leisten Münchens Kellnerinnen Schwerstarbeit. Der Rekord im Stemmen liegt bei 27 Maß.

Königlicher Baulöwe

Ludwig I. als Stadtgestalter

Ludwig I., umgeben von Künstlern und Gelehrten: Das Gemälde des Münchner Malers Wilhelm Kaulbach in der Neuen Pinakothek feiert den zweiten bayerischen König als Freund der Musen.

Über Geschmack läßt sich bekanntlich streiten, über die Münchner Ludwigstraße (23) nicht. »Sie ist die monumentalste Straße Europas«, schwärmte der Schweizer Kunsthistoriker Heinrich Wölfflin. Derlei Superlativen steht der Münchner zwar immer mißtrauisch gegenüber, bei der Ludwigstraße jedoch nimmt er, so scheint es, jede maßlose Übertreibung widerspruchslos hin.

»Sie ist ein Stück chemisch gereinigtes Italien«, schrieb der Münchner Richter und Schriftsteller Herbert Rosendorfer. Das ist Kompliment und Tadel zugleich. Die Liebeserklärung gilt der Ludwigstraße als südländisch anmutendem Boulevard, der Prachtstraße zum Herzeigen, zum Angeben. Freilich fehlt das mediterrane Gewusel; die einzige Konzession an ein brodelndes »italienisches« Chaos wäre der erbarmungslose Autoverkehr. Letzterer war so nicht geplant, denn die Ludwigstraße wurde einzig und allein als majestätisches Stadtelement erdacht und erbaut, atemberaubend schön und würdevoll zugleich. Das Sinnbild des königlichen München.

Der Vater dieses München ist zweifelsohne König Ludwig I., der Großvater des wesentlich berühmteren »Kinis« Ludwig II. Zwar haben seine herzöglichen und kurfürstlichen Ahnen wie Albrecht V., Wilhelm V., Ferdinand Maria, Max II. Emanuel, Max III. Joseph und Karl Theodor nach Herzenslust ihre Residenzstadt verschönert, und Bayerns erster König, Maximilian I. Joseph, ließ das Nationaltheater bauen – doch keiner von ihnen wurde einem Bericht der Akademie der Künste (von 1801) so gerecht wie Ludwig I.: »Nichts kann die Kultur einer Nation geschwinder und sichtbarer darstellen, als ihre öffentlichen Gebäude, Denkmäler und Kunstwerke aller Art.«

Ludwig I., von 1825 bis 1848 König von Bayern, war vom einem Bauzwang besessen, der heutzutage durchaus ein Fall für medizinische Fachleute wäre. Der populäre Bildhauer Christian Daniel Rauch schrieb befremdet einem Freund: »Das dämonische unheimliche Kunsttreiben des Königs hat mich nie mit wahrer Freude erfüllt …«

Heute können die Stadtväter Münchens der manischen Bauwut Ludwigs I. nur auf Knien danken, hat er doch Gebäude und Straßenzüge hinterlassen, die München zu einem der attraktivsten Reiseziele Mitteleuropas gemacht haben. Bereits als blutjunger Mann hatte sich Ludwig der Kunst

Die Pinakotheken

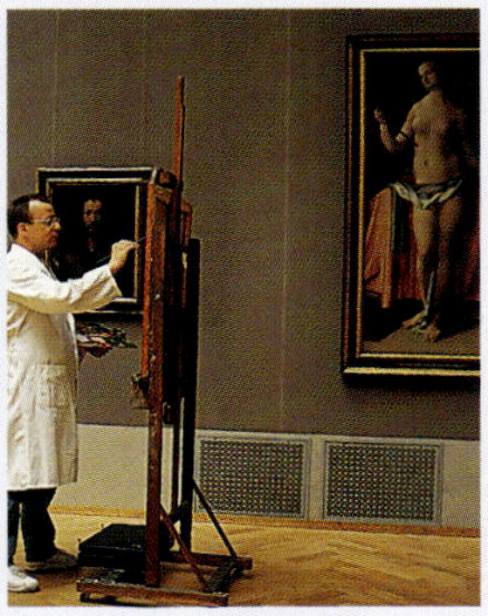

In der Alten Pinakothek (28) (bis zur Wiedereröffnung Hauptwerke in der Neuen Pinakothek (27)) reiht sich ein Stück Weltkunst an das andere. Ergebnis jahrhundertelanger Sammelleidenschaft der bayerischen Fürsten: Altdorfers Alexanderschlacht, Cranachs Lukrezia (Bild) und Dürers Vier Apostel sind Beispiele. Schwerpunkte bilden auch die italienischen (u. a. Raffael, Leonardo, Tizian) und flämischen Maler (vor allem Rubens). Der Neubau der im Krieg zerstörten Neuen Pinakothek beherbergt Ludwigs I. Sammlung zeitgenössischer Kunst, die vor allem Historienbilder und Landschaften des 19. Jahrhunderts umfaßt. Später kamen u. a. wesentliche Werke von Manet, Cézanne und van Gogh hinzu. 1996 wurde in München mit dem Bau eines Museums für die Moderne begonnen, in unmittelbarer Nachbarschaft zu den Pinakotheken.

König Ludwig I. war ein glühender Verehrer schöner Frauen, die er für seine Schönheitengalerie in Schloß Nymphenburg verewigen ließ.

verschrieben. Bei zahlreichen Reisen nach Italien entdeckte er seine Leidenschaft für die Antike und ihre architektonische Wiederauferstehung. Im Buch »Ludwig Augustus, König von Bayern und das Zeitalter der Wiedergeburt der Künste«, das 1869 erschien, heißt es: »Die königlichen Bauwerke des neuen Münchens waren mehr oder weniger Gehäuse für Skulptur und Malereien, und die Architektur sollte hauptsächlich anderen Künsten Wand, Schirm und Dach gewähren. Während Berlin zur Kaserne, Frankfurt zum Comptoir, Leipzig zur Schule sich entwickelte, nahm München den Charakter eines Museums an.«

Da ist was dran. Ludwig I. hatte ein ausgesprochenes Faible für die Erzgießerei. Auf sein Geheiß goß Ludwig Schwanthaler die größte Bronzefigur seit der Antike, die berühmte »Bavaria«, die auf der Anhöhe über der Theresienwiese steht; in ihrem Schatten pflegen seit jeher die Opfer des Oktoberfestes ihren Rausch auszuschlafen. Die Gießer hatten Zweifel, das Projekt überhaupt ausführen zu können. Da nahm sie Ludwig beiseite: »Denken Sie an den Koloß von Rhodos, dann an Lysippus, welchem Alexander der Große zum Siegesdenkmal am Granikus 25 Reiterbilder nebst kolossalen Statuen auf einmal zu machen übertrug. Das waren ja auch nur schwache Menschen wie Sie.« Der König wollte sich mit seinen Auftragswerken ohne Zweifel mit den Herrschern der Antike messen.

Bereits als Kronprinz nahm er die Planung und Gestaltung des Königsplatzes (29) mit Glyptothek und Propyläen in Angriff: jenes Bauensemble, das München einen kräftigen Anstrich von griechischer Antike verleiht. Ludwig I. ließ die neugotische Maria-Hilf-Kirche in der Au, die neobyzantinische Allerheiligen-Hofkirche, die Bonifatius-Basilika sowie die klassizistischen Teile der Residenz (7) errichten. Seine Hauptaufgabe als Bauherr sah er jedoch in der Gestaltung der Max-Vorstadt, jener Stadterweiterung zwischen München und Schwabing (25), die schon sein Vater begonnen hatte. Dort siedelte er auch die Universität an, die er 1826 von Ingolstadt nach München geholt hatte. In diesem neuen Viertel baute der König die Alte Pinakothek (28) und Neue Pinakothek (27), die Gebäude für zwei bedeutende

Eine Huldigung der Schönheit: Die Glyptothek am Königsplatz ist der Kunst der Griechen und Römer gewidmet.

Gemäldesammlungen. Die Krönung seines Lebenswerks sah er in der Errichtung der Ludwigstraße (23) mit dem Siegestor am einen Ende und dem Odeonsplatz (9) mit der Feldherrnhalle am anderen. Sie sollte die große, ästhetische Achse und Lebensader Münchens werden, ein kilometerlanger klassizistischer Boulevard. Ludwig hat sich bei diesem ehrgeizigen Projekt über alle Schwierigkeiten und Widerstände hinweggesetzt. Als sein genialer Baumeister Leo von Klenze nicht schnell genug vorankam, ließ er ihn durch Friedrich von Gärtner ablösen. Und als der Magistrat über die Finanzlast murrte und aufbegehrte, drohte Ludwig mit der Verlegung seines Hofstaats in eine andere bayerische Stadt. So bekam München von einem baubesessenen, schönheitstrunkenen König seine architektonischen Glanzlichter aufgezwungen.

Ein königliches Ensemble: Die Ludwigstraße, hier der Blick auf Universität und Siegestor, ist ein klassizistischer Boulevard aus einem Guß.

Schauen und Begreifen

Technik im Stadtbild und im Museum

Chiffren der Moderne: Kühne Zeltdachkonstruktionen prägen die Architektur des Münchner Olympiageländes. Der 290 Meter hohe Olympiaturm beeindruckt gleichermaßen von unten wie vom in schwindelnder Höhe rotierenden Restaurant aus. Den grandiosen Rundblick über die Stadt bis hin zur Alpenkette sollte sich jeder Besucher gönnen.

Der erste Eindruck täuscht nicht. Schon bei der Ankunft auf dem Franz-Josef-Strauß-Flughafen wird klar: München ist eine Stadt der Technik. Aber warum trägt ausgerechnet der modernste deutsche Airport den Namen eines Vogels, der gar nicht fliegen kann? Diesen Witz höre er am Tag zehnmal, meint der Taxifahrer und lächelt dünn. Sehr beliebt ist auch folgender: München habe den einzigen Flughafen der Welt, der nur mit dem Flugzeug erreichbar sei. Etwas übertrieben: Schließlich fährt die S-Bahn im 20-Minuten-Takt, und für was, bittschön, gibt es Taxis und die schöne neue Autobahnabzweigung? So begegnen wir gleich zu Beginn der geballten Technik Münchens, wobei schon ziemlich deutlich wird, daß sie als Mittel zwecks besseren Lebens dient. Nicht weniger, aber auch nicht mehr. Immerhin ist Münchens Flughafen nicht nur der neueste, sondern auch der schönste – zumindest für die Münchner.

Konturen einer Stadt: Die Zwillingstürme der Frauenkirche ⓾ zeichnen sich im Weichbild ab, ganz klar, aber auch der Fernsehturm im Norden der Stadt und – beim Näherkommen – die immer noch sehr eindrucksvolle Technik der Zeltdachkonstruktionen des Olympiageländes ㉖, 75 000 Quadratmeter groß, zusammengewirkt von 436 Kilometern Stahlseil, getragen von 48 Pylonen. Daneben ragen am Petuelring die vier gekoppelten Zylinder des BMW-Verwaltungshauses in die Höhe, die einzige außergewöhnliche Hochhausarchitektur Münchens, wenn man einmal von der gigantomanischen, metallisch-kalten Machtzentrale der Hypo-Bank am Arabellapark absieht. Unterhalb des »BMW-Vierzylinders«, von dessen obersten Etagen der renommierte Autokonzern stets mit Vollgas auf die Überholspur gelenkt wird, duckt sich das BMW-Museum, ebenfalls ein eigenwilliger Bau von gelungener Optik, was freilich nicht allzu schwer war: Es ist rund, rund wie »die Rührschüssel einer Küchenmaschine von King Kong«. Durchmesser am Schüsselrand: 41 Meter.

Es ist kein gewöhnliches Technikmuseum, sondern vielmehr eine Ausstellung, die »Zeithorizonte« vermitteln soll, so hat es der Designer Rolf Zehetbauer ausgedrückt. Er weiß, wovon er spricht, schließlich hat der Münchner Zehetbauer für seine Ausstattung im US-Film »Cabaret« den Oscar bekommen. Im ungewöhnlichen Rahmen des Bauwerks wird die ungewöhnliche Geschichte der

Modernste Technik und noble Oldtimer – hier ein Traum aus den 50er Jahren – begeistern im BMW-Museum jeden Autofan.

Bayerischen Motorenwerke dargestellt. Von Flugzeugmotoren bis zum neuesten Automodell, vom Motorrad-Oldtimer bis zur Rennmaschine. Blankgewienerte Träume stehen da, die nüchterne Typenbezeichnungen tragen: BMW AM 4 – das Münchner Auto von 1932, 328 Roadster, der elegante Sportwagen der 50er Jahre, 502, die wunderschöne Buckellimousine aus der berühmten Fernsehserie »Isar 12«. Das fensterlose Rund der Museumsschüssel schottet die Leidenschaft des Autofans gegen jegliche Unbill von außen ab, denn nur wenige Meter weiter stehen auf dem Mittleren Ring die Fahrzeuge im üblichen Stau.

Die Welt des Films – zum Anfassen. Wie etwa »Das Boot« entstand, erfährt man auf dem Gelände der Bavaria Film in Geiselgasteig.

Technikstadt München, das deutsche Silicon Valley, Zentrum der Computerindustrie, keine Schlote, kein Dreck, nur klinisch-cleane Zukunft. Ach ja, das waren die Visionen früherer Zeiten, als das Flugzeug- und Raumfahrtunternehmen MBB an der Stadtperipherie noch boomte und die High-Tech-Branche in Deutschland nur ein Mekka kannte: München. Das hat sich alles ein bißchen geändert.

Freilich sollte man auch nicht so tun, als ob die Kunststadt München mit der Technik den Besuch eines neureichen, aber ziemlich ungeliebten Vetters bekommen hat. Dem ist nicht so. München hatte immer ein Faible für Technik. König Ludwig II., dem breiten Publikum eher als weltfremder Kunstspinner bekannt, richtete z. B. das Nationaltheater als erste elektrifizierte Opernbühne der Welt ein. In München wirkten Koryphäen wie Rudolf Diesel, Wilhelm Conrad Röntgen oder Max Planck. Dem Münchner Johann J. Becher, Leibarzt von Kurfürst Ferdinand Maria, gelang im 17. Jahrhundert erstmals die chemische Gasgewinnung aus Steinkohle. Der Münchner Physiker und Astronom Joseph von Fraunhofer entwickelte im 18. Jahrhundert Fernrohre fürs Universum. Und schließlich besuchte Albert Einstein in München das Gymnasium…

München ist Konzernsitz der Weltfirma Siemens-Nixdorf, auch das sagt alles. Dazu gehört auch die Entwicklung neuer Computertechnik. Die gesamte elektrotechnische Entwicklung der letzten 150 Jahre zeigt das SiemensForum in der Prannerstraße 10. Besonders reizvoll ist die Ausstellung historischer Fernsprechgeräte.

Zum Stichwort »München und Technik« gibt es freilich nur eine Ergänzung: das Deutsche Museum ⓯, die größte und berühmteste Technik- Ausstellung der Welt. Auf 50 000 Quadratmetern wird die Technikgeschichte der Menschheit präsentiert, vom Bergwerk zum Planetarium, vom Dampfer bis zur Rakete. Und am nördlichen Stadtrand wurde auf zwölf Hektar als Zweigstelle die »Flugwerft Schleißheim« mit historischen Flugzeugen, Hubschraubern, Hängegleitern und Flugsimulatoren bestückt. 1,5 Millionen Besucher werden jährlich durch die gigantische Ausstellung auf der Isarinsel und in Schleißheim geschleust. »Ein Haus der Wunder« wollte Museumsgründer Oskar von Miller einrichten. Es dürfte ihm gelungen sein.

In München realisiert das Wunder der Technik bisweilen sogar die Illusionen – in der Bavaria-Filmstadt zwischen den südlichen Villenvorstädten Harlaching und Grünwald. Da taucht »Das Boot« durch die Kriegshölle des Atlantiks, und ein weißer Drache fliegt durch die Fantasy-Welt der »Unendlichen Geschichte«. Technik für Träume.

Schon die riesige Schiffsschraube am Eingang, 1890/91 von der Firma Krupp gegossen, deutet an, daß man im größten technisch-naturwissenschaftlichen Museum der Welt Superlative erwarten darf. Im Keller des Gebäudes auf der Isarinsel wurde ein Bergwerk nachgebaut, veritable Dampfrösser ziehen ebenso wie Flugzeuge und Automobil-Oldtimer den Besucher in ihren Bann. Die Schiffahrtshalle zeigt vom Einbaum bis zum U-Boot alles, was schwimmt. Besonders interessant sind die physikalisch-technischen Demonstrationen wie der Faradaysche Käfig mit täglichen Blitzversuchen, die Mikroelektronik und das Zeiss-Planetarium im Dachgeschoß.

Auf einen Blick

München entdecken und erleben

Die Sehenswürdigkeiten im Zentrum der 1,3 Millionenstadt sind alle gut zu Fuß erreichbar. Das Fremdenverkehrsamt (☎ 0 89/2 33 30-2 34) vermittelt zahlreiche Stadtspaziergänge und Stadtrundfahrten (mit Bus, aber auch mit Kutsche und Rad). Busrundfahrten (☎ 0 89/1 20 44 18) starten am Bahnhofplatz (vor dem Kaufhaus Hertie). Thematische Stadtrundgänge bietet auch StattReisen an (☎ 0 89/54 40 42 30).

Schloß Schleißheim, einer der schönsten Barockbauten Europas, ist mit seiner weitläufigen Parkanlage einen Ausflug (mit der S-Bahn) wert.

1. Neues Rathaus
2. Altes Rathaus (Spielzeugmuseum)
3. Alter Peter
4. Viktualienmarkt
5. Alter Hof
6. Hofbräuhaus
7. Residenz
8. Hofgarten
9. Odeonsplatz
10. Frauenkirche
11. Michaelskirche
12. Karlsplatz (Stachus)
13. Asamkirche
14. Isartor (»Valentinmusäum«)
15. Deutsches Museum
16. Gasteig
17. Maximilianeum
18. Völkerkundemuseum
19. St. Anna
20. Friedensengel
21. Bayerisches Nationalmuseum
22. Haus der Kunst
23. Ludwigstraße
24. Englischer Garten
25. Schwabing
26. Olympiapark
27. Neue Pinakothek
28. Alte Pinakothek
29. Königsplatz
30. Lenbachhaus
31. Schloß Nymphenburg
32. Amalienburg
33. Theresienwiese
34. Tierpark Hellabrunn
35. Filmstadt Geiselgasteig

Die noch immer atemberaubende Architektur des Münchner Olympiageländes, Schauplatz der Spiele von 1972, zieht mit seiner Zeltdachkonstruktion die Gäste aus aller Welt an.

Die Städtische Galerie im Lenbachhaus verdankt ihre internationale Bedeutung den Werken der Künstler des Blauen-Reiters, darunter Franz Marc.

Eine kleine Rast am Stachus, Münchens bekanntestem Platz. Eigentlich heißt er Karlsplatz, nach Kurfürst Karl Theodor.

Die Frauenkirche mit den beiden welschen Turmhauben ist das Wahrzeichen Münchens. Im Innern des spätgotischen Dom steht das prunkvolle Grabdenkmal Kaiser Ludwigs des Bayern.

Am Morgen hat man das beste Licht im prunkvollen Innenraum der Asamkirche (St. Johann-Nepomuk), dieses Juwel des bayerischen Rokoko.

Das Goldene Rössl ist eines der Prunkstücke in der Schatzkammer der Residenz, die von der Renaissance bis zum Klassizismus verschiedene Baustile vereinigt.

Der 1789 angelegte Englische Garten (hier mit dem Monopteros) ist mehr als nur die grüne Lunge Münchens. Er gehört zum Lebensgefühl der Isarmetropole.

Die Touristen-Information im Erdgeschoß des Neuen Rathauses, ☎ 0 89/2 33 30-2 72 ist für Stadtbesucher die zentrale Anlaufstelle. Nicht weit entfernt liegt das Fremdenverkehrsamt in der Sendlinger Str. 1, ☎ 0 89/2 33 03 00. Für Ankommende gibt es die Zweigstellen im Hauptbahnhof (☎ 0 89/2 33 30-2 56 und -2 57) und am Flughafen (☎ 0 89/97592815). Eine Münchencard mit vielen Vergünstigungen ist in Vorbereitung. Der MVV (S- und U-Bahn, Bus und Straßenbahn) bietet touristenfreundliche Tages-, 3-Tages- und Familientickets.

Monumentaler Abschluß der Maximilianstraße: Das Maximilianeum wurde unter König Max II., dem Vater von König Ludwig II., gebaut. Seit 1949 ist es Sitz des Bayerischen Landtages.

Das Deutsche Museum ist das weltgrößte Technikmuseum. Vom Flugzeug – hier die Ju 52 – bis zum Bergwerk: Technik hautnah.

Am Marienplatz, dem Herzen Münchens, steht das neugotische Rathaus. Das Glockenspiel im Turm mit seinen lebensgroßen Figuren ist täglich um 11 Uhr (Mai–Okt. auch 17 Uhr) ein beliebtes Spektakel.

Was – wann – wo?

Festliches München

Die traditionellen Volksfeste Münchens werden vom Rhythmus der Jahreszeiten bestimmt – und vom Bier. Das heißt jedoch nicht, daß für Kultur kein Platz wäre. Im Gegenteil ...

Oktoberfest

- **Fasching.** In München zwar nicht so narrisch wie am Rhein – aber immerhin. Höhepunkt: Straßenfest in der Fußgängerzone am Faschingssonntag, Fete auf dem Viktualienmarkt am Dienstag.
- **Starkbierzeit.** Münchens fünfte Jahreszeit, beginnt zwei Wochen nach Aschermittwoch, weil diese Stadt partout nicht ruhen mag.
- **Auerdult.** Dreimal im Jahr wird der größte Trödelmarkt Münchens auf dem Mariahilfplatz abgehalten – ein Fest für die ganze Stadt. Im Mai, Juli und Oktober.
- **Internationale Filmwochen.** Eine Menge kleiner Feste mit Autoren, Regisseuren und Sternchen. Im Juni.
- **Opernfestspiele.** Großes Spektakel im Juni/Juli. Wer Karten bekommt, ist ein Glückspilz.
- **Oktoberfest.** Das berühmteste Bierfest der Welt, auch das größte. Beginnt Mitte September. Und München hat die Welt zu Gast.
- **Christkindlmarkt.** Marktstandln am Marienplatz und rund um das Rathaus. Im Dezember.

Klassiker

Gute Nacht in München

München verwöhnt seine Gäste. Das Angebot an guten Hotels ist überdurchschnittlich groß, die Preise sind es leider auch. Und man sollte rechtzeitig reservieren, da während der großen Messen oder des Oktoberfestes alle Betten ausgebucht sind.

- **Rafael.** Das prächtigste Hotel Münchens. Das Teuerste war gerade gut genug. Pool auf dem Dach, schöner Blick. Neuturmstr. 1. ☎ 0 89 / 29 09 80, Fax 0 89 / 22 25 39.
- **Kempinski Hotel Vier Jahreszeiten.** Münchens Traditionshaus. Zentraler kann man nicht logieren. Maximilianstr. 17. ☎ 0 89 / 21 25-0, Fax 0 89 / 21 25-20 00.
- **Bayerischer Hof.** Hotel-Klassiker. Wer hier wohnt, ist wer. Promenadeplatz 2–6. ☎ 0 89 / 21 20-0, Fax 0 89 / 21 20-9 06.
- **Prinzregent.** Luxuriöses Haus im Stadtteil Bogenhausen. Ismaninger Str. 42–44. ☎ 0 89 / 4 16 05-0, Fax 0 89 / 4 16 05-4 66.
- **Opéra.** Neorenaissance-Fassade, jedes Zimmer ein anderer Farbton. Ruhig, obwohl zentral gelegen. St.-Anna-Str. 10. ☎ 0 89 / 22 55 33-36, Fax 0 89 / 22 55 38.
- **Gästehaus am Englischen Garten.** Herrliches Anwesen, direkt am großen Park. Ein Geheimtip. Liebergesellstr. 8. ☎ 0 89 / 38 39 41-0, Fax 0 89 / 38 39 41-33.
- **König Ludwig.** Mitten in Schwabing. Ist besonders beliebt bei vielen jüngeren Geschäftsleuten. Hohenzollernstr. 3. ☎ 0 89 / 33 59 95, Fax 0 89 / 39 46 58.

Nightlife an der Isar

Ein altes Vorurteil spricht von München als einem Millionendorf, weil angeblich nachts um 1 Uhr die Bürgersteige hochgeklappt würden. Diese Zeiten gab es, sind aber vorüber. München boomt auch bei Nacht – und gemütlicher als die meisten anderen Städte.

- **Julep's.** Der Einstieg für die Nacht. Bei Mexican Beer, Caipirinhas, Tortillas und den besten Hamburgern der Stadt. Manche bleiben bis zum Schluß hängen. Breisacher Str. 18.
- **Unterfahrt.** Eine der letzten Jazzkneipen der Stadt. Kirchenstr. 96.
- **P 1.** Münchner Nobeldisko am Haus der Kunst ㉒. Es ist allerdings auch ein Kunststück, den Türsteher zu überzeugen, daß man dazugehört. Prinzregentenstr. 1.

Manche kommen rein: P 1

- **Muffathalle.** An der Isar tobt nachts der Bär. Diskoabend, Konzerte, Parties bis in den frühen Morgen. Zellstr. 1.
- **Nachtcafé.** Bar, Club und Kneipe in einem. Man sieht sich und hört nebenbei meist erstklassige Jazzmusik live. Maximiliansplatz 5.
- **Ultraschall.** House und Techno vom Feinsten in Science-fiction-Kulisse. Alter Flughafen Riem. Töginger Str. 400.
- **Wunderbar.** Schummriger Keller mit regelmäßigen Single-Parties. Ein Kiosk bietet alles für den gelungenen Abend. Hochbrückenstr. 3.

Aufgebrezelt

Schlemmen wie Gott in München

Die bayerische Landeshauptstadt ist eines der deutschen Feinschmeckerzentren, obwohl sie mit der Schließung von Eckart Witzigmanns »Aubergine« das berühmteste Drei-Sterne-Restaurant des deutschsprachigen Raums verloren hat. Neue Talente sind nachgerückt, und München frönt nach wie vor seiner Leidenschaft für die italienische Küche. Es heißt sogar, daß man an der Isar besser italienisch speisen kann als in den meisten Städten Italiens.

- **Acquarello.** Mario Gamba ist einer der italienischen Herrscher im gastronomischen München. Zu Recht. Fleisch, Fisch, Gemüse vom Feinsten. Mühlbauerstr. 36.
- **Italfisch Antichi.** Italienische Fischküche zum Niederknien. Unbedingt die Spaghetti mit Venusmuscheln kosten. Zenettistr. 25.
- **Pino.** Im Villenvorort Solln wird die klassische Küche Italiens gepflegt. Erstklassige Weinkarte. Frans-Hals-Str. 3.
- **Halali.** Ein Münchner Klassiker. Gutbürgerliche und sehr gepflegte Küche mit günstigem Mittagsmenü. Schönfeldstr. 22.
- **Bratwurstglöckl.** Holzgetäfeltes Traditionslokal an der Frauenkirche ❿. Man ißt kleine Nürnberger Bratwürstl vom Grill. Im Dutzend. Frauenplatz 9.
- **Wöllinger.** Vom Parka- bis zum Lodenmantelträger in urigem Ambiente. Mit Gastgarten. Johann-Clanze-Str. 112.
- **Weißes Bräuhaus.** Einfaches, gutes bayerisches Essen und Weißbier. Tal 7.

Nationaltheater

Die Bretter, die die Welt bedeuten

Nicht umsonst gilt München als Kunst- und Kulturstadt. Die Isarmetropole hat das nach Berlin größte Angebot an Theatern, Kleinkunstbühnen und Kabaretts zu bieten. Am Abend heißt es in München traditionell: Vorhang auf!

- **Nationaltheater.** Eine der großen deutschen Opernbühnen. Die Stars sind ebenso teuer wie die Eintrittskarten. Max-Joseph-Platz.
- **Cuvilliés-Theater.** Das schönste Rokoko-Theater der Welt. Ein Kleinod des berühmten Baumeisters François de Cuvilliés. Herrlicher Rahmen für Mozartopern. Residenzstr. 1.
- **Staatstheater am Gärtnerplatz.** Wird oft zu Unrecht als Operettentempel verschrien. Weniger elitär als das Nationaltheater. Gärtnerplatz 3.
- **Komödie im Bayerischen Hof.** Kleine Bühne bietet Unterhaltsames mit Qualität von Boulevard bis Musical. Promenadeplatz/Prannerstraße.
- **Kammerspiele.** Eine der allerbesten deutschsprachigen Bühnen. Ausgezeichnete, oft sehr eigenwillige Inszenierungen. Maximilianstr. 26.
- **Gasteig** ⓰. Modernistische und unübersehbare Heimat der Münchner Philharmoniker. Rosenheimer Str. 5.
- **Prinzregententheater.** Seit 1996 wieder voll bespielbare Traditionsbühne (vor allem Oper, Ballett). Prinzregentenplatz 12.
- **Lach- & Schießgesellschaft.** Das berühmteste Kabarett in Deutschland. Erstklassiges Programm, oft auch Gastspiele anderer Künstler. Ursulastr. 9.

Einkaufsbummel durch die Innenstadt

München ist eine der interessantesten Einkaufsstädte Mitteleuropas. Im Bereich von Neuhauser, Kaufinger-, Sendlinger, Theatiner-, Residenz- und Maximilianstraße bieten etliche große Kaufhäuser und zahlreiche sehr exklusive Geschäfte und Boutiquen ihre Waren an. Das Preisniveau ist dementsprechend.

Schön schick

- **Viktualienmarkt** ❹. Der schönste Markt Deutschlands. Es gibt an Delikatessen einfach alles. Und das Auge genießt ebenfalls.
- **Dallmayr.** Legendäres Feinkostgeschäft mit wunderbarem Weinhandel und einem hauseigenen Schlemmerrestaurant im 1. Stock. Dienerstr. 14/15.
- **Käfer.** Berühmtes Delikatessengeschäft mit noch berühmterem Party-Service. Erstklassiges Restaurant im 1. Stock. Prinzregentenstr. 73.
- **Eduard Meier.** Feinste Schuhe, auch handgemacht. Seit 1596 Hoflieferant. Residenzstr. 22.
- **Beck am Rathaus.** Das typische Münchner Kaufhaus. Witzige Mode zu günstigen Preisen. Marienplatz.
- **Sport Scheck.** Laut Eigenwerbung größtes Sporthaus der Welt. Hat einfach alles. Sendlinger Str. 85.
- **Loden Frey.** Nicht nur traditionelle und aufgepeppte Trachtenkleidung, sondern auch englische, französische und italienische Mode. Maffeistr. 7–9.

Nizza

Perle der Côte d´Azur

Frankreich? Dann versuchen Sie mal, die Niçoises, so nennt man offiziell die Bürger von Nizza, zu verstehen. Französisch ist es nicht, eher Italienisch, aber auch nicht so richtig. Es ist ganz einfach eine eigene Sprache: Niçois.

Man sagt, die Einwohner von Nizza seien keine Franzosen. Das ist formal falsch. Seit 1860 gehört die Stadt endgültig zu Frankreich. Doch scheint es, als ende La Grande Nation an den Toren der Altstadt. Die piemontesische Vergangenheit pulst äußerst lebendig durch die Gegenwart. Dabei bildet der eindeutig italienische Baustil der Häuser nurmehr einen entsprechenden Rahmen für das überschäumende Temperament ihrer Bewohner, in das sich so gar nicht französische Selbstironie mischt.

Bei Nizza denkt man aber vor allem an die Promenade des Anglais, an Luxushotels, an Palmen, ewigblaues Meer und ewigschöne Frauen. Der deutsche Philosoph Friedrich Nietzsche schrieb 1883 ungewöhnlich euphorisch seinen ersten Eindruck nieder: »Die Tage kommen hier mit einer unverschämten Schönheit daher.«

Die Leichtigkeit des Seins

Dolce vita im Glanz der Belle Époque

Nizzas beschwingtes Herz: die Promenade des Anglais ist Flaniermeile, Ruhezone und Showbühne zugleich.

Nizza ist eine einzigartige Stadt, eine Kombination von Stimulanzien für die Sinne, wie ich ihr nirgendwo auf der Welt begegnet bin, schreibt der Schriftsteller Paul Valéry. Man ahnt mehr den Sinn dieser Worte, als daß man ihn begreift: Wenn die Sonne des Südens hoch am Himmel steht und das Meer in der Baie des Anges in einem Traum von Kobaltblau leuchtet, die Gassen der Altstadt aber dunkle, geheimnisvolle Schluchten bleiben. Wenn im Frühsommer der Duft von Lavendel und wildem Majoran von den Bergen weht und die Fassaden der Häuser in Ocker, Zartgrün, in Altrosa und Dunkelrot aufleuchten. Dann verwirrt Nizza die Sinne und becirct Geist und Fleisch gleichermaßen.

Nizza ist keine rein provençalische, sondern eine mediterrane Stadt. Das ist ein erheblicher Unterschied. Die Provence verkörpert für viele Menschen den Süden Frankreichs schlechthin. Nizza aber ist vom Wesen her eine eher unfranzösische Stadt. Es gehört erst seit 1860 zur Grande Nation und war vorher wesentlich länger mit Italien verbunden. Von dort kamen auch vor über 2000 Jahren, um 125 v. Chr., die römischen Eroberer. Bereits um 350 v. Chr. hatten die Griechen die Stadt gegründet und nach der Siegesgöttin Nike Nikaia (»die, die den Sieg bringt«) benannt. Den Römern folgten die Vandalen, Langobarden und Goten und denen wiederum die Grafen der Provence. Nizza wurde von arabischen Sarazenen erobert, später gehörte es den Herzögen von Savoyen, die sich im 18. Jahrhundert Könige von Sardinien nannten. Fast 500 Jahre stand die Stadt unter der Vormundschaft des savoyischen Hofes. Zu den Belagerern Nizzas gehörten auch die Franzosen, die es 1691 und dann wieder 1793 – unter dem jungen Napoleon Bonaparte – besetzten. Doch erst 1860 votierte die Bevölkerung für den endgültigen Anschluß an Frankreich. Und aus Nizza wurde Nice.

Zu diesem Zeitpunkt hatte längst eine andere Invasion stattgefunden, freilich eine sehr friedliche. Britische Reisende hatten die paradiesische Rundung der Engelsbucht (Baie des Anges) entdeckt. Einer der ersten war der schottische Arzt und Schriftsteller Tobias Smollett, der sich von 1763 bis 1765 in Nizza aufhielt, über die »dicken Frauen« und die »knoblauchreiche Küche« nörgelte, aber immerhin die Sorbets und das unvergleichliche Klima über alles lobte. Dieses Klima, so fand Smollett heraus, sei ausgezeichnet geeignet, seine Landsleute von der Schwindsucht zu befreien. So pilgerten die besseren Kreise Englands jeden Herbst zur Kur nach Nizza. Es

Die einheimische Küche – eine mediterrane Verführung. Besonders originell wird sie in den Restaurants am Blumenmarkt serviert.

Der Hafen ist für die meisten Zaungäste eine Endstation ihrer Sehnsucht: Hier liegen die Yachten der Millionäre.

Ein unverfälschtes Stück Nizza: Auf dem Gemüsemarkt in der Altstadt treffen sich vor allem die Einheimischen.

entwickelte sich eine snobistische englische Kolonie von Reichen, Hochadel und pensionierten Offizieren, in deren Kreisen es bald nicht mehr als sonderlich chic galt, schwindsüchtig oder anderswie krank zu sein. Kolonie ist schon das richtige Wort, denn die Gäste dachten keineswegs daran, sich wie ebensolche aufzuführen. Die Einheimischen wurden schlichtweg ignoriert. Man war lieber unter sich – in Etablissements wie den Hotels West End oder Westminster, die in einem Viertel namens Newborough standen.

Immerhin ließen die Gäste – unter ihnen sogar Königin Victoria und der Prince of Wales – jede Menge Geld in Nizza. Durch die anspruchsvollen Briten entstanden legendäre Luxushotels, breite Boulevards, Parkanlagen, Musikpavillons und Tennisplätze. Ein Brite erfand den Begriff »Riviera«. Und Nizza verdankt den Engländern ihr Wahrzeichen, die Promenade des Anglais. Der Bau der Prachtstraße – nach den Champs-Élysées wohl die berühmteste Frankreichs – wurde 1821 von britischen Gästen veranlaßt: Nach einer Orangenmißernte boten sie der verarmten Bevölkerung Arbeit beim Bau der Küstenstraße an. Ganz ohne Eigennutz wurde dieses Projekt allerdings nicht finanziert. Endlich hatten die Snobs aus dem regnerischen Norden ihre prachtvolle Flaniermeile, die von den Einheimischen spöttisch als »Promenade der Engländer« abgetan wurde. So heißt sie noch heute, doch von gemütlichem Flanieren kann kaum noch die Rede sein. Die Straße ist mittlerweile weitgehend achtspurig ausgebaut und im Sommer ein einziger Autocorso unter Palmen. Trotzdem besitzt die »Prom« noch dieses Ambiente von großer Welt und Dolce vita, besonders am Abend. Auf der einen Seite rauscht das Meer an die kiesigen Strände, auf der anderen strahlen Scheinwerfer auf die glanzvollen Fassaden der Luxushotels – Symbole eines unwirklichen Reichtums. Das prächtigste ist das Négresco 20, ein Nationaldenkmal der Belle Époque. In dieser palastartigen Nobelherberge aus dem Jahre 1913 stiegen Kaiser und Könige, Scheichs, Präsidenten, Filmstars, Multimillionäre und die schönsten Frauen ihrer jeweiligen Epoche ab. In jüngster Zeit werden wieder mehr Russen gesichtet. Sie haben ihren Reichtum im chaotischen Umschwung ihres Landes verdient und wollen ihn nach Altväter-Sitte in Südfrankreich genießen – denn Nizza und die Russen, das hat Tradition. Bereits 1856 kaufte die Zarenwitwe Alexandra Fjodorowna die Villa Acquaviva an der Promenade des Anglais. Bisweilen übertraf die russische Kolonie die britische an gesellschaftlichem Glanz. Nizza war für Rußlands Hoch- und Geldadel der mit Abstand beliebteste Kurort. Zwischen 1903 und 1914 wurde am heutigen Boulevard du Tzarewitch sogar eine russisch-orthodoxe Kathedrale (Cathédrale Orthodoxe Russe) 22 gebaut. Mit ihren grünen Kuppeln ist sie eines der imposantesten Bauwerke der Stadt.

Die Russen lebten ein Leben, wie es auch die Franzosen gern leben. Champagner, Wein und Wodka flossen in Strömen. Die Nächte waren ein einziges Fest. So halten es auch ihre modernen Landsleute, wenn sie gegen Abend vom Flirt mit braunen Strandmädchen zurückkehren. Dann knallen die Champagnerkorken, und Nizza überläßt seine Gäste der hemmungslosen Liebe zu dieser Stadt.

Baie des Anges – die Engelsbucht: Das paradiesische Panorama von Nizza wurde im 18. Jahrhundert von den Engländern für den Tourismus entdeckt.

Malerisches Licht

Große Künstler an der Côte d´Azur

Ein Trompe l´œil ist ein trügerischer Schein, eine Illusion, eine liebenswürdige Schimäre. In Nizza gehört das Trompe l´œil ganz bewußt zum täglichen Leben. Ein Beispiel: An der Außenwand eines indischen Restaurants an der Baie des Anges steht ein Künstler auf einer Leiter und malt Palmen – ein Gemälde wie eine Fotografie. Daneben steht tatsächlich eine Palme, die in der Sonne ihre Schatten auf das Kunstwerk wirft und ein Teil davon wird. Realität und Fiktion vereinen sich zu einer Szene. Tatsächlich eine Sinnestäuschung? Ein Trompe l´œil!

Im 1990 eröffneten Musée d´Art Moderne et d´Art Contemporain wird vor allem Kunst der 60er und 70er Jahre gezeigt.

Nizza ist eine vielschichtige Stadt der Kunst – von der klassischen modernen Malerei bis zur avantgardistischen Architektur im Städtebau, die letztendlich der skandalumwitterte Bürgermeister Jacques Médecin der Stadt vor seiner Flucht nach Südamerika hinterlassen hat. Nizzas Anziehungskraft für Künstler unterschiedlichster Couleur läßt sich vielleicht sogar erklären: Die Stadt hat ihren Malern stets ein Hilfsmittel zur Verfügung gestellt, ohne das viele Kunstwerke nicht denkbar wären: ihr unvergleichliches Licht. »Nizza ist ein wunderbarer Ort! Was für ein sanftes, weiches Licht, trotz seiner Helligkeit!«, schrieb Henri Matisse 1917. Dieses Licht hat bereits im 15. und 16. Jahrhundert Maler wie Jean Miralheti und Louis Bréa zu sakralen Kunstwerken inspiriert. 500 Jahre später arbeitete Pablo Picasso, vielleicht der größte Künstler des 20. Jahrhunderts, wie besessen an der Riviera, in der Nähe von Nizza. Diese Umgebung und ihr Licht wurden ihm zur zweiten Heimat. Er malte das Meer, die Landschaft, die Menschen. Ein Teil (ca. 100 Werke) dieser Schaffensperiode ist im Musée Picasso in Antibes (etwa 20 Kilometer in Richtung Cannes) zu sehen.

Der Impressionist Auguste Renoir zog 1902 im Alter von 61 Jahren an die Côte d´Azur, nach Le Cannet bei Cannes. Obwohl er, schwer an Arthritis erkrankt, an den Rollstuhl gefesselt war und an qualvollen Schmerzschüben litt, malte er wie besessen: lichte mediterrane Landschaften. Das Licht gönnte ihm keine Pause bis zu seinem Tod im Jahre 1919. Sein Atelier Les Colettes in Cagnes-sur-Mer (etwa 10 Kilometer in Richtung Cannes) ist heute Museum. Ein Teil seiner Bilder wird neben Werken von Picasso und Rodin auch im Musée des Beaux-Arts 21 in der Avenue des Baumettes in Nizza ausgestellt. Das Musée d´Art Moderne et d´Art Contemporain 27 an der Promenade des Arts widmet sich hingegen zeitgenössischer Kunst der 60er und 70er Jahre: gezeigt werden v. a. die Neuen Realisten und amerikanische Pop-art.

Der große Künstler der Stadt aber ist Henri Matisse, wie Picasso einer der bedeutenden Maler des 20. Jahrhunderts. Der geborene Pariser kam im Dezember 1917 nach Nizza. Später schrieb er: »Ich hatte mir eine Bronchitis zugezogen. Ich ging nach Nizza, um sie auszukurieren, und es regnete einen ganzen Monat lang. Schließlich beschloß ich abzureisen. Am nächsten Tag blies der Mistral die Wolken weg, und es war schön. Ich beschloß, in Nizza zu bleiben und war dann praktisch für immer dort.« Matisse, der bereits ein weltberühmter und vor allem ein wohlhabender Maler war, quartierte sich im Belle-Époque-Hotel Beau Rivage an der Verlängerung der Promenade des Anglais ein. Von seinem Zimmer blickte er auf das Meer, das in der gleißenden Januarsonne wie eine strahlende Spiegelfläche vor ihm lag. Und er malte. Mindestens neun Bilder entstanden in

Die Fondation Maeght in St. Paul-de-Vence stellt auch Werke von Joan Miró aus: hier die Plastik »Die Liebkosung eines Vogels« (1967).

Das Mobile des Amerikaners Alexander Calder vor dem Musée d´Art Moderne et d´Art Contemporain.

Ein Trugbild, zu schön, um wahr zu sein: Dieses klassische Trompe l´œil ziert eine Restaurant-Außenmauer an der Baie des Anges.

diesem Hotel. Später mietete er sich nebenan ein kleines Atelier. Matisse hatte verschiedene Wohnungen. Bis 1938 lebte er in einem Haus an der Place Charles-Félix in der Altstadt; von seinem Atelier konnte der Maler über den Markt und die Dächer von Nizza blicken. Auch Matisse erkrankte an Arthritis und zog schließlich 1938 ins Hôtel Regina in Cimiez. Er war nicht mehr fähig zu malen und experimentierte im Bett seines Wohnateliers mit »gouaches découpées«: Wandteppich-Entwürfen, aus Papier ausgeschnitten. Hier starb er auch, am 3. November 1954. Den Einheimischen hinterließ er u.a. die Ausstattung der Kapelle von Vence-la-Jolie. Außerdem wird ein repräsentativer Teil seines Werkes im Musée Matisse ㉕ in der Nähe der römischen Ruinen von Cimiez (Avenue des Arènes) ausgestellt.

Im selben Ortsteil befindet sich auch das Chagall-Museum (Musée National Message Biblique Marc-Chagall) ㉓ in der Avenue du Docteur Ménard, mit der größten Sammlung von Werken dieses Künstlers. Kernstück der Ausstellung ist die »biblische Botschaft«, die 17 Gemälde umfaßt. Auch Marc Chagall lebte an der Côte d´Azur, zunächst allerdings weniger aus Lebensfreude denn aus Konkurrenzgebaren. Der Maler hegte eine große Eifersucht auf Picasso und Matisse. Als er 1949 nach St. Jean-Cap-Ferrat bei Nizza zog, wollte er ganz bewußt in die Domäne der beiden großen Konkurrenten eindringen und ihnen demonstrieren: Ich bin euch ebenbürtig! Chagall suchte nach einem entsprechend großzügigen Domizil. Er fand es bald in Les Collines, allerdings in der selben Straße, in der auch Matisse wirkte und wohnte. Es stabilisierte keinesfalls das Selbstbewußtsein Chagalls, daß diese Straße später in Avenue Henri Matisse umbenannt wurde. Vielleicht ist er deswegen endgültig nach St. Paul-de-Vence umgezogen, wo er 1985 im gesegneten Alter von 97 Jahren starb. Letztendlich hat er seinen Platz neben Matisse und Picasso gefunden.

Mag sein, daß seine Eifersucht auch eine Art Trompe l´œil war. Wie dem auch sei: Chagalls Agent, der Kunstsammler und -händler Aimé Maeght, hinterließ nach seinem Tod in St. Paul-de-Vence die Fondation Maeght, eine ganz außergewöhnlich wertvolle Privatsammlung moderner Kunst. Gezeigt werden Werke von Georges Braque, Alexander Calder, Eduardo Chillida, Giovanni Giacometti und Joan Miró. Hier sind auch die beiden vermeintlichen Rivalen friedlich vereint: Matisse und Chagall.

Das Atelier von Auguste Renoir in Cagnes-sur-Mer ist heute Museum. Hier arbeitete der große Impressionist in seinen letzten Lebensjahren.

Auf einen Blick

Nizza entdecken und erleben

In Nizza (400 000 Einwohner), der Hauptstadt der Cote d'Azur, laden breite Promenaden und grüne Boulevards, enge Altstadtgassen und italienisch anmutende Plätze zu einem Spaziergang ein. Ein Miniaturzug, der zwischen Jardin Albert I. und Schloßgarten fährt, macht die Besichtigung bequemer. Es werden geführte Rundgänge angeboten, die über Themen wie den Maler Henri Matisse, die russischen Emigranten oder die Belle Époque informieren (☎ 04/93 08 10 72). Das Hinterland läßt sich am besten mit dem gemütlichen Pinienzug (Train des Pignes) nach Digne oder mit der Roya-Tal-Bahn bis Tende erkunden.

Das 1865 von Charles Garnier, dem Architekten der Pariser Oper, erbaute Spielcasino von Monte Carlo (15 km östlich von Nizza) ist eine Besichtigung wert.

Bahnreisende finden am Gare SNCF in der Avenue Thiers ein Informationsbüro ☎ 04/93 87 07 07, Fluggäste am Airport Terminal 1. Am zentralsten liegt das Büro an der Promenade des Anglais 5, ☎ 04/92 14 48 00. Man kann sich hier über Führungen in deutscher Sprache informieren und über Ausflüge in die Umgebung, wie z. B. nach Cannes, St. Paul de Vence oder Grasse. Der 7 Tage gültige Museumspaß, den man an den Museumskassen erwerben kann, gewährt freien Eintritt in die zahlreichen Museen von Nizza.

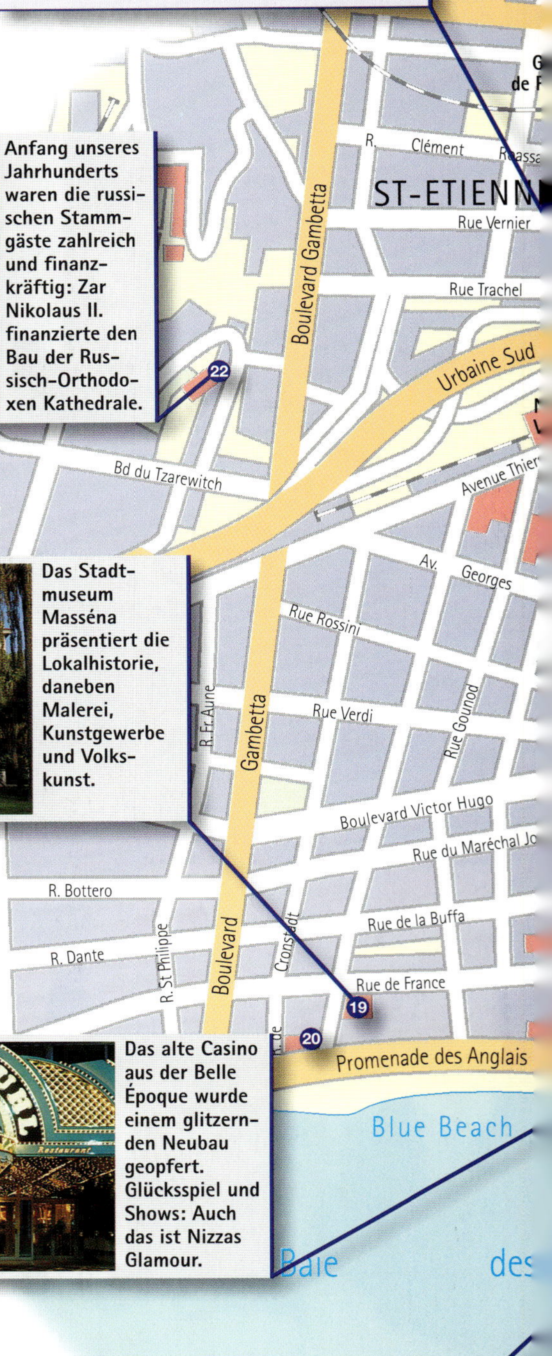

Anfang unseres Jahrhunderts waren die russischen Stammgäste zahlreich und finanzkräftig: Zar Nikolaus II. finanzierte den Bau der Russisch-Orthodoxen Kathedrale.

Das Stadtmuseum Masséna präsentiert die Lokalhistorie, daneben Malerei, Kunstgewerbe und Volkskunst.

Das alte Casino aus der Belle Époque wurde einem glitzernden Neubau geopfert. Glücksspiel und Shows: Auch das ist Nizzas Glamour.

1. Cours Saleya/Blumenmarkt
2. Chapelle de la Miséricorde
3. Palais Grimaldi
4. Kathedrale Ste. Réparate
5. Palais Lascaris-Ventimiglia
6. St. Jacques
7. Schloßberg
8. Place Ile de Beauté und Jachthafen
9. Museum für Ur- und Frühgeschichte
10. Gare Maritime
11. Marinemuseum
12. Dufy-Museum
13. Oper
14. Place Masséna
15. Jardin Albert I.
16. Freilichttheater
17. Casino Ruhl
18. Palais de la Méditerranée
19. Stadtmuseum (Musée Masséna)
20. Hotel Négresco
21. Musée des Beaux-Arts
22. Russische Kathedrale
23. Chagall-Museum
24. Römische Siedlungsanlagen in Cimiez
25. Matisse-Museum in Cimiez
26. Kongreßzentrum »Acropolis«
27. Museum Moderner Kunst
28. Place Garibaldi

Moderne Kunst an der Place Masséna: Der 1843 entworfene, von eleganten Fassaden gesäumte Platz ist der Anfang einer breiten Promenade, die das Flußbett des Paillon überdeckt.

Die Ausgrabungen von drei Thermenanlagen und einem Amphitheater auf dem Hügel von Cimiez beweisen, daß schon die Römer um den Erholungswert von Nizza wußten.

In einer im 17. Jahrhundert auf römischen Fundamenten erbauten Villa und einem Anbau von 1993 ist das Matisse-Museum untergebracht.

Das Museum Moderner Kunst, schon architektonisch eigenwillig genug, besitzt bedeutende Werke der 60er und 70er Jahre.

Zwischen dem Schloßberg und dem Mont Boron ist der Hafen eingebettet. Größere Schiffe liegen am Quai du Commerce, wie z. B. die Fähre der SNCM Ferryterranée, die u. a. Überfahrten nach Korsika anbietet.

Ein passender Rahmen für festliche Aufführungen: Das Opernhaus bringt von Oktober bis Juni Opern und Operetten, Konzerte und Ballett.

Der langgestreckte Cours Saleya ist der Puls von Nizza. Hier lockt der berühmte Blumen- und Gemüsemarkt, hier laden die Tische zahlreicher Cafés und Restaurants zum gemütlichen Verweilen ein.

Was – wann – wo?

Karneval

Überschäumend

Nizza feiert überschwenglich südländisch – das ganze Jahr über. Der Festkalender ist dicht bestückt. Von urwüchsiger Folklore über eher klassische Kulturveranstaltungen bis zu avantgardistischen Feten reicht der Reigen überschäumender Lebensfreude.

- **Karneval.** Der glanzvolle Höhepunkt wird mit südländischem Temperament gefeiert. Im Mittelpunkt steht der »Roi des Fous«, der König der Verrückten. Tolle Tage im Februar, ab 14 Tage vor Faschingsdienstag.
- **Kürbisfest in Cimiez.** Gäste aus dem Norden wundern sich immer wieder, wie überschwenglich man die große, gelbe Frucht feiern kann. Ende März.
- **Maifest.** Viel Folklore und jede Menge Trachtengruppen aus Nizza und der näheren Umgebung.
- **Der Große Preis von Monaco.** Zwar eine auswärtige Veranstaltung, doch halb Nizza pilgert zum legendären Formel-1-Rennen ins benachbarte Monte Carlo. Mai/Juni.
- **Festival der Kirchenmusik.** Bei diesem Festival der eher stilleren Art treffen sich bedeutende Sakralmusiker in Nizza. Juni.
- **Jazz-Parade.** Eines der bekanntesten Festivals in Europa. Nicht nur Swing, sondern auch Avantgarde. Mitte Juli.
- **Sommerblumencorso.** Ganz Nizza erblüht in seinen schönsten Farben: Millionen von Blumen. Mitte August.

Aristokratisch bis gemütlich

Über 150 Jahre Edeltourismus haben die Hotellandschaft von Nizza geprägt. Die Hocharistokratie Europas bettete in dieser Stadt ihre Häupter. Industrielle, Playboys und Filmsternchen mochten und mögen da nicht nachstehen. Den Luxus-Nimbus hat Nizza noch heute. Doch gibt es auch Herbergen und Unterkünfte für Normalverbraucher und Familien.

- **Négresco** ⑳. Die Hotellegende der Côte d'Azur, selbstredend das erste Haus am Platz. Seit 1912 wohnen in dem prachtvollen Belle-Époque-Palast die Großen dieser Welt. 37, Promenade des Anglais. ☎ 04/93 16 64 00, Fax 04/93 88 35 68.
- **Abela Regency.** Modernes Luxushotel mit Blick auf das Meer. Pool auf der Dachterrasse. 223, Promenade des Anglais. ☎ 04/93 37 17 17, Fax 04/93 71 21 71.
- **Mercure Nice Centre Notre Dame.** Großes Komforthotel mit Gartenterrasse im zweiten Stock und Pool über den Dächern von Nizza. 28, Avenue Notre Dame. ☎ 04/93 13 36 36, Fax 04/93 62 61 69.

Hotel Négresco

- **Ambassador.** Das komfortable Garni-Hotel (kein Restaurant, nur Frühstück) liegt nicht nur zentral, auch seine Preise sind annehmbar. 8, Avenue de Suède. ☎ 04/93 87 90 19, Fax 04/93 82 14 90.
- **Saint-François.** Eines der preiswerteren Hotels. 3, Rue Saint-François. ☎ 04/93 85 88 69, Fax 04/93 85 10 67.
- **Family Home.** Die kleine Herberge hat die intime Atmosphäre einer Pension – und die günstigen Preise. 34, Boulevard Gambetta. ☎ 04/93 82 47 45.
- **Le Petit Palais.** Das Hotel im Villenvorort Cimiez liegt ruhig und ist preiswert. 10, Avenue Emile Bieckert. ☎ 04/93 62 19 11, Fax 04/93 62 53 60.

Casino Ruhl

Nachts rollt die Glückskugel

Es muß nicht immer Monte Carlo sein. Wer sein Glück bei Baccara und Roulette versuchen möchte, braucht keineswegs ins nahe Monaco zu fahren. Auch an der französischen Côte d'Azur sind zahlreiche internationale Spielbanken vertreten. Ansonsten gibt's jede Menge Möglichkeiten des Nightlifes: Kneipen, Bars und Diskotheken garantieren vor allem während der Sommersaison muntere Stunden bis zum Morgengrauen.

- **Casino Ruhl de Nice** ⑰. Spielbank im Hotel Méridien. Roulette, Kartenspiele, einarmige Banditen etc. Mit Restaurant, Diskothek und Cabaret. 1, Promenade des Anglais.
- **Bar im Négresco** ⑳. Sehen und gesehen werden. Erstklassige Drinks. Autogrammjäger sind unerwünscht. 37, Promenade des Anglais.
- **La Madonette.** Auf der Bühne läuft die Varieté-Show, Essen und Drinks servieren die Bedienungen auf Rollschuhen. 24, Chemin de la Madonette.
- **Le Safari.** Terrassen-Treffpunkt der Jungen und Schönen und derer, die sich dafür halten. Cours Saleya ❶.
- **Félix Faure.** Die Disko für alle: Einheimische und Sommergäste. Am Wochenende gerammelt voll. 12, Avenue Félix Faure.
- **Scarlett O'Hara's Irish Pub.** Der Name klingt fürchterlich, doch die Kneipe ist in Ordnung. Mitten in der Altstadt gelegen. Live-Musik mit irischen und provençalischen Weisen. 22, Rue Droite.

Bouòn Apetit!

Die Küche von Nizza hat weit mehr als »Salade niçoise« zu bieten. Kennen Sie Socca? Das sind heiße Fladen mit Tomaten oder Sardellen, man genießt sie in der Regel schon zum Frühstück. So einfach und doch so köstlich. Wer es opulenter mag, bitte sehr: Das Meer liefert Fisch und Meeresfrüchte, das Hinterland feinstes Lammfleisch und den Reichtum der provençalischen Gewürze, wie Lorbeer, Thymian, Salbei, Basilikum, Safran, Fenchel und Rosmarin. Und allerfeinstes Olivenöl. Bouòn Apetit!

Auster-Traum

- **Colombe d'Or.** Das Restaurant in St. Paul-de-Vence ist sicherlich das berühmteste an der gesamten Küste. Ein Gaumen- und Augenschmaus, denn in den Gasträumen hängen viele Originale moderner Meister wie Picasso. Place du Général de Gaulle.
- **Le Grand Pavois chez Michel** ist ein Restaurant mit erstklassiger Fischküche. Wer das Meeresgetier nicht mag, sollte sich an die zarten Lammspezialitäten des Hauses halten. 11, Rue Meyerbeer.
- **Bocaccio.** Hier wird große Küche serviert, zum Beispiel Spaghetti mit Langustinen. 7, Rue Masséna.
- **Grand Café de Turin.** Austern und Meeresfrüchte in rauhen Mengen. 5, Place Garibaldi.
- **Le Corail.** Die Brasserie hat sich der provençalischen Küchentradition verschrieben. Zu zahlreichen Gerichten wird die erstklassige Aioli provençal, eine Knoblauchsauce, serviert. 1, Avenue Thiers.
- **La Merenda.** Kultlokal in der Altstadt. Beste, weil einfache Nizzaer Küche. Reservieren zwecklos, da der Wirt kein Telefon besitzt. 4, Rue Terrasse.
- **La Taverne de l'Opéra.** Preiswertes Lokal mit traditioneller Nizzaer Küche: Sole à la niçoise und Raviolis de la mer. 10, Rue Saint-François-de-Paule.
- **Socca Pan Bagnat.** Einfacher Socca-Imbiß mit Feuerstelle in der Rue Miralheti (Nähe Fischmarkt).

Musée Chagall

In den Tempeln der Kunst

Nizza ist eine ausgesprochene Museumsstadt, besonders eindrucksvoll die große Anzahl der ständigen Ausstellungen mit hochrangiger Kunst. Bedeutende Institutionen wie das Musée des Beaux-Arts, Musée d'Art Moderne et d'Art Contemporain, Musée National Message Biblique Marc Chagall, Musée Matisse und die Fondation Maeght sind bereits auf der vorhergehenden Seite beschrieben. Doch haben Nizza und sein Umland darüber hinaus viel Sehenswertes zu bieten.

- **Musée et Sites Archéologiques ㉔.** Museum auf dem Gelände des antiken Nizza im Stadtteil Cimiez. Gezeigt werden Münzen, Skulpturen, Gläser, Keramiken, Werkzeuge römischer, etruskischer und griechischer Herkunft. Avenue Monte Croce.
- **Musée d'Art et d'Histoire.** Dokumentation zur Stadtgeschichte, provençalische Volkskunst und eine wertvolle Bildersammlung der »Primitiven von Nizza«. Im Palais Masséna, 65, Rue de France.
- **Musée Raoul Dufy.** Ausstellung von Bildern dieses bekannten Vertreters des Fauvismus. 77, Quai des Etats-Unis.
- **Musée Yves Klein.** In einem futuristischen Bau am Rande der Altstadt wird die Entwicklung der Avantgarde seit den 60er Jahren dokumentiert. Im Mittelpunkt stehen die Bilder des einheimischen Malers Yves Klein. Promenade des Arts.
- **Villa Kérylos.** Nach dem Vorbild altgriechischer Prunkvillen vom Archäologen Theodor Reinach konstruiert. Ausgestattet mit Mosaiken, Wandmalereien und Funden aus vorchristlicher Zeit. Beaulieu-sur-Mer.
- **Fondation Ephrussi de Rothschild.** In der eigens für ihre Kunstsammlung erbauten venezianischen Villa der Madame Ephrussi, geb. Rothschild, sind Gemälde, Teppiche, Möbel und Porzellan aus fünf Jahrhunderten zu sehen. Cap Ferrat.

Galerien, Märkte und Basare

In der Stadt der südländischen Farben und Gerüche läßt es sich trefflich einkaufen. Das gilt für Boutiquen und Kaufhäuser, vor allem aber für die malerischen Märkte.

- **Blumen- und Obstmarkt.** Ein duftendes, farbenprächtiges Gewühle jeden Werktag (außer Montag) auf dem Cours Saleya ❶.
- **Fischmarkt.** Der größte seiner Art an der gesamten Küste. Montag bis Samstag auf der Place St. François und der Place Rossetti.
- **La Poulette.** Ein Paradies für Feinschmecker: Käse ohne Ende, feinstes Olivenöl, Kräuteressige und hausgemachte Marmeladen. Rue de la Préfecture.
- **Aliziari.** Eine der besten Ölmühlen Nizzas. 14, Rue St. François-de-Paule.
- **Trödelmarkt.** Jeden Montag wird auf dem Cours Saleya ❶ allerlei Krimskrams angeboten. Manchmal sind sogar echte Schnäppchen dabei.
- **Super Bazar.** Hat seinen Namen durchaus verdient. Ramsch und Trödel mitten in der Altstadt. 32, Rue Pairolière.
- **Galeries Lafayette.** Filiale der berühmten Kaufhauskette. Mode, Schmuck, Kosmetik – alles unter einem Dach, vor allem eine riesige Auswahl an provençalischen Seifen und Parfums. Avenue Jean Médecin.

Parfum-Essenzen

- **La Galerie Singulière.** Die Galerie für zeitgenössische Kunst. Interessenten sollten Sachverstand, Geschmack und eine dicke Brieftasche mitbringen. 46, Rue de France.

Oslo

Nicht nur ein Wintermärchen

Einerseits ist Oslo eine pulsierende Metropole mit hoch in den Himmel ragenden Glaspalästen modernster Architektur, ein quirliges kulturelles und wirtschaftliches Zentrum. Menschen aus aller Welt prägen das Stadtbild, und die junge Bevölkerung strebt wie auch andernorts danach, den amerikanischen »way of life« zu imitieren. Andererseits ist Norwegens Hauptstadt auch Provinz, weit abgelegen vom wirklichen Geschehen in Europa, eine gemütliche Stadt, in der das typisch Norwegische gepflegt wird. Und aus der das Herrscherhaus mit seiner beliebten, volkstümlichen Königsfamilie – dem modernen Sozialstaat und aller Fortschrittlichkeit zum Trotz – einfach nicht wegzudenken ist.

Abends, wenn das hektische Treiben rund um die beliebte Einkaufsstraße Karl Johans gate allmählich abnimmt und die Gäste sich an die Tische der vielen Restaurants setzen, beginnt Oslos buntes Nachtleben. Das Angebot für Nachtschwärmer kann sich durchaus sehen lassen. An den hellen Sommerabenden flaniert jung und alt unter den Klängen der Straßenmusikanten durch die Stadt, und in den Straßencafés am Hafen ist kaum ein freier Stuhl zu ergattern.

Und im Winter? Ein märchenhaftes Bild bietet der Hafen zu Füßen der verschneiten Festung Akershus (Bild). Oben an der Holmenkollenschanze beginnt die geradezu unendliche Weite der Osloer Waldgebiete – und weit unten glitzert der Fjord im Licht der untergehenden Sonne.

Schiffe, Fjord und Möwengeschrei

Auf den Spuren der Wikinger und Polarforscher

Interessantester Teil des Norsk Folkemuseums ist das Freilichtmuseum. Gebäude aus allen Teilen Norwegens erzählen von den Lebensumständen der Menschen früherer Zeiten.

Norwegens Küste ist lang und zerklüftet, und wer früher von hier aus in andere Länder reisen wollte, war größtenteils auf den Seeweg angewiesen. Kein Wunder also, daß die bekanntesten norwegischen Entdekker allesamt ein Boot oder Schiff als Fortbewegungsmittel gewählt haben. Auf der westlich des Stadtzentrums liegenden Halbinsel Bygdøy, wo schmucke Villen und gepflegte Vorgärten, der königliche Landsitz mit einem großen Gestüt, kleine Gartenwirtschaften und die beliebten Strände Paradis und Huk das Bild prägen, erinnert vieles an die großen Seefahrer: an Fridtjof Nansen, Roald Amundsen, Thor Heyerdahl – und auch an die Wikinger.

Die Wikinger, die vor allem wegen ihres großen Hungers nach Beute in die Geschichte eingegangen sind, stachen ab dem 7. Jahrhundert mit dem Knarr, einem der schnellsten und seetüchtigsten Schiffe jener Zeit, in See. Drei dieser wendigen Fahrzeuge – das Oseberg-, das Gokstad- und das Tuneschiff aus dem 9. und 10. Jahrhundert – sind im mitten auf Bygdøy liegenden Wikingerschiffhaus-Museum (Vikingskiphuset) ㉗ zu bewundern. Daneben zahlreiche Gegenstände, die man bei den Ausgrabungen in diesen – später auch als Grabstätten für einflußreiche Persönlichkeiten dienenden – Schiffen gefunden hatte. Das Museum steht gleich neben dem größten Freilichtmuseum Norwegens (Norsk Folkemuseum) ㉖ mit hübschen alten Gebäuden aus dem ganzen Land.

Das am besten erhaltene dieser drei Schiffe ist ohne Zweifel das 1903 bei Tønsberg ausgegrabene Osebergschiff aus der Zeit um 850 n. Chr. Der wunderschön geschnitzte Vordersteven, an dem ein mächtiger Drachenkopf mit starrenden Augen den Abschluß bildet, streckt sich dem Besucher gleich am Eingang des Museums entgegen. In diesem 21,5 Meter langen, offenen »Femtansessa« – einem Boot für 15 Ruderer – fand man in einer mit Betten, Hausrat und Kleidungsstücken ausgestatteten hölzernen Grabkammer die sterblichen Überreste zweier Frauen, vermutlich der Königin Åsa, der Großmutter Harald Schönhaars, und einer ihrer Mägde. Vier Schlitten und ein schwerer Wagen aus Eichenholz mit wundervollen Schnitzereien begleiteten die beiden auf ihrer letzten Reise. Die Verzierungen an diesem Wagen, der zusammen mit anderen Funden im hinteren Teil des Museums ausgestellt ist, vermitteln einen ausgezeichneten Einblick in die Kultur der Wikinger. Eine der vielen figürlichen Szenen an dem Wagen zeigt eine Frau, die ihren Mann daran hindert, einen unbewaffneten Reiter mit dem Schwert anzugreifen.

Die Wikinger zog es süd- und westwärts. Die Erforschung der im hohen Norden liegenden Eiswüste blieb rund tausend Jahre später Fridtjof Nansen vorbehalten. Im Juni 1893 machten sich der Forscher und seine Mannschaft mit dem Dreimastschoner »Fram« auf den Weg zu einer Drift-

Thor Heyerdahls Expedition mit der »Ra II« bewies, daß schon vor 5000 Jahren Menschen in derartigen Booten den Atlantik überquert haben könnten.

800 Jahre alt und eine Attraktion des Freilichtmuseums: die Stabkirche von Gol mit ihren schönen Schnitzereien und den einzigartigen Masken im Innern.

fahrt über das östliche Eismeer. Das 39 Meter lange Schiff war für Nansens Expedition mit einer 220 PS starken Hilfsmaschine versehen worden. Heute steht es gut sichtbar am Ostufer von Bygdøy in einem Glashaus 24 direkt neben dem Seefahrtsmuseum. Der Schiffsrumpf war so gebaut worden, daß er dem Druck der Eisschollen widerstehen konnte, in die Nansen die »Fram« Mitte September 1893 an der Packeisgrenze bei Sibirien einfrieren ließ, um mit dem Eis in Richtung Nordpol driften zu können.

Doch die »Fram« trieb am Pol vorbei. Nansen machte sich daher im März 1895 zusammen mit Hjalmar Johansen zu Fuß auf den Weg zum Pol – ein halsbrecherisches Unternehmen, das schon einen knappen Monat später bei 86°04' nördlicher Breite scheiterte. Nach einer eiskalten Überwinterung auf Franz-Joseph-Land stießen die beiden am 24. August 1896 in Tromsø endlich wieder zu der restlichen Mannschaft, die ihren über dreijährigen Aufenthalt auf der komfortablen »Fram« gut überstanden hatte. Hier hatte es weder an Essen noch an Unterhaltung und Bequemlichkeit gefehlt – letzteres wohlgemerkt mit damaligen Augen gesehen. Klettert man heute in die engen Kajüten des Schiffes, empfindet man eher Platzangst – von Luxus keine Spur.

Fridtjof Nansen war nicht nur Entdecker. Sein Einsatz für das notleidende Rußland und für russische Gefangene wurde 1922 mit dem Friedensnobelpreis belohnt.

Auch Roald Amundsen unternahm eine Reise mit diesem Schoner: seine berühmte Südpolexpedition, die von 1910 bis 1912 dauerte. Zuvor hatte er schon mit der 70 Fuß langen, 1872 erbauten »Gjøa« die gesamte Nordwestpassage durchquert. Dieses alte Schiff kann heute direkt neben dem Anleger für die kleinen Passagierschiffe, die vom Rathausplatz aus Besucher zur Halbinsel bringen, besichtigt werden – umgeben von kreischenden Möwen und den tagaus, tagein ans Ufer schlagenden Wellen.

Schiffe aller Typen und Größen gibt es auch im Seefahrtsmuseum (Norsk Sjøfartsmuseum) 23, doch wer etwas ganz Besonderes erleben will, sollte auf jeden Fall das Kon-Tiki-Museum 25 besuchen (direkt neben dem Fram-Museum). 1947 ließen sich Thor Heyerdahl und fünf andere Skandinavier 101 Tage lang auf dem aus Balsaholz gebauten Floß »Kon-Tiki« über den Pazifischen Ozean von Peru nach Polynesien treiben, um so zu beweisen, daß Polynesiens erste Bewohner mit dem Floß aus Südamerika gekommen waren. 1969 und 1970 versuchte der unternehmungslustige norwegische Ethnograph durch seine wagemutigen Ra-Expeditionen zu belegen, daß es Afrikanern und Ägyptern einst möglich gewesen ist, in Papyrusbooten über den Atlantik nach Amerika zu gelangen. Nachdem seine erste Expedition mit »Ra I« – einem Papyrusboot, das nach dem ägyptischen Sonnengott benannt wurde – gescheitert war, gelang ihm mit »Ra II« innerhalb von 57 Tagen die Fahrt von Marokko nach Barbados. Das »Kon-Tiki«-Floß, das Papyrusboot »Ra II« sowie zahlreiche Bilder von Heyerdahls atemberaubenden Expeditionen gehören ebenso wie mehrere Meter hohe Figuren von den Galapagosinseln und der Osterinsel zu den Schätzen dieses beliebten Museums.

Hinaus auf die Inseln

Der Oslofjord ist ein Dorado für Badefreunde, Sonnenhungrige, Segler und Surfer. An den Stränden der Halbinsel Bygdøy wimmelt es an warmen Sommertagen nur so von Menschen. Weniger überlaufen sind die vom Kai Vippetangen aus erreichbaren Inseln Langøyene und Hovedøya. Auf letzterer liegen die Ruinen eines Zisterzienserklosters von 1147. Den Fjord kann man außerdem an Bord eines nachgebauten Wikingerbootes, eines alten Holzsegelbootes oder eines Restaurantschiffs kennenlernen. Angeboten werden – ab Rathauskai oder Aker Brygge 22 – sowohl kurze Schnuppertouren als auch mehrstündige Fjordfahrten mit kulinarischen Kostproben aus dem Meer.

Sportliche Wintermetropole

Oslomarka und Holmenkollen

Mitten in der Woche kann man in Ruhe und Frieden seine Spuren durch die herrliche Winterlandschaft der Oslomarka ziehen.

Nähert man sich Norwegens Hauptstadt an einem kalten, klaren Wintertag mit dem Schiff, fällt zuerst der tiefblaue Himmel über den sanften, schneebedeckten Hügeln rund um Oslo auf. Wie ein weißer Kranz schmiegen sich die bis zu 500 Meter hohen bewaldeten Anhöhen im Westen, Norden und Osten um die an der Spitze des Oslofjords liegende norwegische Metropole. Der Fjord ist immerhin 100 Kilometer lang, und die Stadt zählt mit ihren 454 Quadratkilometern flächenmäßig zu den größten der Welt. Aufgrund ihres über 2200 Kilometer langen, abwechslungsreichen Loipennetzes im Stadtbereich und in der Oslomarka, den umliegenden Waldgebieten, dürfte sie auch die größte Wintersportmetropole der Welt sein. Hier kann man sich mitten in der Stadt die Langlaufskier unter die Füße schnallen – unter anderem im Vigelandpark 31 mit seinem gigantischen, 17 Meter hohen Monolithen und den rund 200 Granit- und Bronzefiguren des 1869 geborenen norwegischen Bildhauers Gustav Vigeland.

Schlittschuhläufer finden ohne lange suchen zu müssen immer einen zur Eislaufbahn umfunktionierten Sportplatz vor, und außerdem kann man auf mehreren am Stadtrand gelegenen Seen seine Runden drehen.

Am nordwestlich der Stadt thronenden Holmenkollenhügel 33 sind bei der Einfahrt des Schiffes nun auch immer deutlicher die Konturen der Holmenkollenschanze zu erkennen. Deren Schanzenturm ragt bis auf eine Höhe von 417 Meter über dem Fjord in den Himmel. Dieses markante Wahrzeichen der Stadt wurde 1892 zuerst aus Holz errichtet, später dann aus Stein erneut aufgebaut. Die bekannte Skisprunganlage war 1952 Schauplatz der Olympischen Winterspiele und seither Austragungsort mehrerer Weltmeisterschaften. Sie erhielt 1991 ihr heutiges Aussehen. Der Schanzenrekord liegt derzeit bei stolzen 126,5 Metern. Wer möchte, kann im Skisprungsimulator neben der Schanze selbst an einem Sprung teilnehmen. Doch Vorsicht – auch hart-

Sportliches Königshaus

Eines der berühmtesten Bilder, das Norwegens sportliche Königsfamilie zum Thema hat, stellt den verstorbenen König Olav V. dar: in der alten hölzernen Bahn auf den Weg zur Holmenkollenschanze, im selben Wagen zusammen mit normalsterblichen Sportsfreunden. Der Sohn des passionierten Skifahrers und Seglers, der heutige König Harald V., hat ebenso wie sein Vater mehrere internationale Segelregatten gewonnen und 1964 und 1968 sogar an den Olympischen Spielen teilgenommen. Auf Pressefotos tauchen Harald und Sonja (Bild) sowie ihre Kinder immer wieder auf Skiern auf, sportlich und naturverbunden. Genauso wie die Osloer Bevölkerung, die am Wochenende »på tur« geht: auf Tour hinaus in die Natur.

Ein ganz normaler Wintertag an der Karl Johans gate, Höhe Universität: Wer kann, verläßt die Innenstadt in Richtung der nahen Skipisten in und um Oslo.

gesottene Besucher sind hier schon mit schlotternden Knien wieder herausgekommen!

Zu den Höhepunkten an der Holmenkollenschanze gehört das jedes Jahr im März stattfindende Skifestival mit internationalen Langlaufrennen und dem berühmten Holmenkollenspringen. Groß und klein nimmt dann die mitten durch das hübsche Wohnviertel Holmenkollen – mit seinen prachtvollen, teuren Holzvillen – führende Bahn zur Schanze hinauf. Manche haben das Gesicht mit der norwegischen Flagge bemalt, andere sind beladen mit Rucksäcken, Thermosflaschen, Sitzmatten und Fähnchen, mit denen sie ihren Landsleuten zuwinken. Selbst die Königsfamilie läßt sich dieses so spektakuläre nationale Ereignis nicht entgehen und nimmt in der eigenen Loge Platz. Wer sich fit genug fühlt, beteiligt sich zusammen mit mehreren tausend anderen Skilanglauf-Amateuren am 21 oder 42 Kilometer langen Holmenkollenmarsch durch die Oslomarka – meist sind auch Deutsche dabei.

Die Norweger sind ein skibegeistertes Volk, nicht nur als Zuschauer, sondern auch als aktive Sportler. Die Bronzestatue oberhalb der Arena in der Nähe der kleinen Holmenkollenkapelle zeigt den verstorbenen König Olav V. auf Skiern – zusammen mit seinem Pudel Troll. Im in den Fels gesprengten Skimuseum direkt unter der Schanze können Interessierte nicht nur die älteste Skisammlung der Welt bewundern, sondern unter anderem auch eine alte Skiwerkstatt sowie die Ausrüstung, die Roald Amundsen und Fridtjof Nansen auf ihre Polarexpeditionen mitgenommen hatten.

Bei klarer Sicht sollte man es sich nicht entgehen lassen, vom 60 Meter hohen Schanzenturm den phantastischen Blick auf die Stadt und den Oslofjord zu genießen. Besser ist die Aussicht nur noch vom 116 Meter hohen Tryvannstårnet, einem Fernseh- und Aussichtsturm (32), der sich am höchsten Punkt des Holmenkollenhügels erhebt. Bei schönem Wetter kann man im Norden sogar das rund 100 Kilometer entfernte Gebirge Norefjell erspähen, und direkt zu Füßen liegt die gesamte Nordmarka, der im Norden der Stadt liegende Teil der Oslomarka. Sie lockt mit zahlreichen Wanderwegen und Loipen, idyllischen Seen und gemütlichen Hütten, in denen man einkehren und teilweise auch übernachten kann: ein ausgezeichnetes Wander-, Kanu- und Fahrradrevier sowie Norwegens Skilanglaufparadies – und all dies noch innerhalb der Osloer Stadtgrenzen. Und nicht nur das: Hier, mitten im Wald, liegt auch das geographische Zentrum dieser Stadt, und zwar in der Nähe der Nordmarka-Kapelle unweit der Wanderhütte Tryvannsstua.

Ist erst einmal die Endstation der Holmenkollenbahn und der Tryvannstårnet erreicht, sollte man sich auf jeden Fall auch noch Zeit für das Restaurant Frognerseteren unterhalb des Fernsehturms nehmen. Nicht nur die Aussicht und der in der ganzen Stadt bekannte Apfelkuchen machen den Besuch unvergeßlich. Auch das altehrwürdige Gebäude aus dem Jahre 1890 – ein hölzernes, im sogenannten Drachenstil errichtetes, dunkel gestrichenes architektonisches Meisterwerk – rechtfertigt den Abstecher.

Die Krönung des einwöchigen Holmenkollen-Festivals im März ist das internationale Holmenkollenspringen an der berühmten Schanze.

Kunst im Backsteinkoloß

Munch, Ibsen & Co.

König Karl XIV. Johann, dessen Reiterstandbild vor dem königlichen Schloß steht, hieß ursprünglich Jean-Baptiste Bernadotte, war Marschall unter Napoleon I. und wurde 1810 vom Reichstag zum schwedischen Thronfolger gewählt.

Ein Backsteinkoloß als Wahrzeichen? Über die Schönheit des Osloer Rathauses 7 kann man sich streiten, doch als 1950 das rote Backsteingebäude mit seinen zwei markanten Türmen nach 19jähriger Bauzeit endlich fertiggestellt war, konnten die Bewohner Oslos stolz sein: Das Architektenduo Arnstein Arneberg und Magnus Poulsson hatte hier eines der bemerkenswertesten Gebäude der norwegischen Hauptstadt geschaffen. Von den Türmen aus können die Stadtbeamten während ihrer Arbeitszeit eine wunderschöne Aussicht genießen: auf das in der Mitte des 17. Jahrhunderts durch Umbau einer Festungsanlage entstandene Renaissance-Schloß Akershus 21, auf den Hafen mit seinen zahlreichen Ausflugsschiffen und Fischerbooten und auf die Aker Brygge 22, ein Einkaufszentrum auf dem Gelände der ehemaligen Aker-Werft mit Läden, Restaurants und Cafés.

Das Rathaus ist auch – und dies aufgrund einer Bedingung der beiden Architekten – eine wahre Schatzkiste für Skulpturen, Gemälde und Kunst-am-Bau norwegischer Maler und Bildhauer geworden. Oben an der Fassade des Nordeingangs erspäht man das »Osloer Mädchen«, und vor den mächtigen Eingangsportalen plätschert das Wasser einer Fontäne, auf der eine aus vergoldeter Bronze gearbeitete Schwanengruppe des Bildhauers Dyre Vaa thront. Sind die Meinungen über das Äußere dieses Bauwerks schon unterschiedlich genug, so sorgen die vielen farbenfrohen Wandgemälde im Inneren des Rathauses erst recht für Diskussionsstoff. Sie stellen in verschiedenster Weise Leben und Kultur, Eigenarten und Geschichte der Norweger dar. Deutsche Besucher sind von der in mehreren Bildern thematisierten deutschen Besetzung im Zweiten Weltkrieg zumeist peinlich berührt: In der östlichen Galerie im ersten Stock sind die damaligen Besatzer als riesige gepanzerte Insekten dargestellt. Unten an der breiten Marmortreppe entdeckt man St. Hallvard, den Schutzheiligen Oslos, der auch im Stadtwappen zu sehen ist. Zu den wirklich wertvollen Werken gehört Edvard Munchs Gemälde »Leben« in dem mit volkstümlichen Motiven dekorierten Munch-Zimmer, das bis vor einigen Jahren vom Standesamt noch als Trauzimmer genutzt wurde.

Wenn wir schon bei Norwegens berühmtem Expressionisten und größten Maler der Moderne sind, so muß auf jeden Fall das eigens für seine Werke gebaute Munch-Museum 15 im Osten der Stadt erwähnt werden. Unter den rund 1100 Gemälden und 2600 Zeichnungen und Aquarellen,

Die Wachablösung vor dem königlichen Schloß findet täglich um 13.30 Uhr statt. Man kann sich auch mit einem dieser schmucken Gardisten fotografieren lassen.

die Edvard Munch der Stadt vermacht hat, findet der Besucher nahezu alle berühmten Bilder des Malers, der sein Leben »mit dem Pinsel schrieb« und dessen Schaffen vor allem durch den Tod seiner Mutter und seiner Schwester beeinflußt wurde: »Das kranke Kind«, »Madonna«, »Angst«, »Eifersucht«, »Melancholie«, »Tanz des Lebens« und »Pubertät« – um nur einige zu nennen.

Auch in der Aula der alten Universität ❹ von 1811, die direkt an der Karl Johans gate ❶ zwischen dem Hauptbahnhof und dem von 1825 bis 1848 im klassizistischen Stil erbauten königlichen Schloß ❾ liegt, hat Norwegens einziger Vertreter des Expressionismus seine Spuren hinterlassen. Als seine Wandgemälde in der Aula 1916 dem Publikum enthüllt wurden, kam es zu heftigen Diskussionen. Doch Munch, der im Ausland bereits Jahre zuvor für Schlagzeilen gesorgt hatte, wurde nun endlich auch in Norwegen berühmt. Wer keine Zeit hat, das Munch-Museum aufzusuchen, kann auch in der nur einige Schritte von der Universität entfernten Nationalgalerie (Nasjonalgalleriet) ❺ mit seinen Werken (u. a. »Der Schrei«) Bekanntschaft machen. In direkter Nachbarschaft zu Norwegens bekanntestem Nationalromantiker Johan Christian Clausen Dahl und den von der Düsseldorfer Schule inspirierten norwegischen Malern Adolph Tidemand und Hans Gude wurde hier ein eigener Munch-Saal eingerichtet.

Übrigens: Edvard Munch ist, zusammen mit zahlreichen anderen Künstlern jener Zeit, auf einem riesengroßen Wandgemälde im hinteren Teil des traditionsreichen Grand Cafés im ehrwürdigen Grand Hotel abgebildet, das an der Karl Johans gate direkt gegenüber dem 1861 bis 1866 aus gelbem Stein erbauten Stortinget, dem norwegischen Parlament ❻ steht. Das »Grand« war Ende des 19. Jahrhunderts das Stammcafé der Boheme, und einer der berühmtesten norwegischen Dichter, der Dramatiker Henrik Ibsen, hatte hier »seinen« Tisch am Fenster, wo er sich dann und wann mit seinen Schriftstellerkollegen traf. So mit dem Erzähler, Lyriker und Dramatiker Bjørnstjerne Bjørnson, von dem u. a. der Text der norwegischen Nationalhymne stammt. Beiden Geistesgrößen kann man heute vor dem 1899 eröffneten klassizistischen Bau des Nationaltheaters (Nasjonaltheatret) ❷ begegnen, wo sie in Bronze verewigt von ihren Sockeln auf die Nachwelt herabschauen.

Die Akershus-Festung, einst eine mittelalterliche Burg, wurde im 17. Jahrhundert nach einem Brand als Renaissance-Schloß wieder aufgebaut.

Eine für ein Hafenszenario unübliche Kulisse geben die wuchtigen Türme des Osloer Rathauses ab. Sein Inneres birgt Schätze, deren Entdeckung lohnt.

»Die Mädchen auf der Brücke« (Nationalgalerie) malte Edvard Munch in seinem »Glückhaus« im Küstenstädtchen Åsgårdstrand.

Auf einen Blick

Oslo entdecken und erleben

Oslo (460 000 Einwohner) kann auf verschiedenste Weise entdeckt werden: im Bus während einer traditionellen Stadtrundfahrt, bei einer Kunstführung durch die schönsten Museen, im Touristenzug »Christian IV«, der durch das Zentrum zuckelt, oder an Bord eines der Ausflugsschiffe. Stadtführungen und Hafenrundfahrten vermittelt unter anderem: Norges Informasjonssenter, ☎ 22 83 00 50; Båtservice Sihtseeing AS, ☎ 22 20 07 15; H.M.K. Buss, ☎ 22 20 82 06.

Romantischer als der Besuch der Holmenkollenschanze innerhalb einer geführten Stadtrundfahrt ist die Anfahrt mit der Holmenkollenbahn.

1. Karl Johanns gate
2. Nationaltheater
3. Historisches Museum
4. Universität
5. Nationalgalerie
6. Parlament
7. Rathaus
8. Ibsenmuseum
9. Schloß
10. Kunstgewerbemuseum
11. Erlöserfriedhof
12. Alte Akerskirche
13. Technisches Museum
14. Naturhistorisches Museum
15. Munch-Museum
16. Basarhallen
17. Dom
18. Astrup Fearnley Museum of Modern Art
19. Museum für zeitgenössische Kunst
20. Militärmuseum
21. Akershus
22. Aker Brygge
23. Seefahrtsmuseum
24. Fram-Museum
25. Kon-Tiki-Museum
26. Norwegisches Volksmuseum
27. Wikingerschiffhaus-Museum
28. Henie-Onstadt-Kunstmuseum
29. Vigelandmuseum
30. Stadtmuseum
31. Vigelandpark
32. Fernsehturm
33. Holmenkollen

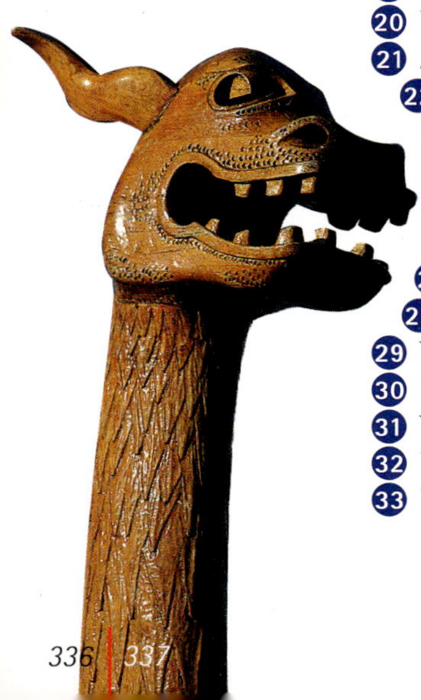

Der 17 Meter hohe Monolith mit 121 in sich verwobenen Figuren ist die Krönung des Vigelandparks mit den über den ganzen Park verteilten Skulpturen von Gustav Vigeland.

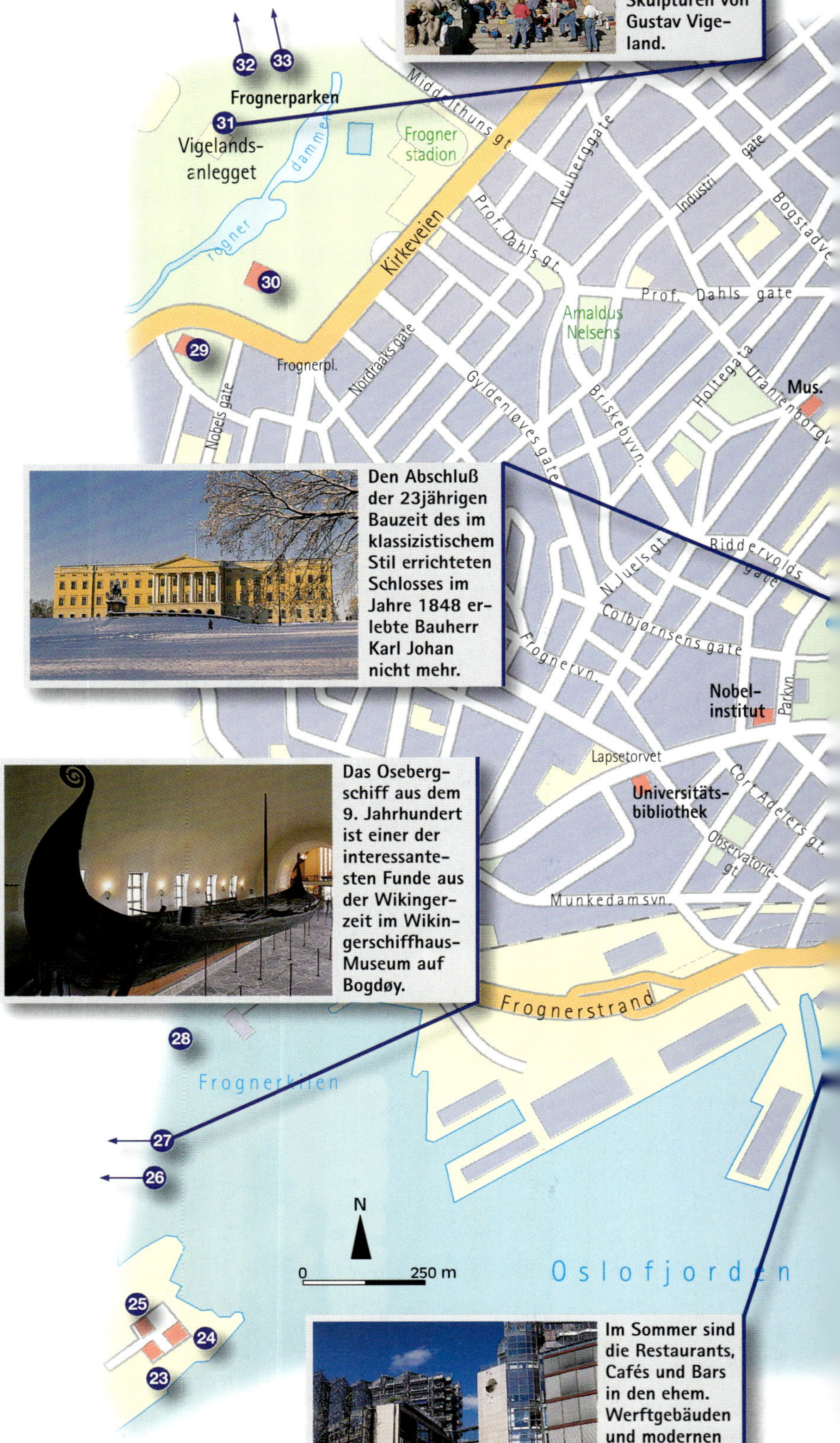

Den Abschluß der 23jährigen Bauzeit des im klassizistischem Stil errichteten Schlosses im Jahre 1848 erlebte Bauherr Karl Johan nicht mehr.

Das Oseberg-schiff aus dem 9. Jahrhundert ist einer der interessantesten Funde aus der Wikingerzeit im Wikingerschiffhaus-Museum auf Bogdøy.

Im Sommer sind die Restaurants, Cafés und Bars in den ehem. Werftgebäuden und modernen Glaspalästen von Aker Brygge ein Magnet für Einheimische und Besucher.

Im westlich des Rathauses gelegenen Norwegischen Informationszentrum am Vestbaneplassen 1, ☎ 8 20/6 01 00 (in Norwegen) ☎ 00 47/22 83 00 50 (Ausland), Fax 22 83 81 50 kann die sogenannte Oslokarte für einen, zwei oder drei Tage gekauft werden. Mit ihr kann man die öffentlichen Verkehrsmittel frei benutzen und erhält freien Eintritt in Museen und Bädern sowie Ermäßigungen u. a. bei Stadtrundfahrten und in Kinos. Angeboten wird auch ein Oslopaket mit Oslokarte und preisgünstigen Übernachtungen mit Frühstück.

Die Nationalgalerie wartet mit einer großen Sammlung norwegischer Romantiker auf. Ein Muß; der Munch-Raum mit bekannten Gemälden des Expressionisten Edvard Munch, u. a. »Der Schrei«.

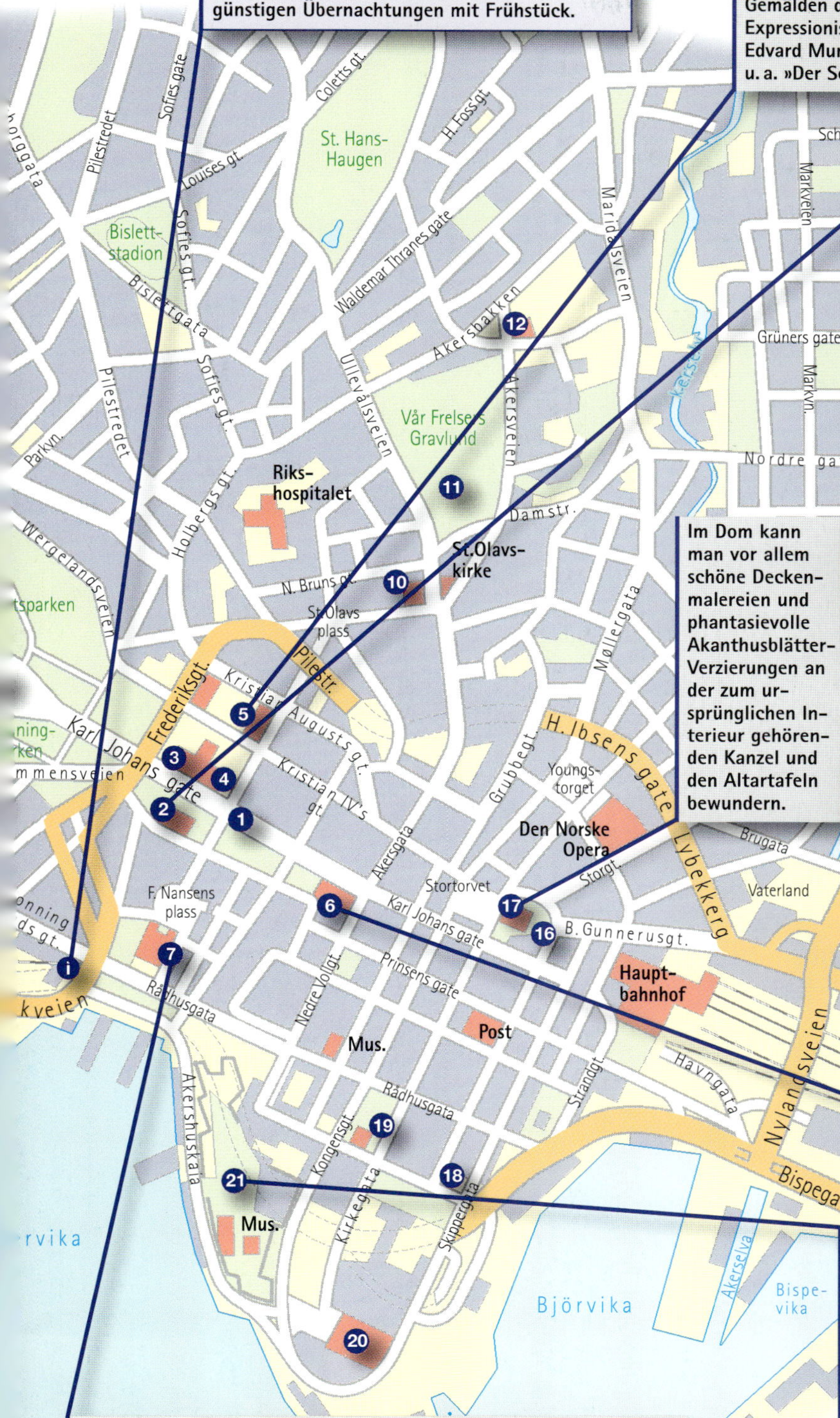

Während des Sommers finden Führungen durch das 1899 eröffnete Nationaltheater statt. Das Innere ist zum Teil im Jugendstil gestaltet.

Im Dom kann man vor allem schöne Deckenmalereien und phantasievolle Akanthusblätter-Verzierungen an der zum ursprünglichen Interieur gehörenden Kanzel und den Altartafeln bewundern.

Anderswo undenkbar: Vor dem Stortinget, dem norwegischen Parlament, mitten im Zentrum, liegen Sonnenanbeter auf der grünen Wiese.

Über den im Oslofjord vertäuten Schiffen erheben sich die Befestigungsmauern von Akershus. Dahinter liegt das nach einem Brand Mitte des 17. Jahrhunderts im Renaissancestil umgebaute Schloß.

Das Bild vom Streik der Arbeiterinnen der Streichholzfabrik ist nur eines der farbenfrohen Wandgemälde zur Geschichte Norwegens, die den prächtigen Festsaal im Erdgeschoß des Osloer Rathauses schmücken.

Was – wann – wo?

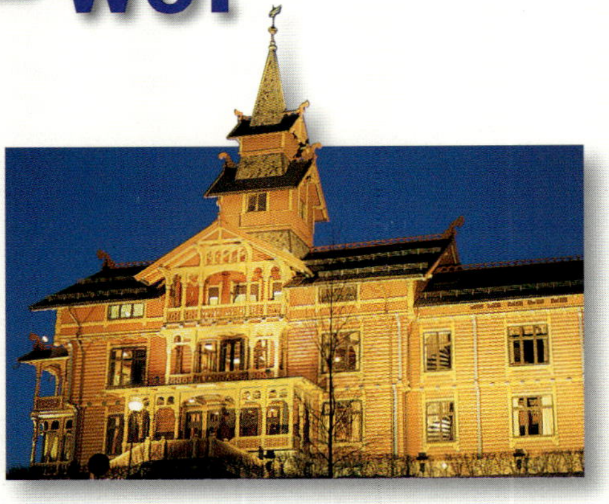

Holmenkollen Park Hotel Rica

Sommer mit Musik und Sport

Nach dem langen, kalten Winter beginnt Ende April in Oslo endlich wieder das Leben. Auf dem Programm stehen nun Straßenläufe, Open-air-Veranstaltungen, Jazztage und andere Musikfestivals, und auf Oslos Flanierstraße, der Karl Johans gate, spielen an warmen Sommerabenden Straßenmusiker aus aller Welt auf.

Nationalfeiertag

- **Grete-Waitz-Lauf.** Bei Frauen der beliebteste Straßenlauf mit beinahe 50 000 Teilnehmerinnen und Norwegens »Läufer-Königin« Grete Waitz an der Spitze. Anfang Mai.
- **Nationalfeiertag.** Am 17. Mai findet in Oslo ein großer Umzug mit fähnchenschwingenden Kindern statt, der am Schloß, von dessen Balkon die Königsfamilie winkt, vorbeiführt.
- **Kalvøya Festival.** Großes Pop- und Rockfestival auf der Insel Kalvøya. Juni.
- **Kammermusikfestival.** Klassische Musik in Oslos Kirchen und Musiksälen. Mitte August.
- **Sommerkollenfestival.** Beliebtes klassisches Open-air-Konzertfestival an der Holmenkollenschanze ㉝. Juni.
- **Mitsommernachtsfest** »Ta Sjansen« auf dem Holmenkollen: Unterhaltung für groß und klein. 23. Juni.
- **Oslo Jazz Festival.** Mit berühmten Jazzgrößen aus der ganzen Welt. Ende August.

Luxus und familiäre Gemütlichkeit

Für die Suiten im First-class-Hotel Royal Christiania, das 1952 anläßlich der VI. Olympischen Winterspiele eröffnet wurde, und dem 37stöckigen Glaspalast Plaza kann man ohne Probleme einige Tausender hinblättern. Wesentlich preiswerter ist die Übernachtung in einer der zahlreichen kleineren Pensionen außerhalb des Zentrums oder in Privatzimmern.

- **Grand Hotel.** In diesem ehrwürdigen Hotel mit seinen luxuriösen Suiten gegenüber dem Parlament steigt auch die ausländische Prominenz ab. Karl Johans gate 31. ☎ 22 42 93 90, Fax 22 42 12 25.
- **Holmenkollen Park Hotel Rica.** Luxus-Holzschlößchen im alten Schweizer Stil nahe der Schanze, mit wunderbarer Aussicht auf die Stadt und den Fjord. Kongeveien 26. ☎ 22 92 20 00, Fax 22 14 61 92.
- **Gabelshus.** Ein im klassisch-englischen Stil geführtes, sehr gepflegtes Haus in einem Gebäude aus dem Jahre 1912 mit familiärer Atmosphäre und persönlichem Service. Gabels gate 16. ☎ 22 55 22 60, Fax 22 44 27 30.
- **Bondeheimen.** In diesem traditionsreichen Stadthotel wird zum Frühstück selbstgebackenes Brot gereicht. Rosenkrantz gate 8. ☎ 22 42 95 30, Fax 22 41 94 37.
- **Rainbow Astoria.** Gepflegtes, günstiges Bed-and-Breakfast-Hotel nur wenige Schritte von der Karl Johans gate entfernt. Dronningens gate 21. ☎ 22 42 00 10, Fax 22 42 57 65.
- **Norlandia Saga.** Gemütliches, kleines Hotel in einer ruhigen Seitenstraße im vornehmen Villenviertel Uranienborg. Eilert Sundts gate 39. ☎ 22 44 08 63, Fax 22 43 04 85.

Norwegische Küche – besser als ihr Ruf

Norwegens Küche ist nicht gerade berühmt, und manch ein Reisender denkt dabei vor allem an die oft phantasielos zubereiteten Gerichte in den einfachen Cafeterias mit Selbstbedienung. Doch in Oslo gibt es genügend Alternativen: vom kleinen Wirtshaus mit deftiger Hausmannskost wie Rahmbrei (rømmegrøt), selbstgemachten Frikadellen (kjøttkaker) und gekochtem Dorsch (torsk) bis zu den wirklichen Schlemmerlokalen, in denen wundervolle Fisch-, Elch- und Rentierdelikatessen auf den Teller gezaubert werden.

- **Bagatelle.** Mit einem Stern im Guide Michelin verzeichnet, berühmt (unter anderem) für die traumhaft guten Fischgerichte. Bygdøy allé 3-5.
- **Statholdergaarden.** Eine der feinsten Adressen Oslos. Norwegische Zutaten, kombiniert mit den Raffinessen der französischen Küche. Rådhusgaten 11.
- **Maud's** lockt mit ausgezeichneten Elchgerichten. Vestbaneplassen 1.
- **Frognerseteren Restaurant.** In einem prachtvollen Holzgebäude mit toller Aussicht wird der beste Apfelkuchen der Stadt serviert, und die Feinschmeckerküche ist weitbekannt. Holmenkollveien 200.
- **Theatercaféen.** Seit Jahren »in«. Die norwegische Hausmannskost wird in echter Jugendstil-Atmosphäre serviert. Stortingsgata 24–26.
- **Blom.** Oslos bekanntestes Künstlerrestaurant. Karl Johans gate 41/Paléet.
- **Stefan Hotel.** Das hervorragende Lunch-Büfett im 8. Stock dieses Hotels gehört zu den besten der Stadt. Rosenkrantz gate 1.

Café am Hafen

Aker Brygge

Eldorado für Nachtschwärmer

Im Bereich der Karl Johans gate und der Aker Brygge findet man Kneipen, Cafés und Diskotheken aufgereiht wie Perlen auf einer Schnur. An den Wochenenden bilden sich vor den beliebtesten Diskos und Musikkneipen trotzdem noch Warteschlangen, und die bekanntesten Kinofilme sind häufig schnell ausverkauft. Übrigens, wer endlich einmal die Originalstimme seines Lieblings-Filmstars hören möchte, hat hier die Möglichkeit dazu. In den Kinos werden nämlich alle Filme in der Originalsprache gezeigt.

- **Aker Brygge** ㉒. Auf dem ehemaligen Gelände der Aker Werft findet man heute eine hypermoderne Architektur vor, mit beliebten Treffpunkten wie den Bars »Beach Club«, »Albertine Café & Bar« und »Jimmy's«.
- **Café Frölich.** »In«-Kneipe mit Live-Musik. Drammensveien 20.
- **Clodion Art Café.** Kleine Kneipe ideal zum Plaudern bei einem Glas Wein. Bygdøy allé 63.
- **Herregårdskroen.** Biergarten mitten im Vigelandspark mit Blick auf Gustav Vigelands bekannte Bronzefigur »Der Trotzkopf«. Frognerveien 67.
- **Smuget.** Hier wird die ganze Woche Live-Musik geboten. Mit Disko für das jüngere Publikum. Rosenkrantz gate 22.
- **Summit 21.** Von der Pianobar im 21. Stock des SAS-Hotels hat man einen schönen Blick auf die Stadt. Holbergs gate 30.
- **Nationaltheatret** ❷. Im Rokokosaal dieses Theaters werden zumeist Klassiker aufgeführt. Stortingsgata 15.
- **Oslo Konserthus.** In diesem modernen Konzerthaus mit seiner ausgezeichneten Akustik treten auch Künstler von Weltrang auf. Munkedamsveien 14.

Huk, Badestrand

Geruhsame Stunden mitten im Zentrum

Kaum zu glauben und für eine Hauptstadt äußerst ungewöhnlich: Mitten in Oslos Zentrum kann man ungestört ein Sonnenbad nehmen, baden, radfahren, skilaufen oder spazierengehen – und mit ein wenig Glück sogar einem Elch begegnen. Das geographische Zentrum der norwegischen Hauptstadt liegt nämlich mitten im Wald, genauer gesagt einige Kilometer nördlich des Tryvannsturmes (Tryvannstårnet) im großen Waldgebiet Nordmarka. Andere beliebte Naherholungsgebiete sind:

- **Hovedøya.** Die Badeinsel im Fjord mit alten Klosterruinen ist nur per Schiff erreichbar.
- **Huk.** Beliebtester Strand auf der Halbinsel.
- **Bygdøy** mit eigenem FKK-Strand. In der Nähe auch der Sandstrand Paradis.
- **Bogstadvannet.** Badesee mit Sandstrand in der Nähe von Bogstad Camping.
- **Hvervenbukta.** Ein kinderfreundlicher Sandstrand südlich der Stadt.
- **Sognsvann.** Badesee im Norden Oslos. Am nahegelegenen See Svartkulp kommen FKK-Anhänger zu ihrem Recht.
- **Nordmarka.** Etwa 2200 km markierte Loipen (200 km mit Beleuchtung) sowie Wander- und Fahrradwege erwarten die Sportler. Beliebte Ziele sind die bewirtschafteten Hütten, u. a. Ullevålsseter, Tryvannshytta und Kikut. Ausgangspunkt: Frognerseteren oder See Sognsvann.
- **Tryvannskleiva.** Skiliftanlage unterhalb des Tryvannstårnet mit Verbindung zum Skilift Wyller-Løypa.

Norwegerpullis, Glas und Silberschmuck

Norwegens handgestrickte Pullover und Jacken, die Glasartikel, Zinnwaren und der Silberschmuck gehören zu den beliebtesten Mitbringseln, doch in den Touristenläden in Oslos Zentrum und in den hoteleigenen Geschäften sind sie zumeist recht teuer. Billiger und origineller sind die kleinen Läden im Osten der Stadt und im Stadtteil Grünerløkka.

Bestrickend norwegisch

- **GlasMagasinet.** Dieses alte, ehrwürdige Warenhaus ist eine Fundgrube für Liebhaber von Glas und Porzellan. Stortorvet.
- **Porsgrund Butikk Oslo** bietet norwegisches Porzellan aus der eigenen Fabrik in Porsgrund. Karl Johans gate 14.
- **Husfliden,** das zur Kette des Verbandes der in Heimarbeit hergestellten Bauernkunst gehört, verkauft echt norwegische Artikel wie Pullover und Jacken, Trachten, Webarbeiten, Zinn- und Holzwaren. Møllergata 4.
- **Galleri D40.** Verkauf von Grafiken norwegischer Künstler auch für den schmalen Geldbeutel. Drammensveien 30.
- **Kunsthåndverkerne i Kongens gate.** Dieser Laden, der von mehreren Kunstgewerblern betrieben wird, zeigt die ganze Vielfalt des norwegischen Kunsthandwerks. Kongens gate 2.
- **Paléet.** Kleines Einkaufscenter an der Karl Johans gate (Nr. 37-41) mit exquisiten Läden für dicke Brieftaschen und Oslos größter Buchhandlung – mit großer Reisebuchabteilung.

PARIS

Ein Fest fürs Leben

Das war Paris für Ernest Hemingway. Aber Frankreichs Kapitale gilt als noch viel mehr: die Stadt der Liebe. Die Hauptstadt der Haute Couture. Die Kapitale der Maler, Schriftsteller und Cineasten. Die Metropole der Haute Cuisine … Ein gewöhnlicher Ort müßte dem Rest der Welt stets einen Tag voraus sein, um auch nur einem dieser Klischees halbwegs gerecht zu werden – allein mit den Umschreibungen von Paris aber könnte man Seiten füllen. Selbst vor dem ersten Besuch glaubt man, Frankreichs Hauptstadt schon zu kennen: Schließlich hat man das Moulin Rouge auf den Bildern von Toulouse-Lautrec gesehen, den Eiffelturm in zahllosen Filmen erlebt, in den Werken Simone de Beauvoirs über Saint-Germain gelesen. Auch wenn die malerischen alten Hallen längst verschwunden sind, die Rue de Rivoli im Dauerstau versinkt und die Arroganz der Hauptstädter in ganz Frankreich sprichwörtlich ist – unbewußt sucht jeder nach seinem Ideal von Paris, sei es als Stadt der Mode, der großen Küche, der Kunst oder der Liebe. So mischt sich bei einem Spaziergang ganz von selbst die Phantasie mit der Realität. Das ist der wahre Charme des Besuchs von heute.

Essen wie Gott in Frankreich

Gourmets und rustikale Genüsse

Nirgends bereitet man besser ein Sauté, ein Hühnerfrikassee Marengo, eine Geflügelmayonnaise. So kommentierte ein gewisser Grimod de la Reynière, der Urvater aller Gastronomiekritiker, die Küche des Grand Véfour in den ersten Jahren des 19. Jahrhunderts. Ungefähr 500 Restaurants gab es damals in Paris – erstaunlich, wenn man bedenkt, daß 1765 erst ein einziges Speiselokal in der französischen Hauptstadt existierte. Dieses lag in der heutigen Rue de Louvre und gehörte einem Monsieur Boulanger. Der erste Restaurateur hatte damals die clevere Idee, seinen Gästen eine kleine Speisenauswahl zu bieten – im Unterschied zu den Auberges, den Herbergen, die nur ein Tagesgericht auftischten, und zu den Tavernen, deren Gäste eher auf flüssige Nahrung in Form von Hochprozentigem schworen. Boulangers Hauptgericht war eine kräftige Brühe aus Fleisch und Geflügel. Sie – und nicht, wie man meinen könnte, das Lokal – trug den Namen »Restaurant«.

Ein paar Jahre später zwang die Französische Revolution die Privatköche der Adligen zunächst in die Arbeitslosigkeit und dann an den eigenen Herd. Der erste Gastro-Guide von Reynière erschien kurz darauf. Der Grundstein zum Ruf Frankreichs als Feinschmeckernation war gelegt. Um die 15 000 Cafés, Restaurants, Brasserien und Bistros soll es heute in der Hauptstadt der Haute Cuisine geben. Eines für je 140 Einwohner. Und das ehrwürdige Grand Véfour steht noch am alten Platz in der Rue des Beaujolais 17. Herrlich verziert mit prächtig bemalten Seidentapeten bietet es Luxus pur: einen riesigen Weinkeller, einen Wagenmeister, der dem Gast das Einparken abnimmt, und natürlich eine Spitzenküche. Um die 200 Mark sollte man dabei haben, um einen Abend lang an Tischen zu speisen, an denen schon Napoleon, Victor Hugo oder Georges Sand saßen. Pro Person, versteht sich, und ohne Wein, Aperitif und Kaffee.

Guy Martin läßt mit Spezialitäten wie Terrine vom Wildlachs und überbackenem Ochsenschwanz die große Tradition des Grand Véfour aufleben.

Mit wohlgefülltem Portemonnaie läßt es sich in Paris tatsächlich trefflichst tafeln: Unter hundertjährigen Bäumen auf der schönsten Sommerterrasse der Stadt im Laurent in der Avenue Gabriel 41, in der Trompe-l'oeil-Bibliothek des Alain Ducasse (59, Avenue Raymond-Poincaré) oder im umgebauten Goldschmiedeatelier des L'Ambroisie an der noblen Place des Vosges. Einmal im Leben sollte man sich den Besuch in einem der Pariser Spitzenlokale ruhig gönnen.

Was bleibt, wenn einem ein allzu tiefer Griff in die Urlaubskasse denn doch nicht recht behagen will, sind die Brasserien und die Bistros. Erstere

Schnell einen Pastis oder lieber einen Express, den starken Pariser Espresso? Ein zünftiges Café gehört an jede Straßenecke der Hauptstadt.

Gruß des Stammgastes an den Koch: Die Speisekarte des Grand Véfour kündet nicht nur von kommenden Genüssen, sie wurde von dem Dichter Jean Cocteau persönlich gezeichnet.

wurden 1870 von Elsässer Flüchtlingen als riesige Freß- und Bierhallen gegründet. Die Brasserien Flo an der Cour des Petites-Ecuries und Le Train Bleu am Boulevard Diderot sind wegen ihres Belle-Époque-Dekors legendär, La Coupole am Boulevard Montparnasse wurde seiner illustren Gäste wegen weltberühmt: Hemingway war hier, Sartre, Chagall, Picasso und viele andere. Leider sitzen Prominente solchen Formats längst nicht mehr am Nebentisch, die Küche läuft auf Hochbetrieb und müht sich redlich, den Gästen etwas Passables vorzusetzen. Schließlich sind die meisten Brasserien viel zu groß, um die Gäste halbwegs individuell bekochen zu können. Wer trotzdem vorbeischauen will, mag sich am Ambiente, dem exaltierten Publikum oder an der glorreichen Vergangenheit ergötzen – und einfache Gerichte à la Entrecôte mit Salat bestellen. Denn da kann die Küche am wenigsten falsch machen.

Den Parisern selbst schmeckt es neuerdings wieder im Bistro am besten. Bis vor ein paar Jahren wären die rustikalen Kleinstlokale fast auf die Liste der bedrohten Arten gerutscht. Dann kam die Wirtschaftskrise, die Geldbeutel wurden schmaler, die Pariser zog es zurück zu den rustikalen Genüssen, und die Köche erkannten den neuen Trend: Yves Camdeborde gehörte zu den jungen Pionieren des Genres. Er hatte bei Großmeister Christian Constant vom noblen Hôtel de Crillon gelernt, war gar zum Stellvertreter des Zwei-Sterne-Cuisiniers avanciert. Danach waren ihm die Sterne schnuppe: Er richtete ein winziges Bistro nahe dem Boulevard Périphérique, der Stadtautobahn, spartanisch ein und kochte fortan das, was ihm selbst am besten schmeckt: herzhafte Terrinen, gegrillte Entenherzen in Rotweinsauce oder ein klassisches Omelette Norvegienne, natürlich bei Tisch flambiert – konkurrenzlos preisgünstig. Im Régalade in der Avenue Jean-Moulin 49 muß inzwischen drei Wochen im voraus reserviert werden. Da kann mancher Top-Cuisinier nur neidisch aus der weißen Weste gucken.

Und weil gute Ideen schnell Nachahmer finden, wurde Camdebordes Konzept überall kopiert: L'Os à Moëlle in der Rue Vasco-de-Gama 3 bietet Menüs, die nach Haute Cuisine klingen, aber das Portemonnaie nur mit Bistrotarifen belasten. La Verrière in der Rue du Général-Brunet 10 zieht mit feinen Rezepten die Gäste sogar in den unwirtlichen Norden der Kapitale. Jüngster im Bistro-Bunde ist Le Camelot in der Rue Amelot 50 nahe der Bastille-Oper. Anne Desplanques bekocht hier eine fröhliche Tafelrunde mit Spargelcreme, Perlhuhn »Forestière« und Erdbeerkuchen. Ihr Lieblingsrezept: Noch einfacher, noch rustikaler, noch günstiger...

Steife Atmosphäre und hohe Preise sind verpönt: In den begehrtesten Bistros muß man drei Wochen im voraus reservieren.

Blattgold, Samtvorhänge, Stuck und Fresken im Train Bleu: Das Monument der Belle Époque (mittleres Bild) wurde am 7. April 1901 von Präsident Émile Loubet eröffnet.

Die schönen Dinge des Lebens

Shopping in Paris

Pariser Chic von Kopf bis Fuß: Ob extravagante Schuhe oder edle Designerkluft – in Paris wird man fündig, so lange es das Portemonnaie erlaubt.

Die Preisschilder hat man uns wohlweislich unterschlagen. Wohin das Auge auf der Avenue Montaigne und der Rue Faubourg-Saint-Honoré auch blickt: Große Namen wie Karl Lagerfeld, Chanel, Jean-Louis Scherrer, Hermès und Yves Saint-Laurent drängeln sich dicht an dicht, ein Schaufenster ist prächtiger dekoriert als das andere. Und um die Spaziergänger nicht zu erschrecken, sieht man hier nirgendwo einen Hinweis auf die Summen, die man für die kostbaren Kreationen auf den Tisch des Hauses blättern muß.

Dabei kann der Traum vom Pariser Chic durchaus erschwinglich sein, wenn man ein wenig Zeit zum Stöbern hat. Nicht im Sentier, dem in fast jedem Reiseführer beschriebenen »Klamottenviertel« im dritten Bezirk. Dort verkaufen die günstigsten Läden nur an Großabnehmer – und wer will schon 50mal die gleiche Hose im Schrank haben. Dafür aber bei Réciproque in der Rue de la Pompe 89–95, dem größten Secondhand-Laden der Stadt. Rund 40 000 Stücke – jedes höchstens ein- oder zweimal getragen – hängen sorgfältig nach Marken und Größen geordnet. Von Chanel bis Missoni sind alle großen Modedesigner vertreten. Zwischen 150 und 3000 DM kostet hier ein Stück Pariser Haute Couture. Schnäppchenjäger können sich außerdem in der Rue d'Alesia umschauen, wo einige große Marken Restposten der Vorjahreskollektion losschlagen. Man sollte aber immer zweimal hinschauen: Einige Anbieter schmuggeln schon mal fehlerhafte Ware ins Sortiment.

Edle Düfte gehören seit jeher zum Flair der Stadt. Im Rayon d'Or in der Rue du Faubourg-Montmartre 13 gibt es Parfums zum halben Preis.

Vor allem »Sehleute« werden sich einen Bummel durch die legendären Kaufhäuser Galeries Lafayette und Au Printemps am Boulevard Haussmann nicht nehmen lassen. Für Inhaber eines französischen Scheckbuchs gibt es hier eine Treuekarte, die zu tollen Rabatten berechtigt. Kein Geschenk an die Kunden, sondern eine halbwegs umständliche Methode, jeden Touristen überhöhte Preise zahlen zu lassen. Immerhin: Die Parfümerien, die riesige Kuppel und die Dachterrasse sind eindrucksvoll.

Wer gern ausgiebig stöbert, anstatt alles unter einem Dach zu finden, sollte unbedingt einen Abstecher ins Marais unternehmen: Zwischen den alten

Alles frisch: Einer der schönsten Pariser Märkte lockt am Mittwoch- und am Sonntagvormittag in die Avenue du Président Wilson.

Adelspalästen aus dem 17. Jahrhundert liegen hier die originellsten, schrillsten Läden der Kapitale: Herrliches Schreibpapier bei Calligrane in der Rue du Pont-Louis-Philippe, extravagante Brillen bei Mikli in der Rue des Rosiers, Art-déco-Möbel bei Hier pour Demain in der Rue de Francs-Bourgeois und eine Riesensammlung von Kitsch, Krimskrams und Antiquitäten im skurrilen Laden von Max Spira an der Place des Vosges.

Souvenirs, die garantiert nicht im Schrank verstauben, findet man bei Izraël, der letzten authentischen Kolonialwarenhandlung der Stadt, in der Rue François-Miron. In zwei winzigen Räumen stapeln sich hier Säcke voller exotischer Gewürze von Kurkuma bis Madagaskar-Vanille, auch gibt es Rum, Reis und brasilianisches Bier. Ein echter Basar! Ein paar Straßen weiter steht das vornehme Paris brav in blauen Blazern und Blusen Schlange, um bei Mariage Frères in der Rue du Bourg-Tibourg ein wenig Tee zu kaufen. Um die 400 Sorten gibt es dort, plus einen kleinen Salon, in dem neben den besten Tees auch Gebäck serviert wird.

Überhaupt gehören die eßbaren Andenken zu den schönsten von Paris. Schon beim ersten Blick ins Schaufenster von Marie-Anne Cantin in der Rue du Champ-de-Mars 12 oder Roger Alléosse in der Rue Poncelet 13 tut sich eine Welt duftiger Köstlichkeiten auf. Die beiden Herrschaften sind Affineurs, auf gut Deutsch: »Käse-Reifer«. Was das ist? Ein Affineur kauft Rohkäse vom Bauernhof und läßt ihn im eigenen Keller nach allen Regeln der Kunst reifen. Das passende Baguette findet man ein paar Straßen weiter bei Jean-Luc Poujouran in der Rue Jean-Nicot 20, in einer winzigen Boutique aus dem letzten Jahrhundert. Mit seiner kleinen Flotte rosa Oldtimer liefert Poujouran sein täglich Brot auch an Restaurants und zahlungskräftige Privatleute aus.

Ein halb vergessenes Einkaufsparadies sind die Passagen aus dem 19. Jahrhundert, die sich vom Palais Royal bis hoch ins neunte Arrondissement ziehen. Unter den fast schwarzen Deckengemälden der Passage Véro-Dodat, zwischen der Rue Bouloi 2 und der Rue Jean-Jacques Rousseau 19, kann man etwa den malerischen Laden vom Antiquitätenhändler Robert Capia (Nr. 24–26) bewundern. Ein paar Schritte weiter, in der Galerie Vivienne an der Rue des Petits-Champs, glitzert die Boutique von Gaultier, der nostalgische Teesalon A priori thé scheint hingegen noch aus der guten alten Zeit zu stammen. Die Galerie Colbert nebenan wurde prächtig renoviert. Die Kunstbuchhandlung und der Ausstellungssaal der Nationalbibliothek sind aber sehenswert.

Täuschend echte Früchte aus Carrara-Marmor sind das netteste Mitbringsel aus der Passage des Panoramas am Boulevard Montmartre 11 – die kleine Boutique heißt Trompe l'oeil. Noch origineller ist die Passage Jouffroy, die ebenfalls am Boulevard Montmartre liegt: Hier gibt es bei Gilbert Segas extravagante Spazierstöcke, auch Kinoplakate, Bücher, Spielwaren und, und, und.

Teekultur mit Tradition: Bei Mariage Frères in der Rue du Bourg-Tibourg warten um die 400 edle Sorten auf den Genießer.

Der größte Flohmarkt der Welt

Hinter der Nordgrenze der Stadt liegt der Flohmarkt von Clignancourt, laut Eigenwerbung der größte der Welt. Man sollte sich aber nicht von der Billigware locken lassen, die fliegende Händler vor dem eigentlichen Markt anbieten – die wirklich interessanten Stände mit Antiquitäten aller Stilrichtungen liegen im Marché Vernaison oder unter überdachten Hallen. Wirklich gute Geschäfte sind selten, trotzdem sollte man das Flohmarktspektakel, das samstags, sonntags und montags stattfindet, einmal gesehen haben. Schließlich droht der Bürgermeister von St.-Ouen wegen geringer Gewerbesteuereinnahmen schon seit langem, einige Bereiche des Marktes zu schließen.

Sonnenköniglich

Die Welt Ludwigs XIV.

Was ist schon Paris? Das mag sich Ludwig XIV. gedacht haben, als er den Befehl gab, ein altes Jagdschloß seines Vaters weit vor der Stadt auszubauen. Tatsächlich war Paris zu Zeiten des Sonnenkönigs alles andere als eine glorreiche Metropole. Enge Gassen statt breiter Boulevards, rußgeschwärzte Hütten statt prächtiger Bürgerhäuser, im alten Königspalast des Louvre ❶ wohnte man bedenklich nahe am Pöbel. Kein Wunder, daß »Le Roi Soleil« sein Versailles ㉔ bevorzugte.

Ludwig XIV. in vollem Glanz: Bereits mit 22 Jahren herrschte der Sonnenkönig über Frankreich.

Rund 60 verschiedene Sorten Marmor wurden für den Innenausbau verwendet. In der 73 Meter langen Galerie des Glaces, dem Spiegelsaal, konnte der Sonnenkönig seine eminente Erscheinung von allen Seiten bewundern. Rund 1300 Zimmer beherbergten Adlige und Höflinge, 200 Kutschen und 2500 Rösser fanden in den königlichen Stallungen Platz. Versailles war Ludwigs Lebenswerk: Erst mit 72 Jahren konnte der Sonnenkönig in der Schloßkapelle zum Gebet niederknien. Seine Architekten Louis Le Vau und Jules Hardouin-Mansart, der Innenarchitekt Charles Le Brun und der Gartenbaumeister André Le Nôtre hatten zwischen 1661 und 1710 nicht nur den neuen Sitz des Hofes, sondern auch ein Vorbild für alle Herrscher Europas und ihre Schloßbaumeister geschaffen.

Seine wahre Leidenschaft hatte Sonnenkönig Ludwig freilich vor den Höflingen versteckt: 1678 befahl er seinem Chefgärtner La Quintinye, einen Gemüsegarten zum Wohle des königlichen Gaumens zu errichten. Der verwandelte ein sumpfiges Stück Land abseits des Châteaus in einen Garten mit Obst, Gemüse und Kräutern nach Art des klassischen jardin à la française: Äpfel, Birnen und Spargel wuchsen dort, sorgfältig eingeordnet in zwölf Vierecke, rund um einen Springbrunnen. Manchmal legte der Herrscher höchstpersönlich in seinem geheimen Garten Hand an. Als Ludwigs genialer Gärtner La Quintinye 1688 verstarb, kondolierte der Sonnenkönig seiner Witwe mit den Worten: »Madame, dies ist ein unwiederbringlicher Verlust.« Ludwigs geheimen Garten darf man nur mittwochs bis sonntags pünktlich um 14.30 Uhr besichtigen.

Die offiziellen großen Gärten mit zahlreichen Alleen und Skulpturen sind hingegen bis Einbruch der Dunkelheit zugänglich. Im Klein-Venedig, rechts vom Grand Canal, lebten damals tatsächlich venezianische Gondolieri, die den Monarch und seinen Hofstaat in Gondeln oder Miniatur-

670 Meter prachtvoll gestaltete Fassade – so präsentiert sich Schloß Versailles vom Park her. Die Bronzefiguren davor symbolisieren französische Flüsse.

Letzte Ruhe für den großen Korsen: Im Invalidendom ruhen Napoleons Gebeine in sieben ineinandergestellten Särgen.

Kriegsschiffen über die Kanäle schipperten. Heutigen Schätzungen zufolge soll der König rund 80 Millionen Livres in sein Traumschloß investiert haben – das entspricht 1500 Millionen Arbeitsstunden zum damaligen Lohn von einem Sou (= fünf Centimes). Am großzügigsten war Ludwig, wenn er gerade mal wieder Frieden mit einem seiner zahllosen Gegner geschlossen hatte.

Die permanenten Kriege Ludwigs sorgten auch für ein zweites Bauwerk – in Paris –, das uns heute als Meisterwerk erscheint, damals aber reines Mittel zum Zweck war: Les Invalides. Wie der Name schon andeutet, war der prächtige Bau ursprünglich als Heim für kriegsversehrte und alte Soldaten gedacht. Diese fristeten zuvor oft ein erbärmliches Dasein: Einige konnten sich als Laienbrüder in Klöster zurückziehen, andere wurden zu Bettlern. Schon kurz nach der Fertigstellung fanden deshalb 5000 bis 7000 Soldaten hier Obdach, auch der Militärgouverneur von Paris bezog sein Quartier im Palais. Im Invalidendom 22 ruht seit 1840 der »große Korse«, Napoleon I. Von außen sieht man nur einen Sarkophag aus rotem Porphyr, darin ruhen die sterblichen Überreste des Kaisers in nicht weniger als sechs ineinandergestellten Särgen: Der erste aus Weißblech, der zweite aus Mahagoni, der dritte und vierte aus Blei, der fünfte aus Ebenholz und der letzte aus Eiche.

Selbst vor den Zeiten Ludwigs XIV. gab es prächtige Viertel in der mittelalterlich anmutenden Hauptstadt: Seit Heinrich IV. 1605 im Marais die Place Royale (heute Place des Vosges 9) errichten ließ, zog es Adlige und vermögende Bürgerliche dorthin. Die größten Architekten ihrer Zeit statteten die Paläste aus, Prominente wie der große Kardinal Richelieu hatten hier einen Wohnsitz.

Das Palais Royal 3 nördlich vom Louvre, in dem Ludwig XIV. einige Kindheitsjahre verbracht hatte, schenkte der Sonnenkönig 1692 seinem Bruder. Dessen Familie verschönerte die Anlage im Laufe der kommenden Jahrzehnte zu einem prächtigen Palast – besichtigen darf man ihn leider nicht, denn hier tagen Verfassungs- und Staatsrat. Prunk und Pracht kennzeichnen die Säle der benachbarten Comédie Française 2.

Zur Mehrung von Glanz und Glorie des Sonnenkönigs entstanden außerdem die Place des Victoires – heute Sitz vieler Modehäuser – und die Place Vendôme 29. Die Einweihung letzterer im Jahre 1699 war durch eine kleine Peinlichkeit getrübt: Partout kein privater Investor wollte rund um das Reiterstandbild des Königs Wohnsitz beziehen. Architekt Hardouin-Mansart erwies sich auch in dieser prekären Situation als Genie und kreierte einen Vorgriff auf das »potemkinsche Dorf«: Pünktlich zu den Feierlichkeiten war die Statue von Kulissen umgeben. Heute ersetzt die 44 Meter hohe Vendômesäule mit Szenen aus der Schlacht von Austerlitz das Abbild Ludwigs XIV. Dieses wurde während der Revolution niedergerissen.

So malerisch wie zur Zeit der frühen Bourbonenkönige: die 1612 vollendete Place des Vosges.

Das Lächeln der Mona Lisa

Museen in Paris

Nach der »Mona Lisa« und ihrem Lächeln sucht man im Louvre besser nicht: Madame ist als »La Joconde« ausgeschildert.

Gerangel um die Pyramide: In Viererreihen stehen die Besucher vor dem gläsernen Louvre-Wahrzeichen ❶, mal wird geschubst, mal wird gedrängelt, vorwärts geht es trotzdem nicht. Schließlich muß sich momentan jeder Louvre-Besucher aus Sicherheitsgründen nach Flughafenart durchleuchten lassen – Handtaschen der Damen inbegriffen. Natürlich haben die Touristen in Reiseführern gelesen, daß es an der Rue de Rivoli und am Seinequai weitere Eingänge gibt. Aber die pompöse Pyramide, für deren Glasoberfläche spezielle Poliermaschinen entwickelt worden sind, will niemand auslassen.

Unten in der rund 70 Meter breiten, unterirdischen Napoleon-Halle erhält man Eintrittskarten – und besorgt sich hier auch gleich einen Museumsplan, um nicht ziellos durch den Bau irren zu müssen. Auf dem Weg zur Kunst kann man sich an den drei Louvre-Flügeln orientieren: »Richelieu« liegt im Norden, entlang der Rue de Rivoli, »Sully« rund um den »Cour Carrée«, den Hof, im Osten, und »Denon« im Süden, an der Seine.

Sieben Abteilungen beherbergen die etwa 400 000 Kunstschätze: Die ägyptische Antike findet man im Sully-Flügel (Erdgeschoß, Zwischengeschoß und erste Etage). Jean-François Champollion, der berühmte Entschlüssler der Hieroglyphen, war der erste Konservator dieser Abteilung. Die Flügel Sully und Richelieu beherbergen auch die orientalische Antike und Kunst des Islam – unter den Sehenswürdigkeiten befinden sich die geflügelten Stiere des Palasts von Khorsabad und der »Codex Hammurabi«. Griechische, römische und etruskische Antike findet man im Denon- und im Sully-Flügel. Weltberühmt sind hier die »Venus von Milo« und die »Nike von Samothrake«. Kunstgewerbe ist das Thema der ersten Etage aller drei Louvre-Flügel: Die Salons Napoleons III., ehemals im Besitz des Finanzministeriums, haben sich seit den Zeiten des Second Empire nicht verändert.

Die »Mona Lisa« – in Frankreich »La Joconde« genannt (und auch als solche ausgeschildert) – befindet sich natürlich in der Gemäldeabteilung (zweite Etage aller drei Flügel). Sie gehörte übrigens schon zur allerersten Louvre-Sammlung von insgesamt zwölf Bildern, die König Franz I. von Andrea del Sarto zusammenstellen ließ. Signore del Sarto erwies sich als recht geschmackssicher: In der Sammlung befanden sich auch vier Raphaels, drei weitere Leonardos und ein Tizian. Vieles in der Bildersammlung des Louvre kennt man als Reproduktion, nicht zuletzt in Geschichtsbüchern: »Die Krönung Napoleons« von David, »Das Floß der Medusa« von Géricault, die Bilderserie »Das Leben der Maria von Medici« von Rubens, Rembrandts Selbstporträts sowie Gemälde von Bosch, Vermeer, Dürer, Holbein u. v. a.

Die Marly-Pferde von Coustou schmücken nicht nur – als Kopie – die Zufahrt zu den Champs-Elysées ㉘, sie gehören zur umfangreichen Skulpturensammlung, die man im Zwischen- und Erdgeschoß von Richelieu- und Denon-Flügel findet.

»Grafische Künste« (zweite Etage Richelieu und Sully, Denon erste

Die Mailänder Architektin Gae Aulenti gestaltete das Interieur des Musée d'Orsay in dem prunkvollen ehemaligen Bahnhofsgebäude.

Eine Fassade wie eine Chemiefabrik – trotzdem zählt das Centre Pompidou jährlich doppelt soviele Besucher wie der Louvre.

Etage) heißt die letzte der Louvre-Abteilungen. Wechselnde Themenausstellungen zeigen hier Teile der imposanten Kollektion von rund 100 000 Zeichnungen und Stichen.

Spätestens auf dem Weg zum Ausgang sollte man noch einmal in den Sully-Flügel schauen: Im Untergeschoß erheben sich noch die mächtigen Fundamente des ersten Louvre (12. und 14. Jahrhundert) – nicht nur wegen der schummrigen Beleuchtung ein majestätischer Anblick.

Nur ein kurzer Spaziergang über die Pont Royal – und man findet sich direkt beim Musée d'Orsay (18) wieder: ein herrlich renovierter Bahnhof aus der Belle Époque, dessen riesige goldene Uhr die einzelnen Ausstellungsstücke fast überstrahlt. Kunst von der Mitte des 19. bis zum Anfang des 20. Jahrhunderts ist das Thema des Museums. Tatsächlich sind fast alle Kunstrichtungen von Architektur über Film, Fotografie und Malerei bis zur Skulptur vertreten. Weltruhm erlangte das Museum durch seine Kollektion impressionistischer Gemälde: Neben Werken von Monet, Cézanne, Matisse, Gauguin und Toulouse-Lautrec gehören »Le Moulin de la Galette« von Renoir und »Der Absinth« von Degas zu den bekanntesten Ausstellungsstücken. »Das Frühstück im Freien« von Manet, »L'Arlesienne« von van Gogh und »Die Schlangenbeschwörerin« von Henri Rousseau sind ebenfalls weltberühmt.

Das dritte der großen Pariser Museen ist das Centre Pompidou (5). Von außen wirkt der Bau der Architekten Richard Rogers und Renzo Piano wegen der allgegenwärtigen, schlauchartigen Rolltreppen, Heizungsrohre und Wasserleitungen fast ein wenig wie ein hypermodernes Chemiewerk, das sich aus unerfindlichen Gründen an den Rand des Marais verirrt hat. Trotzdem, oder gerade deswegen, ist das Pompidou mit jährlich acht Millionen Besuchern eines der meistbesichtigten Bauwerke von Paris. Ins Staunen gerät man schon auf dem Platz vor der »Fabrik«, dem Treffpunkt von Gauklern, Feuerschluckern, Jongleuren und Kartenlegern. Innen findet man, neben ständig wechselnden interessanten Themenausstellungen, das MNAM (Musée National d'Art Moderne): Werke von Picasso, Klee, Dalí, Warhol, Beuys und anderen skizzieren den Weg der Kunst des 20. Jahrhunderts, vom Kubismus über den Surrealismus bis zur Pop-art. Nicht alles wird man bei einem Besuch sehen können: Wegen Renovierungsarbeiten sind ganze Abteilungen bis zum Jahr 2000 geschlossen!

Dem, der im MNAM auf den Geschmack gekommen ist, bietet sich ein kurzer Spaziergang ins Musée Picasso (6) an: Die riesige Sammlung – sie umfaßt 203 Gemälde, 158 Skulpturen, 88 Keramiken und über 3000 Zeichnungen – findet man im prächtigen Hôtel Salé. Sämtliche Schaffensperioden des großen Künstlers sind hier vertreten, wohl nirgends gewinnt man einen besseren Überblick über Picassos Gesamtwerk. Dafür darf man ausnahmsweise einmal dem Finanzamt danken. Nur weil Picassos Erben nach seinem Tod im Jahre 1973 die Erbschaftssteuer nicht begleichen konnten, mußten sie die Sammlung an den französischen Staat abtreten.

Der farbenfrohe Brunnen von Jean Tinguely und Niki de Saint Phalle hinter dem Centre Pompidou ist ein beliebter Treffpunkt.

»Amor und Psyche« von Antonio Canova – nur eine von zahlreichen sehenswerten Skulpturen im Louvre.

Stadtidyllen

Lauschige Plätze und kleine Museen

Ein ruhiges Plätzchen hinter Notre-Dame: An den Quais im Osten der Île de la Cité ist man fast allein, während sich vor der Kathedrale Touristen und Souvenirhändler drängeln.

Der erfolglose Schriftsteller verbrachte einige schlaflose Nächte. Seine Gläubiger waren ihm hart auf den Fersen, drohten sogar damit, seine Möbel zu pfänden. Wieder einmal wurde es Zeit, den Wohnsitz zu wechseln. So landete der geniale Honoré de Balzac auf dem Tiefpunkt seiner Karriere im zweiten Stock eines Mietshauses in der Rue Basse (heute Rue Raynouard) in Passy, damals noch ein Pariser Vorort. Von 1840 bis 1847 lebte er hier unter dem Pseudonym Monsieur de Breugnol, korrigierte an seinem schmalen Holzschreibtisch die gesamte »Menschliche Komödie«, schrieb zahlreiche Romane, darunter »Glanz und Elend der Kurtisanen«. Balzacs persönliches Armenquartier widmete ihm die Stadt Paris als Museum ㉕ – die prächtigeren Wohnstätten des Schriftstellers hatte man zwischenzeitlich abgerissen. Gezeigt werden, neben zahlreichen Schriften, Karikaturen und Familienporträts in Öl, einige seiner persönlichen Besitztümer: seine goldene Uhr, seine aus Seide und Wolle gestickten Hosenträger und sein Spazierstock mit einem Knauf aus purem Gold und Türkisen. Von außen wirkt das Häuschen mit seinem kleinen Garten überhaupt nicht wie ein Stück Paris, eher wie ein Rest des Dörfchens Passy.

Paris kennt viele solcher Ecken. Ein Schritt in eine Seitengasse – und man tritt heraus aus der glitzernden Metropole und entdeckt ein winziges Stück einer längst vergangenen Zeit. Zum Beispiel am frühen Morgen auf den Quais der Île Saint-Louis: Bevor die ersten Besucher beim berühmten Eiscafé Berthillon Schlange stehen, bekommt man hier einen kleinen Hauch vom Paris der Verliebten zu spüren, wie es aus unzähligen Filmen wie »Charade«, »Ninotschka« oder »Ein Amerikaner in Paris« bekannt ist. Begrünte Innenhöfe und prächtige Herrenhäuser schmücken die Seitenstraßen hinter den Quais.

Die Île de la Cité nebenan, mit Justizpalast, Sainte-Chapelle ⑬ und der Kathedrale von Notre-Dame ⑫ ist dann am schönsten, wenn sich die Tagesbesucher schon wieder auf den Heimweg machen. Zumindest jeden zweiten Dienstag um 20.30 Uhr sowie am Sonntag um 17.30 Uhr. Dann finden in Notre-Dame nämlich stimmungsvolle Orgelkonzerte statt.

Zum Montmartre zieht es wohl jeden Parisbesucher – doch wer kennt schon das Musée de la Vie Romantique ㉜? Das malerische Landhaus mit Wintergarten verbirgt sich hinter einer langen, schmalen Gasse – und trotz der Hinweistafeln wagen sich nur we-

Ein Ständchen am Strand von Paris: Auf der Île Saint-Louis promenieren besonders gern die Liebespaare der Kapitale.

Stille Tage im Parc Monceau (Eingang Bd. Courcelles): Der Lieblingspark des Dichters Marcel Proust paßt wunderbar ins Klischee von der »Stadt der Liebe«.

nige Besucher hinein. Bevor das Haus derart ummauert wurde, lebte hier der Maler Ary Scheffer. Die kleine Villa war damals, im 19. Jahrhundert, Treffpunkt der Kulturprominenz: Georges Sand, Gioacchino Rossini und Franz Liszt schauten gelegentlich am Freitagnachmittag zum Tee vorbei. Stücke aus dem persönlichen Besitz von Georges Sand füllen heute die Salons: Das sorgfältig rekonstruierte Mobiliar der Dichterin, persönliche Erinnerungsstücke wie ein Abguß der Hände von Chopin, ihres Lebensgefährten, Dinge wie Fächer oder Haarlocken ihrer Kinder liegen in den Vitrinen.

Nur zwei Straßen weiter liegt das Musée Gustave Moreau ㉛. Der Maler selbst begann, einige Jahre vor seinem Tod im Jahre 1898, sein Haus in ein Museum zu verwandeln: Bis ins letzte Detail legte der Wegbereiter des Surrealismus fest, welches Werk auf welche Weise der Nachwelt zu präsentieren sei. Die Stadt Paris hat seinen Willen respektiert: »Ich denke an meinen Tod und an das Schicksal meiner armen, kleinen Arbeiten und all der Werke, die ich zusammengetragen habe. Getrennt würden sie untergehen, zusammengenommen geben sie eine kleine Idee davon, was für ein Künstler ich war...« notierte er schon mit 36 in seinem Tagebuch...

Nahe beim klotzigen Bahnhof Montparnasse wartet das Musée Bourdelle ⑯ in einer verschlafenen Seitenstraße auf Besucher. Schon wegen der futuristischen Silberfassade des Verlagshauses von »Le Monde« geht man an dem Backsteinbau fast vorbei. Antoine Bourdelle war einer der Schüler des großen Bildhauers Rodin – gemessen an der Zahl der Besucher muß die Eiffel-Büste auf den Champs-de-Mars (unter dem Eiffelturm) wohl sein bekanntestes Werk sein. Der gute Monsieur Bourdelle würde sich wahrscheinlich verwundert die Augen reiben, könnte er sehen, wie sich sein Arbeitsplatz inzwischen verwandelt hat: Um seine Kriegerdenkmäler halbwegs komfortabel unterbringen zu können, hat man sein Atelier mit einem riesigen Überbau versehen. Aber natürlich befinden sich die düstere Werkstatt und der mit zahlreichen Skulpturen dekorierte Innenhof noch am alten Platz.

Genauso gut versteckt wie das Musée Bourdelle ist das Musée de la Magie ❽. Dabei liegt es mitten in der Rue Saint-Paul, einer der populärsten Straßen des Marais. In den Gewölbekellern der alten Häuser hat Georges Proust, ein ehemaliger Literaturprofessor, sich seinen Jugendtraum erfüllt: ein Magiemuseum, in dem wirklich noch gezaubert wird. Fünfzig Menschen schauen da angestrengt auf die Hände eines jungen Illusionisten. Eben hat er eine Schnur zerteilt und wieder zusammengefügt, jetzt muß sich eine Freiwillige einem Lügentest mit Spielkarten unterziehen. Die Karten sagen die Wahrheit, wie das Kunststück funktioniert, hat niemand gesehen, wieder einmal waren die Hände des Magiers schneller als die Augen der Zuschauer. Neben der Praxis gibt es viel Museales – die Sammlung von alten Plakaten, mechanischen Puppen und »magischen Hilfsmitteln«. Suchbilder, magische Spiegel und optische Täuschungen verblüffen die kleinen und großen Besucher, auch die Klassiker des Genres fehlen nicht: Wie zersägt man eine Jungfrau? Wie überlebt die Assistentin im von Schwertern durchstoßenen Kasten? Die entsprechenden Geräte kann man begutachten. Was die Antwort betrifft, hält es Monsieur Proust leider wie alle Magier: Tricks und Kniffe werden nicht verraten.

Literatur und Bohème: Persönliche Gegenstände von Georges Sand schmücken das Musée de la Vie Romantique.

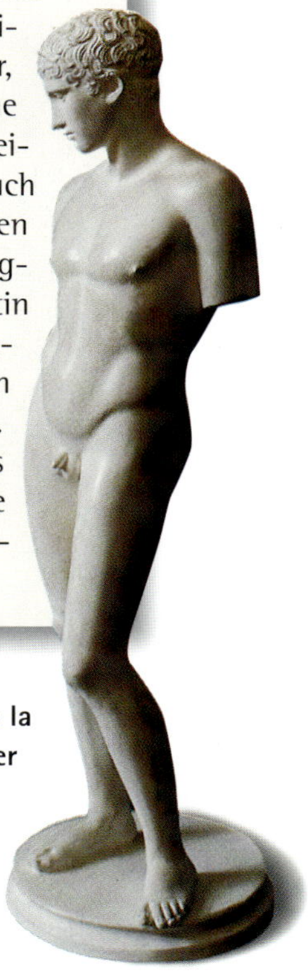

Auch Kunstobjekte aus dem Besitz von Ary Scheffer sind im Musée de la Vie Romantique zu sehen. Der Maler und Bildhauer lebte und arbeitete von 1830 bis 1858 in der Villa.

Auf einen Blick

Paris entdecken und erleben

Ein Stück Amerika: Märchenschloß oder technisch ausgefeilter Space Mountain – im Schatten von Disneyland wirkt die Hauptstadt Frankreichs weit weg.

Zu Lande oder zu Wasser – die (alles in allem) 9,3-Millionen-Einwohner-Stadt Paris ist eine Rundfahrt wert: Cityrama (4, Place des Pyramides, ☎ 01/ 44556100) oder Paris-Vision (214, Rue de Rivoli, ☎ 01/42603001) veranstalten Touren in deutsch. Mit Canauxrama (Port de l'Arsenal, ☎ 01/42391500) erlebt man die romantischen Kanäle zwischen Bastille und La Villette. Die günstigste Möglichkeit, die Stadt von der Seine aus zu betrachten, sind die Linienboote Batobus.

1. Louvre
2. Comédie Française
3. Palais Royal
4. Forum des Halles
5. Centre Pompidou
6. Musée Picasso
7. Marais
8. Musée de la Magie
9. Place des Vosges
10. Opéra de Paris – Bastille
11. Französische Nationalbibliothek
12. Notre-Dame
13. Sainte-Chapelle
14. Jardin du Luxembourg
15. Montparnasse
16. Musée Bourdelle
17. Saint-Germain-des-Prés
18. Musée d'Orsay
19. Jardin des Tuileries
20. Galerie Nationale du Jeu de Paume
21. Musée de l'Orangerie
22. Invalidendom
23. Eiffelturm
24. Versailles
25. Maison Balzac
26. La Défense
27. Arc de Triomphe
28. Avenue des Champs-Élysées
29. Place Vendôme
30. Opéra Garnier
31. Musée Gustave Moreau
32. Musée de la Vie Romantique
33. Moulin Rouge
34. Montmartre
35. Sacré-Cœur

Mitten auf den Champs-Elysées liegt das Office du Tourisme (127, Av. des Champs-Elysées, ☎ 01/49525354). Zu den Angeboten für Paris-Besucher gehört die »Carte Paris-visite 3 jours«: Drei Tage Metro, Bus und Vorortbahn frei, dazu Preisermäßigung für Pariser Museen und die Benutzung von Orlybus, Roissybus, Orlyrail und Roissyrail (Flughafen). Das gleiche gibt es auch für fünf Tage. Theaterkarten kauft man am besten am Kiosque Théâtre neben der Madeleine-Kirche.

Den Grundstein des Arc de Triomphe ließ Napoleon 1806 legen. Die Namen seiner siegreichen Schlachten schmücken die Innenseiten, oben hat man eine schöne Aussicht.

Die Grande Arche, der 110 Meter hohe Betonwürfel des dänischen Architekten von Spreckelsen, ist das Wahrzeichen von La Défense. Im Glas-Fahrstuhl geht es zur Aussichtsterrasse.

Viele Skulpturen schmücken den Tuileriengarten. Im 16. Jh. logierte hier Katharina von Medici in einem – 1871 abgebrannten – Schloß.

Erst nach der Revolution wurde der ehemalige Königspalast Louvre zum Museum: Seit 1989 markiert die gläserne Pyramide den Haupteingang.

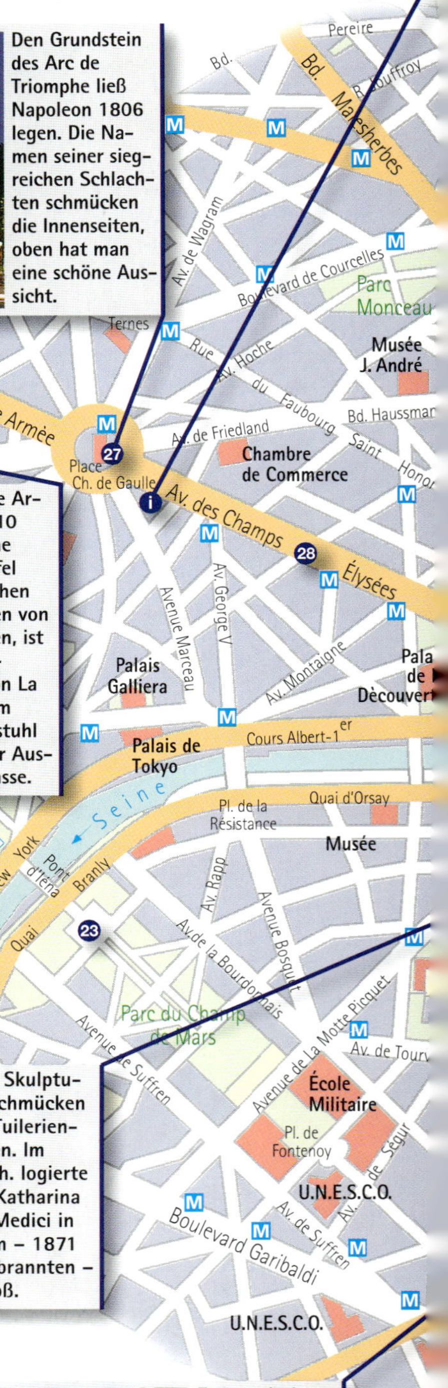

Nicht nur der Maler Toulouse-Lautrec genoß im Moulin Rouge den French Can-Can: Die pompöse Revue kostet Millionen, allein jedes der Kostüme der 100 Tänzerinnen ist 3000 bis 18 000 DM wert.

Sacré-Cœur wurde ab 1875, nach dem Deutsch-Französischen Krieg und der Niederschlagung der Pariser Kommune, als Sühnekirche erbaut. Die Aussicht von der Kuppel ist spektakulär.

Sein Museum plante der Maler Gustave Moreau schon zu Lebzeiten. Die Stadt Paris bewahrt sein Erbe genau wie in seinen Skizzen vorgesehen.

Manchmal kann selbst der Fiskus Gutes tun: Mit den 200 Gemälden, 158 Skulpturen und 3000 Zeichnungen, die man heute im Musée Picasso sieht, wurde 1973 die Erbschaftssteuer beglichen.

Eine Kirche der Superlative: Über 1000 biblische Szenen sind auf 15 riesigen Fenstern auf gefärbtem Glas dargestellt. Ludwig der Heilige ließ die Sainte-Chapelle im 13. Jh. bauen.

Heimweh versetzt Berge: Palais und Jardin de Luxembourg ließ Maria von Medici im 17. Jh. errichten – als architektonisches Andenken an Italien.

Was – wann – wo?

Pariser Highlights

Irgendwo wird in Paris fast immer gefeiert. Auch wenn man zu den wirklich großen Ereignissen wie den Modenschauen im Januar und Juni eine persönliche Einladung braucht – einige Pariser Highlights sind jedermann zugänglich:

- **Festival de Versailles.** Schauspiel und Oper zwischen den Wasserspielen in Versailles. Jeden Sonntag Mitte Mai bis Juni.
- **Festival de Paris.** Oper, Konzerte und klassischer Tanz an verschiedenen Veranstaltungsorten. Mai und Juni.
- **Festival Estival de Paris.** Klassische Musik in den Pariser Kirchen. Anfang Juni bis Anfang September.
- **Fête de la Musique.** Musik auf allen Straßen und Plätzen von Paris. 21. Juni.

14. Juli

- **14. Juli.** Am Nationalfeiertag findet stets eine große Militärparade auf den Champs-Élysées (28) statt.
- **Weinlesefest.** Mit einem Volksfest in Montmartre (34) wird die jährliche Weinlese auf dem Pariser Weinberg begangen. Zwischen dem 1. und 10. Oktober.
- **Silvester.** Zwar kein Feuerwerk, dafür sorgt aber eine riesige Menschenmenge auf den Champs-Élysées für eine großartige Stimmung.

Aristokratisch bis bizarr

Ernest Hemingway rühmte sich gern, das Hotel Ritz von den deutschen Besatzern befreit zu haben. Im selben Haus empfing Marcel Proust seine Gäste zum Dîner – stets in Schal und Hut. Mata Hari bevorzugte dagegen das Plaza Athénée. Und so manches gekrönte Haupt schwört auf das George V. Aber auch wer keine Tausender pro Nacht für eine Suite im Traumhotel hinlegen will, findet in Paris eine angemessene Bleibe.

Plaza Athénée

- **Le Vernet.** Das Vier-Sterne-Haus mit seinen Aussichtsterrassen liegt nahe den Champs-Élysées. Alle Zimmer haben einen eigenen Whirlpool. 25, Rue Vernet. ☎ 01/44 31 98 00, Fax 01/44 31 85 69.
- **Montalembert** ist eines der wenigen Pariser Design-Hotels. Mit edlen Suiten. 3, Rue de Montalembert. ☎ 01/45496868, Fax 01/45 49 69 49.
- **L'Hôtel.** Hinter dem schlichten Namen verbirgt sich ein exzentrisches Haus, in dem Oscar Wilde das Zeitliche segnete. 13, Rue des Beaux-Arts. ☎ 01/43 25 27 22, Fax 01/44 41 99 00.
- **Regent's Garden** ist ein charmantes Mittelklassehotel mit eigenem Garten. 6, Rue Pierre Demours. ☎ 01/45 74 07 30, Fax 01/40 55 01 42.
- **Les Deux Îles.** Ein gepflegtes Haus auf der Seine-Insel. 59, Rue Saint-Louis-en-l'Île. ☎ 01/43 26 13 35, Fax 01/43 29 60 25.
- **Jeanne d'Arc.** Eine saubere, günstige Adresse in einer hübschen Seitenstraße an der Place des Vosges. 3, Rue de Jarente. ☎ 01/48 87 62 11, Fax 01/48 87 37 31.
- **Palais Bourbon.** Günstiges, am Invalidendom gelegenes Haus. Nicht jedes Zimmer verfügt über Bad und WC, aber die Preise stimmen. 49, Rue de Bourgogne. ☎ 01/44 11 30 70, Fax 01/45 55 20 21.

Lido

Bars, Clubs und Cabarets

Nur wer deutsches Bier und eine urige Kneipe sucht, wird es in Paris schwer haben. Letztere sind im Land von Heineken und Kronenbourg dünn gesät. Ansonsten aber findet man in Paris für jeden Geschmack etwas. Ein Tip: Wer eine Revue à la Lido oder Moulin Rouge besuchen will, sollte nur zum »spectacle« kommen und das Essen meiden. Im Bistro schmeckt es doppelt so gut – für den halben Preis.

- **China Club.** Eine fotogene Bar im Kolonialstil und ein chinesisches Restaurant. 50, Rue de Charenton.
- **Le Dépanneur.** Die Bar hat 24 Stunden geöffnet – an allen 365 Tagen im Jahr. 27, Rue Fontaine.
- **Harry's Bar** ist ein Klassiker: Hot dogs, gutes Bier und Jazz im Keller. 5, Rue Daunou.
- **Banana Café,** eine leicht verrückte Szenebar. 13–15, Rue de la Ferronerie.
- **Les Bains.** Die seit Jahren bekannteste Disko von Paris gilt als Stammtisch einiger berühmter Fotomodelle. 7, Rue du Bourg-l'Abbé.
- **Le Balajo.** Der Musette-Tanzschuppen von 1936 ist abends eine Disko. Am Nachmittag Sonderveranstaltungen für Nachwuchs und Senioren. 9, Rue de Lappe.
- **Crazy Horse Saloon** bietet eine zahm erotische Revue mit vielen hübschen Mädchen. 12, Avenue George V.
- **Le Lido.** Horden von Tänzerinnen und Tänzern, eine Schlittschuhbahn, Laserspektakel – kurz: »Klein Las Vegas« in Paris. 116, Avenue des Champs-Élysées.
- **Moulin Rouge** (33), das Stammhaus des French Cancan. Hier fühlte sich Toulouse-Lautrec zu Hause. 82, Boulevard de Clichy.

Opéra de Paris-Bastille

Bühne frei…

Für Oper und Theater sollte man seine Karten möglichst frühzeitig vorbestellen, da ohne Reservierung meist gar nichts geht.

- **Comédie Française** ❷. Einst das Theater von Molière und auch heute noch an der Spitze. Ein Tip: 45 Minuten vor Beginn gibt es manchmal sehr günstige Restplätze am Schalter in der Rue Montpensier. 2, Rue de Richelieu.
- **Opéra Garnier** ㉚. In der prächtigen alten Oper soll der Architekt als Phantom geistern. Seit kurzem wird wieder gesungen, nicht nur Ballett getanzt. 8, Rue Scribe.
- **Opéra de Paris-Bastille** ❿. Die neue Oper ist architektonisch nicht jedermanns Geschmack, erhält allerdings für ihre optimale Akustik ungeteiltes Lob. 20, Rue de Lyon.
- **Théâtre national de Chaillot.** Jérome Savarys Inszenierungen sind oft große bunte Spektakel. 1, Place du Trocadéro.
- **Théâtre du Soleil.** Ariane Mnouchkines innovative Schauspielproduktionen machten das Theater weit über Frankreichs Grenzen bekannt. La Cartoucherie, Route du Champ-de-Manœuvres.
- **Salle Pleyel.** Hier spielen die großen internationalen Ensembles, wenn sie in Paris Station machen. 252, Rue du Faubourg-Saint-Honoré.

Etwa zwei Wochen vor der Aufführung gibt es Karten an der Theaterkasse oder in großen Buchhandlungen wie FNAC und Virgin. Restplätze zum halben Preis, allerdings nur für bestimmte Stücke am selben Abend, bietet der Kiosque Théâtre an der Place de la Madeleine. Und falls wirklich gar nichts mehr geht, kennen die Concierges der größeren Hotels immer eine sichere Quelle für eine begehrte Eintrittskarte, leider aber nur nach einem angemessenen Trinkgeld. Über das Programm und die Aufführungen informiert man sich zum Beispiel in den Magazinen Pariscope und (nur am Mittwoch) Figaroscope.

Haute Cuisine

»Da geh ich zu Maxim«

Diese Ankündigung hat heute nur noch als Operettenlied ihren besonderen Reiz. Man kann getrost die Legenden vergessen, die seit Jahrzehnten über einige Pariser Lokale verbreitet werden. La Tour d'Argent, Maxim's, Lasserre, die hatten ihre große Zeit in den 50er Jahren. Wer heute Pariser Haute Cuisine genießen will, bevorzugt andere Adressen:

- **Guy Savoy.** Einer der großen Pariser Köche. Modernes Ambiente, federleichte Kreationen. Nur die Preise wiegen etwas schwerer. 18, Rue Troyon.
- **La Timonerie** ist winzig und unauffällig, im Gegensatz zum großen Talent des Küchenchefs Philippe de Givenchy. 35, Quai de la Tournelle.
- **Benoît.** Nobelbistro in der Hallengegend. Belle-Époque-Interieur, hohe Preise. 20, Rue Saint-Martin.
- **L'Assiette** war eines von Mitterands Lieblingslokalen. Das vorzügliche Bistro ist eine umgebaute Metzgerei. 181, Rue du Château.
- **Au Bascou.** Sympathisches Bistro mit baskischer Küche. Der Patron ist ein großer Weinkenner. 38, Rue Réaumur.
- **Les Olivades.** Winziges Restaurant mit provenzalischer Küche. Gutes Preis-Leistungs-Verhältnis. 41, Avenue de Ségur.
- **La Bastide Odéon.** Das Ambiente ist schlicht, aber die provenzalischen Gerichte schmecken. 7, Rue Corneille.

Boutiquen, Basare und andere Fundgruben

Die Galeries Lafayette und Au Printemps sind die über Paris hinaus bekannten Kaufhäuser. Doch wird man hier auf den ersten Blick auch nur die vertraute Warenwelt von Karstadt, Kaufhof und Co. entdecken. Die Pariser selbst schwören auf die kleinen, manchmal versteckten Boutiquen und Läden ihrer Stadt.

Izraël

- **Izraël.** Der winzige Basar ist vollgepackt mit Reissäcken, exotischen Gewürzen und allerlei unbekannten Spirituosen. 30, Rue François Miron.
- **Les Caves Taillevent.** Weinhandlung der Spitzenklasse. 199, Rue du Faubourg-Saint-Honoré.
- **Le Mouton à cinq pattes** bietet Designermode aus der vorletzten Kollektion zu reduzierten Preisen. 8–48, Rue Saint-Placide.
- **Didier Ludot.** Spaziergang durch die Vergangenheit der Haute Couture: Kleider aus den 40er bis 60er Jahren. 19–24, Galerie Montpensier, Palais Royal.
- **VIA.** Vitrine für gallische Designer-Möbel. 29, Avenue Daumesnil.
- **Au Bon Marché.** Das schönste der großen Pariser Kaufhäuser. Viel Herrenmode, spektakuläre Feinkosthandlung. 38, Rue de Sèvres.

Prag

Die Goldene Stadt

Seit der »Samtenen Revolution« im November 1989, als die kommunistischen Machthaber abdanken mußten, verändert sich Prag zusehends. Ob es die behutsame Instandsetzung der einzigartigen Bausubstanz ist oder der neue Mut zu moderner Architektur: Die Hauptstadt der Tschechischen Republik trägt zu Recht den stolzen Titel »Goldenes Prag«.

Hier begegnet man – und das ist einmalig unter den Großstädten Europas – einem seit dem Mittelalter komplett erhaltenen Stadtkern und dem größten geschlossenen Burgareal der Welt. Die 1,3-Millionen-Kapitale an den Ufern der von Friedrich Smetana musikalisch beschworenen Moldau zählt zu den Touristenmagneten unseres Kontinents.

Allenthalben spürt man den Aufwind – und das ist nicht selbstverständlich. Die Plätze und Gassen, Kirchen, Adelspaläste und Bürgerhäuser – im Bild die Karlsbrücke mit dem Altstädter Brückenturm – waren zwar im Zweiten Weltkrieg nahezu unversehrt geblieben, haben aber unter der Vernachlässigung während der sozialistischen Ära gelitten. Heute ist Prag Treffpunkt für junge Menschen aus aller Welt. Keinem, und sei er ausschließlich des hier gebrauten vollmundigen Bieres wegen hergekommen, entgeht, daß er sich in einer der prächtigsten Städte der Welt aufhält.

»Ich sehe eine große Stadt...«

Vom Wyschehrad zum Hradschin

Seit 1344 haben sich eigentlich alle Epochen im Veitsdom verewigt – diese Fenster sind neugotisch.

Ich sehe eine große Stadt, deren Ruhm bis zu den Sternen reicht, sprach Prinzessin Libussa (Libuše), während sie ihren Blick vom Felsen des Wyschehrad (Vyšehrad) über die Moldau schweifen ließ. Mit ihrer Vision beginnt laut einer Chronik die Geschichte der Stadt Prag. Auf den Wyschehrad ㉚, auf dem vermutlich bereits im 9. Jahrhundert eine aus Holz errichtete altslawische Burg gestanden hat, soll die weise Fürstin, deren Volk der weiblichen Herrschaft überdrüssig geworden war, den Pflüger Přemysl geholt und ihn dann geheiratet haben. Der Sage nach begründete sie mit ihm das bis Anfang des 14. Jahrhunderts über Böhmen herrschende Geschlecht der Přemysliden. Der Stoff war interessant genug, Franz Grillparzer zu seinem Trauerspiel »Libussa« (1872) zu inspirieren und Friedrich Smetana, Prags großen Sohn, zu einer gleichnamigen Opernkomposition anzuregen.

Vom Hradschiner Platz gelangt man in den Ersten Burghof der legendenumwobenen Prager Burg.

Historisch belegt ist aber weder die Prophezeiung der Libussa noch die Annahme, sie sei die Stammutter der ersten tschechischen Dynastie gewesen. Die Geschichtsschreibung erfaßt die Přemysliden als Führer der tschechischen Stämme erst mit Herzog Bořiwoj und seiner Frau Ludmilla in der zweiten Hälfte des 9. Jahrhunderts. Das bereits christianisierte Herrscherpaar verlegte seine Residenz auf den Hügel am gegenüber gelegenen Moldau-Ufer: den Hradschin (Hradčany) ⑮. Der Wyschehrad, heute eine Parkanlage mit Burgruinen, Wehrmauern und Friedhof, diente nur zwischen 1061 und 1140 als Hauptsitz der Přemyslidenfürsten.

Die Nachkommen des Herzogs Bořiwoj schufen neben der Burg ein erstes steinernes Gotteshaus zu Ehren der Jungfrau Maria und des hl. Georg. Zwischen 926 und 929 ließ Fürst Wenzel (Václav), der Enkel Ludmillas, an dieser Stelle die St.-Veits-Kapelle als Rotunde im romanischen Stil erbauen. Wenzel, genannt der Heilige, der Symbolträger der böhmischen Einheit, hatte das Land christianisiert und sich während seiner 15jährigen Regentschaft eng an das deutsche Reich angeschlossen. Doch sein politischer Einfluß nahm im Jahre 929 ein jähes Ende. Auf Befehl des eigenen Bruders Boleslaw I. erschlagen, weil dieser das Herzogtum an sich bringen wollte, wurde er zum ersten Märtyrer und Landespatron der Tschechen.

Als unter Boleslaw II., dem Frommen, Prag 973 zum Bischofssitz erhoben wurde, entstand neben der 925 geweihten St.-Georgs-Basilika das erste böhmische Kloster. Heute beherbergt das ehemalige Benediktinerinnen-Stift die Nationalgalerie (Národní galerie) ⑰ mit böhmischer Malerei und Plastik von der Gotik bis zum Barock.

Die St.-Georgs-Basilika (Bazilika svatého Jiří) ⑰ unserer Tage ist, auch wenn die später hinzugefügte barocke Westfront es nicht vermuten läßt, der bedeutendste romanische Sakralbau Prags. In ihr findet man das vom

Der Prager Fenstersturz

Vom Wladislaw-Saal der Prager Burg führt der Weg in die Böhmische Kanzlei, wo am 23. Mai 1618 zwei katholische Statthalter des Kaisers und deren Schreiber von protestantischen Aufständischen aus dem Fenster geworfen wurden. Der Zorn der Protestanten hatte sich an der Thronübernahme durch den Habsburger Ferdinand II. entflammt. Als Zweiter Prager Fenstersturz ging dieser Rausschmiß in die Geschichte ein. Die unmittelbar Betroffenen überlebten ihn, denn sie waren auf einem Misthaufen vor dem Fenster gelandet. Doch das Ereignis löste den Aufstand der protestantischen böhmischen Stände gegen die katholischen Fürsten aus, der sich zum Dreißigjährigen Krieg ausweitete und das Heilige Römische Reich Deutscher Nation mit grausamen Verwüstungen heimsuchte.

großen deutschen Baumeister und Bildhauer Peter Parler im 14. Jahrhundert geschaffene Grabmal der 921 ermordeten hl. Ludmilla, deren bewegtes Leben in einem Fresko an der Westwand der Kapelle dargestellt ist.

1096 weihte der Prager Bischof die in Nachfolge der Rotunde erbaute romanische St.-Veits-Kathedrale, wie der Vorgängerbau nach dem Lieblingsheiligen der Slawen, Vitus, benannt. Kaiser Karl IV. aus dem Geschlecht der Luxemburger legte dann 1344 den Grundstein zu dem gotischen St.-Veits-Dom (Chrom svatého Víta) 16, den wir heute kennen und für den die bestehende Kathedrale abgetragen wurde. Der Ostteil entstand zunächst unter der Leitung des Franzosen Matthias von Arras in Anlehnung an südfranzösische Vorbilder. Nach seinem Tod übernahm ab 1352 für 47 Jahre Peter Parler aus Schwäbisch-Gmünd, der bereits erwähnte bedeutendste Sproß der deutschen Baumeister- und Bildhauerfamilie, die Leitung des Domprojekts. Diesem begnadeten Multitalent verdankt die Nachwelt u.a. einen beeindruckenden Hochchor, die Südfront mit der dreiteiligen Goldenen Pforte, durch die Böhmens Könige bei den Krönungsfeierlichkeiten schritten, und die Wenzelskapelle. Letztere geriet Parler zur schönsten aller hier geschaffenen Chorkapellen: Ihre mit Goldplättchen und mehr als 1300 böhmischen Halbedelsteinen geschmückten und mit Heiligenfresken bemalten Wände bilden den kostbaren Rahmen für den Reliquienschrein des hl. Wenzel. Dessen Leichnam war vom reumütigen Boleslaw I. auf die Prager Burg überführt worden.

Als der Sohn Karls IV., Wenzel (Václav) IV., den Thron bestieg, ließ er in der am rechten Moldau-Ufer entstandenen Altstadt (Staré město) den heute nicht mehr vorhandenen Königshof errichten, um von dort aus zu regieren. Schlechte Zeiten für den Hradschin! Erst mit dem Jagellonen-König Wladislaw II. kehrte im 15. Jahrhundert wieder fürstliches Leben in die Burg ein. Als Höhepunkt der spätgotischen Architektur entstand während seiner Regentschaft der 16 Meter breite und 62 Meter lange Wladislaw-Saal mit einem herrlichen Schlingstern-Gewölbe. Hier wurden die böhmischen Könige gewählt, aber erstaunlicherweise auch Reiterturniere abgehalten.

Während des 16. Jahrhunderts veränderte sich unter dem Habsburger Ferdinand I., der italienische, deutsche und niederländische Künstler an den Hof berief, und unter Rudolf II. das Gesicht der Burg. Neue Renaissancebauten, darunter der Palast mit dem Spanischen Saal, zierten nun das Burgareal. Mit dem Bau eines Burghofes, heute als Erster Burghof oder Ehrenhof bezeichnet, gelang es der Habsburgerin Maria Theresia im 18. Jahrhundert, den Hradschin zu einem harmonischen Ganzen zusammenzufassen. Der St.-Veits-Dom im Herzen des Machtzentrums Hradschin war 1743 auch Schauplatz ihrer pompös inszenierten Krönung zur böhmischen Königin. Fertiggestellt wurde der Dom aber erst 1929, also rund 1000 Jahre nachdem König Wenzel die Kapelle gestiftet hatte.

Kaiser Karl IV. legte den Grundstein für den gotischen Dom St. Veit. Fast 600 Jahre sollte es dauern, bis das grandiose Bauwerk vollendet war.

Das Standbild des hl. Georg im Dritten Burghof zählt zu den schönsten Reiterdarstellungen des Mittelalters.

Das Erbe der Kaiser

Karl IV. und Rudolf II. begründeten Prags Ruhm

Bis ins 19. Jahrhundert hinein war die Karlsbrücke (Bildmitte) die einzige Verbindung von Kleinseite und Altstadt.

Zwei Kaiser bestimmten in besonderem Maß die Geschicke Prags und sein Erscheinungsbild: Karl IV. und Rudolf II. An Karl IV., Sohn des Johann von Luxemburg und von Elisabeth, der Schwester des letzten Přemyslidenkönigs Wenzel II., erinnert der gotische St.-Veits-Dom ⓰ ebenso wie Böhmens schönste Burg, Karlstein ㉞, südwestlich von Prag gelegen. Aber auch die 1348 gegründete Karlsuniversität ❻, die erste Universität im deutschen Reich, geht auf ihn zurück. Zunächst noch in mehreren Klöstern untergebracht, wurde die Hochschule 1383 in das eben erworbene Haus des Münzmeisters Johlin Rothlev in der Eisengasse (Železná ulice) verlegt, dessen Prunkerker erhalten blieb. Mehrfach war die als Reichsuniversität gegründete hohe Schule Streitobjekt der Tschechen und der deutschen Minderheit. So z. B. als der böhmische Reformator Jan Hus darauf hinwirkte, die Rechte der Deutschen zu beschneiden, und schließlich etwa 2000 deutsche Studenten und Professoren auswanderten.

Im Ehrenhof des Carolinums stehen eine überlebensgroße Statue Karls IV. und die Bronzeskulptur des Jan Hus. Anders als das monumentale Hus-Denkmal auf dem Altstädter Ring ❶ will diese Figur an den Magister und Rektor der Universität erinnern und nicht an den Prediger und Reformator, der 1415 in Konstanz als Ketzer verurteilt und verbrannt wurde. Vier Jahre nach seiner Hinrichtung erhoben sich seine Anhänger gegen den Anspruch des Hus-»Mörders« Kaiser Sigismund auf die böhmische Krone. Als man auf die Forderung, ihre gefangenen Glaubensbrüder freizulassen, nur mit Hohn und Spott reagierte, stürmten die Protestanten das Neustädter Rathaus (Nová radnice) ㉛ und warfen mehrere katholische Stadtobere aus dem Fenster. Dieser Erste Prager Fenstersturz löste 1419 die Hussitenkriege aus. Eine Schwächung des Deutschtums und das Erstarken des tschechischen Nationalbewußtseins waren Folgen davon.

Die Karlsbrücke (Karlův most) ❽, welche Altstadt und Kleinseite miteinander verbindet, verdankt Karl IV. Name und Entstehung. Dabei hieß der Kaiser des Heiligen Römischen Reiches und König Böhmens eigentlich nicht Karl, sondern Wenzel. Er nannte sich nur nach dem von ihm

Die Eingangshalle des Nationalmuseums ist mit Bronzefiguren der tschechischen Mythologie und Geschichte geschmückt.

verehrten Karl dem Großen. Heute zählt die 520 Meter lange und 10 Meter breite Brücke, vom Dombaumeister Peter Parler begonnen, jedoch erst Anfang des 15. Jahrhunderts vollendet, zu den Hauptanziehungspunkten für Touristen; gelegentlich in solchem Ausmaß, daß Polizisten den »Verkehr« regeln müssen, obgleich die Brücke einzig und allein Fußgängern vorbehalten ist. Hier drängen sich Maler mit ihren Staffeleien, Souvenirstände und Jazzbands zwischen den 30 beidseits aufgereihten Figuren und Figurengruppen, die hauptsächlich in der Barockzeit entstanden sind. Die erste Statue wurde dem auf Befehl König Wenzels IV. gefolterten und in der Moldau ertränkten Johannes von Nepomuk gewidmet. Die Ursache der 1393 stattgefundenen Hinrichtung liegt auch heute noch im dunkeln. Man findet diese einzige Bronzeskulptur – die anderen Figuren sind aus Sandstein und eine aus Marmor gearbeitet – als achte Figur auf der rechten Seite, wenn man vom Kreuzherrenplatz her durch den gotischen Altstädter Brückenturm kommt. Nach und nach werden die von Umwelteinflüssen stark belasteten Skulpturen durch Kopien ersetzt. Die Originale sind im Lapidarium innerhalb des Kultur- und Erholungsparks (Vystaviště) im Norden der Stadt zu besichtigen.

Auf Karl IV., unter dessen Zepter Prag Hauptstadt des deutschen Reiches war, geht nicht zuletzt die Gründung der Neustadt (Nové město) samt Roßmarkt zurück. Dieser 1348 angelegte Platz heißt seit 1848 Wenzelsplatz (Václavské náměstí) 27 und bildet, flankiert von Hotels, Restaurants, Kinos, Cafés und Geschäften sowie dem Nationalmuseum (Národní muzeum) 28 als südöstlichem Abschluß, den Mittelpunkt der Prager Innenstadt. Vor dem Reiterdenkmal des Nationalheiligen Wenzel verbrannte sich 1969 der Student Jan Palach aus Protest gegen die auf den sogenannten Prager Frühling folgende Besetzung des Landes durch Truppen des Warschauer Paktes. Fast wie eine Wiedergutmachung für diese Schreckenszeit nimmt sich die Tatsache aus, daß eben hier die friedliche Revolution von 1989 ihren Ausgang nahm.

An Kaiser Rudolf II. gemahnt kein Denkmal. Und doch war er es – mehr noch als Karl IV. – der die Stadt in den Rang einer Metropole der Kunst und der Wissenschaft erhob. Als einziger Habsburger, der die Prager Burg der Wiener Residenz vorzog, berief er Astronomen wie Tycho Brahe und Johannes Kepler, daneben Maler und Bildhauer, Steinschneider und Uhrmacher, Dichter, Mathematiker und Erfinder an seinen Hof. Der aufgeklärte Monarch sammelte die Werke von Dürer, Breughel, Tizian, Tintoretto, Reni, Veronese und Correggio, aber auch Mineralien, seltene Pflanzen und Tiere. Nach seinem Tod transferierte man die wertvollsten Kunstgegenstände nach Wien. Die Schweden raubten dann im Dreißigjährigen Krieg die restlichen Bestände.

Ihre letzte Ruhe fanden Karl IV. und Rudolf II. in der Königsgruft des St.-Veits-Doms.

Der Wenzelsplatz ist ein geschichtsträchtiger Ort. An dieser Stelle boten die Prager 1968 vor den Augen der ganzen Welt einer Supermacht Paroli.

Die Goldmacher

Als besondere Touristenattraktion gilt das Goldene Gäßchen (Zlatá ulička) oder auch Goldmachergäßchen 18. Es liegt auf dem Hradschin zwischen dem Weißen und Schwarzen Turm, den beiden Geschütztürmen der alten Burgmauer, die Karl IV. mit Goldblech decken ließ. Ihr Leuchten soll man in der ganzen Stadt gesehen haben. Deshalb, so heißt es, habe Prag den Beinamen »Goldene Stadt« erhalten. Die Bezeichnung Goldmachergäßchen kommt hingegen von den Goldschmieden, die im 17. Jahrhundert in den kleinen bunten Häuschen gewohnt haben – und nicht, wie es die Überlieferung will, von den im Dienst Rudolfs II. stehenden Alchimisten, welche auf sein Geheiß den Stein der Weisen finden und Gold herstellen sollten.

Glanz und Patina

Kirchen, Klöster und Paläste

Der prunkvolle Theologische Bibliotheksaal im Kloster Strahov wurde von dem Italiener Giovanni Domenico Orsi de Orsini erbaut.

Prag – das ist augenfällig – geizt nicht mit Gotteshäusern, Klöstern und Adelssitzen. 40 Jahre Kommunismus änderten nichts an diesem Überfluß, auch wenn viele Gebäude nicht ihrem ursprünglichen Zweck entsprechend genutzt wurden. Wie eh und je bestimmen die Türme des St.-Veits-Doms ⓰ und der St.-Georgs-Basilika ⓱ die Silhouette des Hradschin. Und die Türme der Teyn-Kirche (Týnský chrám) ❺ zählen auch heute noch zu den Wahrzeichen der Stadt.

Die der Muttergottes vor dem Teyn (= Zaun) geweihte Kirche wurde zwischen 1365 und 1511 in der Altstadt errichtet und diente einst den protestantischen Hussiten als Zentrum ihrer Reformbewegung. Seit 1986 strahlt allerdings an ihrem schönen, von zwei 70 Meter hohen gotischen Türmen gerahmten Dreiecksgiebel wieder eine Marienstatue aus purem Gold auf den Altstädter Ring (Staroměstské náměstí) ❶.

Auf diesem Platz, der zunächst Marktplatz, dann Versammlungsort, Gerichtsstätte und Turnierplatz des Adels gewesen ist, steht unübersehbar das Altstädter Rathaus (Staroměstská radnice) ❷. Es entstand ab 1338 durch Anbau und Aufstockung aus verschiedenen Bürgerhäusern und zeigt ein Stilgemisch aus Gotik und Renaissance. 1364 kam der Rathausturm hinzu, um 1490 dann die berühmte Astronomische Uhr. Kurz vor jeder vollen Stunde beginnen, von vielen Zuschauern bestaunt, Christus und die zwölf Apostel als hölzerne Halbfiguren an zwei Fenstern vorüberzuschreiten. Die Erweiterungsbauten des Rathauses aus dem 19. Jahrhundert gerieten Ende des Zweiten Weltkriegs unter Beschuß der deutschen Wehrmacht – eine kleine Parkanlage bedeckt nun den leeren Fleck.

Für das äußere Erscheinungsbild Prags war auch das Zeitalter der Gegenreformation prägend. In diese Epoche fällt das Wirken der Jesuiten, die der Habsburgerkaiser Ferdinand I. zur Bekämpfung der Hussitenbewegung 1556 nach Prag geholt hatte. Sie schufen auf einem Areal nahe der Karlsbrücke in 140jähriger Bautätigkeit das Clementinum ❼. Dieser nach der Burg größte zusammenhängende Baukomplex Prags umfaßt neben einer Sternwarte und einem Kolleg die böhmische St.-Salvator-Kirche. Aber auch die barocke deutsche Kirche St. Clemens von Christoph Dientzenhofer und die um 1590 im manieristischen Stil für die italienische Gemeinde geschaffene Welsche Kapelle gehören zum Clementinum.

Ein Gutteil der barocken Architektur Prags entstand nach der Schlacht am Weißen Berg im Jahre 1620, wo Tilly, der Feldherr des Habsburgers Ferdinand II., über die böhmischen Stände siegte und die Rekatholisierung Böhmens betrieb. Kirchenbauten und prachtvolle Adelspaläste wurden zunächst von italienischen Künstlern geschaffen, später von österreichischen, süddeutschen und böhmischen. So entstand beispielsweise im Auftrag der Jesuiten die St.-Niklas-Kirche (Chrám svatého Mikuláše) ❿ auf der Kleinseite. Die mächtige Kuppelkirche ist ein Meisterwerk von Christoph Dientzenhofer und seinem Sohn Kilian Ignaz, der auch die zweite St.-Niklas-Kirche (Kostel svatého Mikuláše) ❸ auf dem Altstädter Ring schuf.

Südwestlich der Burganlage auf dem Hradschin-Hügel wurde das Prä-

monstratenser-Kloster Strahov (Strahovský klášter) ⓫ zwischen 1682 und 1689 barockisiert. Es beherbergt das Museum des nationalen Schrifttums mit ca. 5 Millionen Büchern, davon rund 5000 Handschriften. Ein Besuch lohnt vor allem wegen des Theologischen Bibliotheksaals mit reicher Stuckornamentik und des zweistöckigen Philosophischen Bibliotheksaals, der durch das riesige Deckenfresko des Barockmalers Franz Anton Maulpertsch aus dem baden-württembergischen Langenargen überwältigt.

Als Bollwerk der Gegenreformation darf man auch das zweite große Kloster auf dem Hradschin bezeichnen. Es handelt sich um das im Besitz des Kapuzinerordens befindliche Loreto-Heiligtum (Loreta) ⓭. Im Innenhof überrascht die von der Adelsfamilie Lobkowitz im Jahre 1631 gestiftete Nachbildung der Kapelle »Casa santa« des italienischen Wallfahrtsortes Loreto. Das wertvollste Stück der Klosteranlage ist neben anderen Pretiosen in der Schatzkammer ausgestellt: die zwölf Kilogramm schwere »Prager Sonne«, eine mit weit über 6000 Diamanten besetzte Monstranz.

Ebenfalls auf dem Loretoplatz steht das von 1669 bis 1697 im Stil des italienischen Palladianismus errichtete Palais des Grafen Czernin ⓬. Das imposante Gebäude, in den 30er Jahren unseres Jahrhunderts originalgetreu restauriert, ist heute Sitz des Außenministeriums. Aus einem seiner Fenster stürzte nach dem kommunistischen Putsch 1948 der damalige Außenminister Jan Masaryk. Bis heute ist nicht geklärt, ob es sich bei diesem Dritten Prager Fenstersturz um Freitod oder Mord handelte.

Auf dem Hradschiner Platz (Hradčanské náměstí) ⓮ am Eingang zur Burg entstanden im 16. und 17. Jahrhundert prächtige Palais für adlige und kirchliche Würdenträger: Links vom Eingang zur Burg liegt das barocke Erzbischöfliche Palais. Im benachbarten Palais Schwarzenberg mit seinem italienisch anmutenden Sgraffito-Dekor ist das Museum für Heeresgeschichte untergebracht. Das Martinitz-Palais ist heute Sitz des Hauptarchitekten der Stadt Prag, und das Sternberg-Palais ist seit dem Jahr 1949 Nationalgalerie der Stadt. Den westlichen Abschluß des Platzes bildet das in frühbarocken Formen prunkende Toskana-Palais.

Auch der kaiserliche Generalissimus Albrecht von Wallenstein (eigentlich Wald[en]stein) wollte mit seinem Reichtum wohl nicht hinterm Berg halten, als er am Fuß der alten Burgstiege einen Barockpalast erbauen ließ. Das Waldstein-Palais (Valdštejnský palác) ⓳ sollte den Hradschin allein durch seine gewaltige Größe in den Schatten stellen. Der Bauherr, von Schiller literarisch verewigt, konnte sich nicht mehr lange in der 1630 fertiggestellten Sala terrena mit der sich gegen den Garten öffnenden Loggia ergehen. 1634 wurde er von kaiserlichen Offizieren in Eger ermordet. Nun genießen Einheimische und Besucher gleichermaßen die schöne Gartenanlage mit ihren Statuen und Brunnen.

Die Barockkirche St. Niklas am Altstädter Ring ist ein Werk Kilian Ignaz Dientzenhofers. Daneben erinnert das Jan-Hus-Denkmal an den großen Reformator.

Die Bürgerhäuser der Altstadt, im Laufe der Jahrhunderte mehrmals erneuert, besitzen vielfach noch einen romanischen oder frühgotischen Kern.

Wo der Golem umging

Die ehemalige Judenstadt

Eine bedeutende Rolle sowohl für das geistige Leben der Stadt als auch für die ökonomische Entwicklung Prags während vieler Jahrhunderte spielten die jüdischen Einwohner. Die jüdische Gemeinde, welche seit Ende des 12. Jahrhunderts ein abgeschlossenes Stadtviertel rund um die Altneusynagoge ㉒ besiedelte, war ursprünglich aus zwei Gemeinden entstanden: Juden aus dem Byzantinischen Reich und aus dem Westen zugezogene Mitglieder. Man weiß von wirtschaftlicher wie kultureller Blüte des Gettos, aber auch von blutigen Pogromen und brutaler Vertreibung. Erst das Revolutionsjahr 1848 brachte den Prager Juden die Bürgerrechte. Heute existiert die alte Judenstadt nicht mehr. Sie wurde von 1895 bis 1905 wegen untragbarer hygienischer Verhältnisse, verursacht durch Überbevölkerung und fehlende Kanalisation, zum größten Teil abgerissen. Nach dieser sogenannten Assanierung blieben nur das Jüdische Rathaus ㉑, sechs Synagogen und ein Teil des Alten Jüdischen Friedhofs ⑳ im Norden der Altstadt erhalten.

In der barocken Klausensynagoge sind Sakralgeräte wie diese Thorarolle und Alltagsgegenstände der jüdischen Gemeinde zu sehen.

Etwa die Hälfte der etwa 25 000 Prager Juden, und zwar die Mittel- und Oberschicht, sprach zu Anfang des 20. Jahrhunderts deutsch. Der aufkeimende tschechische Nationalstolz verstärkte das Zugehörigkeitsgefühl zum deutschen Kulturkreis. Die meisten Juden wohnten im Gebiet zwischen dem Moldau-Ufer, der Plattnergasse (Platnéřská) und Pariser Straße (Pařížská) bis hin zur barocken St.-Niklas-Kirche ❸ auf dem Altstädter Ring. 1848/49 wurde das Getto unter dem Namen Josephstadt (Josefov) zum fünften Prager Stadtviertel, benannt nach dem reformfreudigen Kaiser Joseph II. Er hatte 1781 per Toleranzpatent dafür gesorgt, daß sowohl Christen ins Getto als auch Juden in andere Prager Stadtteile ziehen durften. Auf sein Geheiß fielen auch die Gettomauern, deren Zweck es seit dem Dritten Laterankonzil im Jahre 1179 gewesen war, die Trennung von Christen und Juden zu wahren.

Den Holocaust während der NS-Zeit überlebten nicht einmal 6000 von damals über 35 000 Prager Juden. Nach Kriegsende boten Überlebende alle Mittel auf, um die wenigen, aber eindrucksvollen Baudenkmäler zu restaurieren. Diese zeugen heute, zusammengefaßt als Staatliches Jüdisches Museum, von den glücklichen Tagen wie auch den tragischen Ereignissen, die so viele Generationen der Prager Juden erlebt haben.

Die Altneusynagoge (Staronová synagóga) ㉒ ist die älteste erhaltene und noch genutzte Synagoge Europas. Während der Regierungszeit Ottokars II. um 1270 nicht von Juden, sondern von einer christlichen, in der Zisterziensergotik geschulten Bauhütte errichtet, ist das Gotteshaus eines der ältesten gotischen Gebäude Prags. Es birgt in einem eigenen Schrein eine besonders kostbare Thorarolle. Sowohl der Sitz des Rabbi Löw als auch die rote Fahne mit Davidstern und hohem Hut, das sogenannte hohe Banner, gehören zu den Sehenswürdigkeiten der Synagoge. Kaiser Ferdinand III. überreichte das Banner der jüdischen Gemeinde aus Dank für ihre Verdienste im Dreißigjährigen Krieg, als sich die Juden an der Verteidigung der Altstadt gegen die Schweden beteiligt hatten. Bei festlichen Umzügen trugen 13 Männer an der Spitze der jü-

Der Davidstern gehört zu den jüdischen Kunstschätzen, die das von den Nationalsozialisten geplante »Museum einer ausgestorbenen Rasse« zieren sollten.

Der südliche Vorraum der in mehreren Etappen errichteten Altneusynagoge stammt aus dem 13. Jahrhundert und gilt als ihr ältester Teil.

dischen Zünfte die Fahne. Bei den Krönungszügen saß ein junger Mann auf der Fahnenstange und brachte Hochrufe auf den neuen König von Böhmen aus.

Der Altneusynagoge gegenüber steht das einzige jüdische Rathaus (Židovská radnice) ㉑ außerhalb Israels. Mordechai Maisel, der reiche Geschäftsmann und Günstling Rudolfs II., ließ es in einer Ära reger Bautätigkeit Ende des 16. Jahrhunderts von dem Südtiroler Pankraz Roder errichten. An das Rathaus grenzt die ebenfalls von Roder entworfene Hohe Synagoge (Vysoká synagóga) ㉑ mit ihrem beeindruckenden Renaissancegewölbe. Sie birgt eine reiche Sammlung von europäischen Thoramänteln und Synagogen-Vorhängen.

Der hohe künstlerische Rang der Pinkas-Synagoge (Pinkasova synagóga) ⑳ mit ihren spätgotischen Bauelementen ist unbestritten. Heute dient sie als Gedächtnisstätte für die während der nationalsozialistischen Herrschaft ermordeten Juden aus Böhmen und Mähren.

Der Alte Jüdische Friedhof (Starý židovský hřbitov) ⑳ war von 1478 bis 1787 letzte Ruhestätte der Prager Juden. Da die meisten aus dem Mittelalter stammenden jüdischen Friedhöfe von den Nationalsozialisten vernichtet wurden, ist der Prager einer der ältesten erhaltenen in Europa. Die genaue Zahl der Bestatteten ist nicht bekannt, wurden doch aus Platzmangel immer wieder neue Erdschichten aufgehäuft, um Gräber über Gräbern zu schaffen. Man zählt rund 12 000 Grabsteine. Wer die Toten waren und wie ihr Name lautete, geht mitunter aus eingemeißelten Emblemen hervor: Eine Schere bedeutet, daß sich hier die Ruhestätte eines Schneiders befindet, eine Pinzette weist das Grab eines Arztes aus, ein Bär besagt, der Verstorbene habe Beer, ein Löwe, er habe Löw oder Levi geheißen.

Auf den meist stark verwitterten Grabsteinen mit kaum mehr lesbaren hebräischen Inschriften liegen kleine Steine, die, alter Tradition entsprechend, Juden aus aller Welt den Toten zur Verehrung bringen. Da und dort stecken in den Ritzen auch kleine Zettel mit geheimen Wünschen. Besonders viele finden sich auf einem Grabstein, der seiner Größe wegen auffällt. Er kennzeichnet das Grab des 1609 verstorbenen Jehuda ben Bezalel, bekannt als Rabbi Löw. Er ist Mittelpunkt vieler jüdischer Legenden. So knüpfte man im 18. Jahrhundert an seine Person auch die Sage vom Golem, der in Notzeiten den Prager Juden zu Hilfe kam. Als das aus Lehm geformte Wesen in seinem Eifer wilde Kräfte entwickelte, mußte ihm der Rabbi wieder das Leben nehmen. Auf dem Dachboden der Altneusynagoge sollen noch heute die Überreste des Golem liegen, der vielen als Symbolfigur des Prager Gettos gilt und durch Gustav Meyrink 1915 zum Inhalt eines Bestsellers wurde.

Franz Kafka

Namen wie Franz Werfel, Rainer Maria Rilke und Egon Erwin Kisch zeigen, wie sehr die deutschsprachige Literatur des 20. Jahrhunderts durch Prager Autoren bereichert wurde. Franz Kafka ist der weltweit wirkungsvollste in dieser Reihe. Als Sohn eines jüdisch-deutschen Kaufmanns 1883 am Rande der Josephstadt geboren, besuchte er später das Altstädter Deutsche Gymnasium und studierte anschließend Rechtswissenschaften. Er arbeitete nacheinander bei zwei Prager Versicherungsgesellschaften. Schon 1917 wird er wegen Tuberkulose erstmals krankgeschrieben. 1924 stirbt der Verfasser von zahlreichen Erzählungen (u. a. »Die Verwandlung«), drei fragmentarischen Romanen (»Amerika«, »Der Prozeß«, »Das Schloß«), Tagebüchern und Briefen. Daß sein Werk der Nachwelt erhalten blieb, ist seinem Schriftstellerfreund Max Brod, ebenfalls Prager Jude, zu verdanken. Er veröffentlichte die Werke postum gegen den letzten Willen des Autors.

Der Alte Jüdische Friedhof – auf dem vermutlich 100 000 Verstorbene ruhen – stellt ein nahezu unverändert gebliebenes Stück Vergangenheit dar.

Auf einen Blick

Prag entdecken und erleben

Was immer Sie sich in Prag ansehen wollen, lassen Sie das Auto auf jeden Fall stehen: Die Parkplatzsuche in der 1,2-Millionen-Stadt ist schwierig, die Autodiebe sind zahlreich. Und jedes Ziel ist mit öffentlichen Verkehrsmitteln gut und preiswert zu erreichen.

Schloß Troja, das Barockschloß der Grafen Sternberg mit großartigen Deckenmalereien und prächtiger Freitreppe, ist heute Galerie der Hauptstadt Prag.

1. Altstädter Ring
2. Altstädter Rathaus
3. St.-Niklas-Kirche in der Altstadt
4. Palais Kinsky/Ethnographisches Museum und Haus »Zur Steinernen Glocke«
5. Teyn-Kirche
6. Alte Karlsuniversität (Carolinum)
7. Clementinum
8. Karlsbrücke/Altstädter Brückenturm
9. Moldauinsel Kampa
10. St.-Niklas-Kirche auf der Kleinseite
11. Kloster Strahov
12. Palais Czernin
13. Loreto-Heiligtum
14. Hradschiner Platz
15. Prager Burg (Hradschin)
16. St. Veits-Dom mit Wenzels-Kapelle und Königsgruft
17. St.-Georgs-Basilika
18. Goldenes Gäßchen
19. Waldstein-Palais
20. Pinkas-Synagoge und Alter Jüdischer Friedhof
21. Hohe Synagoge und Jüdisches Rathaus
22. Altneusynagoge
23. Jugendstil-Prachtstraße (Pařížká)
24. Agnes-Kloster
25. Repräsentationshaus und Pulverturm
26. Kirche »Maria im Schnee«
27. Wenzelsplatz
28. Nationalmuseum
29. Antonín-Dvořák-Museum
30. Wyschehrad
31. Neustädter Rathaus
32. Nationaltheater/Neue Bühne
33. Laurenziberg
34. Burg Karlstein

Der Veitsdom ist ein Meisterwerk gotischer Baukunst. Im Hochchor sollte man sich Peter Parlers Porträtbüste ansehen.

Vom Mittelturm des Loreto-Heiligtums erklingt seit 300 Jahren zu jeder vollen Stunde ein Glockenspiel mit dem böhmischen Marienlied »Dich grüßen wir viel tausendmal«.

Außer der Klosterkirche Strahov mit ihren herrlichen Pfeileraltären sollte man sich auch die Bibliothek mit ihren wertvollen Büchern und Globen anschauen – ein barocker Traum.

Im Clementinum mit seinen Kirchen und Kapellen – hier die Salvatorkirche –, der Sternwarte und Staatsbibliothek finden auch Konzerte statt.

Der Waldsteingarten mit den Kopien der 1648 von den Schweden in das Königsschloß Drottningholm verschleppten Skulpturen des Holländers Adrian de Vries ist von Mai bis September geöffnet.

1915, fünfhundert Jahre nach der Verbrennung des für die Tschechen so bedeutsamen Reformators in Konstanz, wurde auf dem Altstädter Ring das überdimensionale Jan-Hus-Denkmal errichtet.

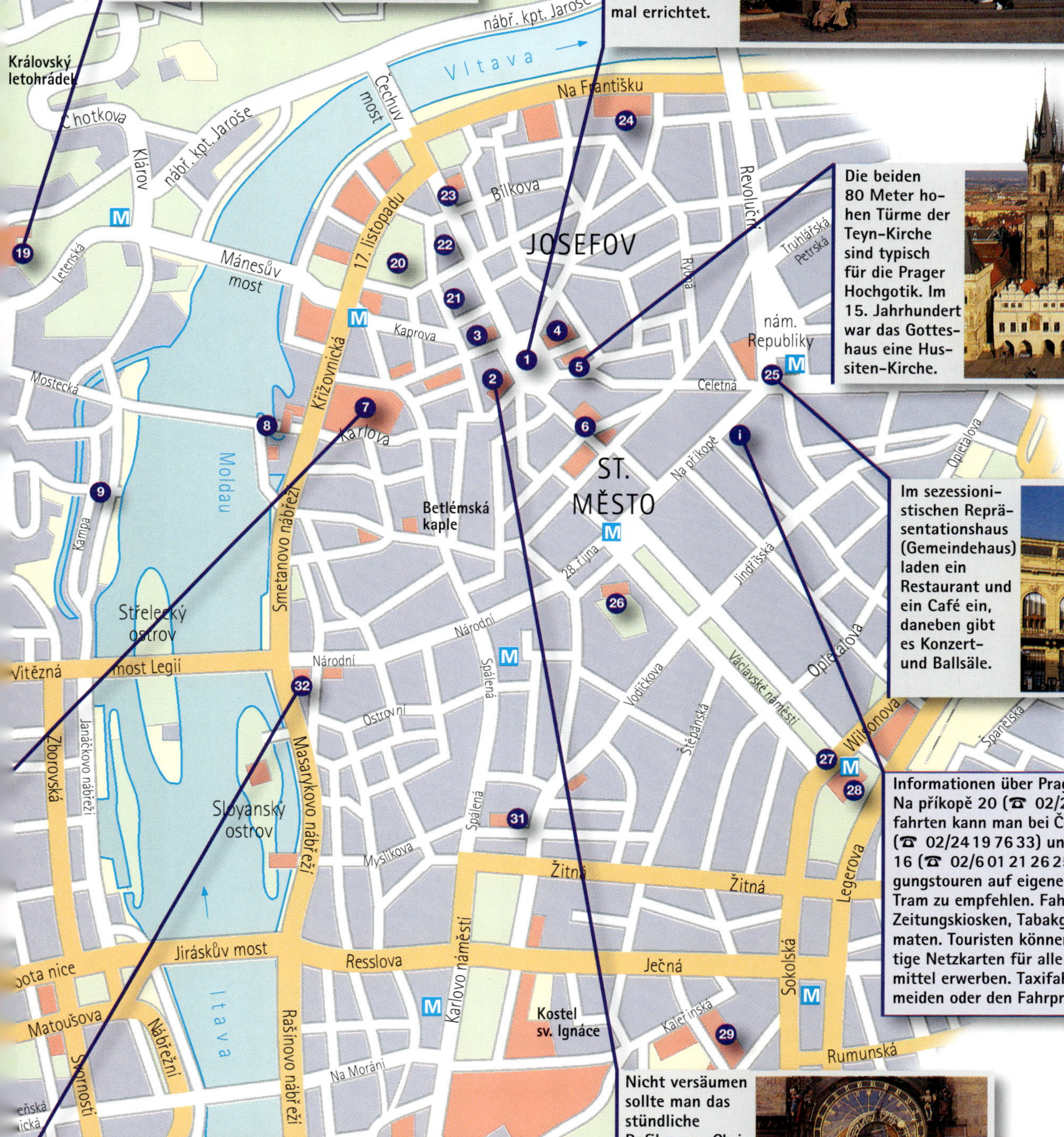

Die beiden 80 Meter hohen Türme der Teyn-Kirche sind typisch für die Prager Hochgotik. Im 15. Jahrhundert war das Gotteshaus eine Hussiten-Kirche.

Im sezessionistischen Repräsentationshaus (Gemeindehaus) laden ein Restaurant und ein Café ein, daneben gibt es Konzert- und Ballsäle.

Informationen über Prag erhält man bei PIS, Na příkopě 20 (☎ 02/26 40 23). Stadtrundfahrten kann man bei Čedok, Na příkopě 18 (☎ 02/24 19 76 33) und Premiant, Na příkopě 16 (☎ 02/6 01 21 26 25) buchen. Für Besichtigungstouren auf eigene Faust sind Metro und Tram zu empfehlen. Fahrscheine erhält man in Zeitungskiosken, Tabakgeschäften und an Automaten. Touristen können ein bis fünf Tage gültige Netzkarten für alle öffentlichen Verkehrsmittel erwerben. Taxifahrten sollte man vermeiden oder den Fahrpreis vorher aushandeln.

Nicht versäumen sollte man das stündliche Defilee von Christus und den zwölf Aposteln neben der aus zwei Scheiben bestehenden Astronomischen Uhr des Altstädter Rathauses.

Das 1881 gegründete Nationaltheater versteht sich als Pflegestätte der Werke des tschechischen Komponisten und Dirigenten Friedrich Smetana.

Was – wann – wo?

Etwas ganz Besonderes

Daß Prag eine ausgesprochene Modestadt ist, läßt sich eigentlich nicht behaupten. Selbst Schuhe und Handtaschen kauft man vielleicht besser zu Hause. Zeitloser Schmuck aus dunkelroten böhmischen Granaten, Kristallgläser, Karlsbader Porzellan und Oblaten sowie Becherovka-Kräuterlikör sind dagegen Souvenirs, die man unbedingt von einer Prag-Reise mitbringen sollte. Nicht mehr ganz so billig wie früher sind Bücher, alte Stiche und CDs. Für Kinder gibt es hübsches Holzspielzeug und Marionetten. Und ein Mitbringsel ganz besonderer Art ist eine Geige.

Geigenbauer

- **Moser,** der ehemalige Hoflieferant, führt nach wie vor erlesenes Glas und Karlsbader Porzellan mit verschiedenen Zwiebelmustern. Na příkopě 12.
- **Bizuterie-Royal.** Aparte Broschen, Ohrgehänge, Klipse, Ketten und Perltaschen aus Gablonz. Na příkopě 8.
- **Dana-Bohemia.** Eines der vielen Glasgeschäfte, an denen man kaum vorbeigehen kann, ohne etwas zu kaufen. Národní třída 43.
- **Českí porzellan.** Ein auf das blaue Geschirr der Manufaktur Dubi bei Teplitz spezialisiertes Geschäft mit weitgefächertem Angebot. Perlová 10.
- **Milaček.** Schallplatten und CDs, klassische Musik, Jazz, Pop und Folklore. Václavské náměstí 51.
- **Lidl Musik.** Ein Musikhaus, das für seine hervorragenden Instrumente bekannt ist. Böhmische Geigen haben einen besonderen Klang. Korunní 37.

Jugendstilvoll wohnen

Und wo schläft man?

In den vergangenen Jahren wurden die meisten Traditionshotels der Luxusklasse modernisiert und eine Reihe von Vier-Sterne-Hotels errichtet. Obwohl der Komfort der angegebenen Kategorie entspricht, scheint doch der Preis in bezug auf den Service gelegentlich etwas übertrieben. Prag-Besucher zieht es oft in die Altstadt, für mittlere Ansprüche gibt es außerhalb des Stadtzentrums besonders preisgünstige Hotels.

- **Palace.** Elegantes Jugendstilhaus der Luxuskategorie in der Nähe des Wenzelsplatzes. Panská 12. ☎ 02/24 09 31 11, Fax 02/24 22 12 40.
- **Inter-Continental.** Das Dachrestaurant dieses Luxushotels an der Moldau bietet eine schöne Aussicht auf die Prager Altstadt. Náměstí Curieových 43/5. ☎ 02/24 88 11 11, Fax 02/24 81 00 71.
- **Prague Hilton Atrium.** Das mit 788 Zimmern größte Hotel der Stadt verfügt sowohl über ein Business-Center als auch über zwei Tennisplätze. Pobřežní 1. ☎ 02/24 84 11 11, Fax 02/24 84 23 78.
- **Paříž.** Beliebtes Hotel, zu dem auch ein wunderbares Jugendstilcafé gehört. U Obecního domu 1. ☎ 02/24 22 21 51, Fax 02/24 22 54 75.
- **Evropa.** Ein Zwei-Sterne-Hotel mit vielen schönen Jugendstildetails. Václavské náměstí 25. ☎ 02/24 22 81 17, Fax 02/24 22 45 44.
- **Ibis Prague Karlín.** Neues Drei-Sterne-Hotel in Zentrums- und v. a. in U-Bahnnähe. Šaldová 54. ☎ 02/24 81 17 18, Fax 02/24 81 26 81.

Wenn's dunkel wird…

Die Musik, heißt es, liegt den Bewohnern Böhmens im Blut. Kein Wunder also, daß auch im Prager Nachtleben die Musik eine Hauptrolle spielt. So gibt es in der Moldaustadt seit langem hervorragenden Jazz und niveauvollen Rock. Auch Diskotheken findet man allenthalben. Einige allerdings sind so überlaufen, daß es sich empfiehlt, möglichst früh zu kommen. Wem es zu eng wird, der bummelt durch die nächtliche Altstadt, wo es immer etwas zu sehen gibt.

- **Reduta.** Der Jazz-Club, der ab 23 Uhr in das Jazz-Café Reduta einzieht, verdankt seinen Weltruhm vor allem der Tatsache, daß hier 1994 der amerikanische Präsident Bill Clinton – begleitet vom tschechischen Präsidenten Václav Havel – Saxophon gespielt hat. Národní třída 20.
- **Musicpark** ist die größte Diskothek der Stadt – mit angeschlossenem Café, Restaurant, Bierstube und Casino. Francouzská 4.

Nächtliches Konzert

- **Video-Disko Zlatá husa.** Ein Dauerbrenner unter den Diskotheken. Hier kommen auch ausländische Diskjockeys zu Wort, gelegentlich kann es allerdings sehr voll werden. Václavské nameští 5–7.
- **Café Evropa.** Wem intime Barmusik lieber ist als die beste Blues-Band, für den ist das Jugendstilcafé des Hotels Evropa das Richtige. Bis 23 Uhr gibt's hier einschmeichelndes Pianospiel und weiche Geigenmusik zu hören. Václavské náměstí 29.
- **Belmondo Revival Club.** Rock auf hohem Niveau. Bubenská 1.

Technisches Museum

Entdeckungsreise durch die Museen

Die Bedeutung der rund 20 großen Museen Prags kann sich nicht mit der großartigen Architektur der Metropole messen. Aber es lassen sich hier doch manche Entdeckungen internationalen Zuschnitts machen.

- **St.-Georgs-Kloster** (Klášter sv. Jiří) 17. Exposition der Nationalgalerie (Národní galerie) mit alter böhmischer Kunst. Dazu gehören gotische Meisterwerke der Malerei und Bildhauerei sowie Werke des Manierismus und des Barock. Jiřské náměstí 33.
- **Palais Sternberg** (Šternbersky palác). Zur Sammlung europäischer Kunst, ebenfalls Teil der Nationalgalerie, gehören Werke der klassischen Moderne (Picasso, Matisse, Cézanne, van Gogh u. v. a.) sowie die größte Sammlung französischer Impressionisten außerhalb von Paris. Die ältere Abteilung zeigt unter anderem Meisterwerke von Dürer, Rembrandt und El Greco. Hradčanské náměstí 15.
- **Staatliches Jüdisches Museum** (Státni židovské muzeum). Es versammelt unter diesem Namen nicht nur die baulichen Überreste der alten Judenstadt 20 – 22, sondern auch jene Exponate, die während der nationalsozialistischen Besatzungszeit zynischerweise für ein »Exotisches Museum einer ausgestorbenen Rasse« von den Deutschen zusammengetragen wurden. Jáchymova 3.
- **Museum des öffentlichen Stadtverkehrs** (Muzeum pro veřejnou dropravu). Sammlung historischer Fahrzeuge von 1886 bis heute. An Wochenenden und Feiertagen (April – Oktober) finden Stadtrundfahrten mit historischen Straßenbahnen statt. Patočkova 4.
- **Technisches Nationalmuseum** (Národní technické muzeum). Zeigt anschaulich die Entwicklung wichtiger Techniken (Verkehrswesen, Rundfunk und Fernsehen etc.) an Originalstücken. Kostelní 42.

Pilsner Bier

Ganz schön deftig …

Die böhmische Küche ist in der Regel deftig, was heißt, daß hier kräftig in den Butter- und Schmalztopf gefaßt wird. Fragt man einen Prager nach einheimischen Gerichten, so wird er sicherlich Rindslungenbraten (Svíčková) und Semmelknödel (Česke knedlíky) oder Schweinebraten (Vepřová pečené) und Kraut (zelí) nennen. Zu Weltruhm hat es der Prager Schinken gebracht, legendär sind auch die verschiedenen Mehlspeisen: Buchteln, Dalken (Vdolky), Powidltaschen, Liwanzen (Lívance) und Kolatschen (Koláčky).
Die Qualität des Essens hat sich nach dem Ende des Kommunismus deutlich verbessert. Die Preise liegen unter dem europäischen Durchschnitt. Im Zuge der Privatisierung eröffnen ständig neue Lokale, verschwinden aber häufig nach kurzer Zeit wieder. Zum Glück gibt es einige Traditionsrestaurants mit gleichbleibend guter Qualität.

- **Valdštejnská Hospoda** (Waldsteinsches Gasthaus). Überzeugt durch seine gepflegte Küche – Spezialität des Hauses sind die Wildgerichte – und sein schönes Ambiente. Valdštejnské náměstí 7.
- **Klášterní vinárna** (Klosterweinstube). Das Restaurant im ehemaligen Ursulinenkloster der Neustadt ist bekannt für seine Pfeffersteaks. Dazu trinkt man hier mährischen Wein. Národní třída 8.
- **Club Restaurant** im Hotel Palace. Erlesene böhmische und internationale Küche in Jugendstilambiente. Panská 12.
- **Košer restaurace** (Koscheres Restaurant). Einfach in der Aufmachung, gut in der Qualität, noch preiswerter als in Prag üblich. Jüdisches Rathaus, Maiselova 18.

»Don Giovanni« …

Musikbegeistert war man hier schon immer, wohl deshalb fühlte sich auch Wolfgang Amadeus Mozart in Prag wohler als in Salzburg und Wien. Der »Don Giovanni« wurde 1787 im Ständetheater uraufgeführt.
Heute zieht es Musikenthusiasten vor allem zum Musikfest »Prager Frühling« in die tschechische Metropole. Von Mitte Mai bis Anfang Juni werden u. a. im Rudolfinum (Náměstí Jana Palacha 1) und im Repräsentationshaus (Náměstí republiky 5) 25 hochkarätige Konzerte gegeben.

Laterna Magica

- **Nationaltheater** (Národní divadlo) 32. 1881 wurde das Theater feierlich mit Friedrich Smetanas Werk »Libuša« eröffnet. Die Opern des großen tschechischen Komponisten – vor allem »Die verkaufte Braut« – stehen nach wie vor in unübertrefflichen Inszenierungen auf dem Spielplan. Národní 2–4.
- **Staatsoper Prag** (Státní opera Praha). Das in Konkurrenz zum tschechischen Nationaltheater im 19. Jahrhundert vom deutschen Theaterverein erbaute Haus, in dem einst Alexander Moissi, Paula Wessely, Attila Hörbiger und Ernst Deutsch ihre Karriere begannen, ist heute Spielstätte für Oper und Ballett. Wilsonova 4.
- **Ständetheater** (Stavovské divadlo). Sensibel restaurierte Bühne in Grün und Gold mit Dreispartenbetrieb. Ovocny trh 1.
- **Laterna Magica.** Eine einzigartige Mischung aus Theater, Musik und Pantomime mit originellen optischen und akustischen Effekten. Národní třída 4.
- **Marionettentheater** (Národní divadlo loutek). Puppen intonieren z. B. Mozarts »Don Giovanni« auf italienisch. Žatecká 1.

ROM

Die Ewige

Ein Meer von Kuppeln. Ein Bild der sanften Schönheit, der geschwungenen Harmonie. Ein Bild des Friedens und der Ewigkeit: Roma Aeterna. So präsentiert sich die Stadt von oben, wenn man sie von einem ihrer vielen Hügel aus betrachtet (im Bild der Blick vom Pincio). Unten aber bietet sich ein anderes Bild. Da braust der Verkehr um das Kolosseum, staut sich vor der Engelsburg, da stinkt der Smog zum Himmel. Uraltes schweigendes Rom – modernes schreiendes Rom. Die Kunstschöpfungen der Jahrtausende – das Forum Romanum und das Pantheon, der Petersdom und der Papstpalast, die Fontana di Trevi und die Spanische Treppe – stehen in einzigartigem Kontrast zum prallen Leben von heute. Hier liegen Vergangenheit und Gegenwart beisammen, stehen nebeneinander, übereinander. Gleichzeitigkeit des Ungleichzeitigen. Der Romreisende muß sich auf allerlei gefaßt machen. Hier geht es drunter und drüber. Keine Stadt für nüchterne Gemüter, für Freunde der Effizienz. Deren Gesetze sind in Rom außer Kraft gesetzt. Was ist die kürzeste Entfernung zwischen zwei Punkten? Die Arabeske, hat ein italienischer Schriftsteller einmal gesagt, das sich rankende Ornament. Das ist Rom. Warum das Reisen hierher nie aufgehört hat und nie aufhören wird? Weil hier eine Welt aus den Fugen ist und sich doch so glücklich zusammenfügt. Ein Wunder inmitten des Lärms und aller Zumutungen der Metropole. Wer es erlebt hat, wird verstehen, daß man den Namen ROMA eigentlich umgekehrt lesen sollte: AMOR.

Der Nabel der Welt

Auf den Spuren der Antike

Moderne Metropole und zugleich Ruinenstadt der Antike – wie soll das zusammengehen? In Rom geht das so: Verkehrsstau neben dem Kolosseum ⑫, Hupkonzert vor dem Marcellus-Theater ⑮, saurer Regen auf die Reliefs der Trajans-Säule ⑨, Demonstrationszüge vom Kapitol ⑩ zur Piazza Navona ④, kichernde Schulklassen in den Katakomben. Das alles ist Antike in Rom: eingemeindet ins heutige Leben.

Aber das ist auch das Geheimnis, warum die Begegnung mit dieser uralten Stadt eben kein langweiliger Museumsbesuch ist. Die Steine von damals haben auch heute nicht aufgehört zu sprechen. Sie wurden nicht ins Museum verbannt, sondern sind über die Jahrtausende mitgenommen worden in das Jetzt und Hier. Rom, heißt es, wurde nicht an einem Tag erbaut. Wie wahr. Aber genauso wahr ist: Rom wurde auch niemals abgebaut. Hat nie geleugnet, was es war und was es wurde.

Wie das damals in Rom alles anfing, weiß keiner genau. Und wann dieses Damals war ebensowenig. In der Schule haben wir gelernt: »Sieben-fünf-drei – Rom springt aus dem Ei.« Ein gewisser Romulus soll da seinen Zwillingsbruder Remus getötet und dann die Stadt Rom gegründet haben. Schulweisheiten sind manchmal eine etwas zweifelhafte Sache. Weshalb diese Geschichte von jenem Brüderpaar, das eine Wölfin säugte, wahrscheinlich nichts als eine Geschichte ist. Und mit dem ominösen Jahr 753 ist es nicht anders.

Aber an irgend etwas muß man schließlich glauben (und Rom ist bekanntlich ein Zentrum für Glaubensfragen), also wollen wir annehmen, daß im 8. vorchristlichen Jahrhundert Neuankömmlinge auf den Hügeln über dem Tibertal ein paar Hütten errichtet haben. Römer werden wir sie noch nicht nennen dürfen. Es werden Etrusker gewesen sein. Ziemlich kräftige Bauernburschen vermutlich. Jedenfalls kräftiger als die bereits ansässigen Sabiner und Latiner und anderen Siedler. Für die gab es nämlich bald nichts mehr zu lachen. Die kleinen Siedlungen wurden Dörfer, die Dörfer wuchsen zu einer Stadt zusammen, die sich über sieben Hügel hinstreckte. Und wer gegen diese plötzlichen Emporkömmlinge aufmuckte, mußte schnell erfahren, daß Gewalt vor Recht geht.

Beginnt so eine Erfolgsgeschichte? Diese unerhörte Erfolgsgeschichte, die zum Weltreich führte und auch heute noch, Jahrtausende später, einen magischen Klang hat: Roma aeterna – ewiges Rom? Es war so. Das glorreiche Rom erhob sich weder aus edlen Gedanken noch aus Marmor und Edelsteinen, sondern aus den ungesunden Tibersümpfen und dem Faustrecht.

Es war ein langer, blutiger Weg, der zu dem führte, was wir heute als Perle einer großartigen Antike vor Augen haben: Triumphbögen und Siegessäulen, Kolosseum und Tempel, Glanz und Gloria des Imperiums, dessen Spuren uns im heutigen Rom auf Schritt und Tritt begegnen.

Wer alles sehen wollte, bräuchte mehr als nur ein paar Urlaubswochen – und müßte am Ende doch feststellen, daß er von jener tausendjährigen Geschichte des antiken Rom nur noch einen Bruchteil erleben kann. Die Sightseeing-Tour führt nämlich zum allergrößten Teil durch die Reste einer Kultur, die vor ihrem Ende ein letztes Mal mit Prunk auftrumpfte. Die Jahrhunderte vor der christlichen Zeitenwende, die Ära der römischen Republik, sind fast gänzlich hinabgesunken unter die erhabenen Bauwerke, die spätere Kaiser errichtet haben. Und dennoch ist es ein Ensemble in einer Fülle, wie es die Welt sonst nicht hat.

Als Mausoleum für Kaiser Hadrian 139 n. Chr. – ein Jahr nach seinem Tod – vollendet, diente die Engelsburg später den Päpsten als Trutzburg oder auch als Versteck.

Mit Romulus und Remus beginnt Roms Legende. Die nährende Bronzewölfin ist antik, ihre Pflegekinder fügte die Renaissance hinzu (Kapitolinisches Museum).

Trajansforum: Von den Kriegstaten des großen Kaisers kündet die 38 Meter hohe Triumphsäule. Im Hintergrund die Kirche Santa Maria di Loreto.

Vom Kapitol (10), wo mit dem Heiligtum des Jupiter das religiöse Zentrum lag, hat man einen guten Blick auf das Forum Romanum (11). Hier spielte sich das öffentliche Leben ab, standen Geschäfte, Banken, Tempel, versammelte sich der Senat, schwangen die Politiker öffentliche Reden, wurden Gerichtsverhandlungen geführt. Die Kaiser residierten auf dem Palatin (13). Von der Aussichtsterrasse der Farnesischen Gärten überblickt man die von Grün umgebenen Ruinen der Palastbauten. Vom Circus Maximus, dem Schauplatz der berühmten Wagenrennen, der sich südlich des Palatin erstreckt, ist nicht viel mehr als eine grüne Wiese erhalten geblieben. Im Kolosseum bekommt man noch einen Eindruck von den Zuschauerreihen rund um die Arena der Gladiatorenkämpfe. Dienten die Theater und die Thermen – wie die mit immer noch eindrucksvollen Resten bestehenden Caracalla-Thermen (34) – der Freizeitgestaltung der Römer, um sie bei Laune zu halten, so sorgten die Kaiser mit speziellen Bauwerken für den Ruhm der eigenen Person und das Andenken an ruhmreich geschlagene Schlachten: mit Titusbogen (11) und Konstantinsbogen (beim Kolosseum), der Trajans-Säule, der Marc-Aurel-Säule (7) und der Engelsburg (21), die sich Hadrian als Mausoleum erbauen ließ.

Wenn es der Besucher geschafft haben sollte, all das zu besichtigen, was an Roms Straßen und Plätzen die Antike hinterlassen hat, dann wäre er noch längst nicht am Ende. Dann muß er in die Museen: zumindest in die Vatikanischen Sammlungen (20) – den größten Museumskomplex der Welt – mit den berühmtesten Kunstwerken des Altertums wie dem Laokoon und dem Apoll von Belvedere; zumindest in die Kapitolinischen Museen (10) mit ebenso bekannten Werken wie der Kapitolinischen Wölfin und dem Dornauszieher, zumindest ins Museum der Villa Giulia (26) mit seiner prächtigen Etruskersammlung.

Ein paar Kilometer außerhalb der Stadt wird das Altertum dann erst so richtig erlebbar. Unverzichtbar ist deshalb der Ausflug nach Tivoli. Da steht sie, die Antike aller romantischen Träume, die Villa Adriana, jenes Lustgelände, das sich Kaiser Hadrian erbauen ließ. Ein Erlebnis ist auch der Abstecher nach Ostia, der römischen Hafenstadt. Nein, nicht an jenen berüchtigten, weil schmutzigen Badestrand, an den hitzegeplagte Römer im Sommer flüchten, sondern nach Ostia antica: ein Ruinenfeld als Idylle. Pinien und Zypressen, Wiesen zum Picknicken zwischen der Erhabenheit der Jahrtausende.

Lebensgenuß vor ehrwürdigen Säulen: Das Pantheon ist Roms besterhaltener antiker Tempel und Vorbild für die Kuppelbauten der Weltkunst.

Die zweite Geburt

Das Zentrum der Christenheit

Wer mit dem Auto nach Rom fährt, passiert im Norden einen Vorort mit dem Namen Saxa Rubra. Das Schild wird ihm nicht sonderlich auffallen, denn er hat es ja eilig, hinein ins Zentrum der Christenheit zu gelangen. Aber eben dieses Zentrum der Christenheit hätte es wohl ohne besagtes Saxa Rubra niemals gegeben. Saxa Rubra bedeutet Rote Felsen, und die Farbe kommt vom Blut, das eines Tages hier so hoch spritzte, daß selbst die steinigen Abhänge des Tibertals davon trieften. Es war im Jahre 312, als das Heer des Kaisers Konstantin die Truppen seines Mitregenten und Rivalen Maxentius an der Milvischen Brücke vernichtend schlug. Mit seinem Sieg, den Konstantin der Unterstützung des Christengottes zuschrieb, schlug Roms zweite Geburtsstunde: die Geburt Roms als christliche Stadt. Mit der Anerkennung der bis dahin verfemten Sekte der Christen begann nach der tausendjährigen antiken Geschichte römischer Großmacht eine zweite. Sie sollte noch viel länger dauern. Mit Macht hatte auch sie fast immer zu tun. Und sie ist noch nicht zu Ende.

Juwel des Petersdoms: Michelangelos herrliche Pietà ist nach der Zerstörungstat eines Wirrkopfes leider nur noch hinter Glas zu bestaunen.

Natürlich, jener Machtpol, der heute Vatikan heißt, dieser Staat in der Stadt, ist mittlerweile ein winziges Territorium. Gerade 44 000 Quadratmeter Fläche sind vom einstigen Kirchenstaat übriggeblieben, ganze 900 Staatsbürger zählt er noch. Auch seine Militärpräsenz ist schwach, wenn auch unübersehbar: Gut 150 Schweizergardisten (Mindestgröße 1,74 Meter) sorgen für die Sicherheit und sind mit ihren bunten Landsknechtsuniformen ein folkloristisches Kuriosum. Aber immerhin: Der Vatikanstaat ist Europas letzte absolutistische Monarchie, mögen sich die Zeiten auch noch so sehr gewandelt haben.

In einer Hinsicht freilich hat sich überhaupt nichts geändert: Unübersehbar ist die Präsenz des Katholizismus. Rom, heilige Stadt: Da wimmelt es nicht nur von Pilgersleuten aus aller Welt, da strömen die Nonnen und Ordensbrüder, Prälaten, Monsignori und Bischöfe und dann und wann gar ein veritabler Kardinal. Nirgendwo anders tritt die hohe und die nicht ganz so hohe Geistlichkeit so massiert auf wie hier am Vatikan.

Aber es ist ja nicht der Vatikan allein, der Rom diese spezielle christliche Aura verleiht. Überall in der Stadt sind die Zeichen des Katholizismus gesetzt: Kirche an Kirche an Kirche. Zuerst natürlich die vier großen Papstkirchen Roms, die sogenannten Patriarchalbasiliken. Neben dem Petersdom ⓳ sind das San Paolo fuori le Mura ㉟, die zweitgrößte Kirche der Stadt, ferner Santa Maria Maggiore ㉘ mit der grandiosen spirituellen Stimmung im großen Kirchenschiff und schließlich die Lateransbasilika San Giovanni ㉜ mit dem herrlichen Kreuzgang.

Diese vier Kirchen sind das Pflichtprogramm des Rom-Besuchers, so er auf katholischen Pfaden wandeln möchte. Als Kür können folgen: die teilweise noch spätantike Kirche San

Santa Maria in Aracoeli, direkt neben dem Kapitol gelegen, ist eine der beliebtesten Hochzeitskirchen der Stadt.

Dicht an dicht: Bei der wöchentlichen Generalaudienz des Papstes – und mehr noch beim Segen »Urbi et orbi« an Weihnachten und Ostern – drängen sich Gläubige und Schaulustige zu Tausenden auf dem Petersplatz.

Lorenzo fuori le Mura 27, die byzantinischen Mosaiken von Santa Prassede 29, San Pietro in Vincoli 30 mit Michelangelos ehrfurchtgebietender Moses-Statue, die gotische Santa Maria sopra Minerva 3, die reichen Mosaiken von Santa Maria in Trastevere 18, die für viele Bauwerke nördlich der Alpen vorbildhafte Jesuitenkirche Il Gesù 2, die von Bernini prachtvoll ausgestattete Santa Maria del Popolo 25, die imposante Barockkuppel von Sant' Andrea della Valle am Corso V. Emanuele. So ließen sich Seiten mit Kirchennamen füllen, und fast jede wäre ein Grund, nach Rom zu reisen.

Beschränken wir uns also, und sprechen wir von einer einzigen noch – von San Clemente 33. Sie ist das Unikum unter Roms Kirchen. Denn San Clemente hat drei Stockwerke. Wir treten ein in eine mittelalterliche Basilika aus dem 12. Jahrhundert, gehen dann einige Treppenstufen tiefer und befinden uns plötzlich im 4. Jahrhundert, zwischen Mauerresten, die geschickte Beleuchtung in eine geheimnisvolle Szenerie verwandelt. Aber wir können noch tiefer: Unter dieser frühchristlichen Basilika liegt eine weitere Kultstätte, das Heiligtum des Mithras. Es wurde im ersten nachchristlichen Jahrhundert für den persischen Sonnengott errichtet.

So tief darf man im Vatikan nicht eindringen. Bedauernd steht man vor den Toren und den Schweizer Wachmännern, weil der gewöhnliche Sterbliche nicht in diese geheime Zone darf. Darf er wirklich nicht? Ein bißchen schon. Natürlich in den Petersdom (aber nur in »schicklicher« Kleidung!), natürlich auch auf die gewaltige Kuppel. Hier schweift der Blick über die Gärten des Vatikan, über das Gewirr der Paläste. Noch näher ans Zentrum der geistlichen Macht? Kein Problem. Jeden Mittwoch um 11 Uhr ist Generalaudienz beim Papst – falls er nicht gerade auf Reisen ist. Eintrittskarte genügt, Hot pants sind verboten.

Wer keine solchen Massenveranstaltungen liebt, soll doch einfach beim Schweizergardisten, der den Vatikaneingang gleich links neben der Peterskirche bewacht, drei Worte klar und deutlich aussprechen: Campo Santo Teutonico. Und siehe, es wird ihm aufgetan. Immerhin 100 Meter darf der Besucher eindringen in die geheime Welt des Vatikans bis hin zum deutschen Friedhof, wo mancher Maler und Dichter begraben liegt. Und dort findet er ein Glück, das es in Rom nur selten gibt: einen Ort der Stille.

Papst-Audienz

Noch immer sind es viele, deren Hauptreiseziel bei einem Rom-Besuch der Papst selbst ist: ihn einmal nur sehen, live, ganz aus der Nähe! Nun, das ist sehr einfach. Wer nicht zu den Auserwählten gehört, die zu einer Gruppen- oder gar Privataudienz geladen sind, muß sich nur montags oder dienstags zwischen 10 und 13.30 Uhr zum Vatikaneingang unter den Kolonnaden gleich rechts neben der Peterskirche begeben. Dort gibt es – gratis – die Eintrittskarten für die Generalaudienz, die jeden Mittwoch um 10.30 Uhr beginnt. Ein Erlebnis besonders bei schönem Wetter – da findet das Ereignis nämlich im Freien statt. Der Papst fährt in seinem panzerverglasten Jeep (»Papamobil«) ganz nahe an den Gläubigen vorbei. Bei schlechtem Wetter findet die Veranstaltung im Saale statt, in der Audienzhalle.

Triumph in prunkvoller Kulisse

Das barocke Rom

Der mächtige Vierströmebrunnen auf der Piazza Navona, ein Werk des genialen Baumeisters Gianlorenzo Bernini, stellt die vier damals, zur Barockzeit, bekannten größten Flüsse der Erde dar: Donau, Ganges, Nil und Rio de la Plata.

Wer eine Reise tut, kann etwas erzählen. Und wer nach Rom gereist ist, tut das meist mit überschwenglichen Worten. Unerreichter Meister des Rom-Enthusiasmus ist vermutlich ein gewisser Johann Wolfgang von Goethe: Nun, da er endlich in Rom, der »Hauptstadt der Welt« angekommen sei, fühle er sich als Mensch neu geboren, ein Traum der Jugend sei wahr geworden, schreibt er in der »Italienischen Reise«. Wie recht er hat, der Dichterfürst. Merkwürdig bleibt indessen: Was hat Goethe eigentlich von dieser Stadt wahrgenommen? Vor allem eins: Antike, Antike und noch einmal Antike.

Vollkommen übersehen hat er dabei verblüffenderweise die Tatsache, daß Rom zuallererst eine barocke Stadt ist. Eine Stadt der verschwenderischen Fülle, der Kulissen, der grandiosen Inszenierungen. Das Zeitalter des Barock ist es gewesen, in dem Rom die Gestalt erhielt, die es heute noch auszeichnet.

Der Grund für diesen großen Umbau der Stadt lag in der Politik. Zwei gewaltige Schläge hatten die Herren der Stadt, die Päpste, einstecken müssen. Zum einen war es Martin Luthers Reformation, dieser weithin erfolgreiche Versuch aus dem Norden, den römischen Alleinvertretungsanspruch in Sachen Christentum anzufechten. Zum anderen wurde die Stadt während des sogenannten Sacco di Roma 1527 monatelang durch die Landsknechte Karls V. geplündert. Unzählige Kunstschätze fielen Raub und Brand zum Opfer, Massenmorde, Massenvergewaltigungen, Massenfolter waren an der Tagesordnung, selbst der Altar der Peterskirche schwamm im Blut. Rom war eine einzige Verwüstung.

Es begann der Wiederaufbau. Und der sollte mehr sein als die bloße Wiederherstellung des Alten. Er wurde zu einer trotzigen Geste der Selbstbehauptung, zu einer Demonstration der Macht des Papsttums, die Rom

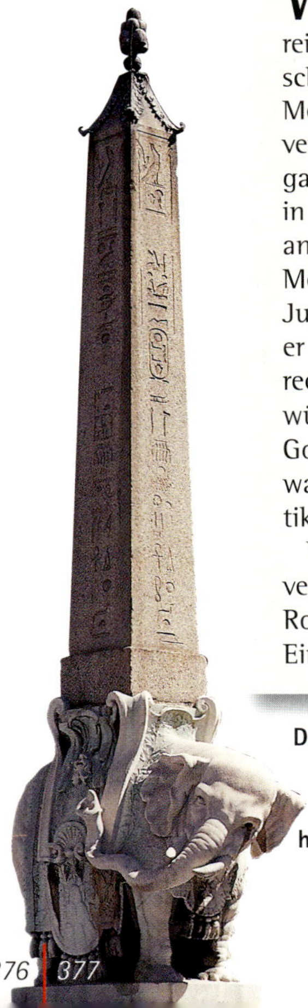

Der kleinste der römischen Obelisken – mit überaus populärem Trägertier – steht auf der Piazza Minerva gleich hinter dem Pantheon.

Einmal im Jahr verwandelt sich die Spanische Treppe in einen Laufsteg: Die Stars der alta moda präsentieren hier ihre neuesten Kreationen.

Rastplatz der Müden, Tummelplatz der Lebenslustigen: Die Spanische Treppe, im Frühjahr in prächtigem Azaleen-Schmuck prangend, ist immer noch der Treffpunkt von Einheimischen wie Touristen.

prunkvoller denn je aus den Ruinen auferstehen ließ. Die großen Touristenattraktionen von heute sind Ergebnis dieser Erneuerung.

Allen voran der Petersplatz ⑲, dieses gigantische Rund mit seinen gewaltigen Kolonnaden, diesem Säulenkranz, der – so die katholische Lesart – die umfassenden Arme der Mutter Kirche symbolisieren soll. Sein Baumeister hieß Gianlorenzo Bernini. Das ist der Name, der bei der Barockisierung Roms ganz oben steht. Überall hat er seine Spuren hinterlassen. Kirchen, Brunnen, Paläste, Gemälde, Skulpturen – seine Kunst hat die Stadt regelrecht überflutet. Wenn man das barocke Rom als Bühne bezeichnet, dann ist Bernini ihr größter Regisseur. Rom einmal auf den Spuren des Meisters zu erobern, hat einen ganz eigenen Reiz.

Unter anderem wird der Spaziergang auf die Piazza Navona ④ führen, den schönsten Platz der Welt, wie viele sagen. Ein Platz wie ein Theater – und das ist wörtlich zu nehmen: Zur Zeit des Kaisers Domitian war das langgestreckte Oval eine Arena. Den Blickfang in seiner Mitte bildet seit 1651 der gewaltige Vierströmebrunnen – natürlich auch er ein Werk des Gianlorenzo Bernini.

Aber Piazza Navona – das ist nicht nur steinerne Kunst, das ist höchst lebendiges Leben. Restaurants, Cafés (besonders das schicke Tre scalini), Schnellmaler, Verkäufer, spielende Kinder und jede Menge flanierendes Volk bis tief in die Nacht. Ein Theater ohne feste Veranstaltungszeiten, mit Spektakel ohne Unterbrechung.

So ist das auch an den anderen barocken Schauplätzen Roms. Besonderer Beliebtheit erfreut sich die Spanische Treppe ㉓. In der Hauptsaison ist auf ihren Stufen kaum mehr ein Sitzplatz zu finden. Müde Touristen rasten hier, römische Jungs halten Ausschau nach blonden Mädchen, im Sommer wird die Treppe zum Laufsteg für die Models der alta moda. Und ganz in der Nähe, an der Fontana di Trevi ⑧, dem prächtigsten der unzähligen Brunnen Roms, streift das Gedränge zuweilen die Schmerzgrenze. Auch hier ein Platz wie eine Bühneninszenierung: eine hochragende Wand als Kulisse und davor das Schauspiel des Wassers und der Wellen. Aber wer sollte bei der Fontana die Trevi ans Theater denken? Unsterblich hat diesen Ort doch der Film gemacht: Anita Ekberg mitten im Wasser in Federico Fellinis »La dolce vita«.

Das alles sind nur die weltbekannten Höhepunkte des römischen Barock. Die kleineren und feineren sind ohne Zahl. Ein Beispiel für alle: die stille Piazza Sant'Ignazio ⑥ mit ihrer eindrucksvollen Kirche und einem Ensemble von drei Palazzi, die allesamt aussehen wie zu groß geratene, fein gedrechselte Kommoden aus Stein. Hier geht es ruhiger zu, hier dröhnt nicht die Luft von japanischen, englischen oder deutschen Sprachfetzen.

Barockbühne Rom. Aufgebaut, damit die Macht der Päpste glanzvoll strahle und den Lutheranern im kargen Norden zeige, wie üppig das Leben sein kann. Millionenfach sind sie dieser Prunkdemonstration erlegen. Nur einer, Johann Wolfgang von Goethe, hat von alledem nichts gesehen.

Sitzen und schauen: Die Cafés auf der Piazza Navona bieten ein Nonstop-Spektakel – fast rund um die Uhr.

Chaos in der City

Die moderne Metropole

Telefonino e motorino – Handy und Motorroller: zwei Dinge, die der Römer von heute unbedingt braucht, um im Dschungel der Großstadt zu bestehen.

Zwölf Millionen Touristen pro Jahr. Und alle werden sie sagen: Wir haben Rom gesehen. Leider ist das nicht ganz richtig. Das Rom der Touristen ist nämlich nur ein Bruchteil der Stadt, ist nur jenes von der Aurelianischen Mauer umschlossene Zentrum. Kaum einer der Besucher wagt den Sprung über dessen Grenzen. Natürlich hat jeder den Vatikan gleich jenseits des Tibers besichtigt. Und manch einer schafft es auch noch nach Trastevere, der Kneipen und der Atmosphäre wegen. Aber ansonsten bleibt Rom für die Touristen das klassische Rom der sieben Hügel.

Dieses Rom aber ist nicht mehr als eine mittelgroße Stadt mit einer Einwohnerzahl von etwa 300 000. Wie groß aber ist Rom wirklich? Drei Millionen ist die geläufige Zahlenangabe, manche Schätzungen sprechen allerdings schon von fünf Millionen, der nicht erfaßten und manchmal auch illegalen Einwanderung von Flüchtlingen aus aller Welt wegen. Besonders viele Schwarzafrikaner, das Straßenbild zeigt es, suchen hier das Überleben. Wie auch immer, das moderne Rom ist ein Moloch geworden, eine Menschenballung, die in Europa nicht viele Vergleiche hat. Eine Stadt platzt aus den Nähten, und was die Stadtverwaltung auch tun mag, um das Chaos in den Griff zu bekommen – es ist wie beim Wettlauf zwischen dem Hasen und dem Igel. Das Chaos sagt immer: Ich bin schon da.

Treppauf, treppab: Zu den klassischen sieben Hügeln sind zahllose dazugekommen, seit sich Rom in die Berge des Umlands gefressen hat.

Es begann mit dem Jahr 1870, als Rom Hauptstadt eines nach langen Kämpfen geeinten Italiens wurde. Da begann der – nach dem Barock – erneute Umbau der Stadt. Genauer gesagt war es ein gigantischer Zubau. Neue Stadtviertel schossen auf der grünen Wiese empor, denn nun war Platz zu schaffen für das Heer der Beamten, die eine Staatsverwaltung braucht, für die Soldaten, die der neuen Kapitale den rechten martialischen Eindruck verschaffen sollten. Und auch für all die anderen, die es immer dorthin zieht, wo ein Boom in Aussicht steht: Immobilienhaie, Glücksritter und die Masse der Verzweifelten, der Hungrigen, die insbesondere aus dem armen italienischen Süden aufbrachen, um Lohn und Brot, um überhaupt eine Überlebenschance in der neuen Metropole zu suchen. Rom explodierte, und die Explosion hält unvermindert an.

Um das historische Zentrum wuchs in Windeseile ein Gürtel neuer Stadtviertel. Und um diese Viertel legte sich ein weiterer Ring von Behausungen, nun für die Ärmsten der Armen. Slums von südamerikanischem Zuschnitt, die sogenannten borgate, entstanden. Erst in den 70er Jahren verschwanden diese Elendszonen, wurden ersetzt durch Neubausiedlungen, oft kaum besser als die alten Slums: ohne jede Verkehrsanbindung, ohne Schulen, manchmal sogar ohne Wasser und Strom.

Wenn es auch inzwischen überall Strom und Wasser gibt, ist dennoch viel Elend in diesen Betongürteln, die sich hinaus ins offene Land fressen, geblieben. Immer wieder sind Versuche unternommen worden, gegen das römische Chaos Abhilfe zu schaffen. Der spektakulärste war die Wahnidee des faschistischen Diktators Benito

»Viereckiges Kolosseum« heißt einer jener eigenartigen Paläste, die im Vorort EUR Diktator Benito Mussolinis Verständnis von Moderne demonstrieren.

Mussolini, Rom bis hin zum Mittelmeer auszubauen. Zeugnis davon ist jene befremdliche Siedlung, die auf den ebenso befremdlichen Namen EUR hört. Eine Abkürzung für »Esposizione universale di Roma«, für die Weltausstellung, die 1940 stattfinden sollte und wegen des Zweiten Weltkriegs ausgefallen war. Diese Musterstadt, die Mussolini einer staunenden Welt vorführen wollte, wurde dennoch gebaut und ist eine Besichtigung wert. Weiße Riesenklötze stehen da unter blauem Himmel, ein merkwürdiges Stück Architektur, kalt, abweisend, leblos.

Dabei hat EUR noch das Glück, daß immerhin eine U-Bahn-Linie dort hinausfährt. Andere Vorort-Siedlungen würden viel dafür geben. Verkehrstechnisch gesehen ist Rom die vermutlich am schlechtesten erschlossene Metropole Europas. Gerade zwei Metrolinien kreuzen die Stadt. Eine Katastrophe. Deshalb ist das dringlichste Problem von Rom der Verkehr. Der Tourist im historischen Zentrum kann das Ausmaß nicht einmal erahnen. Zwar dünkt ihn auch hier der Verkehr immens, und er wird es kaum glauben können, daß er sich hier in einem verkehrsberuhigten, ja eigentlich für den Verkehr gesperrten Terrain aufhält. Wer hier mit dem Auto fährt, darf es nur mit einer Sondergenehmigung. Und davon gibt es Zehntausende.

Draußen jedoch, vor den Toren der Ausnahmeregelung, ist der Wildwuchs unbeschreiblich. Römer, die für ihre Anreise zum Arbeitsplatz weniger als eine Stunde, sei es im öffentlichen Bus, sei es im privaten Pkw, veranschlagen müssen, gelten als Glückskinder. Und alle Versuche, hier Verbesserungen zu schaffen, sind bisher gescheitert. Seit neuestem hat Rom einen Bürgermeister der Grünen. Für viele eine Hoffnung. Denn die Stadt braucht neue und vermutlich radikale Ideen, um zu überleben.

Aber Rom, das ewige Rom, zeigt sich wenig neuerungssüchtig. Zwar dringt inzwischen die Kunde nach Norden, es sei neuerdings nicht mehr geduldet, das Auto mitten auf der Straßenkreuzung zu parken. Auch soll sich mittlerweile schweres Bohrgerät in den römischen Untergrund gefressen haben, um das karge U-Bahn-Netz zu erweitern. Ob etwas wird daraus? Man wird skeptisch sein dürfen. Und man weiß doch, was das Motto dieser Stadt ist, es steht schließlich auf jedem Kanaldeckel: SPQR. Senatus populusque Romanus, Senat und Volk von Rom. Oder wie Spötter sagen: Sono pazzi questi Romani – die spinnen, die Römer.

Winter in Rom – keinesweg eine schlechte Reisezeit. Und sollte es doch einmal etwas kühler werden, gibt es überall in der Stadt leckere heiße Maroni.

Quanto costa...?

Die Einkaufsstadt

Eine Konsummeile von 1,5 Kilometern Länge: der Corso, die schnurgerade Straße zwischen Piazza del Popolo und Piazza Venezia. Da können einem schon mal die Beine müde werden...

Gehen wir einfach los. Gehen wir und gehen wir, denn Rom läßt sich am besten zu Fuß erkunden. Am Abend haben wir Blasen an den Füßen, aber wir wissen, warum. Gehen wir also, gehen wir. Wenn wir nur nicht alle paar Meter stehenbleiben müßten. Der antiken Schätze wegen? Der grandiosen Aussicht? Ach was! Der Schaufenster wegen!

Rom ist eine großartige Einkaufsstadt. Und einkaufen heißt in Rom in erster Linie: Kleider, Kleider, Kleider. Nicht daß hier alles außergewöhnlich billig wäre. Aber vieles ist außergewöhnlich chic. Und der deutschen Zeit meist ein gutes Stück voraus. Was römische Schaufenster zeigen, kommt nördlich der Alpen oftmals erst eine Saison später ans Tageslicht.

Wohin aber geht man nun, um all das Wunderbare zu finden? Deutsche werden ihre Gewohnheiten ein bißchen umstellen müssen, denn große Kaufhäuser finden sich im Zentrum so gut wie nicht. Innerhalb der Aurelianischen Mauern bleibt neben ein paar winzigen Filialen der Billigkette Upim gerade das Rinascente, direkt an Roms »Hauptstraße«, dem Corso. Ein Besuch kann sich lohnen, die Preise sind manchmal günstig, die Angebote in der Regel allerdings einem ziemlich konservativen Geschmack verpflichtet.

Aber warum ins Kaufhaus gehen? Ganz Rom ist ein einziges Kaufhaus. Überall locken kleine und kleinste Läden. Einer neben dem anderen zum Beispiel an besagtem Corso – was mitunter freilich zum Ärgernis wird, weil das Angebot von ungeheurer Gleichförmigkeit ist und sich spätestens nach Betrachtung des zehnten Ladens die Frage aufdrängt: Wieviel Jeans braucht der Mensch?

Ganz anders in jenen schmucken, schmalen Straßen, die vom Corso in Richtung Spanische Treppe ㉓ führen. Hier wird es edel, hier wird es teuer. Zwar ist das Zentrum der großen italienischen Mode keineswegs Rom, sondern Mailand, aber auch in der ewigen Stadt hat natürlich alles, was Rang und Namen hat, seine Geschäfte: Armani und Versace, Fendi und Trussardi, Krizia und Valentino... Alles weitere ist nur noch eine Frage des Geldbeutels.

Auf dem Flohmarkt an der Porta Portese in Trastevere herrscht jeden Sonntagvormittag großes Gedränge.

Wer einen ganz so dicken nicht mitgebracht hat und wem die Läden am Corso zu eintönig sind, der sollte einen Katzensprung über den Tiber machen und sich ein wenig im Stadtteil Prati gleich neben dem Petersplatz umsehen. Hier wird er fündig werden. Z. B. auf der großen Konsummeile der Via Cola di Rienzo oder – preiswerter – in der Via Ottaviano oder der Via Candia. Günstige Einkaufsmöglichkeiten gibt es auch um den wunderschönen Campo de' Fiori 16. Und wer es ganz billig, gedrängt und wuselig haben möchte, fährt mit der Metro zur Station San Giovanni, wo sich der obligate Kirchenbesuch in der Lateransbasilika 32 aufs angenehmste mit einem schnäppchenträchtigen Besuch des Kleidermarkts (auch mit Secondhand-Angebot) in der Via Sannio verbinden läßt.

Aber wer sagt, daß die Einkaufsstadt Rom ausschließlich eine Klamottenstadt ist? Warum nicht einmal über die Märkte spazieren? Jedes Viertel hat seinen eigenen, manchmal auch mehrere, teils unter freiem Himmel, teils in Hallen. Der schönste findet sich am Campo de' Fiori mitten in der Altstadt, der interessanteste, lebhafteste Markt auf der Piazza Vittorio Emanuele II. 31, und der größte in Prati an der Via Andrea Doria.

Sollte sich bei der großen römischen Einkaufstour zwischendurch eine kleine Müdigkeit einstellen, ist das in dieser Stadt kein Problem. Alle paar Schritte wartet eine kleine Café-Bar auf Besuch: Am Vormittag gönnt man sich einen Cappuccino, am Nachmittag einen Espresso (der in Rom der Einfachheit halber schlicht caffè heißt), gegen Abend einen caffè corretto (mit einem Schuß Grappa), und für den kleinen Hunger gibt es überall die wundervollen tramezzini, dick belegte Weißbrot-Dreiecke.

So ein römischer Einkaufstag vergeht im Flug (Achtung: von 14 bis 16.30 Uhr ist Siesta), und am Heimweg zum Hotel drückt den Touristen eine doppelte Last – schwere Einkaufstaschen und ein schlechtes Gewissen: schon wieder nur Geschäfte von innen gesehen, aber keine Kirchen, keine Museen, keine Palazzi. Keine Sorge, morgen ist auch noch ein Tag. Und außerdem: Wer sich bei seinem Rom-Besuch nicht wenigstens einmal ins Einkaufsgetümmel gestürzt hat, der hat ein Stück von dieser Stadt verpaßt, das genauso wahr und wirklich und begeisternd ist wie all die Schätze seiner Kultur.

Shopping für jedermann: Natürlich gibt es in Rom Geschäfte für Kauflustige aus wirklich allen Bevölkerungskreisen – zum Beispiel gleich hinter dem Pantheon.

Auf einen Blick

Rom entdecken und erleben

Am besten und schnellsten lernt man Rom zu Fuß kennen. Denn so groß sind die Entfernungen in der von der Aurelianischen Mauer umschlossenen Altstadt gar nicht. Wer sich die Drei-Millionen-Stadt dennoch im Sitzen anschauen will: Stadtrundfahrten gibt es bei vielen Reisebüros, zum Beispiel CIT, Piazza della Repubblica 64. Etwas ganz Besonderes: Einmal mit der Straßenbahnlinie Nr. 30 rund ums Zentrum schaukeln.

Echte antike Pflastersteine unter den Füßen: Via Appia antica – ein Spaziergang auf der fast schnurgeraden Gräberstraße abseits des Rummels.

1. Piazza Venezia
2. Il Gesù
3. Santa Maria sopra Minerva
4. Piazza Navona
5. Pantheon
6. Piazza Sant'Ignazio
7. Marc-Aurel-Säule
8. Fontana di Trevi
9. Kaiserforen
10. Kapitol
11. Forum Romanum
12. Kolosseum
13. Palatin
14. Santa Maria in Cosmedin
15. Marcellus-Theater
16. Piazza Campo de'Fiori
17. Palazzo Farnese
18. Santa Maria in Trastevere
19. Petersplatz mit Petersdom
20. Vatikanische Sammlungen
21. Engelsburg
22. Antica Caffè Greco
23. Spanische Treppe
24. Pincio mit Villa Medici
25. Santa Maria del Popolo an der Piazza del Popolo
26. Etruskisches Nationalmuseum der Villa Giulia
27. San Lorenzo fuori le Mura
28. Santa Maria Maggiore
29. Santa Prassede
30. San Pietro in Vincoli
31. Piazza Vittorio Emanuele II.
32. San Giovanni in Laterano
33. San Clemente
34. Caracalla-Thermen
35. San Paolo fuori le Mura

Vom sauren Regen bedroht: Die Säule des Marc Aurel mit ihren mehr und mehr verwitternden Reliefs an der Piazza Colonna. Seit 400 Jahren ziert sie der hl. Paulus.

Ein Muß: Michelangelos überwältigende Fresken in der Sixtinischen Kapelle – nach der Restaurierung in verblüffendem Farbglanz.

Schönster der römischen Märkte: Campo de' Fiori mit windschiefen Häusern, guten Cafés und Restaurants, einem sympathischen Weinladen und jeder Menge prallem Leben.

Monumentale Pracht: Das Denkmal des Vittorio Emanuele an der Piazza Venezia. Ein Klotz, über den die Meinungen auseinandergehen.

Kaiser Konstantins Fingerzeig zur Antike: nur einer der Schätze der Kapitolinischen Museen. Und einen prächtigen Blick auf das Forum bietet das Kapitol obendrein.

Bei Tag und bei Nacht: An der Fontana di Trevi, dem berühmtesten Brunnen Roms, tobt das Leben. Das Gedränge von Touristen und Einheimischen erreicht hier an Ostern und im Sommer Rekordmarken.

Eine zentrale Informationsstelle für Touristen gibt es in Rom nicht. Eine gewisse Hilfe aber bieten die staatlichen Fremdenverkehrsämter (EPT). Hauptbüro in der Via Parigi 5 (bei der Stazione Termini, ☎ 06/48 89 91). Weitere Büros sind im Bahnhof selbst und in der Halle des Flughafens Leonardo da Vinci zu finden. Bus- und Metrokarten gibt es in Zigarettenläden und bei den meisten Zeitungskiosken. Ein Tip für junge Menschen: Viele Klöster bieten zu günstigen Preisen Übernachtungen an. Adressen erfährt man in den oben genannten Fremdenverkehrsämtern.

Eindrucksvolles Monument des Glaubens: das mächtige Gemäuer von Santa Maria Maggiore, der populärsten der vier römischen Hauptkirchen.

Der ursprüngliche Sitz des Papstes gehört zum exterritorialen Gebiet des Vatikanstaats: San Giovanni in Laterano mit seinen gewaltigen Skulpturen an der Außenfassade und den Goldmosaiken im Inneren.

Der Mund der Wahrheit an der Kirche Santa Maria in Cosmedin: Wer lügt, dem wird die Hand abgebissen. In der Hochsaison stehen die Touristen hier Schlange.

Imposantester aller Antikenreste: Das grandiose Rund des Kolosseums, Schauplatz blutrünstiger Gladiatorenkämpfe, Wagenrennen, ja sogar inszenierter Seeschlachten; das größte Theater der römischen Welt.

Was – wann – wo?

Teure Nachtruhe

Das Hotelangebot in Rom ist sehr groß, generell sind die Übernachtungen jedoch teuer. Und auch für viel Geld gibt es oft nicht den zu erwartenden Luxus. Bedenken sollte der Rom-Reisende immer, daß die Stadt recht laut ist.

- **Hassler Villa Medici.** Das Luxushotel schlechthin, am oberen Ende der Spanischen Treppe. Piazza Trinità dei Monti 6. ☎ 06/69 93 40, Fax 06/6 78 99 91.
- **Scalinata di Spagna.** Direkt gegenüber liegt dieses kleine Hotel, das eine schöne Dachterrasse besitzt. Frühzeitig reservieren. Piazza Trinità dei Monti 17. ☎ 06/6 79 30 06, Fax 06/69 94 05 98.
- **Carriage.** Das kleine Hotel der oberen Preiskategorie liegt relativ ruhig in einer Seitenstraße des Corso. Via delle Carozze 36. ☎ 06/6 79 33 12, Fax 06/6 78 82 79.
- **Raphaël.** Ist wildromantisch, zentral und trotzdem ruhig. Largo Febo 2. ☎ 06/68 28 31, Fax 06/6 87 89 93.
- **Columbus.** Ganz nahe am Petersplatz, in einem ehemaligen Kloster. Via della Conciliazione 33. ☎ 06/6 86 54 35, Fax 06/6 86 48 74.

Grün bedeckt

- **Portoghesi.** Einfacheres Hotel in wunderbar verwinkelter Altstadtlage. Via dei Portoghesi 1. ☎ 06/6 86 42 31, Fax 06/6 87 69 76.
- **Campo de'Fiori.** Klein, sehr ordentlich, in schöner Lage. Via del Biscione 6. ☎ 06/6 87 48 86, Fax 06/6 87 60 03.
- **Sole.** Dieses malerische, etwas chaotische Haus ist vor allem bei jüngeren Leuten beliebt. Via del Biscione 76. ☎ 06/68 80 68 73, Fax 06/6 89 37 87.

Caffè Greco

Schlicht und delikat

Die römische Küche ist vorzüglich. Ohne übertriebene Raffinesse, schlicht, geradlinig, aber delikat wie sonst kaum irgendwo. Ausnahmen bilden manche Lokale, die um die Touristenhöhepunkte wie Vatikan und Fontana di Trevi ❽ angesiedelt sind.

- **Pianeta Terra.** Das Edelrestaurant bietet erstklassige Küche zu entsprechenden Preisen. Via Arco del Monte 94.
- **Checchino dal 1887.** Ein Muß für alle, die Roms besondere Spezialität – Innereien – lieben und es sich etwas kosten lassen können. Via di Monte Testaccio 30.
- **Pino e Dino.** Ambitionierte und doch solide Küche. Besonders schön sitzt man im Sommer auf der Piazza. Piazza Montevecchio 22.
- **Otello.** Das sympathische Restaurant bei der Spanischen Treppe ㉓ ist bei Touristen wie Einheimischen beliebt, auch wegen der erschwinglichen Preise. Via della Croce 81.
- **Da Gino.** Winzig klein, so daß man meist anstehen muß. Radikal schlichte römische Küche auf hohem Niveau. Vicolo Rosini 4 (Piazza del Parlamento).
- **Cul de Sac.** Hier ißt man spätabends eine Kleinigkeit und läßt sich dazu eine gute Flasche Wein aus dem beeindruckenden Angebot munden. Piazza Pasquino 73.
- **Baffetto.** Wenn's nur eine Pizza sein soll und außerdem billig, dann ist man hier richtig. Via del Governo Vecchio 114.
- **Caffè Greco ㉒.** Das berühmteste Café Roms: Hier verkehrten Goethe und andere Geistesgrößen. Via Condotti 86.

Mode und mehr

Mitbringsel aus Rom? Am besten was zum Anziehen. Denn da lassen sich wirklich noch so manche Schnäppchen machen. Die besten Einkaufsstraßen wurden bereits erwähnt (s. S. 380 f.).

- **Fausto Santini** führt extravagante Schuhe, die nicht mal übertrieben teuer sind. Via Frattina 120.
- **Gucci.** Sehr berühmt, sehr teuer – die Taschen von Gucci. Via Condotti 10.
- **Fellini.** Hier erhält man Gürtel auch nach Maßanfertigung. Via del Corso 340.
- **Fiorucci.** Zuckersüße, puppige Klamotten und modische Accessoires. Gleich hinter dem Pantheon ❺.
- **Vanitá.** Der Name (Eitelkeit) ist Programm: Wäsche zum Verlieben. Via Frattina 70.

Teures Leder

- **Vertecchi** führt Papierwaren, Schachteln, Notizbücher... Via della Croce 38/70.
- **Feltrinelli.** Auch ausgefallene Bücher finden sich in dieser Buchhandlung mit internationalem Sortiment. Via del Babuino 39–41.
- **Castroni.** Hier und gleich nebenan bei Franchi erhält man die besten Delikatessen. Via Cola di Rienzo 196 und 200–204.
- **Ditta Leone.** Ein Geschirr-Labyrinth: Ramsch und Edles durcheinander. Hier findet jeder etwas. Via del Portico d'Ottavia 47.
- **Roffi Isabelli.** Der allerschönste unter den Weinläden, die es in Rom an jeder Ecke gibt. Via della Croce 76a.
- **Antiquitäten.** Die Geschäfte mit Antikem liegen in Rom alle in einer Straße, eins neben dem anderen. Die Preise sind überall gesalzen. Via dei Coronari.

Rallye Mille Miglia

Spektakel gibt's überall

Warum noch besondere Feste? Rom ist ein einziges Fest. Im Café sitzen und die Augen offenhalten, durch die Straßen flanieren – überall ist was los. Und das allergrößte Fest ist ein Besuch im Stadio Olimpico am Sonntag, wenn die Fußballvereine AS Rom oder Lazio Rom ein Heimspiel haben. So viel Rom auf einmal bekommt man sonst nicht. Aber auch für Nicht-Fußballfans gibt es noch ein paar besondere Events:

- **Fest der Befana.** Unmäßiges Gedrängel auf der Piazza Navona ❹. Die Befana ist ein Pendant zum deutschen Nikolaus. 6. Januar.
- **Rallye Mille Miglia.** Mitte Mai macht die große Tour in Rom Station. Oldtimer-Liebhaber sollten diesen Termin nicht versäumen.
- **Festa dei Noantri.** Ganz Trastevere ist auf den Beinen, und Unmengen von Spanferkeln werden verzehrt. Zweite Julihälfte.
- **Estate Romana.** Rom badet in Kultur: Opern, Theater, Jazz, Filme... – das Angebot ist überwältigend. Besonders reizvoll ist ein Besuch in den Caracalla-Thermen ㉞, denn dorthin zieht die römische Oper in den Sommermonaten: Belcanto in antiker Ruinenpracht. Jazz gibt es auf der nicht weniger pittoresken Tiberinsel. Juli und August.
- **Festa della Madonna della Neve.** Am 5. August vor etwa 1600 Jahren soll es in Rom geschneit haben. An dieses Wunder wird vor der Kirche Santa Maria Maggiore ㉘ noch heute erinnert. Früher rieselten dabei weiße Blüten als Schnee-Ersatz vom Himmel, heute sorgen flirrende Laser-Blitze für Stimmung.
- **Antiquitätenmesse.** Unter freiem Himmel stellen die Händler in der Via dei Coronari ihre sündhaft teuren Kunst-Stücke aus. Ende Oktober.

Oasen der Ruhe

Nicht nur Rom selbst bietet jede Menge touristischer Höhepunkte. In der näheren Umgebung warten noch allerhand lohnende Ziele, auch um dem lauten Hauptstadttrubel einmal für eine Weile zu entfliehen.

- **Tivoli.** Hier locken gleich drei Attraktionen, die es in sich haben: In einem verwunschenen Renaissance-Park mit grandiosen Brunnenanlagen liegt die Villa d'Este. Die Villa Adriana war einst Landresidenz des Kaisers Hadrian, der hier Thermen, Tempel, Gärten und Villen anlegen ließ, deren Überreste man noch bestaunen kann. Und schließlich wartet die Villa Gregoriana mit einem wunderschönen Park auf, dessen Zentrum ein Wasserfall ist. Busverbindung ab Via Gaeta beim Bahnhof, etwa 50 Minuten Fahrzeit.
- **Ostia Antica.** Die alte römische Hafenstadt ist erstaunlich gut erhalten. Vom Alltagsleben der Antike zeugt das Ausgrabungsfeld. Und unter mächtigen Pinien findet hier werktags jeder ein ruhiges Plätzchen. Anfahrt mit der Metro, etwa 30 Minuten Fahrzeit.
- **Lago di Bracciano** ist ein Vulkansee, gut 30 km nördlich von Rom (Bahn von Stazione San Pietro nach Bracciano). Am Sonntag treibt's die Römer in Scharen hierhin, aber unter der Woche ist es ruhig und idyllisch. Malerisch ist der Ort Anguillara, und in Trevignano kann man in der Grotta Azzurra, direkt am See, gut essen.

Tivoli, Villa d'Este

- **Cerveteri.** Kleinstadt im Nordwesten Roms. Berühmt durch seine grandiose etruskische Totenstadt. Die Mischung von Grabmälern und freier Natur hat ihre sehr eigenen Reize. Mit dem Auto über die Via Aurelia erreichbar oder mit dem Bus ab Via Lepante.

Nachts unter freiem Himmel

Das Nachtleben spielt sich in Rom größtenteils im Freien ab. Man streift durch die Straßen, trinkt hier einen caffè, dort einen Grappa oder ißt ein Eis, am besten bei Giolitti (Via del Ufficio Vicario 40). Das Gedränge ist groß, die Atmosphäre einmalig. Zentrale Orte der nächtlichen Aufläufe sind Piazza Navona, Fontana di Trevi, Trastevere, Campo de'Fiori ⓰ und die Piazza Rotonda vor dem Pantheon.

Piazza Rotonda

Nightclubs gibt es in Rom nur sehr wenige – schließlich wohnt hier der Papst. Einige liegen in den Seitenstraßen der früher fürs Dolce vita bekannten Via Veneto. Um Touristennepp zu entgehen, sollte man sie aber besser meiden. Die Diskotheken füllen sich nicht vor 23 Uhr. Viele haben nur eine kurze Lebensdauer, werden geschlossen, kaum daß sie eröffnet haben. Aktuell kann man sich in der Freitagsausgabe der Zeitung »La Repubblica« informieren.

- **Casina Valadier.** Mit einzigartigem Blick und einzigartigen Preisen. Hier verweilten schon berühmte Spaziergänger wie Ghandi und Mussolini. Pincio ㉔.
- **Café de Paris.** Das »Dolce Vita« des Filmregisseurs Federico Fellini ist längst vorbei, aber die Kellner tun immer noch so als ob nicht. Via Veneto 90.
- **Caffè Tre Scalini.** Bevor man sich selbst hineinstürzt, kann man hier den nächtlichen Rummel betrachten. Piazza Navona 28.
- **Alibi.** Die schrillste Disko für Schrille: Treffpunkt der Gay-Szene Roms – aber nicht nur. Via di Monte Testaccio 39.
- **Acropolis.** Eine der größten: Disko auf drei Stockwerken. Via Luciani 52.

SALZBURG

Verführung mit Kultur

Vier Rösser steigen aus dem Wasser des Residenzbrunnens auf. Die marmornen Tiere wirken in ihren kraftvoll wilden Bewegungen äußerst lebendig. Hört man sie sogar schnauben? Nein, das ist keine Sinnestäuschung. Artgenossen aus Fleisch und Blut warten eingespannt auf dem Residenzplatz auf die nächste Rundfahrt. In Mozarts Geburtsstadt erliegt der Besucher nur zu leicht seiner Phantasie. Durch die nahezu intakt erhaltene Altstadt am Ufer der Salzach spaziert er wie mit einer Zeitmaschine in die Barockzeit versetzt. In jener Epoche prägte die Baulust der prachtliebenden Fürsterzbischöfe das Stadtbild am nachhaltigsten. Doch auch die Natur gestaltete mit. Salzburgs alter Kern ist von Bergen umrahmt, auf einem liegt majestätisch die Festung.

Vor acht Jahrzehnten erklärte der Theatermann Max Reinhardt begeistert die ganze Stadt zur Bühne und begründete die Salzburger Festspiele. Die bezaubernde Architekturkulisse und der Weltruhm des Festivals sind der Reiz und zugleich das Problem von Salzburg. An vielen Tagen ist die Stadt ein Freilichtmuseum, das seine Touristenströme nicht mehr verkraftet. Und allerorten ist Salzburgs süße Verführung in kunstvollen Drapierungen zu bewundern – die Mozartkugeln.

Schönheit, Spiel und Kunst

Mozart und die Salzburger Festspiele

Erhielt er tatsächlich einen Fußtritt? Oder beschrieb Wolfgang Amadeus Mozart in einem Brief an den Vater nur sehr bildhaft seinen Rauswurf? In jedem Fall ist die Entlassung des Komponisten 1781 aus den erzbischöflichen Diensten Symbol für eine Zeitenwende in Salzburg. Fürsterzbischof Hieronymus von

Im Geburtshaus hängt das Porträt des sechsjährigen Mozart. Das Galakleid war ein Geschenk der Kaiserin Maria Theresia.

Colloredo zog ein hartes Sparprogramm durch. Die Kultur mußte spürbar daran glauben, und auf so avantgardistische und wenig anpassungsfähige Künstler wie Mozart konnte der Fürst verzichten.

Am 27. Januar 1756 war Wolfgang Amadeus im dritten Stock von Haus Nr. 9 der Getreidegasse zur Welt gekommen. In Mozarts Jugendzeit gab es unter Colloredos Vorgängern noch zahlreiche Feste, Theateraufführungen und feierliche Messen. Veranstaltungsorte waren die Schlösser und die Residenz, die Kirchen und die Aula der Universität, aber auch die weiten Plätze der Stadt. Sowohl Vater Leopold Mozart wie sein Sohn Wolfgang Amadeus lieferten hierfür als Musiker der erzbischöflichen Hofkapelle Kompositionen. Die meiste Zeit waren die Mozarts jedoch unterwegs. Mit sechs Jahren absolvierte der »Wolferl« seine ersten Konzerte am kurfürstlichen Hof in München und am Hof Maria Theresias in Wien. Der Ruf des Wunderkindes verbreitete sich schnell in ganz Europa. Doch es gelang Mozart später nicht, eine feste Position an einem künstlerisch aufgeschlossenen Fürstenhof zu finden, der ihm ein von finanziellen Sorgen befreites Wirken ermöglicht hätte. In Salzburg war er nie als herausragender Künstler anerkannt worden und geriet bald in Vergessenheit. Wie die Kunst überhaupt eine immer geringere Rolle spielte, denn es brach das politische Chaos aus. Erzbischof Colloredo floh vor den napoleonischen Truppen und dankte 1803 ab. Stadt und Land Salzburg fielen 1816 an Österreich und damit zunächst in die vollkommene Bedeutungslosigkeit.

Erst allmählich erwachte die unter den Erzbischöfen stets unmündig gehaltene Bürgerschaft aus ihrem Dämmerschlaf und begann mit der Suche nach einer neuen Identität. Sie fand sie in der Kunst. Die Stadt besann sich auf ihren großen Sohn. 1842 wurde das Mozartdenkmal feierlich enthüllt. Die Internationale Stiftung Mozarteum und die Hochschule für Musik und darstellende Kunst Mozarteum (22) entstanden. Mozartfeste wurden veranstaltet. Es kam dem Wiener Regisseur Max Reinhardt daher nicht aus heiterem Himmel der Gedanke, in dieser von »Schönheit, Spiel und Kunst« durchdrungenen Atmosphäre die Salzburger Festspiele zu gründen. Seit der Eröffnung des ersten Festspielsommers 1920 wird Hugo von Hofmannsthals »Jedermann« vor der Domfassade (1) gespielt. Sehr bald wuchs das Programm. Oper und Konzert kamen zum Schauspiel dazu. Weitere Gebäude

Mozart-Opern wie »Die Hochzeit des Figaro« sind in jedem Salzburger Festspielprogramm vertreten.

Shakespeares »Coriolanus« in der 1693 erbauten Felsenreitschule. Die einstigen Zuschauerlogen sind heute der Bühnenhintergrund.

»Wer ruft so gräßlich: Jedermann?« Gerd Voss als Jedermann und Maddalena Crippa als Buhlschaft vor der Domkulisse.

und Plätze der Stadt wurden als Aufführungsorte genutzt. Ein eigenes Festspielhaus war von Anfang an geplant und kam nie zur Ausführung. Die Notlösung, die ehemaligen Hofstallungen mit ihren Reitschulen nutzbar zu machen, ließ im Laufe der Jahrzehnte durch Um- und Zubauten den heutigen Festspielbezirk ⑩ entstehen: Felsenreitschule, Großes und Kleines Festspielhaus wirken wie aus dem Fuß des Mönchsberges gewachsen.

Während der Festspiele ist die Stadt ein einziges großes Theaterfoyer. Für eine Weile mischen sich die kamerabewehrten Tagestouristen in Shorts und T-Shirt mit den Theaterbesuchern in den edlen Abendroben. Das Publikum bummelt gemütlich zu den jeweiligen Aufführungsorten. Man will sehen und gesehen werden. Mancher ißt noch eine Kleinigkeit, etwa in den Hagenauer Stub'n am Universitätsplatz, oder trinkt einen Kaffee beim Tomaselli-Kiosk am Alten Markt. Das Dinner folgt gewöhnlich erst nach der Aufführung. Da füllen sich schlagartig die Restaurants. Schon Tage und Wochen vorher sind die Tische reserviert. Wird das Gesehene und das Gehörte diskutiert, dann scheiden sich oft die Geister bei dem Generalthema Gerard Mortier. Ist seine Gestaltung des Festspielprogramms nicht zu gewagt? Vergrämt er das betuchte Publikum, das sich in der Ära des großen, das Salzburger Kulturleben prägenden Dirigenten Herbert von Karajan gerne auf den zahlreichen Gesellschaften von Sängerstars umgeben sah? Vor allem die Salzburger Geschäftsleute sind darüber in steter Sorge. Wie beruhigend für sie, daß Mozarts Geburtshaus ⑧ Wallfahrtsort von Musikfreunden aus aller Welt ist. Ein breiter Pilgerstrom zieht durch die schmale Getreidegasse zu Haus Nr. 9. Auch Mozarts Wohnhaus ⑲ ist wieder als Museum zugänglich. Das ehemalige Tanzmeisterhaus, in das die Mozarts 1773 übersiedelten, wurde renoviert und um seinen im Krieg zerstörten Teil ergänzt.

Ein Salzburger Theater hat fast alle Mozart-Opern im Repertoire. Namhafte Regisseure und Bühnenbildner erarbeiten die Inszenierungen. Stimmen von Weltklasse sind zu hören. Die Darsteller bewegen sich, in kostbarste Kostüme gewandet, vor märchenhaften Kulissen. Kein noch so hoch subventioniertes Opernhaus könnte sich das leisten, wenn alles in normalen Maßstäben bemessen wäre. Die Rede ist vom berühmten Salzburger Marionettentheater, das kleine und große Zuschauer zu verzaubern weiß.

Bei den Salzburger Festspielen kommt jedes Jahr ein Opernklassiker des 20. Jahrhunderts wie etwa Igor Strawinskys »Rake's Progress« zur Aufführung.

Baulust und Sinnenfreuden

Die Fürsterzbischöfe als Bauherren

Effektvoll fällt das helle Licht durch die Kuppel in das Innere des monumentalen Doms.

Bischof Rupert ließ sich vom Anblick der wild überwucherten Ruinen nicht entmutigen. Die günstige Lage kam den Plänen des Wormser Kirchenmanns entgegen, der – aus politischen Gründen seines Amtes beraubt – hier eine neue Aufgabe sah.

Eine Landschaft aus Türmen und Kuppeln mit der Kollegienkirche vorne und dem Dom im Hintergrund.

Hier, wo einst die römische Stadt Juvavum als Knotenpunkt wichtiger Handelswege florierte, sollte unter seiner Organisation die Missionierung der heidnischen Völker im europäischen Osten ihren Ausgang nehmen. Der bayerische Herzog Theodo schenkte Rupert die Stadt mit dem Burgberg und einigem weiteren Grundbesitz. Mit der kleinen Schar der hier noch ansässigen Menschen, darunter einige Mönche, begann Rupert um 696 sein Werk. Er ließ Klostergebäude und eine Kirche errichten. Mit dem Stift St. Peter ❷ entstand nicht nur die Keimzelle der Stadt Salzburg, die Benediktinerabtei wuchs zum geistlichen und kulturellen Zentrum des gesamten Südostalpenraums heran.

Jahrhundert für Jahrhundert wurde vergrößert und verschönert. Barock und Rokoko bestimmen heute das Erscheinungsbild des gewaltigen, drei Höfe umschließenden Gebäudekomplexes. Zwischen der Kirche und der steilaufragenden Mönchsbergwand liegt wie ein »traumverschlossener Garten« der Petersfriedhof, dessen Stimmung nicht nur den Salzburger Dichter Georg Trakl zu wunderschönen Versen inspiriert hat. Dem Stiftskeller schreibt man das beträchtliche Alter von über 1000 Jahren zu. Er wird seinem Ruhm immer noch gerecht: In den hohen Gewölben werden ein guter Tropfen und kräftigende Speisen serviert. Viele Besucher der Stadt stärken sich hier nach ihrem Rundgang, vor allem wenn sie den kurzen, aber gleich hinter St. Peter stark ansteigenden Weg zur Festung ❸ nicht mit der Bahn, sondern zu Fuß bewältigt haben.

Aufstieg wie Auffahrt zur Wehranlage werden mit einem herrlichen Ausblick auf die Stadt belohnt. Man sollte sich aber auch die Zeit für die Besichtigung dieser Burg nehmen, die zu den besterhaltenen Europas zählt. Die spätgotischen Fürstenzimmer mit ihrer farbenprächtigen, kunstvoll geschnitzten Vertäfelung sind nur im Rahmen einer Führung zu bewundern. Erzbischof Gebhard hatte den Festungsbau 1077 begonnen, und in den folgenden sechs Jahrhunderten war die Anlage nach den jeweils neuesten wehrtechnischen Erkenntnissen erweitert und verbessert worden – nicht umsonst, wie die Geschichte immer wieder zeigte.

Die Erzbischöfe von Salzburg waren rasch mächtige und reiche Landesfürsten geworden. Vor allem die Salzgewinnung und der Handel mit diesem weißen Gold, das der Stadt als Um-

Der Gärtner unter den grotesken Marmorzwergen im Mirabellgarten, die unterschiedliche Berufe und Temperamente darstellen.

Mittelpunkt des weiten Residenzplatzes ist sein Brunnen aus Untersberger Marmor.

Über der Stadt erhebt sich ihr Wahrzeichen, die Festung Hohensalzburg.

schlagplatz seinen Namen verlieh, waren eine üppige Einnahmequelle. Wie in kaum einer anderen Stadt haben Machtanspruch und Repräsentationsbedürfnis der geistlichen Landesherren das Erscheinungsbild nachhaltig geprägt. Am radikalsten veränderte der einer schwäbischen Familie entstammende Wolf Dietrich von Raitenau die Stadt. Mit seinem Amtsantritt 1587 begann er das mittelalterliche Städtchen in eine Fürstenstadt nach italienischem Vorbild zu verwandeln. Er ließ nicht nur die Residenz (6) erweitern: Ein ganzes Viertel wurde niedergerissen, um die großzügige Anlage des Residenz- und des später so genannten Mozartplatzes zu ermöglichen. Der Drang Wolf Dietrichs zur Erneuerung der Stadt war so groß, daß man ihm durchaus zutraute, 1598 den mittelalterlichen Dom in Brand gesteckt zu haben. Jedenfalls ließ er das beschädigte Kirchengebäude ganz abreißen und einen Neubau planen. Das Modell wurde aber von seinem Vetter und Nachfolger Markus Sittikus verworfen, und 1614 begann Santino Solari mit dem Bau des Doms (1) in seiner heutigen Form.

Wolf Dietrich ließ auch den Vorgängerbau von Schloß Mirabell (24) errichten, für seine Lebensgefährtin Salome Alt und die große Schar der gemeinsamen Kinder. Ein Platz für Verliebte, denkt sich, wer durch den kunstvoll bepflanzten Schloßgarten (23) schlendert. Venus und Diana, Flora und andere Gestalten der antiken Götterwelt schauen auf die Spaziergänger herunter. Mit etwas Phantasie belebt sich der Park mit höfischer Gesellschaft. Aus dem Heckentheater ertönt Musik und im Zwerglgarten lautes Gelächter über die grotesken Marmorfiguren. Doch Wolf Dietrich und seine Salome darf man sich nicht in diesem Ambiente vorstellen. Es entstand so erst 100 Jahre später, als Salzburg noch einmal eine grundlegende Veränderung erfuhr. Die namhaftesten Architekten des österreichischen Barock haben mit großartigen Bauwerken daran mitgewirkt. Johann Bernhard Fischer von Erlach schuf um die Wende des 17. zum 18. Jahrhundert das Schloß Klesheim (25) und vier Kirchenbauten, worunter die Kollegienkirche (12) mit ihrer elegant geschwungenen Fassade als sein Meisterwerk gilt. Er lieferte vermutlich auch die Pläne für den Mirabellgarten, während Lukas von Hildebrandt etwas später das Schloß errichtete. Damals kam das einmalige Architekturensemble zu der Vollendung, in der es sich auch heute noch dem Besucher darbietet.

Sankt Rupert, der Gründer und Patron von Salzburg, begrüßt an der Fassade die Dombesucher.

Schloß Hellbrunn

Ein Stück weit ist sie immer noch eine Landpartie, die Fahrt hinaus zum Schloß Hellbrunn (26) am südlichen Stadtrand. Wer gerne radelt, leiht sich am besten am Residenzplatz einen Drahtesel und fährt auf der (autofreien) Hellbrunner Allee an den zahlreichen Schlößchen und Villen entlang. Die Strecke von ca. 4,5 Kilometern läßt sich aber auch zu Fuß bewältigen, abgesehen von Linienbus und Auto über die Morzger Straße. Der weitläufige Schloßpark ist frei zugänglich. Die Hauptattraktion des 1613–15 erbauten Schlosses kann man jedoch nur mit Führer besichtigen. Denn dieser muß unbemerkt wie seinerzeit der Brunnenmeister des Erzbischofs die Hebel der berühmten Wasserspiele betätigen, um die Gäste auf dem Weg durch das römische Theater und die kunstvoll gestalteten Grotten mit unerwarteten Wasserstrahlen zu erschrecken.

Auf einen Blick

Salzburg entdecken und erleben

Die Altstadt des gut 140 000 Einwohner zählenden Salzburg konnte sich, umgeben von Festungsberg, Mönchsberg und Kapuzinerberg, nicht weit ausbreiten. Die vielen Sehenswürdigkeiten sind leicht zu Fuß zu bewältigen. Das Auto muß ohnehin in einer der Tiefgaragen abgestellt werden, da die Innenstadt weitgehend Fußgängerzone ist. Einstündige Stadtführungen finden regelmäßig Montag bis Samstag um 12.15 Uhr ab der Touristinformation am Mozartplatz statt (☎ 06 62/8 89 87-3 30). Reizvoll ist eine Fahrt (Dauer 25 oder 50 Minuten) mit einem der Fiaker, die am Residenzplatz stehen.

Ein Ausflugtip auch für Wanderfaule: Auf den sagenumwobenen Untersberg mit seiner herrlichen Rundsicht führt eine Seilschwebebahn.

1. Dom
2. Stift St. Peter mit Petersfriedhof
3. Festung Hohensalzburg
4. Stift Nonnberg
5. Residenz-Neugebäude mit Glockenspiel
6. Residenz
7. Alter Markt
8. Mozarts Geburtshaus
9. Bürgerspital mit Spielzeugmuseum
10. Festspielhäuser
11. Furtwängler-Park
12. Kollegienkirche
13. Franziskanerkirche
14. Museum Carolino Augusteum
15. Haus der Natur
16. Müllner Pfarrkirche
17. Hettwer-Bastei
18. Sebastianskirche
19. Mozarts Wohnhaus
20. Landestheater
21. Marionettentheater
22. Mozarteum
23. Mirabellgarten
24. Schloß Mirabell
25. Schloß Kleßheim
26. Schloß Hellbrunn

Ein Meisterwerk des barocken Bildhauers Raphael Donner: Wie Kinder spielen und räkeln sich Putten auf dem Geländer der Prunkstiege im Schloß Mirabell.

Oft hat man Glück und bekommt noch am selben Tag Karten für eine Mozart-Oper im berühmten Salzburger Marionettentheater.

In der historisch möblierten Wohnung sind Porträts, Musikinstrumente und persönliche Gegenstände von Mozart zu sehen.

Hinter dem Fischbrunnen mit dem Wilden Mann als Wappenhalter liegt der Wilhelm-Furtwängler-Garten, in dem man auf einer Bank eine kleine Rast einlegen kann.

Die wundervolle Atmosphäre des Petersfriedhofs läßt sich am schönsten am Morgen oder späten Nachmittag einfangen, wenn nicht so viele Besucher dort sind.

In dem südländisch anmutenden, von Arkaden umrahmten Sebastiansfriedhof ließ sich Erzbischof Wolf-Dietrich ein extravagant mit Kacheln ausgekleidetes Mausoleum errichten.

Wem der Weg zur Hettwer-Bastei zu steil ist, die Dachterrasse des Hotelcafés Stein bietet ein ebenso schönes Panorama; zu ihr führt ein Lift.

Bei der zentral gelegenen Salzburg-Informationsstelle am Mozartplatz 5, ☎ 06 62/ 8 89 87-3 30, aber auch bei Reisebüros, Hotelrezeptionen, Sparkassen und Volksbanken erhält man die Salzburg Card (für 24, 48 oder 72 Stunden). Sie bietet Freifahrt mit allen öffentlichen Verkehrsmitteln, freien Eintritt in alle Museen und viele weitere Vergünstigungen. In der Salzburg-Information befindet sich auch ein Kartenbüro: Salzburg Ticket Service ☎ 06 62/84 03 10.

Fast das ganze Jahr hindurch kann man die Prunkräume der Residenz auf festliche Weise bei einem Salzburger Schloßkonzert kennenlernen.

Die spätgotische Marienfigur von Michael Pacher ist das Glanzstück im hochaufragenden Chor der Franziskanerkirche, den der berühmte Hans von Burghausen ab 1422 erbaute.

Hauptattraktion von Schloß Hellbrunn sind die Wasserspiele, doch auch das Steintheater und das Monatsschlößl verdienen auf dem Spazierweg durch den Park Beachtung. Südlich schließt ein Tierpark an.

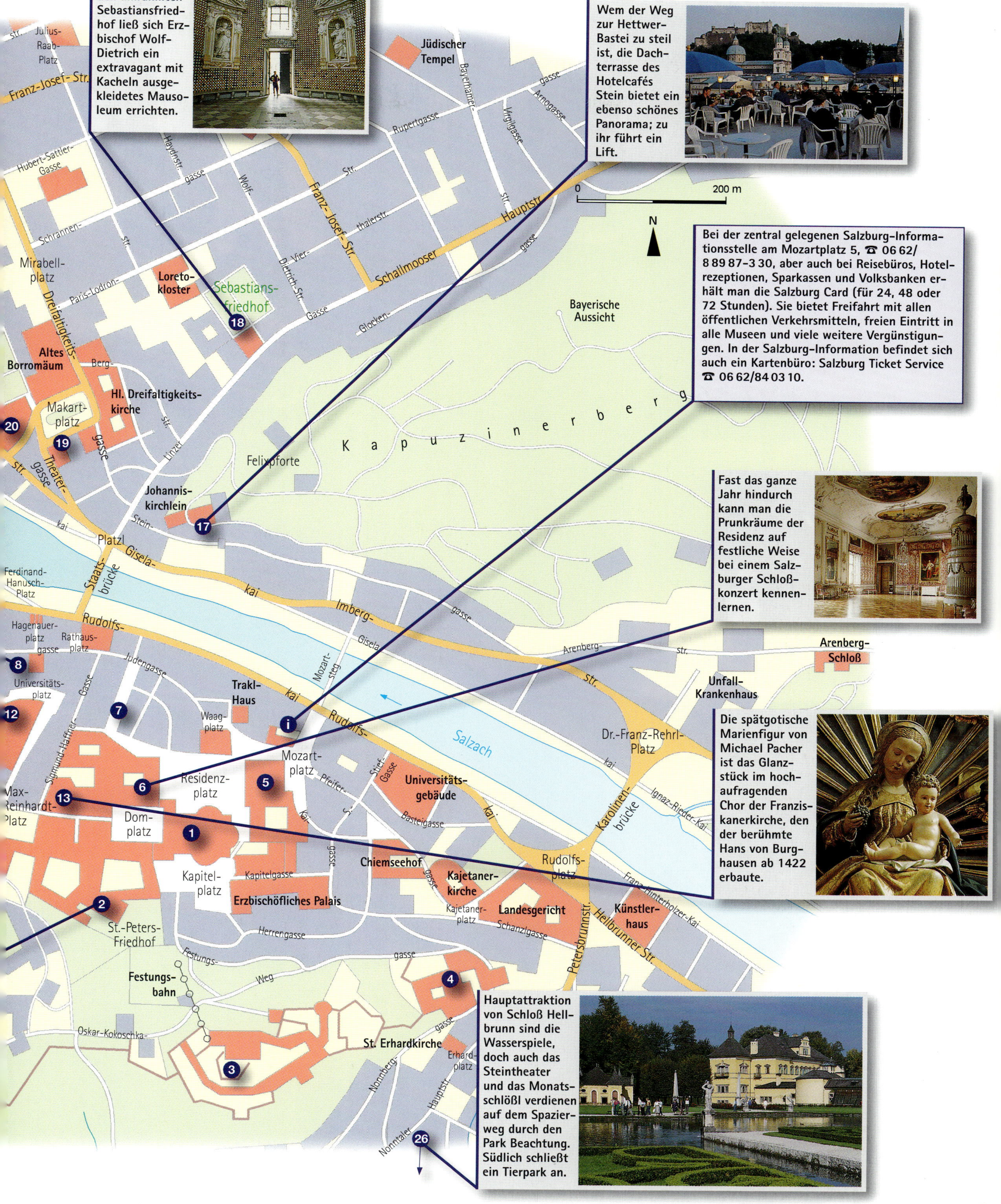

Was – wann – wo?

Fanfaren

Man merkt zwar an so manchen Veranstaltungen, daß Salzburg mit seiner ländlichen Umgebung eng verbunden ist. Beim Glöcklerlauf etwa, bei dem in der Rauhnacht des 5. Januar Masken mit leuchtendem Kopfschmuck durch die Straßen tanzen. Den Jahreslauf bestimmen aber doch die vielen Festspiele.

Boris Godunow

- **Mozartwoche.** Rund um Mozarts Geburtstag am 27. Januar gibt es die erste Festspielwoche im Jahr.
- **Osterfestspiele.** Konzert und Oper mit den Berliner Philharmonikern.
- **Pfingstfestspiele.** Jährlich wechselnd ist ein Spitzenorchester zu Gast.
- **Salzburger Festspiele.** Eines der weltweit renommiertesten Festivals, mit reichem Musik- und Theaterprogramm von Ende Juli bis Ende August.
- **Szene.** Das als Alternative gegründete Avantgarde-Festival ist längst fester Bestandteil der Salzburger Festspiele.
- **Fest in Hellbrunn** ㉖. Ein Reigen simultaner Konzert-, Theater- und Tanzvorstellungen im Schloß und Park an den zwei ersten Wochenenden im August.
- **Salzburger Adventssingen.** Äußerst stimmungsvoll wird im Dezember die alpenländische Weihnacht im Großen Festspielhaus zelebriert.

Tradition in Anif

Abends leise…

Es gibt in der kleinen Stadt eine Vielzahl Hotels der gehobenen Kategorien. Manches dieser Häuser ist legendär, da wie z. B. der Goldene Hirsch in der Getreidegasse untrennbar mit Anekdoten und Liebesbezeugungen der prominenten Gäste verbunden. Doch auch das Angebot preiswerterer Hotels ist breit, vor allem etwas außerhalb des Altstadtkerns. Es ist ratsam, sich bei der Reservierung über die Parkmöglichkeiten zu informieren, viele Hotels liegen in der Fußgängerzone.

- **Österreichischer Hof.** Salzburgs Grandhotel an der Salzach. Schwarzstraße 5–7. ☎ 06 62/88 97 70, Fax 06 62/8 89 77–14.
- **Schloßwirt.** Im Romantikhotel des bekannten Vororts Anif logieren sowohl Politiker als auch Künstler. Anif 22. ☎ 0 62 46/72 17 50, Fax 0 62 46/72 17 58.
- **Stadtkrug.** Mit Gewölben und Nischen direkt an den Fels des Kapuzinerbergs gebautes Hotel. Bietet gehobenes Wohnen für mittlere Preise. Linzer Gasse 20. ☎ 06 62/87 35 45, Fax 06 62/87 95 88.
- **Zur schönen Aussicht.** Gepflegtes, im Grünen gelegenes Haus mit richtig gewähltem Namen. Heuberg 3. ☎ 06 62/ 64 06 08, Fax 06 62/64 06 08–2.
- **Doktorwirt.** Gemütliches historisches Haus in ländlicher Umgebung mit Swimmingpool. Beliebtes Lokal. Glaser Str. 9. ☎ 06 62/62 29 73, Fax 06 62/62 17 17–24.
- **Wolf.** Das Hotel garni im 500 Jahre alten Bürgerhaus hat für seine doch zentrale Lage angenehme Preise. Kaigasse 7. ☎ 06 62/8 43 45 30, Fax 06 62/8 42 42 34.
- **Gasthof Überfuhr.** Preiswerter Landgasthof an der Salzach im Vorort Elsbethen mit eigenem Radverleih. Überfuhrstr. 2. ☎ 06 62/62 34 69, Fax 06 62/ 6 21 10 84.

Haus Wartenberg

Kaspressknödel und Krautspatzen

Die Salzburger Küche liebt Käse, Erdäpfel, Sauerkraut und unaussprechliche Bezeichnungen für all ihre Varianten und Kombinationen. Die alten Rezepte werden selten angeboten, es überwiegt die österreichische, sprich Wiener Küche oder in den ganz noblen Restaurants die internationale Haute Cuisine.

- **Paris Lodron** im Schloß Mönchstein. Ein schon mehrfach preisgekröntes Restaurant in romantischem Ambiente. Mönchsberg Park 26.
- **Schloß Aigen.** Spezialität dieses rustikalen Schloßrestaurants mit Gastgarten sind die verschiedenen Rindfleischgerichte. Schwarzenbergpromenade 37.
- **Stieglkeller.** Vom Biergarten aus hat man einen schönen Blick auf Salzburgs Kirchen. Festungsgasse 10.
- **Stiftskeller St. Peter.** In dem alten Gewölbe werden seit mehreren Jahrhunderten die Gäste mit kräftigen Speisen gelabt. St.-Peter-Bezirk 1/4.
- **Weißes Kreuz.** Österreichische und Balkanspezialitäten in einer stilleren Ecke am Fuß des Festungsberges. Bierjodlgasse 6.
- **Haus Wartenberg.** Echte Hausmannskost und Vegetarisches in der Stube, dem Kaminzimmer oder ruhigen Gastgarten. Riedenburger Str. 2.
- **Krimpelstätter.** Hier gibt's die unaussprechliche Salzburger Küche. Müllner Hauptstr. 31.

Salzburger Marionettentheater

Es klinget so herrlich

Nicht nur zu den zahlreichen Festspielen wird in Salzburg Musikalisches und Theatralisches geboten. Fast täglich finden Konzerte in den schönsten historischen Räumen statt – Mozarts »Kleine Nachtmusik« darf dabei nicht fehlen.

- **Salzburger Landestheater.** Bietet fast das ganze Programm: Oper, Schauspiel und Ballett. Schwarzstr. 22–24.
- **Salzburger Marionettentheater** ㉑ (siehe S. 389). Schwarzstr. 2.
- **Residenz-Mozart-Matineen.** Im Neugebäude der Residenz ❺ mit Besichtigung der Prunkräume.
- **Mozartserenaden** (oft in historischen Kostümen). Ganzjährig jeden Samstag, von Mai bis September auch jeden Donnerstag im Gotischen Saal des Bürgerspitals ❾, von Mai bis September auch jeden Freitag im Schloß Hellbrunn.
- **Salzburger Schloßkonzerte.** Am Freitag, Samstag, Sonntag im Schloß Mirabell oder in der Residenz ❻ mit wechselnden, hochkarätigen Kammerorchestern.
- **Salzburger Festungskonzerte.** In den Fürstenräumen 250mal im Jahr.
- **Sonntagsmatineen.** Ganzjährig im Marmorsaal von Schloß Mirabell ㉔.

Das jährliche Salzburger Kulturprogramm füllt eine dicke Broschüre, mehrere Seiten nehmen allein die Kartenverkaufsstellen ein. Das Wichtigste enthält aber auch der Monatsplan, den man sich kostenlos von der Salzburg Information, Auerspergstr. 7, A-5020 Salzburg, ☎ 06 62/8 89 87-0, Fax 06 62/8 89 87-32 zuschicken lassen kann.

A Mehlspeis' gefällig?

Die Frage des Herrn Ober wird angesichts der süßen Köstlichkeiten bestimmt positiv beschieden. Nun gibt es noch die Qual der Wahl beim Kaffee. Die Varianten sind erstaunlich. Es gibt einen großen oder kleinen oder einen verlängerten, also schwächeren Espresso. Der Milchkaffee wird Melange genannt, und ein starker Espresso mit viel geschlagener Sahne heißt Einspänner. Auch bei großem Trubel sind die Salzburger Cafés Ruhepole, denn hat man einen Platz ergattert, gehen die Uhren langsamer.

Marillen-Knödel

- **Bazar.** Treffpunkt für Geschäftsleute und Studenten, Touristen und Theaterleute. Schwarzstr. 3.
- **Glockenspiel.** Bei Sonnenschein viel Platz auf drei Terrassen, innen klein und gemütlich. Mozartplatz 2.
- **Tomaselli.** Ob man eine der 45 verschiedenen Mehlspeisen auf dem Balkon oder im Kastaniengarten um den Kiosk zu sich nimmt, man sieht und wird gesehen. Alter Markt 9.
- **Ratzka.** Nur acht Sitzplätze, aber reichhaltiges Angebot köstlicher Kuchenspezialitäten. Imbergstr. 45.
- **Winkler.** Das hochgelegene und hochpreisige Café/Restaurant mit Terrasse hat den schönsten Blick auf die Stadt. Mönchsberg 32. Auffahrt mit dem Mönchsberglift.

Ladenschild in der Getreidegasse

Mozartkugeln und Co.

Durch Salzburgs Hauptgeschäftsstraße wandert der Besucher zwangsläufig. Denn in der Getreidegasse steht Mozarts Geburtshaus ❽. Der Wald der kunstvollen Ladenschilder macht den Reiz dieses Sträßchens aus. Ähnlich atmosphärisch ist die Judengasse. Wer einen Schaufensterbummel abseits des großen Trubels machen will, sollte durch die Linzer Gasse jenseits der Salzach schlendern. Qualität hat auch in Salzburg ihren Preis, seien es die Antiquitäten in der Gold- und Linzer Gasse oder Schmuck, Designer- und Trachtenmode rund um den Alten Markt ❼.

- **Salzburger Heimatwerk.** Erzeugnisse unverfälschten Salzburger Handwerks: Trachten und Trachtenstoffe, Tischwäsche, Keramik, Glas, Zinn und vieles mehr. Residenzplatz 9.
- **Beuerle Trachten.** Im ersten Stock ist ein Trachtenmuseum eingerichtet. Griesgasse 23–25.
- **Königswieser.** Auch eine Salzburger Spezialität: Gewürzsträuße und Christbaumschmuck. Getreidegasse 29 (im Durchhaus).
- **Kopfberger.** Wem die Mozartbüste noch auf dem Klavier fehlt, der findet sie hier. Judengasse 14.
- **Café-Konditorei Fürst.** Die originalen Mozartkugeln – im blausilbernen Papier – gibt es nur hier in der Konditorei der Nachkommen des Erfinders. Brodgasse 13 und Mirabellplatz 5.

SANKT

PETERSBURG

Der Zauber Weißer Nächte

Keine andere europäische Metropole ist so sehr der Vision eines einzigen Mannes entsprungen wie das 1703 gegründete St. Petersburg. Es bedurfte nur weniger Jahrzehnte, bis sich die neue russische Hauptstadt, was sie mit Unterbrechung bis 1918 blieb, mit anderen glanzvollen Weltstädten messen konnte. Peter der Große und seine Nachfolger holten die besten europäischen Baumeister nach Petersburg. Sie schufen ein einmaliges barock-klassizistisches Stadtbild: weite Plätze mit grandiosen Palästen, von prachtvollen Fassaden gesäumte Straßen und stimmungsvolle, von Kanälen durchzogene Gassen. Die enge Verbindung zum Wasser regte zum Vergleich mit Amsterdam oder Venedig an. Doch St. Petersburg oder Leningrad oder Petrograd, wie die Stadt in ihrer wechselvollen Geschichte auch hieß, ist einzigartig und bedarf derartiger Vergleiche nicht. Am schönsten zeigt sich St. Petersburg im Frühsommer, in den Weißen Nächten, wenn es nie ganz dunkel wird und ein mildes Polarlicht alles zu verzaubern scheint. Aber eigentlich wirkt die nordische Metropole nie majestätischer als in den Wintermonaten, wenn Plätze und Straßen schneebedeckt sind und sich die Eisschollen auf der Newa türmen (im Bild der Blick zur Inselspitze Strelka).

Liebe, Haß und Faszination

St. Petersburg und seine Dichter

Ein in Tränen aufgelöster alter Mann wird beim Begräbnis Alexander Puschkins gefragt, ob er ein naher Verwandter des Dichters sei. Seine Antwort: »Nein, aber ich bin Russe.«

Noch heute haben die Petersburger ein enges, nahezu persönliches Verhältnis zu ihren Dichtern. Vor den zahlreichen Denkmälern Puschkins in der Stadt findet man fast immer frische Blumen, ebenso an den Gräbern der Schriftsteller Fjodor Dostojewskij, Iwan Turgenjew und des Lyrikers Alexander Blok. Nicht selten sieht man in der Metro junge Russen in die Werke Nikolaj Gogols, Andrej Belyjs oder in die Gedichte Anna Achmatowas vertieft. Straßen und Plätze sind nach berühmten Literaten benannt, den Namen Puschkins trug gleich eine ganze Stadt: Die einstige Sommerresidenz der Zaren, Zarskoje Selo 29 – etwa 25 Kilometer südlich von St. Petersburg gelegen –, hieß zwischen 1937 und 1992 Puschkin. Anna Achmatowa, Alexander Blok, Fjodor Dostojewskij, Nikolaus Nekrassow und natürlich Alexander Puschkin sind in der Stadt Museen gewidmet.

Die strahlende Seite der langjährigen russischen Hauptstadt: prachtvolle Häuserfassaden an der Fontanka, im Hintergrund die Dreifaltigkeits-Kathedrale, wo Dostojewskij 1867 Anna Snitkina heiratete.

Das Verhältnis ist nicht einseitig. Es gibt kaum einen bedeutenden russischen Literaten des 19. und beginnenden 20. Jahrhunderts, dem St. Petersburg nichts bedeutet hätte. Es existiert eine regelrechte Petersburg-Literatur. Allerdings werfen nicht alle Gedichte, Erzählungen und Romane ein positives Licht auf die damalige Hauptstadt. Wie kein anderer hat Puschkin der Stadt an der Newa in hinreißenden Versen seine Liebe erklärt: »Ich liebe die vor hundert Jahren / Von Peter angelegte Stadt, / Der Newa kraftvolles Gebaren, ...« Dostojewskij dagegen verbindet mit St. Petersburg eher eine Haßliebe. Zwar ist die Zarenmetropole in vielen seiner Werke präsent, doch ist Petersburg für ihn die »abstrakteste und ausgedachteste Stadt der Welt«, und er kommt zu der Einschätzung: »Fenster, Löcher – Monumente. Nein, ich liebe sie nicht, die Schöpfung Peters.« Auch Alexander Blok fällt ein vernichtendes Urteil: »O Stadt, verhext und unerschlossen, / warum bist Du emporgeschossen / aus wüstem Sumpf und ödem Nichts?« Rehabilitiert wird die Newastadt dann wieder bei Alexander Benois, in den Versen Anna Achmatowas oder Ossip Mandelstams. Die unterschiedlichen Einschätzungen von St. Petersburg in der Literatur spiegeln die zwiespältige Haltung des Volkes gegenüber der nur der Vision eines einzigen Mannes entsprungenen Zarenmetropole wider.

Wie könnte man eine Stadt besser kennenlernen als durch die Augen ihrer Dichter? Begeben wir uns auf Spurensuche. Viele Straßen und Plätze haben noch die Atmosphäre bewahrt, die Alexander Puschkin oder Fjodor Dostojewskij in ihren Werken beschrieben haben. Puschkin, dessen Lebensweg von Unrast gekennzeichnet war, der zeitweilig in Moskau, St. Petersburg und im Süden Rußlands lebte, starb am 29. Januar 1837 nach qualvollem Todeskampf in der Stadt an der Newa. Vorausgegangen war ein Duell, mit dem der wohl größte russische Dichter die Ehre seiner Frau, einer vielbewunderten Schönheit, verteidigen wollte. Puschkins letzte Wohnung ist außergewöhnlich schön gelegen. Palastähn-

Bei dem Wort »Dichter« denkt fast jeder Russe zunächst automatisch an Alexander Puschkin.

Alltagsszene am Heumarkt – wie schon zu Dostojewskijs Zeiten das Viertel der kleinen Leute.

liche Häuser säumen das Mojkaufer, schräg gegenüber sieht man die Rückfront des Generalstabsgebäudes ❷, des ehemaligen Außenministeriums. Nur wenige Schritte sind es von hier bis zum Sommergarten, in den Puschkin gern schon frühmorgens ging, um zu schreiben. Seit 1925 ist in der Wohnung des Dichters ein Museum (Musej-Kwartira Puschkina) ❺ eingerichtet. Die einstigen Wohnräume wurden nach alten Beschreibungen und Skizzen rekonstruiert und mit Möbeln aus der ersten Hälfte des 19. Jahrhunderts eingerichtet. Einige Gegenstände in der Bibliothek gehörten zu Puschkins persönlichem Besitz. Geradezu liebevoll gestaltet wurde der Innenhof des Hauses. Auf einer der Bänke mit Blick auf ein Denkmal Puschkins kann man hier verweilen. Bis heute ist seine letzte Wohnung an der Mojka vielen Petersburgern nahezu eine nationale Gedenkstätte.

Ganz anders das Petersburg Dostojewskijs. Es ist die Stadt der kleinen Leute. Auf den Spuren Fjodor Dostojewskijs führt uns der Weg in das Viertel rund um den Heumarkt. Hier lebte der große Erzähler des 19. Jahrhunderts in mehreren verschiedenen Wohnungen, hier ließ er die Helden seiner Romane agieren. Der Heumarkt (russisch: Sennaja Ploschtschad) selbst hat sein Aussehen bis heute stark gewandelt. Schon seit Jahren ist er eine Großbaustelle. Aus der Zeit Dostojewskijs ist nur noch ein einziges Gebäude erhalten. Früher standen hier Bretterbuden, in denen mit Lebensmitteln, Vieh und Heu gehandelt wurde. Nur in den Nebenstraßen findet man noch die Atmosphäre, die Dostojewskijs Romane heraufbeschwören. Allein in der parallel zum Gribojedow-Kanal verlaufenden Uliza Kasnatschejskaja bewohnte Dostojewskij drei Wohnungen. Im Haus Nr. 1 befanden sich die Redaktionsräume der Zeitschrift, die Dostojewskij herausgab. Im Haus Nr. 7 lebte der Dichter von 1864–67. Hier schrieb er den Roman »Der Spieler«. In einer Parallelstraße, in der Graschkanskaja Uliza, hauste sein Held aus »Schuld und Sühne«, Raskolnikow, in einer düsteren Dachkammer. Im Innenhof des Gebäudes Nr. 19 kann man zu den beiden Mansardenfenstern hinaufschauen, hinter denen die Romanfigur gelebt haben soll. Dostojewskijs letzte Wohnung befindet sich nicht in der Heumarktgegend, sondern jenseits der Fontanka, im Kusnetschnij Pereulok. Sie ist heute als Museum (Literaturno Memorialnyj Musej Dostojewskogo) ㉘ zugänglich. Der Unterschied zwischen Puschkins Domizil und der Wohnung, in der Dostojewskij die letzten drei Jahre seines Lebens verbrachte und wo er »Die Brüder Karamasow« schrieb, könnte kaum größer sein. Die von ihm bewohnten Räume strahlen Schwere und Düsternis aus. Nach alten Vorlagen konnten die Zimmer originalgetreu rekonstruiert werden. Man meint, der Dichter käme jeden Moment zur Tür herein. Ein stark aufgebrühter Tee wartet schon auf ihn, er wird jeden Tag frisch auf den Schreibtisch gestellt. Dort liegen auch die Gesammelten Werke von Dostojewskijs Lieblingsdichter – es sind die Arbeiten Alexander Puschkins.

Der Sommergarten mit seinen schattigen Alleen und hübschen Marmorskulpturen inspirierte manchen St. Petersburger Dichter, Musiker und Maler.

Dostojewskijs letzte Wohnung ist heute Museum. Auf dem Schreibtisch liegen Korrekturfahnen vom »Tagebuch eines Schriftstellers«, an denen er bis zu seinem Tod im Jahre 1881 arbeitete.

Stein gewordene Zarenträume

Sommerresidenzen bei Sankt Petersburg

Der Große Palast von Peterhof sollte Schloß Versailles noch an Pracht übertreffen.

Zumindest eine der ehemaligen Sommerresidenzen der Zaren muß man sich anschauen: Blau-, weiß- und gelbleuchtende Palastfassaden, goldfunkelnde Architekturdetails, auch innen vergoldeter Stuck, marmorne Prunktreppen, grandiose Kristallüster, einzigartige Intarsienböden und allerorten Kunstschätze im Überfluß.

Die Schloßensembles künden nicht nur in einzigartiger Weise von Zarenpracht und -prunk, sondern demonstrieren auch eindrucksvoll das Können russischer Restaurateure. Als am 27. Januar 1944 die Belagerung von – damals – Leningrad durch die deutsche Wehrmacht beendet war, lagen alle Zarenresidenzen (bis auf Oranienbaum) in Schutt und Asche. Was die Russen nicht vor dem Anrücken der Deutschen hatten abtransportieren können, wurde geplündert, verbrannt oder in die Luft gesprengt. Sofort nach Kriegsende begann man mit dem Wiederaufbau. Anfang der 60er Jahre hatten die Schlösser und die umliegenden Parklandschaften annähernd wieder ihr ursprüngliches Aussehen. An einigen Räumen wird jedoch bis heute gearbeitet.

Als schönste der Sommerresidenzen bei St. Petersburg gilt Peterhof (33). Die Anfänge des am Finnischen Meerbusen gelegenen »russischen Versailles« reichen bis in das Jahr 1704 zurück. Peter der Große ließ hier ein einfaches Holzhaus errichten, in dem er auf dem Weg zur Festung Kronstadt (35) Station machte. Seit 1713 entstanden dann nach Entwürfen des Zaren die ersten Palastbauten. Peter der Große selbst liebte kleine Dimensionen. Er bevorzugte stets das Schlößchen Monplaisir (= meine Freude) als Aufenthaltsort. Die Nachfolger Peters hatten es gern etwas großartiger. Sein heutiges Aussehen erhielt der Große Palast von Peterhof um 1750. Maßgeblicher Architekt war Bartolomeo Francesco Rastrelli, der später auch für den Bau des Winterpalastes (4) in St. Petersburg verantwortlich zeichnete. Während er für die Fassade weitgehend den ursprünglichen frühbarocken Stil beibehielt, entfaltete er im Innern eine üppige barocke Pracht mit vergoldeten Schnitzereien und großen Wand- und Deckengemälden. Schon die Parade-

Bei Empfängen oder Bällen erhellten 700 Kerzen den Großen Saal des Katharinenpalastes in Zarskoje Selo.

Der Katharinenpark in Zarskoje Selo – Rußlands erstem Landschaftspark. Mittelpunkt ist ein Teich mit der von Bartolomeo Rastrelli barock umbauten Grotte.

treppe stimmt den Besucher ein auf die repräsentativen Säle, von denen der Thronsaal der prächtigste ist.

Mehr noch als der Große Palast faszinieren in Peterhof die grandiosen Wasserspiele. Genau 144 Fontänen und Springbrunnen begeistern den Besucher. Sie sprudeln nur zwischen Mai und September, dann allerdings ohne Pumpen oder Stauanlagen; allein das Gefälle zwischen Speicherteichen und Fontänen sorgt für die mächtig aufschießenden Wasserstrahlen. Ein Höhepunkt der Wasserkunst ist die Große Kaskade vor dem Hauptpalast. Mit 225 vergoldeten Skulpturen ist sie eine der größten Brunnenanlagen der Welt. In mehreren Stufen fällt das Wasser von der Schloßterrasse hinab in ein Marmorbecken. In dessen Zentrum erhebt sich die Figur des Samson, der einem Löwen das Maul aufreißt, damit daraus eine 22 m hohe Fontäne aufschießen kann.

»Ich hasse Brunnen, die dem Wasser Gewalt antun und es zu einem Lauf zwingen, der seiner Natur nicht entspricht«, schrieb Katharina die Große in einem Brief an Voltaire. Ihre Vorstellungen von Gartenbaukunst verwirklichte sie im Katharinenpark, der das Schloßensemble von Zarskoje Selo (Zarendorf) 29 umgibt. An einen im französischen Stil symmetrisch angelegten Garten schließt sich ein weitläufiger Landschaftspark an. Den Mittelpunkt von Zarskoje Selo, das zwischen 1937 und 1992 nach dem berühmten russischen Dichter Puschkin benannt war, bildet der Katharinenpalast. Seinen Namen verdankt er nicht, wie man meinen könnte, Katharina der Großen, sondern Katharina I. Sie hatte das Anwesen von ihrem Gemahl Peter dem Großen 1708 geschenkt bekommen und ließ hier ab 1717 einen ersten Palast erbauen. Er wurde im Auftrag von Zarin Elisabeth I., der Tochter Katharinas I., vergrößert. In der weiteren Baugeschichte spielte ebenfalls Bartolomeo Francesco Rastrelli eine entscheidende Rolle. Seine Bauweise kommt hier in einzigartiger Weise zum Ausdruck, so z. B. im Großen Saal. Die außergewöhnlichen Dimensionen werden durch Spiegel und das perspektivische Deckengemälde »Rußlands Triumph« noch verstärkt. Bekanntester Raum des Palastes ist jedoch das legendäre Bernsteinzimmer. Bis heute wird über den Verbleib des kostbaren Bernsteinschmucks gerätselt. Das Geschenk des Preußenkönigs Friedrich Wilhelm I. an Peter den Großen war seit 1755 im Katharinenpalast eingebaut. Nach der Besetzung von Zarskoje Selo durch die Deutschen soll das 55 Quadratmeter große Kunstwerk nach Königsberg abtransportiert worden sein. Hier wurde es im März 1944 angeblich zum letzten Mal gesehen. Schon sehr bald nach Kriegsende begann eine der leidenschaftlichsten Suchaktionen der Kunstgeschichte – ohne Erfolg. Seit 1979 entsteht in mühsamer Kleinarbeit eine Kopie des berühmten Bernsteinschmucks.

Schlichter als Peterhof und Zarskoje Selo sind die drei anderen Sommerresidenzen der Zaren – Pawlowsk 30, Oranienbaum 34 und Gatschina 31. Doch begeistert jede auf ihre Art: Pawlowsk wegen des klassizistischen Palastes und des riesigen Landschaftsparks, Oranienbaum wegen seiner hübschen kleinen Palastbauten und Gatschina wegen des von Flüßchen durchzogenen Parks mit zierlichen Brücken und hübschen Pavillons.

Zeichen herrscherlicher Macht: Zarenkrone und russischer Doppeladler am kunstvollen Gitter des Katharinenparks in Zarskoje Selo.

Besuch der Sommerresidenzen

Am besten sollte man – wie die Zaren – mit dem Schiff nach Peterhof fahren: In den Sommermonaten verkehren alle 15–30 Minuten Tragflächenboote ab der Eremitage nach Peterhof (Fahrtdauer: ca. 30 Minuten).

Die anderen Zarenresidenzen – alle liegen zwischen 25 und 50 Kilometer westlich bzw. südlich von St. Petersburg – besucht man am besten im Rahmen einer organisierten Besichtigungstour. Wer sich auf das Abenteuer einer Bahnfahrt einlassen möchte, gelangt vom Baltischen Bahnhof aus nach Oranienbaum, Peterhof und Gatschina (dorthin fahren auch Züge vom Warschauer Bahnhof aus). Vom Witebsker Bahnhof kommt man nach Pawlowsk und Zarskoje Selo.

Alle Parks sind täglich zugänglich; die Hauptpaläste von Peterhof und Gatschina haben montags geschlossen, der Katharinenpalast in Zarskoje Selo kann dienstags, der Große Palast in Pawlowsk freitags, der von Oranienbaum überhaupt nicht besichtigt werden.

Ein Schloß als Schatzkammer

Der Winterpalast und die Kunstsammlungen der Eremitage

Jeden 6. Januar schritt einst der Zar die Jordantreppe im Winterpalast hinab, um in einem feierlichen Akt das Fest der Wasserweihe zu begehen.

Ebenso wie der Louvre in Paris oder das British Museum in London gehört die Eremitage ❹ zu den bedeutendsten Kunstmuseen der Welt. Drei Millionen Besucher bestaunen jährlich die Sammlung, die im Winterpalast und den angrenzenden Gebäuden untergebracht ist. Man kann sich kaum vorstellen, daß in den 353 Räumen nur ein Bruchteil des Bestandes ausgestellt ist. Fast 90 Prozent des

Eindrucksvolle Kulisse: der Winterpalast, rechts die Admiralität und die mächtige Kuppel der Isaakskathedrale.

Museumsschatzes lagern in Magazinen. Wollte man alle Kunstschätze auch nur kurz betrachten, so würde man dafür, wie Statistiker errechnet haben, elf Jahre benötigen.

Schon Peter der Große hatte einige Kunstwerke von Rang erstanden, doch erst Katharina II., die Große, begann planmäßig zu sammeln. 1764 wird als Gründungsjahr der Eremitage betrachtet. In diesem Jahr gelang der Zarin ein Coup, als Friedrich der Große 225 für ihn bestimmte Gemälde aus Geldmangel nicht erwerben konnte.

Für ihre Schätze ließ die Zarin neben dem 1754–62 von Bartolomeo Francesco Rastrelli am Ufer der Newa erbauten Winterpalast die sogenannte Kleine Eremitage errichten. Das französische Wort für Einsiedelei bezeichnete im 18. Jahrhundert eigentlich einen im Schloßpark gelegenen Pavillon, in dem der Fürst dank besonderer Vorrichtungen im kleinen Kreis speisen konnte, ohne vom Bedienungspersonal gestört zu werden. Die in der Kleinen Eremitage aufgehängten Gemälde bekamen nur wenige zu sehen. In einem Brief schrieb die Zarin: »Nur ich und die Mäuse können diese ganze Herrlichkeit bewundern.« 1852 bekamen die Mäuse zweibeinige Gesellschaft. Die Kunstsammlung der Zaren, die sich nunmehr auf die Kleine sowie die später angebaute Alte und Neue Eremitage verteilte, wurde einer auserwählten Öffentlichkeit zugänglich gemacht. Man durfte sie allerdings nur nach vorheriger Genehmigung der Hofkanzlei besuchen und unter Beachtung der Kleidervorschriften: Frack und Zylinder waren gefordert.

Auch die Nachfolger der Zarin Katharina hatten mit Leidenschaft Kunst gesammelt. Sprunghaft stiegen die Bestände der Eremitage jedoch erst nach der Oktoberrevolution an, als unzählige Kunstwerke durch die Verstaatlichung des Privatbesitzes an das Museum übergingen. Seit 1922 wird auch der Winterpalast als Museumsgebäude genutzt, und jedermann hat seitdem Zutritt zu dieser einmaligen Schatzkammer der Weltkunst.

Ein Rundgang durch die Eremitage, für den man sich mindestens drei Stunden Zeit nehmen sollte, beginnt in der Regel mit der Besichtigung der Prunkräume. Wie seinerzeit die Zaren und hohen Gäste, gelangt der heutige Besucher über die Jordan- oder Gesandtentreppe in das erste Obergeschoß des Winterpalastes. Der großartige barocke, von Rastrelli entworfene Paradeaufgang wurde bei dem Feuer, das 1837 drei Tage lang in dem Palast wütete, ebenso wie alle anderen Prunkräume zerstört, danach allerdings – im Gegensatz zu den meisten anderen Sälen – wieder originalgetreu restauriert. Auch der Peters- oder Kleine Thronsaal hat sein ursprüngliches Aussehen bewahren können. Der Große Thron- oder St. Georgssaal war 1906 letztmals Schau-

Diese Büste Peters des Großen ist einer der rund 2,7 Millionen Kunstschätze der Eremitage.

Im Kleinen Thronsaal: Zar Peter mit Minerva, der Göttin des von ihm hochgeschätzten Handwerks.

platz des offiziellen Hofzeremoniells. Der Malachitsaal diente der Gattin von Nikolaus I. als Salon. Zwei Tonnen dieses Halbedelsteins waren aus dem Ural herbeigeschafft worden. Säulen und Pilaster sowie Einrichtungsgegenstände wurden aus dem wertvollen Material gefertigt. Historische Bedeutung hat das Weiße Eßzimmer. In diesem privaten Speisesaal der Zarenfamilie wurden 1917 die hierher geflüchteten Mitglieder der Kerenskij-Regierung nach der Erstürmung des Palastes durch die Bolschewisten verhaftet. Die Uhr auf dem Sims zeigt noch immer die Zeit, als dies geschah.

Man sollte sich gar nicht erst vornehmen, nach den Prunkräumen noch alle sechs Abteilungen des Museums mit Exponaten von der Steinzeit bis zur Gegenwart anzuschauen. Dafür reicht auch ein ganzer Tag nicht aus. Besser ist es, sich beim ersten Besuch nur auf die Abteilung Westeuropäische Kunst und hier insbesondere auf die Gemäldesammlung im ersten und zweiten Obergeschoß der Eremitage zu konzentrieren. Und auch dort wird man sich auf die allerberühmtesten Bilder oder auf die persönlich bevorzugten Künstler beschränken müssen: In der Sammlung italienischer Kunst vom 13. bis 16. Jahrhundert ragen die »Madonna mit der Blume« von Leonardo da Vinci und Tizians »Danae« heraus. Bei der flämischen Kunst des 17. Jahrhunderts dominieren Peter Paul Rubens und Anthonis van Dyck mit zahlreichen Gemälden. In den Räumen mit holländischer Kunst des 17. und 18. Jahrhunderts ist Rembrandt mit 25 Bildern vertreten. Mehr als 60 Säle sind allein französischen Meisterwerken vorbehalten – eine derart lückenlose Sammlung französischer Kunst gibt es nirgendwo sonst außerhalb Frankreichs. Hier muß die Vorliebe entscheiden, ob man sich mehr dem 17. Jahrhundert mit den Landschaften Claude Lorrains widmet, die Bilder der Impressionisten oder die Malerei des 20. Jahrhunderts mit Picasso, Matisse und vielen anderen bewundert. Auch die deutsche Malerei ist mit hervorragenden Bildern von Cranach über Holbein bis zu Caspar David Friedrich vertreten.

Kunstfreunde werden einen zweiten Besuch vorsehen müssen, wenn sie auch nur die bedeutendsten Kostbarkeiten besichtigen möchten. Der sagenhafte Goldschatz der Skythen aus dem 7. bis 3. vorchristlichen Jahrhundert gehört dazu. Er wird in der Schatzkammer aufbewahrt und kann nur mit einer vorangemeldeten Führung bewundert werden.

Die Führung

Wer erstmals die Eremitage besucht, sollte sich am besten einer Führung anschließen. Ist sie nicht ohnehin im Reiseprogramm enthalten, so kann sie über die Rezeptionen der großen Hotels oder über private Agenturen – zu allerdings stolzen Preisen – gebucht werden. Bei der etwa zwei bis drei Stunden dauernden Führung werden die Prunkräume und einige ausgewählte Säle der Gemäldegalerie gezeigt. Durch die Restaurierungsmaßnahmen sind in den nächsten Jahren einzelne Abteilungen zeitweise geschlossen. Für den Preis einer weiteren Eintrittskarte kann man eine Fotografiererlaubnis erwerben. Viele Räume sind so gut beleuchtet, daß sich auch ohne Blitz hervorragende Aufnahmen machen lassen.

Flaniermeile im Herzen der Stadt

Der Newskij Prospekt

Vor dem »Haus des Buches«: Die Not zwingt viele der Literatur liebenden Russen dazu, sich von ihren Schätzen zu trennen.

Menschen hasten hin und her. Auf den sechs Fahrbahnen ein nicht enden wollender Strom von Autos und Bussen. Jeder Versuch, die Fahrbahn zu überqueren, könnte tödlich enden. Ist die Straße einmal für Sekunden frei, schießt schon das nächste Fahrzeug mit überhöhter Geschwindigkeit heran. Und das soll sie sein – Petersburgs Prachtstraße, der Newskij Prospekt ❿?

Als breite, fast gerade verlaufende Straße zieht sich der Newskij – wie ihn die Einheimischen kurz nennen – über 4,5 Kilometer von der Admiralität (Admiraltejstwo) ❶ bis zum Alexander-Newskij-Kloster (Aleksandro-Newskaja Lawra) ㉗. Die noch zu Zeiten Peters des Großen angelegte Straße bezeichnete man zunächst als Große Perspektive, ab 1783 hieß sie dann Newskij Prospekt. Stalin wollte daraus die Straße des 25. Oktober (des Revolutionsbeginns) machen – ein Name, der sich jedoch bei den Petersburgern nicht durchsetzte. Zuviel verband sie mit ihrem von Dichtern und Reisenden gerühmten Newskij Prospekt. Sie waren – und sind – mit Nikolaj W. Gogol einig, der 1836 schrieb: »Es gibt nichts Schöneres als den Newskij Prospekt, wenigstens nicht in Petersburg; für die Stadt bedeutet er alles.«

In vielem unterscheidet sich der Newskij Prospekt des 19. Jahrhunderts von dem, der sich dem Reisenden heute zeigt. Damals galt er nicht nur Russen als einer der schönsten Boulevards Europas. Hier gab es Luxusläden, elegante Cafés und Restaurants. Hier traf sich die Gesellschaft oder rauschte mit ihren Kutschen vorbei. Eines ist geblieben: die prunkvollen Fassaden, die den Newskij säumen. Knapp 200 Paläste zählt man. Die meisten präsentieren sich in »alt-neuer« Pracht. Einer der eindrucksvollsten ist das barocke Stroganow-Palais (Nr. 17) ⓮ mit seiner grünweißen Fassade. Auch in der Sowjetunion war der Newskij Prospekt das Aushängeschild der Newametropole, entsprechend wurden die Adelspalais und Kirchen beidseits der Straße ständig restauriert. Doch der aufmerksame Besucher entdeckt bei einem Bummel auf dem Newskij Prospekt noch mehr als nur glanzvolle Architektur. Hier spürt man am ehesten den Geist des »neuen Rußland«, sieht allerdings auch seine unerfreulichen Begleiterscheinungen. Die ersten Läden zeigen in ihren Schaufenstern Luxuswaren westlicher Herkunft zu westlichen Preisen. Für den Durchschnittsrussen sind sie unerschwinglich. Viele Restaurants haben in den letzten Jahren am Newskij Prospekt eröffnet, übernachten kann man hier mittlerweile in zwei Luxushotels, und für abendliche Unterhaltung sorgen Nachtclubs. In krassem Gegensatz dazu: die alten Frauen und Männer am Straßenrand, die für ihr letztes Hab und Gut Käufer suchen – es ist die Vorstufe zum Betteln. Die Bettler selbst sind abgedrängt in die unterirdischen Passagen und Metrozugänge. Betteln darf hier allerdings nicht jeder, dafür sorgt schon die russische Mafia.

Den Newskij Prospekt kann man nur zu Fuß erkunden. Am interessantesten ist die Strecke zwischen Admiralität und dem Fluß Fontanka, die lange Zeit die Stadtgrenze bildete. Gehen wir dorthin, wo die Russen einkaufen oder zumindest gerne einkaufen würden. Viele Geschäfte schließen übrigens erst um 21.00 Uhr und haben sogar am Sonntag geöffnet. Entsprechend herrscht fast immer reges Treiben auf dem Newskij.

Vor der Katharinenkirche stellen Petersburger Künstler ihre Arbeiten aus – ein individuelles Souvenir findet man hier ganz sicher.

Nach Moskauer Vorbild Mitte des 19. Jahrhunderts errichtet: die elegante Ladengalerie »Passasch«.

Erste Adresse für Bücher ist in St. Petersburg das Dom Knigi. Das Gebäude mit der Hausnummer 28 gehörte einst dem amerikanischen Nähmaschinenkonzern Singer und gilt mit seiner riesigen Weltkugel über dem Eckturm als eines der besten Beispiele des Petersburger Jugendstils. Die Buchhandlung wurde 1919 eingerichtet. Ausgetretene Stufen erzählen von den Millionen Käufern, die seitdem im »Haus des Buches« ein und aus gingen. Das Warenangebot hat sich in den letzten Jahren verändert: Marx, Engels und Lenin sind aus den Regalen verschwunden, statt dessen stehen derzeit historische Bücher über die Zaren hoch im Kurs, aber auch leichte Literatur findet viele Käufer.

Schon seit Jahren verbirgt sich die frühklassizistische Fassade des Gostinyj Dwor hinter einem Gerüst. Gleich einen ganzen Häuserblock nimmt der 1785 eröffnete »Große Kaufhof« ein (Newskij Prospekt 35) 12. Wer hier einkaufen möchte, sollte Kondition mitbringen. Fast zwei Kilometer müssen zurückgelegt werden, will man alle Verkaufsstände begutachten. Das Angebot ist vielfältig: Gleich neben noblen Boutiquen mit Kleidung westlicher Designer findet man hinter einfachen Ladentischen Damen- und Herrenbekleidung russischer Herkunft, aber auch Haushaltswaren und Lebensmittel.

Ebenfalls ein buntes Spektrum von Waren aller Art bietet die »Passasch« (Nr. 48). Doch ist in den Geschäften noch viel »vorrevolutionäres Flair« übriggeblieben. Viel Marmor und Glas erhöhen den Kaufgenuß in der bereits Mitte des 19. Jahrhunderts errichteten Ladenpassage, die den Newskij Prospekt mit der Italjanskoja Uliza verbindet.

Wunderschön von vergangenen Zeiten läßt es sich in den Verkaufsräumen von Jelissejew träumen (Nr. 56). Ein prächtiges Jugendstildekor mit Kristallüstern und Spiegelwänden ziert das einstige Delikatessengeschäft. Der Firmengründer Peter Jelissejew machte eine Bilderbuchkarriere: Vom ehemaligen Leibeigenen, dem 1812 die Freiheit geschenkt worden war, gelang ihm der Aufstieg zum Inhaber eines Gourmettempels. Hier erwarb die feine Petersburger Gesellschaft Kaviar und Austern, Champagner und alten Cognac. Noch vor der Revolution war es damit vorbei: Nach einem Skandal mußte die Familie Jelissejew das Land verlassen. Heute heißt der Laden wieder Jelissejew, nur mit dem einstigen Feinschmeckerangebot hapert es noch etwas.

Wieder draußen im Sog des Menschenstroms auf dem Newskij Prospekt. Von den fünf Millionen Einwohnern der Stadt scheinen gerade eine Million auf der Hauptstraße unterwegs zu sein. Irgendwo spielt eine Dixielandband, Schnellporträtisten sehen sich nach möglichen Kunden um, Liebespaare halten Händchen, und alte Menschen treffen sich in den angrenzenden Grünanlagen – doch der Newskij ist noch immer das Herz der Stadt!

Das neobarocke Bjelosselskij-Bjeloserskij-Palais ist eines der architektonischen Schmuckstücke am Newskij Prospekt.

Die goldene Nadel der Admiralität markiert den Anfang des Newskij Prospekts, der sich von hier über 4 km zum Alexander-Newskij-Kloster zieht.

Auf einen Blick

St. Petersburg entdecken und erleben

Aus einer ganz anderen Perspektive lernt man die nördlichste Millionenstadt der Welt (fünf Millionen Einwohner) bei einer Bootsfahrt über Flüsse und Kanäle kennen. Man kann wählen zwischen einem Wassertaxi oder einem regelmäßig verkehrenden Rundfahrtschiff (Anlegestellen: vor der Eremitage, dem Stroganow-Palais oder an der Anitschkow-Brücke). Zwischen Mai und September starten die Boote etwa alle 30 Minuten zu einer einstündigen Rundfahrt.

Peterhof mit seinen grandiosen Wasserspielen ist beliebtes Wochenendziel der Petersburger. Für die Besichtigung wird ein Wochentag empfohlen.

1. Admiralität
2. Generalstabsgebäude
3. Schloßplatz mit Alexandersäule
4. Winterpalast/Eremitage
5. Puschkin-Museum
6. Auferstehungskirche
7. Russisches Museum
8. Michaelsschloß
9. Scheremetjew-Palais
10. Newskij-Prospekt mit Anitschkow-Brücke
11. Rossi-Straße/Lomonossow-Platz
12. Großer Kaufhof
13. Kasaner Kathedrale
14. Stroganow-Palais
15. Isaakskathedrale
16. Eherner Reiter
17. Akademie der Künste
18. Menschikow-Palais
19. Akademie der Wissenschaften
20. Kunstkammer
21. Peter-Paul-Festung
22. Marmorpalast
23. Sommergarten
24. Kreuzer Aurora
25. Taurisches Palais
26. Smolnyj-Kloster
27. Alexander-Newskij-Kloster
28. Dostojewskij-Museum
29. Zarskoje Selo/Katharinenpalast
30. Pawlowsk
31. Gatschina
32. Nikolaus-Marine-Kathedrale
33. Peterhof
34. Oranienbaum
35. Kronstadt

Die Peter-Paul-Festung, die Keimzelle der Stadt, mußte ihrer militärischen Funktion nie gerecht werden. Ihren Mittelpunkt bildet die Peter-Paul-Kathedrale.

Ein gewaltiger Triumphbogen unterteilt das Generalstabsgebäude. Er versinnbildlicht – wie die Alexandersäule auch – den Sieg der Russen über Napoleon im Jahre 1812.

Die Isaakskathedrale ist einer der größten Kuppelbauten der Welt und prächtigste Kirche der Stadt. Vom Kolonnadengang bietet sich eine schöne Sicht auf die Newametropole.

Fast zu jeder Tageszeit zieht es Gläubige zu Tauf- oder Totenfeiern in die Nikolaus-Marine-Kathedrale. Einem russisch-orthodoxen Gottesdienst beizuwohnen, ist ein Erlebnis.

Ein staatliches Fremdenverkehrsamt gibt es in St. Petersburg derzeit nicht. Ausflüge können in den Servicebüros der Hotels, z. B. hier im Hotel Astoria, Bolschaja Morskaja 39, ☎ 08 12/2 10 57 57, Fax 08 12/3 15 96 68, oder bei privaten Agenturen gebucht werden, z. B. Peter T.I.P.S., Newskij Prospekt 86, ☎ 08 12/2 79 00 37, Fax 08 12/2 75 08 06 (Auskünfte auch in Deutsch). Als Transportmittel empfiehlt sich die Metro, die mit ihren bis zu 100 Meter tiefen kunstvollen Stationen ein Erlebnis bietet.

Vom Panzerkreuzer »Aurora« wurde der Schuß abgegeben, der die Erstürmung des Winterpalastes – und den Beginn der Oktoberrevolution 1917 – signalisierte. Seit 1956 ist die »Aurora« Museum.

Für Russen fast heilig: das Haus an der Mojka, in dem Alexander Puschkin einige Monate wohnte und starb. Seine einstige Wohnung ist heute Museum.

Wirkt uralt, entstand aber erst um 1900: die Auferstehungs- oder Erlöserkirche. Sie steht an der Stelle, an der Alexander II. ermordet wurde.

Die Sammlungen des Russischen Museums umfassen in 120 Sälen die russische Kunst in allen ihren Bereichen. Zu den bedeutendsten Museumsschätzen gehört die mittelalterliche Ikonensammlung.

Die Stroganows ließen sich ein prächtiges barockes Palais am Newskij Prospekt errichten. Seit 1991 ist es Zweigstelle des Russischen Museums.

Vergoldeter Stuck, Marmor, Edelparkett, Gold und nochmals Gold – vielen gilt der Katharinenpalast in Zarskoje Selo als schönstes Zarenpalais.

Was – wann – wo?

Abenteuer Einkauf

In typisch russischen Geschäften geht dem Einkauf eine umständliche Prozedur voraus. Man wählt eine Ware aus, merkt sich den Preis (oder läßt ihn sich aufschreiben), bezahlt an der Kasse, geht zurück und erhält gegen Vorlage des Bons den gewünschten Gegenstand. Wem das zu umständlich ist: Mittlerweile machen immer mehr moderne Selbstbedienungsläden auf.

Stadtgründungsfest

Mitbringsel

Festliches St. Petersburg

Im Zuge der politischen Umwälzungen in der GUS wurden viele Feiertage abgeschafft. Einen größeren Stellenwert haben nun die religiösen Feste. Mit ihren eindrucksvollen Zeremonien sind sie auch für den ausländischen Gast von Interesse. Ein Erlebnis sind daneben natürlich die Kunstfestivals.

- **Orthodoxes Weihnachtsfest.** Nächtliche Messen und Chormusik locken auch viele Nichtgläubige an. In der Nacht vom 6. auf den 7. Januar.
- **Tag der Stadtgründung.** Großes Volksfest auf dem Gelände der Peter-Paul-Festung ㉑. Letzter Sonntag im Mai.
- **Tag der Unabhängigkeit.** Seit 1991 feiert man den 12. Juni mit einem riesigen Feuerwerk.
- **Weiße Nächte.** Kunstfestival mit Ballettaufführungen, Konzert- und Folkloreveranstaltungen. 21. bis 29. Juni.
- **Russischer Winter.** Die Theater zeigen ihre besten Inszenierungen, Darbietungen von Volkstanzgruppen und Trojkafahrten. 25. Dezember bis 5. Januar.

- **Dom Torgowli,** im »Handelshaus«. In dieser prächtigen Jugendstil-Einkaufspassage gibt es neben einer großen Spielwarenabteilung auch Mode für Erwachsene und vieles mehr. Bolschaja Konjuschennaja Uliza 21/23.
- **Kusnetschnyj Rynok.** Eine Mischung aus westeuropäischem Markt und orientalischem Basar. Kusnetschnyj Pereulok 3.
- **Tiermarkt** (Kondratewskij Rynok) – das Sonntagsvergnügen der Petersburger. Angesichts der süßen Kätzchen und Welpen kann man nur davor warnen, mit Kindern hinzugehen. Poljustrowskij Prospekt 45.
- **Podarki.** Hier gibt es typisch russisches Kunsthandwerk: die berühmten Matrjoschkas, die Puppen in der Puppe, Holzgeschirr und bunte Umhängetücher. Newskij Prospekt 54.
- **Art Gallery.** Große Auswahl an Souvenirs in der ehemaligen Anglikanischen Kirche. Anglijskaja Nab. 56.
- **Iskusstwo.** Kunst- und Bildbände in verschiedenen Sprachen sowie Landkarten und Kunstdrucke. Newskij Prospekt 16.
- **Ausstellungszentrum der Künstlervereinigung.** Hier werden Gemälde, Aquarelle und Graphiken verkauft. Bolschaja Morskaja.

Ballett-Theater Boris Eifman

Kultur genießen wie die Zaren

Für die gesamte russische Kultur waren die Theater von St. Petersburg schon immer von großer Bedeutung. Auch heute noch haben die Bühnen der Stadt einen hervorragenden Ruf. Über die Servicebüros der Hotels sind in der Regel auch für erstklassige Vorstellungen kurzfristig noch Karten erhältlich – die meisten Russen können sich einen Theaterbesuch nicht mehr leisten. An den Abendkassen sind die Eintrittskarten zwar billiger, aber oft bekommt man nur die schlechteren Plätze.

- **Marientheater** (Mariinskij Teatr). St. Petersburgs erste Bühne für Oper und Ballett. Unter Leitung des Chefdirigenten Walerij Gergijew, der an die vorsozialistische Ära anknüpfen möchte, gab es in den letzten Jahren viele neue hervorragende Inszenierungen. Teatralnaja Ploschtschad 1.
- **Alexandratheater** (Aleksandrinskij Teatr). Klassische Stücke und moderne Dramen stehen auf dem Spielplan, besonders interessant sind die Tschechow-Inszenierungen. Ploschtschad Ostrowskogo.
- **Eremitagetheater.** Die Bühne ist mit modernster Technik ausgestattet, der kleine Zuschauerraum ist noch aus der Zarenzeit. Dworzowaja Nab. 36.
- **Ballett-Theater Boris Eifman.** Eifmans moderne Ballettinszenierungen, z. B. »Die zwölfte Nacht« nach Shakespeares »Was Ihr wollt«, sind weit über die Grenzen Rußlands hinaus bekannt geworden. Uliza Lizy Tschajkinoj 2.
- **Großer Saal der Schostakowitsch Philharmonie.** Der schönste Konzertsaal der Stadt besitzt eine hervorragende Akustik. Michajlowskaja Uliza 2.
- **Großes Puppentheater.** Die anspruchsvollen Marionettenspiele faszinieren auch ältere Zuschauer. Uliza Nekrassowa 10.
- **Petersburger Zirkus.** Immer ein Erlebnis sind Vorstellungen im ältesten Zirkusgebäude Rußlands. Nab. Reki Fontanki 3.

Traumhaft träumen

Das Hotelangebot hat sich in den letzten Jahren verbessert. Manche Mittelklassehotels lassen allerdings hinsichtlich Komfort und Service noch zu wünschen übrig, bezüglich des Preises haben sie sich schon lange westlichem Niveau angeglichen. Preiswerter wird die Übernachtung, wenn man über einen Reiseveranstalter in Deutschland vorbucht.

Hotel Pribaltijskaja

- **Grand Hotel Europe Kempinski.** Das Fünf-Sterne-Haus mit Jugendstil-Ambiente ist Mitglied der »Leading Hotels of the World«. Michajlowskaja Uliza 1/7. ☎ 08 12/3 29 60 00, Fax 08 12/3 29 60 01.
- **Newskij Palace.** Modernes Luxushotel unter österreichischer Leitung. Die Zimmer sind relativ klein, die Eingangshalle pompös. Newskij Prospekt 57. ☎ 08 12/2 75 20 01, Fax 08 12/3 01 73 23.
- **Astorija.** Das alte Renommierhotel wurde vor einigen Jahren restauriert und bietet seitdem gehobenen Standard. Bolschaja Morskaja 39. ☎ 08 12/2 10 57 57, Fax 08 12/2 10 50 59.
- **Pribaltijskaja.** Die Lage des Mittelklassehotels am Finnischen Meerbusen entschädigt für die ca. 30minütige Anfahrt aus dem Zentrum. Uliza Korablestroitelej 14. ☎ 08 12/3 56 30 01, Fax 08 12/3 56 44 96.
- **Peterhof.** Übernachten auf einem ehemaligen Kreuzfahrtschiff auf der Newa. Service und Küche gleichen die Enge der neu möblierten Kabinen aus. Nab. Makarowa (bei der Tutschkow-Brücke). ☎ 08 12/3258888, Fax 08 12/3258889.
- **Neptun.** Geschäftsreisende und Touristen schätzen das Hotel mit modernem Komfort in der Innenstadt. Nab. Obwodnogo Kanala 93a. ☎ 08 12/3 15 49 65, Fax 08 12/1 13 31 60.
- **International Hostel.** Für junge Reisende eine gute Möglichkeit, preiswert und relativ zentrumsnah zu wohnen. Zimmer mit 2 bis 5 Betten. Sowjetskaja 3-ja Uliza 28. ☎ 08 12/3 29 80 18, Fax 08 12/3 29 80 19.

Blinis

Blinis und Kaviar...

... sollten Sie unbedingt probieren, ansonsten aber Ihre Erwartungen bezüglich der in St. Petersburg gebotenen Küche nicht zu hoch schrauben. Gourmets kommen nur in wenigen noblen Hotelrestaurants auf ihre Kosten. In vielen Restaurants sind auf der Speisekarte die Preise wegen der hohen Inflation in US-Dollar angegeben, bezahlt werden muß jedoch grundsätzlich in Rubel oder per Kreditkarte.

- **Europe.** Das Restaurant im ersten Stock des Grand Hotel Europe gilt als bestes der Stadt. Michajlowskaja Uliza 1/7.
- **Literaturnoje Kafe.** Das »Kafe«, in dem schon Puschkin verkehrte, ist eher ein Restaurant als ein Café. Die Küche und die Speisekarte (!) sind russisch, aber die Ober helfen gern beim Übersetzen. Newskij Prospekt 18.
- **Sadko.** Treffpunkt der jüngeren Petersburger Schickeria – aber auch Ausländer schätzen die Küche des Restaurants im Bistrostil. Michajlowskaja Uliza 1 (Ecke Newskij Prospekt).
- **Tbilissi.** Hier werden georgische Spezialitäten serviert. Aber Achtung: viele Speisen sind sehr scharf! Sytninskaja Uliza 10.
- **Dworjanskoje Gnesdo.** Auch wenn die französisch/internationale Küche manchmal zu wünschen übrig läßt, die wunderschöne Atmosphäre im Gartenpavillon des ehemaligen Jussupow-Palais gleicht das allemal aus. Dekabristow Uliza 21.
- **Kalinka.** Hier ist alles russisch: das Essen, das Ambiente und die Musikbegleitung. Sjesdowskaja Linija 9.
- **Tschaika.** Beliebter Treff von Ausländern und Einheimischen für einen Imbiß und ein deutsches Bier vom Faß. Im Sommer kann man draußen sitzen. Nab. Kanala Gribojedowa 14.
- **Graf Laval.** Preiswerte russische Gerichte (leckere Blinis!) in einfacher Atmosphäre, dazu gibt's russische Lieder. Galernaja Uliza 3.

Nachtleben nach westlichem Vorbild

Ein Nachtleben (zumindest das, was man im Westen darunter versteht) gibt es in St. Petersburg erst seit einigen Jahren. Typisch Russisches darf man hier also nicht erwarten. Mit einer Ausnahme: In den »Weißen Nächten«, wenn es kaum dunkel wird in der nordischen Metropole, dann verwandelt sich die gesamte Innenstadt in eine Freiluftbar. Tausende wohnen dem Spektakel bei, wenn sich zwischen 2 und 5 Uhr morgens die Newabrücken allmählich heben und senken, um Schiffen die Durchfahrt zu ermöglichen.

Weiße Nächte

- **Nevsky Melody:** Restaurant, Bar, Diskothek und Spielcasino unter einem Dach. Nab. Swerdlowskaja 62.
- **Trojka.** Allabendlich wird eine eher durchschnittliche Cabaret-Show geboten, später Tanz und dazu ein mehrgängiges russisches Menü. Sagorodnyj Prospekt 7.
- **Casino und Bar im Hotel Astorija.** Roulette und andere Glücksspiele in seriöser, gepflegter Atmosphäre. Bolschaja Morskaja 39.
- **Cleo.** Elegante Atmosphäre, entsprechendes Publikum. Restaurant mit Casino und Disko. Statschek Prospekt 18.
- **Jazz Philharmonic Hall.** Täglich Jazz-Livemusik in einem ehemaligen Kinosaal. Sagorodnyj Prospekt 27.

STOCKHOLM

Stadt der Schären

30 000 an der Zahl, kleine und feine, große und wuchtige, liebliche und schroffe – wohl kaum eine Hauptstadt auf der Welt ist von so vielen Inseln und Inselchen umgeben wie Stockholm. Schären werden die oft klitzekleinen Felseilande genannt, die die Küstengewässer vor Schwedens Hauptstadt sprenkeln. Die Stadt paßt sich ein in das landgewordene Wirrwarr dieser Erhebungen. Wasser ist allgegenwärtig – ob in der Altstadt, der Gamla Stan (Bild), wo man überall und selbst durch engste Gäßchen hindurch immer wieder das Funkeln und Glitzern des Elements erspäht, oder am Strandvägen, der Promeniermeile für alle und der Adresse der oberen Einhundert. In Stockholm lebt man am und vom Wasser: Selbst in der Innenstadt darf gebadet werden, und vor der königlichen Oper entlockt so mancher Angler dem Meer einen seiner Schätze, der dann Minuten später in der Küche des noblen Operakällaren gaumenfreundlich zubereitet wird.

Stockholm ist eine reiche Stadt: Wunderschöne und unzerstörte Architektur verwöhnt die Besucher ebenso wie die Vielzahl der Museen, Theater und Parkanlagen. Eingetaucht in das nordische Licht der Sommermonate, läßt Stockholm auch aus bodenständigen Realisten wahre Träumer werden – keine Spur mehr vom angeblich so kühlen Norden.

Zurück in die Vergangenheit

Gamla Stan, die Altstadt

Stadt auf sieben Inseln – so präsentiert sich Schwedens Metropole. Selbst mitten in der City kann gebadet und geangelt werden.

Zurück ins Mittelalter: Stockholms Altstadt macht die Zeitreise möglich. Inmitten der engen, kopfsteingepflasterten Gassen, unter den alten Laternen und Torbögen, an den Brunnen oder in den zahlreichen Kellergewölben, die heute den stimmungsvollen Rahmen für einige der besten Stockholmer Restaurants abgeben, fühlt man sich zurückversetzt in eine andere, längst vergangene Welt. Im 12. Jahrhundert wurde die Siedlung gegründet, an deren Aufbau auch deutsche Kaufleute aus dem Raum Lübeck mitgewirkt haben. Sie waren in den hohen Norden gekommen, um hier Waren einzukaufen. An den Kaianlagen direkt an der Altstadt wurden die Schiffe beladen.

Den deutschen Einfluß hat die Gamla Stan auch über die Jahrhunderte hinweg nicht verleugnet: Überall erinnern Straßennamen an diese wirtschaftliche Blütezeit. Die Tyska Brinken, die deutsche Steigung, führt direkt zur Tyska Kyrkan ❹, der deutschen Kirche, die nach 1571 durch den Umbau eines mittelalterlichen Gildehauses entstanden ist. Noch heute werden hier Gottesdienste in deutscher Sprache abgehalten. Die spätgotische Fassade imponiert ebenso wie das barocke Innere mit seinem reich vergoldeten, neun Meter hohen Altar. Nur einen Steinwurf entfernt liegt die Tyska Skolgränd, die deutsche Schulgasse. Hier wurde 1612 die erste deutsche Schule errichtet. Ihre Nachfolgerin befindet sich heute am Karlavägen im Stadtteil Östermalm. Die Spuren der deutschen Vergangenheit sind endlos, nur der Tyska Brunnsplan ❺, der deutsche Brunnenplatz, soll noch Erwähnung finden. Hier kann man sich noch heute in einem der umliegenden Gasthäuser in mittelalterlichem Ambiente bewirten lassen. Unbedingt sollte Mårten Trotzigs Gränd, der vermutlich schmalsten Gasse der Stadt, ein Besuch abgestattet werden – sofern die Durchgangsbreite von nur neunzig Zentimetern nicht abschreckt!

Generell gilt: Abseits der Västerlånggatan, der Hauptstraße der Gamla Stan, wo man im Sommer beim besten Willen kein ruhiges Plätzchen findet, läßt es sich gut aushalten. Zum Beispiel in einem Café auf dem Stortorget ❸, dem ältesten Platz der Stadt, direkt an der altehrwürdigen Börse, oder bei der Storkyrkan St. Nikolai ❷, der Stockholmer Hauptkirche, die mit ihrem Turm die Silhouette der Altstadt eindrucksvoll prägt. Wenn dann die nordische Abendsonne die Fassaden in ockerbraune Farben taucht, meint man Carl Michael Bellman, den berühmten schwedi-

Das Wappen Gustavs III., der 1789 im Reichstag ein neues Grundgesetz durchsetzte, das ihm völlige Souveränität verlieh.

Mit seinen vielen Straßencafés wirkt Stockholm im Sommer fast wie eine südländische Stadt.

schen Dichter und Sänger des 18. Jahrhunderts, zu hören, der hier in der Gamla Stan seine schönsten Lieder geschrieben hat.

Im Laufe der Zeit sind die meisten der wunderschönen historischen Gebäude behutsam renoviert worden, so daß sich dem Besucher heute ein architektonisch äußerst reizvolles Bild präsentiert. Zum Glück ging aber den Stadtvätern irgendwann das Geld aus, und der ernsthaft diskutierte Plan einer radikalen Altstadtsanierung fiel dem Loch im Stadtsäckel zum Opfer. Die Altstadt ist die unübersehbare Attraktion Stockholms: Das königliche Schloß (1) bildet den Ausgangspunkt für eine Exkursion in die Vergangenheit. Die Königsfamilie hat in diesem Schloß, das um 1750 seine heutige Form erhielt, nur kurze Zeit gelebt. Angesichts des tristen Kastenbaus am Rande der Gamla Stan kann man verstehen, daß Silvia, Carl XVI. Gustaf und die drei Kinder ein Leben auf Schloß Drottningholm (27) außerhalb von Stockholm vorziehen. Dennoch: Auch das Stadtschloß, das für offizielle Empfänge noch genutzt wird, hat durchaus seine Reize. Viele der insgesamt 608 Räume können besichtigt werden, außerdem beherbergt das Schloß eine Reihe von Sonderausstellungen. Jeden Mittag findet vor dem Hauptportal die Wachablösung statt. Auch das ist Schweden: Die Königsfamilie genießt zwar hohes Ansehen im Lande, politische Befugnisse hat der Monarch jedoch nicht. Den Sozialdemokraten, die das Land mehr als ein halbes Jahrhundert regiert haben, ist die Monarchie ein Dorn im Auge, die Einführung der Republik ein bislang nicht umgesetzter Punkt im Parteiprogramm.

Wer enttäuscht ist vom Schloß in der Altstadt, sollte den Weg nach Drottningholm nicht scheuen, zumal man mit dem Schiff vom Rathaus (Stadshuset) (20) aus über den Mälarsee durch eine herrliche Schärenlandschaft fährt. Das Rathaus steht im übrigen einmal im Jahr im Blickpunkt des internationalen Interesses: Hier findet jeweils am 10. Dezember im Goldenen Saal die feierliche Verleihung der Nobelpreise statt, die seit 1901 vergeben und aus dem Nachlaß des schwedischen Chemikers Alfred Nobel, dem wir die Erfindung des Dynamits verdanken, finanziert werden. Den Preisträgern wird zusammen mit dem Königspaar und hochrangigen Vertretern aus Politik, Wirtschaft, Wissenschaft und Kultur ein opulentes Mahl aufgetischt, an dessen Zubereitung alle guten Köche der schwedischen Gastronomie beteiligt sind.

Vom Rathausturm kann man Weitsicht genießen: Stockholm und sein Labyrinth aus Inseln und Kanälen, aus Kaminen und Erkern, Feuerleitern und Zinnen ist aus dieser Perspektive noch eindrucksvoller.

Pulsierendes Leben, winzige Bummelgassen: das ist die Gamla Stan.

Bei feierlichen Anlässen lassen sich Königin Silvia und König Carl Gustaf auch schon einmal kutschieren.

Kunst im Untergrund

Stockholms U-Bahnhöfe: die längste Galerie der Welt

Hier ist sie bunt und ohne erhobenen Zeigefinger. Ob der eifrige Zeitungsleser ahnt, daß auch er von dieser gesellschaftskritischen Kunst angesprochen ist?

Kunst ist in Stockholm keine elitäre Angelegenheit. Die Stadt beweist, daß daraus sogar eine Massenattraktion werden kann. Täglich 800 000 Besucher – welches Museum kann da schon mithalten? Die Kunst im Untergrund wird in der längsten Galerie der Welt ausgestellt – in 70 der insgesamt rund 100 Stockholmer U-Bahn-Stationen, die zumeist tief unter der Stadt ins Felsmassiv gesprengt wurden. Hier unten, an den schroffen Granitwänden, sind zeitgenössische Künstler mit Pinsel und Farbe, mit Holz, Ton, Metall und noch mehr Phantasie dem typisch tristen Grau der Bahnhöfe zu Leibe gerückt. Viele der künstlerisch gestalteten Haltestellen der »Tunnelbana« laden zum Verweilen ein. Und das ist an einem Ort, wo es eigentlich nur um die möglichst schnelle Weiterbeförderung geht, schon etwas Ungewöhnliches.

Ende der 40er Jahre, als die erste U-Bahn-Station gebaut wurde, kamen die Stadtplaner auf die Idee, die Kunst zu einem Teil des Nahverkehrsnetzes werden zu lassen. 1955 wurde der endgültige Beschluß gefaßt: »Vielleicht kann man nicht jede U-Bahn-Station in ein Märchenschloß verwandeln, aber Maler, Bildhauer, Töpfer und Kunsthandwerker sollten zusammen mit den Architekten und den Ingenieuren die Chance erhalten, schöne Räume und ein anregendes Milieu in den U-Bahn-Stationen im allgemeinen und einige Hauptstationen im besonderen zu einer unterirdischen Kathedrale, einer Fanfare aus Farbe und Rhythmus zu gestalten.« So lyrisch klang der Stadtverordnetenbeschluß, der zu dem gigantischen Kunst-am-Bau-Projekt geführt hat. Bis heute haben sich mehr als 125 Künstler an dieser Aktion beteiligt, für die die Stockholmer Verkehrsbetriebe jährlich umgerechnet rund eine halbe Million Mark ausgeben.

Den Anfang machte 1957 T-Centralen, der Stockholmer Hauptbahnhof, wo neben der U-Bahn auch die

In der Station Rinkeby ruft die Friedenstaube zu mehr Verständnis füreinander auf: Die Bilder stammen von Nise Zetterberg, Sven Sahlberg und Lennart Gram.

U-Bahn-Station als mystischer Raum: Hauptbahnhofs-Hektik unter geheimnisvollen Zeichen und Chiffren an Gewölben und Wänden.

Fernzüge verkehren – für die Kunstexkursion ein geeigneter Startpunkt, befindet er sich doch im Zentrum der schwedischen Metropole. Wand- und Deckendekorationen, die zum Teil an alte Runensteine erinnern, Reliefs und Mosaiken haben dieser größten Station der Stadt etwas von der Tristesse genommen, die Hauptbahnhöfen sonst häufig eigen ist.

Eine besondere Attraktion unter der Erde ist die Station in Tensta. 1975 erhielt Helga Henschen den Auftrag, die Haltestelle in dem von Immigranten dominierten Vorort zu gestalten. »Eine Rose an die Einwanderer« wollte die schwedische Künstlerin den neuen Mitbürgern mit »ihrer« Station übergeben. Der in Beige-Tönen gehaltene Bahnhof vermittelt durch die vielen Botschaften in den unterschiedlichsten Sprachen, durch Blumen- und Tierdarstellungen etwas von dem Ideal eines Miteinanders, das unser Zusammenleben prägen sollte. Viele der Künstler haben versucht, mit ihren Werken auf die Probleme unserer heutigen Zeit hinzuweisen. Die Station in Solna zum Beispiel greift die Umweltzerstörung auf: Die in leuchtendem Rot gehaltene Haltestelle zeigt, wie Schadstoffemissionen den für Schweden so wichtigen Wald bedrohen, wie die fortschreitende Industrialisierung die Natur immer weiter verdrängt.

Sehr viel fröhlicher präsentiert sich Hallonbergen, wo Elis Eriksson und Gösta Wallmark Kinderzeichnungen als Vorbilder für ihre Skulpturen benutzt haben. Besonders schön ist auch die Station Kungsträdgården mitten im Zentrum. Hier hat Ulrik Samuelson zwischen 1977 und 1987 die rauhen Felswände in sein Gesamtkunstwerk einbezogen. Eine geschickte Farb- und Lichtgebung läßt den Bahnhof zu einer geheimnisvollen Grotte werden – mit einem versteinerten Wasserfall und Skulpturen aus der Sagenwelt. Wem es zu dunkel wird, der fährt schnell hinauf ans Tageslicht und genießt das großstädtische Treiben im schönsten Park der Stadt, dem Kungsträdgården ⓬. Die Grünanlage im Zentrum ist zum Treffpunkt für alle Stadtbewohner und Besucher geworden. Überdimensionale Schachspiele, Springbrunnen und zahlreiche Parkbänke unter schattenspendenden Bäumen laden zu einer Verschnaufpause ein.

Liebe zum Detail zeichnet alle »Underground«-Künstler aus. Selbst alteingesessene Stockholmer entdecken noch nach Jahren auf »ihrer« Lieblingsstation immer wieder etwas Neues. Die U-Bahn-Fahrt durch die fast 120 Kilometer lange Ausstellung erfordert keine Planung. Man kann aussteigen, wo man möchte. Mit dem nächsten Zug (10-Minuten-Takt) geht's in den nächsten Ausstellungsraum. An den Sperren der meisten Stationen erhält man auf Anfrage eine kleine Gratisbroschüre mit Informationen zu den Kunstwerken.

Wenn es auch den Anschein hat: Ein Trip mit der Tunnelbana ist keineswegs eine Höllenfahrt.

Schwedens Mythen auf der Spur

Die vielfältige Museumslandschaft

Das alte Flaggschiff »Wasa« steht heute nach jahrzehntelanger Konservierung und Renovierung im neuerbauten Wasamuseum. Der Stolz der schwedischen Marine sank 1628 auf der Jungfernfahrt im Stockholmer Hafenbecken.

Die Stadt der Theater und Museen wird sie genannt. Und in der Tat: In Schwedens Hauptstadt muß niemand auf Kultur verzichten. Neben der wohl größten Dichte an Theatern, die eine europäische Metropole vorzuweisen hat, bietet Stockholm für Geschichtsbewußte in über 65 Museen einen Einblick in das Leben der Wikinger-Nachfahren. Die unumstrittene Attraktion liegt auf der wunderschönen Insel Djurgården mitten im Zentrum Stockholms: die »Wasa« ㉔. Das Schiff, einst der ganze Stolz der schwedischen Marine, versank 1628 im Hafenbecken, nur wenige 100 Meter entfernt von seinem heutigen Liegeplatz im neuen, eigens erbauten Museum. Es hatte die Jungfernfahrt werden sollen. Tausende bejubelten am Ufer das dem Größenwahn entsprungene Lieblingsprojekt des damaligen Königs Gustav II. Adolf. Immer noch ein Stockwerk mehr mußten die Bootsbauer auf sein Geheiß dem Eichenrumpf aufsetzen – schließlich wollte der streitbare Monarch allen zeigen, wer Herr der Ostsee war. Kurz nach dem Ablegen neigte sich das instabile Kriegsschiff und sank wenige Minuten später auf den Grund des Stockholmer Hafenbeckens. Was damals eine menschliche Tragödie war, hat sich heute zu einem der stärksten Touristenmagneten Nordeuropas entwickelt. Die Bergung 1961 wurde zum Medienspektakel, und nachdem 1990 eines der längsten Restaurierungs- und Konservierungsprojekte aller Zeiten abgeschlossen war, stand einem eigenen Museum nichts mehr im Wege. Mehr als zwei Millionen Besucher pilgern jährlich zu diesem Relikt schwedischer Großmachtträume.

Nur einen Steinwurf vom Wasa-Museum entfernt wird im prachtvoll restaurierten, majestätisch anmutenden Bau des Nordischen Museums (Nordiska Museet) ㉓ schwedische Geschichte lebendig. Hier läßt sich nachvollziehen, wie man vor vielen Jahren in Schweden gelebt hat. Verschiedene Sonderausstellungen geben historischen Nachhilfeunterricht: Vor allem auf dem Lande lebten viele Menschen in großer Armut und konnten nur mit Müh und Not ihr tägliches Brot beschaffen. Daher verließen zwischen 1850 und 1920 weit über eine Million Schweden ihr Land und wanderten nach Amerika aus. Der Schriftsteller Vilhelm Moberg hat das Schicksal der zahlreichen Auswanderer in seinen

Nach der Bergung der »Wasa« im Jahre 1961 wurden auch die Details – hier der Löwe vom Heckwappen – liebevoll restauriert.

»Einen Kleinen heben«: Nicht zuletzt die idyllische Bilderwelt eines Carl Larsson lockt zahllose Besucher ins Nationalmuseum.

Emigrantenromanen eindrucksvoll geschildert. In Zeiten, in denen im hohen Norden und in Mitteleuropa immer wieder über eine Verschärfung der Asylpolitik diskutiert wird, kann es sicher nicht schaden, daran zu erinnern, daß noch vor relativ kurzer Zeit auch viele Skandinavier auf der Flucht vor Hunger, Armut und Arbeitslosigkeit ihr Land verlassen mußten. Das Nordische Museum zeigt darüber hinaus aber natürlich auch das andere, das idyllische Schweden mit seinen Höfen in Dalarna und den farbenfrohen Trachten aus allen Provinzen des Landes. Und der »Geschichtsunterricht« zu den Themen Wikinger, Hanse und Schwedische Großmachtträume kommt ebenfalls nicht zu kurz.

Einen guten Einblick in die einstige Lebenssituation der Handwerktreibenden erhält man in Skansen 35, dem ältesten Freilichtmuseum der Welt schräg gegenüber dem Nordischen Museum. Hier wurden alte Schmieden, Töpfereien, Apotheken und Bäckereien wieder aufgebaut, und man kann zuschauen, wie auf althergebrachte Weise gehämmert, geformt, gehobelt und Glas geblasen wird. Viele der so auf traditionelle Art hergestellten Waren werden verkauft. Skansen ist aber auch aus einem anderen Grund einen Besuch wert: Wer nach Schweden reist, will einen Elch sehen. Doch nur selten verirren sich einzelne Exemplare der insgesamt über 350000 schwedischen Elche in die Städte. Und so besteht im Skansen-Zoo die einmalige Chance für eine solche Begegnung.

Carl Larsson, Anders Zorn und Carl Milles – zwei Maler und ein Bildhauer – gehören zu den auch international bekannten schwedischen Künstlern. Vor allem der Millesgården 30, das ehemalige Atelier von Carl Milles auf der Insel Lidingö, ist einen Besuch wert. Hier können auf einem terrassenartig angelegten Freigelände seine Skulpturen, aber auch eine umfangreiche Sammlung römischer und griechischer Kunst bewundert werden. Die großartige Aussicht auf Stockholm macht die Visite bei schönem Wetter noch reizvoller. Die Werke von Carl Larsson und Anders Zorn können im Nationalmuseum 14 – der bedeutendsten Kunstsammlung Schwedens – bestaunt werden. Larsson vermittelt mit seiner naiv-romantischen Kunst ein Bild Schwedens, das nicht einmal zu seinen Lebzeiten der Realität entsprochen hat. Doch beim Publikum finden seine idyllischen Bilder damals wie heute großen Anklang: 1992 verzeichnete das Nationalmuseum mit 300000 Besuchern einen neuen Rekord. Gleiches gilt auch für Anders Zorn, der mit seinen Gemälden üppiger Badenixen und romantischer Landschaften Höchstpreise auf allen Auktionen erzielt. Übrigens: Auch der berühmte schwedische Schriftsteller August Strindberg hat zum Pinsel gegriffen. Einige seiner Werke sind hier zu bestaunen. Bessere Einblicke in sein Leben und Lebenswerk bietet allerdings das Strindberg-Museum 21 in der Drottningsgatan. In diesem von ihm »blauer Turm« genannten Mietshaus hat der Autor von 1908 bis zu seinem Tod im Jahre 1912 gelebt. Von seiner kleinen Dachwohnung, die liebevoll rekonstruiert wurde, konnte er über die Giebel der Stadt schauen.

Wichtig für einen Stockholmer Kulturtrip: Sie werden viel Zeit brauchen. Allein im Wasa-Museum kann man gut und gern einen halben Tag verbringen.

Das Freilichtmuseum Skansen gibt einen Einblick in das Leben vor mehr als 100 Jahren, eine Zeit, in der viele Schweden aus wirtschaftlicher Not das Land verließen.

Auf einen Blick

Stockholm entdecken und erleben

In Stockholm gibt es ein umfangreiches Angebot an Stadtrundfahrten. Mit dem Bus oder zu Wasser – der Stockholm Information Service (☎ 08/7 89 24 90) hilft bei der Auswahl. Sehr zu empfehlen ist eine Fahrt mit einem der Schärendampfer, die täglich mehrmals von Nybrokajen ablegen. So erhält man eine Vorstellung von der Inselwelt, in die Stockholm mit seinen 700 000 (mit Umland 1,6 Millionen) Einwohnern gebettet ist.

Drottningholm ist die Residenz der schwedischen Königsfamilie. Ein kleines Schloß vor den Toren der Stadt, vom Stadshuset aus mit der Fähre erreichbar.

1. Königliches Schloß
2. Storkyrkan St. Nikolai
3. Stortorget mit Börse
4. Tyska Kyrkan
5. Tyska Brunnsplan
6. Märten Trotzigs Gränd
7. Riddarholmskyrkan
8. Ritterhaus
9. Reichtagsgebäude
10. Museum des Mittelalters
11. Königliche Oper
12. Kungsträdgården
13. Königliches Sprechtheater
14. Nationalmuseum
15. Ostasiatisches Museum
16. Museum für Moderne Kunst
17. Architekturmuseum
18. Stadtmuseum
19. Volksoper
20. Rathaus
21. Strindberg-Museum
22. Historisches Museum
23. Nordisches Museum
24. Wasa-Museum
25. Aquaria Vattenmuseum
26. Globe Arena
27. Schloß Drottningholm
28. Vogelhaus
29. Naturhistorisches Museum
30. Millesgården
31. Seefahrtsmuseum
32. Telemuseum
33. Technisches Museum
34. Ethnographisches Museum
35. Freilichtmuseum Skansen

Die Königliche Oper in Stockholm, ein Wallfahrtsort für Musikbegeisterte, ist der Stolz der ganzen Nation. Auf dem Spielplan stehen meistens Klassiker.

Das barocke Riddarhuset, eines der schönsten Gebäude der Altstadt, war das Domizil der schwedischen Ritterschaft.

Im Stadshuset – dem Rathaus – finden alljährlich die Feierlichkeiten der Nobelpreisverleihungen statt. Tagsüber sind Besichtigungen auch auf dem Turm möglich.

In der Riddarholm-Kirche sind die schwedischen Monarchen begraben. Gottesdienste finden keine mehr statt, doch ein Rundgang lohnt sich.

Das Königliche Schloß mit seinen über 600 Zimmern wird nur noch für Staatsbesuche genutzt. Die Wachablösung findet jeden Mittag vor dem Haupteingang statt.

Der Stockholm Information Service im Sverigehuset, Hamngatan 27, ☎ 08/7 89 24 90, ist die erste Anlaufstelle für Stockholm-Besucher. Hier kann man unter anderem die Stockholm-Karte kaufen, mit der man freien Eintritt in Museen und freie Fahrt bei öffentlichen Verkehrsmitteln erhält. Die Fremdenverkehrszentrale hilft auch bei Buchungen von Sommerhäuschen, Theaterkarten und Stadtrundfahrten. Weitere Informationsbüros für Touristen gibt es am Fernsehturm und von Mai–Oktober im Stadshuset.

Im Königlichen Theater inszeniert regelmäßig Ingmar Bergman. Der wunderschöne Bau am Nybroplan beherbergt Schwedens Nationalbühne, die Klassiker wie Strindberg ebenso aufführt wie Stücke von Lars Norén.

Das Wasamuseum ist Stockholms unbestrittener Touristenmagnet. Das 1628 im Stockholmer Hafen gesunkene Flaggschiff der schwedischen Marine wurde gehoben, konserviert und hier ausgestellt.

Traditionelle schwedische Handwerkskunst kann im ältesten Freilichtmuseum der Welt bestaunt werden. Daneben lädt der Tierpark zu ersten Begegnungen mit dem Elch ein!

Das Nationalmuseum beherbergt nationale und internationale Schätze. Für den Besuch sollte man viel Zeit mitbringen oder sich auf eine der Sonderausstellungen konzentrieren.

1533 wurde die Tyska Kyrkan von den und für die deutschen Kaufleute gebaut. Noch heute finden in der prachtvollen Kirche Gottesdienste in Deutsch statt.

Was – wann – wo?

Vattenfestival

Feste und Festivals

Stockholm ist eine Sommerstadt! An einem lauen Abend erinnert die Metropole mit ihren 1,5 Millionen Einwohnern eher an Rom als an eine nordeuropäische Stadt. Das Leben spielt sich, wenn Petrus mitmacht, draußen ab. Das gilt insbesondere für die zahlreichen Feste und Festivals, die in den Sommermonaten Juni bis August stattfinden.

- **Midsommar.** Im Freilichtmuseum Skansen 35 stellen kräftige junge Männer einen mit Blumen geschmückten Baum auf. Mit Volkstänzen und Liedern wird feucht-fröhlich der Sommer begrüßt. Wochenende um den 21. Juni.
- **Jazz- und Bluesfestival.** Die Insel Skeppsholmen ist Treffpunkt aller Musikfans. Nationale und internationale Stars spielen unter freiem Himmel. Skeppsholmen. Anfang Juni.
- **Vattenfestival.** Beim Wasserfestival ist die halbe Stockholmer Innenstadt gesperrt. Es gibt Musik auf allen Straßen und Plätzen, dazu kulinarische Spezialitäten aus vielen Ländern. Anfang August.

Shopping – nicht unbedingt teuer

Vorurteile halten sich. Das gilt insbesondere für die Vorstellung, Schweden sei ein fürchterlich teures Land! Nach der Abwertung der Krone und dem EU-Beitritt Schwedens haben sich die Preise angepaßt, manchmal kann man sogar ein Schnäppchen machen. In Stockholm wird jeder etwas Passendes finden. Ob Glaskunst oder Lederwaren, ob Schmuck oder Bekleidung – die vielen kleinen, manchmal sehr feinen Boutiquen bieten für jeden Geschmack etwas.

- **Drottninggatan.** Die Haupteinkaufsstraße in Stockholm mit Kaufhäusern und Modegeschäften.
- **Gamla Stan.** Die Altstadt hat sich zum Zentrum für kleine Boutiquen entwickelt. Die neueste Mode aus Mailand und Stockholm findet man hier ebenso wie diverse Secondhand-Läden. Västerlånggatan.
- **Sturegalleri.** Exklusive Modegeschäfte, Ausgefallenes und Restaurants machen den Bummel in dem Einkaufszentrum zum Erlebnis. Stureplan.

Orrefors Glasbruk

- **NK.** Die Nordiska Kompaniet ist ein sehr schönes, aber auch recht exklusives Kaufhaus mit entsprechendem Preisniveau. Hamngatan.
- **Östermalms Saluhall.** In der alten Markthalle von 1885 werden Delikatessen aus Schweden und dem Rest der Welt feilgeboten. Hohe Qualität, ebensolche Preise und viele kleine Restaurants. Östermalmstorg.
- **Orrefors Glasbruk.** In diesem Geschäft werden die Produkte der berühmtesten Glashütte des Landes verkauft. Grevgatan 1.

Langusten

Smörgåsbord und Rentierfleisch...

...zählen zu den kulinarischen Spezialitäten Schwedens. Doch die nordeuropäische Küche hat mehr zu bieten. Stockholms Gastronomie ist vielfältig und serviert für jeden Gaumen und Geldbeutel Schmackhaftes. Besonders der Mittagstisch (Dagens rätt) ist als wirklich preisgünstiges Angebot zu empfehlen: Es besteht aus Hauptgericht, Salat, Brot, einem Getränk sowie zum Abschluß einem Kaffee. Wer Gaumenfreude pur genießen möchte, wählt eines der folgenden Restaurants:

- **Operakällaren.** Der mehrfach ausgezeichnete Küchenchef sorgt sich nicht nur um das leibliche Wohl der Königsfamilie, sondern serviert seine Köstlichkeiten im alten Opernhaus direkt am Wasser auch dem Normalsterblichen. Das Smörgåsbord ist besonders zu empfehlen. Operahuset.
- **Ulriksdal Värdshus.** Es gilt als Schwedens Gourmet-Tempel. Entsprechende Preise, aber erstklassige Qualität und eine traumhaft schöne Aussicht auf das Wasser. Ulriksdals Slottpark, Solna.
- **Erik's.** Sehr gutes Restaurant in der Altstadt. Nicht ganz billig, dafür gibt es eine Garantie für erstklassige Zutaten. Österlånggatan 17.
- **Wedholms Fiskrestaurant.** Gilt als eines der besten Fischrestaurants der Stadt. Alles ist garantiert frisch. Nybrokajen 17.
- **KB Baren.** Die Künstlerbar ist Treffpunkt von Schriftstellern, Journalisten, Malern und Musikern, die schwedische Hausmannskost schätzen. Smålandsgatan 7.
- **Två Plan.** Kurdisches Restaurant mit hervorragender Küche. Vorwiegend jüngeres Publikum, das auch die gute, aber manchmal etwas zu laute Musik mag. Malmskillnadsgatan 45.

Theater, Theater

Stockholm zählt zu den Hauptstädten mit den meisten Bühnen – gemessen an der Einwohnerzahl. Gerade in den Sommermonaten, wenn Tausende von Touristen die Stadt bevölkern, ist eine rechtzeitige Platzreservierung ein absolutes Muß. Hilfe erhält man im Sverigehuset ⓘ, dem Schwedenhaus, in dem die Fremdenverkehrszentrale untergebracht ist (Kungsträdgården). Für einige Aufführungen verkaufen auch die Postämter Eintrittskarten.

- **Drottningholms Slottsteater.** Das älteste Hoftheater Europas ist eine architektonische Perle. Die 1766 erbaute Bühne gehört zum jetzigen Domizil der Königsfamilie. Leider müssen Karten Monate im voraus bestellt werden. Drottningholm ㉗.
- **Dramaten.** Das königliche (Sprech-)Theater ⑬ ist die Bühne von Ingmar Bergman, dem international bekannten Theater- und Filmregisseur. Er inszeniert hier regelmäßig. Klassiker und moderne Stücke – im ersten Haus des Landes wird alles geboten. Nybrokaj/Strandvägen.

Drottningholms Slottsteater

- **Folkoperan.** Die Volksoper ⑲ – früher ein Geheimtip – zählt heute zu den angesehensten Bühnen der Stadt. Originelle Inszenierungen alter Meister sind die Spezialität des Hauses. Hornsgatan 72.
- **Kungliga Operahuset.** Die Königliche Oper ⑪ liegt eingebettet zwischen Ostsee und Kungsträdgården ⑫, dem größten Park in der Innenstadt.
- **Globe Arena** ㉖. Stockholms neues Wahrzeichen: Der große, weiße Kugelbau im Süden der Stadt ist eine Mehrzweck-Arena modernsten Zuschnitts, die bis zu 15 000 Besucher faßt. Hier finden Konzerte und Sportveranstaltungen statt.
- **Marionetteatern.** Aufführungen für Erwachsene und Kinder. Ausländische Gastspiele runden den Spielplan des Theaters ab. Brunnsgatan 6.

Typisches Sommerhaus

Lustig oder luxuriös

Stockholm ist eine Konferenzstadt, und das Angebot an Hotels ist entsprechend gut. Beim Verkehrsbüro im Hauptbahnhof kann man Zimmer direkt buchen, ferner über »Hotellcentralen«, ☎ 08/7 89 24 25, Fax 08/7 91 86 66. Die Hotelpreise sind recht hoch, doch Gleiches gilt auch für den allgemeinen Standard der Unterkünfte.
Bei der Vermittlung von Sommerhäusern in der Umgebung von Stockholm hilft Stockholm Information Service, Hamngatan 27, ☎ 08/7 89 24 90, Fax 08/7 89 24 91.

- **Grand Hotel.** Eine wundervolle Aussicht auf Wasser, Königliches Schloß ❶ und die Altstadt bietet dieser wahre Palast. S. Blasieholmshamnen 8. ☎ 08/6 79 35 00, Fax 08/6 11 86 86.
- **Lady Hamilton.** Zentral in der Altstadt gelegen. Unter gleicher Leitung wie das Hotel Lord Nelson. Storkyrkobrinken 5. ☎ 08/23 46 80, Fax 08/4 11 11 48.
- **Lord Nelson.** Kleines und feines Hotel in der Altstadt. Västerlånggatan 22. ☎ 08/23 23 90, Fax 08/10 10 89.
- **Clas på hörnet.** Eines der originellsten Hotels der Stadt. Nur zehn Zimmer und alle im Stil der Zeit des Troubadours Carl Michael Bellman (18. Jh.). Surbrunnsgatan 20. ☎ 08/16 51 30, Fax 08/6 12 53 15.
- **Prize Hotel.** Nahe beim Hauptbahnhof. Kleines Hotel mit günstigen Preisen. Kungsbron 1. ☎ 08/56 62 22 00, Fax 08/56 62 24 44.
- **Av Chapman.** Außergewöhnliche Jugendherberge, auf dem Dreimaster »av Chapman« untergebracht. Das Schiff liegt fest vertäut an der Insel Skeppsholmen. Sehr zentral. Västra Brobänken. ☎ 08/6 79 50 15, Fax 08/6 11 71 55.

Wenn die Nacht nicht dunkel wird

Stockholm lebt im Sommer auf! Dann wird die schwedische Hauptstadt zu einer pulsierenden Metropole: Straßencafés, Bars und Kneipen lassen den langen, dunklen Winter vergessen, und es breitet sich eine geradezu südländische Atmosphäre aus. Das Angebot an Treffpunkten ist riesig.

- **Café Opera.** In dieser wunderschönen Bar beim Opernhaus, direkt neben dem Operakällaren, trifft sich die Stockholmer Schickeria: Unter den Deckenmalereien gibt sich Prominenz aus Kultur, Politik und Wirtschaft die Ehre. Kleine, leckere Gerichte und umfangreiche Weinkarte. Operahuset.
- **Berns Salonger.** Hier wurde August Strindberg zu seinem »Roten Zimmer« inspiriert. Heute Bar, Diskothek und Restaurant. Berzelii Park.
- **Café Gråmunken.** In dieser gemütlichen Altstadtkneipe in einem Kellergewölbe aus dem 15. Jahrhundert fühlt man sich auch zu später Stunde wohl. Västerlånggatan 18.

Diskonacht

- **Daily News Café** ist Diskothek und Restaurant in einem, manchmal finden auch Live-Konzerte statt. Ab 21 Uhr überwachen Türsteher den Zutritt. Kungsträdgården.
- **Fasching.** Stockholms bekanntester Jazzclub, mit Kneipenatmosphäre. Musikalisch wird von traditionell bis experimentierfreudig alles geboten. Kungsgatan 63.
- **Mosebacke.** Kleinkunstbühne und Kneipe in Södermalm. Im Sommer finden hier Tanzveranstaltungen für die ältere Generation statt. Phantastische Aussicht über die Stadt. Mosebacke Torg 3.

STRASSBURG

Brücke zwischen den Nationen

Was den Reiz dieser Stadt ausmacht, war lange Zeit ihr Verhängnis: die Lage an der Grenze, zwischen zwei Nationen, die in den vergangenen 125 Jahren dreimal gegeneinander Krieg geführt haben. Ziel und gleichzeitig Opfer der nationalistischen Politik auf beiden Seiten des Rheins war Straßburg. An der Struktur der Stadt läßt sich die Geschichte, der Wechsel der politischen Gezeiten und kulturellen Strömungen ablesen: Im Mittelpunkt das Münster, Wahrzeichen der einstmals deutschen Stadt, dessen schlanker Turm von weitem sichtbar ist. Im Schatten der Kathedrale die Bürgerhäuser der engen Altstadt, die ihren mittelalterlichen Charakter bewahrt hat. Die Palais aus dem 18. Jahrhundert, die oft Seite an Seite mit den elsässischen Fachwerkhäusern stehen, sind der Beitrag Frankreichs zum Bild der Stadt. Daß zu der besonderen Atmosphäre Straßburgs auch die Straßenzüge der kaiserlich-preußischen Zeit zwischen 1870 und 1918 beitragen, scheint man hier erst jetzt, über 50 Jahre nach dem Ende des Zweiten Weltkriegs, anzuerkennen. Die Verwurzelung in beiden Kulturen begreifen die Straßburger heute, nachdem die Grenzen im geeinten Europa gefallen sind, wieder als Chance. Die Stadt am Rhein ist zur Brücke zwischen den Kulturen geworden – Symbol für die Aussöhnung zwischen Deutschen und Franzosen und für die Einigung Europas.

Vom Münster zur Neustadt

Das Herz von Straßburg

Straßburg, das ist mehr als Butzenscheiben und gotische Spitzbögen, Fachwerk und Folklore, Sauerkraut und Riesling. Straßburg ist eine lebendige Stadt mit mehr als 250 000 Einwohnern, einer angesehenen Universität und modernen Vorstädten. Und doch schlägt das Herz der im Mittelalter freien Reichsstadt in den alten Winkeln rund um das Münster. Hier drängen sich an lauen Sommerabenden die Besucher in den Gassen, auf den kleinen Plätzen, in den Straßencafés und den Weinstuben. Wer nach Straßburg kommt, den zieht es in die Altstadt. Alle Wege beginnen und enden hier, vor dem Münster ❶, diesem Wunderwerk mittelalterlicher Architektur, an dem drei Jahrhunderte lang gebaut wurde.

Wenn man vor der mächtigen Westfassade steht, dem filigranen gotischen Gebirge aus rotem Sandstein, aus Gesimsen, Maßwerk, in den Himmel strebenden Türmchen, Pfeilern und Spitzbögen, dann geht es einem wie vielen Generationen von Straßburg-Besuchern zuvor: »Ich habe noch nie etwas Erhabeneres gesehen«, notierte der französische Dichter Victor Hugo, als er 1837 zum erstenmal vor dem Münster stand. Drei Generationen früher war der junge Goethe, der in Straßburg Jura studierte, auf ähnliche Weise beeindruckt: »Mit welcher unerwarteten Empfindung überraschte mich der Anblick, als ich davor trat!« Man sollte sich die Zeit nehmen und das Figurengewimmel an den Portalen der Westfassade genau betrachten. Das »ungeheure steinerne Buch« ersetzte einst den mittelalterlichen Menschen, die nicht lesen konnten, die Bibel. Vom Einzug in Jerusalem bis zur Auferstehung wird am Hauptportal Geschichte und Leiden Jesu erzählt. Zur Identifizierung der Gestalten an den beiden Nebenportalen muß man mit den Heiligenlegenden vertraut sein. Im Innern der Kirche setzt sich der biblische Skulpturenreichtum der Westfassade nicht fort. In der Reformationszeit und auch später in der Französischen Revolution wurden viele Standbilder zerstört. Doch der Besucher wird für den Verlust reich entschädigt: Die von außen dunkel erscheinende Rosette wirft ihr warmes Licht in das gotische Kirchenschiff. Die Farben der vielfach noch erhaltenen Fenster aus der Zeit vom 12. bis 15. Jahrhundert tauchen den hohen eleganten Innenraum in weiches Dämmerlicht. Besondere Beachtung verdienen die spätgotische Kanzel, der Engelspfeiler, die Astronomische Uhr und, am Südportal des Münsters, die Gestalten der »Synagoge« und der »Ecclesia«, Verkörperungen des Judentums und des Christentums.

Die steinernen Sinnbilder der beiden Religionen sind wie alle Skulpturen an den Fassaden, die dem Wetter und den schädigenden Umwelteinflüssen ausgesetzt sind, inzwischen Kopien. Die Originale kann man sich im gegenüberliegenden Frauenhausmuseum (Musée de l'Œuvre Notre-Dame) ❿ ansehen. Hier sind auch die Skizzen und Pläne zu betrachten, nach denen die Werkmeister und Steinmetze im Mittelalter die Vision des großen Baumeisters Erwin von Steinbach verwirklichten.

Wenige Schritte entfernt kann man sich das postkartenbekannte Beispiel eines Straßburger Bürgerhauses ansehen und sich gleichzeitig bei einem kühlen elsässischen Bier erholen. In der Maison Kammerzell ❷, einem alten Kaufmannshaus aus dem 16. Jahr-

Das ehemalige Handwerkerviertel La Petite France lebt heute vom Tourismus. Ein typisches historisches Fachwerkhaus ist die Maison des Tanneurs.

Das Denkmal der elsässischen Mutter auf der Place de la République symbolisiert die leidvolle Geschichte des Elsaß als Region zwischen den Nationen.

Von weither sichtbar ist der Turm des Münsters. Es ist nicht bekannt, warum der zweite Turm nie gebaut wurde.

hundert mit seiner reichverzierten Fachwerkfassade am Münsterplatz, befindet sich nämlich heute ein Restaurant, das bei Europa-Abgeordneten wie Touristen als erste kulinarische Adresse gilt. An der Thomaskirche (6) aus dem 13. Jahrhundert vorbei, in der Albert Schweitzer bis in die 50er Jahre auf der Silbermann-Orgel Konzerte gab, kommt man in das idyllische alte Gerberviertel »La Petite France« (26). Hier drängen sich in den Weinstuben und Restaurants zu allen Jahreszeiten im Riesling- und Münsterkäsedunst die Straßburg-Touristen.

Läßt sich im alten Handwerkerviertel an der Ill noch heute die Atmosphäre des Mittelalters nachempfinden, so kommt man einige Straßenzüge weiter, in der Grand' Rue, auf der Place Kléber (25) und der Place Broglie (23) mit dem Rathaus (24), ins französisch geprägte 18. Jahrhundert. In den eleganten Stadthäusern dieses zweiten Epochenrings der Stadt war die elsässisch-französische Gesellschaft jener politisch und geistig turbulenten Zeit zu Hause. Hier stimmte im Salon des Bürgermeisters Friedrich von Dietrich am 24. April 1792 der Pionierhauptmann Rouget de Lisle zum erstenmal die von ihm komponierte »Marseillaise« an, die bald darauf zur französischen Nationalhymne werden sollte. Den schönsten Eindruck von Geist, Lebensstil und Architektur dieser Epoche bekommt man im Château des Rohan (11), dem ehemaligen Palast der Fürstbischöfe von Straßburg. Unter anderem ist in dem eleganten, mit originalen Möbeln des 18. Jahrhunderts ausgestatteten Gebäude zwischen Münster und Ill eine sehenswerte Gemäldegalerie untergebracht.

Ein ganz anderer Zeitgeist spiegelt sich in der Architektur des Stadtviertels, das jenseits des Ill-Seitenkanals, im Nordosten der Stadt, in der preußischen Zeit zwischen 1870 und 1918 gebaut wurde. Die ehemaligen Regierungs- und Verwaltungsgebäude der Reichslande Elsaß-Lothringen an der Place de la République (19) sind Paradebeispiele des wilhelminisch überladenen Historismus jener Zeit, die im Ersten Weltkrieg endete. Das Elsaß, Zankapfel zwischen Frankreich und dem Deutschen Reich, war, wie der elsässische Germanist Robert Minder treffend formulierte, zur politischen »Katastrophenzone Europas« geworden. Was das für Straßburg und die Elsässer bedeutete, bringt das Denkmal auf dem Platz symbolisch zum Ausdruck: Eine elsässische Mutter hält zwei tote Söhne auf ihrem Schoß. Der eine ist für Deutschland, der andere für Frankreich gefallen.

Die Maison Kammerzell beherbergt ein für seine Variationen der elsässischen Küche berühmtes Restaurant.

Straßburger Fayencen vom Weinkrug bis zur Gugelhupfform – hier in einem Laden der Petite France – sind als durchaus gebrauchstaugliche Souvenirs beliebt.

Die Europastadt

Das moderne Straßburg

Der kühne Bau des Europäischen Gerichtshofs für Menschenrechte.

Ein halbes Jahrhundert nach dem Ende des Krieges ist das Denkmal der elsässischen Mutter auf der Place de la République ⑲ für die junge Generation nur noch ferne Geschichte. Im Strissel (s. S. 430), im Hailich Graab oder anderen alten Weinstuben in der Innenstadt kann man zwar noch abends beim Dämmerschoppen alte Straßburger finden, die im Verlauf ihres Lebens dreimal die Nationalität wechseln mußten. Doch nach Jahrzehnten, in denen den Elsässern ihre Identität zwischen den Kulturen Schmerzen bereitete, hat Straßburg Frieden mit seiner Vergangenheit geschlossen und wendet sich der Zukunft zu.

Straßburgs Straßen sind voller junger Menschen: Die Studierenden an den drei Universitäten machen knapp ein Fünftel der Bevölkerung aus.

Die Straßburger Bürgermeisterin Catherine Trautmann, die selbst kaum Deutsch spricht, hat erkannt, daß die Lage an der Grenze und die Zweisprachigkeit eine Chance für die Stadt und ihre Bewohner sein können. Sie plädiert deshalb dafür, daß die nachwachsende Generation möglichst früh Deutsch lernt. Sie hat auch gegen Widerstände durchgesetzt, daß in der Innenstadt die Straßennamen inzwischen zweisprachig auf den Schildern stehen – Französisch und Elsässisch. Aus der Rue des Hallebardes wurde so wieder die Spießgaß ③, aus der Rue du Bain-aux-Plantes das Pflanzbad. Wer in einem der Cafés einen Gugelhupf bestellen will, der kann das inzwischen wieder problemlos auf Deutsch tun – die Restaurants und Geschäfte sind auf den Tourismus eingestellt. Tatsächlich jedoch befindet sich der alemannische Dialekt, der auf dem Land noch mehr gesprochen wird, in Straßburg auf dem Rückzug.

Ungeachtet des Sprachverlusts, der zweifellos auch ein Kulturverlust ist, ist Straßburg wie nur wenige Städte Frankreichs ein Beispiel für Toleranz, Unabhängigkeit und das harmonische Zusammenleben verschiedener Religionen und Kulturen. Protestanten, Katholiken, Muslime und Juden, die harmonisch nebeneinander leben, tragen zum kulturellen Reichtum der Stadt und der Region bei. Die Elsaß-Metropole am Rhein ist auch zum Symbol für die Partnerschaft von Deutschen und Franzosen geworden – und damit auch zum Sinnbild der Einigung Europas. Denn ohne das Zusammenspiel von Deutschland und Frankreich im Herzen Europas wird es keine Einigung des Kontinents geben.

Wie weit diese europäische Einigung schon vorangekommen ist, kann man in Straßburg selbst in Augenschein nehmen. Im Palais de l'Europe, dem Gebäude des Europarats ⑭ an der Allée de la Robertsau, genießt nämlich das Europäische Parlament Gastrecht. Der Europarat ist die ältere, aber weit lockerere und unverbindlichere Organisation der europäischen Zusammenarbeit, die inzwischen 39 europäische Staaten umfaßt. Seine Parlamentarische Versammlung tagt nur dreimal im Jahr in Straßburg. Das Parlament der Europäischen Union (EU) kann in der übrigen Zeit das Gebäude nutzen, das wie eine Festung aus Glas und Beton anmutet. Jeden Monat kommen so die Europa-Abgeordneten aus den 15 EU-Mitgliedstaaten für eine Woche in Straßburg zusammen, um über Gesetze zu debattieren und in der europäischen Politik ein gewichtiges Wort mitzureden. Da die EU sich vergrößert hat und weiterwächst, ist das Palais de l'Europe inzwischen für das Europäische Parlament zu klein geworden. Jenseits des Flüßchens Ill baut man bereits einen neuen Plenarsaal ⑮.

Die zweisprachigen Straßenschilder symbolisieren die wechselvolle Geschichte der Stadt.

Wie einst im Mittelalter die Gaukler, unterhalten heute Maler, Pantomimen und Musiker im Schatten des Münsters ihr Publikum.

Straßburg versucht, mit diesem weitläufigen und architektonisch wegweisenden Komplex das Europäische Parlament an seinen traditionellen Sitz zu binden. Im Konkurrenzkampf mit Luxemburg und Brüssel um die europäischen Institutionen will man Terrain zurückerobern, das in den vergangenen Jahren an Brüssel verlorenging. Die EU hat nämlich seit ihrer Gründung die Frage des Sitzes der Institutionen offengelassen. Daß das Europäische Parlament in Straßburg tagt, ist kaum mehr als ein Gewohnheitsrecht und nirgends vertraglich festgeschrieben. Das ist für Straßburg um so prekärer, als die Regierung in Paris im vergangenen Jahrzehnt mehrfach die Chance verpaßt hat, zugunsten von Straßburg vollendete Tatsachen zu schaffen. Bundeskanzler Kohl hatte den Vorschlag gemacht, auf beiden Seiten des Rheins einen gemeinsamen »Europa-Distrikt« nach dem Beispiel Washingtons zu errichten und den bevorzugten Ausbau dieser Region zur Aufgabe beider Staaten zu machen. Doch Paris lehnte ab, ohne Gründe zu nennen.

Schlimmer noch für Straßburg: Unterdessen ist wenig geschehen. Die Verkehrsverbindungen sind zu Land und in der Luft nach wie vor schlecht. Die dringend notwendige Verbesserung der Infrastruktur wird erst nach und nach verwirklicht. Inzwischen tagt das Europäische Parlament nicht nur in Straßburg, sondern auch einige Tage im Monat im neuen Parlamentsgebäude in Brüssel.

Doch Straßburg ist nicht nur eine Stadt der Parlamentarier und Beamten. Als Mittelpunkt einer wirtschaftsstarken Region versucht es verstärkt, die Zukunftsindustrien anzuziehen. In Illkirch ist ein Innovationspark entstanden, in dem sich Forschungsinstitute, Laboratorien und einige High-Tech-Firmen angesiedelt haben. Der deutsch-französische Fernsehsender arte stellt in seinen Straßburger Studios die zweisprachig gesendeten Programme zusammen.

Vor allem aber ist Straßburg eine junge Stadt. Frankreichs künftige Elite bereitet sich rund ums Münster in den Universitäten und Grandes Ecoles auf das Berufsleben vor. In den drei unabhängigen Straßburger Universitäten studieren mehr als 43 000 Studenten und Studentinnen, die das Leben und die Atmosphäre auf den Straßen weit mehr prägen als die Europa-Abgeordneten und ihr Troß, die nur einmal im Monat in die Stadt einfallen. Für sie alle ist Straßburg eine außergewöhnlich bunte, vielseitige und tolerante Stadt, die in der französischen und in der deutschen Kultur wurzelt. Eine Stadt am Rhein, die heute nicht mehr die beiden Nationen trennt, sondern sie mitten in Europa miteinander verbindet.

Im Palais de l'Europe, das dem Europarat gehört, tagt das Europäische Parlament, in dem die 626 direkt gewählten Abgeordneten der 15 EU-Staaten sitzen.

Auf einen Blick

Straßburg entdecken und erleben

Den Besuch der Straßburger Altstadt beginnt man idealerweise am Gutenbergplatz (Tiefgarage), der nur wenige Schritte vom Münster und wenige Minuten vom Gerberviertel (La Petite France) entfernt liegt. Ein Stadtrundgang mit Führer bietet das Office du Tourisme an (17, Place de la Cathédrale). Im Sommer kann man im offenen Minizug durch die Altstadt fahren oder auch eine Bootsfahrt auf der Ill machen. Noch bequemer und schneller geht die Besichtigung Straßburgs (ca. 400 000 Einwohner) mit dem Taxi (Begleitkassette auf Deutsch, ☎ 03/88 36 13 13).

Im Château de Pourtalès im Stadtteil Robertsau – heute ein schönes Ausflugsziel – traf sich einst die Straßburger Geisteselite zum Gespräch.

1. Münster
2. Maison Kammerzell
3. Spießgaß (Rue des Hallebardes)
4. Place Gutenberg
5. Handelskammer
6. Thomaskirche
7. Altes Zollhaus
8. Elsässisches Museum
9. Historisches Museum (Grande Boucherie)
10. Frauenhausmuseum (Musée de l'Œvre Notre-Dame)
11. Château des Rohan mit Museen
12. Zoologisches Museum
13. Orangerie
14. Europarat (Palais de l'Europe)
15. Europaparlament (im Bau)
16. Palais de la Musique et des Congrès
17. Synagoge de la Paix
18. Ehem. Kaiserpalast (Palais du Rhin)
19. Place de la République
20. Nationaltheater
21. Städtisches Theater/Opéra du Rhin
22. Aquädukt
23. Place Broglie
24. Rathaus
25. Place Kléber
26. Gerberviertel La Petite France
27. Gedeckte Brücken
28. Barrage Vauban

Einst Paradeplatz und Zentrum des Geschäftslebens ist die Place Kléber mit dem Aubette-Gebäude an der Nordseite heute Fußgängerzone und Treffpunkt der Jugend.

Das alte Handwerkerviertel La Petite France an der Ill mit seinen Fachwerkhäusern ist heute eine touristische Attraktion – mit einem Restaurant neben dem anderen.

Am Rande des Gerberviertels sind noch insgesamt vier Türme der mittelalterlichen Stadtbefestigung erhalten, zu der auch die Gedeckten Brücken (Ponts couverts) gehörten.

Von der Panoramaterrasse des Barrage Vauban, einst Teil der Befestigungsanlage, hat man einen schönen Blick auf die Altstadt.

Beim Office du Tourisme, 17, Place de la Cathédrale, ☎ 03/88 52 28 28, erhält man den drei Tage gültigen »Strasbourg Pass«, der zum Besuch eines der Museen, zum Besteigen der Münsterplattform, zu einer Bootsrundfahrt und zum Besuch der »Ton- und Licht-Schau« im Münster berechtigt. Unter der Formel »Bonjour Strasbourg« ist in dem Wochenend-Pauschalangebot für zwei Personen in einem Hotel eigener Wahl der Pass im Preis inbegriffen. Im Juli und August gilt das Angebot auch an Wochentagen.

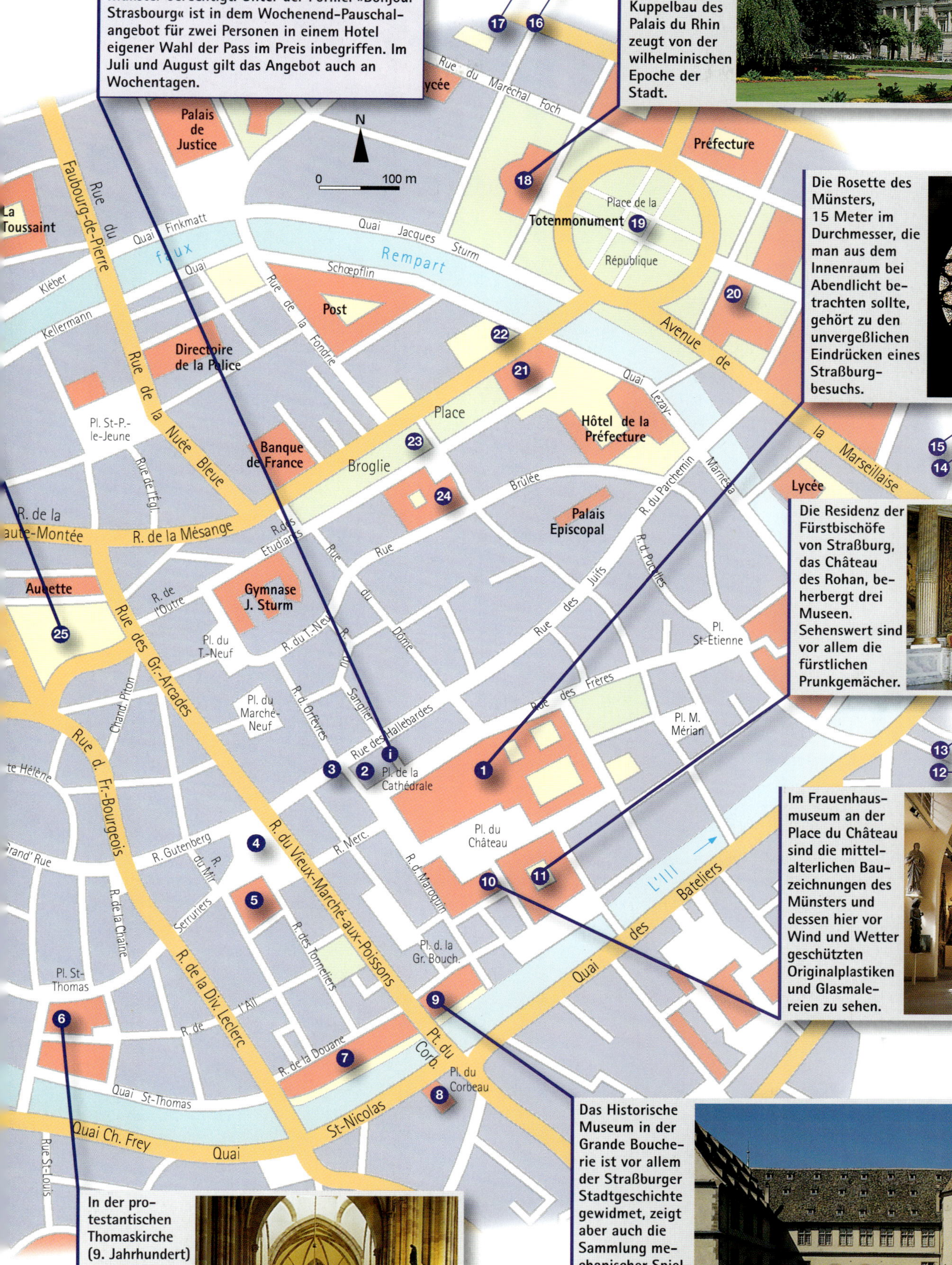

Die Place de la République – einst Kaiserplatz – mit dem monumentalen Kuppelbau des Palais du Rhin zeugt von der wilhelminischen Epoche der Stadt.

Die Rosette des Münsters, 15 Meter im Durchmesser, die man aus dem Innenraum bei Abendlicht betrachten sollte, gehört zu den unvergeßlichen Eindrücken eines Straßburgbesuchs.

Die Residenz der Fürstbischöfe von Straßburg, das Château des Rohan, beherbergt drei Museen. Sehenswert sind vor allem die fürstlichen Prunkgemächer.

Im Frauenhausmuseum an der Place du Château sind die mittelalterlichen Bauzeichnungen des Münsters und dessen hier vor Wind und Wetter geschützten Originalplastiken und Glasmalereien zu sehen.

Das Historische Museum in der Grande Boucherie ist vor allem der Straßburger Stadtgeschichte gewidmet, zeigt aber auch die Sammlung mechanischer Spielzeuge des Karikaturisten Tomi Ungerer.

In der protestantischen Thomaskirche (9. Jahrhundert) gab der Arzt und Bachinterpret Albert Schweitzer Konzerte an der berühmten Silbermann-Orgel.

Was – wann – wo?

Folklore, Feste, Festivals

Höhepunkt des Straßburger Veranstaltungskalenders ist zweifellos das Festival Musica im Herbst: Musikfreunde kommen hier voll auf ihre Kosten. Den ganzen Sommer über (Juni bis August) treten sonntags um 10.30 Uhr elsässische Folkloregruppen im Hof des Rohan-Schlosses ⓫ auf. Montagabends musizieren Trachtenkapellen auf der Place des Tripiers, am Dienstagabend auf der Place Benjamin Zix und am Mittwochabend auf der Place du Marché-aux-Cochon-de-Lait.

Festival Musica

- **14. Juli.** Schon am Abend des 13. Juli geht das Fest in den Straßen mit einer Militärparade los. In den Restaurants wird dann bis weit in den Nationalfeiertag hinein gegessen und gefeiert. Gegen 22.30 Uhr erhellt ein großes Feuerwerk, das auf der Vauban-Terrasse ㉘ gezündet wird, den Himmel über Straßburg.
- **Musica.** Die Wochenenden gehören zu den großen internationalen musikalischen Veranstaltungen Frankreichs. Neben Donaueschingen ist Musica Straßburg eines der angesehensten Festivals zeitgenössischer Musik in Europa. Das Fremdenverkehrsamt bietet Pauschalarrangements für Hotels, Besichtigungen und Konzerte an. Ende September.
- **Weihnachtsmarkt.** In der Weihnachtszeit werden seit 450 Jahren auf der Place de la Cathédrale ❶ und der Place Gutenberg ❹ »Bredele«, Glühwein, Spielzeug, Christbäume, Schmuck und Gebäck feilgeboten. So kann das Jahr angemessen ausklingen.

Alles Käse!

Haute Couture und Münsterkäse

Seit Privatpersonen im EU-Binnenmarkt Waren unbegrenzt mit sich führen dürfen, rechnen Frankreichs Modeschöpfer und Hersteller von Luxusartikeln offenbar auch mit Stammkunden von der anderen Seite des Rheins. Viele der berühmten Namen sind deshalb in Straßburg durch Filialen vertreten. Nirgendwo im Umkreis von 200 Kilometern kann man auf so engem Raum so exquisit einkaufen wie hier.

Die Andenkenläden, die den Platz vor dem Münster verschandeln, führen neben dem üblichen Kitsch auch die braun oder blau bemalten Terrinen und Gugelhupf-Formen aus elsässischer Keramik, die solide Mitbringsel sind und durchaus zum Gebrauch taugen. Spezialitäten sind auch Gänseleberpastete, die elsässischen Weißweine in den schlanken hohen Flaschen, Gugelhupf und – für Geruchsunempfindliche – der Münsterkäse.

- **Faiencerie Petite France.** Im Angebot sind elsässisches Geschirr, Kupferwaren und Zinn. 23, Rue du Bain-aux-Plantes.
- **La Boutique du foie gras.** Gänse- und Entenleber gibt es hier in allen Variationen. Die reinen Pasteten werden »foie gras« genannt, weniger edle Mischungen als »pâté« verkauft. 6, Rue Friesé.
- **Frick-Lutz.** Feinkost-Spezialist mit typischen Wurstwaren wie Schinken im Teig. 16, Rue des Orfèvres.
- **Kirn.** »Kaiser der Knackwürste«, der aber auch Edleres wie feine Gänseleberpasteten und schon zubereitetes Champagner-Sauerkraut führt. 20, Place de la Cathédrale.

Bon appetit!

Weinstuben und Michelin-Sterne

Auch an den Straßburger Tischen trifft sich deutsche und französische Kultur: Sauerkraut, Schiffele, Schinken im Teig, Zwiebelkuchen und Schweinshaxe (Jambonneu) kann man auch auf der anderen Seite des Rheins essen. Dort sind sie aber selten so raffiniert zubereitet wie in der elsässischen Küche.

- **Le Crocodile.** Nouvelle cuisine, die vom Guide Michelin mit drei Sternen ausgezeichnet wurde. Nicht typisch elsässisch. 10, Rue de l'Outre.
- **Buerehiesel.** Ebenfalls hoch dekoriert ist die französische und verfeinerte elsässische Küche dieses Spitzenrestaurants im schönen Park der Orangerie. 4, Parc de l'Orangerie.
- **L'Arsenal** bietet solide französische und elsässische Gerichte und ist das Lieblingslokal des bekannten Karikaturisten Tomi Ungerer, der nicht nur die Speisekarte gezeichnet, sondern auch das Kochbuch des Wirts frech illustriert hat. 11, Rue de l'Abreuvoir.
- **Chez Yvonne** (Das Burjestuewel). Weinstube der gehobenen Art, geradezu eine Institution des europäischen Parlamentarismus. 11, Rue du Sanglier.
- **Le Strissel.** Traditionsreiche Weinstube, die weniger wegen ihrer Küche, sondern wegen ihrer unverfälschten familiären Atmosphäre berühmt ist. 5, Place de la Grande-Boucherie.
- **Le Saint-Sépulcre** (Hailich Graab). In der einfachen Weinstube werden kleine deftige elsässische Gerichte serviert, vom Schinken im Teig bis zum Münsterkäse. 15, Rue des Orfèvres.
- **Au Pont du Corbeau.** Die Weinstube mit variantenreicher elsässischer Speisekarte ist stets voll. 21, Quai Saint-Nicolas.

La Petite France

Schlafen im Schatten des Münsters

Wer den weltweit standardisierten Luxus mag, kann auch in Straßburg im Hilton oder im Holiday Inn nächtigen. Vom Ambiente her typischer sind jedoch die kleineren Hotels in der Innenstadt, rund um das Münster oder im Gerberviertel La Petite France. Auf jeden Fall sollte man jedoch die Sitzungswochen des Europäischen Parlaments und des Europarats meiden. In diesen Wochen, in denen nicht nur die Abgeordneten, sondern auch die vom EU-Parlament eingeladenen Besuchergruppen aus ganz Europa nach Straßburg kommen, sind die Hotels im Umkreis von 25 Kilometern stets ausgebucht.

- **Sofitel.** Die Zimmer des Luxushotels sind klein, aber sehr komfortabel eingerichtet. 4, Place Saint-Pierre-le-Jeune. ☎ 03/88 15 49 00, Fax 03/88 15 49 99.
- **Hôtel des Rohan** liegt in einer Seitenstraße direkt am Münster (Fußgängerzone). Die Zimmer sind ruhig und klimatisiert, z. T. mit Blick auf das Münster. 17, Rue du Maroquin. ☎ 03/88 32 85 11, Fax 03/88 75 65 37.
- **L'Europe.** Schönes Fachwerkhaus am Rande der Petite France mit modern ausgestatteten Zimmern, zur Straße etwas laut. 38, Rue du Fossé des Tanneurs. ☎ 03/88 32 17 88, Fax 03/88 75 65 45.
- **Gutenberg.** Im relativ ruhigen Hotel in der Nähe des gleichnamigen Platzes wohnt man in Zimmern, die im elsässischen Stil eingerichtet sind. 31, Rue des Serruriers. ☎ 03/88 32 17 15, Fax 03/88 75 76 67.
- **Hôtel Suisse.** Kleines, einfaches Hotel in günstiger Lage zwischen Münster und Ill. 2, Rue de la Râpe. ☎ 03/88 35 22 11, Fax 03/88 25 74 23.

Kunst und Geschichte

Nicht nur das Münster lockt Kunstinteressierte – Straßburg besitzt auch sehenswerte Museen, die vom Münster aus alle zu Fuß in fünf Minuten zu erreichen sind. Ihr Spektrum reicht von Archäologie über Kunsthandwerk bis hin zu Volkskunde.

- **Musées du Château des Rohan** ⓫. In der ehemaligen Residenz der Bischöfe sind drei Museen untergebracht: Die Sammlung des Musée Archéologique im Untergeschoß zeigt Exponate der Vorgeschichte bis in die Zeit der Völkerwanderung. Im Musée des Arts Décoratifs im Seitenflügel sind Möbel des 18. und 19. Jahrhunderts und eine umfangreiche Sammlung Straßburger Fayencen zu sehen. Das Musée des Beaux-Arts wartet mit einigen bemerkenswerten Gemälden aus dem 14. bis zum 19. Jahrhundert – darunter so große Namen wie Giotto, Botticelli, van Dyck, Rubens und El Greco – auf. Palais Rohan, 2, Place du Château.

Château des Rohan

- **Musée de l'Œuvre Notre-Dame** (Frauenhausmuseum) ❿. Gleich neben dem Rohan-Schloß sind in mittelalterlichen Giebelhäusern bedeutende Originalskulpturen des Münsters ausgestellt. Ebenfalls hochinteressant sind die Baurisse, Entwurfszeichnungen der Münsterbaumeister für die Westfassade und den Turm. Wichtige Werke der Tafelmalerei des 15. Jahrhunderts (Konrad Witz, Martin Schongauer u. a.) runden den Mittelalterdurchgang ab. 3, Place du Château.
- **Musée Alsacien** ❽. Drei alte Fachwerkhäuser beherbergen das Elsässische Museum. Trachten, Bilder, Werkzeuge, Möbel und Hausrat vermitteln einen Eindruck vom Leben im Elsaß in vergangenen Zeiten. 23, Quai Saint-Nicolas.

Theater – modern und traditionell

Straßburg ist auf sein traditionell hochrangiges Musikleben stolz, das die Stadt zum wichtigsten kulturellen Zentrum im Osten des Landes macht. Das Orchestre Philarmonique unter Theodor Guschlbauer gilt als eines der besten Orchester in Frankreich; es trägt auch maßgeblich zum Festival Musica, dem berühmten Straßburger Festival zeitgenössischer Musik, bei. Die Konzerte finden meist im Palais de la Musique et des Congrès, Av. Herrenschmidt, statt. Bei Kennern beliebt sind auch die kleinen Konzerte in den Räumen des Musikkonservatorium an der Place de la République.

Opéra du Rhin

- **Opéra du Rhin** ㉑. Mit originellen Inszenierungen macht die Bühne von sich reden. 19, Place Broglie.
- **Théâtre National de Strasbourg** ⓴. Gute Französischkenntnisse sollte man haben, um dem klassischen Repertoire folgen zu können. 1, Rue André Malraux.
- **Théâtre du Jeune Public (TJP).** Das junge oder jung gebliebene Publikum, das Spaß an Experimenten hat, ist begeistert. Grand Salle. 7, Rue des Balayeurs. Petite Salle. 1, Rue du Pont Saint-Martin.
- **Le Maillon.** Die Kleinkunstbühne mit breitem Angebot hat ebenfalls überwiegend jüngeres Publikum. 13, Place André Maurois.
- **Le Kafteur.** Kabarett, Ein-Mann-Shows und Pantomime stehen auf dem Programm. 3, Rue Thiergarten.
- **La Choucrouterie.** Jazz und Chanson, elsässisches Mundarttheater, französisches oder deutsches Kabarett kann man nach einer opulenten Choucrout aus Riesling in der ehemaligen Sauerkrautfabrik genießen. 20, Rue Saint-Louis.

VENEDIG

La Serenissima

Venedig hat viele Gesichter: melancholisch, vom Nebel verschleiert, fröhlich und sonnendurchflutet, prachtvoll, aber auch vom Zahn der Zeit gezeichnet. Unzählige Stimmungen kann man in der einzigartigen Stadt einfangen.

»La Serenissima« – die Durchlauchtigste – nannte sich über Jahrhunderte das stolze Venedig selbst. Und das zu Recht, denn die Lagunenstadt war einst die Königin der Adria. Ihre Flotte beherrschte die Meere. Die Handelsgeschäfte und die Eroberungen brachten unermeßliche Reichtümer. Die herrlichen Palazzi der Adelsfamilien säumen noch heute die Kanäle. Auf 118 Inseln und Inselchen breitete sich die Stadt aus, verbunden durch mehr als 400 Brücken. Geheimnisvolle Gassen öffnen sich unvermutet auf malerische Plätze. 100 Kirchenbauten sind mit weltberühmten Kunstwerken ausgestattet. Das Symbol des hl. Markus, des Stadtpatrons, ist der Löwe, der als Machtsymbol der ehemaligen Republik überall zu sehen ist.

In Venedig sind nicht nur unzählige Kunstschätze zu bewundern, die Stadt ist als ganze ein begehbares Gesamtkunstwerk. Alljährlich leuchtet es in tausenderlei Farben auf, wenn im venezianischen Karneval die Masken in ihrer kostbaren und phantasiereichen Pracht sich mit der Schönheit der Stadt messen.

Im Zeichen des Löwen

Dogenpalast – Markuskirche – Dogengräber

Der Dogenpalast war das Machtzentrum der Seerepublik. Das filigrane Spiel seines gotischen Maßwerks findet sich an vielen späteren venezianischen Palastfassaden wieder.

Venedig ist einzigartig. Auf unzähligen Eichenpfählen erbaut, steht die Stadt im seichten Lagunenwasser zwischen italienischem Festland und der Adria. Ihrer geographischen Lage zwischen West- und Ostrom, zwischen Abendland und Byzanz verdankt die Stadt einen kometenhaften Aufstieg. Bereits im 10. Jahrhundert hat sich der Stadtstaat zum Handelsimperium mit der größten Flotte im Mittelmeer entwickelt. Den Schritt zur Weltmacht vollzog Venedig, als es beim Vierten Kreuzzug nicht nur den Transport von Kriegern und Troß übernahm, sondern auch unter dem Dogen Enrico Dandolo im Jahre 1204 Konstantinopel, die Residenzstadt des Byzantinischen Reiches, eroberte.

Eine Besonderheit ist auch die politische Struktur der Stadt. Nicht eine Dynastie hatte hier das Sagen, sondern eine sogenannte Oligarchie, ein Rat von rund 1300 aristokratischen Mitgliedern. Ein kompliziertes Wahlverfahren und Gesetze verhinderten, daß sich in der Person des vom Rat gewählten Staatsoberhauptes, des Dogen, zuviel Macht konzentrierte. Sein Wohnsitz war im Dogenpalast (Palazzo Ducale) ❶, der im Laufe des 14. und 15. Jahrhunderts in erster Linie als Regierungsgebäude erbaut wurde. Hier tagten der Große Rat und der Senat, hier arbeitete das Kollegium, die eigentliche Regierung, und kam der berühmt-berüchtigte Rat der Zehn zusammen, der sehr effektiv für die Staatssicherheit sorgte.

Der Dogenpalast ist ein mächtiges würfelförmiges Gebäude, das durch seine Arkaden eine wunderbare Leichtigkeit gewinnt. Das Skulpturenprogramm beider Hauptfassaden – zum Meer und zur Piazzetta San Marco ❷ – hört nicht auf, den vermeintlichen Gerechtigkeitssinn dieser Stadt zu feiern. Säle, Räume und Gänge des Palastes sind bedeckt von großflächigen Leinwandbildern in kräftigen Farben. Neben etlichen Dogen und eitlen Ratsmitgliedern begegnet man hier hübschen blonden Frauenzimmern mit Namen Venezia: die werbewirksame Verkörperung der reichen und schönen Stadt Venedig.

Doch hinter all dem Prunk und dem Kunstprogramm, die das Selbstverständnis der Stadt Venedig darstellen, muß man sich auch das damalige Ringen um Macht, die gegenseitige Mißgunst und das Mißtrauen vor Augen halten, die zu diesem ausgefeilten, vorgeblich demokratischen Staatsapparat mit seinen vielen Gremien geführt haben. Hier, wo der einzelne nichts, aber eine Staatsidee alles war, wo der Doge immer mehr zur Marionette degradiert wurde, kämpften in Wahrheit die venezianischen Adelsfamilien um die Mehrung von Macht, Ansehen und Reichtum.

Was Notre-Dame für Paris und Sankt Peter für Rom, das ist die Markuskirche (Basilica di San Marco) ❺ für Venedig. San Marco ist aber mehr als nur ein

Die Seufzerbrücke verbindet den Dogenpalast mit dem ehemaligen Staatsgefängnis. Ihre Mauern verschluckten die letzten Seufzer der zum Tode Verurteilten.

Der Doge Andrea Gritti in seiner Amtstracht. Das Porträt wurde im Jahre 1544 von Tizian gemalt.

Gotteshaus. Wer sich an den Touristenscharen stößt, die sich auf vorgeschriebener Führungslinie von der Vorhalle bis zum goldenen, email- und edelsteingeschmückten Altaraufsatz, der Pala d'Oro, drängen, dem sei entgegengehalten, daß San Marco schon immer auch rein weltlichen Zwecken diente: Hier wurde über Jahrhunderte der Doge nach seiner Wahl umjubelt. Wertvolle Beutestücke wurden hier untergebracht, die man den Muselmanen auf hoher See entrissen hatte, ja sogar geraubte Säulen und Reliefplatten deponiert. San Marco war einmal Venedigs bestbewachter Tresor!

Die Kirche sollte die schönste der Welt sein. Und eine Stadt wie Venedig, die leider keinen antiken Ursprung vorweisen konnte, griff zu künstlerischen Mitteln, um ihre Hauptkirche ein wenig älter erscheinen zu lassen. Der geheimnisvolle Zauber goldglänzender Mosaiken, der alle Mauern im Inneren überzieht, wollte nicht nur Symbol des Göttlichen sein, sondern dem Bauwerk Anstrich und Flair einer frühchristlichen Stätte verleihen.

Die figurenreichen Bilder an den Wänden erzählen vom Leiden Christi und vom Wirken des hl. Markus. Die vermeintlichen Überreste des Evangelisten, die heute im Hauptaltar ruhen, wurden 828 in Alexandria geraubt. Legenden entstanden, um diese Aktion zu rechtfertigen, denn der importierte Bibelautor, der in Venedig postum zum Megastar avancierte, hat rein historisch gesehen mit Venedig so viel zu tun wie etwa Luther mit Atlanta. Von dem dreisten Coup versprach man sich Ansehen und hohe Umsätze im europäischen Pilgertourismus. Dem hl. Markus mußte ein Heiliger niederen Ranges, San Teodoro, weichen. So ist die Kirche San Marco das Produkt von Frömmigkeit und Kunstsinn, von Prestigedenken und Kaufmannsgeist. Das Symbol des hl. Markus, der Löwe, wurde zum Symbol der Weltmacht Venedig, dem man nicht nur an vielen Stellen der Stadt begegnet, sondern im gesamten Mittelmeerraum.

In der Vorhalle der Markuskirche stehen, hinter unscheinbaren Steingittern kaum zu erkennen, mit die ältesten erhaltenen Dogengräber (12. Jahrhundert): Weder Namen, Inschriften noch Wappen oder gar Porträts erinnern an diejenigen, die hier bestattet wurden. Als sie regierten, war der Doge noch der erste Mann im Staate. Je mehr diesem Amt im Laufe der Zeit Macht und Ansehen beschnitten wurden, desto protziger geriet die Selbstdarstellung der Dogen über ihren Tod hinaus. In der Dominikanerkirche Zanipolo, dem Pantheon berühmter Venezianer, kann man diese Entwicklung in der Gestaltung der Dogengräber leicht verfolgen: Von den ausdrucksvollen gotischen Grablegen, die den aufgebahrten Dogen zeigen, bis zum spätbarocken, theatralisch-bombastischen Grabmal der Dogen Bertuccio und Silvestro Valier († 1658 bzw. 1700), zwei der letzten Repräsentanten des venezianischen Stadtstaats.

Das Innere von San Marco – Gold, wohin das Auge blickt. Das Gotteshaus, nach byzantinischem Vorbild erbaut, ist ein grandioses Monument des Selbstbewußtseins einer großen Seemacht.

Passionsszene an der Hauptfassade von San Marco – ein farbiges Mosaik zur Ehre Gottes, ein kleiner Vorgeschmack auf den Bilderreichtum im Inneren.

Der geflügelte Markuslöwe ist das Staatssymbol Venedigs und in der Stadt allgegenwärtig.

Die schönste Straße der Welt

Der Canal Grande

Faszinierender Canal Grande: Von der Accademia-Brücke bietet sich ein prächtiger Blick auf die barocke Kirche Santa Maria della Salute.

Venedigs Prachtstraße und Hauptverkehrsader ist – wie sollte es anders sein – ein Kanal: 3800 Meter lang, 30 bis 70 Meter breit und von herrlichen Bauwerken gesäumt. Wie an einer Perlenkette reihen sich zierliche und stattliche Paläste entlang des Wassers. Nirgendwo sonst findet man eine Architektur, die derart über die Jahrhunderte ihre Unverwechselbarkeit und heitere Leichtigkeit bewahrt hat. Der venezianische Palast ist kein wehrhafter Bau aus schwerem Stein. Die Stadt brauchte nicht den Schutz starker Mauern. Man vertraute der Diplomatie, dem Wasser und der schlagkräftigen Flotte.

Vielmehr öffnet sich die Fassade, um viel Licht in die langen, schmalen Räume zu lassen. Die weiten Loggien der frühen Fassaden aus dem 14. Jahrhundert, die vielfältigen Bogenformen, das reiche Maßwerk der Fenster, die Ornamentik, die Verwendung feiner verschiedenfarbiger Materialien wie dem rötlichen Veroneser Marmor, dem grünen Verde antico, dem weißen istrischen Stein – all das trägt zu dem Zauber dieser einzigartigen Kulisse bei. Der Haupteingang liegt dem Kanal zugewendet. Hier ist die Schaufassade des Gebäudes mit ihrem Zierat, der den Reichtum der Besitzer demonstriert. Die mächtigen Familien der venezianischen Oberschicht waren gleichzeitig Politiker und Unternehmer, das Haus Palast und Kontor. Im Untergeschoß befanden sich die Warenlager, im Obergeschoß die Wohnräume. Das Boot konnte direkt vor dem Haus festgemacht werden, damals wie heute an den schönen, bunten Holzpfählen. Vom Land her betritt man das Haus über einen Hof mit Brunnen, den eine Mauer von der Gasse trennt. Eine schön gestaltete Treppe führt vom Hof aus in das Obergeschoß.

Die Gebäudeform war bereits im 13. Jahrhundert so funktional durchdacht, daß sich am Grundriß und an der Aufteilung der Fassade die Jahrhunderte hindurch kaum mehr als der architektonische Schmuck änderte. Und so ist jede Fassade individuell, erzählt ihre Geschichte und verleiht der alteingesessenen Familie ein eigenes Gesicht. Das schönste Beispiel eines spätgotischen Palastes ist die Ca' d'Oro (28), deren Aussehen der Auftraggeber in den 20er Jahren des 15. Jahrhunderts selbst bestimmte. Die Anlage der Räumlichkeiten kann bei einem Rundgang durch das Museum, die Galleria Giorgio Franchetti, erfaßt werden, das Meisterwerke der italienischen Gotik und Renaissance besitzt.

Einst gehörten Schmuckstücke wie dieses zum reichen Zierat mancher Gondel.

Die Rialto-Brücke – bis ins 19. Jahrhundert der einzige feste Weg über den Canal Grande. Hier befindet sich der Ursprung Venedigs, sein ehemaliges Finanz- und Vergnügungsviertel.

Klarheit und harmonische Proportionen zeichnen den in der Frührenaissance entstandenen Palazzo Vendramin-Calergi (30) aus. Er dient heute Ausstellungszwecken und beherbergt im Winter das Spielcasino. Als Gebäude für aufsehenerregende Großausstellungen dient der klassizistisch strenge Palazzo Grassi (17).

Manche Paläste sind unbewohnt, schreien nach einer Generalsanierung, viele wurden vortrefflich hergerichtet. In den meisten Fällen dienen sie der Repräsentation. Denn heute wie einst ist der Canal Grande die erste Adresse der Stadt. Wo jetzt Großindustrielle, Rechtsanwälte und Finanziers jede Summe zu zahlen bereit sind, um wenigstens eines der knapp 20 000 Fenster auf den Canal Grande zu haben. Sonnte sich doch einst hier die High-Society im Glanz ihrer Handelsbilanzen und pflegte einen Lebensstil, den sonst nur orientalische Herrscher und abendländische Fürsten kannten. In Venedigs Goldenem Zeitalter, dem 18. Jahrhundert, feierte die Stadt, als sie schon unaufhaltsam dem politischen Niedergang zusteuerte, im elf Monate währenden Karneval sich und ihre Lebensart.

Man spielte um Glück, Liebe und den Rest an Privatvermögen, das in den vergangenen Jahrhunderten angehäuft worden war. Der Venezianer liebte das kokette Spiel der Masken, die Galanterie der französischen Kavaliere, suchte ständig Zerstreuung in bunter Gesellschaft, ging auf Bälle, inszenierte die eigene Person, den öffentlichen Auftritt als Gesamtkunstwerk – und griff dafür ständig zu Rosenöl, Parfum, Puder und Pomade. Giacomo Casanova steht symbolisch für das ausschweifende Vergnügen, das ihm allerdings eine Haftstrafe in den berüchtigten Bleikammern einbrachte. Seine Flucht von dort gehört zu den spektakulären Ereignissen seines abenteuerreichen Lebens.

Die Commedia dell'arte, die italienische Stegreifkomödie mit ihren derben Späßen, gesellschaftskritischen Spitzen und akrobatischen Einlagen, erreichte in Venedig ihren Höhepunkt und – durch den Dichter Carlo Goldoni – die literarische Ausformung in heute noch beliebten Komödien wie »Der Diener zweier Herren«. Das Geburtshaus (21) des Dichters ist zu besichtigen. Auch in der Musik gibt es unsterbliche Venezianer, allen voran Antonio Vivaldi mit seinem Violinkonzert »Die vier Jahreszeiten«.

Einen Eindruck von diesen sinnenfrohen Zeiten, als das Leben in vollen Zügen genossen wurde, vermittelt die Ca' Rezzonico (16), ein imposanter, Mitte des 18. Jahrhunderts vollendeter Palast, der das Museo del Settecento Veneziano beherbergt – das Museum des venezianischen 18. Jahrhunderts. Im Ballsaal verschmelzen Architektur und Malerei zu einem prachtvollen Gesamteindruck. Ein typisches Dokument der Zeit sind die Fresken von Giandomenico Tiepolo, die er 1791 für die Tiepolo-Villa in Zianigo gemalt hat. Sie wurden dort abgelöst und in die Ca' Rezzonico übertragen. Von Liebe und lustigem Zeitvertreib handeln die Wandbilder, von karnevalistischem Treiben, bei dem sich jung und alt amüsieren. Einige Räume zeigen komplette Einrichtungen mit Rokoko-Mobiliar, flandrischen Wandteppichen, Lüstern und Spiegeln aus Murano-Glas. In zahlreichen Gemälden ist die Stadt und ihr Leben dargestellt. Die Werke von Francesco Guardi, Pietro Longhi und Gabriele Bella versetzen in die Welt der venezianischen Gesellschaft des 18. Jahrhunderts. Die Stadtporträts von Antonio Canal, genannt Canaletto, waren schon seinerzeit für die vermögenden Touristen ein begehrtes Andenken.

Eine Gondelfahrt, Klischee aller Venedig-Klischees, ist immer noch – und immer wieder – eindrucksvoll.

Unverkennbar venezianisch: Die Zahl der Palazzi ist ebenso groß wie die Vielgestaltigkeit ihrer schönen Fassaden.

Souvenirs, Souvenirs

Masken, Spitzen und Kostbarkeiten aus Glas

Kunst oder Kitsch? Das flüssige Glas wird in seine Form geblasen oder gezogen – ein Vorgang, der viel Geschick und Feingefühl verlangt.

Lachende Münder und blasse Gesichter, wilde Fratzen und Zauberköpfe, unnahbar oder zum Lachen komisch: Es gibt nichts, was es nicht gibt auf dem venezianischen Rummelplatz der Masken. An jeder Ecke kann man sich seinen Traum vom anderen Gesicht erfüllen. Und sei es als riesiger Wandschmuck, in strahlendes Gold getaucht, oder einfach nur winzigklein aus Schokolade – dann kann man ihn wenigstens einmal auf der Zunge zergehen lassen. Quer durch alle Nationen und Generationen entzückt hier das Spiel von Schein und Sein, von Wirklichkeit und Verkleidung. Die Masken Venedigs sind eine nie versiegende Leidenschaft. Im 17. und 18. Jahrhundert sah sich der oberste Rat der Stadt sogar genötigt, das Maskentragen an gewöhnlichen Tagen zu verbieten. An den Faschingstagen dagegen war es dann umgekehrt: Nur wer maskiert war, hatte Zutritt zu den Tanzsälen und Empfängen. Aber auch auf der Straße und hinter dem Marktstand, in den Gerichtshöfen, Tavernen und Hospitälern trug man Pappmaché oder Leder vor dem Gesicht. Rang und Name galten für ein paar Wochen nichts mehr, der Prunk des Kostüms und die Aura des Unbekannten ersetzten das gewöhnliche Benimm und lockten und verschreckten, entstellten und berauschten nicht nur seinen Träger.

Heute sind es allerdings am wenigsten die Venezianer, die zu Rüschenhemd und Handschuh greifen. Wenn man sich denn in Schale wirft, dann bleibt man am liebsten unter sich, in den Palazzi. Manche nehmen ihre Aufgabe ernster und studieren Komödien und Luststücke ein, die sie in einem Innenhof oder auf einer der vielen kleinen Bühnen an den Karnevalstagen zeigen. Der Großteil derer, die während des Karnevals für bedrückende Enge in den Gassen und Stau auf den Brücken sorgen, kommt meist von außerhalb und läßt sich oft nur für die Stunden eines Tages und einer langen Nacht durch das kostümierte Venedig treiben. Von ihnen wissen nur wenige, daß die Verkleidung einst nur aus einer weißen Maske, einem schwarzen Umhang und dem schwarzen Dreispitz bestand. All

Klöppelspitzen – das Produkt vieler Arbeitsstunden. Das filigrane Fadenwerk, hergestellt wie zu Omas Zeiten, liegt heute wieder im Trend.

Es müssen nicht immer Vasen sein. Auch moderne, farbenfrohe Plastiken in graziler Gestalt werden auf der Insel Murano hergestellt.

die bunten Gesichter und Figuren der Commedia dell'arte kamen später. Die billigen Massenartikel, oft aus Plastik, sind ein Produkt der Neuzeit, das mit der kunstvollen und traditionsreichen Handarbeit in Leder oder Pappmaché nichts mehr gemein hat.

Ähnlich erging es der Nadelspitzenkunst, die in Venedig schon im 16. Jahrhundert eine Blütezeit erlebte. In monatelanger Kleinarbeit schufen Frauen und Mädchen prachtvolle Spitzen für den reichen Adel. Aus ganz Europa kamen Edelleute angereist, um einen der berühmten Restagno-Stoffe mit Gold- und Silberfäden zu erwerben. Aus ihnen wurden schwere Gewänder und Wandverkleidungen gefertigt, die man heute noch in einigen Palazzi sehen kann. Die glänzenden Behänge und filigranen Kostbarkeiten waren immer schon ein teures Vergnügen. Aber wer sich einmal die Zeit nimmt, die phantasievollen Motive einer echten Klöppelspitze aus der Nähe zu betrachten, mit ihren hauchdünnen gedrehten, geflochtenen und verkreuzten Fäden, der wird dafür bereitwillig mehr zahlen als für maschinell hergestellte Massenprodukte.

Manche Masken sind wahre Feuerwerke der Phantasie. Noch gibt es einige Künstler in Venedig, die von Hand ein Traumgesicht zaubern können.

Das gilt auch für eine andere heiße Liebe der Venezianer: Carta marmorizzata, marmoriertes Papier. Die handgeschöpften Blätter, Bucheinbände oder gar Lampenschirme entstehen, indem flüssige Farben vermischt und auf Papier abgenommen werden. Mittels Kämmtechnik zaubert der Künstler dann vielerlei Muster. Alle haben durch die Handarbeit kleine Unregelmäßigkeiten, die sie aber um vieles lebendiger machen als maschinell hergestellte Arbeiten. Nach Venedig kam die Idee für die Herstellung von »ebrû«, wie das Marmorpapier ursprünglich auf türkisch hieß, durch Händler aus dem Orient.

Ein weiteres Kunsthandwerk, die Glasbläserkunst, ist dagegen auf venezianischem Boden gewachsen und um 1300 von hier auf die Insel Murano verlegt worden – der ständigen Brandgefahr wegen. Außerdem konnte man dort die Geheimnisse des Glasblasens besser schützen. In die Technik des Glasblasens, das immer wieder faszinierend anzusehen ist, wird man in zahlreichen Ausstellungsräumen und Glashütten in Venedig und auf Murano eingeführt. Vom kleinsten Insekt bis hin zu verschnörkelten Vasen oder Gläsern in jeder Farbe und Form reiht sich hier alles, was sich aus Glas nur herstellen läßt. Beim Kauf ist allerdings grundsätzlich Vorsicht angebracht, denn vieles, was sich Muranoglas nennt, ist importiert. In traditionellen Läden oder solchen, wo man dem Meister nebenan bei der Arbeit zusehen kann, geht man auf Nummer Sicher. Im Muraneser Glasmuseum (Museo Vetrario di Murano) läßt sich schließlich anhand von vielen Beispielen die Entwicklung der Glaskunst durch die Jahrhunderte nachvollziehen.

Wer als Souvenir lieber zu handfesten Stoffen greift, der kann aus einer Vielfalt herrlicher Kreationen wählen. Der Spanier Mariano Fortuny gab seinen Namen den gleichnamigen exklusiven Stoffen aus Baumwolldamast oder Seidenvelours, die er in Anlehnung an antike Vorlagen in Venedig schuf. Träume aus Samt und fließender Seide sind da entstanden, aber auch Kissenbezüge, Decken und Vorhänge. Verrückte Mode mit Fortuny-Mustern, immer provokant dekoriert, gibt es schließlich bei einem Blick in die Schaufenster von Fiorella am Campo Santo Stefano zu sehen.

Wo man begehrtes Kunsthandwerk am besten kaufen kann:

Handgefertigte Masken: Mondonovo, Rio Terà Canal 3063, Dorsoduro; Balocoloc, Calle del Scaleter 2235, San Polo. Wertvolle Spitzen: l'estrosa 423, San Mauro, Burano; Jesurum, Ponte Canonica 4310, San Marco. Kunstvoll gemustertes Marmorpapier: Alberto Valese, San Stefano 3471, San Marco; Il pavone, Fondamenta Venier 721, Dorsoduro. Echtes, qualitätvolles Glas: Venini, Piazzetta dei Leoni 314, San Marco; Barovier & Toso, Fondamenta dei Vetrai 28, Murano. Wunderschöne Stoffe: Trois, Campo San Maurizio 2666, San Marco. Rubelli, Campo San Gallo 3877, San Marco.

Wo Venedig zur fernen Kulisse wird

Ausflüge in die Lagune

Es gibt Venezianer, die haben sich für immer in das Herz Venedigs mit den über hundert kleinen Inseln und Brücken verliebt. Da kann das Hochwasser wüten oder die Zimmerwand feucht sein, sie würden die engen Gassen, die calli, nie verlassen. Nur hier, zwischen den Kanälen, fühlen sie sich Venedig ganz nahe. Es gibt aber auch solche, die sich durchaus als Venezianer verstehen und dennoch freiwillig auf die nahe Strand-Insel gezogen sind, den Lido ⑩. Er ist ihnen ein idealer Kompromiß: für schnelle Erledigungen steht – anders als auf den anderen Inseln – das Auto vor der Tür, der morgendliche Gang in die Bar zum Frühstücken verlangt keinen Hürdenlauf über diverse Brükken, und »bella Venezia« ist in wenigen Minuten mit dem Linienboot, dem vaporetto, erreichbar – für den Theaterabend, für einen Einkaufsbummel oder einfach nur, um ein Stündchen vor der Kulisse gotischer Paläste zu promenieren.

Knallbunte Häuserfronten auf Burano. Auf der Insel spiegelt sich die Welt der Lagunenmetropole im Kleinen: einfacher und privater.

Wenn sich der Sommer seinem Ende zuneigt, zieht es schließlich alle für einige Tage auf den Lido: zum Filmfest, das seit 1932 rund um das Hotel Excelsior stattfindet und das älteste Festival dieser Art ist. Im Palazzo del Cinema und dem in diesen Tagen umfunktionierten Casinò treffen Berühmtheiten aus aller Welt zusammen, und die Wahrscheinlichkeit, einem Star in die Arme zu laufen, wird geradezu schwindelerregend hoch.

Zu einem Venedig-Besuch gehört ein Lido-Nachmittag, und wenn man sich nur für eine Weile an den weiten Strand begibt. An heißen Sommertagen vibriert die Luft in dicken Schwaden über dem Sand, und das Farbenspiel der enggereihten capanni, der Holzkabinen, wird in unwirkliches Licht getaucht. Dann ist man den atmosphärisch dichten Bildern von Luchino Viscontis filmischem Meisterwerk »Tod in Venedig« ganz nahe. Die gleichnamige Novelle von Thomas Mann, geschrieben im Jahre 1912, diente als Vorlage für den Film, der inzwischen schon zu den Klassikern gehört. Er spielt unter anderem im elegant-mondänen Grand Hotel des Bains. Der prachtvolle Bau mit seinen großzügigen Sälen und Terrassen spiegelt heute vielleicht am besten die Stimmung wider, die nach der Jahrhundertwende die Reichen und Schönen in ihren Bann schlug und den Lido zum berühmten internationalen Strandbad machte. In den Jahrhunderten zuvor verband man mit dem Lido vor allem ein Ereignis: die alljährliche »Vermählung« Venedigs mit dem Meer, bei der der Doge vor der Küste am Tag der Himmelfahrt Mariens einen goldenen Ring ins Wasser warf.

Ein Geheimtip ist der Besuch des kleinen, verschwiegenen jüdischen Friedhofs an der Via Cipro, die nicht weit von der Anlegestelle der vaporetti entfernt ist. Ungewohnte Stille liegt auch über dem winzigen Ort Mala-

Der Karneval ist auch bei den Kleinen sehr beliebt. Auf den Inseln der Lagune wird das Spiel mit der Verkleidung ebenso begeistert inszeniert wie in Venedig selbst.

Der Pavillon Italiens auf dem Gelände der Kunstbiennale. Ihre Tore öffnet diese internationale Ausstellung in den Jahren mit gerader Zahl.

Im Hotel Excelsior auf dem Lido mit seinen orientalisch anmutenden Spitzen und Türmen geben sich zu den Filmfestspielen Stars ein Stelldichein.

mocco, einer Handvoll Häuser auf der südlichen Hälfte der Insel, weitab von Tourismus und Tagesgeschehen.

Die Klosterinsel San Michele 31 ist ein Ort der Stille und der Besinnung. Vor allem aber ist diese kleine Insel, die seit napoleonischer Zeit Venedig als Friedhof dient, eine grüne Oase mitten in der Lagune. Rund um die schöne Renaissancekirche San Michele und den stimmungsvollen Kreuzgang haben berühmte Persönlichkeiten wie Igor Strawinsky, Ezra Pound, Sergej Diaghilev und Luigi Nono ihre letzte Ruhestätte gefunden.

Murano 32 war früher ein beliebter Sommersitz für die wohlhabenden venezianischen Familien – hier konnten sie sich den Luxus eines Gartens erlauben. Später traf man sich zu regen Diskussionen über Literatur und Philosophie in einer der zahlreichen Akademien. Von alledem hat sich jedoch zwischen den calli und Kanälen kaum etwas erhalten. Inzwischen ist die Insel fest in den Händen der Glashütten. Auf Murano lohnt sich in jedem Fall ein Blick in die venezianisch-byzantinische Kirche Santi Maria e Donato oder auf die in ihrer Farbkraft leuchtenden Meisterwerke der Renaissancemalerei in der Kirche San Pietro Martire. Sehenswert ist auch das gut bestückte Glasmuseum (Museo Vetrario di Murano).

Wie eine Insel aus dem Bilderbuch erscheint Burano 33. Kein Fotograf, dem nicht das Herz aufgeht beim Anblick der in Bonbonrot, Himmelblau und Sonnengelb erstrahlenden Fassaden. Dazu kommt noch das helle Weiß der unzähligen Deckchen, Bezüge und Stoffe, die von der Kunst des Spitzenstickens zeugen. Vor allem Fischer leben hier das einfache Leben in den wenigen Sträßchen. Sie hängen an der Tradition, ihre Häuser mit einer charakteristischen Farbe zu versehen, obwohl sie heute diese einstige Orientierungshilfe wohl nicht mehr bräuchten. Zum Glück bieten sie auch weiterhin frische Muscheln und Fisch an, der hier mindestens so gut schmeckt wie in Venedig.

Schon im 7. Jahrhundert war Torcello 34, die nördlichste Insel der Lagune, bewohnt: Hier stehen auch deren älteste Bauwerke. Die meisten Besucher spazieren von der Anlegestelle des vaporetto aus zu den Kirchen Santa Maria Assunta und Santa Fosca, die zusammen das Flair längst vergangener Zeiten verströmen. Sie sind nicht mehr als eine einsame Erinnerung an den Bischofssitz und die lebhafte, stolze Handelsstadt, die Torcello im 12. Jahrhundert war. Heute lebt nur noch eine Handvoll Menschen hier, und wer sich ein wenig weiterwagt an die kleinen, von Schilf bewachsenen Kanäle, der bekommt sogar ein Gefühl dafür, was die ersten Siedler der Lagune einst vorfanden: Inseln aus Erde, Wasser und Gräsern. Die Venezianer lockt heutzutage vor allem eines nach Torcello – die Locanda Cipriani, eine der Nobeladressen für feines Speisen.

Der Lido kennt nicht nur Feste, Meer und Sonne. Auf dem romantischen Friedhof kann man eine wunderbare Stille genießen.

Auf einen Blick

Venedig entdecken und erleben

Venedig, in dessen Zentrum nur 81 000 Einwohner leben, insgesamt jedoch etwa 324 000, läßt sich am besten zu Fuß erforschen. Die Alternative: eine Vaporetto-Fahrt über den Canal Grande, auf der die schönsten Paläste der Stadt langsam vorbeiziehen. Die kostspieligere Variante, eine Gondelfahrt und die Ausflüge zu den Laguneninseln gehören im Grunde dazu. Man sollte beachten, daß Kirchen und Sehenswürdigkeiten meist über Mittag bis in den Nachmittag hinein geschlossen sind.

Im Sommer Erholungsort der Venezianer, im Winter wie ausgestorben: Der Lido mit seinem Sandstrand, den vornehmen Hotels und dem Kinopalast der Biennale.

1. Dogenpalast
2. Piazzetta
3. Libreria
4. Markusplatz mit Campanile
5. Markuskirche
6. Uhrturm
7. Colleoni-Monument
8. Santi Giovanni e Paolo
9. Arsenale mit Seefahrtsmuseum
10. Lido
11. Santa Maria della Salute
12. Teatro La Fenice
13. Palazzo Corner (Ca'Grande)
14. Palazzo Venier del Leoni mit Guggenheim-Museum
15. Galleria dell'Accademica
16. Ca'Rezzonico
17. Palazzo Grassi
18. Ca'Foscari
19. Scuola Grande di San Rocco
20. Santa Maria Gloriosa dei Frari
21. Ca'Goldoni
22. Campo di San Polo
23. Palazzo Grimani
24. Rialtobrücke
25. Fondaco dei Tedeschi
26. Santa Maria del Miracoli
27. Campo di Rialto
28. Ca'd'Oro mit Galleria Giorgio Franchetti
29. Ca'Pesaro
30. Palazzo Vendramin-Calergi
31. San Michele
32. Murano
33. Burano
34. Torcello

Der schönste Palazzo Venedigs, die gotische Ca' d'Oro, die einst vergoldet im Licht schimmerte, zählt zu den Höhepunkten einer Fahrt auf dem Canal Grande.

Meisterwerke an Originalorten: In der Scuola di San Rocco begeistern die Bilder Tintorettos (Ausschnitt aus der Kreuzigung), die er hier von 1564 bis 1587 geschaffen hat.

Ideal für Liebhaber des Barock: Eine Innenbesichtigung des großzügigen Adelspalastes Ca' Rezzonico bietet Einblicke in die Welt wohlhabender Venezianer im 18. Jahrhundert.

Die amerikanische Sammlerin Peggy Guggenheim hat Venedig eines der schönsten Museen geschenkt: den gleichnamigen Palazzo mit Kunstwerken aus dem 20. Jahrhundert.

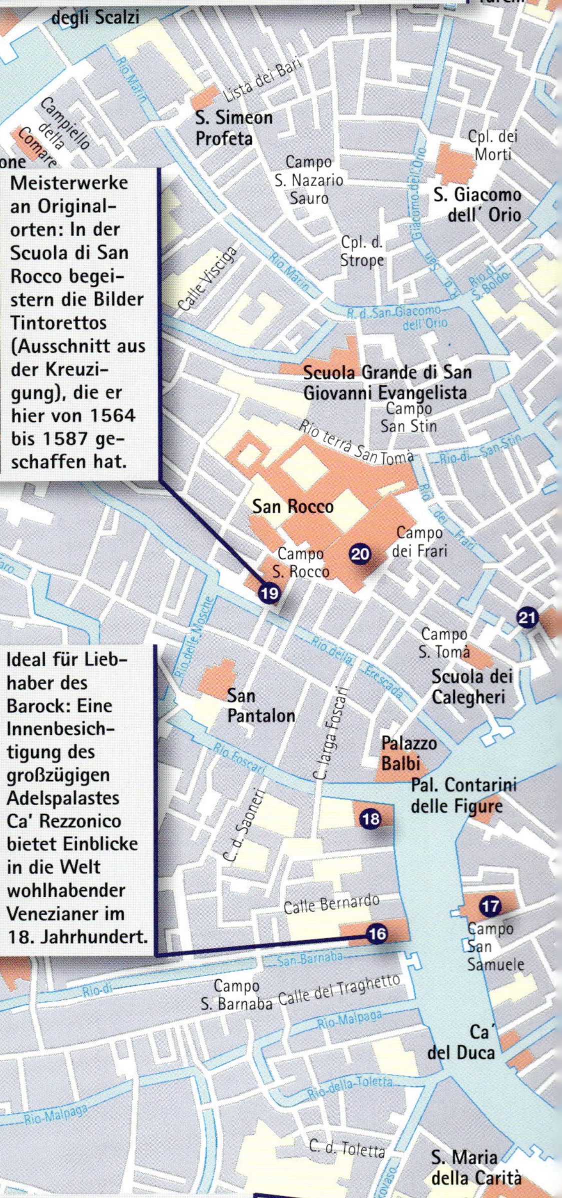

In den Tourismusbüros am Bahnhof (☎ 041/5298711) und bei der Vaporetto-Anlegestelle S. Marco (☎ 041/5298730) erhält man aktuelle Informationen zu sämtlichen Veranstaltungen der Stadt. Noch einfacher ist es, die über ganz Venedig verteilten Plakate zu beachten oder im regelmäßig erscheinenden Informationsheft »Ospite di Venezia« zu blättern, das in den meisten Hotels ausliegt (Text auch in Englisch). Wer häufig Vaporetto fahren will, kann sich ein Tages- oder ein Dreitagesticket kaufen.

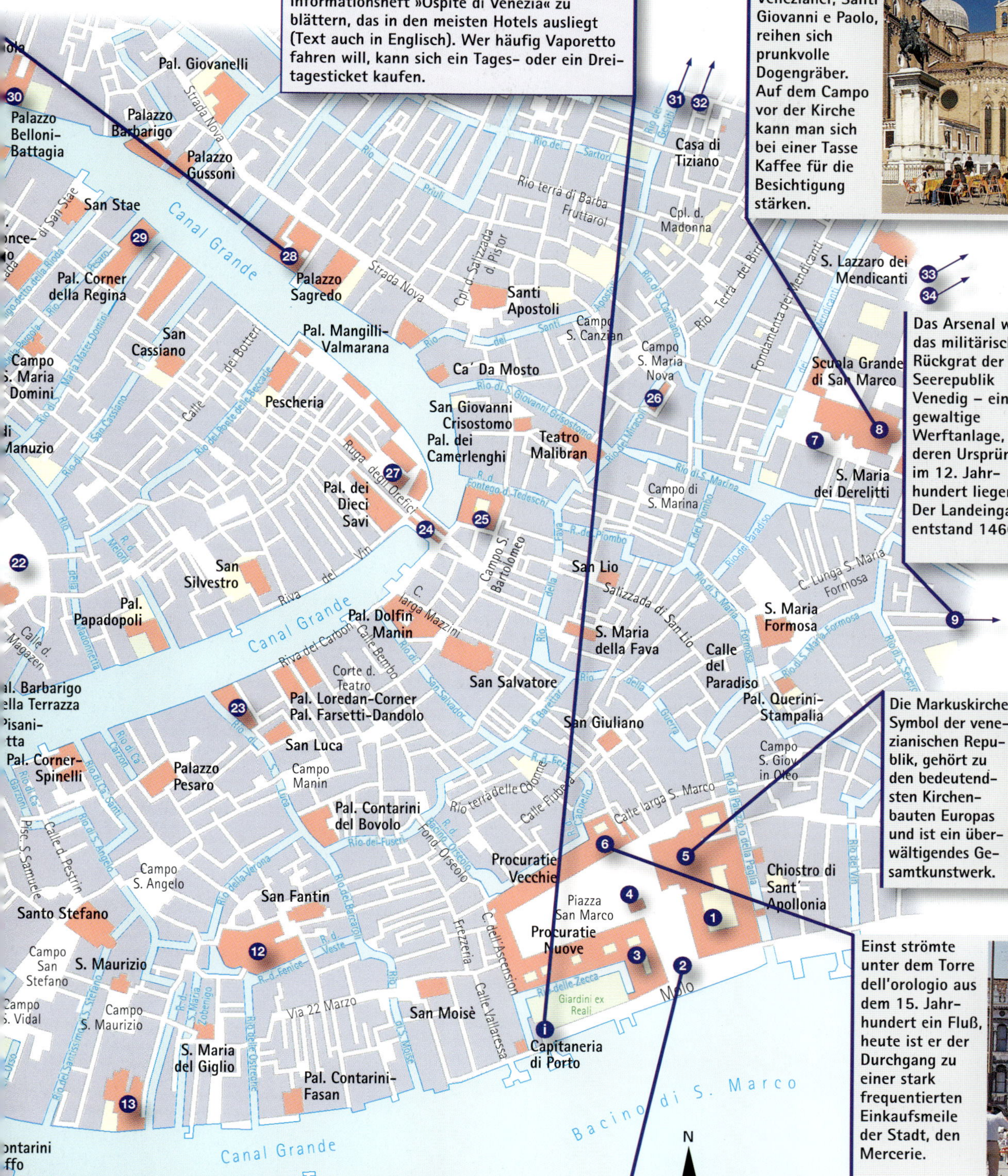

Im Pantheon der Venezianer, Santi Giovanni e Paolo, reihen sich prunkvolle Dogengräber. Auf dem Campo vor der Kirche kann man sich bei einer Tasse Kaffee für die Besichtigung stärken.

Das Arsenal war das militärische Rückgrat der Seerepublik Venedig – eine gewaltige Werftanlage, deren Ursprünge im 12. Jahrhundert liegen. Der Landeingang entstand 1460.

Die Markuskirche, Symbol der venezianischen Republik, gehört zu den bedeutendsten Kirchenbauten Europas und ist ein überwältigendes Gesamtkunstwerk.

Einst strömte unter dem Torre dell'orologio aus dem 15. Jahrhundert ein Fluß, heute ist er der Durchgang zu einer stark frequentierten Einkaufsmeile der Stadt, den Mercerie.

Zwei Säulen empfangen wie zwei Wächter die an der Piazzetta ankommenden Besucher: links der hl. Theodorus, rechts – auf der Seite des Dogenpalastes – der Markuslöwe.

Santa Maria della Salute beschließt den Canal Grande zum Bacino hin. Vom nahen Zollgebäude aus bietet sich ein herrlicher Blick Richtung San Marco.

Was – wann – wo?

Sehen und gesehen werden

Die Feste Venedigs dienten seit jeher immer auch dazu, sich im Glanz der herausgeputzten Stadt zu zeigen und andere zu beäugen. Tatsächlich sind die Uferpromenaden am Canal Grande eine ideale Bühne, und mit dem großen Pomp der historischen Regata Storica wird den Sinnen viel geboten.

Regata Storica

- **Carnevale.** Das weltweit berühmte Spektakel wurde erst Ende der 70er Jahre wiederbelebt. Heute taucht ganz Venedig während der Zeit in ein Meer von Kostümen und Masken – die Venezianer fliehen inzwischen meist vor dem gewaltigen Ansturm auf ihre Stadt. Letzte zehn Faschingstage bis Aschermittwoch.
- **Kunstbiennale.** Jedes zweite Jahr (mit gerader Zahl) schart sich die aktuelle Kunstszene in den internationalen Pavillons bei den Giardini und in einigen Museen. Juni bis Oktober.
- **Festa del Redentore.** Zur Erinnerung an das Ende der Pestepidemie 1576 sammeln sich die Venezianer zum Gebet bei Palladios Redentore-Kirche, die damals als Dankesgabe errichtet worden war. Dritter Sonntag im Juli.
- **Filmfest.** Das aufwendige Festival auf dem Lido ⑩ ist jedes Jahr fester Bestandteil des Kulturkalenders. Ende August/Anfang September.
- **Regata Storica.** Gondolieri und Ruderer in historischen Kostümen und Fahrzeugen messen Geschick und Schnelligkeit bei der berühmten Regatta der Stadt. Erster Sonntag im September.

Campo San Barnaba

Nach Lust und Laune...

...kann man in Venedig das ganze Jahr über einkaufen. Sei es in den edlen Einkaufsstraßen wie der Calle Larga 22 Marzo, wo Mode vom Feinsten in geschmackvoll dekorierten Schaufenstern lockt, oder in den eleganten Boutiquen, die sich die Mercerie entlang reihen zwischen Markusplatz ④ und Campo San Salvador. Die Strada Nuova ist eine ideale Bummelmeile, und dann ist da noch das reiche Angebot an Mode, Schmuck, Lederwaren auf der Rialtobrücke ㉔ und den umliegenden Gassen. Kleinhändler verkaufen ihre Waren auf den Märkten, z.B. dem Rialtomarkt, und am Campo San Barnaba legt täglich ein Boot mit frischem Gemüse und Obst an.

- **Livio de Marchi** entwirft verrückte Sachen aus Holz – von hängenden Sokken bis zu Spargelbündeln. Salizzada San Samuele 3157, San Marco.
- **Coin,** nahe der Rialtobrücke, ist ein elegantes Kaufhaus, in dem man auf mehreren Etagen fündig wird. Salizzada San Giovanni Crisostomo 5788, Cannaregio.
- **La Pantofola.** »Historische« Schuhe für Mutige! Calle della Mandola 3718, San Marco.
- **Osvaldo Böhm** hat Stiche mit Stadtansichten in großer Auswahl. Campo San Moisè 1349, San Marco.
- **La Nave d'Oro** ist ein beliebter Weinhandel mit guter Auswahl. Campo di Santa Margherita 2897, Dorsoduro.
- **Giacomo Rizzi.** Hier bekommt man hausgemachte Pasta in allen Farben und Formen. Salizzada San Giovanni Crisostomo 5778, San Marco.
- **Marchini.** Bietet Süßes für Gourmets in riesiger Auswahl. Ponte San Maurizio, nahe Campo San Stefano.

Hunger auf Häppchen...

...läßt sich zu jeder Tageszeit problemlos stillen: mit den beliebten tramezzini, den belegten dreieckigen Weißbrotscheiben, die es in jeder Bar gibt, und cicheti, kleinen Appetithappen, zu denen man in Venedig eine ombretta, ein Glas Weißwein, trinkt. Wenn man sich in der Osteria um die Ecke oder im Restaurant trifft, kommen Fisch und Meeresfrüchte in allen Variationen frisch auf den Tisch, aber auch Innereien, Gemüse- und Reisgerichte. Wer es sich leisten kann, der trinkt seinen Espresso danach im berühmten Caffè Florian am Markusplatz, wo die einzigartige Kulisse zu den Klängen eines Streichquartetts immer wieder verzaubert.

Caffè Florian

- **La Corte Sconta.** Spezialität der hervorragenden Küche: Fisch und Meeresfrüchte. Calle del Pestrin 3886, Castello.
- **Da Fiore.** Hier kann man gepflegt – vor allem Meeresfrüchte - im kleinen Rahmen speisen. Calle de Scaleter 2202, San Polo.
- **Poste Vecchie.** Fischgerichte in allen Variationen werden in gemütlicher Atmosphäre serviert. Pescheria 1608, San Polo.
- **Fiaschetteria Toscana.** Trotz seines Namens bietet das Lokal ausgezeichnete venezianische Küche. Salizzada San Giovanni Crisostomo 5719, Cannaregio.
- **Osteria da Alberto.** Ideal zum Probieren von venezianischen Köstlichkeiten. Calle Giacinto Gallina 5401, Cannaregio.
- **Do Mori.** Bunt gemischt ist das Publikum im beliebten Stehimbiß gleich beim Rialtomarkt. Calle e Corte 2 Mori 429, San Polo (bei Ruga Vecchia San Giovanni).
- **Tonolo.** Ein Paradies für Schlemmer: Konditorei mit angeschlossenem Stehcafé. Salizzada San Pantalon, Dorsoduro.
- **Paolin** läßt keinen Eiscremeliebhaber ungerührt. Campo San Stefano 2962, San Marco.

Hotel Danieli

Schlafträume in der Lagune

Unter den mehr als 200 Hotels gibt es wahre Luxusträume wie das Cipriani auf der Insel Giudecca mit einem riesigen Swimmingpool und privatem Bootsservice zum Markusplatz. Aber auch in erschwinglicheren Häusern läßt es sich träumen, wenn man morgens die Fensterläden öffnet und über den Dächern Venedigs in die Morgensonne blinzelt oder an einem Sommerabend zum Gesang der Gondolieri und dem Plätschern der Lagune einschläft.

- **Danieli.** Luxuriös und berühmt: Hier wohnten schon Dickens, Proust und Wagner. Riva degli Schiavoni 4196, Castello. ☎ 041/5 22 64 80, Fax 041/5 20 02 08.
- **Accademia Villa Maravegie** lädt in einen stilvoll gestalteten Palazzo des 17. Jahrhunderts mit herrlicher Gartenanlage ein. Fondamenta Bollani 1058, Dorsoduro. ☎ 041/5 21 01 88, Fax 041/5 23 91 52.
- **Flora.** In einem vornehmen, kleineren Palazzo mit romantischem Innenhof. Calle Bergamaschi 2283a, San Marco. ☎ 041/5 20 58 44, Fax 041/5 22 82 17.
- **San Moisè.** Ein stimmungsvolles, sympathisches Haus nahe einem Kanal. San Marco 2058. ☎ 041/5 20 37 55, Fax 041/5 21 06 70.
- **Agli Alboretti.** Gleich neben der Accademia gelegenes, gepflegtes Hotel. Rio Terrà Foscarini 884, Dorsoduro. ☎ 041/5 23 00 58, Fax 041/5 21 01 58.
- **Pantalon** liegt nur einen Katzensprung von der Frari-Kirche entfernt. Salizzada San Pantalon 3942, Dorsoduro. ☎ 041/71 08 96, Fax 041/71 86 83.
- **San Cassiano.** Angenehmes Mittelklassehotel, mit Zimmern direkt auf den Canal Grande. Santa Croce 2232. ☎ 041/5 24 17 68, Fax 041/72 10 33.

Wenn die Stadt zu schweigen beginnt

Wenn es dunkel wird in der Lagune, leeren sich Plätze und Gassen sehr schnell und enthüllen dem Besucher eine ganz andere Atmosphäre als bei Tag. Die Schritte hallen in den engen Gassen wider, das Mondlicht spiegelt sich unter den Brücken im nun ruhigen Wasser, und ab und zu erklingt ein Lachen zu Musik aus einem hell erleuchteten Fenster. Ein Nachtspaziergang ist unvergeßlich und eine wunderbare Alternative zu den zahlreichen Veranstaltungen der Stadt. Das Nachtleben gehört ansonsten nicht gerade zu den Leidenschaften der Venezianer, entsprechend karg ist das Angebot.

- **Casinò.** Im Winter am Canal Grande im Palazzo Vendramin-Calergi (30), im Sommer im Casinò Municipale auf dem Lido (mit dem Vaporetto erreichbar).

Palazzo Vendramin

- **Teatro Goldoni.** Seit das berühmte Theater La Fenice (12) im Januar 1996 abgebrannt ist, findet das Teatro Goldoni mit seinem meist klassischen Repertoire noch regeren Zuspruch. Calle del Teatro 4650, San Marco.
- **Teatro Fondamenta Nuove** ist ein junges Theater mit interessantem Programm, auch Tanz und Filme. Cannaregio 5013 (an den Fondamenta Nuove).
- **Harry's Bar.** Seit der Gründung 1931 eine Institution in Venedig und bis spät nachts Anziehungspunkt und ein Muß für alle, die wie einst Humphrey Bogart oder Ernest Hemingway einen »Bellini« (Champagner mit Pfirsichsaft) an der Bar nippen wollen. Calle Vallaresso 1323, San Marco.
- **Paradiso Perduto** ist eine Kombination aus Restaurant und junger Bar mit Live-Musik bis Mitternacht (meist an Sonntagen). Fondamenta della Misericordia 2540, Cannaregio.
- **El Souk** heißt der beliebte Disko-Treffpunkt nahe der Accademia. Calle Contarini Corfù 1056a, Dorsoduro.

Einmal mit der Gondel

Insgeheim träumt jeder davon, auch wenn er es als bloße Touristenattraktion abtut. Tatsache ist, daß man ein typisches Stück Venedig ignoriert, wenn man sich dem Genuß einer Gondelfahrt nicht einmal im Leben hingibt: Unter Brücken hindurch geht es durch kleinste Kanäle, ehe plötzlich der Blick auf eine breite Piazza fällt. Venedig, das echte Venedig, das im Wasser steht – hier kann man es für eine Weile erleben. La gondola, das stets schwarz lackierte und rund zehn Meter lange Gefährt, zählt zu den Meisterwerken des Schiffbaus. Der asymmetrisch gezogene Körper ist kiellos und wird mit Hilfe eines Ruders geführt.

Die Gondolieri sind selbständige Unternehmer. Sie müssen eine staatliche Lizenz haben, rudern sowie schwimmen können und Grundkenntnisse in ein paar Fremdsprachen vorweisen. Nur eines müssen sie nicht: singen können.

In ganz Venedig gibt es sechs offizielle Anlegestellen: San Marco, San Moisè, Bacino Orseolo, Hotel Danieli, San Simon Piccolo und Calle Vallaresso. Vergleichen Sie die angebotenen Gondeln. Nicht alle sind schön, gepflegt und luxuriös ausgestattet. Nehmen Sie sich Zeit und beobachten Sie die Gondolieri am Bootssteg, wie sie auftreten und sich Touristen gegenüber verhalten. Preis, Dauer und Route sollten vor

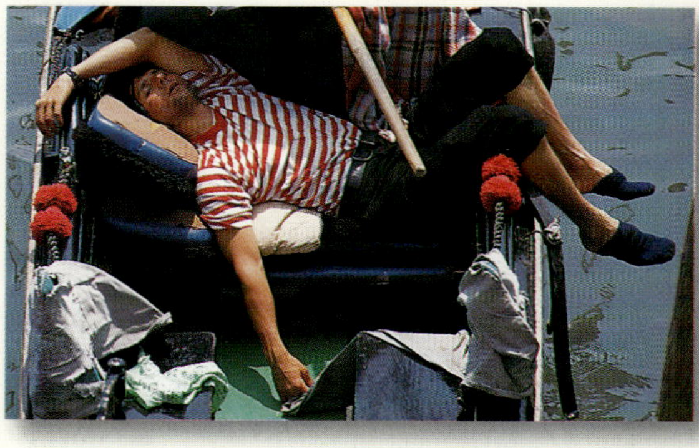

Wohlverdiente Pause

Beginn vereinbart sein, ebenso ob man während der Fahrt Erklärungen zu den wichtigsten Sehenswürdigkeiten wünscht oder nicht. Vermeiden Sie nach Möglichkeit den Canal Grande, denn der wird von Motorbooten viel befahren. Eher zu empfehlen sind kleine Kanäle, z. B. in Cannaregio und Dorsoduro.

WIEN

Die Mischung macht's

Unverwechselbares: die Hofburg, über Jahrhunderte gewachsen, das Schloß Schönbrunn, die Ringstraße mit ihren Prachtbauten, die großen Sänger in der Staatsoper, die heißdiskutierten Aufführungen im Burgtheater, nicht zuletzt die Lipizzaner der Spanischen Reitschule und die Wiener Sängerknaben.

»Wien ist anders« – so lautet das offizielle Motto der Stadt an der »schönen blauen Donau«. Es bewahrheitet sich immer wieder – auch und gerade für Besucher, die der deutschen Sprache, aber nicht des Wienerischen mächtig sind. Nahezu ein Studium erfordert bereits der Besuch einer traditionsreichen Wiener Institution: des Kaffeehauses. Der Variantenreichtum in Zubereitungsart und Mischungsverhältnis des Kaffees kennt keine Grenzen. Dazu einen Apfelstrudel aus echtem Blätterteig – und schon ist der Besucher ganz in die Donaumetropole eingetaucht. In Wien kann man tatsächlich sein halbes Leben im Café verbringen, doch lebt man auch aus unzähligen anderen Gründen traumhaft in dieser Stadt, die vieles leichter nimmt als andere Metropolen in Europa. Wien ist eine der sichersten Städte der Welt, eine grüne Stadt, eine Stadt mit vorbildlichem Bemühen, die alte Bausubstanz zu bewahren. Einst als verschlafen und weltfremd verspottet, ist das angeblich so melancholische Wien längst quicklebendig, eine Brückenstadt zum erwachenden Osten, eine durch und durch mitteleuropäische Stadt mit Herz, Hirn und – Schmäh.

Zwischen Habsburg und Highlife

Der 1. Bezirk: Innere Stadt und Ringstraße

Vom Balkon der Neuen Hofburg winkte nicht nur Kaiser Franz Joseph der Menge auf dem Heldenplatz: Hier verkündete Adolf Hitler 1938 den »Anschluß« Österreichs.

Du wohnst wirklich im Ersten? Bejaht der Gefragte, ist ihm vor allem eines sicher: Neid. Im Ersten Wiener Gemeindebezirk zu wohnen heißt, ein wirklich Privilegierter zu sein. Der 1. Bezirk ist Wien auf 1,3 Quadratkilometer verdichtet. Hier findet man alles, was die Stadt ausmacht: die Zentren der politischen Macht, des Geldes, des Tourismus, der katholischen Kirche, der Medien, des Vergnügens. Wer hier nicht lebt, hat noch eine zweite Chance, als etwas Besseres zu gelten – hier zu arbeiten. Im »Ersten« eine Geschäftsadresse zu haben, ist eine Prestigesache und fast unbezahlbar.

Die meisten Ministerien drängen sich innerhalb der prächtigen Ringstraße. Der Finanzminister kann zu Fuß von seinem Stadtpalais, das einst dem Feldherrn Prinz Eugen gehörte, zum Ministerrat am Ballhausplatz gehen. Man läuft in der Innenstadt aber nicht nur Politikern über den Weg. Künstler und Medienleute sind hier daheim; jeder »Promi« hat hier sein Stammlokal. Interview- und Rendezvous-Termine vereinbart man selbstredend »in der Stadt« – meist in einem Kaffeehaus oder bei warmen Wetter in einem Schanigarten. So werden die kleinen und größeren Ansammlungen von Tischen genannt, die auf Gehsteigen (»Trottoirs«), in Hinterhöfen, auf historischen Plätzen dem dazugehörigen Lokal eine vergrößerte Betriebsfläche und in aller Regel auch einen vergrößerten Umsatz bescheren. Am Rand der City, rund um den Schwedenplatz, unweit des Donaukanals, hat sich eine besonders vitale Beisl- und Schanigartenszene etabliert; ein Besuch in dem sogenannten Bermudadreieck ist jedem Spaziergänger zu empfehlen. Wer keine Lust auf ein kühles Bier, sondern auf etwas Süßes hat, der findet direkt am Schwedenplatz einen der besten Eissalons Wiens. Er ist leicht zu finden: Eine große Menschentraube drängelt sich vor dem kleinen Geschäft mit seinem winzigen Schanigarten.

Ein Spaziergang durch den 1. Bezirk beweist ständig, daß Wien eine Stadt zwischen Tradition und Moderne ist.

Sisi, die unglückliche Kaiserin: Ihr Porträt in der Hofburg bezaubert die Besucher.

Hier lebt der habsburgische Mythos ungebrochen, hier sind aber auch die progressivsten Designer-Boutiquen zu finden. Hier steht groß und mächtig der gotische Stephansdom ❶, inmitten der City der absolute Brennpunkt. Auf den kleinen, unvollendeten Nordturm kann man mit dem Lift gelangen, in die Türmerstube des imposanten, 136 Meter hohen Südturms muß man per pedes steigen – über 343 Stufen. Oben angelangt, breitet sich die ganze Stadt unter einem aus.

Gleich neben dem gotischen Denkmal glänzt – und das ist schon wieder ein Beispiel für die permanente Spannung zwischen alt und neu – die futuristisch anmutende Fassade des Haas-Hauses, eines Shopping-Tempels, der von dem weltberühmten österreichischen Architekten Hans Hollein in Szene gesetzt wurde.

In den schmalen Gassen, wie der Kurrentgasse, der Naglergasse sowie in fast allen Seitengassen der Kärntner Straße ist das einst halb Europa umspannende k. u. k. Reich – das aristokratische Flair, die Geschäftswelt der Hoflieferanten – konserviert. Ebenso geben die Fassaden des Graben, der Tuchlauben, des Kohlmarkts und der Kärntner Straße einen unverwechselbaren Eindruck von dieser Stadt, die in und durch ihre Geschichte lebt.

Am riesigen Heldenplatz stehend, bekommt man den besten Eindruck von der Größe und Bedeutung der Hofburg ⓬. Kaiserin Maria Theresia residierte hier 1740–80, ihr liberaler Sohn Josef II. 1780–91. Seine Amtsräume benutzt heute der Bundespräsident der Republik Österreich. In der Hofburg befindet sich die Nationalbibliothek ⓫; deren barockem Prunksaal, über den Josefsplatz zu erreichen, sollte man unbedingt einen Besuch abstatten. In einem Teil der Hofburg mit ihren 2600 Räumen »wohnen und tanzen« die Lipizzaner der Spanischen Reitschule ⓮; hier befindet sich auch die Schatzkammer ⓭, wo man als Höhepunkt den mittelalterlichen Kronschatz mit Reichskrone, Reichszepter und Reichsapfel bewundern kann.

Gelebt haben die Habsburger in der Burg – bestattet sind sie ein klein wenig abseits der imperialen Pracht, in der Kapuzinergruft unter der Kapuzinerkirche ❼. Wem beim Wort »Monarchie« warm ums Herz wird, der soll zu den düsteren Prunksarkophagen hinuntersteigen. Für die diesseitig Orientierten aber gilt der Rat: Auf der Erdoberfläche die Entdeckungsreise fortsetzen. Denn hinter jeder Ecke wartet schon die nächste Sehenswürdigkeit, das nächste Stadtpalais und – der nächste Schanigarten.

Eine klassische Art, sich in Wiens Innerer Stadt fortzubewegen, ist, einen »Fiaker aufzunehmen«. Standplätze der zweispännigen Kutschen befinden sich u. a. am Heldenplatz und am Stephansplatz. Die Route führt ein Stück über die Ringstraße; der Kutscher erklärt in bestem Fiaker-Wienerisch die am Weg liegenden Sehenswürdigkeiten. Parlament ㉙, Rathaus ㉚, Burgtheater ㉛, Universität ziehen in »slow motion« an den Fahrgästen vorbei; Autos und die vielen Reisebusse müssen sich dem gemächlichen Tempo der vielbesungenen Fiaker anpassen.

Kühn ist die Architektur des Haas-Hauses, stolz das Preisniveau der Gastronomie, der Blick von der Höhe aber einmalig.

Marmorner Prunk stimmt auf die weltberühmten Meisterwerke des Kunsthistorischen Museums an der Ringstraße ein.

Die Lipizzaner

Die edlen Vorfahren kamen aus Spanien, als 1580 die Reitschule für den Wiener Hof ins Leben gerufen wurde. Das Gestüt lag bis zum Ersten Weltkrieg in Lipizza bei Triest. Daher rührt der Name der weltberühmten weißen Pferde. Wer sich eine Vorführung der Hohen Schule ansehen möchte, sollte die Karten so früh wie möglich bestellen, entweder bei einem Theaterkarten- und Reisebüro (z. B. ATT-Reisen, Josefsplatz 6, 1010 Wien, ☎ 01/5 12 44 66) oder schriftlich bei der Spanischen Reitschule, Hofburg, 1010 Wien (im Juli und August gibt es keine Vorführungen).

Wiener Gemütlichkeit

Kaffeehaus und Heuriger

Nach einem anstrengenden Sightseeing-Tag sollte wenigstens ein Tag der puren Erholung gewidmet sein. Wien ist als Stadt der Gemütlichkeit, des goldenen Wienerherzens und des Wiener Schmähs geradezu prädestiniert dafür. Zur Einstimmung und Vorbereitung auf diese Tour der Entspannung ein Exkurs zum Stichwort »Schmäh«:

Die Sprache der Wiener ist rauh, aber herzlich, der »Weana Schmäh« berühmt. Dieser Witz nach Wiener Art macht den Charme der Stadt aus – das augenzwinkernde »Schmähführen« gehört zum guten Ton und hat nicht selten System. Wenn der »Schmäh rennt«, ist alles »paletti«, dann kann die Lage, sei sie auch noch so hoffnungslos, niemals wirklich ernst werden.

Die permanente Ironie und Selbstironie, die den Wiener Schmäh kennzeichnet, hat sehr viel mit der großen Vergangenheit dieser Stadt zu tun. Man lebt im Bewußtsein, daß man früher mächtig und groß war, jetzt aber bestenfalls eine Insel der Seligen ist. Der Schmäh, und das ist gefährlich, kippt oft blitzschnell vom harmlosen Spott in abgrundtiefe Bösartigkeit um. Die Gemütlichkeit, der Charme, der Witz der Wiener kann leicht verfliegen. Und dann: gnade Gott! Wer schon einmal einen Wiener »Taxler« schimpfen gehört hat, weiß, wovon die Rede ist!

Vorfreude: Nur in dem vornehm rotgoldenen Ambiente des Café Sacher wird die Original-Sachertorte serviert.

Der Vormittag eines erholsamen Tages gehört dem Kaffeehaus und da wiederum der wesentlichsten Beschäftigung, der man in diesen Tempeln der Wiener Gemütlichkeit nachgehen kann: dem Zeitunglesen. Wem angesichts des stolzen Preises für einen »Großen Braunen« leicht ungemütlich wird, der bedenke, daß im Preis die »Miete« für österreichische wie für internationale Blätter und Magazine inbegriffen ist, die man in aller Ruhe lesen kann. Das älteste Kaffeehaus, das Frauenhuber, befindet sich in der Himmelpfortgasse. Dutzende andere liegen im 1. Bezirk und in etwas geringerer Konzentration auch in den anderen Bezirken verstreut. Eines der berühmtesten ist das Café Bräunerhof in der Stallburggasse 2. Hier ist das Angebot an internationalen Zeitungen am größten. Am Stubenring, gegenüber des Museums für angewandte Kunst (19), besticht das Café Prückel durch seine gediegene 50er-Jahre-Einrichtung. Die zwei berühmtesten Wiener Kaffeehäuser leiden darunter, daß man in ihnen selten einen Sitzplatz findet: das Sacher (8) direkt hinter der Staatsoper und das Café Demel am Kohlmarkt. Der Demel ist eine Pilgerstätte für die »süßen« Wiener und Nichtwiener. Die Kellnerinnen sind die Hohepriesterinnen; die Mehlspeis-

Peter Altenberg, der Inbegriff des Wiener Kaffeehaus-Literaten, sitzt noch heute – als Denkmal – in seinem Stammlokal, dem Café Central.

Im Kaffeehaus will man allein sein – aber, bitte, in Gesellschaft. Szene im Café Engländer.

vitrine ist der heilige Schrein. In der Auslage sind Kunstwerke aus reinem Marzipan zu sehen.

Mit der U-Bahnlinie U1 gelangt man direkt vom Stephansdom ❶ zum Prater ㉝ und damit zu einem weiteren Ort Wiener Gemütlichkeit. Sicher geht es hier am Abend dank Spielhallen, Loopingbahnen und hundert anderen Lustbarkeiten laut und schrill zu, aber an schönen Nachmittagen ist der Wurstelprater von einer ruhigen Vergnüglichkeit. Eine Fahrt mit dem 1896/97 errichteten Riesenrad sollte man – trotz möglicher Wartezeit – unbedingt wagen, denn es bietet einen schönen Blick über die Stadt. Mit der Liliputbahn läßt sich eine kleine Erkundungsfahrt durch das Augebiet des grünen Praters zum Praterstadion und wieder zurück machen. An Wochenenden werden die Wagen von einer pfauchenden Miniatur-Dampflok gezogen. Zahlreiche Lokale laden zum Verweilen ein; das berühmteste, dank legendärer »Stelzen« (was soviel wie Eisbein bedeutet) ist das Schweizerhaus. Wer hier einmal sitzt, der kommt so schnell nicht mehr hoch.

Das sollte er aber, denn am Abend ist ein Heurigenbesuch angesagt. »Wein, Weib und Gesang«, Schrammelmusik und ein »Viertel Weiß« – die Wiener Gemütlichkeit erreicht beim Heurigen ihren Höhepunkt. Wiens Nobel- und Großheurigenquartier Grinzing ist sehr bequem mit der Straßenbahnlinie 38 (ab Ring/Universität) zu erreichen. Ein zweiter Vorort mit zahlreichen beliebten Trinklokalen ist Neustift/Walde. Ruhiger und kleiner sind die Buschenschenken am Fuße des Bisambergs am nördlichen Donauufer.

In vielen Heurigenlokalen wird als Spezialität »Blunzengröstl« angeboten. Das ist eine gut durchgebratene Mischung aus Blutwurst und Kartoffeln, die in Wien Erdäpfel heißen. Dazu ein warmer Krautsalat – und der resche Grüne Veltliner, das heimliche österreichische Nationalgetränk, schmeckt noch einmal so gut.

Wem die Fahrt in die Heurigenorte zu zeitaufwendig ist, der kann auch mitten in der Stadt in einem Stadtheurigen seinen Weindurst stillen. Unbedingt besuchenswert sind die mehrere Stockwerke ins unterirdische Wien hinunterführenden Kellerheurigen im 1. Bezirk, z. B. der Esterházykeller am Haarhof 1 oder der Zwölf-Apostel-Keller in der Sonnenfelsgasse 3. Staunend über so viel Tiefe schaut hier mancher Gast zu tief ins Glas. Was spätestens beim Aufstieg zurück auf Straßenniveau zu schwankenden Erlebnissen führen kann.

Spätestens seit dem »Dritten Mann« in aller Welt bekannt: das Riesenrad im Prater.

»Ich möcht' wieder einmal in Grinzing sein, beim Wein, beim Wein, beim Wein« (Walzerlied von Ralph Benatzky).

Vom Krauthappel zum Hundertwasser

Wiens Architektur seit hundert Jahren

Wien wuchs gegen Ende des 19. Jahrhunderts durch Zuwanderung aus allen Teilen der k. u. k. Monarchie unglaublich rasch. Vor Ausbruch des Zweiten Weltkriegs beherbergte es über 2 Millionen Menschen (gegenüber 1,64 Millionen heute). In dieser Phase wurden große Flächen der Stadt neu angelegt. Zwischen Ringstraße und Gürtel entstanden im Bauboom der Gründerzeit abertausende Wohnungen. Diese dichte städtische Verbauung prägt heute noch weite Teile der Stadt. Renoviert sind diese Altbauwohnungen sehr gesucht. Die Gründerzeithäuser außerhalb des Gürtels haben wesentlich weniger Komfort und werden vorwiegend von Gastarbeitern bewohnt.

Der bedeutendste Architekt und Stadtplaner der Jahrhundertwende war zweifellos Otto Wagner. Von ihm stammen die Pläne zur Regulierung des Wienflusses und des Donaukanals; seine Schleusenbauwerke in Nußdorf sind vorbildlich renoviert. Er konzipierte auch die Stadtbahn und mit ihr ein völlig neues Schienenverkehrssystem. Auf den vor 80 Jahren gebauten Strecken verkehren heute die Linien U4 und U6. Wesentliche Teile des Schienennetzes stehen bereits unter Denkmalschutz, von den sogenannten Stadtbahnbögen, also dem Unterbau, bis zu den imposanten Stationsgebäuden im Jugendstil.

Eine Wagner-Exkursion sollte am Karlsplatz beginnen. Gegenüber der barocken Karlskirche ㉔, dem einen Wahrzeichen des großen, uneinheitlichen Platzes, stehen als weitere Wahrzeichen die zwei Stadtbahn-Pavillons ㉓ von Otto Wagner. Einer bildet das Entree zur U-Bahn-Unterwelt, der zweite ist seiner ursprünglichen Funktion beraubt und dient als Ausstellungsraum. Hinter der modernen Kunsthalle, schon etwas abseits des Platzes, versteckt sich das Gebäude der Secession ㉖. In dem von Joseph Maria Olbrich, einem Schüler von Otto Wagner, 1897 erbauten Haus versammelte sich die avantgardistische Künstlervereinigung der Jahrhundertwende und veranstaltete skandalumwitterte Ausstellungen. Markant ist die Kuppel aus vergoldeten Lorbeerblättern. Grantelnde Kritiker nannten das Gebäude einst eine »Kreuzung zwischen Glashaus und Hochofen«, »assyrischer Anstandsort« oder »Goldenes Krauthappel«. Während im Obergeschoß die Ausstellungen wechseln, ist im Untergeschoß seit seiner aufwendigen Restaurierung 1986 der berühmte Beethovenfries von Gustav Klimt, dem bedeutendsten Maler der Secession, ständig zu sehen.

Nach einem Bummel über den stimmungsvollen Naschmarkt ㉕ er-

Um die Freiheit der Kunst ging es der Wiener Secession – ihr Domizil nannten Kritiker verächtlich »Krauthappel«.

In vielen Bürgerhäusern – wie hier in der linken Wienzeile – sind noch die Jugendstil-Fahrstühle erhalten.

Von Friedensreich Hundertwasser geschmückt sieht auch eine Müllverbrennungsanlage, wie diese in der Spittelau, hübsch aus.

reicht man die U-Bahnstation Kettenbrückengasse, wieder ein Wagner-Bau. In unmittelbarer Nachbarschaft befinden sich die von ihm errichteten luxuriösen Wohnhäuser Linke Wienzeile 38 und 40. An der goldenen Dekoration von Haus Nr. 38, dem Eckhaus zur Köstlergasse, hat Koloman Moser mitgewirkt. Das Haus

Nr. 40 heißt aufgrund seiner mit Pflanzenmotiven verzierten Kachelung Majolikahaus.

Von Wagner stammt noch eine Reihe weiterer bekannter Bauwerke: Im wunderbaren Kassensaal der Postsparkasse am Georg-Coch-Platz 2, einem Schlüsselwerk des österreichischen Jugendstils, finden immer wieder kleine Ausstellungen statt. Der Stadtbahnpavillon in Hietzing wurde eigens für den Kaiser errichtet – und insgesamt nur zweimal benutzt. Ein beeindruckendes Beispiel eines sakralen Jugendstilbaus ist Wagners am Stadtrand gelegene Kirche am Steinhof 36.

Für Architektur-Liebhaber führt die Tour zur riesigen Wohnanlage Karl-Marx-Hof von 1930 (nahe der U4-Station Heiligenstadt). Ihre rotgelbe Fassade ist einen halben Kilometer lang. Sie gilt als Wahrzeichen des Roten Wien, jener Epoche, in der die mit absoluter Mehrheit regierenden Sozialdemokraten viele bahnbrechende Leistungen für die Großstadt erbrachten. Die Wohnungen in der »Burg des Volkes« waren und sind klein, aber vorbildlich konzipiert, von den 156 000 Quadratmetern Grundfläche der Anlage wurden nur 18,4 % verbaut, der Rest blieb Grünfläche.

Ein gewaltiger Sprung versetzt in die Jetztzeit: Als Touristenmagnete erweisen sich die von Friedensreich Hundertwasser entworfenen Häuser. Mit dichter Begrünung der Balkone und Dächer, mit bunten Farben und unregelmäßigen, jeden rechten Winkel und ebene Fläche meidenden Formen verwirklicht der Künstler Prinzipien des ökologischen Bauens. Unweit seines ersten, 1985/86 fertiggestellten Hauses in der Löwengasse befindet sich in der Unteren Weißgerberstraße 13 das ebenfalls von ihm geplante und gestaltete KunstHausWien, eine Mischung aus Hundertwasser-Galerie, Ausstellungshalle und Souvenirshop. Ebenfalls von Hundertwasser »behübscht« wurde die Fassade der Müllverbrennungsanlage Spittelau. Dieses vielbestaunte (und kritisierte) Bauwerk kann vom Donaukanal aus mit einem Schiff besichtigt werden, das ebenfalls von Hundertwassers Schnörkel-Kunst gezeichnet ist (Abfahrt beim KunstHausWien oder am Schwedenplatz).

Statuen sind der einzige Schmuck des ansonsten nüchternen, festungsartigen Karl-Marx-Hof, des berühmtesten Wiener Gemeindebaus.

Die strahlend helle Kirche am Steinhof wurde für die Patienten der großen Wiener Nervenheilanstalt gebaut.

Das grüne Wien

Gärten und Parks

Raus aus der Stadt! Das geht in der Metropole, ohne die Stadtgrenzen zu überschreiten. Von den rund 415 Quadratkilometern Stadtfläche sind sage und schreibe 205 Quadratkilometer Parks, Gärten und Wälder. Die größte Grünfläche ist der berühmte Wienerwald, als grüne Lunge und

Einst ganz dem Kaiser vorbehalten: der Burggarten hinter der Neuen Hofburg.

Naherholungsgebiet der Großstadt von immenser Bedeutung. Die noblen Außenbezirke erstrecken sich bis an seine Hänge. Mit der Straßenbahn Linie 62 und dem Bus 60 B ist der Eingang zum Lainzer Tiergarten, der einen Teil des Wandergebiets Wienerwald ausmacht, leicht zu erreichen. Wiesen, Wanderwege, Teiche und große Ruhe sind ideal zum Abschalten; versteckt im Wald liegt die Hermesvilla, in der immer wieder wienbezogene Ausstellungen zu sehen sind.

Einen Grüngürtel gibt es aber auch rund um den 1. Bezirk, denn repräsentative Parks umkränzen die City. An der Stelle des ehemaligen Wasserglacis ist der Stadtpark 20 errichtet und 1862 eröffnet worden. Pavillons und Denkmäler (u. a. jenes für den Walzerkönig Johann Strauß) sind das Inventar der durchkomponierten Grünzone; Strauchgürtel, malerische Wiesen, Baumgruppen und ein Teich gliedern den Park. An seinem südlichen Ende liegt der Kursalon Hübner. Im Sommer finden vor dem schloßartigen Bau Walzerkonzerte statt. Noch zwei Lokale machen den Stadtpark zu einem richtigen Ausflugsziel: Nahe der U-Bahnstation Stadtpark (U4) versteckt sich ein schattiger Gastgarten; am anderen Ende des Parks, am jenseitigen Ufer des Wienflusses liegt die Meierei, ein beliebtes Terrassencafé. Hier ist es an sonnigen Frühsommertagen schon ziemlich schwer, einen Sitzplatz zu ergattern.

Der Burggarten am Ring entstand in den Jahren 1818/19 als private Gartenanlage des Kaisers. Seit dem Ende der Monarchie darf auch das »gemeine Volk« in diesem kleinen, aber stimmungsvollen, auf verschiedenen Niveaus angelegten Park lustwandeln. Imposant ist das 1902 errichtete große Palmenhaus, eine Meisterleistung des Jugendstils. An der Außenmauer zur Ringstraße steht das Mozartdenkmal.

Gänzlich anderen Charakter hat der 1819–23 angelegte Volksgarten, der sich ebenfalls entlang der Ringstraße, zwischen Heldenplatz und Burgtheater 31, erstreckt. Wie sein Name andeutet, ist er der erste für die Bevölkerung geschaffene Park. Im Zentrum der streng geometrischen Gartenge-

Die »Coppa Cagrana« – Meer braucht der Wiener nicht.

staltung steht der Theseustempel. Zwei empfehlenswerte Lokalitäten ermöglichen eine angenehme Rast im Grünen, mitten in der Stadt.

Für einen Besuch der zwei barocken Prachtgärten Wiens muß man sich von der Ringstraße wegbewegen.

Schloß Belvedere (34) und sein Garten wurden 1714–23 von Lukas von Hildebrandt für den Feldherrn Prinz Eugen von Savoyen als Sommerpalais errichtet. Ein Rundgang durch das monumentale Stück Grün läßt sich gut an einen Besuch des Oberen Belvederes anschließen, in dem Meisterwerke Gustav Klimts, Egon Schieles und anderer Künstler des 19. und 20. Jahrhunderts ausgestellt sind.

Schloß Schönbrunn (35) ist eines der weltweit berühmtesten Königsschlösser und der weite Schloßpark ein wertvolles Gartendenkmal, das seit dem Ende des 18. Jahrhunderts für die Öffentlichkeit zugänglich ist. Zu erreichen ist dieses vom Architekten Fischer von Erlach konzipierte Gesamtkunstwerk mit der U4 (Station Schönbrunn). Man kann sich gut und gern einen halben Tag in dem fast zwei Quadratkilometer großen Areal verlieren, im Café in der Gloriette sitzen und einen wunderbaren Panoramablick über die monumentale, streng geometrisch ausgerichtete Anlage genießen, schließlich auch noch im Tiergarten Schönbrunn spazierengehen. Eine besondere, vielleicht nicht so bekannte Attraktion Schönbrunns ist das dem Sonnenuhrhaus angeschlossene Schmetterlingshaus. Was da – in künstlicher Tropenluft – alles durch die Luft flattert, ist wundervoll anzusehen.

Wien liegt an der Donau – als Besucher könnte man das manchmal vergessen, denn die wichtigsten Sehenswürdigkeiten liegen abseits des Stroms. Wer dennoch einen Eindruck von der schönen blauen Donau gewinnen will, fährt mit der U1 zur Station Donauinsel. Diese künstliche Insel zwischen dem Donaustrom und dem Neue Donau genannten Parallelbett hat sich zum Bade-, Radfahr- und Rollerskater-Paradies entwickelt. An der »Coppa Cagrana« (benannt nach dem angrenzenden Stadtteil Kagran) sind zahlreiche Uferlokale aus dem Boden geschossen. Etwas ruhiger geht es an den Strandbädern der Alten Donau zu, einem sechs Kilometer langen, seit der Flußregulierung in der zweiten Hälfte des 19. Jahrhunderts stillen Altarm der Donau.

Noch im Stadtgebiet von Wien beginnt – in der sogenannten Lobau – ein ausgedehntes Auengebiet, das sich bis zur slowakischen Staatsgrenze zieht und 1996 zum Nationalpark erklärt wurde. Für Naturfreunde gibt es hier neben Stechmücken aller Art noch eine wirklich intakte Auenlandschaft zu bewundern.

Majestätisch thront das Obere Belvedere über dem Park, den der Versailler Gartenarchitekt Dominique Girard angelegt hat.

Vorbei an Taxushecken und Najadenbrunnen joggt sich's ausgesprochen gut im Schloßpark Schönbrunn.

Heiß geliebt und wild umkämpft

Theater, Musik und Kabarett

Goldene Kehlen in der Wiener Staatsoper. Hier treten Weltstars wie Placido Domingo und Renato Bruson (in »Otello«) auf.

Der Kampf um die Burg – das ist in Wien ein geflügeltes Wort. Wobei mit »der Burg« nicht etwa die Hofburg gemeint ist, sondern das permanent heiß umfehdete Burgtheater (31). Die Wiederbestellung von Burgtheaterdirekor Claus Peymann geriet 1995 zum Politikum, das auf höchster Ebene entschieden wurde, freilich erst nach einer um keinen Untergriff verlegenen, in sämtlichen Medien des Landes ausgetragenen Debatte. Der Streit um Peymann geriet zur symbolischen Schlacht zwischen traditionellem und modernem Verständnis von Theaterkultur – zuletzt diskutierte auch der Stammtisch heftig mit.

Warum wird gar so leidenschaftlich gestritten? Ein Grund mag die Sorge sein, die Burg könnte ihren Ruf verlieren, das führende Theater im deutschsprachigen Raum zu sein. Das »Burgtheaterdeutsch« war dem Österreicher so vorbildhaft wie dem Engländer das Oxford-Englisch. Burgschauspieler sind in Österreich fast so etwas wie Heilige, und als Autor auf dieser Bühne gespielt zu werden bedeutet die höchste Weihe. Was gab es da nicht schon für Aufregungen! Bereits Legende ist der Eklat um Thomas Bernhards »Heldenplatz« – Boulevardblätter forderten – unverhohlen – Zensur und Absetzung des in Wahrheit gar nicht skandalösen »Skandalstücks«.

Aber man kann all der Erregung auch eine positive Seite abgewinnen: Theater hat in Österreich einen immens hohen Stellenwert, die Österreicher lieben ihre Bühnen – und kämpfen eben darum mit großem Einsatz für die Durchsetzung ihres Geschmacks. Im übrigen wird die Identität des Landes in hohem Maße durch die historischen und gegenwärtigen kulturellen Leistungen bestimmt. Will man das kleine Land Österreich und seine große Hauptstadt Wien verstehen, so gehört der

Der Geist Mozarts schwebt ganz offensichtlich auch heute noch über Wiens Musikszene.

Wiens Grantler

Wien kennt man als die Stadt des Grantelns und des Nörgelns – und somit auch als Stadt des Kabaretts. Eine Leitfigur der »Szene« ist Josef Hader, der in wenigen Jahren den Sprung von der winzigen Bühne des Kabaretts Niedermair in der Lenaugasse 1a auf die Kinoleinwand schaffte – der Film »Indien« war ein großer Überraschungserfolg. Weitere gute Adressen für Kabarett sind im 17. Bezirk die Kulisse in der Rosensteingasse 39 und das Metropol in der Hernalser Hauptstraße 55.

Thomas Bernhards »Heldenplatz« wurde 1988 am Burgtheater uraufgeführt. Hier sind Kirsten Dene, Wolfgang Gasser und Elisabeth Rath zu sehen.

Besuch einer Theaterveranstaltung mit dazu.

Die Wiener Staatsoper 9 führt den internationalen Reigen der Musiktheater bravourös an. Hier gastieren die Großen der Welt. Der Kampf um die Karten kann bei besonderen Anlässen dramatische Formen annehmen. Die Volksoper – etwas abseits am Gürtel gelegen – hat sich einer anderen Wiener Spezialität, der »leichten Oper«, der Operette, verschrieben.

Längst ist Wien aber auch zur Musicalstadt geworden. Die großen Produktionen wie »Cats« oder »Elisabeth« laufen jahrelang – und sind auch ebenso lange ausverkauft. Das Haupthaus des Musicals ist das Theater an der Wien, nahe der Secession 26, das zweite das Raimundtheater in der Wallgasse. Im großen, erst vor wenigen Jahren restaurierten Etablissement Ronacher in der Seilerstätte sind immer wieder Musicals zu sehen, feierten aber auch Varietéproduktionen von André Heller große Erfolge.

Wien ist die Stadt der großen Musiker und der großen Orchester. Die weltberühmten Wiener Philharmoniker sind immer wieder in der Metropole zu hören und zu sehen – nicht nur beim Neujahrskonzert. Ihr »Stammlokal« ist der beeindruckende Große Saal des Musikvereins 21. Doch es gibt auch noch andere, hörenswerte Klangkörper. Wie aktiv die Szene in Wien ist, zeigt die mutige Neugründung eines großen Orchesters. Das United Philharmonic Orchestra vereint Musiker aus 30 Nationen und spielt Klassik, manchmal mit vorsichtigen zeitgenössischen Klangexperimenten »garniert«.

In Wien lebten und wirkten Joseph Haydn, Ludwig van Beethoven, Wolfgang Amadeus Mozart und Franz Schubert. In der ersten Hälfte des 19. Jahrhunderts stieg Wien endgültig zur Weltmetropole der »klassischen« Musik auf. 1842 wurden die Wiener Philharmoniker gegründet. Johannes Brahms, Anton Bruckner, Gustav Mahler, Hugo Wolf und Richard Strauss komponierten in Wien, und auch die Pioniere der Neuen Musik – Arnold Schönberg, Alban Berg, Anton Webern sowie Ernst Krenek – stammen aus der Donaumetropole. Zahlreiche Gedenkstätten und Museen erinnern an die Künstler – allein für Beethovenfans sind drei Wallfahrtsorte eingerichtet: seine Wohnung im Pasqualatihaus sowie die Sommerdomizile in Döbling: das Heiligenstädter-Testament-Haus und das Eroica-Haus. Der meistbesuchte Weiheort für einen Musiker ist aber zweifelsfrei die Mozart-Gedenkstätte im sogenannten Figarohaus 5. Von allem falschen Zierrat gereinigt, präsentiert sie sich jetzt ganz schlicht und erhält ihre Aura allein dadurch, daß Wolfgang Amadeus Mozart von September 1784 bis April 1787 in dieser Wohnung gelebt hat.

Eine kritische Stimme: der scharfzüngige Kabarettist und Schauspieler Josef Hader.

Auf einen Blick

Wien entdecken und erleben

Wiens Zentrum erkundet man am besten zu Fuß, unabhängig oder auf geführten Stadtrundgängen mit Motto (☎ 01/8 94 53 63), z. B. »Auf den Spuren des Dritten Mannes«. Einen Überblick über Wiens (1,5 Millionen Einwohner) Sehenswürdigkeiten erhält man bei Rundfahrten, die von verschiedenen Veranstaltern organisiert werden: z. B. Vienna Sightseeing Tours (☎ 01/7 12 46 83-0), Cityrama (☎ 01/5 34 13-0). Für Ziele abseits des Massentourismus: Robin Reisen (☎ 01/3 17 33 84).

Der Leopoldsberg ist der östlichste Gipfel der Alpen und der Hausberg der Wiener. Von seiner Spitze hat man einen schönen Ausblick auf die Stadt.

1 Stephansdom
2 Pestsäule
3 Peterskirche
4 Heiligkreuzerhof
5 Figarohaus
6 Dorotheum
7 Kaisergruft in der Kapuzinerkirche
8 Hotel Sacher
9 Staatsoper
10 Albertina
11 Nationalbibliothek
12 Hofburg
13 Schatzkammer
14 Spanische Reitschule
15 Alte Hofburg
16 Palais Ferstel/Café Central
17 Kirche am Hof
18 Griechenbeisel
19 Museum für angewandte Kunst
20 Stadtpark
21 Gebäude des Musikvereins
22 Künstlerhaus
23 Stadtbahnpavillons
24 Karlskirche
25 Naschmarkt
26 Secession
27 Kunsthistorisches Museum
28 Naturhistorisches Museum
29 Parlament
30 Rathaus
31 Burgtheater
32 Hundertwasserhaus
33 Prater
34 Schloß Belvedere
35 Schloß Schönbrunn
36 Kirche am Steinhof

Das Burgtheater gehört zu den bedeutendsten deutschsprachigen Bühnen. Der 1888 eingeweihte Prunkbau ist zu besichtigen.

Pallas Athene, die Göttin der Weisheit, dreht dem in griechischen Stilformen erbauten Parlament (1873–83) den Rücken zu.

Die Kostbarkeiten der Weltlichen und Geistlichen Schatzkammer in der Hofburg sind unermeßlich. Im Bild die Insignien des Erbkaiserreichs Österreich.

Ein Höhepunkt barocker Baukunst: der von Vater und Sohn Fischer von Erlach geschaffene Prunksaal der Österreichischen Nationalbibliothek.

Den Mittelpunkt von Schloß Schönbrunn bildet in festlichem Rokoko die 43 m lange Große Galerie. Wo 1814/15 der Wiener Kongreß tanzte, finden heute Staatsbankette statt.

Schriftliche Wien-Auskünfte erteilt der Wiener Tourismusverband (Fax 01/2 16 84 92). Wenn man schon am Ort ist, hilft die offizielle Tourist-Information (Kärntner Straße 38). Mit der dort erhältlichen »Wien-Karte« kann man drei Tage lang die öffentlichen Verkehrsmittel benutzen, d. h. schöne Stadtausflüge machen. Außerdem erhält man damit Ermäßigungen in zahlreichen Museen. Nostalgisch: Von Mai bis Oktober fährt am Samstag und Sonntag eine Oldtimer-Tram durch Wien (ab Karlsplatz).

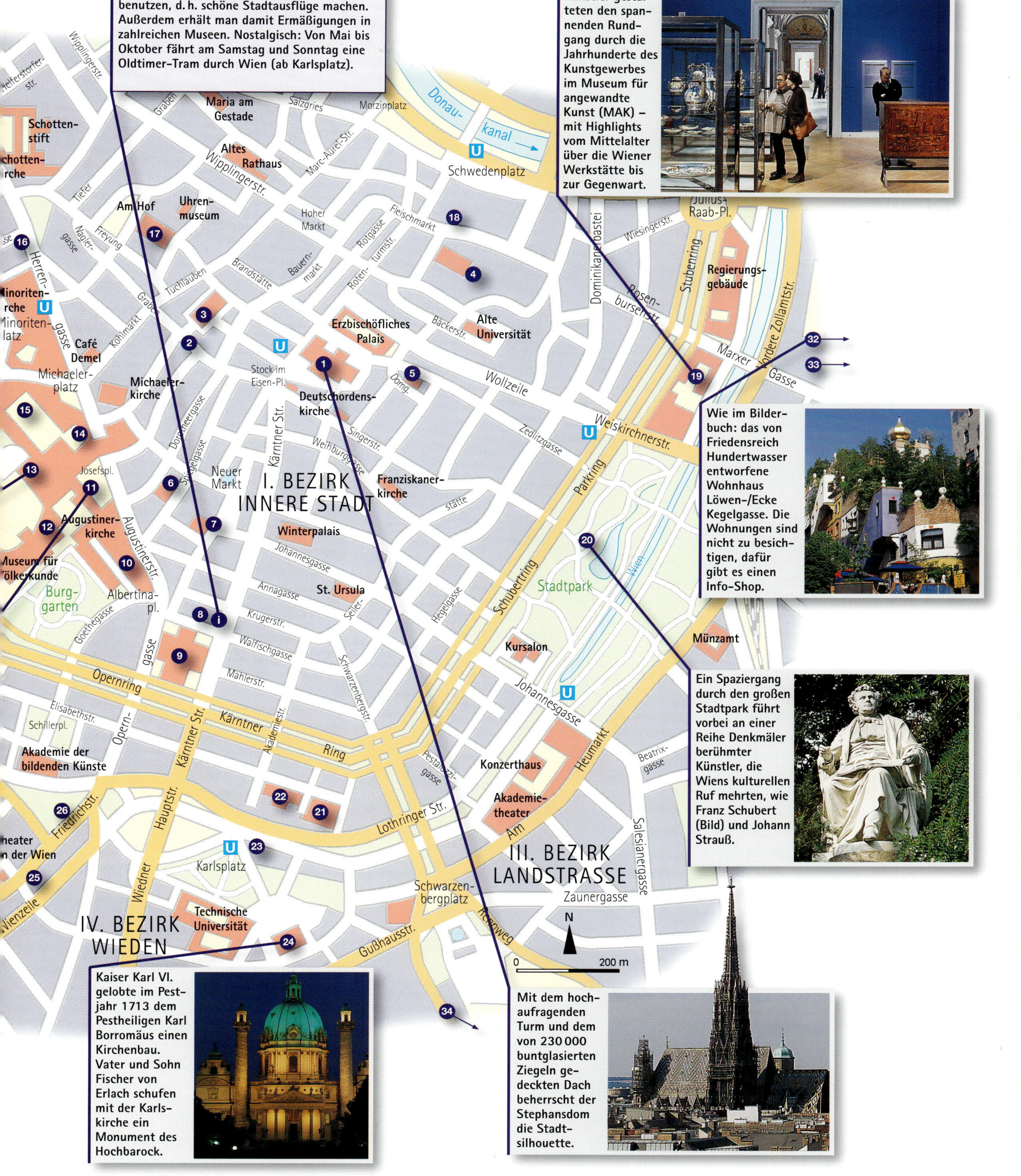

Künstler gestalteten den spannenden Rundgang durch die Jahrhunderte des Kunstgewerbes im Museum für angewandte Kunst (MAK) – mit Highlights vom Mittelalter über die Wiener Werkstätte bis zur Gegenwart.

Wie im Bilderbuch: das von Friedensreich Hundertwasser entworfene Wohnhaus Löwen-/Ecke Kegelgasse. Die Wohnungen sind nicht zu besichtigen, dafür gibt es einen Info-Shop.

Ein Spaziergang durch den großen Stadtpark führt vorbei an einer Reihe Denkmäler berühmter Künstler, die Wiens kulturellen Ruf mehrten, wie Franz Schubert (Bild) und Johann Strauß.

Kaiser Karl VI. gelobte im Pestjahr 1713 dem Pestheiligen Karl Borromäus einen Kirchenbau. Vater und Sohn Fischer von Erlach schufen mit der Karlskirche ein Monument des Hochbarock.

Mit dem hochaufragenden Turm und dem von 230 000 buntglasierten Ziegeln gedeckten Dach beherrscht der Stephansdom die Stadtsilhouette.

Was – wann – wo?

Opernball

Musik ist Trumpf

Die Wiener lieben es, wenn etwas los ist, wenn es ein Spektakel, eine »Gaudi«, eine »Hetz« gibt. Und da die Stadt Wien seine Bewohner (und Gäste) bei Laune halten will, ist tatsächlich immer etwas geboten.

- **Opernball.** Die Wiener Oper wird einmal im Jahr mit Riesenaufwand zum Ballsaal umgebaut. Der »Staatsball« ist ein ständig umstrittenes mediales Großereignis. Zweifelsfrei ein (heikles) österreichisches Markenzeichen. Letzter Donnerstag im Fasching.
- **Festwochen.** Der Mai steht in Wien im Zeichen der renommierten »Festwochen«. Verschiedene hochkarätige Gastspiele (Theater, Ballett, Musik); daneben auch avantgardistische wie konventionelle Eigenproduktionen.
- **Donauinselfest.** Riesen-Mega-Pop-Rock-Spektakel für Junge und Junggebliebene, dutzende Bands und internationale Stars. Gratis. An drei Tagen um die zwei Millionen Besucher. Woodstock war nichts dagegen. Ende Juni.
- **Wiener Jazzfest.** Zwei Wochen lang gibt sich die internationale Jazzszene in Wien ein Stelldichein. Konzerte u. a. auch in der Staatsoper. Ende Juni/Anfang Juli.
- **Der Rathausplatzsommer.** Auf einer Riesenleinwand werden täglich Musikfilme abgespielt und dazu unzählige Lokale aufgestellt: der größte Schanigarten Wiens, direkt vor dem Burgtheater. Juli/August.

Reservieren ist besser

»Einfach so« nach Wien kommen und hoffen, daß eine gute Touristeninformation einem rasch ein Hotelzimmer vermittelt – das ist ein Wagnis, das man speziell in der Hauptsaison besser unterlassen sollte. Das Erwachen könnte sehr unerfreulich sein. Also: rechtzeitig buchen. Dann steht der Stadtbesichtigung keine nervenaufreibende Hotelzimmer-Jagd entgegen.

- **Imperial.** Für Leute mit imperialen Gelüsten und imperialer Geldbörse. Wird immer wieder als eines der weltbesten Hotels bezeichnet. 1. Bezirk, Kärntnerring 16. ☎ 01/5 01 10-0, Fax 01/5 01 10-4 10.
- **Am Stephansplatz.** Zentraler kann man nicht wohnen. Der Preis bewegt sich im guten Mittelfeld. 1. Bezirk, Stephansplatz 9. ☎ 01/5 34 05-0, Fax 01/5 34 05-7 10.

Hotel Imperial

- **Post.** Für seine zentrale Lage relativ günstig. 1. Bezirk, Fleischmarkt 24. ☎ 01/5 15 83-0, Fax 01/5 15 83-8 08.
- **Ananas.** Im früheren Verlagshaus Vorwärts. 5. Bezirk, Rechte Wienzeile 101. ☎ 01/54 62 00, Fax 01/5 45 42 42.
- **Strandhotel Alte Donau.** Liegt etwas außerhalb (U-Bahn-nah), dafür nahe am Wasser und ist preiswert (mit Fahrradverleih). 22. Bezirk, Wagramer Straße 51. ☎ 01/2 04 40 94, Fax 01/2 04 40 94 40.
- **Orient.** Skurrile Mischung aus Künstlerherberge und Stundenhotel. 1. Bezirk, Tiefer Graben 30–32. ☎ 01/5 33 73 07, Fax 01/5 35 03 40.
- **Jugendherberge Wien.** Toplage, klein, ruhig, unbedingt langfristig buchen. 7. Bezirk, Myrthengasse 7/Neustiftgasse 85. ☎ 01/5 23 63 16, Fax 01/5 23 58 49.

Korso

Genießen à la k. u. k.

Es heißt, daß manche Gäste nur des Essens und Trinkens wegen nach Wien kommen. Tatsächlich hat sich eine sehr eigenständige Küche, die weit über das Wiener Schnitzel hinausgeht, erhalten. Spezialitäten aus allen ehemaligen Ländern der k. u. k. Donaumonarchie sind auf den Speisekarten zu finden. Ziehen Sie einen der zahlreichen Restaurantführer zu Rate!
Hier eine kleine Auswahl absolut wienerischer Restaurants und »Beisln«:

- **Steirereck.** Luxus. Es gilt schlicht als das beste Lokal Österreichs. Das vormittägliche »Wiener Gabelfrühstück« ist auch für schmalere Brieftaschen geeignet. 3. Bezirk, Rasumofskygasse 2.
- **Korso.** Top-Speiselokal im Hotel Bristol. Gediegen-konservatives Ambiente und modern denkender Prominentenkoch – Reinhard Gehrer – machen das Haus zum Tempel. 1. Bezirk, Mahlerstr. 2.
- **Zur Goldenen Glocke.** Gediegen. Romantischer, kleiner, zum Teil überdachter Gastgarten. 5. Bezirk, Schönbrunner Str. 8/Ecke Kettenbrückengasse.
- **Lux.** Modern. Großes Lokal mit »neuer« Wiener Küche, mitten im Fußgängerviertel am Spittelberg. Zwei Schanigärten, überdachter Innenhof. 7. Bezirk, Schrankgasse 4 / Spittelberggasse 3.
- **Gösserbräu.** Gepflegt. Groß und angenehm. 1. Bezirk, Elisabethstr. 3.
- **Ubl.** Urig. Sehenswerte alte Einrichtung, kleiner feiner Schanigarten. Immer voll. 4. Bezirk, Preßgasse 26.
- **Smutny.** Beisl in Wiener Tradition, nahe der Oper. Viele Mehlspeisen, böhmische Spezialitäten, gekachelter Schankraum. 1. Bezirk, Elisabethstr. 8.

Berühmte Bühnen

Renommierte Häuser sind sie alle: Wiens Theater, deren Besuch allein schon wegen der unvergleichlichen Atmosphäre lohnt. Krawattenzwang gibt es auch im Burgtheater nicht mehr, sogar Jeans werden toleriert – doch allzu leger gewandet würde man aus dem schönen Rahmen fallen.

»Elisabeth« im Theater an der Wien

- **Burgtheater** 31. Kultstätte und Legende. Setzt seit seiner Gründung Zeichen in der deutschsprachigen Theaterwelt. 1. Bezirk, Dr.-Karl-Lueger-Ring 2.
- **Akademietheater.** »Zweigstelle« des Burgtheaters. Im Konzerthaus der Wiener Symphoniker. 3. Bezirk, Lisztstr. 1.
- **Volkstheater.** Volksstücke, Komödien, und auch Avantgardistisches. 7. Bezirk, Neustiftgasse 1.
- **Staatsoper** 9. Berühmt, teuer und gut. Hausherren sind die Wiener Philharmoniker, die ihre Dirigenten selbst auswählen. 1. Bezirk, Opernring 2.
- **Volksoper.** Für die leichtere Kost zuständig: Opern in Deutsch und viele Operetten. 9. Bezirk, Währinger Str. 78.
- **Theater an der Wien.** Von September 1997 bis April 1998 läuft wieder das Erfolgsmusical »Elisabeth«. 6. Bezirk, Linke Wienzeile 6.

Wiens berühmte Bühnen (s. o.) haben eine gemeinsame Information: ☎ 01/514 44-29 59. Den Kartenverkauf für diese Bühnen besorgen die Bundestheaterkassen, 1. Bezirk, Hanuschgasse 3. Karten für Konzerte, Musicals und andere Theaterproduktionen vermittelt das Vienna Ticket Service, 1. Bezirk, Börsegasse 1, ☎ 01/534 13 63, Fax 01/534 13 79. Für all jene, die sich vor der Avantgarde nicht fürchten, sei ein Blick in die wöchentliche Programmzeitschrift »Falter« empfohlen, die ein vollständiges Veranstaltungsverzeichnis enthält.

Breites Angebot

Shopping macht happy

Es ist interessant: In einer fremden Stadt sitzt die Brieftasche (wienerisch: das Geldbörsel) immer lockerer als daheim. Man hat Zeit zum Bummeln – und Zeit, Geld auszugeben, sei es, um Souvenirs zu erstehen oder »besonders günstige« Kleidungsstücke zu kaufen. Wenn man genau diese in Wien auch eher schwer findet, so gilt doch die Devise: »Shopping macht happy«.

- **Flohmarkt.** Mittelding zwischen Antiquitätenmarkt, Touristenattraktion und Fetzenmarkt. Jeden Samstag 7–14 Uhr, Wienzeile. Unmittelbar daneben der
- **Naschmarkt** 25. Täglich außer sonntags findet man hier dicht gedrängt Wiener und Nichtwiener zwischen den hervorragend bestückten Obst-, Gemüse-, Bäckerei- und sonstigen Ständen.
- **Kunst- und Antikmarkt am Donaukanal.** Von Mai bis September am Samstag nachmittag und Sonntag. 1. Bezirk, altstadtseitige Donaukanalpromenade bei der Marienbrücke (Nähe Schwedenplatz).
- **Haas-Haus.** Nach dem obligaten Schaufensterbummel in der Kärntner Straße und am Graben muß man in das Haas-Haus rein. Nicht nur der Schaufenster, auch der Architektur wegen. 1. Bezirk, Stephansplatz.
- **Ringstraßengalerien.** Mondäne, überdachte, mehrgeschossige Geschäftswelt in unmittelbarer Nachbarschaft der Staatsoper. 1. Bezirk, Kärntnerring.
- **Shopping-City Süd (SCS).** Größtes Einkaufszentrum Österreichs, die größten Möbelhäuser Österreichs, das größte Kinocenter Österreichs. Wahrscheinlich auch der größte Parkplatz Österreichs. Schon außerhalb der offiziellen Stadtgrenze. Zu erreichen mit der Badner Bahn ab Oper.

Die Sängerknaben

Wer kennt sie nicht, diese unschuldigen Knaben in matrosenähnlicher Uniform mit ihren jugendfrischen, hellen Stimmen? Sie sind ein »Wahrzeichen« Wiens; ihre Stimmen so süß wie echter Kaiserschmarrn. Ihre Geschichte geht immerhin auf das Jahr 1498 zurück – und auf einen Wunsch Kaiser Maximilians, der seine Hofmusikkapelle um 20 »Kapellenknaben« erweitert sehen wollte. Berühmte Sängerknaben waren die Komponisten Joseph Haydn und Franz Schubert, aber auch der als Schauspieler berühmt gewordene Peter Weck war ein »Spatz von Wien«.
Der heute 96köpfige Knabenchor singt während der Schulzeit jeden Sonntag um 9.15 Uhr in der Burgkapelle der Hofburg 12 die Messe. Schriftliche Bestellungen mindestens 8 Wochen im voraus an die Hofmusikkapelle, Hofburg, 1010 Wien.

Vor dem Stimmbruch

In den Monaten Mai, Juni, September und Oktober geben die Sängerknaben jeden Freitag um 15.30 Uhr im Konzerthaus ein gemischtes Programm mit Motetten und Madrigalen, Walzermusik und Volksliedern. Karten gibt es in Hotels und beim Vienna Ticket Service (siehe Infobox).

ZÜRICH

Banker und Raver am See

Wenn Du Dich einmal zur Ruhe setzest, so solltest Du so gescheit sein, es hier zu tun, schrieb ein Gast. Wirklich? Zürich als Altersresidenz?

Die Stadt am See ist mit ihren 360 000 Einwohnern die größte der Schweiz – und auch die aufregendste, in jeder Hinsicht. Eine Mischung aus Schönheit, Toleranz, Reichtum (»ZUREICH«, laut einem Graffiti), aber auch Selbstgefälligkeit, Gewalt und Härte: Als ein Zürcher Bürgermeister das Halten von großen Hunden verbot, wurde er glattweg geköpft. Doch das ist, gottlob, lange her.

So wie es die beiden Ufer der Limmat gibt, so hat die Stadt zwei Gesichter: Viertgrößte Börse, größter Goldumschlagplatz der Welt – und bis vor wenigen Jahren die größte offene Drogenszene der Welt. Hohe Einkommen und gute Sozialleistungen sind eine Seite – die Demonstrationen der unzufriedenen Jugend eine andere. Banker und Businessmen verkörpern Tradition und Seriosität, die Raver, die schrillen Techno-Kids, eine ekstatische Jugendkultur.

Für Richard Wagner spielte Zürich sogar Schicksal. Im Zürcher Exil bändelte der geniale Komponist mit der Gattin seines Mäzens an: Die Turbulenzen inspirierten ihn zu »Tristan und Isolde«.

Chratz und Dörfli

Zwei Gesichter einer Stadt

Am besten, man setzt sich ins Café Wühre an der Limmat und blickt aufs Niederdorf mit der Predigerkirche ❹ links, dem Großmünster ❶ und der Wasserkirche ❷ rechts am Flußufer. Denn hier liegt Zürichs alter Kern.

Im Jahre 929, als es in einer Urkunde erstmals als Stadt erwähnt wurde, zählte man 120 Häuser flußabwärts links, im damals »minderen« Zürich, der »Chratz«. 80 standen rechts der Limmat, im »mehreren« Zürich, dem Niederdorf, auch »Dörfli« genannt. Die Bewohner beider Zürich gingen fischen, gerbten Tierhäute, webten Wolle, Leinen oder Seide, saßen sonntags in der Kirche, gelobten Widerstand gegen fleischliche Versuchungen. Und lachten – das war im Jahre 1286 – über den Bäcker Wackerbold. Denn der hatte zu kleine Brötchen gebacken und wurde zur Strafe in den Lasterkorb gesteckt, der zwischen dem Rathaus ❸ und der Wasserkirche baumelte. Nur ein Sprung in den Dreck der Limmat konnte den Geizhals retten. Wackerbold war wegen der Schadenfreude der Leute so erzürnt, daß er sein Haus anzündete – und mit ihm das ganze »Dörfli«.

Die Augustinergasse mit ihren schmalen Bürgerhäusern ist eine der schönsten Flanierstraßen der Stadt.

Das Niederdorf ist heute ein beliebtes Wohnquartier, in dem der Bäcker große Brötchen bäckt und seine Kunden aus der Nachbarschaft mit Namen kennt. Vor allem aber ist es Vergnügungsmeile – ein Rotlichtviertel voller Restaurants, Cafés, Bars und Etablissements, deren Lampen erst erlöschen, wenn auch der letzte Besucher gegangen ist.

Die Bahnhofstraße hingegen stellt heute das »mehrere« Viertel der rund 120 Banken, 100 Boutiquen und 40 Bijouterien, 20 Uhrenläden und zehn Pelzgeschäfte dar. Hier wimmelt es tagsüber wie auf einer Ameisenstraße. Erst nach Ladenschluß senkt sich Ruhe über das Viertel, eine Ruhe, die höchstens vom Glockengeläut der Kirche St. Peter ㉓ gestört wird.

Es war der Fortschritt, der Mitte des letzten Jahrhunderts die zwei Limmat-Geschwister veränderte. Zürich brauchte Platz: Platz für den Bahnhof, Platz für Fabriken, Platz für eine Promeniermeile, von Linden gesäumt und repräsentativ. Für die Abrißbirne am geeignetsten erschien den Planern die »Chratz«, jener Stadtteil zwischen dem heutigen Bahnhof und dem See. Auf dem Chratzplatz wurde einmal in der Woche ein Markt abgehalten. An der Flußstelle Fröschengraben, wo später die Nationalbank errichtet wurde, klopften Wäscherinnen Leintücher und Kleider sauber, bevor sie sie auf dem Chratzplatz aufhingen. Die Gassen waren eng und düster, und es stank aus den Abflußgräben, die Abfälle und Fäkalien in die Limmat führten. Auf dem Paradeplatz wurden Schweine gehandelt, und auf dem Weinplatz zwischen den Hotels Storchen und Schwert (Casanova stieg dort ab, es ist heute aber kein Hotel mehr) stellten sich Heilkundige auf eine Kiste und priesen ihre Künste beim Zähneziehen, Hüh-

1970 schuf Marc Chagall fünf farbenfrohe Glasfenster für das Fraumünster – hier ringt Jakob mit dem Engel.

Vielgelobt ist Peter Brunners Küche im Restaurant Reblaube in der Glockengasse.

neraugenentfernen, Aderlassen und Schröpfen. Mitte des 19. Jahrhunderts wurde die Schleifung der Stadtmauern und der Schanzengräben, die Zürich zur Festung gemacht hatten, vollendet. Dies bedeutete auch das Ende des Chratz-Quartiers in seiner geschlossenen Form. Übrig blieben das Bauschänzli 20 (heute ein Gartenrestaurant), ein Teil des ursprünglichen Schanzengrabens in Richtung Sihl und ein paar Häuserzeilen zwischen dem Fraumünster 21 – mit den berühmten Chagall-Fenstern – und St. Peter.

Die stolze Bahnhofstraße 24 entstand nach dem Muster eines Pariser Boulevards: Sie wird von 176 Linden links und rechts gesäumt, ist etwa 1000 Meter lang und 21 Meter breit, eine der elegantesten Geschäftsstraßen Europas. 25 bis 30 Millionen Besucherinnen und Besucher blicken jedes Jahr in dieses »Schaufenster der Nation«. Die Gäste flanieren an Geschäften vorbei, die sich oftmals seit Generationen in den Händen derselben Familie befinden und ebensolange an der Bahnhofstraße residieren. Hinzugekommen sind in jüngster Zeit zahlreiche Mode-Nobelmarkengeschäfte. Die wahren »Drei Könige« dieses teuren Pflasters sind aber die drei schweizerischen Großbanken: Bankgesellschaft (SBG), Bankverein (SBV) und Credit Suisse (CS). Sie und ihre Töchter und Töchterstöchter haben an der Bahnhofstraße und ihren Nebenstraßen das Sagen. Die Rezession, in der Zürich und der Rest der Schweiz seit 1990 verharren, wirkte sich auch auf die Bahnhofstraße aus: In der letzten Zeit zogen sich bereits die ersten alteingesessenen Geschäfte aufgrund der galaktischen Höhe der Mieten in Nebenstraßen zurück. Doch ist die Meile den Zürchern und ihren Gästen immerhin so lieb und teuer, daß sie zweimal täglich geputzt wird.

Eine andere Entwicklung durchlief das »Dörfli«, das sich vom Central zum Bellevueplatz zieht. Auch hier gab es Pläne, die einst unhygienischen Zustände radikal zu beseitigen und anstelle der mittelalterlichen Häuser und engen Gassen lange Zeilen von mehrgeschossigen Neubauten hochzuziehen. Der Geldmangel hat die Realisierung verhindert. Dafür haben die Stadt Zürich (die größte Hausbesitzerin) und viele Privatleute die alten Häuser mit ihren niederen Decken aufwendig renoviert. Und viele der Bewohner würden nirgendwo sonst auf der Welt leben wollen, obwohl ihre Nachtruhe häufig erst morgens um vier Uhr beginnt. Denn vor allem am Wochenende fallen Tausende von Zürchern und Besuchern ein, die das Vergnügungsviertel bevölkern.

In den kleinen Häusern hat sich das Kleingewerbe halten können. Bei einem Bummel findet man »Zürcher Offleten« – eine Spezialität der Confiserie Schurter gleich am Central – oder »Züri Tirggel«, ein hartes, trockenes Gebäck mit Honig, das man suggele (lutschen) muß, damit die Zähne drinbleiben. Gut sind auch die hausgemachte Marmelade und die »heissi Schoggi« (heiße Schokolade) im Café Schober. Auf dem Kopfsteinpflaster des Niederdorfes geht es, zumal wenn der Alkohol in Strömen geflossen ist, weniger fein zu als auf dem Granit der Bahnhofstraße. Dafür hört man hier noch anderes an Orginaltönen als das übliche »Grüezi« (man sagt Grüäzi). Zum Beispiel: »Hesch mer en Schtutz?« (»Gibst du mir einen Franken?«). Oder »Pass doch uuf, du Lööli!« (»Paß doch auf, du Idiot!«). Oder »Heb de Latz!« (»Sei still!«).

Im Sommer vielleicht ein von Hand bedrucktes T-Shirt, im Winter selbstgestrickte Handschuhe: Der Flohmarkt auf dem Rosenhof bietet mittwochs und samstags jedem etwas – und noch viel mehr.

Nachts in den Dschungel an der Schmidgasse? In der Babalu-Bar geht es häufig ganz schön heiß her.

Schätze zum Schauen

Museen in Zürich

Gut gerüstet: In der Waffenhalle des Schweizerischen Landesmuseums wird an die Zeit erinnert, als eidgenössische Ritter und Landsknechte weithin gefürchtet waren.

Emil Georg Bührle ging nicht gerne auf Auktionen. Er fand die Preise überteuert. Also kaufte der Industrielle in den 50er Jahren eines der herrlichsten Bilder bei einem Händler: das Porträt von Irène Cahen d'Anvers, der achtjährigen Tochter eines Pariser Bankiers. Auguste Renoir hatte das Bild 1880 gemalt. Es zeigt ein hübsches Geschöpf mit langem rötlichem Haar, einer Gesichtsfarbe wie Porzellan, rosigen Lippen und blauen Augen mit langen Wimpern und wehmütigem Blick.

Heute blickt »Die kleine Irene« in der Kunstsammlung E. G. Bührle ⓭ traurig zum Fenster. Gesellschaft in diesem Zimmer in Bührles Villa leistet ihr Paul Cézannes »Junger Mann mit roter Weste«.

1924 war Bührle in die Schweiz gekommen, um in der Werkzeugmaschinenfabrik Oerlikon nach dem Rechten zu schauen. In der Folge blieb er, produzierte Kanonen und kaufte Kunst: Bilder von Manet, Cézanne, van Gogh, Renoir, Degas, Gauguin und Monet. Zwar hängen die Werke in der Sammlung etwas eng, manchmal gar übereinander und auch noch im Treppenhaus, und zudem ist sie nur dreimal die Woche geöffnet (Dienstag und Freitag 14–17 Uhr, Mittwoch 17–20 Uhr), aber ein Besuch lohnt sich auf alle Fälle.

Auf der anderen Seeseite der Stadt, im Rieterpark, liegt das Museum Rietberg ⓲, die einzige Sammlung außereuropäischer Kunst in der Schweiz. Die neoklassizistische Villa war im Jahre 1857 von dem deutschen Industriellen Otto Wesendonck erbaut worden. 1952 schenkte der deutsche Bankier Eduard von der Heydt die Sammlung der Stadt Zürich. Sie zählt 5500 Stücke, vor allem aus China, Indien, Afrika und der Südsee. Eines der ältesten und merkwürdigsten Kunstwerke des Museums ist eine Stele aus China. Umrahmt von Pflanzen, von Drachen und anderen wilden Tieren, sitzt Buddha in der Mitte, neben ihm beten Mönche, und unter ihm ist ein hingebungsvoll lauschendes Publikum versammelt. Der Stein wurde vor 1500 Jahren aufgestellt. Die exakte Datierung war verhältnismäßig einfach. Da das Datum der Fertigstellung in Stein gemeißelt war, ergab die Umrechnung des chinesischen Kalenders in unsere Zeitmessung: 21. Mai 557.

In der Villa Belvoir ⓱ gleich gegenüber, dem ehemaligen Landgut des Zürcher Industriellen Alfred Escher und seiner Tochter Lydia, spielte sich vor gut 100 Jahren ein Drama ab. Die Ursache, ein Porträt Lydias von Karl Stauffer-Bern, hängt in der permanenten Sammlung des Kunsthauses Zürich. Der Maler wirkte in Berlin als erfolgreicher Porträtist, als ihm im Jahre 1886 der Auftrag erteilt wurde, Lydia zu malen, die Schwiegertochter des mächtigen Bundesrates Welti. Stauffers Bild zeigt eine jugendliche Frau mit aufmerksamen blauen Augen, Ponyfransen und morgenroten Wangen – die Morgenröte einer feurigen Liebe zwischen

Im Spielzeugmuseum: Warm ums Herz wird es auch ganz großen Kindern beim Anblick all der Herrlichkeiten, die der Spielwarenhändler Franz Carl Weber zusammengetragen hat.

Für Kunst des 19. und 20. Jahrhunderts ist das Kunsthaus eine erste Adresse: Arp und Beuys, Monet und Munch, Picasso und Renoir geben sich ein Stelldichein.

Porträtist und Porträtierter andeutend. Und so ging's weiter: Das Liebespaar flieht nach Italien. Lydias Ehemann, der zu höchsten politischen Kreisen Zugang hat, läßt Karl verhaften und in einer Anstalt mit Mördern und Geisteskranken zusammenketten. Lydia wird nach Zürich gebracht, wo sie ihren Geliebten verrät. Als Karl freikommt, bringt er sich um. Lydia folgt ihm nur ein Jahr darauf.

Im Kunsthaus (10) – wie auch im Haus für konstruktive und konkrete Kunst (14) – sind Werke der sogenannten »Zürcher Konkreten« ausgestellt: ungegenständliche Bilder und Skulpturen von Max Bill, Camille Graeser, Verena Loewensberg, Richard Paul Lohse sowie von Fritz Glarner und Gottfried Honegger. Die Arbeiten der Zürcher Konkreten folgen einer mathematischen Denkweise, d. h., Flächen und Formen sind nach geometrischen Gesetzen gestaltet. Wichtig war ihnen auch die Auseinandersetzung mit der Farbe.

Eine ganze Reihe von Museen widmet sich in Zürich der regionalen Kultur. Das größte ist das Schweizerische Landesmuseum (29), in dessen Waffenhalle Ferdinand Hodlers monumentales Nationalfresko vom »Rückzug der Eidgenossen bei Marignano« prangt. Das alte Zunfthaus zur Meisen (22) präsentiert eine umfangreiche Keramiksammlung: Porzellan – geschmückt mit vielerlei Motiven wie Blumen, Früchte und Insekten –, das aus der (längst geschlossenen) Porzellanfabrik Kilchberg stammt. Das Zürcher Spielzeugmuseum (26) zeigt antike Puppenstuben, Eisenbahnen und Kinderbücher. Wer Zeit hat, sollte sich länger als einen Augenblick im Uhrenmuseum Beyer (24) mit seinen interessanten Schätzen, darunter Sand-, Sonnen-, Wasser- und Öluhren, aufhalten.

Am Rande des Zürichhornparks steht das Le-Corbusier-Haus (Heidi-Weber-Haus) (15). Entworfen vom 1965 verstorbenen Schweizer Architekten, der über die Limmatstadt stöhnte: »Oh, qu'elle est triste et grise« (Oh, wie ist sie traurig und grau), wurde es 1967 von Heidi Weber erbaut. Konsequenterweise bedachte der Großmeister der Moderne, dessen graphisches Werk hier ausgestellt ist, seinen Bau mit viel kräftiger Farbe.

Ganz neu in der Zürcher Kunstlandschaft ist das Kulturzentrum Löwenbräu (32) in der Limmatstraße. Zwei Museen, die Kunsthalle Zürich und das Museum für Gegenwartskunst Zürich, sowie vier private Galerien, die sich zeitgenössischer Kunst annehmen, sind seit Mai 1996 unter dem Dach einer alten Brauerei vereint. Gezeigt werden neben Wechselausstellungen ausgesuchte Werke von Georg Baselitz, Gerhard Richter, Robert Ryman und anderen zeitgenössischen Künstlern.

Und noch ein Wort an Unzimperliche: Gesehen haben sollte man die Moulagensammlung des Universitätsspitals – leider nur am Mittwochnachmittag geöffnet. Moulagen sind kunstvoll bearbeitete Wachsabgüsse von (meist) kranken Körperteilen. Nur selten wurde Unappetitliches so ästhetisch gestaltet.

Der hinduistische Gott Shiva tanzt im Museum Rietberg: Die Bronzefigur aus dem 11. Jahrhundert gehört zu den Prunkstücken der Sammlung.

Der Sprayer von Zürich

Pffft! Pfffffft! Das Geräusch ließ Zürcher Hausbesitzer Ende der 70er Jahre zusammenzucken: Was hatte das Phantom an der Hauswand hinterlassen? Ein Spiralweibchen? Ein Strichmännchen? Ein Auge? 1500 Wände hatte der Sprayer von Zürich verziert, als er 1979 in flagranti ertappt und als Harald Naegeli identifiziert wurde. Die Folgen: 192 Schadenersatzforderungen und einen öffentlichen Disput darüber, ob seine Sprayereien nun als Kunst oder als Vandalismus zu bewerten seien. Diese Frage beantwortete ein Zürcher Gericht: Naegelis Werke erreichten »das Niveau eines Sechstklässlers«, sprach die Justiz und verurteilte den Verkannten zu einer Gefängnisstrafe und 100 000 Franken Schadenersatz. Von Naegelis Graffitis sind nur noch wenige übriggeblieben, etwa hinter dem McDonald's am Stauffacher. Dafür gibt es sie heute sogar in Museen.

Unter Linden und Kastanien

Die grüne Stadt

Unter der größten der drei Kuppeln des Botanischen Gartens herrscht Tropenklima, in den beiden anderen Gewächshäusern wird die Welt der Subtropen und Savannen lebendig.

Wer hat den Wilhelm Tell geklaut? Dieses Geheimnis ist noch immer nicht gelüftet. Der Freiheitsheld grüßte einst von seinem Sockel auf dem Lindenhof 27, der ältesten Grünanlage der Stadt, angelegt im 13. Jahrhundert. Die Bürger stiegen die enge Gasse zum Platz hinauf, um zu essen, zu trinken oder sich im Bogenschießen zu üben. Später kam das Schachspiel hinzu, und im Jahre 1785 zur Erinnerung an den Schweizer Nationalmythos eben jenes Tell-Denkmal, aufgestellt an der Westseite des Lindenhofes. Fünf Jahre später fehlte der Kopf und zehn Jahre darauf die gesamte Statue.

Ab und zu war auch das Fehlen von Bäumen zu beklagen, die der Sturm ausgerissen und zu Boden gedrückt hatte. Zur Zeit erfreuen knapp 60 Linden und eine Kastanie den Besucher – und der Blick auf die Altstadt. Die 55. Linde wurde übrigens aus Anlaß der Einführung des Stimmrechts für die Schweizer Frauen gepflanzt – erst 1971.

Ein weiterer geschichtsträchtiger Park in der Innenstadt ist der Platzspitz 30 – der Öffentlichkeit besser bekannt als »Needle Park« –, den Drogenabhängige zu ihrem Aufenthaltsort gemacht hatten. Hinter Hauptbahnhof und Landesmuseum gelegen, wo die Flüsse Limmat und Sihl zusammenlaufen, war der Platz im Mittelalter eine Exerzierwiese, auf der nicht nur Soldaten gedrillt, sondern auch fünf- bis 16jährige Knaben im Schießen unterrichtet wurden. Zum Abschluß der harten Lehrzeit fand ein Wettschießen statt. Der Sieger bekam »einen Taler mit drei silbernen Kettelein«. Der Brauch hat sich im heutigen Knabenschießen (bei dem auch Mädchen zugelassen sind) erhalten. Um 1800 empfingen auf dem Platzspitz künstlich angelegte Grotten und ein Pavillon die Erholungsuchenden. Später versammelten Zürcher Gelehrte unter den Bäumen ihre Eleven.

Doch die Idylle verschwand so schnell wie die gepuderten Perücken und reinen Herzen. Nach dem Bau des Bahnhofs, der den Park von der übrigen Stadt abschnitt, geriet der Platzspitz in Verruf. Säuberungsaktionen fanden schon Anfang des 20. Jahrhunderts statt. Die Hoffnung, die Landesausstellung von 1883 und der Bau des Landesmuseums 15 Jahre später würden dem Platz neues Flair einhauchen, hatte sich nicht bestätigt. Die Abschiebung der Drogenabhängigen aus der Innenstadt in Richtung Platzspitz markierte wohl den Image-Tiefpunkt. Nach der Räumung des Parks 1993 pflanzte die

Manch schattigen Platz verheißt der Lindenhof, doch die meisten Besucher lockt der herrliche Ausblick auf die Altstadt hierher.

Seit 1964 steht die bewegliche Eisen-Skulptur »Heureka« des Schweizer Bildhauers Jean Tinguely am Zürichhorn.

Stadt Platanen und öffnete ihn wieder dem Publikum. Allerdings nur tagsüber, denn der Platzspitz wird, ungewöhnlich für einen öffentlichen Park, nachts geschlossen.

Das Bauschänzli ⓴ gehört ebenso zu den alten Zürcher Grünanlagen. Die ehemals südlichste Bastion der Stadt gegen den See entging auch der letzten Schleifung und präsentiert sich seit über 100 Jahren als reizvoller Biergarten in der Limmat.

Die meisten anderen Grünanlagen Zürichs sind jüngeren Datums. Am Zürichhorn ⓰, dort, wo an einem sonnigen Nachmittag Tausende von Menschen am See entlangspazieren, sich in die Sonne legen, vor der Eisenplastik »Heureka« von Jean Tinguely Fußball spielen oder den Picknickkorb plündern, gab es bis vor 100 Jahren lediglich sumpfige Streuwiesen, vereinzelte Landsitze und kleinere Fabriken. Zürich war damals noch ein Fischerdorf, zum Fluß hin orientiert und nicht zum See. Heute gibt es hier eine Besonderheit: Aufgrund der internationalen Verschwisterung mit der chinesischen Stadt Kunming hat Zürich einen veritablen Chinagarten geschenkt bekommen, mit Teichlein und Brücklein.

Einer der schönsten und einer der ältesten privaten Parks Zürichs ist der Belvoirpark ⓱. Das 11 000 Quadratmeter große Landgut voller Taglilien und Iris, einst im Besitz des Industriellen Alfred Escher, gehört seit 1901 der Stadt Zürich. In der Villa untergebracht ist die Hotelfachschule Zürich mit einem Restaurant, in dem Fachpersonal seinen letzten Schliff erhält. Besonders die Tische auf der Veranda sind, da wettersicher, begehrt. Gleich gegenüber liegt der Rieterpark mit der zwischen 1853 und 1857 erbauten Villa Wesendonck, die heute das Museum Rietberg ⓲ beherbergt.

Frisch hinzugekommen zur Sammlung der Zürcher Parks ist 1977 der Neue Botanische Garten ⓬. Fleischfressende Pflanzen, Seerosen, Farne, Enziane finden sich hier, Pflanzen aller Erdteile, ob aus den Alpen oder einem nordafrikanischen Wadi. In den drei futuristischen Kuppelgewächshäusern und in mehreren Freilandanlagen gedeiht die botanische Internationale. Der lauschige Alte Botanische Garten »zur Katz« ㉕ am Schanzengraben besteht ebenfalls noch; dort befindet sich auch das Völkerkundemuseum der Universität Zürich.

Einen Besuch lohnt des weiteren der Zürcher Zoo ㉝, den man mit der Tram Nummer 6 ab Hauptbahnhof am schnellsten erreicht. Denn in regelmäßigen Abständen führt die Kunde der Geburt eines kleinen Elefanten, Tigers oder Schimpansen auf dem Zürichberg zum Verkehrschaos.

Und falls jemand auf seinen Wanderungen die verschwundene Tell-Statue vom Lindenhof entdecken sollte (Achtung! Wilhelm trägt eine Waffe und führt eventuell einen Apfel mit sich): Das Fundbüro an der Werdmühlestraße 10 nimmt sie gerne in Gewahrsam.

Jüngstes grünes Kind der Stadt ist der Chinesische Garten am Zürichhorn, ein Geschenk der Partnerstadt Kunming.

Raven bis zum Umfallen

Techno als Jugendkultur

Auffallen um jeden Preis: In die Techno-Kluft und das sonstige Outfit wird viel Zeit, Geld und vor allem Phantasie investiert – je schriller, desto lieber.

Jedes Wochenende sind Tausende von Zürcher Jugendlichen unterwegs – ob zu einer Techno-Party in einer alten Halle oder einem Rave – vielleicht in einer Kiesgrube. Und einmal im Jahr, Anfang August, stampfen 350 000 Raver kilometerlang an der Street-Parade vom Mythenquai ins Seefeld. Plateau-Turnschuhe, orangefarbene Trompetenhosen, braune T-Shirts mit gelbem Leuchtstreifen, Schnuller im Mund und Teesiebe als Brille, blaue Haare und Plastikschürzen – anything goes, alles ist erlaubt, aber lieber farbiger als grauer.

Zürich ist eine Techno-Stadt wie Berlin oder London. Andere Städte scheinen dieses Phänomen – wenn überhaupt – in weit schwächerem Ausmaß zu kennen. Hier in Zürich ist Techno seit ein paar Jahren gleichzusetzen mit Jugendkultur.

Was macht einen Rave so begehrenswert, daß sich Jugendliche bei ihren Eltern am Freitagabend abmelden und am Sonntagabend halbtot aufs Sofa fallen?

Bei Raves ist die übliche Zeitmessung außer Kraft gesetzt. Nicht Sekunden, Minuten oder Stunden gelten, sondern nur die Belastbarkeit des eigenen Körpers. Tanzend im hämmernden Takt der Musik, nähern sich die Leute der Ekstase – und damit der geistigen und körperlichen Erschöpfung. Als würden Voodoo-Trommeln sie aus der Zeitachse heben und in einen Raum ohne Zukunft und Vergangenheit schicken. »Zuweilen«, schrieb ein Beobachter der Techno-Szene, »fühlt man sich an einem Rave von so dumpfer Zufriedenheit erfüllt, als gehörte man zu einer Herde stampfender Urchristen.«

Die ersten Raves in Zürich fanden illegal statt – also außerhalb der üblichen Dancings mit ihren Fönwellenduos, die »Hinterm Hühnerstall« spielten – in Kellerbars, abgewrackten Fabrikhallen, überall dort, wo ein DJ Platten auflegen konnte, wo mit dem Einspruch der hellhörigen Nachbarn nicht so rasch gerechnet werden mußte. Und auch außerhalb der Gastwirtschaftsgesetze, die bis vor ein paar Jahren die Sperrstunde zwingend um 2 Uhr früh vorsahen.

Heute gibt es in Zürich nicht nur sechs Dutzend Lokale, die an Wochenenden bis 4 Uhr früh Bier und Schnäpse ausschenken. In der Stadt und ihrer Umgebung garantieren Dutzende von Raves beinahe ein 24-Stunden-Programm. Üblicherweise beginnen sie um 20 Uhr und dauern bis in die Morgenstunden. Dann erst erwacht die After Hour, eine Party, die um fünf Uhr früh beginnt und

Tanzen als Ausdruck des Lebensgefühls – das Stets-gut-drauf-Sein versteht sich dabei von selbst.

um 12 Uhr mittags endet. Bei Techno-Parties gibt es in der Regel einen Chill-Out-Raum, also einen Raum zum Abkühlen, wo man sich Trickfilme ansehen oder einfach nur zusammenbleiben kann, bis alle wieder auf dem Planeten Erde gelandet sind.

Ein entscheidender Impuls zur Entstehung der Techno-Musik kam übrigens aus Deutschland – von der Gruppe »Kraftwerk« und deren Album »Autobahn«, das 1975 erschien. Fünf Jahre danach war es die Zürcher Combo »Yello«, die mit »Solid Pleasure« berühmt wurde. Wie bei »Kraftwerk« liefen auch bei »Yello« alle Töne über den Synthesizer. Nur der Umstand, daß solch ein Gerät sehr teuer war, hielt andere davon ab, mit der Robotermusik herumzuspielen. Als die Klangmaschinen billiger wurden, schlug die Stunde einer breiten Techno-Bewegung. Alle, die wollten, konnten an ihrem PC Musik herstellen. Der Rhythmus war dabei wichtiger als der Name. Hauptsache, die Musik hämmert die Raver so durch, daß sie Ort und Zeit vergessen.

Dafür eignen sich so etablierte Lokale wie die Kanzlei: Man sieht sich erst in der Xenix-Bar daneben, geht danach in die alte Kanzlei-Turnhalle am Helvetiaplatz, um – je nach Abend – zu Hip-Hop, Acid, Funk und House bis zum Morgenrot zu tanzen. Eine neue Techno-Bar ist das Liquid in der Zwinglistraße: Lampen, die aussehen wie Eidotter, hängen über Stühlen mit Pilzfüßen in einem Raum mit sonnengelben, giftgrünen und himmelblauen Wänden. Erschüttert werden die Gäste hier neben der Techno-Musik vom »Mojito«, einem Longdrink, der fröhlich stimmt. Zumindest zu Beginn. Im Luv (Kreuzstraße) trifft sich alles, was Rollen unter den Füßen hat, an der Bar: Skateboarder, Surfer, In-line-Skater. Keine Halle, sondern eine ehemalige Diskothek aus den 80er Jahren ist das Oxa (Andreasstraße). Es führte neben dem üblichen Betrieb von 20 Uhr bis 2 Uhr die After Hours ein. Gespielt werden harter Techno, House und Progressive. Freitags trifft sich in der Roten Fabrik am See das eher alternative Publikum zu hartem Techno. Daneben veranstalten die Katakomben (Geroldstraße) an den Wochenenden regelmäßig Raves. Farbenfrohe Flyer weisen auf Parties an anderen Orten hin. Die Zürcher Monatszeitschrift »Forecast«, die am Kiosk zu haben ist, listet sämtliche (legalen) Veranstaltungen auf.

Tonträger mit Techno-Musik verkauft unter anderen Jamarico in der Stauffacherstraße. Hier gibt es auch Techno-Mode, z. B. Bootlegging-T-Shirts mit Aufdrucken wie »Hell« statt »Shell«. Techno-Klamotten wie gescheckte Nahkampfunterhosen, T-Shirts der Zürcherin Jenny Jost, Autoreifenröcke, XXXL-Hosen für Homeboys und bambisüße Girlie-Gewänder verkaufen zahlreiche Läden (z. B. Planet 8, Max, Soho, aber auch Booster) im Niederdorf.

Wegen Überfüllung beinahe geschlossen: An der Zürcher Techno-Parade Anfang August nehmen Hunderttausende von Ravern teil.

Vor allem im Dörfli, der Altstadt rechts der Limmat, halten zahlreiche Boutiquen die passende Mode für Techno-Fans bereit.

Auf einen Blick

Zürich entdecken und erleben

Des Schriftstellers Schreibtisch ist ebenso im Thomas-Mann-Archiv zu sehen wie Handschriften von »Felix Krull« und »Doktor Faustus«.

Vom »Tourist Service« im Hauptbahnhof (☎ 01/2 15 40 00) der 360 000-Einwohner-Stadt wird neben verschiedenen Stadtrundfahrten im Sommer auch ein Altstadtbummel zu Fuß angeboten. Zürich vom Wasser offenbart sich auf mehrere Arten: Entweder mit den Linienschiffen auf der Limmat zwischen Landesmuseum und Zürichhorn oder bei einer Rundfahrt mit einem der Zürichseeschiffe (☎ 01/4 82 10 33).

Luzern, etwa 50 Autominuten entfernt, ist bekannt für die malerische Altstadt, die Kapellbrücke und die einmalige Lage am Vierwaldstätter See.

1. Großmünster
2. Wasserkirche/Helmhaus
3. Rathaus
4. Predigerkirche
5. Polybahn ab Central
6. Eidgenössische Technische Hochschule (ETH)
7. Universität
8. Thomas-Mann-Archiv
9. Schauspielhaus
10. Kunsthaus
11. Opernhaus
12. Neuer Botanischer Garten
13. Sammlung E. G. Bührle
14. Haus für konstruktive und konkrete Kunst
15. Heidi-Weber-Haus (Centre Le Corbusier)
16. Zürichhornpark mit Heureka und Chinesischem Garten
17. Villa Bellevoir mit Belvoirpark
18. Museum Rietberg
19. Schiffsanlegestelle am Bürkliplatz
20. Bauschänzli
21. Fraumünster
22. Zunfthaus zur Meisen
23. St. Peter
24. Bahnhofstraße mit Museum der Zeitmessung Beyer
25. Alter Botanischer Garten
26. Spielzeugmuseum
27. Lindenhof
28. Schipfe
29. Schweizerisches Landesmuseum
30. Platzspitz
31. Kunstgewerbemuseum
32. Kulturzentrum Löwenbräu
33. Zoologischer Garten

In den Gebäuden der Universität Zürich, deren Lichthof zum Verweilen einlädt, befinden sich einige der Öffentlichkeit zugänglichen Spezialsammlungen und Museen.

Die über 100 Jahre alte Polybahn verbindet den Central mit der höher gelegenen Technischen Hochschule. Eine lohnende Fahrt mit interessantem Ausblick.

Informationen und Prospekte über Zürich, aber auch über touristische Sehenswürdigkeiten in der restlichen Schweiz erhält man im »Tourist Service« im Hauptbahnhof. Öffnungszeiten: im Winter: Mo–Fr, 8.30–19.30 Uhr, Sa/So; bis 18.30 Uhr; im Sommer jeweils zwei Stunden länger (☎ 01/2 15 40 00). Hotelreservierung: ☎ 01/2 15 40 40, Fax 01/2 15 40 44. Wagt man sich per Schiff auf den Zürichsee, sollte man wissen, daß das Verkehrsverbundbillet und oft auch das Bahnbillet auf den Rundfahrtschiffen ohne Programm (wie Tanz, Fondue etc.) gelten.

Der Uferweg Schipfe – einst Umschlagplatz zwischen See- und Flußschifffahrt – hat seine historische Struktur mit Häusern aus dem 17. und 18. Jahrhundert bewahrt.

Die markanten Zwillingstürme des Großmünsters sind das Wahrzeichen von Zürich. Den schönsten Ausblick auf die Stadt hat man nach exakt 185 Stufen vom (südlichen) Karlsturm aus.

Wasserkirche (rechts) und Helmhaus (heute ein Museum für moderne Kunst): beide standen ursprünglich auf einer Insel in der Limmat.

Schön farbig ist das Heidi-Weber-Haus an der Höschgasse, das 1967 nach Entwürfen von Le Corbusier, dem großen Architekten der Moderne, errichtet wurde.

Das Bauschänzli, einst Teil der Stadtbefestigung, dient in der wärmeren Jahreszeit als baumbewachsene Gartenwirtschaft mit 880 Plätzen, großartiger Aussicht und – abends – Tanz.

Eine Seefahrt, die ist lustig: Party-Schiffe, Theater-Schiffe und natürlich Ausflugs-Schiffe machen an der Anlegestelle am Bürkliplatz fest.

Gottheiten wie Shiva, Uma und Candra sind im Museum Rietberg zu Hause, das 5500 Kunstwerke der außereuropäischen Kunst besitzt. Umgeben ist das Museum von einem wunderschönen Park.

Was – wann – wo?

Züri fürs Volk

Wenn Zürich feiert, dann knallt es häufig, obwohl der Zürcher Bevölkerung nachgesagt wird, sie liebe nichts auf der Welt so sehr wie ihre Ruhe.

- **Fasnacht.** Kostümierte Guggenmusiker bevölkern Gassen und Spelunken und hören erst dann auf zu spielen, wenn sie sich selber nicht mehr hören mögen. Februar/März.
- **Sechseläuten.** Um 18 Uhr warten 3000 verkleidete Zürcher Zunftmitglieder darauf, daß der Böögg (ein Schneemann aus Pappe und Knallkörpern) auf dem Sechseläutenplatz beim Opernhaus ⓫ seinen Kopf verliert – um danach so zünftig zechen zu können, daß bei ihnen dasselbe geschieht. Dritter Montag im April.

Sechseläuten

- **Seenachtsfest.** Alle drei Jahre wieder ist die Innenstadt mit Fußgängern und Bierständen so verstopft, daß die meisten außer dem gigantischen Feuerwerk über dem See nur Hinterköpfe oder das Kopfsteinpflaster sehen. Anfang Juli 1997.
- **Nationalfeiertag.** Das mit Höhenfeuern und Feuerwerk begangene Spektakel erfordert die Kenntnis der Nationalhymnen-Zeile: »Trittst im Morgenrot daher/seh ich dich im Strahlenmeer/Dich, du Hocherhabener, Herrlicher«. Weitersingen können auch die meisten Schweizer nicht. 1. August.
- **Schuelsylväschter.** Gnade dem, der nahe eines Schulhauses wohnt: Dort knallt es nächtens während des sogenannten Schulsilvesters. Übrig bleiben Augenringe bei der Zürcher Schuljugend und gesprengte Briefkästen bei den Anwohnern. Mitte Dezember.

Prominent

Spitzenköche aus aller Welt

Wo gehen wir essen? Eine Antwort auf diese Frage kann bei 1300 Zürcher Gaststätten Stunden dauern. Fondue? Ja. Pasta? Sí. Coq au vin? Oui. Steaks? Yes. Couscous? Na'am. Peking-Ente? You. Sushi? Hai. Und Weißwürste? Ja, auch Weißwürste.

- **Kronenhalle.** Wo sich die in Zürich anwesende Prominenz feiert. An den Wänden Picasso und Miró, auf dem Teller Züri-Gschnätzlets mit Rösti und dann das Zürisee-Schwänli, eine Süßspeise. Rämistraße 4.
- **Riesbächli.** Französische Küche ersten Ranges, vom Hummergratin bis zum Perlhuhn. 11 000 Weinflaschen harren im Keller ihrer Liebhaber. Zollikerstraße 157.
- **Casa Ferlin.** Unzürcherisch flink sind die Kellner, die Zürichs beste Ravioli auftragen. Teuer, aber köstlich. Stampfenbachstraße 38.
- **Zunfthaus zur Zimmerleuten.** Hier ist der Ort, um Gschnätzlets mit Rösti zu essen oder den Zürcher Ratsherrentopf. Auch die Zürcher Fischsuppe sollte man probieren. Limmatquai 40.
- **Fischstube am Zürichhorn.** Frische Zürcher Fische, einen Zürcher Weißwein und eine Terrasse über dem Zürichsee. Mehr Zürich ist unmöglich. Bellerivestraße 160.
- **Kropf.** In der denkmalgeschützten Bierhalle wird Deftiges in ebensolchen Portionen serviert. In Gassen 16.
- **Alpenrose.** Alles, was an den Wänden hängt, auf den Teller kommt – wie der zarte Rinderbraten mit hausgemachtem Kartoffelstock – oder im Glas funkelt, stammt aus der Schweiz. Fabrikstraße 12.
- **Dézaley.** Käse in allen Variationen. Vom Raclette bis zum Fondue. Römergasse 7.

Zwischen Himmel und Keller

An Bars ist in Zürich kein Mangel, an herkömmlichen Nachtclubs schon eher. Sie wurden von der Techno-Welle weggeschwemmt. Widerstanden haben alte Lokale der unerschütterlichen Art.

- **Kaufleuten.** Einst fanden auf der Bühne dadaistische Veranstaltungen statt, heute tanzt und flirtet das junge, schicke und schöne Zürich, bis das Morgenlicht droht. Pelikanstraße 18.
- **Jules Verne.** Der Schriftsteller war zwar nie hier, aber die Sternwarte Urania, die direkt über der Bar liegt, rechtfertigt den Namen. Schöner Rundblick über die Stadt. Uraniastraße 9.
- **Odeon.** Niemand, der jemals in Zürich jemand war oder ist, war noch nicht in diesem alten Wiener Kaffeehaus, dem letzten seiner Art. Schöne junge Frauen und Männer, die lieber untereinander nett sind als querbeet. Limmatquai 2.

Odeon

- **Barrique.** Wer einen guten Tropfen Wein schätzt, findet mehr, als jede Leber aushält, in diesem Lokal zwischen Himmel und Keller. Marktgasse 17.
- **Moods.** Sibirische Obertonmusik erfreut der Besucher Ohr ebenso wie Jazz aller Gattungen. Live. Eintritt. Sihlamtstraße 5.
- **Opus.** Singende Kellner, schluchzende Diseusen, schnarrende Schauspieler, je nachdem, wer den Mund auftut in diesem tollen Lokal. Pfalzgasse 1.
- **Oepfelchammer.** Wo Gottfried Keller angeblich andauernd einen heben ging, singen Studenten und Touristen gemeinsam und versuchen, über den Balken unter der Decke zu klettern. Wer's schafft, darf seinen Namen in den Tisch ritzen. Rindermarkt 12.

Hotel St. Gotthard

Bett-Stätten

Über 100 Hotels mit 10 000 Gästebetten hat Zürich. Viele Prominente fanden hier ihre Ruhe, ob in den Altstadthäusern oder in einem der fünf Luxushotels.

- **Dolder Grand Hotel.** »Tief geschlafen. Naturblick aus den Fenstern. Thee-Frühstück«, notierte Thomas Mann 1950. Das und vieles mehr hat das Luxushotel am Waldrand zu bieten. Kurhausstraße 65. ☎ 01/2 51 62 31, Fax 01/2 51 88 29.
- **Widder.** Acht alte Altstadthäuser wurden aufwendig restauriert. Sie bieten nun Fresken aus dem 14. Jahrhundert und High-Tech-Komfort. Suiten mit eigener Dachterrasse. Rennweg 7. ☎ 01/2 24 25 26, Fax 01/2 24 24 24.
- **St. Gotthard.** Direkt im Zentrum liegt das Vier-Sterne-Hotel mit dem Charme vergangener Tage. Bahnhofstraße 87. ☎ 01/2 27 77 00, Fax 01/2 27 77 50.
- **Zum Storchen.** Einziges Hotel direkt an der Limmat, im Herzen der Altstadt. Von der Terrasse aus Zürich im Postkartenmotiv. Am Weinplatz 2. ☎ 01/2 11 55 10, Fax 01/2 11 64 51.
- **Tiefenau.** Nur 30 Zimmer hat das Hotel im Stil Louis XV., und die sind bei Künstlern beliebt, da Schauspielhaus und Kunsthaus bloß einen Steinwurf entfernt liegen. Steinwiesstraße 8–10. ☎ 01/2 67 87 87, Fax 01/2 51 24 76.
- **Bristol.** Hinter dem Central gelegenes, ruhiges Drei-Sterne-Haus mit annehmbaren Preisen. Stampfenbachstraße 34. ☎ 01/2 61 84 00, Fax 01/2 51 19 51.
- **Seegarten.** Hinter der Oper, nahe beim See. Drei Sterne und ein gutes Restaurant im Haus, das Latino. Seegartenstraße 14. ☎ 01/3 83 37 37, Fax 01/3 83 37 38.
- **Splendid.** Liegt zentral und ist zudem billig. Rosengasse 5. ☎ 01/2 52 58 50, Fax 01/2 61 25 59.

I gang go lädele

Chanel, Yves Saint-Laurent, Cartier: Alle sind sie da, mit eigenen Läden an der Bahnhofstraße (24). Die Meile zwischen Bahnhof und See ist für erstklassige Güter immer noch die erste Adresse, aber auch Niederdorf und Seefeld sind nicht zu verachten.

- **Christa de Carouge.** Die schwarzen Kleider der Schweizer Modefrau sind zeitlose Hüllen für zeitlose Körper. Seefeldstraße 231.
- **Fabric Frontline.** Wunderschöne Seidenfoulards und -krawatten voller Schmetterlinge, Frösche und Narzissen haben der Zürcher Fabric weltweiten Ruhm und Kundschaft gebracht. Ankerstraße 118.

Fabric Frontline

- **Thema Selection.** In einer traumhaft schönen Boutique zeigt Sissi Zöbeli ihre Kleider und Stefi Talman ihre Schuhe. Spiegelgasse 16.
- **Trois Pommes Check-Out.** Damen- und Herrenkleider aus zweitneuesten Kollektionen von Gigli, Dolce & Gabbana, Ferré, Versace und Armani zum halben Preis. Bahnhofstraße 3.
- **Wohnbedarf.** Spannende Möbel von Schweizer Designern – von Benedikt Thut bis Hanspeter Weidmann. Talstraße 11.
- **Müdespacher.** Ein winziger Laden hat den köstlichsten Schweizer Hartkäse: Emmentaler, Greyerzer, Sbrinz … – da vakuumverpackt, durchaus transportfähig. Marktgasse 11.
- **Prétôt.** Spezialisiert auf Waadtländer und Freiburger Saucissons, Salsiz, Appezöller Pantli und andere geräucherte und/oder getrocknete Würste. Kuttelgasse 3.
- **Sprüngli.** Berühmt für Truffes du jour, Luxemburgerli, Biskuit-Osterhasen, Früchtesorbets, Gipfeli – und berüchtigt für die kleinsten Cafétische überhaupt. Bahnhofstraße 21.

Auf Zürcher Brettern

Die Billettzentrale BiZZ am Werdmühleplatz sorgt für den Eintritt in Oper und Schauspielhaus, in die Tonhalle und zum Theaterspektakel. Das heißt, falls unter der ständig besetzten Telefonnummer 01/2 21 22 83 jemand antwortet.

- **Theater am Neumarkt.** Gegenwärtig die spannendste Bühne Zürichs. Ob Tony Kushners »Angels in America« erstmals in deutscher Sprache gegeben wird oder Urs Widmers »Top Dogs« uraufgeführt: Karten sind rar. Neumarkt 5.
- **Schauspielhaus (9).** Dank der hervorragenden Schauspieler eine der wichtigsten deutschsprachigen Bühnen. Mit Experimentiertheater im Keller. Heimplatz.
- **Theater am Hechtplatz.** Schweizer Lieder, die Niederdorfoper und andere Werke einheimischer Machart finden auf der kleinen Bühne ihren großen Auftritt. Hechtplatz 7.
- **Theaterhaus Gessnerallee.** Seit Peter Brook in der alten Reithalle seine formidablen Inszenierungen testet, bevor sie in Paris oder London gespielt werden, ist die Gessnerallee zu einem Kultplatz der Kulturszene avanciert. Gessnerallee 8.

Opernhaus

- **Opernhaus (11).** Alexander Pereira, der Direktor, hat das Haus nicht nur finanziell, sondern auch künstlerisch zu neuem Glanz geführt. Vom »Fliegenden Holländer« bis zu »Schlafes Bruder« wird hier alles gespielt. Falkenstraße 1.
- **Tonhalle.** Der Ort für klassische Musik. Klassikliebhaber sind vom Tonhalle-Orchester begeistert. Claridenstraße 7.

Autoren

René Ammann, geb. 1957 in Zürich, studierte Staatswissenschaften. Er schreibt Porträts und Reportagen für die Wochenendbeilage Das Magazin und die SonntagsZeitung sowie Kinderbücher. Er lebt in Zürich am Rande des »Dörfli«. (Zürich: S. 462)

Dr. Wojciech Bałus, geb. 1961, studierte Kunstgeschichte und Philosophie in Krakau und ist seit 1985 an der Jagiellonen-Universität in Krakau tätig, wo er sich 1997 habilitierte. (Krakau: S. 224)

Klaus Bötig, geb. 1948, hat sich als Reisejournalist (und Mitarbeiter beim ADAC reisemagazin) seit über 20 Jahren auf Griechenland spezialisiert und mehr als 40 Bücher über das Land geschrieben. Er lebt in Bremen. (Athen: S. 26)

Birgit Borowski, geb. 1957, studierte Germanistik und Geschichte in Freiburg und ist seit 1985 Redakteurin beim Baedeker-Verlag. Ihre Schwerpunkte sind Reiseziele im südlichen und östlichen Europa sowie in Afrika. Sie lebt in Stuttgart. (St. Petersburg: S. 396)

Andreas Braun, geb. 1957, studierte Kunstgeschichte, Geschichte und Kunsterziehung in München, Marburg und Wien. Er ist freier Journalist und Reiseschriftsteller und leitet Studienreisen nach Italien, vor allem nach Venedig und ins Veneto. (Venedig: S. 432)

Gisela Buddée ist ausgebildete Journalistin und arbeitet seit Jahren als freie Autorin (u. a. ADAC-Reiseführer »Sizilien«) und Lektorin in Berlin. Ihr Schwerpunkt liegt dabei auf Reisebüchern zu Frankreich, den neuen Bundesländern und vor allem Berlin. (Berlin: S. 56)

Anja B. Carstanjen Schroth, geb. 1957, studierte Journalistik, Skandinavistik, Germanistik und Betriebswirtschaft in der Schweiz und in Oslo. Als Autorin, Reiseleiterin, Auslandskorrespondentin und Redakteurin einer Osloer Zeitung beschäftigt sie sich seit Jahren mit Norwegen und Oslo. (Oslo: S. 328)

Dr. Winfried Dolderer, geb. 1954, studierte Geschichte, Kunstgeschichte und Germanistik, u. a. ein Jahr an der Universität Leuven (Belgien). Als Journalist arbeitete er ab 1984 für die Kieler Nachrichten, ab 1987 für afp. Seit 1991 ist er Bonner Korrespondent der flämischen Zeitung De Standaard. (Brügge: S. 82)

Jochen Faget, geb. 1958, lebt seit mehr als 15 Jahren in Portugal. Er arbeitet als freier Journalist u. a. für Hörfunk und Fernsehen sowie für das ADAC reisemagazin und ist Autor mehrerer Bücher über Portugal. (Lissabon: S. 236)

Thomas Gack, geb. 1946, studierte Politikwissenschaft, Zeitgeschichte und Empirische Kulturwissenschaft. Seit 1976 außenpolitischer Redakteur bei der Stuttgarter Zeitung. Seit 1984 berichtet er für die Stuttgarter Zeitung, den Berliner Tagesspiegel und die Hannoversche Allgemeine aus Brüssel. (Brüssel: S. 92, Luxemburg: S. 266, Straßburg: S. 422)

Hedy Grolig studierte Theaterwissenschaft und Germanistik an der Universität Wien. Sie lebt in Wien und schreibt für verschiedene Wiener und deutsche Tages- und Wochenzeitungen sowie für das historische Nachrichtenmagazin Zeit Bild – mit den Schwerpunkten Kulturpolitik, Archäologie, Denkmalpflege und bildende Kunst. (Budapest: S. 106, Prag: S. 356)

Reinhart Häcker studierte Geschichte und Germanistik und arbeitete ab 1970 in der außenpolitischen Redaktion der Stuttgarter Zeitung. Seit zehn Jahren ist er der Londoner Korrespondent der Stuttgarter Zeitung, der Hannoverschen Allgemeinen und des Kölner Stadt-Anzeigers. Er ist verheiratet mit Monika Mathias. (London: S. 250)

Thomas Hirsch, geb. 1962, begann seine journalistische Laufbahn bei der Süddeutschen Zeitung und beim Ingolstädter Donaukurier. Später arbeitete er bei Reuters in München und lebt nun seit 1994 in Madrid. Autor mehrerer Reiseführer über Berlin und Madrid; schreibt für das ADAC reisemagazin sowie für zwei deutschsprachige spanische Wochenzeitungen. (Madrid: S. 276)

Dr. Klaus Kuntze, geb. 1936, studierte in Frankfurt/M. und Mainz russische Sprache und Literatur. Als Rundfunkredakteur und Auslandskorrespondent arbeitet er seit 1979 in Südosteuropa, Rußland und den anderen GUS-Ländern. Autor mehrerer Moskau-Bücher. (Moskau: S. 290)

Norbert Lewandowski, geb. 1948, lebt als freier Autor und Reporter in München. Er schreibt Reisebücher und für Zeitschriften (z. B. ADAC reisemagazin) mit den Schwerpunkten Deutschland, Frankreich und Spanien. (München: S. 304, Nizza: S. 318)

Monika Mathias schrieb neben ihrer früheren Tätigkeit als Sekretärin des Süddeutschen Rundfunks für Hörfunk und Tageszeitungen und arbeitet heute als freie Journalistin in London. (London: S. 250)

Brigitta Niederhauser, aufgewachsen in Zürich, verliebte sich – lange bevor sie Goethes Liebeserklärung an Bern entdeckt hatte – in die Schweizer Hauptstadt. Sie arbeitet als Feuilletonredakteurin bei der Berner Tageszeitung Der Bund. (Bern: S. 72)

Wolfgang Prosinger arbeitet als politischer Redakteur bei der Badischen Zeitung in Freiburg. Er lebte von 1986 bis 1991 in Rom als Italien-Korrespondent für mehrere deutsche und Schweizer Zeitungen. Er ist Autor politischer Sachbücher, eines Bildbandes über Rom sowie von Satiren, vor allem über Italien. (Rom: S. 370)

Othmar Pruckner, geb. 1957, studierte Geographie und Deutsch an der Universität Wien. Er war Redakteur bei der Zeitschrift News und ist Chefredakteur des VISA-magazins. Der Autor mehrerer Bücher über Österreich gibt seit 1994 die Reisebuchreihe »Österreichische Kulturlandschaften« heraus. Er lebt in Wien und Langenlois. (Wien: S. 446)

Ingrid Raagaard, geb. 1954, lebt und arbeitet seit 20 Jahren als freie Journalistin und Autorin in Kopenhagen. Sie schreibt regelmäßig für mehrere große deutsche Tageszeitungen, darunter Die Welt und das Hamburger Abendblatt. (Kopenhagen: S. 210)

Dr. Madeleine Reincke studierte Geographie und Romanistik. Seit 1986 arbeitet sie als Redakteurin beim Baedeker-Verlag und ist Autorin zahlreicher Reisebücher, u. a. über die Britischen Inseln allgemein und über Schottland im speziellen. (Edinburgh: S. 144)

Ursula Romig-Kirsch schreibt für deutsche und italienische Reiseverlage (u. a. ADAC reisemagazin). Sie lebt in Berlin und in der Toskana. (Florenz: S. 156)

Jochen Schürmann, geb. 1955, Ausbildung zum Verlagskaufmann, dann Studium der Germanistik und Romanistik an der FU Berlin. Lebt als freier Redakteur, Autor (u. a. zweier Bände der ADAC-Reihe »Naturwunder und Kulturschätze unserer Welt«) und Übersetzer in Wedel bei Hamburg. Seine Schwerpunkte sind klassische Musik und Reiseliteratur. (Hamburg: S. 170)

Dagmar Schumacher volontierte im Axel Springer Verlag und schrieb für den Spiegel. Sie lebte und arbeitete als Reisebuchautorin zehn Jahre in Südafrika, wohin sie 1997 zurückkehrte. 1996/1997 berichtete sie aus Istanbul. (Istanbul: S. 196)

Ralf Sotschek, geb. 1954, studierte Wirtschaftspädagogik an er FU Berlin. Seit 1985 lebt er in Dublin als Irlandkorrespondent der TAZ, seit 1989 ist er für ganz Großbritannien zuständig. Er schreibt für Fernsehen und Rundfunk sowie für das ADAC reisemagazin und ist Autor mehrerer Bücher, u. a. über Irland. (Dublin: S. 132)

Margret Sterneck, geb. 1959, studierte in München Kunstgeschichte, Geschichte und Germanistik. Seit 1985 arbeitet sie als Verlagsredakteurin. Sie schrieb u. a. Reiseführer über Salzburg und die Steiermark. Sie lebt in Stuttgart und München. (Salzburg: S. 386)

Helmut Steuer, geb. 1954, studierte in Hamburg und arbeitet seit zehn Jahren als Journalist in Schweden. Zunächst beim Schwedischen Rundfunk, wo er bis Anfang 1996 die deutsche Redaktion leitete, dann als Nordeuropa-Korrespondent des Handelsblatts. (Stockholm: S. 410)

Andrea C. Theil, geb. 1963, studierte Kunstgeschichte und Psychologie in München und Rom. Sie arbeitet als freie Autorin und Übersetzerin sowie als Studienreiseleiterin mit den Schwerpunkten Italien und Spanien. Sie lebt in München. (Venedig: S. 432)

Dr. Stefan Tschirpke studierte in Greifswald die finnische Sprache sowie Geschichte und Internationale Beziehungen. Seit 1991 Programmproduzent der deutschsprachigen Auslandssendungen der nationalen finnischen Rundfunk- und Fernsehanstalt Yleisradio in Helsinki, wo er auch lebt. (Helsinki: S. 184)

Siggi Weidemann studierte Archäologie und Kunstgeschichte. Er ist Auslandskorrespondent der Süddeutschen Zeitung und Autor von Büchern über Spanien, Irland, Belgien und Holland. Er lebt in Amsterdam und Hamburg. (Amsterdam: S. 12)

Joan Weiss i Knopf, geb. 1946, studierte Romanistik an der FU Berlin und in Barcelona, anschließend Spanisch und Russisch am Dolmetscherinstitut in Germersheim. Lebt seit 1973 in Barcelona als Autor und als Übersetzer für die Sprachen Katalanisch, Spanisch und Deutsch. (Barcelona: S. 42)

Bernd Wurlitzer arbeitet als Journalist und Diplom-Fotodesigner. Er ist Autor zahlreicher kunstgeschichtlicher, touristischer und länderkundlicher Bücher (u. a. ADAC-Reiseführer »Dresden«). Er lebt in Berlin. (Dresden: S. 120)

Jörg Zipprick, geb. 1965, lebt seit sieben Jahren in Paris und arbeitet als Journalist. Er ist Mitarbeiter beim ADAC reisemagazin sowie Autor mehrerer Reisebücher und kulinarischer Reiseführer. (Paris: S. 340)

Text- und Bildnachweis

Textnachweis: Das Rezept auf S. 187 haben wir mit freundlicher Genehmigung des Traute Warnke Verlags, Reinbek, dem Kochbuch »Traditionelle finnische Hausgerichte«, 1987, entnommen.

Bildnachweis: Für folgende Bildagenturen wurden Abkürzungen verwendet:
AKG = Archiv für Kunst und Geschichte, Berlin; HB = HB-Verlag, Hamburg; KF = Knudsens Fotosenter, Oslo; TG = Transglobe Agency, Hamburg

Titelfotos: (Paris, Eiffelturm) Photo Press, (London, Westminster Bridge u. Big Ben) ZEFA, (Venedig, Rialto Brücke) Photo Press/Adler, (Fashionable Couple Window Shopping) Regine M./Image Bank; Vorsatz vorne/hinten (Weltkarte): Geospace GmbH, Fernerkundung und Satellitenkartographie, Salzburg; Vortitel (Athen, Akropolis): TG/Plaumann

12/13: TG/Held; 14 l.: TG/v. Riel; 14 o.r.: TG/Krüger; 14 u.r.: TG/v. Riel; 15 o.: TG/v. Leeuwen; 15 u.: TG/v. Riel; 16: TG/Halaska; 17 o.: TG/Grehan; 17 u.l.: TG/v. Riel; 17 u.r.: TG/Simmons; 18 o.: TG/Held; 18 u.: TG/Wiegel; 19 o.: TG/v. Riel; 19 u.: TG/J. Lehmann; 20: TG/v. Riel; 21 o.l.: TG/v. Riel; 21 o.r.: TG/v. Riel; 21 u.: TG/v. Riel; 22 o.l.: TG/Waldkirch; 22 u.l.: TG/Held; 22,8: TG/v. Riel; 22,9: TG/v. Riel; 22,14: TG/Norenlind; 22,19: TG/Held; 22,20: TG/Waldkirch; 22,22: TG/v. Riel; 23,31: TG/v. Riel; 23,2: TG/v. Riel; 23,3: TG/v. Riel; 23,4: TG/v. Riel; 24 l.: TG/Waldkirch; 24 m.: TG/v. Riel; 24 r.: TG/v. Riel; 25 l.: TG/v. Riel; 25 m.: TG/v. Riel; 25 r.: TG/Held; 26/27: TG/Simmons; 28 o.: TG/Plaumann; 28 m.: TG/Janicek; 28 u.l.: TG/R. Hackenberg; 29 o.: TG/Plaumann; 29 u.: TG/P. Fischer; 30 o.: TG/R. Hackenberg; 30 u.: TG/R. Hackenberg; 31 o.l.: TG/P. Fischer; 31 o.r.: TG/Simmons; 31 u.: TG/P. Fischer; 32 o.: TG/Grehan; 32 u.: Bötig; 33 o.l.: TG/R. Hackenberg; 33 o.r.: TG/R. Hackenberg; 33 u.l.: E.-M.Loenicker; 33 u.r.: TG/P. Fischer; 34: TG/Granitsas; 35 o.l.: TG/Simmons; 35 o.r.: TG/R. Hackenberg; 35 u.: TG/P. Fischer; 36 o.: TG/R. Hackenberg; 36 u.l.: TG/Friedrichsmeier; 36 u.r.: TG/R. Hackenberg; 37 o.: TG/R. Hackenberg; 37 u.: TG/Simmons; 38 o.l.: TG/R. Hackenberg; 38 u.l.: TG/Simmons; 38,28: TG/Power Stock/Enticknap; 38,26: TG/R. Hackenberg; 38,11: TG/Granitsas; 38,2: TG/Layda; 38,7: Bötig; 39,29: TG/Simmons; 39,22: TG/R. Bauer; 39,19: TG/Granitsas; 39,17: TG/Layda; 39,9: TG/Fotopic; 40 l.: TG/Granitsas; 40 m.: TG/VPS Berlin; 40 r.: TG/Norenlind; 41 l.: TG/R. Hackenberg; 41 m.: TG; 41 r.: TG/Granitsas; 42/43: TG/Held; 44/45 o.: TG/Graham; 44 u.: TG/Mastrorillo; 45 o.r.: TG/Simmons; 45 m.r.: TG/Graham; 45 u.: TG/Kalmár; 46 o.: TG/Held; 46 u.: TG/Held; 47 o.l.: TG/Held; 47 o.r.: TG/Held; 47 u.l.: TG/Held; 47 u.r.: TG/Ehlers; 48 o.r.: TG/Held; 48 m.l.: TG/Simmons; 48/49 u.: TG/Kalmár; 49 o.r.: TG/Simmons; 49 u.r.: TG/Kalmár; 50 o.r.: TG/Ehlers; 50 l.: TG/Kalmár; 50 u.r.: TG/Held; 51 l.: Fesseler; 51 o.r.: TG/Kalmár; 51 u.r.: TG/Ehlers; 52 o.l.: TG/Ehlers; 52 u.l.: TG/Frerck; 52,29: TG/Simmons; 52,31: TG/Graham; 52,34: TG/Graham; 52,35: TG/Simmons; 52,12: TG/Seitz; 53,16: TG/Kalmár; 53,21: TG/Frerck; 53,24: TG/Fischer; 53,5: TG/Kalmár; 53,4: TG/Kalmár; 54 l.: TG/v. Riel; 54 m.: TG/Kalmár; 54 r.: TG/Frerck; 55 l.: TG/Held; 55 m.: HB; 55 r.: TG/König; 56/57: TG/Otto; 58 o.: TG/Elsen; 58 u.: TG/Schilgen; 59 o.: TG/Henkelmann; 59 u.l.: TG/Waldkirch; 59 u.r.: TG/Henkelmann; 60 o.: TG/Henkelmann; 60 u.: TG/Henkelmann; 61 o.: TG/Scheidulin; 61 u.: TG/Otto; 62 o.r.: TG/J. Lehmann; 62 l.: TG/J. Lehmann; 62/63 u.: TG/J. Lehmann; 63 o.: TG/VPS Berlin; 63 u.r.: TG/J. Lehmann; 64 o.: TG/Henkelmann; 64 u.: TG/VPS Berlin; 65 o.: TG/Henkelmann; 65 u.: TG/Henkelmann; 66 o.: TG/VPS Berlin; 66 u.: TG/Henkelmann; 67 o.: TG/Henkelmann; 67 m.: TG/Henkelmann; 67 u.: TG/Henkelmann; 68 o.l.: TG/VPS Berlin; 68 u.l.: TG/Held; 68,7: TG/Henkelmann; 68,24: TG/Henkelmann; 68,30: TG/Held; 68,5: TG/VPS Berlin; 69,23: TG/Peter; 69,14: TG/Henkelmann; 69,19: TG/Chmura; 69,17: TG/VPS Berlin; 69,16: TG/Henkelmann; 69,6: TG/Waldkirch; 70 l.: TG/VPS Berlin; 70 m.: TG/Held; 70 r.: TG/Held; 71 l.: TG/Machowina; 71 m.: TG/VPS Berlin; 71 r.: TG/Henkelmann; 72/73: TG/Keystone/Rütschi; 74 o.: TG/Gundelwein; 74 m.: TG/Gundelwein; 74 u.: TG/di Girolamo; 75 o.l.: TG/Koene; 75 o.r.: TG/Gundelwein; 75 u.l.: TG/di Girolamo; 75 u.r.: TG/Gundelwein; 76 o.: TG/Gundelwein; 76 u.: TG/Gundelwein; 77 o.: TG/Koene; 77 u.: TG/Gundelwein; 78 o.l.: Hirtlreiter; 78 u.l.: TG/Wiederkehr; 78,18: TG/Keystone/adv; 78,2: TG/Gundelwein; 78,12: TG/Keystone/adv; 78,29: TG/Held; 79,8: aus dem »Anzeiger f.d. Stadt Bern«; 79,22: TG/Gundelwein; 79,23: TG/Keystone; 79,26: TG/Keystone/adv; 79,27: TG/Keystone/adv; 79,30: TG/Gundelwein; 80 l.: TG/Koene; 80 m.: TG/Keystone/adv; 80 r.: TG/Koene; 81 l.: TG/Held; 81 m.: TG/Held; 81 r.: TG/Gundelwein; 82/83: HB; 84 o.: TG; 84 u.: TG/Janicek; 85 o.l.: TG/K. Hackenberg; 85 o.r.: TG/Hanak; 85 u.: TG/Norenlind; 86 o.: TG/Hanak; 86 u.: Stedelijke Museum, Amsterdam; 87 o.: TG/Theis; 87 u.: TG/Merten; 88 o.l.: TG/v. Leeuwen; 88 u.l.: TG/R. Hackenberg; 88,14: TG/Reporters/v. Cappellen; 88,28: TG/Hanak; 88,27: TG/Reporters/v. Cappellen; 88,26: Stedelijke Museum, Amsterdam; 89,2: TG/Norenlind; 89,1: TG/Norenlind; 89,18: TG/Merten; 89,12: TG/Hanak; 89,11: TG/Hanak; 89,21: TG/Reporters/ v. Cappellen; 90 l.: TG/R. Hackenberg; 90 m.: TG/Reporters/Verpoorten; 90 r.: TG/Reporters/v. Cappellen; 91 l.: TG; 91 m.: TG/Hanak; 91 r.: TG/v. Riel; 92/93: TG/Layda; 94 o.: TG/Layda; 94 u.: TG/Roland; 95 o.: TG/Reporters; 95 u.: TG/Hollenbach; 96 o.: TG/J. Lehmann; 96 m.: TG; 96 u.: TG/Reporters/Ache; 97 o.: TG/Winde; 97 u.: TG/Hollenbach; 98 o.: TG/Layda; 98 u.: TG/Layda; 99 o.: TG/Power Stock; 99 u.: TG/de Keyser; 100: TG/Norenlind; 101: Europ. Gemeinschaft; 102 o.l.: TG/Reporters/Lalmand; 102 u.l.: TG/Norenlind; 102,16: TG/Norenlind; 102,13: TG/Layda; 102,7: TG/Reporters/Ache; 102,9: TG/Reporters/Schröder; 103,17: TG/Norenlind; 103,18: TG/Norenlind; 103,4: TG/Layda; 103,25: TG/Hollenbach; 103,22: TG/Layda; 103,30: Les amis du Musée Horta, Brüssel/Mathieu; 104 l.: TG/Roland; 104 m.: TG/J. Lehmann; 104 r.: TG/J. Lehmann; 105 l.: TG/Godiva Pralinen; 105 m.: TG/Reporters/Grünemberger; 105 r.: TG/Scholten; 106/107: TG/Eckerle; 108 o.: TG/Allgöwer; 108 u.: TG/J. Lehmann; 109 o.: TG/Krüger; 109 m.: TG/Kalmár; 109 u.: TG/Ehlers; 110 o.: TG/Volz; 110 u.: TG/Janicek; 111 o.: SIPA-Press/Robert; 111 u.: TG/Kalmár; 112 o.: TG/Kalmár; 112 u.: TG/Kalmár; 113 o.: TG/Janicek; 113 u.: TG/Kalmár; 114 o.: TG/Ehlers; 114 u.: TG/Kalmár; 115 o.: TG/Schönlein; 115 u.l.: TG/Kalmár; 115 u.r.: TG/Richardson; 116 o.l.: TG/Kalmár; 116 u.l.: TG/Kalmár; 116,8: TG/Kalmár; 116,6: TG/Color Point; 116,3: TG/Krüger; 116,1: TG/Color Point; 116,10: TG/Ehlers; 117,23: TG/Kalmár; 117,27: TG/Kalmár; 117,32: TG/Kalmár; 117,24: TG/Möller; 117,20: TG/Kalmár; 118 l.: TG/Reporters/Schröder; 118 m.: TG/Schönlein; 118 r.: TG/J. Lehmann; 119 l.: TG/Kalmár; 119 m.: TG/Kalmár; 119 r.: TG/Janicek; 120/121: IBM; 122 o.: TG/Sächs. Landesbibliothek/Dt. Fotothek/Würker; 122 m.: TG/Friedrichsmeier; 122/123 u.: TG/Elsen; 123 o.: TG/Krecichwost; 123 m.: TG/Henkelmann; 124 o.: AKG; 124 u.: TG/Sächs. Landesbibliothek/Dt. Fotothek/Walther; 125 o.: TG/Sächs. Landesbibliothek/Dt. Fotothek/Rous; 125 m.: TG/Sächs. Landesbibliothek/Dt. Fotothek/Walther; 125 u.l.: TG/Sächs. Landesbibliothek/Dt. Fotothek/Würker; 125 u.r.: TG/Sächs. Landesbibliothek/Dt. Fotothek/Ludwig; 126 o.: TG-PIC; 126 u.: TG-PIC; 127 o.l.: Wurlitzer; 127 o.r.: TG/Domo; 127 u.: G. Schmid; 128 o.l.: Wurlitzer; 128 u.l.: TG/Krecichwost; 128,18: G. Schmid; 128,5: TG/Tschanz-Hofmann; 128,4: TG/Sächs. Landesbibliothek/Dt. Fotothek/Würker; 128,3: TG/Volz; 128,7: G. Schmid; 129,23: TG/Winde; 129,24: TG/Wiese; 129,25: G. Schmid; 129,10: TG/Henkelmann; 129,15: TG/Sächs. Landesbibliothek/Dt. Fotothek/Würker; 130 l.: TG/Dittrich; 130 m.: TG/Dittrich; 130 r.: TG/Dittrich; 131 l.: Staatsschauspiel Dresden; 131 m.: TG/Bässler; 131 r.: Dresden Werbung u. Tourismus GmbH/Petschel; 132/133: TG/J. Lehmann; 134 o.l.: TG/Zapf; 134 o.r.: TG/Martino; 134 u.l.: TG/Hanak; 134/135 u.: TG/J. Lehmann; 135 o.: TG/Hanak; 135 u.r.: TG/J. Lehmann; 136 o.: TG/Martino; 136 u.: TG/Zapf; 137 o.: TG/Hanak; 137 u.l.: TG/Zapf; 137 u.r.: TG/Hanak; 138 o.: TG/Hanak: 138 l.: TG/Krecichwost; 138 u.: TG/Hanak; 139 o.: TG/Zapf; 139 r.: TG/Hanak; 139 u.: TG/J. Lehmann; 140 o.l.: TG/Hanak; 140 u.l.: TG/Janicek; 140,21: TG/Hanak; 140,18: TG/Janicek; 140,2: TG/Hanak; 140,16: TG/R. Bauer; 141,23: TG/Hanak; 141,25: TG/Hanak; 141,8: TG/Janicek; 141,9: TG/Hanak; 141,10: TG/Scholten; 141,3: TG/Hanak; 142 l.: TG/J. Lehmann; 142 m.: TG/Zapf; 142 r.: TG/Hanak; 143 l.: TG/Hanak; 143 m.: TG/Martino; 143 r.: TG/Bob Thomas Sports Photography/Brunskill; 144/145: Gorun; 146 o.: TG/Richardson; 146 m.: TG/Krecichwost; 146 u.: TG/Merten; 147 o.l.: TG/Hasenleithner; 147 o.r.: TG/Merten; 147 u.l.: TG/Krecichwost; 147 u.r.: TG/Voigt Prod.; 148 o.: TG/Hasenleithner; 148 u.: TG/Krecichwost; 149 l.: HB; 149 r.: TG/Rambert; 150 o.: TG/Krecichwost; 150 m.: TG/Krecichwost; 150/151 u.: Reincke; 151 o.: TG/Voigt Prod.; 151 u.r.: Reincke; 152 o.l.: TG/Krecichwost; 152 u.l: TG/Hanak; 152,18: TG/Krecichwost; 152,22: K.U.Müller; 152,23: TG/Krecichwost; 152,25: TG/Janicek; 152,1: TG/Merten; 153,9: TG/Richardson; 153,13: TG/Krecichwost; 153,32: Reincke; 153,33: TG/McCrone; 153,6: TG/Richardson; 154 l.: TG/Hasenleithner; 154 m.: TG/Krecichwost; 154 r.: Reincke; 155 l.: HB; 155 m.: TG/Janicek; 155 r.: Engl. Nat. Ballet; 156/157: TG/Marka/de Besanez; 158 o.: Stich v. A.W. Böhm nach e. Zeichnung v. V.H. Schnorr; 158 m.: TG/McLeod; 158 u.: TG/Waldkirch; 159 o.: TG/Janicek; 159 u.l.: TG/R. Bauer; 159 u.r.: G. Schmid; 160/161 o.: TG/Hanak; 160 m.: TG/Hanak; 160 u.: TG/J. Lehmann; 161 m.: TG/Kustos; 161 u.: TG/Janicek; 162 o.: TG/Kustos; 162 u.l.: TG/H. Hartmann; 162 u.r.: TG/J. Lehmann; 163 o.l.: ENIT; 163 o.r.: TG/Wrba; 163 m.: TG/R. Bauer; 163 u.r.: TG/Ventura; 164 o.l.: TG/J. Lehmann; 164 o.r.: TG/Marka/Guerrini; 164 u.l.: Ferragamo; 164 u.r.: G. Schmid; 165 o.: TG/Simson; 165 u.l.: TG/Wrba; 165 u.r.: TG/Waldkirch; 166 o.l.: TG/Hart; 166 u.l.: TG/Ventura; 166,17: TG/H. Hartmann; 166,23: TG/P. Fischer; 166,12: TG/Janicek; 166,13: TG/di Girolamo; 167,1: TG/P. Fischer; 167,2: TG/Allgöwer; 167,9: TG/Rowell; 167,10: TG/di Girolamo; 167,35: TG/Janicek; 167,36: TG/R. Bauer; 168 l.: TG/Marka/Abbate; 168 m.: G. Schmid; 168 r.: TG/J. Lehmann; 169 l.: TG/Hanak; 169 m.: TG/Martino; 169 r.: TG/ Studio Associato Press Photo; 170/171: TG/J. Lehmann; 172 o.: TG/Kanicki; 172 u.: TG/Bässler; 173 o.: TG/Kanicki; 173 u.l.: TG/Stadler; 173 u.r.: TG/Waldkirch; 174 o.: TG/Spierenburg; 174 u.l.: TG/Schröder; 174 u.r.: TG/Held; 175 o.l.: TG/Bässler; 175 o.r.: TG/Petersen; 175 m.: TG/Studio Pierer GmbH; 175 u.l.: TG/Rusch; 175 u.r.: TG/Stadler; 176 o.: TG/Interfoto; 176 u.: TG/Laible; 177 o.: TG/Petersen; 177 u.l.: TG/Kanicki; 177 u.r.: TG/Wiech; 178 o.l.: TG/Sommer; 178 u.: TG/Kanicki; 178/179 o.: TG/Bässler; 179 m.: TG/Karwasz; 179 u.l.: TG/Bässler; 179 u.r.: TG/Bässler; 180 o.l.: TG/Kanicki; 180 u.l.: TG/Stolt; 180,26: Hagenbecks Tierpark/Nordlicht/Harlandt; 180,21: TG/Stadler; 180,25: TG/Stadler; 180,22: TG/Lüders; 181,5: TG/Kanicki; 181,28: TG/Friedrichsmeier; 181,8: TG/Waldkirch; 181,14: TG/Zapf; 181,15: TG/Layda; 181,19: TG/Bässler; 182 l.: TG/Kanicki; 182 m.: TG/Krüger; 182 r.: TG/Kanicki; 183 l.: TG/Reichelt; 183 m.: TG/Kanicki; 183 r.: Stella Musical; 184/185: TG/Simmons; 186 o.: TG/Ehlers; 186 u.: TG/Norenlind; 187 o.: Kuvapörssi Oy; 187 u.: TG/Norenlind; 188 o.: TG/Hanak; 188 u.: TG/Norenlind; 189 o.: Erkki Laine/Gorilla; 189 u.l.: TG/Chmura; 189 u.r.: KF; 190 o.: Kuvapörssi Oy; 190 u.: TG/Hanak; 191 o.: TG/Hanak; 191 u.: TG/Hanak; 192 o.l.: KF; 192 u.l.: TG/Simmons; 192,28: TG/Simmons; 192,24: KF; 192,25: TG/Yamakawa; 192,21: TG/Norenlind; 193,29: Finnish National Operahouse/Niemelä; 193,12: TG/Norenlind; 193,1: Finn. Zentrale f. Tourismus/Tirri; 193,6: TG/Svensson; 193,9: TG/Hanak; 193,10: TG/Norenlind; 194 l.: TG/Hanak; 194 m.: TG/Hanak; 194 r.: Finnish National Operahouse/Hakli; 195 l.: TG/Norenlind; 195 m.: TG/Norenlind; 195 r.: Kuvapörssi Oy; 196/197: TG/Frerck; 198 o.: TG/Layda; 198 u.: TG/Watzl; 199 o.: TG/Frerck; 199 u.l.: TG/Bromberger; 199 u.r.: TG/Watzl; 200 o.: TG/Watzl; 200 u.: TG/Layda; 201 o.l.: TG/Layda; 201 o.r.: TG/Frerck; 201 u.l.: TG/Hanak; 201 u.r.: TG/Giersch; 202 o.: TG/Frerck; 202 u.: TG/Frerck; 203 o.: TG/Krüger; 203 u.l.: TG/Watzl; 203 u.r.: TG/Layda; 204 o.: TG/Frerck; 204 u.: TG/Grehan; 205 o.: TG/Krüger; 205 u.: TG/Frerck; 206 o.l: TG/R. Hackenberg; 206 u.l.: TG/Grehan; 206,17: TG/Janicek; 206,13: TG/Granitsas; 206,11: TG/Watzl; 206,14: TG/Frerck; 207,20: TG/Frerck; 207,19: TG/Granitsas; 207,2: TG/Watzl; 207,3: TG/Layda; 207,6: TG/Frerck; 207,7: TG/Watzl; 208 l.: TG/Hanak; 208 m.: TG/R. Hackenberg; 208 r.: TG/Hanak; 209 l.: TG/R. Hackenberg; 209 m.: TG/Kalmár; 209 r.: TG/Friedrichsmeier; 210/211: TG/Norenlind; 212 o.: Schloß Rosenburg, Kopenhagen; 212 m.: TG/Color Point; 212 u.: TG/Color Point; 213 o.: TG/Norenlind; 213 u.l.: TG/2maj/Reimers; 213 u.r.: TG/Kanicki; 214: TG/Norenlind; 215 o.: TG/Color Point; 215 m.: TG/Color Point; 215 u.: TG/Norenlind; 216 o.: TG/Zielke; 216 m.: TG/Zielke; 216 u.: TG/Zielke; 217 o.: TG/Zielke; 217 m.: TG/Zielke; 217 u.: TG/2maj/Geoffroy; 218 o.: TG/Zielke; 218 u.: TG/Zielke; 219 o.l.: Royal Copenhagen A/S; 219 o.r.: TG/Zielke; 219 m.: Royal Copenhagen A/S; 219 u.l.: TG/Zielke; 219 u.r.: Royal Copenhagen A/S; 220 o.l.: TG/2maj/Szabo; 220 u.l.: TG/Color Point; 220,16: TG/Norenlind; 220,15: TG/Color Point; 220,28: TG/Color Point; 220,25: TG/Norenlind; 221,19: TG/Svensson; 221,1: TG/Color Point; 221,4: TG/Color Point; 221,5: TG/Norenlind; 221,8: TG/Norenlind; 221,24: TG/Zielke; 222 l.: TG/Norenlind; 222 m.: TG/J. Lehmann; 222 r.: TG/J. Lehmann; 223 l.: TG/J. Lehmann; 223 m.: TG/Color Point; 223 r.: TG/J. Lehmann; 224/225: TG/R. Bauer; 226 o.: TG/Janicek; 226 u.: TG/Kanicki; 227 o.: TG/Kanicki; 227 u.: TG/Richardson; 228 o.: TG/Kanicki; 228 u.: TG/Kanicki; 229 o.l.: TG/Kalmár; 229 o.r.: TG/Tschanz-Hofmann; 229 u.: TG/Kanicki; 230 o.: TG/Kanicki; 230 u.l.: TG/Kanicki; 230 u.r.: TG/Kanicki; 231 o.l.: Princes Czartoryski F./Kanicki; 231 o.r.: TG/Kanicki; 231 u.: TG/Kanicki; 232 o.l.: TG/Kanicki; 232 u.l.: TG/Kanicki; 232,2: TG/Tschanz-Hofmann; 232,13: TG/Hausbrandt; 232,11: TG/Kanicki; 233,30: TG/Kanicki; 233,5: Princes Czartoryski F./Kanicki; 233,28: TG/Kanicki; 233,15: TG/Kanicki; 233,23: TG/Kanicki; 233,24: TG/Kalmár; 233,10: TG/Kanicki; 234 l.: TG/Kanicki; 234 m.: TG/Kanicki; 234 r.: TG/Kalmár; 235 l.: TG/Kanicki; 235 m.: TG/Kanicki; 235 r.: TG/Kanicki; 236/237: TG/Theis; 238 o.: TG/Merten; 238 u.: TG/Holz; 239 o.: TG/Layda; 239 m.: TG/Layda; 239 u.: TG/Layda; 240 o.: TG/Holz; 240 u.: TG/J. Lehmann; 241 o.: TG/J. Lehmann; 241 u.: TG/J. Lehmann; 242 o.: TG/Held; 242 m.: TG/Norenlind; 242 u.: TG/Layda; 243 o.: TG/J. Lehmann; 243 u.: TG/P. Fischer; 244 o.: TG/Wrba; 244 u.: TG/J. Lehmann; 245 o.: HB; 245 u.: TG/Holz; 246 o.l.: TG/Merten; 246 u.l.: TG/Tschanz-Hofmann; 246,31: TG/Holz; 246,4: TG/Kasper; 246,24: TG/Friedrichsmeier; 246,22: TG/Holz; 247,19: TG/Kustos; 247,13: TG/Holz; 247,12: TG/P. Fischer; 247,1: TG/Norenlind; 247,3: TG/Merten; 247,33: TG/Krecichwost; 248 l.: TG/Layda; 248 m.: TG/Kustos; 248 r.: TG/Holz; 249 l.: TG/J. Lehmann; 249 m.: TG/P. Fischer; 249 r.: TG/Krecichwost; 250/251: TG/Held; 252 o.l.: TG/Popperfoto; 252 o.m.: TG/Popperfoto; 252 o.r.: TG/Hulton Getty; 252 u.l.: TG/Popperfoto; 252 u.r.: TG/Richardson; 253 o.: TG/Color Point; 253 u.: Image Finders/Straiton; 254 o.: TG/Merten; 254 m.: TG/Merten; 254/255 u.: TG; 255 o.: TG/v. Leeuwen; 255 u.r.: TG/J. Lehmann; 256 o.: TG/Simmons; 256 u.l.: TG; 256 u.r.: TG/Frerck; 257 o.: TG/Peters; 257 u.: TG/Moss; 258 o.: British Tourist Authority; 258 u.: TG/Peters; 259 o.: TG/Peters; 259 u.: TG/I.S.E.P.L./Lamb; 260: TG/Evrard; 261 o.: TG/Peters; 261 m.: TG/Interfoto; 261 u.: TG/Popperfoto; 262 o.l.: TG/Kwiotek; 262 u.l.: TG/J. Lehmann; 262,6: TG/Stolt; 262,5: TG/Janicek; 262,3: TG/Color Point; 262,24: TG/Richardson; 263,7: TG/Richardson; 263,8: TG/J. Lehmann; 263,9: TG/Richardson; 263,10: TG/I.S.E.P.L./Lamb; 263,1: TG/Power Stock; 263,2: TG/J. Lehmann; 264 l.: TG/Simson; 264 m.: TG/Evrard; 264 r.: TG/J. Lehmann; 265 l.: TG/Paul Popper Ltd.; 265 m.: TG/J. Lehmann; 265 r.: TG/J. Lehmann; 266/267: TG/Theis; 268 o.: TG/Svensson; 268 u.: TG/Zielke; 269 o.: TG/Roland; 269 m.: TG/Zielke; 269 u.: TG/v. Leeuwen; 270: TG/Zielke; 271 o.l.: TG/J. Lehmann; 271 o.r.: TG/v. Leeuwen; 271 u.: TG/Gundelwein; 272 o.l.: TG/Waldkirch; 272 u.l.: TG/Svensson; 272,27: TG/R. Hackenberg; 272,10: TG/Svensson; 272,9: TG/Svensson; 273,13: TG/Peters; 273,28: TG/Svensson; 273,29: TG/R. Hackenberg; 273,3: TG/Zielke; 273,5: TG/Theis; 273,1: TG/Zielke; 273,7: TG/Svensson; 274 l.: TG/Zielke; 274 m.: TG/Theis; 274 r.: TG/v. Leeuwen; 275 l.: TG/v. Leeuwen; 275 m.: TG/J. Lehmann; 275 r.: TG/Gundelwein; 276/277: TG/Index Stock Photography; 278 o.: TG/Simmons; 278 u.: Globe Press Agency/Wishnetsky; 279 o.: TG/Hanak; 279 u.: Globe Press Agency/Wishnetsky; 280 o.: TG/Rossberg; 280 o.r.: TG/Frerck; 280 m.: TG; 280/281 u.: TG/Hanak; 281 o.: TG/Frerck; 281 m.: Span. Fremdenverkehrsamt, Berlin; 282 o.: TG/Ehlers; 282 u.: TG/Aubry; 283 o.: HB; 283 m.: TG/Held; 283 u.: HB; 284 o.: TG/Moody; 284 u.: TG/Hanak; 285 o.: TG/Frerck; 285 m.: TG/Marka/Mastrorillo; 285 u.: TG/Frerck; 286 o.l.: TG/Frerck; 286 u.l.: TG/Wahl; 286,19: TG/Simmons; 286,18: TG/Fischer; 286,20: TG/Held; 286,2: TG/Simson; 287,26: Museo Sorolla, Madrid/Ontañón; 287,27: TG/Held; 287,28: TG/Simmons; 287,30: TG/Rowell; 287,21: Globe Press Agency/Wishnetsky; 287,1: TG/Zone 5; 288 l.: TG/Deichmann; 288 m.: TG/Hanak; 288 r.: TG/Hanak; 289 l.: Globe Press Agency/Wishnetsky; 289 m.: Teatro Lirico Nacional La Zarzuela, Madrid/Alcantara; 289 r.: TG/v. Riel; 290/291: TG/Biskup; 292 o.: G. Schmid; 292 u.l.: G. Schmid; 292/293 u.: TG/Layda; 293 o.: TG/Graham; 293 u.r.: TG/J. Lehmann; 294 o.: G. Schmid; 294 m.: TG/Janicek; 194 u.: G. Schmid; 295 o.: TG/J. Lehmann; 295 u.: TG/Janicek; 296 o.r.: TG/v. Riel; 296 o.l.: G. Schmid; 296 u.r.: TG/Biskup; 296 u.l.: TG/Biskup; 297 o.: G. Schmid; 297 u.: HB; 298 o.: G. Schmid; 298 u.l.: TG/Biskup; 298 u.r.: G. Schmid; 299 o.: TG/Biskup; 299 m.: TG/B. Warning; 299 u.: TG/Biskup; 300 o.l.: G. Schmid; 300 u.l.: G. Schmid; 300,6: TG/Janicek; 300,21: G. Schmid; 300,20: HB; 300,17: TG/J. Lehmann; 300,19: HB; 301,25: G. Schmid; 301,28: G. Schmid; 301,2: G. Schmid; 301,10: TG/Janicek; 301,1: TG/Rowan's Collection, Inc.; 302 l.: G. Schmid; 302 m.: TG/J. Lehmann; 302 r.: G. Schmid; 303 l.: TG/Zakharkin; 303 m.: TG/Biskup; 303 r.: G. Schmid; 304/305: Lichtwitz; 306 o.: G. Schmid; 306 m.: TG/Interfoto/Ksandr; 306 u.: TG/Interfoto/Waldkirch; 307 o.: TG/Janicek; 307 m.: G. Schmid; 307 u.: G. Schmid; 308 o.: TG/Interfoto/Ksandr; 308 m.: TG/J. Lehmann; 308 u.l.: Fremdenverkehrsamt München; 308 u.r.: TG/Janicek; 309 o.: TG/J. Lehmann; 309 u.: TG/J. Lehmann; 310 o.: Neue Pinakothek München/Artothek; 310 u.: G. Schmid; 311 o.l.: G. Schmid; 311 m.: TG/Schilgen; 311 u.: TG/Janicek; 312: G. Schmid; 313 o.: TG/Schilgen; 313 u.l.: Bavariafilmtour, München; 313 u.r.: TG/Interfoto/Reichert; 314 o.l.: TG/Waldkirch; 314 u.l.: TG/UsMuc; 314,26: TG/Janicek; 314,30: G. Schmid; 314,12: TG/Norenlind; 314,10: TG/Interfoto/Hänel; 314,13: G. Schmid; 315,7: G. Schmid; 315,24: TG/Willner; 315,17: Hirtlreiter; 315,15: G. Schmid; 315,1: TG/Norenlind; 316 l.: Lichtwitz; 316 m.: G. Schmid; 316 r.: TG/J. Lehmann; 317 l.: TG/J. Lehmann; 317 m.: Bayer. Oper, München/Hösl; 317 r.: TG/J. Lehmann; 318/319: TG/Held; 320 o.: TG/Held; 320 u.l.: TG/Walter; 320 u.r.: TG/Walter; 321 o.: TG/Walter; 321 u.: TG/Held; 322 o.: TG/J. Lehmann; 322 m.: TG/J. Lehmann; 322 u.: TG/Held; 323 o.: TG/Held; 323 u.: TG/Siebig; 324 o.l.: TG/K. Hackenberg; 324 u.l.: TG/Walter; 324,22: TG/Clasen; 324,19: TG/Schwermer; 324,17: Casino Ruhl Nice; 324,14: TG/Schwermer; 325,24: TG/Reinhard; 325,25: TG/Wiese; 325,27: TG/J. Lehmann; 325,10:TG/Jerrican; 325,1: TG/Walter; 325,13: TG/J. Lehmann; 326 l.: TG/Jerrican; 326 m.: TG/Walter; 326 r.: Casino Ruhl Nice; 327 l.: TG/di Girolamo; 327 m.: TG/Walter; 327 r.: TG/Walter; 328/329: TG/Hart; 330 o.: TG/Hart; 330 m.: TG/Svensson; 330 u.: KF; 331 o.: KF; 331 u.: TG/Bäsemann; 332 o.: TG/Hart; 332 u.: KF; 333 o.: KF; 333 u.: KF; 334 o.: TG/Svensson; 334 u.l.: TG/Svensson; 334 u.r.: J. Lathion, Nasjonalgalleriet Oslo 1996; 335 o.: KF; 335 u.: TG/Svensson; 336 o.l.: KF; 336 u.l.: TG/Hart; 336,31: TG/Norenlind; 336,9: KF; 336,27: TG/Svensson; 336,22: TG/Hart; 337,5: KF; 337,2: TG/Norenlind; 337,17: KF; 337,6: TG/Norenlind; 337,21: TG/Svensson; 337,7: KF; 338 l.: TG/Svensson; 338 m.: KF; 338 r.: TG/Norenlind; 339 l.: TG/Hart; 339 m.: KF; 339 r.: TG/Devold; 340/341: TG/J. Lehmann; 342 l.: Zipprick; 342 u.: TG/J. Lehmann; 342/343 m.: Zipprick; 343 o.: TG/J. Lehmann; 343 r.: TG/J. Lehmann; 344 o.: TG/J. Lehmann; 344 u.: TG/J. Lehmann; 345 o.: TG/J. Lehmann; 345 u.l.: TG/J. Lehmann; 345 u.r.: TG/J. Lehmann; 346 o.: TG/Interfoto; 346 u.: TG/Ehlers; 347 o.: TG/Hart; 347 u.: TG/Held; 348 o.: TG/Interfoto; 348 u.: TG/Power Stock; 349 o.: TG/Wexer; 349 u.l.: TG/Simmons; 349 u.r.: TG/Hampel; 350 o.: TG/Simmons; 350 u.: TG/J. Lehmann; 351 o.: TG/J. Lehmann; 351 u.l.: TG/J. Lehmann; 351 u.r.: TG/J. Lehmann; 352 o.l.: TG/Friedrichsmeier; 352 u.l.: TG/Elsen; 352,27: TG/Tiedge; 352,26: TG/Color Point; 352,19: TG/Grehan; 352,1: TG/Ehlers; 353,33: TG/Reichelt; 353,35: TG/Tiedge; 353,31: TG/J. Lehmann; 353,6: SIPA-Press/Simmons; 353,13: TG/Friedrichsmeier; 353,14: TG/Allgöwer; 354 l.: TG/Jerrican/Dufeu; 354 m.: TG/v. Riel; 354 r.: TG/Pandis GmbH; 355 l.: TG/Simmons; 355 m.: Zipprick; 355 r.: TG/J. Lehmann; 356/357: TG/Grehan; 358 o.: TG/Grehan; 358 u.: TG/Janicek; 359 o.: TG/R. Wagner; 359 u.: TG/Grehan; 360 o.: TG/Grehan; 360 u.: HB; 361 o.: TG/J. Lehmann; 361 u.: TG/Grehan; 362: TG/Ehlers; 363 o.: TG/Stadler; 363 u.: TG/Stadler; 364 o.: TG/Hanak; 364 u.: TG/Hanak; 365 o.r.: TG/Interfoto; 365 o.l.: TG/Hanak; 365 u.: TG/Layda; 366 o.l.: TG/Janicek; 366 u.l.: TG/Grehan; 366,16: TG/Color Point; 366,13: TG/Chmura; 366,11: TG/Stadler; 366,7: TG/Hanak; 367,19: TG/Color Point; 367,1: TG/Stadler; 367,5: TG/Stadler; 367,25:

TG/Stadler; 367,2: TG/Layda; 367,32: TG/Chmura; 368 l.: TG/Dlabola; 368 m.: TG/Stadler; 368 r.: TG/Chmura; 369 l.: TG/Grehan; 369 m.: TG/Janicek; 369 r.: Laterna Magika/Wojtech u. Písarík Foto; 370/371: TG/Marka/Cristofori; 372 o.: TG/Hanak; 372 u.: TG/Marka/Tomsich; 373 o.: TG/Hanak; 373 u.: TG/Wrba; 374 u.: TG/Schilgen; 374/375 o.: TG/Wrba; 375 u.l.: TG/Wrba; 375 u.r.: TG/Popperfoto; 376 o.: TG/Held; 376 u.l.: TG/Scheler; 376/377 u.: TG/Held; 378 o.m.: TG/Scheler; 377 o.r.: TG/Frerck; 378 o.: TG/Wrba; 378 u.: TG/Wrba; 379 o.: TG/Wrba; 379 u.: TG/Wrba; 380: TG/Simson; 381 o.: TG/Marka/Giaccone; 381 u.: G. Schmid; 382 o.l.: Tretter; 382 u.l.: TG/Allgöwer; 382,7: TG/Schilgen; 382,20: TG/Interfoto; 382,16: TG/Wrba; 382,1: Tretter; 382,10: TG/Frerck; 383,8: TG/Wrba; 383,28: TG/Schilgen; 383,32: TG/Bernhart; 383,12: G. Schmid; 383,14: TG/Simson; 384 l.: TG/Held; 384 m.: SIPA-Press/Minamikawa; 384 r.: TG/P. Fischer; 385 l.: TG/Karwasz; 385 m.: TG/Sommer; 385 r.: TG/Held; 386/387: G. Schmid; 388 o.: G. Schmid; 388 m.: TG/Contrast/Newsman; 388/389 u.: G. Schmid; 389 o.: TG/Aloha/Badzic; 389 u.r.: G. Schmid; 390 o.: TG/Svensson; 390 m.: TG/Stadler; 390 u.l.: TG/Kustos; 390 u.r.: TG/Kustos; 391 o.: G. Schmid; 391 u.l.: TG/Kustos; 391 u.r.: TG/Kustos; 392 o.l.: G. Schmid; 392 u.l.: TG/Kustos; 392,24: TG/Kustos; 392,21: G. Schmid; 392,8: TG/Waldkirch; 392,11: TG/Kustos; 392,2: TG/Kustos; 393,18: TG/Kustos; 393,17: G. Schmid; 393,6: G. Schmid; 393,13: TG/Kustos; 393,26: TG/Tschanz-Hofmann; 394 l.: G. Schmid; 394 m.: G. Schmid; 394 r.: TG/J. Lehmann; 395 l.: TG/Contrast/Kurz; 395 m.: G. Schmid; 395 r.: TG/J. Lehmann; 396/397: TG/Layda; 398 o.: TG/Layda; 398 u.: G. Schmid; 399 o.: TG/C. Kaiser; 399 m.: TG/Layda; 399 u.: G. Schmid; 400 o.: TG/Janicek; 400 u.: TG/Irrgang; 401 o.: G. Schmid; 401 u.: G. Schmid; 402 o.: TG/Janicek; 402 m.: TG/Layda; 402 u.: G. Schmid; 403 o.: Borowski; 403 u.: TG/R. Bauer; 404 o.: TG/C. Kaiser; 404 u.: Borowski; 405 o.: TG/Richardson; 405 m.: G. Schmid; 405 u.: TG/Power Stock; 406 o.l.: TG/Richardson; 406 u.l.: TG/Janicek; 406,21: G. Schmid; 406,2: Borowski; 406,15: TG/Layda; 406,32: TG/Layda; 407,24: TG/Layda; 407,5: TG/Layda; 407,6: Borowski; 407,7: TG/Beazley; 407,14: G. Schmid; 407,29: TG/Maunder; 408 l.: G. Schmid; 408 m.: TG/Laible; 408 r.: G. Schmid; 409 l.: G. Schmid; 409 m.: G. Schmid; 409 r.: G. Schmid; 410/411: TG/Svensson; 412 o.: TG/Ehlers; 412 u.: TG/Merten; 413 o.l.: TG/Hanak; 413 o.r.: KF; 413 u.: TG/Norenlind; 414 o.: TG/Norenlind; 414 u.: TG/Simmons; 415 o.: TG/Simmons; 415 u.: TG/Norenlind; 416 o.: TG/Ehlers; 416 u.: KF; 417 o.: Nationalmuseum, Stockholm; 417 u.: TG/Mülnikel; 418 o.l.: TG/Norenlind; 418 u.l.: TG/Chmura; 418,11: TG/Ehlers; 418,8: TG/Norenlind; 418,20: TG/Svensson; 418,7: TG/Hanak; 418,1: TG/Ehlers; 419,13: TG/Svensson; 419,24: TG/Schilgen; 419,35: TG/Mülnikel; 419,14: TG/Index Stock Photography; 419,4: TG/Norenlind; 420 l.: TG/Norenlind; 420 m.: TG/Ehlers; 420 r.: TG/Ehlers; 421 l.: TG/Ehlers; 421 m.: TG/Hanak; 421 r.: TG/Norenlind; 422/423: TG/Theis; 424 o.: TG/Merten; 424 u.: TG/v. Leeuwen; 425 o.: TG/Blume-Fisla; 425 u.l.: TG/v. Leeuwen; 425 u.r.: TG/Svensson; 426 o.: TG/v. Leeuwen; 426 m.: TG/Gundelwein; 426 u.l.: TG/Quittemelle; 426/427 u.: TG/Merten; 427 o.: TG/v. Leeuwen; 427 u.r.: TG/v. Leeuwen; 428 o.l.: TG/Svensson; 428 u.l.: TG/Wackenhut; 428,25: TG/Gundelwein; 428,26: TG/Waldkirch; 428,27: TG/Quittemelle; 428,28: TG/Quittemelle; 429,19: TG/Wackenhut; 429,1: TG/Svensson; 429,11: TG/Gundelwein; 429,10: TG/v. Leeuwen; 429,9: TG/H. Hartmann; 429,6: TG/Svensson; 430 l.: Communauté Urbaine de Strasbourg/Engel; 430 m.: TG/Svensson; 430 r.: TG/Richardson; 431 l.: TG/Gundelwein; 431 m.: TG/Gundelwein; 431 r.: Opéra du Rhin, Strasbourg/Kaiser; 432/433: TG/Kopp; 434 o.: TG/Janicek; 434 u.l.: TG/Ventura; 434 u.r.: TG/H. Hartmann; 435 o.l.: TG/Marka; 435 o.r.: TG/Richardson; 435 u.: TG/Kustos; 436 o.: TG/P. Fischer; 436 u.l.: Reincke; 436 u.r.: Reincke; 437 o.: TG/Graham; 437 u.: TG/Stadler; 438 o.: TG/Marka/Sosio; 438 u.: TG/Kalmár; 439 o.: Reincke; 439 u.l.: G. Schmid; 439 u.r.: TG/Marka/Sosio; 440 o.: TG/Contrast/Friess; 440 m.: TG/Simmons; 440 u.: TG/R. Bauer; 441 o.: TG/di Girolamo; 441 u.: TG/Frederika; 442 o.l.: TG/Marka/Barbazza; 442 u.l.: Reincke; 442,28: Reincke; 442,19: TG/di Girolamo; 442,16: TG/Kalmár; 442,14: TG/Backmann; 443,8: TG/Janicek; 443,9: TG/Marka/de Besanez; 443,5: Reincke; 443,6: TG/Janicek; 443,4: TG/P. Fischer; 443,11: Reincke; 444 l.: TG/Contrast/Friess; 444 m.: TG/Simmons; 444 r.: TG/J. Lehmann; 445 l.: TG/Marka/Barbazza; 445 m.: TG/Kalmár; 445 r.: TG/J. Lehmann; 446/447: TG/Contrast/Ellert; 448 o.: TG/Janicek; 448 u.: TG/Jänicke; 449 o.: TG/Backmann; 449 u.l.: TG/P. Mayer; 449 u.r.: TG/Contrast/Kurz; 450 o.: TG/Hinterleitner; 450 u.: TG/Halaska; 451 o.l.: TG/J. Lehmann; 451 o.r.: TG/Color Point; 451 u.: TG/Aloha/Kainerstorfer; 452 l.: TG/Contrast/Kurz; 452 u.: TG/Contrast/Ellert; 452/453 o.: TG/Seeling; 453 o.r.: TG/Friedrichsmeier; 453 u.: TG/Contrast/Ellert; 454 o.: TG/Seeling; 454 u.: TG/Mizaikoff; 455 o.: TG/Janicek; 455 u.: TG/Koop; 456 o.: TG/Contrast/Kurz; 456 u.: TG/Reporters/Ache; 457 o.: Burgtheater Wien/Herrmann; 457 u.: TG/Contrast/Friess; 458 o.l.: TG/Seeling; 458 u.l.: TG/Stolt; 458,31: TG/Seeling; 458,29: TG/Jessel; 458,13: TG/Zimmer; 458,11: TG/Contrast/Friess; 458,35: TG/Janicek; 459,19: TG/Mak; 459,32: TG/Seeling; 459,20: TG/Friedrichsmeier; 459,1: TG/Mizaikoff; 459,24: TG/Seeling; 460 l.: TG/Aloha/Hausner; 460 m.: TG/Contrast/Hinterleitner; 460 r.: TG/Kalmár; 461 l.: TG/Contrast/Kurz; 461 m.: TG/Contrast/Ericson; 461 r.: TG/Reporters/Ache; 462/463: TG/Norenlind; 464 o.: TG/Held; 464 m.: TG/Held; 464 u.: Feuchter; 465 o.: TG/Held; 465 u.: TG/Held; 466 o.: TG/Keystone/Ruckstuhl; 466 u.: TG/Held; 467 o.: TG/Held; 467 u.l.: TG/Gundelwein; 467 u.r.: TG/Keystone/Schwarz; 468 o.: TG/Keystone/Benser; 468 u.: TG/Keystone/Ruckstuhl; 469 o.: TG/Held; 469 u.: TG/Keystone/MR; 470 o.: TG/Gundelwein; 470 m.l.: TG/Gundelwein; 470 m.r.: TG/Keystone/Rütschi; 470 u.: TG/Keystone/Rütschi; 471 o.: TG/Keystone/Rütschi; 471 u.l.: TG/Keystone/Ruckstuhl; 471 u.r.: TG/Gundelwein; 472 o.l.: Hirtlreiter; 472 u.l.: TG/Keystone/Brännhage; 472,8: TG/Keystone/Ruckstuhl; 472,7: TG/Held; 472,5: TG/Held; 472,28: TG/Held; 473,1: TG/Held; 473,2: TG/Gundelwein; 473,15: TG/Held; 473,20: TG/Held; 473,19: TG/Gundelwein; 473,18: TG/Keystone/Ruckstuhl; 474 l.: TG/Keystone/Rütschi; 474 m.: TG/Gundelwein; 474 r.: TG/J. Lehmann; 475 l.: TG/J. Lehmann; 475 m.: TG/J. Lehmann; 475 r.: TG/Schwiertz

Edinburgh
Dublin
London
Brügge
Amsterdam
Brüssel
Luxemburg
Paris
Straßburg
Zürich
Bern
Nizza
Lissabon
Madrid
Barcelona